杜威晚期著作

1925—1953

国家出版基金项目
NATIONAL PUBLICATION FOUNDATION

复旦大学杜威与美国哲学研究中心　组译

杜威全集

《教育科学的源泉》、《新旧个人主义》、《创造与批判》 1929至1930年间的论文、书评及杂记

第五卷

1929—1930

[美] 约翰·杜威　著

孙有中　战晓峰　查　敏　译

华东师范大学出版社

The Later Works of John Dewey，1925－1953

Volume Five：1929 － 1930， Essays， *The Sources of a Science of Education*，
Individualism，*Old and New*，*and Construction and Criticism*

By John Dewey

Edited by Jo Ann Boydston

Copyright © 1984 by Southern Illinois University Press

Published by agreement with Southern Illinois University Press，1915 University
Press Drive，SIUC Mail Code 6806，Carbondale，IL 62901，USA

Simplified Chinese translation copyright © 2015 by East China Normal University
Press

上海市版权局著作权合同登记　图字:09－2004－377号

《杜威全集·晚期著作》(1925—1953)
第五卷(1929—1930)

主　　编　乔·安·博伊兹顿(Jo Ann Boydston)
文本编辑　凯瑟琳·E·普洛斯(Kathleen E. Poulos)

目　录

中文版序

《杜威全集》中文版终于由华东师范大学出版社出版了。作为这一项目的发起人，我当然为此高兴，但更关心它能否得到我国学界和广大读者的认可，并在相关的学术研究中起到预期作用。后者直接关涉到对杜威思想及其重要性的合理认识，这有赖专家们的研究。我愿借此机会，对杜威其人、其思想的基本倾向和影响，以及研究杜威哲学的意义等问题谈些看法，以期抛砖引玉。考虑到中国学界以往对杜威思想的消极方面谈论得很多，大家已非常熟悉，我在此就主要谈其积极方面，但这并非认为可以忽视其消极方面。

一、杜威其人

约翰·杜威(John Dewey, 1859—1952)是美国哲学发展中最有代表性的人物。他不仅进一步阐释并发展了由皮尔士创立、由詹姆斯系统化的实用主义哲学的基本理论，而且将其运用于社会、政治、文化、教育、伦理、心理、逻辑、科学技术、艺术、宗教等众多人文和社会科学领域的研究，并在这些领域提出了重要创见。他在这些领域的不少论著，被西方各该领域的专家视为经典之作。这些论著不仅对促进这些领域的理论研究起到过重要的作用，在这些领域的实践中也产生过深刻的影响。杜威由此被认为是美国思想史上最具影响的学者，甚至被认为是美国的精神象征；在整个西方世界，他也被公认是 20 世纪少数几个最伟大的思想家之一。

杜威出生于佛蒙特州伯灵顿市一个杂货店商人家庭。他于 1875 年进佛蒙特大学，开始受到进化论的影响。1879 年，他毕业后先后在一所中学和一所乡村学校教书。在这期间,他阅读了大量的哲学著作,深受当时美国圣路易黑格尔学派刊物《思辨哲学杂志》的影响。1882 年,他在该刊发表了《唯物主义的形而上学假定》和《斯宾诺莎的泛神论》两文,很受鼓舞,从此决定以哲学为业。同年,他成了约翰·霍普金斯大学的哲学研究生,在此听了皮尔士的逻辑讲座,不过当时对他影响最大的是黑格尔派哲学家莫里斯(George Sylvester Morris)和实验心理学家霍尔(G. Stanley Hall)。两年后,他以《康德的心理学》论文取得哲学博士学位。

1884 年,杜威到密歇根大学教哲学,在该校任职 10 年(其间,1888 年在明尼苏达大学)。初期,他的哲学观点大体上接近黑格尔主义。他对心理学研究很感兴趣,并使之融化于其哲学研究中。这种研究,促使他由黑格尔主义转向实用主义。在这方面,当时已出版并享有盛誉的詹姆斯的《心理学原理》对他产生了强烈的影响。杜威对心理学的研究,又促使他进一步去研究教育学。他主张用心理学观点去进行教学,并认为应当把教育实验当作哲学在实际生活中的运用的重要内容。

1894 年,杜威应聘到芝加哥大学,后曾任该校哲学系主任。他在此任教也是 10 年。1896 年,他在此创办了有名的实验学校。这个学校抛弃传统的教学法,不片面注重书本,而更为强调接触实际生活;不片面注重理论知识的传授,而更为强调实际技能的训练。杜威后来所一再倡导的"教育就是生活,而不是生活的准备"、"从做中学"等口号,就是对这种教学法的概括。杜威在芝加哥时期,已是美国思想界一位引人注目的人物。他团聚了一批志同道合者(包括在密歇根大学就与他共事的塔夫茨、米德),形成了美国实用主义运动中著名的芝加哥学派。杜威称他们共同撰写的《逻辑理论研究》(1903 年)一书是工具主义学派的"第一个宣言"。此书标志着杜威已从整体上由黑格尔主义转向了实用主义。

从 1905 年起,杜威转到纽约哥伦比亚大学任教,直到 1930 年以荣誉教授退休。他以后的活动也仍以该校为中心。这一时期不仅是他的学术活动的鼎盛期(他的大部分有代表性的论著都是在这一时期问世的),也是他参与各种社会和政治活动最频繁且声望最卓著的时期。他把两者有机地结合在一起。他对各种社会现实问题的评论和讲演,往往成为他的学术活动的重要组成部分。从 1919 年起,杜威开始了一系列国外讲学旅行,到过日本、墨西哥、俄罗斯、土耳其等国。"五四"前夕,他到了中国,在北京、南京、上海、广州等十多个城市作过系列讲演,于 1921 年 7 月返美。

杜威一生出版了 40 种著作,发表了 700 多篇论文,内容涉及哲学、社会、政治、教育、伦理、心理、逻辑、文化、艺术、宗教等多个方面。其主要论著有:《学校与社会》(1899 年)、《伦理学》(1908 年与塔夫茨合著,1932 年修订)、《达尔文主义对哲学的影响》(1910 年)、《我们如何思维》(1910 年)、《实验逻辑论文集》(1910 年)、《哲学的改造》(1920 年)、《人性与行为》(1922 年)、《经验与自然》(1925 年)、《公众及其问题》(1927 年)、《确定性的寻求》(1929 年)、《新旧个人主义》(1930 年)、《作为经验的艺术》(1934 年)、《共同的信仰》(1934 年)、《逻辑:探究的理论》(1938 年)、《经验与教育》(1938 年)、《自由与文化》(1939 年)、《评价理论》(1939 年)、《人的问题》(1946 年)、《认知与所知》(1949 年与本特雷合著)等等。

二、杜威哲学的基本倾向

杜威在各个领域的思想都与他的哲学密切相关,这不只是他的哲学的具体运用,有时甚至就是他的哲学的直接体现。我们在此不拟具体介绍他的思想的各个方面和他的哲学的各个部分,仅概略地揭示他的哲学的基本倾向。杜威哲学的各个部分,以及他的思想的各个方面,大体上都可从他的哲学的基本倾向中得到解释。这种基本倾向从其积极意义上说,主要表现为如下三点。

第一,杜威把对现实生活和实践的关注当作哲学的根本意义所在。

在现代西方各派哲学中,杜威哲学最为反对以抽象、独断、脱离实际等为特征的传统形而上学,最为肯定哲学应当面向人的现实生活和实践。如何通过人本身的行为、行动、实践(即他所谓的以生活和历史为双重内容的经验)来妥善处理人与其所面对的现实世界(自然和社会环境),以及人与人之间的关系,是杜威哲学最为关注的根本问题。杜威哲学从不同的角度来说有着不同的名称,例如,当他强调实验和探究的方法在其哲学中的重要意义时,称其哲学为实验主义(experimentalism);当他谈到思想、观念的真理性在于它们能充当引起人们的行动的工具时,称其哲学为工具主义(Instrumentalism);当他谈到经验的存在论意义,而经验就是作为有机体的人与其自然环境的相互作用时,称其哲学为经验自然主义(empirical naturalism)。贯彻于所有这些称呼的概念是行动、行为、实践。杜威哲学的各个方面,都在于从实践出发并引向实践。这并不意味着实践就是一切。实践的目的是改善经验,即改善人与其自然和社会环境的关系,一句话,改善人的生活和生存条件。

杜威对实践的解释当然有片面性。例如,他没有看到人类的物质生产活动在人的实践中的基础作用,更没有科学地说明实践的社会性;但他把实践看作是全部哲学研究的核心,认为存在论、认识论、方法论等问题的研究都不能脱离实践,都具有实践的意义,且在一定意义上是合理的。

值得一提的是:与胡塞尔、海德格尔等人通过曲折的道路返回生活世界不同,与只关注逻辑和语言意义分析的分析哲学家也不同,杜威的哲学直接面向现实生活和实践。杜威一生在哲学上所关注的,不是去建构庞大的体系,而是满腔热情地从哲学上探究人在现实生活和实践各个领域所面临的各种问题及其解决办法。在杜威的全部论著中,关于政治、社会、文化、教育、心理、道德、价值、科学技术、审美和宗教等多个领域的具体问题的论述占了绝大部分。他的哲学的精粹和生命力,大多是在这些论述中表现出来的。

第二,杜威的哲学改造适应和引领了西方哲学由近代到现代转向的潮流。

19世纪中期以来,西方哲学发展出现了根本性的变更,以建构无所不包的体系为特征的近代哲学受到了广泛的批判,以超越传统的实体性形而上学和二元论为特征的现代哲学开始出现,并越来越占主导地位。多数哲学流派各以特有的方式,力图使哲学研究在不同程度上从抽象化的自在的自然界或绝对化的观念世界返回到人的现实生活世界,企图以此摆脱近代哲学所陷入的种种困境,为哲学的发展开辟新道路。西方哲学由近代到现代的这种转折,不能简单归结为由唯物主义转向唯心主义、由进步转向反动,而是包含了哲学思维方式上一次具有划时代意义的转型。它标志着西方哲学发展到了一个新的、更高的阶段。杜威在哲学上的改造,不仅适应了而且在一定意义上引领了这一转型的潮流。

杜威曾像康德那样,把他在哲学上的改造称为"哥白尼革命"(Copernican revolution)。但他认为康德对人的理智的能动性过分强调,以致使它脱离了作为其存在背景的自然。而在他看来,人只有在其与自然的相互作用中才有能动作用,甚至才能存在。哲学上的真正的哥白尼革命,正在于肯定这种交互作用。如果说康德的中心是心灵,那么杜威的新的中心是自然进程中所发生的人与自然的交互作用。正如地球或太阳并不是绝对的中心一样,自我或世界、心灵或自然都不是这样的中心。一切中心都存在于交互作用之中,都只具有相对的意义。可见,杜威所谓哲学中的哥白尼革命,就是以他所主张的心物、主客、经验自然等的交互作用,或者说人的现实生活和实践来既取代客体中心论,也取代主体中心论。他也是在这种意义上,既反对忽视主体的能动性的旧的唯物主义,又反对忽视自然作为存在的根据和作用的旧的唯心主义。

不是把先验的主体或自在的客体,而是把主客的相互作用当作哲学的出发点;不是局限于建构实体性的、无所不包的体系,而是通过行动、实践来超越这样的体系;不是转向纯粹的意识世界或脱离了人的纯粹的自然界,而是转向与人和自然界、精神和物质、理性和非理性等等都有着无限牵涉的生活世界,这大体上就是杜威哲学改造的主要意义;而这在一定程度上,也正是多数西方哲学由近代到现代转向的主要意义。杜威由此体现和引领了这种转向。

第三,杜威的哲学改造与马克思在哲学上的革命变更存在某些相通之处。

西方哲学从近代到现代的转向与马克思在哲学上的革命变更的政治背景大不相同,二者必然存在原则性区别;但二者发生于大致相同的历史时代,具有共同的历史和文化背景,因而又必然存在相通之处。如果我们能够肯定杜威的哲学改造适应并引领了西方哲学从近代到现代转向的潮流,那就必须肯定杜威的哲学改造与马克思在哲学上的革命变更必然同样既有原则区别,又有相通之处。后者突出地表现在,二者都把实践当作哲学的根本意义而加以强调。马克思正是通过这种强调而得以超越旧唯物主义和唯心主义辩证法的界限,把唯物主义和辩证法有机地统一起来,建立了唯物辩证法。杜威在这些方面与马克思相距甚远。但是,他毕竟用实践来解释经验而使他的经验自然主义超越了纯粹自然主义和思辨唯心主义的界限,并由此提出了一系列超越近代哲学范围的思想。

杜威的经验自然主义并不否定自然界在人类经验以外自在地存在,不否定在人类出现以前地球和宇宙早已存在,而只是认为人的对象世界只能是人所遭遇到(经验到)的世界,这在一定程度上类似于马克思所指的与纯粹自然主义的自在世界不同的人化世界,即现实生活世界。杜威否定唯物主义,但他只是在把唯物主义归结为纯粹自然主义的唯物主义的意义上去否定唯物主义。杜威强调经验的能动性,但他不把经验看作可以离开自然(环境)而独立存在的精神实体或精神力量,而强调经验总是处于与自然、环境的统一之中,并与自然、环境发生相互作用。这与传统的唯心主义经验论也是不同的,倒是与马克思关于主客观的统一和相互作用的观点虽有原则区别,却又有相通之处。

杜威是在黑格尔影响下开始哲学活动的。他在转向实用主义以后,虽然抛弃了黑格尔的绝对唯心主义,甚至也拒绝了黑格尔的辩证法,但是在他的理论中又保留着某些辩证法的要素。例如，他把经验、自然和社会等都看作是统一整体，其间都存在着多种多样的联系；他在达尔文进化论的影响下，明确肯定世界（人类社会和自然界）处于不断进化和发展的过程之中。他所强调的连续性（如经验与自然的连续、人与世界的连续、身心的连续、个人与社会的连续等等）概念，在一定程度上就是统一整体的概念、进化和发展的概念。这种概念虽与马克思的辩证法不能相提并论，但毕竟也有相通之处。

三、杜威哲学的积极影响

杜威实用主义哲学对现实生活和实践的强调，对西方哲学从近代到现代转向的潮流的适应和引领，特别是它在一些重要方面与马克思哲学的相通，说明它在一定程度上体现了时代精神发展的要求。正因为如此，它必然是一种在一定范围内能发生积极影响的哲学。

实用主义在美国的积极影响，可以用美国人民在不长的历史时期里几乎从空地上把美国建设成为世界的超级大国来说明。实用主义当然不是美国唯一的哲学，但它却是美国最有代表性的哲学。实用主义产生以前的许多美国思想家（特别是富兰克林、杰斐逊等启蒙思想家），大多已具有实用主义的某些特征，这在一定意义上为实用主义的正式形成作了思想准备。实用主义产生以后，传入美国的欧洲各国哲学虽然能在美国哲学中占有一席之地，其中分析哲学在较长时期甚至能在哲学讲坛上占有支配地位；但是，它们几乎都毫无例外地迟早被实用主义同化，成为整个实用主义运动的组成部分。当代美国实用主义者莫利斯说：逻辑经验主义、英国语言分析哲学、现象学、存在主义同实用主义"在性质上是协同一致的"，它们"每一种所强调的，实际上是实用主义运动作为一个整体范围之内的中心问题之一"。[①] 就实际影响来说，实用主义在美国哲学中始终占有优势地位。桑塔亚那等一些美国思想家也承认，美国人不管其口头上拥护的是什么样的哲学，但是从他们的内心和生活来说都是实用主义者。只有实用主义，才是美国建国以来长期形成的一种民族精神的象征。而实用主义的最大特色，就是把哲学从玄虚的抽象王国转向人所面对的现实生活世界。实用主义的主旨

---

① Morris, Charles W. *The Pragmatic Movement in American Philosophy*. New York: George Braziller, 1970, p. 148.

就在指引人们如何去面对现实生活世界,解决他们所面临的各种疑虑和困扰。实用主义当然具有各种局限性,人们也可以而且应当从各种角度去批判它,马克思主义者更应当划清与实用主义的界限;但从思想理论根源上说,正是实用主义促使美国能够在许多方面取得成功,这大概是一个不争的事实。

在美国以外,实用主义同样能发生重要的影响。与杜威等人的哲学同时代的欧洲哲学尽管不称为实用主义,但正如莫利斯说的那样,它们同实用主义"在性质上是协同一致的"。如果说它们各自在某些特定方面、在一定程度上体现了现代西方社会的时代特征,实用主义则较为综合地体现了这些特征。换言之,就体现时代特征来说,被欧洲各个哲学流派特殊地体现的,为实用主义所一般地体现了。正因为如此,实用主义能较其他现代西方哲学流派发生更为广泛的影响。

杜威的实用主义在中国也发生过重要的影响。早在"五四"时期,杜威就成了在中国最具影响的西方思想家。从外在原因上说,这是由于胡适、蒋梦麟、陶行知等他在中国的著名弟子对他作了广泛的宣扬;杜威本人在"五四"时期也来华讲学,遍访了中国东西南北十多个城市。这使他的思想为中国广大知识界所熟知。然而,更重要的原因是:他在理论中所包含的科学和民主精神,正好与"五四"时期中国先进知识分子倡导科学和民主的潮流相一致。另外,他的讲演不局限于纯哲学的思辨而尤其关注现实问题,这也与中国先进分子的社会改革的现实要求相一致。正是这种一致,使杜威的理论受到了投入"五四"新文化运动和社会改革的各阶层人士的普遍欢迎,从而使他在中国各地的讲演往往引起某种程度的轰动效应。杜威本人也由此受到很大鼓舞,原本只是一次短期的顺道访华也因此被延长到两年多。胡适在杜威起程回国时写的《杜威先生与中国》一文中曾谈到:"我们可以说,自从中国与西方文化接触以来,没有一个外国学者在中国思想界的影响有杜威先生这样大的。我们还可以说,在最近的将来几十年中,也未必有别个西洋学者在中国的影响可以比杜威先生还大的。"[①]作为杜威的信徒,胡适所作的评价可能偏高。但就其对中国社会的现实层面的影响来说,除了马克思主义者以外,也许的确没有其他现代西方思想家可以与杜威相比。

尽管杜威的实用主义与马克思主义有原则区别,但"五四"时期中国马克思主义者对杜威及其实用主义并未简单否定。陈独秀那时就肯定了实用主义的某

---

① 引自《胡适哲学思想资料选》(上),上海:华东师范大学出版社,1981年,第181页。

些观点,甚至还成为杜威在广州讲学活动的主持人。1919 年,李大钊和胡适关于"问题与主义"的著名论战,固然表现了马克思主义与实用主义的原则分歧,但李大钊既批评了胡适的片面性,又指出自己的观点有的和胡适"完全相同",有的"稍有差异"。他们当时的争论并未越出新文化运动统一战线这个总的范围,在倡导科学和民主精神上毋宁说大体一致。毛泽东在其青年时代也推崇胡适和杜威。

"五四"以后,随着国内形势的重大变化,上述统一战线趋向分裂。20 世纪30 年代后期,由于受到苏联对杜威态度骤变的影响,中国马克思主义者对杜威也近乎于全盘否定了。20 世纪 50 年代中期,为了确立马克思主义在思想文化领域的主导地位,从上而下发动了一场对实用主义全盘否定的大规模批判运动。它在一定程度上达到了预期的政治目的,但在理论上却存在着很大的片面性。当时多数批判论著脱离了杜威等人的理论实际,形成了一种对西方思潮"左"的批判模式,并在中国学术界起着支配作用。从此以后,人们在对杜威等现代西方思想家、对实用主义等现代西方思潮的评判中,往往是政治标准取代了学术标准,简单否定取代了具体分析。杜威等西方学者及其理论的真实面貌就因此而被扭曲了。

对杜威等西方思想家及其理论的简单否定,势必造成多方面的消极后果。其中最突出的有两点:一是使马克思主义及其指导下的思想理论领域在一定程度上与当代世界及其思想文化的发展脱节,使前者处于封闭状态,从而妨碍其得到更大的丰富和发展;二是由于扭曲了马克思主义哲学和现代西方哲学的关系,忽视了二者在某些方面存在的共通之处,在批判杜威哲学等现代西方哲学的名义下扭曲了马克思主义哲学一些最重要的学说,例如关于真理的实践检验、关于主客观统一、关于个人与社会的关系等学说都存在这种情况。这种理论上的混乱导致实践方向上的混乱,甚至在一定程度上导致实践上的挫折。

需要说明的是:肯定杜威实用主义的积极作用并不意味着否定其消极作用,也不意味着简单否定中国学界以往对实用主义的批判。以往被作为市侩哲学、庸人哲学、极端个人主义哲学的实用主义不仅是存在的,而且在一些人群中一直发生着重要的影响。资产阶级庸人、投机商、政客以及各种形式的机会主义者所奉行的哲学,正是这样的实用主义。对这样的实用主义进行坚定的批判,是完全正当的。但是,如果对杜威的哲学作具体研究,就会发觉他的理论与这样的实用主义毕竟有着重大的区别。杜威自己就一再批判了这类庸俗习气和极端个人主义。如果简单地把杜威哲学归结为这样的实用主义,那在很大程度上就是把杜威所批判的哲学当作是他自己的哲学。

四、杜威哲学研究在当代中国的积极意义

改革开放以来,中国政治和思想文化上的"左"的路线得到纠正,哲学研究出现了求真务实的新气象,包括杜威实用主义在内的现代西方哲学研究得到了恢复和发展。以1988年全国实用主义学术讨论会为转折点,对杜威等人的实用主义的全盘否定倾向得到了克服,如何重新评价其在中国思想文化建设中的作用的问题也越来越受到学界的关注,对杜威等人的实用主义的研究由此进入了一个新阶段。"五四"时期,由于杜威的学说正好与当时中国的新文化运动相契合,起过重要的积极作用;今天的中国学界,由于对马克思主义哲学和现代西方哲学都已有了更为全面和深刻的理解,对杜威的思想的研究也会更加深入和具体,更能区别其中的精华和糟粕,这对促进中国的思想文化建设会产生更为积极的作用。

对杜威哲学的重新研究在当代中国的积极意义,至少包括如下三个方面:

第一,有利于对马克思主义哲学有更为全面和深刻的理解。

这是因为,杜威哲学和马克思的哲学虽有原则性区别,但二者在一些重要方面有相通之处。这主要表现在二者都批判和超越了以抽象、思辨、脱离实际等为特征的传统形而上学;都强调对现实生活和实践的关注在哲学中的决定性作用;都肯定任何观念和理论的真理性的标准是它们是否经得起实践的检验;都认为科学真理的获得是一个不断提出假设、又不断进行实验的发展过程;都认为社会历史同样是一个不断发展的过程,社会应当不断地进行改造,使之越来越能符合满足人的需要和人的全面发展的目标;都认为每一个人的自由是一切人取得自由的条件,同时个人又应当对社会负责,私利应当服从公益;都提出了使所有人共同幸福的社会理想,等等。在这些方面将马克思主义与杜威的实用主义作比较研究,既能更好地揭示它们作为不同阶级的哲学的差异,又能更好地发现二者作为同时代的哲学的共性,从而使人们既能更好地划清马克思主义和实用主义的界限,又能通过批判地借鉴后者可能包含的积极成果来丰富和发展马克思主义。

第二,有利于对中国传统文化的批判继承。

杜威哲学和中国传统文化有着两种不同的联系。以儒家为代表的中国传统文化是一种前资本主义文化,没有西方资本主义文化的理性主义特质,不会具有因把理性绝对化而导致的绝对理性主义和思辨形而上学等弊端;但未充分经理性思维的熏陶又是中国传统文化的缺陷,不利于自然科学的发展,更不利于人的个性的发展和自由民主等意识的形成。正因为如此,以儒家为代表的中国传统文化往往被历代封建统治阶级神圣化和神秘化,成为他们的意识形态,后者阻碍了中国科学技术的发展、人民的觉醒和社会历史的进步。"五四"新文化运动的主要矛头就是针对儒家文化作为封建意识形态的方面,以此来为以民主和科学精神为特征的新文化开辟道路。杜威哲学正是以倡导民主和科学为重要特征的。杜威来到中国时,正好碰上"五四"新文化运动,他成了这一运动的支持者。他的学说对于批判作为封建意识形态的儒学,自然也起了促进作用。

但是,儒家文化并不等于封建文化;孔子提出的以"仁"为核心的儒学本身并不是统治阶级的意识形态。直到汉武帝实行"罢黜百家,独尊儒术"的政策以后,儒学才取得了独特的官方地位,由此被历代封建帝王当作维护其统治的精神工具。即使如此,也不能否定儒学在学理上的意义。它既可以被封建统治阶级所利用,又能为广大民众所接受,成为他们的生活信念和道德准则。历代学者对儒学的发挥,也都具有这种二重性。正因为如此,儒学除了被封建统治阶级利用外,还能不断发扬光大,成为中华民族宝贵的思想文化遗产。儒学所强调的"以人为本"、"经世致用"、"公而忘私"、"以和为贵"、"己所不欲,勿施于人"等观念,具有超越时代和阶级的普世意义。新文化运动的代表人物并不反对这些观念,而这些观念与杜威哲学的某些观念在一定程度上是相通的。杜威哲学在"五四"时期之所以能为中国广大知识分子接受,在一定程度上正是因为中国文化传统中已有与杜威哲学相通的成分。正因为如此,研究杜威的实用主义思想,对于更清晰地理解儒家思想,特别是分清其中具有普世价值的成分与被神圣化和神秘化的成分,发扬前者,拒斥后者,能起到促进作用。

第三,有利于促进对各门社会人文学科的研究。

杜威的哲学活动的一个突出特点,是他非常自觉地超越纯粹哲学思辨的范围而扩及各门社会人文学科。我们上面曾谈到,在杜威的全部论著中,关于政治、社会、文化、教育、道德、心理、逻辑、科学技术、审美和宗教等各个领域的具体问题的论述占了绝大部分。他不只是把他的哲学观点运用于这些学科的研究，而且是通过对这些学科的研究更明确和更透彻地把他的哲学观点阐释出来。反过来说，他对这些学科的研究都不是孤立地进行的，而是通过其基本哲学观点的具体运用而与其他相关学科联系起来，从而把对这些学科的研究形成为一个有机整体，并由此使他对这些学科的研究可能具有某些独创意义。

例如，杜威极其关注教育问题并在这方面作了大量论述，除了贯彻他对现实生活和实践的重视这个基本哲学倾向、由此强调在实践中学习在整个教学过程中的决定作用以外，他还把教育与心理、道德、社会、政治等因素紧密地结合在一起，从而使教育的内容更加丰富、全面。他的教育思想也由此得到了更为广泛的认同，被公认为是当代西方最具影响的教育学家。值得一提的是：无论在中国还是在苏联，杜威在教育上的影响几乎经久不衰。即使是在政治和意识形态影响极为深刻的年代，杜威提出的许多教育思想依然能不同程度地被人肯定。陶行知的教育思想在中国就一直得到肯定，而陶行知的教育思想被公认为主要来源于杜威。

我们这样说，并不是全盘肯定杜威。无论是在哲学和教育或其他方面，杜威都有很大的局限性，需要我们通过具体研究加以识别。但与其他现代西方哲学家相比，杜威是最善于把哲学的一般理论与其他人文社会学科密切结合起来、使之相互渗透和相互促进的哲学家，这大概是不可否认的事实。在这方面，很是值得我们借鉴。

五、关于《杜威全集》中文版的翻译和出版

要在中国开展对杜威思想的研究，一个重要的条件是有完备的和翻译准确的杜威论著。中国学者早在"五四"时期就开始从事这方面的工作。当时杜威在华的讲演，为许多报刊广泛译载并汇集成册出版。"五四"以后，杜威的新著的翻译出版仍在继续。即使是杜威在中国受到严厉批判的年代，他的一些主要论著也作为供批判的材料公开或内部出版。杜威部分重要著作的英文原版，在中国一些大的图书馆里也可以找到。从对杜威哲学的一般性研究来说，材料问题不是主要障碍。但是，如果想要对杜威作全面研究或某些专题研究，特别是对他所涉及的人文和社会广泛领域的研究，这些材料就显得不足了。加上杜威论著的原有中译本出现于不同的历史年代，标准不一，有的译本存在不准确或疏漏之

处,难以为据。更为重要的是,在杜威的论著中,论文(包括书评、杂录、教学大纲等)占大部分,它们极少译成中文,原文也很难找到。为了进一步开展对杜威的研究,就需要进一步解决材料问题。

2003年,在复旦大学举行的一次大型实用主义国际学术讨论会上,我建议在复旦大学建立杜威研究中心并由该中心来主持翻译《杜威全集》,得到与会专家的赞许,复旦大学的有关领导也明确表示支持。2004年初,复旦大学正式批准以哲学学院外国哲学学科为基础,建立杜威与美国哲学研究中心,挂靠哲学学院。研究中心立即策划《杜威全集》的翻译。华东师范大学出版社朱杰人社长对出版《杜威全集》中文版表示了极大的兴趣,希望由该社出版。经过多次协商,我们与华东师范大学出版社达成了翻译出版协议,由此开始了我们后来的合作。

《杜威全集》(*Collected works of John Dewey*)由美国杜威研究中心(设在南伊利诺伊大学)组织全美研究杜威最著名的专家,经30年(1961—1991)的努力,集体编辑而成,乔·安·博伊兹顿(Jo Ann Boydston)任主编。全集分早、中、晚三期,共37卷。早期5卷,为1882—1898年的论著;中期15卷,为1899—1924年的论著;晚期17卷,为1925—1953年的论著。各卷前面都有一篇导言,分别由在这方面最有声望的美国学者撰写。另外,还出了一卷索引。这样共为38卷。尽管杜威的思想清晰明确,但文字表达相当晦涩古奥,又涉及人文、社会等众多学科;要将其准确流畅地翻译出来,是一项极其庞大和困难的任务,必须争取国内同行专家来共同完成。我们旋即与中国社会科学院哲学研究所、北京大学、清华大学、中国人民大学、北京师范大学、南京大学、浙江大学、武汉大学、北京外国语大学,以及华东师范大学和上海社会科学院哲学研究所等兄弟单位的专家联系,得到了他们参与翻译的承诺,这给了我们很大的鼓舞。

《杜威全集》英文版分精装和平装两种版本,两者的正文(包括页码)完全相同。平装本略去了精装本中的"文本的校勘原则和程序"等部分编辑技术性内容。为了力求全面,我们按照精装本翻译。由于《杜威全集》篇幅浩繁,有一千多万字,参加翻译的专家有几十人。尽管我们向大家提出在译名等各方面尽可能统一,但各人见解不一,很难做到完全统一。为了便于读者查阅,我们在索引卷中把同一词不同的译名都列出,读者通过查阅边码即原文页码不难找到原词。为了确保译文质量,特别是不出明显的差错,我们一般要求每一卷都由两人以上参与,互校译文。译者译完以后,由复旦大学杜威与美国哲学研究中心初审。如无明显的差错,交由出版社聘请译校人员逐字逐句校对,并请较有经验的专家抽查,提出意见,退回译者复核。经出版社按照编辑流程加工处理后,再由研究中心终审定稿。尽管采取了一系列较为严密的措施,但很难完全避免缺点和错误,我们衷心地希望专家和读者提出意见。

复旦大学杜威与美国哲学研究中心的工作是在哲学学院和国外马克思主义与国外思潮创新基地的支持下进行的,学院和基地的不少成员参与了《杜威全集》的翻译。为了使研究中心更好地开展工作,校领导还确定研究中心与美国研究创新基地挂钩,由该基地给予必要的支持。《杜威全集》中文版编委会由参与翻译的复旦大学和各个兄弟单位的专家共同组成,他们都一直关心着研究中心的工作。俞吾金教授和童世骏教授作为编委会副主编,对《杜威全集》的翻译工作作出了重要的贡献。汪堂家教授作为常务副主编,更是为《杜威全集》的翻译工作尽心尽力,承担了大量具体的组织和审校工作。华东师范大学出版社与我们有着良好的合作,编辑们怀着高度的责任心兢兢业业地在组织与审校等方面做了大量的工作,在此一并表示衷心的感谢。

刘放桐

2010 年 6 月 11 日

导　言

保罗·库尔茨(Paul Kurtz)[①]

本卷收录了约翰·杜威在 1929—1930 年的著述,内容大多涉及实际问题。杜威哲学产生了深远的规范性影响,本卷则通篇表明了杜威的哲学思想与规范性利益之间的基本连贯性,因为对杜威哲学观点的充分理解与评价离不开当时的社会背景。我们应当注意到,《确定性的寻求》(*The Quest for Certainty*)和《经验与自然》(*Experience and Nature*)修订版的出版年份均为 1929 年。这一年,杜威正处于创造力和影响力的巅峰。回顾历史,1929 年还标志着一个时代的结束:这一年,美国和世界结束了经济繁荣时代,进入了 20 世纪 30 年代的大萧条时期。因此,读者在阅读本书内容时,应考虑杜威写作时的背景——1929 年的金融危机以及美国开始出现的一种新自由主义浪潮。

杜威被誉为美国最伟大的哲学家也是在 1929 年。这一年,向他致敬的第一本纪念文集得以出版,此后还有两本文集。此外,1929 年适逢杜威七十大寿,许多美国思想界的领军人物都参加了杜威生日的庆祝活动,包括简·亚当斯(Jane Addams)、詹姆斯·安吉尔(James Angell)、乔治·赫伯特·米德(George Herbert Mead)、拉尔夫·巴顿·佩里(Ralph Barton Perry),以及威廉·赫德·基尔帕特里克(William Heard Kilpatrick)[②]。

同杜威系列文集的其他卷一样,本卷再次证明了杜威著述数量之多、范围之广。全卷共收录 50 多篇文章。我不能在此一一介绍,仅集中讨论三个方面:一

---

① 保罗·库尔茨(1925—　　),美国纽约州立大学哲学教授,被称为"世俗人道主义之父"。——译者
② 基尔帕特里克,亦译克伯屈。——译者

是教育,包括篇幅短小的《教育科学的源泉》(*The Sources of a Science of Education*);二是政治社会哲学,包括《新旧个人主义》(*Indiviualism*, *Old and New*);三是哲学争论,即杜威对构成其核心思想基础的众多问题的讨论,以及对其他哲学家批评的回应。

I. 教育

xii

在《教育科学的源泉》一文中,杜威就教育科学的本质提出了疑问。他问道:"教育是一门科学吗?"如果能,那么,"它如何进行? 它的功能是什么?"杜威明确指出,他所说的"科学",是指在研究教育学科时对客观方法的使用。教育科学研究方法涉及一系列的事实,使教育者能够更理性地去理解并控制这些事实。因此,当杜威问"教育科学的源泉是什么"时,他是在问:"哪些方法可以使我们在执行……教育功能时……系统地增加理性控制和理解?"

杜威说教育和工程学一样,是一门艺术。但是,科学与艺术之间并没有清晰的界限。工程学与教育都和基础科学相联系,并在处理具体经验与实际活动时借鉴这些基础科学。许多人期待教育科学能够为教育实践提供简单的秘诀或指导,但却发现这种期待很难实现。第一,教育科学仍处于落后状态,真正的科学不能建立于孤立结论之上;要构建真正的科学,就要将这些结论联系起来形成一个"连贯的系统",让它们在系统中相互证实、相互说明。第二,仅靠借鉴物理科学的方法并不能发展出教育科学。即使我们得出了各种一般规律与事实,这些一般规律与事实也可能提供不了简单的实践原则,它们对那些试着处理具体教育实践问题的教育者仅仅有间接的作用。杜威认为,教育科学的作用在于为教育者提供"思想工具"。因此,科学结论能为"观察与探究"提供原则,却不能为外显行为提供原则。这里,杜威指的是管理者与研究者对教育科学结论的使用。他得出的结论是:"教育科学的最终现实……在教育者的头脑里。"杜威强调,"我们必须将教育科学的源泉与教育的科学内容区分开来"。他说,我们绝不能忘记科学结论只是源泉,是"通过教育者的头脑这一媒介使教育更加理智"的源泉。

xiii

杜威的这一观点可能会令人感到惊讶,因为该观点可能赋予研究以一种主观主义倾向,尤其是它对教育者头脑的关注。但杜威接着将教育科学研究与教育实践相联系。他称"教育实践"为所要研究的问题提供了材料与主题;同时,"教育实践"还能最终检验研究结论的价值。因此,教育科学的起点与中心是学校里的实际教育行为,它们是教育科学研究的前提。所以,教育科学是教育的中介工具,而非相反。杜威并不期望有独立的教育科学来支配教育过程;相反,他认为,教育科学应该为教育过程服务,教育科学也只有在与教育过程相联系时才有意义。他反复强调是教育实践为教育科学提供了材料与问题。但是,他同时说并不存在固定意义上的独立的教育科学。顺着工程学的比方,杜威指出,来自其他科学的材料为教育科学提供了内容,而这些材料必须与教育实践相联系。

当然,教育实践者与教育科学研究者之间存在着必不可少的交流。教育实践者,或称为教育的实地调查者,需要借鉴各种科学以解决各种教育问题。这些科学包括教育哲学(可以帮助教育实践者发现并引入创新的假设)、心理学、社会学以及其他科学。杜威明确指出:"具体的教育经验是所有研究和思考的主要来源,因为正是这些经验为思想研究确立问题,并检验、修改、证实或驳斥研究的结论。"

此外,杜威还提到了教育的价值与目标如何得来的问题,他否定了哲学为教育者提供目的、科学为教育者提供手段这种观点。他认为,"教育是独立自主的"。所以,教育"应该自由地决定自身的目的、自身的目标"。抛开教育而去外在源泉中寻求教育目的,是对教育事业的放弃。杜威因此鼓励教育者要具有独立性与勇气,坚持教育目标理应源自教育过程这一观点。但是,教育目标并不是由教育者创造的,尽管教育者确实在这一过程中发挥了作用;教育本身就是一个发现重要价值与重要目标的过程。杜威坚持认为,教育并没有一套固定不变的目标,它是一个过程;在这个过程中,手段与目的在教育研究与实践的背景下相互联系。"任何已定知识,经由教育者的心、脑、手,便都是教育学的源泉;通过使用,这些知识使教育比过去更加开明、更加人性、更加真正地具有教育性。"

杜威因此把教育放在社会变革的正中心。教育者不是科学家或社会的附属品,其重要作用在于:通过运用科学以及在教育过程中创造价值来促进社会变革。教育是一个不断进行的活动,该活动在进行的过程中应将科学纳入其中。

现在的学校,尤其是公立学校,正遭受着严厉的批评,此时阅读杜威的教育著述便很有趣。在杜威写作《教育科学的源泉》一文时,公立学校正在完成一项宏伟的任务:向大量的移民儿童教授民主国家以及开放社会的伦理观与实践观。认为教育在这一社会改革过程中发挥了重要作用的观点似乎合情合理——这种积极的态度至少持续了两代人的时间。然而，近年来，杜威对教育的影响不断遭受抨击，这些抨击者不仅有右派敌人，也有强硬的左派。保守派坚决否定杜威的如下建议：教育者应该检验并阐明价值，努力培养年轻人的新习惯，并促进社会变革。对传统价值与信仰的任何质疑，尤其是对涉及宗教的价值与信仰的任何质疑，令许多家长、牧师与政客感到厌恶。在 20 世纪 50 年代后期的人造卫星时代，人们指责杜威放宽了教育的标准，并把学校在科学教育上的失败归咎于杜威。但是，杜威一向强调要将科学作为学校课程中一个重要的组成部分，所以上述指责是荒谬的。

到了 20 世纪 70 年代和 80 年代，人们指责杜威是"世俗人文主义"的发起者，指责他因此削弱了宗教价值。批评家认识到学校是社会变革的动因，认为"学校应当促进社会变革"的观点来源于杜威，这无疑是对的。在反对学校进行道德教育、反对学校阐明并转变价值的咄咄逼人的道德卫士面前，教育者有时候会退缩，这很可惜，因为这种检验是任何关注当代问题的教育的一个重要组成部分。杜威认为，价值并不是绝对的或固定的，价值需要人们运用批判性思维，在当代社会的背景下对它们进行重新评价、评估。在这个缩减预算与残酷竞争的时代，教师常常成了牺牲品，人们将现代世界的所有邪恶、将旧的道德信仰的转变全都归咎于教师。但是，杜威的教育改革计划纲要仍有可取之处，今天的我们可以从中获得启发。

杜威的其他几篇教育文章，尤其是他批评所谓"进步教育者"的文章，也值得我们关注，因为它们能帮助我们理解后来的争论。20 世纪 60 年代后期和 70 年代早期，美国出现了激进的教育改革运动，人们围绕高等教育进行了激烈的争论。当时的抗议口号是"教育要有相关性"以及放宽课程标准。杜威常常被人认为是这些抗议的发起者，雷德福（Radford）海军上将、里科弗（Rickover）海军上将以及其他人都将那些反知识的过激行为归咎于杜威。但有趣的是，杜威在 1930 年的一篇文章中否认自己支持学生拥有无限的、不受约束的自由，他明确地表示，自己反对人们淡化教育的知识内容。

在《新式学校存在多少自由？》（How Much Freedom in New School?）一文中，杜威注意到，许多家长因为反对传统教育的形式主义与严格控制，将孩子送到了进步学校。这些"以儿童为中心的学校"不教授儿童陈旧的主题，而是强调自由、审美享受、艺术发展，以及通过实践进行学习。杜威认为，这种反抗是一边倒。他说,对传统教育的反抗是必要的,但这种反抗忽视了发展一个比旧课程更有条理、更好的新课程的需要。教育应该以学生为中心,但学生并不是孤立的存在,他们必须在恰当的"指导与引领"下学会"接触由事物与人所构成的世界"。学校应该通过发展儿童的思想,使儿童的各种冲动与欲望变得成熟。杜威强烈反对一些学校过于放任学生不受约束的行动、言谈以及举止,这些学校几乎到了纵容与失控的地步。他认为,学校必须教授学生功课,尤其要对学生的理智约束能力、客观知识以及理解能力进行培养。他说:"正是由于缺少通过有意义的功课培养理智约束能力,才会导致可悲的自我主义、骄傲自大、傲慢无礼,以及对他人权利的不尊重。而一些人显然认为,这些特征是自由的必然伴随物,即便不是自由的本质。"杜威建议培养理性的自由而非主观的自由。他批评进步学校的一种趋势,即重视那些让学校教育立刻变得有乐趣的事物,而不重视那些能够帮助认识并理解当代生活的事物。杜威希望教育能够提高深度与严谨性,尤其要让学生逐渐认识到科学与工业社会的关系。

杜威的分析放在今天仍然非常适用,不仅对公立中小学适用,而且对大学适用。例如,在《哲学与教育》(Philosophy and Education)一文中,杜威认为:"教育的最终目的……是培养能力全面发展的人……志向远大,思想开放,品位高雅,拥有渊博的知识与办事能力。"通过培养这样的人,社会被"不断重塑"。在谈到大学时,杜威说道,"长期以来,教育被视为只关乎日常经验、传统与纯粹的学徒训练。现在,我们要再一次将教育视为一种有理性基础、需要系统理性指导的追求。"

II. 政治社会哲学

在 20 世纪 20 年代后期与 30 年代,杜威写了许多重要的政治著作,包括《公众及其问题》(*The Public and Its Problems*)(1927 年)、《自由主义与社会行动》(*Liberalism and Social Action*)(1935 年),以及《自由与文化》(*Freedom and Culture*)(1939 年)。在这些著作中,杜威力图重新定义自由主义,强调自由主义不应等同于某一特定党派的党纲,而应该是一个民主国家为解决社会问题所使用的理性方法。当时的杜威,试图脱离传统的 19 世纪古典自由主义概念。

杜威在美国自由主义运动的发展中发挥了重要的作用,这再次表明了杜威对公众事务的积极参与。例如,1929 年 9 月,杜威被选为独立政治行动联盟

(League for Zndependent Political Action)的主席,该联盟由自由主义者、社会主义者以及和平主义者组成,包括保罗·H·道格拉斯(Paul H. Douglas)、奥斯瓦尔德·加里森·维拉德(Oswald Garrison Villard)、莱茵霍尔德·尼布尔(Reinhold Niebuhr)、斯图尔特·蔡斯(Stuart Chase),以及诺曼·托马斯(Norman Thomas)。在《自由主义者想要什么?》(What Do Liberals Want?)一文中,杜威谴责了自由主义者难以组织这一缺点。他注意到在美国广泛存在的进步情绪、美国人对弱势群体表现出来的极大同情,以及对现有政党联合的不满。他称独立政治行动联盟的目的,在于制定出一系列适合经济条件与社会条件的政治原则。《纽约时报》(New York Times)报道称,杜威以联盟主席的身份,力劝参议员乔治·W·诺利斯(George W. Norris)领导新党[见《杜威请求诺利斯领导新党》(Dewey Asks Norris to Lead New Party)一文],诺利斯拒绝了这一请求[见附录 6:《反对派支持诺利斯拒绝退出共和党》(Insurgents Back Norris in Refusing to Quit Republicans)]。

　　本卷中的《新旧个人主义》是杜威为试图重新定义自由主义而作出的部分努力。非常有趣的是:该文各章节刊登在《新共和》(New Republic)杂志上,其刊登时间从 1929 年 4 月 24 日开始,中间经历了一段相对繁荣的时期,一直持续到 1929 年 10 月股市崩盘之后。这些文章反映了杜威和其他人极其不满古典自由主义对自由放任经济政策以及资本主义制度的维护。马克思主义思想在当时已经开始传播,我们能看到马克思主义思想对杜威的影响。尽管如此,《新旧个人主义》是具有预见性的,它预见了罗斯福新政实施不久后便出现的福利自由主义。

　　《新旧个人主义》的核心问题是如何创造一种与我们实际生活的社会相一致的新个人主义。在文章开头,杜威审视了他眼中的美国文化的矛盾,尤其是"我们的制度与实践同我们的信念与理论之间的"矛盾。在 20 世纪 20 年代后期,不屈不挠的个人主义哲学主宰着多数美国人的思想。这一哲学是如何同我们继承的传统宗教与道德观相和解的? 杜威指出,文明的工业化让我们措手不及。尽管我们声称相信个人主义的理想、机会平等以及人人自由,但这些信念却被主导的"金钱文化"所腐蚀,"金钱文化"以经济上的适者生存之名为不平等与压迫进行辩护。

　　杜威讨论了欧洲人对美国文化特征的普遍批评,这些据称正在征服全球的特征——量化、机械化、标准化、物质成就以及技术,因为压抑个性而受到谴责。杜威为技术作辩护,认为技术的使用能够解放个性。他发现,我们的文明最严重的缺陷以及个人主义所面临的主要威胁,来自"私利"对技术的控制。我们这个时代最大的问题,是要"构建一种与我们生活的客观环境相一致的新个人主义"。杜威认为,当时的美国已进入了"集体化时代",早期小型企业的"拓荒者的个人主义"已经消失,美国成了一个由大型企业与托拉斯控制经济活动的社会。杜威不满于经济权力的日益集中。大规模生产的经济意味着大众教育、广告与消费主义,而这三者都会压抑个性。

杜威分析了失落的个体在企业社会中的困境。个体生活的显著特征是不安全感、对失业以及衰老的恐惧。杜威谴责说,在我们商业化的文明里,个人主义已经等同于私人经济利益。矛盾在于,我们的物质文化是企业的,但充溢着我们的道德文化与意识形态的个人主义价值却来自前技术时代,植根于中世纪宗教与封建时期。新教强调抽象的个人权利与经济活动,这种强调已被后来的工业时代的发展所颠覆,不再可行。对于杜威来说,基于私利的经济个人主义常常是科学技术社会强大生产力的寄生虫。关键的问题是:"个人在一个史无前例的崭新社会环境中怎样重新界定自我?""新个人主义将呈现怎样的品质?"

杜威认为,只有通过有控制地使用所有社会资源,才能实现新个人主义。20世纪30年代,人们对国家计划的呼声尤其高涨。尽管杜威对布尔什维克苏联持批评态度,他还是说:"对于我们这个时代,未来的历史学家会[仰慕]那些首批预见可以用有组织的计划引导技术资源去实现特定目的的民族"。他指出,这一进程将让我们"建设性地、自愿地"踏上苏联正在带着"破坏和胁迫"所行走的道路。后来,杜威对苏联的批评越来越严厉。他在20世纪30年代后期带领一个特殊委员会,调查了苏联对列夫·托洛茨基(Leon Trotsky)的指控,发现其中大部分的指控是由斯大林主义者凭空捏造而成的。回顾历史,如今的自由主义者已不再像过去那样对国家计划的巨大威力充满信心,也不再像过去那样愿意用包罗万象的政府计划去削弱自由市场的运作。

杜威有时并没有指明新个人主义的确切形式。在批评当时的勒德分子①时,他指出,新个人主义必须重塑个人在企业时代的角色,并使用科学技术实现

---

① 勒德分子(Luddites),即反对机械化自动化、视机器技术与科学为敌的人。——译者

社会目的。他认为，我们需要让企业担负起社会责任，建议建立"一个协调指导委员会，让工业和金融巨头与劳工代表和政府官员进行会面"。他们共同"计划对工业活动的控制"，正如现在的德国和其他混合经济体国家一样。杜威顺便批评了马克思，称他没有充分认识到技术的能动作用，以及新的发明创造对扩大工业的促进作用。他认为，马克思的另一个认识盲点是：为了维持消费，雇主会非常乐意支付高薪，而不会只发给工人最低生活工资。

在《新旧个人主义》中，杜威批判了当时的经济体制的种种缺陷：大范围的收入分配不均，所得税不成比例，劳工运动沉寂，工业不受控制，社会保障和失业保险缺失。所有这些问题都由后来的新政、公平施政、伟大社会和劳工-自由主义者联盟所解决。

"我们将走向某种形式的社会主义，"杜威说道，"随便我们愿意把它称作什么。"他说，真正的区别在于这种社会主义是公众的、民主的，还是保留了资本主义本质。

杜威诊断出了我们文化中的危机。有一个方面体现出这种危机：从事生产与分配的人，在生产与分配的管理上，没有创造力参与、思想参与以及情感参与。杜威指出，要创造新个人主义，就要建立某种形式的参与性民主制度和一个合作控制的工业体系。当这种民主制度和控制体系得以建立，工业对于参与其中的人来说就是一种主要的教育文化力量。工业的重心将会是社会效用，而不仅仅是金钱利益。杜威说，正是金钱利益，才导致了我们文化的扭曲发展。有了这种新个人主义，工业的出发点将会是商品和服务的使用者与享受者，而不是工业巨头或金融巨头。那些对大众文化感到失望或试图逃离大众文化的知识分子将发挥作用：进行研究，从而帮助"工业文明人性化"，让工业文明和技术成为"人类生活的仆人"。

杜威说，在某种意义上，个性被压抑的责任在于个体，所以找回个性的第一步取决于"个体自身"。完整统一的个性不能单靠一个包罗一切的社会计划去获得。我们必须耕种自己的花园，但这个花园四周并没有轮廓清晰的栅栏。我们的花园是整个世界，包括我们生活、工作于其中的企业与工业世界。杜威建议人

们在面对世事时采用科学的方法，把科学方法运用于道德、宗教、政治和工业之中。若能如此，不仅社会得以进步，而且人们会认识到思想自由是创造力与快乐的源泉。

在杜威写下他的这些观点的时候,社会主义思想正遍地开花,承诺着会带来一个更加美好的未来。知识分子并没有清楚地看到马克思主义独裁国家的专制,而资本主义也开始经历一场严重的经济危机。在半个多世纪后的今天,杜威所谴责的那种自由派的个人主义得以复活:经济自由论者和新保守派人士批评民主社会里政府调控在增加,征税和福利政策也在增多。自杜威写下《新旧个人主义》以来,政府已通过老年保障、失业保险和其他政府调控计划,缓解了杜威的一些担忧。现在的资本主义国家拥有大型的公共部门,是"混合经济"。尽管这些资本主义国家仍然面临严重的失业、通货膨胀与经济周期等问题,而且企业合并与联合的趋势有增无减,但许多国家并不愿意削弱自由市场。此外,福利社会中的个人常常和自由企业经济中的个人一样被异化、被疏远,尽管个人生存面临的威胁与过去不同。大众媒体的不断发展,进一步加重了个性压抑的问题,大众社会则再次提出了什么是政府在社会中的合适角色这个问题。现在,杜威的追随者中有一部分人是社会民主主义者或民主社会主义者,他们仍然希望政府起到社会福利工具的作用。其他人则重新评价资本主义,希望将资本主义民主化、人性化,不希望抛弃资本主义。这些人对市场的信任远远超过杜威,他们确信,政治自由和社会自由离不开充分的经济自由。我们或许可以得出如下结论:经济学仍然是一门艺术,而不是科学;不同的哲学家观点不同,不同的经济学家也一样是观点各异。经济学家组成不同的经济学派,他们对经济问题的分析、为这些问题提供的解决办法常常互相矛盾。尽管《新旧个人主义》的创作背景是 20世纪 30 年代的大萧条前夕,而现在是后工业时代,但杜威所担心的个性压抑问题仍然非常严重。他的《新旧个人主义》帮助我们认识到个性压抑的问题,尽管社会应该用什么办法拯救个性仍然是个悬而未决的问题。

xxii

III. 哲学争论

本卷所收录的杜威严格意义上的哲学文章多达十几篇,所以我只对它们进行有选择性的评述。

在《从绝对主义到实验主义》(From Absolutism to Experimentalism)一文中,杜威追溯了自己的哲学思想发展过程,这一过程始于他在佛蒙特大学就读时跟从托里(H. A. P. Torrey)的学习。杜威讲述了早年的自己如何在乔治·西尔维斯特·莫里斯(George Sylvester Morris)和 W·T·哈里斯(W. T. Harris)的指导下,被黑格尔哲学所深深吸引,因为"它满足了我对统一的需求,而这种需求无疑是一种强烈的情感渴望"。对黑格尔哲学中主体与客体的统一、物质与精神的统一以及神与人的统一,杜威尤其感兴趣。他讲述了自己如何在接下来的若干年里漂离了黑格尔哲学,尽管黑格尔哲学为他的哲学思想留下了一个"永久的矿藏"。

有四点从杜威的思想发展过程中突显了出来:第一,教育,尤其是中小学教育的实践与理论,对于杜威非常重要;第二,科学与道德在逻辑立场与逻辑方法上的二元对立日益困扰着杜威,他由此发展了他的工具主义;第三,杜威深受威廉·詹姆斯(William James)《心理学》(*Psychology*)一书的影响,尤其是詹姆斯对经验与思想的生物学理解以及这种理解对哲学所带来的影响;第四,杜威认为社会范畴很重要,尤其是交流和参与,他由此认识到社会科学对哲学、教育、道德以及宗教的影响。

上面的第四点在杜威的《哲学》(Philosophy)一文中得到了重申。在《哲学》中,杜威论证道,哲学是一门社会科学,哲学和社会科学之间的分离已经让两者深受其害。他认为,哲学思想史是一个社会研究领域,脱离了社会环境的哲学是不能被充分理解的。哲学的任务就是要批判一个文化的主流信仰,但这种批判需要将信仰作为社会产物和社会力量加以对待。从最早的希腊哲学到现在的哲学,包括常常脱离社会背景的逻辑学与社会实际问题之间的关系,都应该做到这一点。杜威进一步指出,经验主义者和理性主义者之间的主观争论是抽象的,哲学家应该考虑"本身真实的社会相互作用现象"。从这种观点来看,哲学谬误的根源在于,人们为了分析,把暂时的抽象转变成永恒的抽象。杜威抱怨哲学与社会科学之间的分离造成了"哲学体系的过分专业化",造成了"哲学过于强调思维游戏与论辩"而远离生活。杜威的这种评价也适用于后杜威时代在英美哲学中占主导地位的语言分析哲学,这种哲学似乎太过琐碎、太过形式化、太过死板。它过于强调脱离了社会背景的辨析,没有通过社会科学研究来检验心理学前提,这些都让问题变得更加严重。许多分析哲学家坚持认为,对认识论问题或逻辑问题的研究,可以独立于心理起源探究(psycho-genetic);但是,认识论问题或逻辑问题的背后,常常隐藏着未经检验的心理逻辑(psycho-logistic)假设。

本书收录的多篇文章记录了杜威与评论家之间的热烈讨论。其中,一篇文章是杜威与欧内斯特·内格尔(Ernest Nagel)之间的讨论,另一篇文章是杜威对伍德布里奇(F. J. E. Woodbridge)、威廉·欧内斯特·霍金(William Ernest Hocking)和刘易斯(C. I. Lewis)三人的回应——他们三人在1929年12月30日举行的美国哲学协会纽约会议上,对杜威工具主义的充分性作出了批判性分析。他们从实在主义或唯心主义这两种不同的形而上学出发,讨论了杜威的逻辑与反思性探究(reflective inquiry)理论,他们的评论可以极大地帮助杜威哲学的本体论基础得到澄清。许多人对杜威所用的基本范畴感到困惑,有些人则认为杜威的范畴有"唯心主义的"特征。"相互作用"(interactions)和"交往"(transactions)似乎是终极"实在的"(real),这就涉及两者与自然界之间的关系问题。自然独立于反思性探究而存在吗?逻辑原理在自然的执行秩序中发挥什么作用?"初级"(primary)经验和"次级"(secondary)经验之间有什么关系?或者说,直接经验到的先在对象(antecedent objects)是"实在的"吗?它们在何种意义上是"实在的"?还是只有那些由反思性思考与探究所确定和解释的对象才是"实在的"?一些评论家认为,杜威在这些问题上含糊其辞,自己也并不清楚它们的确切地位。杜威的评论家都是有影响力的哲学家,他们针对杜威哲学的各个方面提出了各种尖锐的问题,这些问题甚至让杜威最忠实的支持者也感到困扰。因此,杜威对评论家的回应很重要,它们可以极大地帮助我们理解杜威的哲学假设。

杜威与欧内斯特·内格尔之间的辩论尤其具有启发性。欧内斯特·内格尔是杜威在哥伦比亚大学任教时的学生,后来成为哥伦比亚大学的哲学教授。杜威首先提出了一个问题,即"形式逻辑原理适用于什么主题"。在《排中律的适用范围》(The Sphere of Application of the Excluded Middle)一文中,杜威称形式逻辑原理"只适用于形式化的或非存在的主题"。逻辑原理,例如排中律、同一律和矛盾律,是全称命题。它们既不表示实在世界的属性,也没有存在判断的含意。要使全称命题对存在具有适用性,必须有以具体命题的形式作出事实性的独立论断。"A是B或非B……与是否存在一种事物具有A和B所指的属性这个问题毫不相干。"杜威称,用一个全称属性证明存在属性是推理谬误。他认为,亚里士多德的逻辑观混淆了形式与内容、本质与存在之间的关系,回避了逻辑与本体或存在之间的关系问题。排中律对自然界有适用性吗?杜威深知存在与事件的偶然性或独特性,深知存在会变化、会转变。排中律对未来有适用性吗?尽管杜威同意内格尔的其他观点,但他质疑了内格尔在《直觉、连贯性与排中律》

(Intuition，Consistency，and the Excluded Middle）一文［参见《哲学杂志》
（*Journal of Philosophy*）第 26 期］中的一个观点，即"假如未来并非完全独立于
过去，那么，要列举出未来的所有（尽管十分一般的）属性"是可能的。杜威认为，
"所有"一词用在这里并不恰当，因为它会将未来的一切偶然性都抹杀掉，让未来
过于限定，使排中律对未来具有适用性。与内格尔的观点相反，杜威认为，未来
是条件性的，具有时间属性，是不确定的。排中律不仅不适用于未来，也不适用
于过去或现在。在文章的结尾，杜威把排中律的地位问题放在一个更大的问题
中，即逻辑与本体、形式与存在之间的关系问题。

内格尔《逻辑能否脱离本体论？》（Can Logic Be Divorced from Ontology?）一
文（参见附录 1），对杜威的这篇文章作了回应。他反对将探究方法与探究主题
的"不可约特性"（the irreducible traits）分离开来。他称杜威的文章中既有一种
描述"存在的一般特性"（generic traits of existence）的形而上学，又有一种探究方
法的逻辑学。内格尔称，我们若根据杜威的文章进行推论，便会得出如下结论：
有些一般因素是一切科学研究对象的特征。这些本体特征作为探究过程的结论
而成为认识对象，它们并不完全先行存在于探究。内格尔认为，杜威自己似乎也
在问，这些"本体特性是否至少部分地与逻辑特性相同"。

在内格尔看来，如果逻辑特征与本体特征相分离，那么，杜威在《确定性的
寻求》中所表达的观点——"不稳定"与"稳定"不仅是人类经验的特点，也是自
然的特点——便站不住脚。杜威为自然与经验都包含一般特征这个观点提供
的主要论据，是自然和经验之间具有连续性。内格尔援引了杜威的话，并表示
赞同："相信自然与经验之间有连续性的人也许会主张，既然人类经验表现出
这些特征，所以自然必定包含了这些特征的原型。"内格尔总结道，虽然除了被
我们的日常经验所证明的逻辑特征外，还可能存在其他本体特征，但自然必定
至少反映并包含了逻辑特征，这一点在反思史（reflective history）的过程中得以
显示。

内格尔认为，逻辑法则是独特的，因为它们出现在每一个可以想象得到的探
究中；因此，它们代表了一切主题中的不变因素。他坚持认为，一个忠实的自然
主义者不能割断逻辑与形而上学之间的连续性。他说，尽管逻辑原理只涉及不
同命题之间的相互关系，并不涉及不同事物之间的相互关系；但是，矛盾律和排
中律的根据不在命题里，而在命题所表征的事物的本质里。

很快，杜威便用《逻辑对存在的适用性》(The Applicability of Logic to Existence)一文回应了内格尔。杜威的支持者可能会发现，他的回应颇为奇怪。一开始，他似乎承认了内格尔的观点，似乎被后者劝服了。他一开篇就说：他并不认为"逻辑能脱离本体"，而是认为逻辑的"根据""必须存在于本体中"，存在着"逻辑与形而上学之间的连续性"。但是，他问道：方法必须在哪种意义上反映或折射出事物的可知秩序？逻辑与形而上学之间存在哪种连续性？他质疑内格尔对这些问题的回答，认为逻辑特征可以实际运用于存在，尽管逻辑特征并不是其他存在的内在特征，也不提供前提作为存在推论的直接基础。他否认形式逻辑原理可以直接归属于实际存在，尽管它们适用于应对此类存在性前提。杜威为前一篇文章讨论问题过窄表示歉意，并愿意探讨内格尔提出的那些更大的问题。他同意内格尔所说的"逻辑原理关注的是命题之间的相互关系，而非事物之间的相互关系"。但是，他说自己绝不会否定合理思维对象受到先在事物(prior existences)的制约这一点，也绝不会否定合理思维对象可以通过存在性运作 (existential operations)间接地应用于先在事物这一点。此外，他也不会否认，偶然存在具有确定特征因素，因此逻辑原理也可以应用于偶然存在。他还说，反思性探究本身便是存在，它反过来受到存在对象的制约。为了进一步阐明自己的观点，杜威在文中介绍了可能(the potential)与实际(the actual)之间的区别。"独立于反思存在的存在是'可被逻辑化的'(logicible)，但却并不是'被逻辑化的'(logicized)"，除非人类有机体进行了实际运作。这些运作会产生附加影响，使先前仅仅是可能的属性与关系"变成了实际"。在这里，杜威是在试图解决《经验与自然》和《确定性的寻求》两书中困扰其他哲学家的那些隐含问题。直到后来，在 1938 年出版的《逻辑：探究的理论》(Logic: The Theory of Inquiry)一书中，杜威才最终试图发展出一个更广泛的逻辑原理本质和功能的理论。

身为杜威在哥伦比亚大学的同事以及《哲学杂志》的主编，伍德布里奇撰写了《经验与辩证法》(Experience and Dialectic)一文，对杜威思想进行了批判性分析。伍德布里奇在杜威的许多学生中间颇有影响力，他代表了一种亚里士多德式的实在主义。他对杜威工具主义的主要批评包括两个部分：首先，他质疑了杜威对"前在对象"(antecedent objects)与"最终对象"(known objects)所作的区分，因为他认为，认识对象独立于认识而存在，先于认识而存在。他质疑了杜威在

《确定性的寻求》中说过的一句话："只有反思性探究的结论是已知的。"伍德布里奇抱怨这句话会将杜威送入唯心主义者的怀抱。他希望可以清楚地区分认识和认识对象。"不管哪些对象成为已知",他说道，那么"它们是存在于求知行为之前还是之后似乎无关紧要"。

在《对一些评论的回应》(In Reply to Some Criticisms)一文中，杜威回应道，他无法理解为什么有人会认为他是在"否定先在事物的存在"。与此相反，他坚持认为"直接经验之物先于认识而存在"。不过，杜威否认自己是在将"直接经验之物与认识对象"等同起来。他认为自己和伍德布里奇的分歧在于，他们对先前存在(antecedent existence)在被认识的过程中相对于认识而言有什么特征这一问题持不同观点。杜威称"认识对象是反思的最终产物"，而"先前存在"是"认识的主题"。

伍德布里奇的第二点批评是：杜威在论证自己的观点时采用的是辩证法而非实证法，这意味着自然在本质上是辩证的，而且辩证法通过智慧的实践过程得以实施。杜威再次否认他的方法是纯粹的辩证法，坚称他所依赖的是从实验科学中援引的经验性证据。他采用辩证法的目的，只是要让其他人经历实验性探究的实证影响。

哈佛大学哲学家威廉·欧内斯特·霍金也对杜威进行了批评，但他的批评角度是客观唯心主义(参见附录2)。他为先验真理(a priori truth)、一切实在的永恒性、确定性作辩护。尽管如此，霍金对作为"实验唯心主义者"的杜威还是表示认同的。但是，他否定了工具主义的基本前提。根据工具主义，我们必须通过观察命题是如何起作用来判断命题是否合理。霍金不认为意义和作用方式之间有对应性。"如果当我们看到一个事物的结果时，我们只认识了那一个事物，那么事实上，我们什么也不知道，因为我们不清楚接下来会怎样。"我们对一个观念的兴趣并不是这个观念的全部意义。独立于"有效意义"(active-meaning)的"事实意义"(fact-meaning)是存在的。霍金认为，即使是没有发展成功的部分真理，也具有某种"意义的一致性"。

在回应时，杜威称霍金对他的反对与霍金自己的一个观点密切相关，即"真理被看成是某些意义、观念或命题的内在属性"。但是，他说："任何观念或命题都与它自身的问题情境相关联——它产生于这个问题情境，并打算解决这个问题情境。"只要一个观念或命题确实解决了它自身的问题情境，那么，这个观念或命题便被证实是"正确的"。而这个得到了解决的问题情境可能会带来另一个有待解决的问题情境。即使是部分真理，它们也是正处于发展过程中的意义；因此，意义具有不确定性。

此外，杜威还认为，未经应用的意义算不得真理。理性主义者口中所谓的"真理的直接性"，仅仅适用于意义。虽然杜威反对霍金对"永恒"一词的使用，他承认，"真理的稳定性"和"实在"一样，也代表了一种理想界限，但这并不意味着我们就可以将这个理想界限转变成意义的内在属性或先在属性。他担心霍金对 *xxix*
"绝对"的论述很容易变成一个固定的教条。

杜威还称，他从未质疑过存在经验意义上的先验意义（*a priori* meanings）；但是，这些先验意义是"潜在的假设"，我们必须防止意义-假设被转变成真理。霍金称我们可以从假设推断出"必然结论"，但杜威认为，这是含糊不清的，因为"必然结论"既可以指"逻辑含义"，也可以指"存在结果"。假定"存在结果"应该等同于"逻辑含义"，就会带来谬误；而杜威认为，这种谬误会导致"思维上的教条主义"和"行动上的狂热主义"。

哈佛大学的实用主义者刘易斯基本认同杜威的观点（参见附录3）。他同意威廉·詹姆斯的观点，认为实用主义不是一种教义，而是一种方法论。从逻辑的角度来看，实用主义包含一个单一的程序原则，即要实际检验重要性，就必须通过观念对经验的实际影响去检验观念。他说："思想是行动的计划，概念是某些操作的指令，这些操作的重要性由经验结果所决定。"杜威对此表示同意。

刘易斯认为，杜威的"功能概念观"对逻辑理论也有重要的影响。顺便提一句，在刘易斯最重要的著作《对知识与评价的分析》（*An Analysis of Knowledge and Valuation*）一书中，他对逻辑理论进行了大量的哲学论述。他同意杜威的观点，认为物理和数学的概念已经从探究背景中抽象出来了，但尽管如此，它们还是在认识的中间阶段起到了必不可少的重要作用。在刘易斯看来，虽然意义作为涵义时指的是抽象的关系构造，但意义作为描述或经验性应用时指的是一个过程，这个过程的开始和结束都是"在将已有资料转换成预测与控制的工具的运作中"。他的这种解释，与杜威的工具主义是一致的。

在《对一些评论的回应》中，杜威称他同意刘易斯的观点。他无意于否定 *xxx*
抽象在科学和思维中的重要作用。抽象的使用是"思维的核心"。我们只有通过概念思维这一中间过程,才能有效地控制具体经验。"令我感到遗憾的是,"杜威在结语中说道,"人们往往将各种抽象变成完整自足之物,或变成一种超级存在。"社会科学领域的许多研究者往往过于敬畏物理科学中的抽象概念,往往无法创造出适合其自身主题的抽象概念。由此,杜威重申了他的工具主义,将其置于他那更广泛的、包容直接探究和反思性探究的经验理论之中。

本书中有两篇文章特别值得评论。它们不仅是杜威后来在《共同信仰》(A Common Faith)(1934 年)一书中所表达的许多观点的雏形,也可以帮助我们理解杜威眼中的人文主义。近些年来,人们猛烈地抨击杜威,因为他签署了《人文主义宣言》(A Humanist Manifesto),那是一份由 34 位自由派哲学家、作家和牧师所支持的于 1933 年发表的文件。杜威的许多敌人将世俗人文主义后来的发展归咎于杜威的影响。杜威明显是一个人文主义者,但他是何种意义上的人文主义者?

在《人文主义之我见》(What Humanism Means to Me)一文中,杜威指出,"人文主义"一词有各种各样的含义。他尤其想要将自己对人文主义的理解与当时美国许多文学评论家,如保罗·埃尔默·摩尔(Paul Elmer More)和欧文·白璧德(Irving Babbitt)所积极提倡的人文主义概念区分开来。杜威认为,他们眼中的人文主义过于消极,是"反浪漫主义的","反自然主义的"。这种人文主义批评和拒绝科学,使人类对立于自然。杜威批评它的"先验性的想象力",批评它分离了人类与自然,这种分离是与它背后的康德伦理学密切相关的。它自认为与浪漫主义的共同点不多,其实却和浪漫主义有很多共同点。

杜威说,人文主义最初指的是 15 世纪和 16 世纪知识的复兴,以及文人对古希腊罗马文学的浓厚兴趣。文艺复兴时期的人文主义对权威进行了激烈的反抗。因此,人们视人文学科为神学的对立面。另一种人文主义则强调,人类过去与现在生活的价值应该是人类关注的焦点。沃尔特·佩特(Walter Pater)曾表达过如下观点:任何对人类有吸引力的事物都不会失去活力。培根(Francis

Bacon)、孔多塞(Condorcet)和孔德(Comte)则支持另一种人文主义,他们希望用科学改善人类的生存状况。牛津大学的实用主义者席勒(F. C. S. Schiller)也为人文主义作辩护。和普罗塔哥拉(Protagoras)一样,席勒认为,"人是万物的尺度",尤其是价值的尺度。

杜威眼中的人文主义和培根的人文主义相似,因为它试图整合科学,试图利用科学为人类服务。杜威用一句话总结了他心目中的人文主义:"人文主义……不是人类生活的浓缩,而是一种扩展。此时,自然以及自然科学都成为主动为人类利益服务的仆人。"杜威的这个定义相对于近期生态运动的发展尤其显得有趣。生态运动这个新浪漫主义,借人文主义之名,常常谴责科学和技术,试图保护自然,回归自然,将自然视为一切价值的完美发源地与标准。在某种意义上,它与杜威所反对的摩尔和白璧德的文学人文主义有些相似之处。

在《我的信仰》(What I Believe)一文中,杜威进一步阐明了一种人文主义的宗教观,他反对古典主义那种超验的或超自然主义的信念观,在这种信念中,自然和人类生活的意义的源泉"超越经验"。他认为,基督教提供了"绝对的、一成不变的上帝和真理所带来的固定启示",这种启示被详述为一个"确定的规则与目标所组成的固定体系",以指引生活。但是,这个体系却带来了"固定的教条以及僵化的制度"。杜威不认为基督教严格说来可以为当前的不幸和社会问题提供现成的解决办法。作为替代,杜威提出了一种自然主义的信念。这种信念不是基于一个从上天那里接受的信仰,而是为行动与努力提供灵感;它植根于人类经验之中,将人类经验视为知与行的"唯一的最高权威"。这种经验哲学的核心源于自然科学的一个原理:存在即发展与变化。这意味着,我们必须愿意改变社会制度与传统的道德态度。杜威认为,宗教所面临的首要危险在于它已变得过于正派,以至于认同社会现状,因此妨碍了道德变化。对于杜威而言,"宗教的未来取决于人们是否会对人类经验与人类关系的可能性产生信念,在这种信念下形成对人类共同利益的强烈意识,并采取行动实现这一意识"。杜威希望用科学技术资源改善人类生活,尤其是重建经济力量。他坚决反对过度的悲观预言。人类已经丧失了对理性的信心,现存的信念已被动摇,怀疑态度肆意泛滥。我们不仅怀疑旧的信仰,还怀疑任何可能会帮助我们理智地指引人类事务的、影响深远的观念。

xxxii

在这种背景下,杜威认为,"一种受惠于科学技术而形成的彻底的经验哲学才具有重要意义"。他强烈主张这样一种哲学可以"影响到工业、政治、宗教、家庭生活以及普遍的人类关系"。杜威对人类潜力与智慧有着深深的信念,这一信念是杜威人文主义的一个特征,贯穿了他的思想与行动。他总结道:"一种使人有行动倾向的哲学信仰,只能通过行动来试验和检测。对于本文所述之哲学,目前我还不知道任何切实可行的替代方案。"

教育科学的源泉

1.

作为科学的教育

有人可能会认为我在用"作为科学的教育"作标题前，应该先回答如下问题：
教育是一门科学吗？更为根本的是，教育能成为一门科学吗？教育的过程与目的能否被简化成确切意义上的"科学"？其实，类似的疑问同样存在于其他领域，比如史学、医学和法学。需向大家坦白的是，将不设问但引人发问的"作为科学的教育"用作标题，我的目的是为了避免讨论那些虽然重要但却非常棘手、富有争议的问题。

在本文中，我们只需要注意："科学"一词含义广泛。

有人认为，数学或者那些能够通过严谨论证方法得出确切答案的学科才是"科学"。若依据该定义，物理和化学也该被排除在"科学"范围之外，因为它认为，这两门学科中称得上"科学"的只是那些绝对精确的部分。同样，据此定义，通常意义上的"生物科学"之"科学"地位更加可疑，而社会学科和心理学则几乎根本不能归为"科学"。显然，我们必须灵活地理解科学的含义，这一含义必须足够宽泛，能够囊括所有通常被认为是科学的学科。其中，重点是在被称作科学的各个学科中发现它们之所以为科学的特性。如此说来，科学的重点不在于寻找不同主题的统一客观特征，而在于研究方法。据此观点，我认为，科学即意味着存在系统的研究方法；当我们将这些方法和各种事实联系起来时，便能更好地理
解这些事实，并在控制这些事实时多些理智，少些偶然性与常规性。

众所周知，我们现在的卫生医务工作已不像过去那么随便、那么依赖于猜想

和传统风俗,这一变化无疑要归功于研究方法和检验方法的发展。思想方法使材料不断被发现并不断被组织,使一位研究者可以重复他人的研究进而证实或证伪它们,并向人类的知识库添加新内容。此外,研究方法往往会在使用的过程中自我完善,启发研究者发现新的问题,进行新的研究,从而改进旧方法,创造更好的新方法。

因此,教育科学的源泉问题应该如此理解:哪些方法可以使我们在执行各级各类的教育功能时,如课程材料的选择、教学和训导的方法、学校的组织和管理等,系统地增加理性控制和理解? 为使教育活动不再是惯例、传统、意外和瞬间的偶然因素的产物,我们可以且应该使用哪些材料? 为稳定不断地增加可传授的智慧和指导能力,我们应该取材于哪些源泉?

有些人谴责教学研究,理由是教师对学生的教学和道德引导是否成功与他所掌握的教育原理并不成正比。为回应该观点,让我们假设有两名教师,A 和 B。B 熟知教育史、心理学和准许的方法等,而 A 在这方面所知甚少,但 A 却比 B 在教学上更为成功,他能激发学生的学习热情,以身作则地为学生树立道德榜样。事实如此,这无可辩驳。但是,教学研究的反对者忽略了一个事实:像 A 这样的优秀教师的成功往往不能重复,只有那些和他们本人接触过的学生才能受益。过去,许多优秀的教师就这样作出有限的贡献,由此带来的浪费和损失无人可以估量。要在未来避免这样的浪费,唯一的办法就是利用不同方法对优秀教师的直觉行为进行分析,并把从他的工作中得到的经验传给其他教师。即使在传统意义上的科学领域里,优秀人物的真知灼见也很重要,他们的智慧不可能批量生产。不过,科学的存在让天才的经验得到普遍运用,使拥有特殊才能者的成果能被其他研究者所用,防止它们在产生时便消亡。

牛顿、玻意耳(Boyles)、焦耳(Joules)、达尔文、赖尔(Lyells)、亥姆霍兹(Helmholtzes)等人的个人能力并未因为科学的存在而毁灭,他们仍会与众不同,他们要作出的发现仍无法根据过去的科学进行预测,他们的活动仍无法根据先前的科学加以控制。然而,科学却可以让他人系统地得益于他们所取得的成就。

另外,科学方法的存在还保护我们免受能力非凡之人的活动所带来的危险,让我们不去盲目模仿与拥护,不对他们以及他们的工作忠诚到阻碍进步的地步。大家现在都会注意到,一位有独创性与影响力的老师并非总是会产生积极的影响。受这样一位老师影响的学生,常常会表现出一边倒的兴趣,并往往会组成学派,对其他问题和真理无动于衷,且极其信赖这位老师的话,进而重复他的观点,而这种重复却常因缺乏最初的精神与洞见而丧失了重要性。观察显示,上述这些现象在科学方法最不成熟的学科最为常见。在那些科学方法更为成熟的学科中,学生运用的是方法,而不只是结论,而且方法的运用是灵活的,而非纯粹复制。

之所以要说上述题外话,是因为科学的反对者认为个性和特殊才能与科学水火不容,而有时科学的支持者也主张科学的结果就是过程的千篇一律。所以,这里似乎有必要说明一点:对于科学发展程度最高的学科,实际情况恰恰相反。掌握科学方法与系统化的主题可以解放个体,促使个体认识到新的问题,设计出新的过程,让个体普遍支持多样化而非千篇一律。同时,这些多样化会产生一种累积性的进步,并让该领域里的所有工作者共享这一进步。

作为艺术的教育

我认为有一个常见观点与上述话题紧密相关,即:教育是艺术,而非科学。就具体操作来说,教育无疑是一门艺术,是一门技艺(mechanical art),或是一门美术(fine art)。如果科学与艺术之间存在一种对立关系,那么,我不得不赞成教育是艺术的观点。但科学与艺术之间并不存在对立关系,它们之间只是存在差异。我们不能被词语的字面意思所误导。工程学,在实际操作中是一门艺术,但这门艺术不断地吸收越来越多的科学,越来越多的数学、物理学与化学。工程学之所以是工程艺术,正是因为它包含着指导其实际应用的科学主题。杰出的个体拥有发挥自己独创大胆计划的空间,但他们与他人的区别不在于抛弃科学,而在于重新整合科学材料并为这些材料创造出新的、过去所不熟悉且未曾预见的用途。对于教育学而言,只有当心理学家,或任何领域的观察者和实验者,将自己的研究结果归为一条要求所有人必须统一遵守的规则时,才会反对、破坏教育艺术的自由发展。

但是,之所以会出现这种情况,不是因为运用了科学方法,而是因为背离了科学方法。对于能干的工程师而言,科学结论没有强迫性,他不会严格遵守一种特定的做法;只有差劲的工程师才会这么做,而没有受过专门训练的临时工则更会照本宣科。一种做法,即使它源自科学且只能为科学所发现或运用,但一旦被转变成必须统一遵守的流程法则时,便成了一种经验性做法,就像一个没有任何数学知识的人在机械地使用对数表。

巨大的危险在于,人们直到最近才开始尝试发展科学方法。没有人会否认,教育仍然处于从经验性地位向科学地位转变的过程中。对于经验性的教育,其主要决定因素是传统、模仿复制、对各种外在压力,尤其是最大外在压力的被动回应,以及每个教师先天和后天的禀赋。在经验性的教育中,人们极有可能认为,教学能力即意味着使用立即见效的做法,并把课堂的秩序、学生正确背诵指定课文、考试合格、学生升级等作为衡量成功教学的标准。

这些标准大部分也是一个社会用来判断教师价值的标准。准教师们脑中带着这些观念,来到师范院校或大学接受训练。他们主要想弄清楚如何教学最有可能实现成功。直言不讳地说,他们想获得秘诀。对这些人来说,科学是有用的,因为科学能让各种具体做法得到最终认可。科学很容易就被当作是商品销售过程中的担保人,却很难被视作照亮眼前事物的明灯,或者是照亮脚下之路的路灯。科学得到重视,不是因为它可以为个人带来启发与解放,而是因为它具有威望;科学得到重视,是因为人们认为它可以为课堂里运用的具体做法给予绝对的真实性与权威性。这样的科学是教育艺术的敌人。

经验与抽象

对于那些比教育学更为成熟的学科,它们的历史表现出两个特点。这些学科最初的问题都来自于日常实际生活中出现的难题。在热学产生很早之前,人类便通过摩擦木头取火,并注意到事物互相摩擦时会变暖这一现象。这种日常经验似乎与火焰和火的现象相矛盾,却最终形成了热即一种分子运动方式的概念。但是,热的概念只能在一种情况下才会产生,即抛开普通现象实际产生的条件和用途对这些普通现象进行独立的思考。没有抽象便没有科学。抽象的实质是将特定事件从熟悉的实际经验层面剥离出来,放入思考或理论研究层面。

能够暂时摆脱当前实际问题的迫切需要,是任何领域开始进行科学探讨的一个条件。如果我们一心想要实现某种直接目的或实际用途,科学研究便总会受到限制,因为当我们只注意和现在想做之事或想得到之物直接相关的事物时,我们的注意力与思考力便会受限。科学意味着我们要将观察与思考的触角延展开来,并对事物本身产生兴趣。有一种说法说得好:理论到头来是最实际之物,因为扩大注意力范围,使其不囿于直接目的和欲望,终会创造出范围更广、影响更大的目的,并让更广、更多的条件与方式为我们所用,让我们超越原本的实际目的。但眼下,理论构建要求我们坚决地脱离过去实际活动的需要。

对那些为教育实践与艺术创建科学内容的人而言,获得上述超然的态度尤其困难。在学校,他们迫于压力,追求立竿见影的效果,要在短时间内快速地展示出实用性。他们倾向于把统计学研究和实验室实验的结果变成指导学校管理与教学的指南和规则。教师往往把结果直接拿来用于实际使用。于是,他们便没有足够的时间去缓慢地、逐步而又独立地形成理论,而理论形成正是构建一门真正科学的必要条件。这一危险在教育学中尤其突出,因为教育学是最近才出现的一门新学科,这让它的潜力与价值受到怀疑。在希望证明科学论证方式确实有价值的压力下,科学结论被转化成了课堂实践的规则与标准。

举一个太接近当前现实情况的例子可能会招致不满,但为了明确以上论述的含义,我需要在此给出实例。这个例子发生在很久以前,例子本身很简单:一位研究者发现 11 岁至 14 岁年龄段的女生比同年龄的男生成熟得更快。由这条事实或者说推定的事实出发,这位研究者得出推论:应将 11 岁至 14 岁年龄段的男女生分开教学。他将一个思维结论转化成了学校实践的一条直接规则。

相信很少有人会否认,这位研究者对研究结果的转化是草率的。原因很明显:学校管理和教学活动要复杂得多,远远不止他在科学结论里提到的一种因素。只有将一种因素与其他众多因素加以权衡,才能决定该因素对教育实践的意义。上述例子本身过于简略,要从中归纳出某一规律似乎有夸张的嫌疑。但是,例子中所涉及的原则却是普遍适用的:科学结论不能被转化成教育艺术里的直接规则,因为教育实践活动没有不高度复杂的,也就是说,除了科学结论中涉及的条件和因素,所有的教育实践活动都还包含许多其他的条件和因素。

但如果读者用这个例子来贬低科学在教育艺术中的价值,那就误解了我的意思。科学结论仍然有它们的实际作用。我举这个例子,是要防止科学结论向行动规则的简单转化。现在,假设上面的结论,即某个年龄段的男女生成熟速度不同,被后续的研究所证实,并且作为事实被大家接受。这一结论虽然不能被转化成具体的固定规则,却仍具有价值。真正了解该结论的老师会改变自己的个人态度,会随时对本不会察觉到的现象进行观察,并有能力解释某些原本会带来困惑与误解的事实。有了这种了解与理解之后,他的实践活动会变得更理性、更灵活,并可以更有效地处理具体的实际现象。

但这还不是全部。持续的研究会揭示出其他相关的事实。虽然每一次研究和每一项结论都是具体的,但随着具体的研究结论在数量和种类上不断增加,结果往往会产生新的视角与更广阔的观察领域。各种具体的结论会产生一种累积效应:它们相互强化、相互扩展,最终,那些将许多不同甚至表面上(*prima facie*)相互孤立的事实结合在一起的原则便得以发现。我们将这些把不同现象连在一起的连接原则称为规律。

相互关联极其紧密的各种事实便构成了一个系统、一门学科。了解该系统及其规律的实践者显然拥有观察、解释其所见所闻的强有力工具。该思维工具会在他采取行动时影响他的态度和反应方式。由于他的理解范围加深、加大了,他便可以将那些他原本没有察觉到并在行动中忽视的间接结果纳入考虑范围。他会有更强的连续性,不再会因为不知道连接原则而被迫将各种情况孤立开来,并孤立地对待它们。同时,他的实际行为会变得更加灵活。他会看到更多的联系,并因此看到更多的潜力和更多的机会。他会从遵循传统与具体先例的处境中解放出来。他的判断能力会增强,因此,在面对每一种情况时,他会有更多可供选择的处理办法。

科学的含义

概括上述结论,我们可以得出如下结果:首先,孤立的结论不能形成真正的科学,不论得出这些孤立结论的方法在科学上多么正确,也不论这些结论多么精确。只有当各种结论相互联系起来形成一个较为连贯的系统时,即当这些结论相互证实、相互说明或相互附加意义时,科学才会产生。这一发展过程需要时间,而对于一个刚从经验性学科变成科学的不完美的学科而言,这一过程则需要更多的时间。

来自物理科学的例证

与心理科学和社会科学相比,物理科学的历史要长得多。此外,物理科学涉及的问题从本质上说较前两者简单,涉及的变量也更少。我在前面提到,将具体科学结论草率地转化到教育实践中是危险的,这是因为教育学与物理学相比的相对不成熟。正是因为不成熟,针对教育问题所作的科学研究必须在相当长的时间内继续下去,并且要相对远离直接应用;也正是由于不成熟,在学校管理和教学中展示立竿见影的实用性是一种危险的压力。

物理学基于已有基础上的构建方式向我们证明了:要构建科学,必须对可以形成系统的各种联系加以认识;同时,要使实验与测量具备科学价值,这种认识必须依赖于一般性思考(general thought)。物理学的历史向我们确切地证明了:数量上再精确的测量与关联,只有与那些指出进行什么测量以及如何解释这些测量的一般性原理相联系,才能建立一门科学。伽利略的实验和测量构成了现代科学的基础,而它们是与斜面实验、钟摆运动以及比萨斜塔落体实验联系在一起进行的。

不过,伽利略首先进行的是一场思维实验,他提出了一个假设:物体的下落时间与它通过的距离的平方成正比。正是因为伽利略有了这个通过思考而得来的一般性观点,他的比萨斜塔实验才有了意义,他对各种结构与体积的物体下落时间的测量才有了意义。伽利略对于测量对象的概念,即将距离、时间和运动三者之间的关系作为物理测量实际对象的一般性概念,让他的测量有了科学意义。若没有这些概念,伽利略便不知道要测量什么,只会随意进行测量;没有这些概念,伽利略也不会在测量后明白测量的意义,这类测量活动也就依然不过是求知好奇心的表现罢了。

伽利略对滚动球的测量之所以具有革命性意义,也归功于他通过思考得出的初步假设。斜面实验和钟摆实验证实了他的假设,即运动的物体在不受外力作用时将保持匀速直线运动。伽利略将这一实验结果与比萨斜塔实验结果相联系,从而测量了加速度,得出了一个一般性公式。由此,间接测量的道路便为后来的实验者所打开。与只是提供数据、进行检验的直接测量相比,通过计算进行的间接测量对科学有更加重要的意义。在进行间接测量时,实验者知道自己的测量对象是什么——质量、距离、时间和运动之间的关系。这些一般性概念将实验者的具体观察数据结合成了一个系统。

12

2.

借来的方法是不够的

13　　上述讨论把我们引到了第二点，即第一点的反面。光靠借用物理学的实验与测量方法，构建不了教育学。只有在一种条件下，教育学才可能仅凭借用物理学的实验与测量方法得以建立，该条件是：找到一种能用距离、时间、运动和质量这些单位来解释精神或心理现象的方法。不用说，我们目前还不具备这一条件。此外，也没有任何别的一般性假设可以告诉我们去测量什么，告诉我们如何去解释测量结果，如何将这些结果系统化，从而进行富有成效的间接测量。在当前，认识到这一点实际上很重要，因为有一种倾向认为，我们只需通过从历史更悠久、发展更成熟的科学中借用方法便可获得教育科学的材料。

　　一门准科学在发展初期进行的实验与测量，其结果缺乏普遍意义，这无可非议。它不可避免地要经历一段摸索期。不过，缺少一个思想连贯、内容广泛的系统，是对我们的一种明确提醒。它提醒我们，不能仅仅因为从已确立并能用量化公式加以解释的科学中借用已被接受的方法，用这些方法得出了某些结果，便认为这些结果具有了科学价值。量甚至都不是数学的根本概念。

3.

规律与原则

第三,规律与事实,即使以真正科学的形式得出,也不能成为实践原则。规律与事实对教育实践——所有的教育都是一种实践,或理智的,或随意的、习以为常的——的价值是间接的,即为教育者提供可用的思维工具(*intellectual instrumentalities*)。这种观点区分了原则与思维工具,它的含义可以通过朋友告诉我的一个例子来进行解释:一位油漆制造商运用化学实验室里获得的研究结果,但工厂结果与实验室结果有时相差无几,有时却有着天壤之别。我们猜想,油漆制造商的第一反应是会认为科学结论没有实际意义,至少当工厂结果与实验室结果有着天壤之别的时候。

但是,这位制造商并没有如此推理。他的关注点在于改进工厂运营,从而在消耗相同的劳动与材料的情况下获得更多的产出。他知道,工厂条件要比实验室的实验条件涉及更多以及更难控制的变量。因此,实际结论与严格意义上的科学结论之间存在的差异对他是一种指引,指引他在更大的范围内更精确地观察所有影响工厂结果的条件。他注意到不同工序在时间与温度上的差异,注意到周围环境的热度和湿度产生的影响,注意到偶然产生的气体造成的反应,等等。随着对这些因素以及它们如何影响工厂结果的发现,制造商改变了工厂的实际做法。他希望通过这种改变来改善工厂运营,在改变的每一步他都注意到那些会影响结果的更细微、更隐匿的条件所产生的影响,以便进行逐步改善。

在这个例子中,如果制造商把科学数据当成一个固定原则,他会刻板地遵循这个原则,不会通过消除浪费与损失进行改善。更可能地,他会对实验室产出与工厂产出之间的悬殊感到反感,继而断定科学并不能帮助他实现他的目的,从而回归到经验性的做法。实际情况是,这位制造商把科学研究结果作为思想工具运用到他的经验性做法中。也就是说,科学研究结果将他的注意力,包括他的观察力与思考力,引到他本来不会注意到的条件与联系上去。如果非要保留"原则"一词,我们只能说,科学研究结果是为进行观察与探究提供了"原则",而不是为外显行为提供了"原则"。科学研究结果并不是通过对实际及实际结果产生直接影响而发挥作用的,而是通过改变心理态度间接地起作用。这位制造商的实际效率得到了提高,因为他清楚了目标,能更理智、更全面地进行观察;而且,由于他现在能从更多的关系出发去观察所见之物,他对所见之物的解释也更具方向性。

科学培养的态度

若将科学研究者换成学校里的管理者与教师,上述这些因素与科学结论的实际运用有何关系?答案相当清楚。我曾认识一位师范学校的教师,他过去常常告诉学生:"如果你发现我或者其他老师教给你的东西妨碍你发挥自己的常识,妨碍你在实际的课堂情况中发挥自己的判断力,在这种情况下,你最好忘掉学到的知识,转而依靠自己的判断力。"

我从来不认为这位教师说这句话的意思是:他认为教师只需依靠个人的常识判断力与直觉,或者他认为师范学校教给学生的原理和事实没有实际价值。在我看来,他的话从反面说明,学生在师范学校学到的教育科学、教育历史与教育哲学知识,其价值在于为学生观察、判断实际情况提供启发与指导。如果在某种情况下,学生认为自己学到的知识与学校实际情况没有联系,这时,他们就不应该从所学知识中去寻找原则,而应该依赖自己的判断力,这种判断力通过理论学习而形成,并且可能在潜意识中起作用。简而言之,传授有限教育内容的教学,其价值在于它对个人的观察与判断态度形成所产生的影响。

源泉与内容

从上述讨论,我们可以得出一个最终结论:教育科学的最终现实不在书本里,不在实验室里,不在教师培训课堂里,而是在教育者的头脑里。研究结果,即使没有在教育者形成观察、判断与计划的态度及习惯的过程中发挥作用,也可能是科学的研究结果,但它们不属于教育科学,因为它们没有在上述过程中发挥作用。它们属于心理学、社会学、统计学或其他科学。

由此,我要开始转变讨论方向。我们必须将教育科学的源泉与教育的科学内容区分开来。我们不断混淆两者,还往往认为某些研究结果只要是科学的就自然属于教育科学。只有当我们牢记这种研究结果是教育科学的源泉,是通过教育者的头脑这一媒介使教育更加理智时,教育科学才会获得启迪,变得清晰,并取得进步。

教育过程作为源泉

当我们将学校教育和家庭教育的教育过程与教育结果视为教育科学的源泉时,我们要回答的第一个问题就是:这些教育过程与教育结果有什么样的地位和作用? 答案是:(1)教育实践为教育科学提供材料、主题,这些材料、主题构成了研究问题。教育实践是为研究提供最终问题的唯一来源。(2)教育实践还是所有研究结论的价值的最终检验者。认为科学结论决定了教育活动的价值,是对现实的违背;实际教育活动是科学研究结果的价值检验者。研究结果在某些领域可能具有科学性,但在教育领域,只有当研究结果实现教育目的时,它们才具有科学性,而是否真的实现教育目的,则只能由实践来决定。实践最先出现,最后退出;实践是开始,也是结束——说它是开始,因为赋予研究以教育意义与特点的问题由它确立;说它是结束,因为它能检验、证明、修改并进一步发展研究结论。科学结论只起到过渡与辅助的作用。

来自工程学的例证

工程学的发展为我们提供了有关的例子与证据。在数学与物理学还未出现的时候,人类就已经在建造桥梁。随着数学与物理学的发展,随着力学公式、静力学公式、推力公式和应力应变公式的出现,人类可以更有效地建造桥梁,并有能力去应对过去的建造方法所不能应对的条件。桥梁建造确立了理论问题,数学和力学研究这些问题,而它们的结论在建新桥的实际过程中被检验,或被证实或被推翻;新的材料因此而获得,这些新材料会为运用数学和物理学作为工具的研究者确立新问题,如此等等,无限反复。

我们说存在一门桥梁建造学,是因为存在一定数量的独立的科学材料,如数学和力学,可以从这些科学材料中选择某些材料并将它们组织起来,为实际建桥中出现的难题与障碍提供更有效的解决办法。正是这种对材料带有目的性的处理与组织,才使桥梁建造学的存在成为可能,虽然桥梁建造本身是一门艺术而非科学。力学与数学本身并不是桥梁建造学,只有当它们中的部分内容关注建桥艺术中出现的各种问题时,它们才成为桥梁建造学。

教育科学并非独立

关于教育科学的源泉,我们现在有两个结论:

第一[①],教育实践为教育科学提供材料,这些材料为教育科学确立问题,而发展已较为成熟的科学则为理智地处理这些问题提供了材料。正如并不存在特殊、独立的桥梁建造学一样,特殊、独立的教育科学也并不存在。但是,当源自其他科学的材料关注教育中出现的各种问题时,这些材料便成为教育科学的内容。

来自测量的例证

测量是用来引导教师的理智,不是用来作为支配性的行动原则,我可以就此举例说明。据报告,一所中学的教师对学生的学习成绩与智商之间的不符感到困惑。于是,该校减少了一名教师的课堂教学任务,派该名教师前去拜访家长,采访学生。两年内,家访成了这位教师的全职工作,学校与诊所和其他公共机构建立了联系,"问题学生"这一概念也从学习上的适应不良扩大到包括其他方面的适应不良。又据报告,这所学校初步依据学生的心理评级为他们换班,直至找到学生表现最好的课堂。对于其他或多或少接替了少年法庭、训导员、卫生检查员和访视护士工作的学校,它们将学生的智商报告与他们的犯罪记录、健康等因素关联之后,才会直接使用智商报告。[②] 不经过中间研究便对学生进行同质分组,这相当于将理论结果转化成行动原则,是危险的。

19

在现实中,有一位教师对学生产生了被定性为是启发性、激励性的影响,另一位教师则性格相对无趣、沉闷。这便是一个需要进行研究的问题,看充当源泉的科学是否足以先进到能为问题的解决提供材料。在本例中,充当源泉的这门科学大概是研究人际交往的社会心理学。原来的事实是原材料,即原始资料。它们只有在为研究确立问题并提供方向时,才属于教育科学。而在为研究确立问题并提供方向的过程中,它们可能会给社会心理学本身带来发展。不过,在本例中,教育科学内容的直接源泉是社会心理学。

———————————

① 原文即如此,只有"第一"。——译者
② 这些例子摘自 W·托马斯和 D·S·托马斯合著的《美国儿童》(*The Child in America*)一书。

如果现实中某些学生在受到一些老师的刺激影响后变得腻烦和淡漠,或变得情绪过于激动,那便产生了一个新的研究问题,必须作出新的辨别,诸如此类。

人们注意到,儿童在某些教室中或在白天某些时间里会变得无精打采,反应迟钝,学习没有效率。仅凭经验,人们也能判定这种情况涉及通风以及供暖等问题。于是,一个需要进行科学探究的问题出现了。生理学与化学,而非教育学,成了需要借鉴的源泉。空气、温度和湿度以及学生的生理有效状态之间的具体关系可能会得到某种说明,一个明确了各因素之间联系机制的解决办法可能会出现。

在第一个例子中,对学生造成消极影响的教师,有可能因为难以改变自己的性格与根深蒂固的习惯而不会受到科学研究结果什么大的影响。但是,研究结果可能会帮助他改变自己的态度。此外,研究结果无疑为学校管理者在应对类似教师时提供了有用信息。在第二个例子中,教师有了理性依据去警觉地观察课堂的物理环境和学生的生理症状。这便是一个运用教育科学的实例。在这里,人们所做的是行动而非科学,但科学通过使这些行动变得更加理智而发挥了作用。如果教师善于留意、足够理智,他们就会注意到那些和通风、供暖等性质相同但却更细微的因素,进而为更加细化的研究确立问题。无论如何,一个机械地遵循开窗和降温等原则的教师,与一个基于个人观察和理解去开窗降温的教师,两者的态度是迥然不同的。

教育的科学源泉

从那些为教育问题提供有效解决方法的科学,我们能够得出进一步的结论。20 我们大可以将教育实践称为一种社会工程。这样一个称呼会立刻让我们注意到一个事实:作为一门艺术,教育实践这项社会工程比物理工程的分支,如土地测量、桥梁建造和铁路修建,要落后得多。原因很明显。我们需充分考虑到,从事教育艺术者接受的是系统化程度较低的训练;除此之外,还有一个突出的事实,即那些为教育实践者的工作提供科学内容的科学,其本身的成熟度要低于那些为工程学提供思想内容的科学。与数学和力学相比,为教育学提供科学内容的人文科学,如生物学、心理学和社会学,要相对落后。

这句话并不是无伤大雅的老生常谈,认真看待它会得出重要的结论。首先,正如现代工业实践中的问题在促进对热、电和光的研究中发挥了重要作用一样,教育实践中的问题也应该在促进人文科学产生更丰富的研究成果中发挥作用。

因为社会学科和心理学科的思想家脱离学校实际情况而受影响的，不仅仅是教育实践。对学校实际情况的漠视，在思想上对学校实际情况几乎毫不遮掩的轻蔑，无疑加深了传统、惯例和偶然观点对学校的控制，也让社会学科和心理学科丧失了机会去获得能引起重要研究和思考的问题。人文科学的贫瘠和散漫，大多是由脱离了能激发、指引并检验思想的实际材料而直接造成的。当前，大学和小学之间的思维差距正在不断缩小，这是目前情况下最有希望的教育科学的发展。

其次，坦率地承认那些必须为教育科学提供主要内容的科学相对落后，这是一种保护，也是一种激励。当我们认识到教育科学的真正发展有赖于其他学科的首先进步，便不会过早地抱有过分的期望。这种认识如果足够充分，便可以防止教育工作者将材料过早地引进学校实践，因为这些材料的真正价值只在于进一步建构教育科学的科学内容，防止对不成熟的研究结果的使用。同时，这种认识还可以让教育科学工作者充分意识到，他们需要完全熟悉作为教育科学源泉的那些科学。

在这里，有一个尤其重要的事实：教育实践为教育科学提供问题，而非确切材料。当人们充分认识到教育科学真正的科学内容是源自其他科学，他们便会在这种认识的驱使下去尝试掌握这些科学可供借鉴之处。在这方面，对统计学理论的掌握已经做得很好。至于对其他学科是否有良好掌握，或是否能够很好地单独运用统计学解决教育问题，我不能确定。

最后，如果人们认识到上述这个明显的事实，便不会试图在心理学和社会学那里为教育科学找寻确切的解决方法，因为现在的心理学和社会学根本无力提供解决办法。这种找寻，即使是下意识的，即使是出于使教育更加科学的目的，也是缘木求鱼，是对教育科学这一概念的背离。学会等待是科学方法中重要的一课，可以用对这一课的掌握程度来衡量教育工作者是否有权得到发言的机会。

扶手椅上的科学

在为教育科学确立问题的教育实践和为这些问题提供解决方法的科学之间，存在另一种联系、一种更为积极的联系。我反对扶手椅上的科学，并不是要反对坐在扶手椅上进行思考。任何一门科学要想发展，在头脑中安静地进行一些彻底的思考与实验室里的感官活动和动手活动同等必要。扶手椅可以是进行这种思考的好地方。我反对扶手椅上的科学,是要反对思考对于思考源泉的脱离。书房的扶手椅上可能出现这种脱离,实验室里也可能出现这种脱离;每当实地调查和研究工作缺少必要关联时,这种脱离便会出现。

这里有无数的实际障碍。和学校联系紧密的研究人员可能过于接近实际问题,而大学教授又过于脱离实际问题,两者都不能得出最佳结果。前者可能过于卷入当前的细节问题,无法开展最好的研究工作,他面临的可能是需要立刻解决的小问题,因此没有时间去进行长期的研究;后者则可能没有足够的直接接触,不能将重要问题与次要问题和产生问题的环境区分开来。于是,他便很可能忙于关注那些孤立又相对琐碎的问题,从事一种虽然忙碌但毫无价值的科学研究,同时却指望自己的研究结果会得到教育工作者的认真对待。

身体接触任何时候都不如能引起共鸣的思想接触重要。实地调查者和研究者之间必须有一种必要的交流。没有这种交流,研究者便无法判断自己要去解决的问题的真正范围。他不会充分了解该特定问题在学校里产生的环境,无法控制自己的研究;他无法判断自己所掌握的其他学科的资源是否能帮助自己有效地解决问题;他也不会充分了解自己最终选择的解决办法是用于什么样的具体情况,也就不知道该办法是真的解决了问题,还是只是他自己人为地提出来的武断办法。如果是后者,那么,该办法可以成功解决某种情形中较明显的难题,那些外在症状,但却不会触及根本。在实施时,该办法甚至可能会带来更难以确定、难以捉摸因此更难以解决的难题。

来自学校报告单的例证

不过,这不是一个单方面的问题。这个问题涉及教师、学校管理者、实地调查者以及研究者。若要将教育实践的材料作为构成一个问题的资料呈现给他人,就需要特殊的条件。要说明这一点,也许我只需提及学校管理者和教师在处理成绩报告单上已经取得的巨大改进。由于任何一项研究的价值都是由研究者掌握的资料所制约,所以,我们再怎么强调记录单和报告单以及它们或定性或定量的保存方式的重要性都不为过。

学校报告单对于教育研究者的价值,几乎相当于系统累积的临床记录对于医学的价值。这里显然存在一种循环。特定时期的科学水平和主导该时期的科学兴趣决定了什么样的记录被需要并被保存,这些记录继而为未来的研究和结论提供资料。因此,我们不应过快地将这些记录程式化地转换成标准、固定的形式,而必须留有改变的余地。过于死板地将资料固定化,会导致科学停滞不前。

教师作为调查者

但是,学校报告单和记录单远未穷尽教育实践者在建立教育科学内容方面所起的作用。教育科学需要源源不断的、不太正式的记录,记录着具体的学校事务和结果。这种记录有各种可能性,我在这里讨论其中的一种。在我看来,授课教师可能作出的贡献是一个相对被人忽视的领域,或者,打个比方,是一个几乎没有被开采过的矿井。不用说,研究者在研究具体问题、获取相关材料方面,让学校主管和校长起到了很大作用。希望研究者不要停止这种做法,以便在将来让各年级的授课教师也可以在这方面发挥作用。

让授课教师发挥作用,这一过程无疑会遇到障碍。不说表面上,事实上,研究者常常假定授课教师没有受过相关训练,因此无法给予有效的思想配合。这是一种太过分的假定,它几乎使教育不可能拥有可行的科学内容,因为授课教师才是与学生有直接接触的人,科学研究结果正是通过他们才能最终传达给学生。授课教师是教育理论的结果进入学生生活的渠道。我认为,如果授课教师主要只是充当接受渠道和传播渠道,那么,进入学生头脑的会是已被严重改变和歪曲过的科学结论。我倾向于认为,前文提到过的一种倾向,即科学结论往往被转化成金科玉律,主要就是由这种情形所造成的。当一个人成了科学家,希望成为"权威"及控制他人活动的欲望并不会因此消失。

对全国教育协会的报告做一份统计研究,我们就会知道授课教师在这方面对教育讨论的实际贡献率。这份统计研究可能会让我们思考:作为教育者群体的一部分,众多的授课教师是由于自身没有资格,还是因为缺少机会和激励,才会不作为,不管这种不作为是否真实存在。就学校而言,需要科学对待的问题必定源自和学生的实际关系。因此,只有当授课教师积极地参与进来,研究者才可能有充足的主题来确定并控制研究问题。

教育并无固有的科学内容

现在,如果来看一看那些为解决教育问题提供相关材料的学科,我们会被迫认识到一个事实,这个事实已在上文顺便提及过,即教育科学并没有本质上划分清楚或者说指定清楚的主题作为它的内容。只要能让学校管理问题和教学问题更好地得到解决,任何学科中的任何方法、任何事实以及任何原则都是相关的。因此,任何教育研究,若涉及物理环境对学校工作成败的影响——比如上文提到过的通风和温度的例子——生理学和与生理学相关的科学便为它提供了科学内容。涉及预算制定和成本会计等问题的教育研究,则要借鉴经济学理论。我们几乎可以肯定,所有的知识系统都会因为被教育的某个方面所借鉴而成为教育科学的源泉。

这解释了当前的许多现象。比如,许多来自不同领域的人们对发展教育实践的科学内容兴趣猛增。我们直到最近才注意到教育过程的复杂性,认识到要使教育过程理性地、有方向性地继续进行下去,就必须借鉴许许多多不同的学科。这种情况解释了为什么一些人表现出了热情,也解释了为什么另外的许多人对教育科学作为一个整体抱有怀疑与漠然的态度。在未能认识到教育复杂性的人们当中,不仅有普通大众中缺乏活力的保守人士,还有许多非教育领域的大学教授。他们认为教育学系的人们是在做无用功,其活动没有重要意义。

另一方面,认识不到教育科学无固有内容会导致研究的孤立,这种孤立往往让研究变得毫无意义。当人们假设,即使是暗地里假设,教育科学拥有它自身独特的主题,这些主题就会被孤立并因此而变得神秘,就好像是从前那些高雅职业一样。有一种被称为"教育界行话"的特殊术语,它的发展明显地体现了这种孤立。另外,正是因为这种孤立,前面提到过的一种倾向才得以产生,即人们往往在还没有对教育学的源泉(非教育学科)进行充分的学习时,便去研究教育问题,并因此极其片面地夸大次要特点,抓住某一具体的科学方法不放,好像使用了这个方法就能神奇地保证一个科学的研究结果。

解决任何教育问题时都必须关注不同的学科,这一认识往往会拓宽我们的视野,并引导我们作出更认真、更长期的努力,去平衡最简单的教学问题和管理问题都会涉及的各种因素,从而减少流行一时的片面兴趣和口号不受控制、接连不断地出现,以及对教育实践和理论产生影响。

特别源泉

尽管作为教育科学内容源泉的学科范围广泛、数量不定,仍有一些学科起着特别的作用。我想,大家会公认心理学和社会学是这样的学科。其实,教育哲学也是教育科学的源泉,但这一点常常没有得到人们同样的认可。我们习惯于认为各种科学为哲学提供材料,而不是哲学为科学提供材料。哲学的尊崇者认为,哲学是一门对具体科学中不加鉴别便加以假定的假设进行批判性分析的学科,或是具体科学成果的思想总和。多数人则没有如此地尊敬哲学,而是认为哲学是一个在不断消失的量,它通过判断与推理去解决科学没能明确解决的问题。我个人认为,这两种观点都有道理,但都没有说出哲学和科学关系的实质。每个时期的每个学科都有一个从较具体到较一般的连续发展过程。哲学和科学之间唯一有用的区分是:科学更靠近具体的一端,哲学更靠近一般的一端,但两者之间并没有明确的界限。

正是因为这一事实,哲学和科学之间有一种相互关系,它们相互充当对方的源泉。此时此地若能回顾数学、物理学和生物学的历史,我们就会发现,源于哲学一端的观念(一般性观念,也可以说常常是笼统的、推理性的观念)在科学的产生过程中发挥了必不可少的作用。回顾历史,我们还会发现,哲学与科学之间并没有一个稳定的、单向的过程;从一般到具体的过程,并没有一个固定不变的明确终点。具体结论通过具体化而得出,但正是这种具体化让这些具体结论变得孤立,从而常常变得过于一成不变。此时,普遍性的思想和观点就会起到催化和促成的作用。具体结论被动摇并被置入新的背景中。

例证

伽利略、笛卡尔和牛顿在天文学和物理学所引发的革命便是佐证。这场革命的主导假设源自哲学观点,这些哲学观点在刚开始出现时被当时的人们视为具有高度的猜测性。"进化"的观点首先出现在哲学中,后来才出现在生物学中。关于精神与肉体关系的形而上学推断,影响了生理心理学的产生与发展。

这些例子并不是要证明哲学作为科学源泉总是对科学产生积极的影响。相反,在上述每个例子中,人们都受到了更早期哲学残留的危害,不得不费力地将它们从科学中剔除出去。新的一般性观点总是能够帮助我们最终剔除这些哲学残留,但我们不得不承认一个事实:人类的大脑就是按照这种方式工作的,不管可取与否,这种方式都不能被消除。

假设

若要弄清楚这背后的原因,我们就无法回避假设在一切科学研究中的作用,因为假设在所有思想活动中都占有一席之地。假设分为不同等级,从较一般假设到较具体假设,一般假设任何时候都会影响具体假设。人们之所以会忽视具体假设对一般假设的这种依附关系,是因为一般假设完全内嵌于具体详细的假设中,人们便将一般假设给遗忘了。当科学发展出现危机时,一般假设才会被发现、被修改。物理学目前便正在经历这一过程。

相应地,教育哲学是教育学的源泉,因为它为教育学提供了普遍使用的初步假设。这里有两个重要的词:"初步"和"假设"。教育哲学为教育科学提供的是假设,而不是固定不变的原则或真理。在使用这些假设启发、引导具体的观察和理解时,必须检验、修改这些假设。它们是"初步"的观点。研究者在进行具体研究时若没有考虑更一般、更普遍的观点,该研究就是无意义的、片面的。这在一个新的学科形成初期尤其明显。经过长期的发展,现在的物理学、化学和生物学全都拥有了经过检验的、相对可靠的一般原则。正因为教育学不具备类似的原则,它现在还处于尝试性的初步阶段,特别需要广泛的、有成效的假设作指引。不论这些假设如何得来,它们本质上都是哲学的,至于是属于好的哲学还是坏的哲学,则要视具体情况而定。认为这些假设是科学的但不是哲学的,就是遮蔽它们的假设性,将它们僵化成死板的教条去阻碍而非去促进实际研究。

教育哲学的目的

人们有时说教育哲学决定教育的目的,教育科学则决定教育的使用手段。身为哲学家而非科学家,我乐于接受这一说法,因为它给予哲学如此崇高的地位。但是,若不经过仔细解释,这一说法很可能会引起诸多误解。我在下面要对这一说法进行解释,说明两个要点。

首先,这一说法很容易让人误解教育哲学和教育实践以及直接教育经验之间的关系,尽管它在逻辑上并不暗含这种误解。在很大程度上,教育实践决定了教育目的。具体的教育经验是所有研究和思考的主要来源,因为正是这些经验为思想研究确立问题,并检验、修改、证实或驳斥研究的结论。教育哲学既不创造教育目的,也不确定教育目的。它发挥的是中间作用、工具作用或调节作用。它的任务是根据一套价值总体系对实际实现的目的和实际产生的结果进行调查,对它们的价值作出估计。

当哲学在推理得出结论的过程中,开始不去明确和持续地考虑所思问题源自的具体经验,它就变成了猜测,招人轻蔑。就目的与价值而言,防止哲学变成内容离奇、形式教条之物的经验性材料,来源于实际教育过程中所产生的目的与价值。教育哲学可以起到三个作用:让教育科学更广泛、更自由、更有建设性或创造性。任何领域的研究者关注的都是当前的紧急情况和当前的结果。当一个人开始扩大思考范围,去思考那些鲜为人知的附带结果——这些结果出现在更大的时间跨度中,或更长远的发展过程中——那么,他就是在进行哲学思考,不管这个过程是不是被冠以哲学思考之名。被称为"哲学"的事物,只是对这一思考能力更系统、更持久的运用。

有了对实际目的或结果更广泛的调查,教育哲学也就必然让教育学更自由、更解放。当日常工作变得无法忍受时,任何领域的专业实践者,不管他们是来自工厂、教堂,还是来自学校,都会面临受束缚、受习惯约束的危险。为弥补这种僵化,他们就会根据自己的性情和具体情况冲动地偏离日常工作。我不是说哲学家能恒定、完整地看待人生——没有任何人可以在这方面做到完全成功。但是,一个人,一旦朝着这个目标不断努力,就是在进行哲学思考。他会获得解放。当一个人将这种解放局限在自己的头脑里、自己的内在意识里,这种解放会让他获得强烈的个人满足感,但却不会产生任何影响,而只会变得虚有其表。这种解放只有付诸行动,才能产生影响。对于教育哲学来说,要付诸的行动就是帮助教育实践者以更开放的精神去工作,不受传统、常规和片面的个人兴趣与一时想法的影响。

教育哲学让教育科学更自由,是通过它的第三个作用——让教育科学更有建设性和创造性来完成的。仅仅对公认的目的和价值的局限性作批评是不够的。批评虽然必要,但却只是教育哲学为教育科学提供新目的、新方法和新材料的消极体现。要进行批评,扩大判断范围、解放思想就变得尤其迫切。如果说教育哲学有什么重要影响,那么,让教育哲学学习者的判断范围得以扩大、思想得以解放,就是它的重要影响。观念就是观念,是对进行什么活动、尝试什么实验的意见。只有通过实际体验,才能判断事物的好坏。教育哲学不仅需要从实际教育经验中获得有关目的和价值的原材料,而且需要直接的教育经验对其进行检验、证实、修改并提供进一步的材料。说教育哲学起着中间作用和工具作用而非创造作用或决定作用,也就是这个意思。

第二个要点涉及科学和哲学在对应手段和目的方面的关系。科学对应手段,哲学对应目的,这种常见的说法会引起误解。它使人认为,手段和目的是相互分离的,两者各自拥有固定领域。在现实中,不能实现的目的只是名义上的目的。目的必须根据可使用的手段加以制订。我们甚至可以称目的是充分互动并融合后的手段。目的和手段的另一层关系是：手段是目的的一小部分。当手段和目的被孤立开来，并由来自不同领域的人分别负责，立刻就会产生两种后果。

目的，即价值，变得空洞，成了空谈，因为太过脱离、孤立于手段，目的只剩下情感内涵。而手段则必定指的是那些已有的手段，已经被广泛使用的、被人接受的手段。如果这种观点盛行，那么，教育科学的任务就是要改进并完善已有的学校运作机制。人们会识别出阅读课、写作课、算术课、历史课和地理课中的低效和不必要的浪费，以便将其消除。人们会创造出更有效的方法去实现已经实现的目的。在某种程度上，这样的教育学也不错。但是，它忽略了一个根本问题：已有的目的、已有的实践产生的实际结果，即使在完善之后，又能走多远呢？重要的是创造出新的手段，而不是改进已有的手段，因为"新手段"不仅包括那些更有效地实现已有目的的新手段，更包括会带来本质上不同的结果和目的的手段。只有当科学和哲学之间存在持续不懈的互动，我们才可以将手段对应科学，目的对应哲学。

心理学

本文没有剩余多少篇幅来讨论作为教育学源泉的心理学和社会学。不过，我想，前面的讨论已经为处理这两个领域中的许多重要问题提供了启示。比如，人们公认心理学更关心手段而社会学更关心目的，或者说，心理学更关注学生如何学习知识和技能，而社会学更关注学生学习什么。但这一说法只是让我们注意到如何学习和学习什么之间的关系，以及手段和目的之间的关系。如果如何学习和学习什么之间、心理层面和社会层面之间、方法和主题之间必须互动合作以获得良好结果，那么把它们强硬地区分开来，便有很大的风险。我们所需的方法要能够选出有助于心理学发展的主题，我们所需的主题要能够确保方法的使用符合心理学。我们不能把个人活动与成长的心理学和适合社会学的研究或主题分开，接着却指望两者在实际操作中最终会相互平衡。

我认为，如果对这种情况做一项公正的调查，我们就会发现，危险不仅仅只存在于理论层面上。当我们将学习什么与如何学习严格区分开来，把学习过程归为心理学，把学习主题归为社会学，就必然会忽视所学之物对学习者个人发展的作用，忽视所学之物对学习者的体会、兴趣与习惯的作用，而这些体会、兴趣与习惯控制着学习者未来的心理态度和反应。在这种意义上，心理学对个人学习和成长过程的解释是不充分的、失真的。于是，心理学研究的便是一小段学习过程,而不是连续的学习过程。

据说,社会需要和社会条件决定了儿童要在很小的时候便被教授阅读、写作以及算术。人们还公认,这三种技能会通过帮助儿童学习各种科目来促进他们以后的个人成长。至此,这两方面似乎很协调。但是,当我们单独研究儿童如何最有效地学会掌握这三种技能的问题,设计出的方法只是为了促进儿童对这些技能的迅速习得时,上述两方面就不协调了。更大的问题是技能习得的过程连带形成了什么其他的习惯,包括体会和欲望。

如果一个人有效地学会了阅读,但却没有培养出阅读优秀文学的品位,或者未能激起好奇心去利用自己的阅读能力探索传统意义上的优秀读物之外的领域,这是很悲哀的事情。学习阅读可能会培养出书呆子,他们无所不读,但却没有社会能力和办事能力与技巧。因此,学习阅读什么和如何学习阅读两者是密不可分的。遗憾的是,经验表明,那些能最快速最有效地培养阅读能力(或写作能力或算术能力)——即识字、发音以及组句的能力——的方法并没有兼顾对态度的培养,而正是这些态度决定着阅读能力将被如何使用。这才是更重要的问题。

心理学家不能满足于认为“这些东西不关我的事,我已经表明如何让儿童最快速最有效地形成这一技能。剩下的不属于我的研究范围”。因为当儿童习得一种技能时,他还会获得另外的能力、偏好和缺陷,而这些能力、偏好和缺陷都属于心理学家的研究范围。这一结论并不是说我们不需要去研究如何能最快速地形成一个具体技能,而是说对于教育而言,伴随技能习得而产生的能力的扩展、延伸与缩减才是最后更重要的东西,以偏概全是危险的。必须先掌握局部才能着手研究整体的说法也不能令人满意,因为就学习的本质而言,整体贯穿于局部,即整体是学习阅读的方式的一个决定因素。所以,将如何学习阅读与它对个人未来发展及兴趣的影响联系起来,应该成为一个合理的主题。社会层面和心理层面是紧密相联的。

质性价值和量性价值

这种相互依存的关系决定了定量测量在教育学中的局限性。可被测量的都是具体的,具体的就是被孤立的。我们不能因为测量在物理学中拥有威望便忽略一个最基本的教育问题:教育究竟在多大程度上意味着具体技能的形成,以及对可以孤立研究的大量具体信息的习得? 人在学习时总是在习得某一具体技能或大量的具体事实,这一说法算不上对上述问题的回答。它虽然正确,但是真正的教育问题是:在习得具体知识的过程中,学习者在愿望、爱好、憎恶、能力与缺陷方面学到了别的什么东西。

实验室研究要求对各种条件加以控制,这就造成了一些因素与其他因素的分离,而且这种分离达到了最大程度。实验室所得的科学结论,只是严格地适用于将其他因素都排除在外的情况。这种排除在个体教育中是不可能的。个体教育有着极其多的变量。教师的智慧是多是少,取决于他多大程度上考虑了当前的具体工作并没有明显涉及的变量。这种判断能力产生于质性情况中,其本身也必定是质性的。

父母和教师总是要面对新的情况。对于这些情况,精确的定量测量远不能满足需要,因为定量测量的前提就是重复与完全的相同性。夸大定量测量的重要性往往会束缚判断力,会用统一规则取代思想的自由发挥,并强调学校的机械性因素。定量测量至多提高了某些学科中现有做法的效率。虽然在忽略变量方面,尤其是涉及像 3 个 R(即阅读、写作与算术——译者)这样较常规的技能时,定量测量卓有成效;但在课程与方法重新设置的大问题上,定量测量却无能为力。更糟糕的是,定量测量转移了人们的注意力与精力,让人们意识不到:社会环境在改变,教育系统却保持着传统的惰性,有必要重新设置课程与方法。

心理学更重要的贡献可能来自研究个体发展的心理学。在这方面帮助最大的学科,是生物心理学、社会心理学和精神病学。在很大程度上,目前的生物学还不是一门定量学科。在构建教育的科学内容过程中,我们不应该忽略生物学而让教育科学与物理学和数学——离人类的需求、问题与活动最远的学科——为伍。在生物学领域,关于发展过程的一般性思考要比对神经系统的分析研究更加重要。虽然对神经系统的分析也很重要,但将教育理论构建于某一特定时期已知知识的细枝末节是危险的。

来自刺激-反应心理学的例证

刺激-反应心理学当前的流行就是一个佐证。无疑,从刺激-反应这方面来研究心理学,意义重大。但目前,人们对这种研究的解释往往是基于反射动作机制,把生理发展的某一具体部分从整体进程中孤立出来。这样一来,刺激和反应之间的联结便成了一个硬性的而非灵活实用的概念。此外,刺激-反应心理学研究要么忽视具体的刺激-反应联结在整个行为系统中的位置,要么把整个行为系统都简化成原有固定、孤立的单位的代数总和。这种研究忽视了交感神经系统的重要活动,也忽视了即使是反应能力也服务于整体行为系统的需求这一事实。另外,基于孤立的反应能力来解释的具体的刺激-反应联结如同静态的横截面,忽视了教育最重要的因素——发展与变化的纵向跨度、时间跨度。

来自精神病学的例证

在很多方面,社会心理学和精神病学的研究成果会彼此巩固。精神病学已经表明,大多数发育停滞、固恋以及病态的人类态度都是由与他人的交往反作用于态度以及后续发展历程所造成。研究表明,儿童在发展过程中极其根本却又最有害、最消极的情感态度,尤其是恐惧、自卑等,主要是由社会作用所造成的。实践已表明,更多的重复也并不能真正地形成一个习惯。伴随重复产生的只是情感反应,而且这些情感反应受到与他人交往的影响。要防止产生自卑感,必不可少的条件是拥有不断成功与取得成果的机会。人类的大部分动机是潜意识的,这种潜意识性表明,问儿童想干什么并基于他们的回答为他们安排活动是不明智的;想干什么的问题问得太少,更是不明智的。这种潜意识性还迫使我们更加关注那些在潜意识地控制成人与儿童交往的态度。最积极的作用是,它迫使我们不断地关注儿童的实际行为,以便有能力去理解实际驱动儿童行为的作用力。

我无需为自己对精神病学层面的这种强调进行道歉。精神失常和神经症的儿童数量越来越多,这表明我们的教育过程,包括父母的教育以及学校的教育,都大大地失败了,而且产生了恶果。更重要的是,精神病学发现,所谓的正常人身上也有不少对幸福与社会有用性都有害的病态移位。教学和训导中所使用的常规方法与传统方法不断地引起病态固恋与紊乱。然而,一旦发现病态固恋与紊乱,人们却常常将它们归因于某种内在的心理原因,归因于学生人性中的某种缺陷或反常;而实际情况是,到目前为止,大部分的病态固恋与紊乱都是由社会交往中建立的关系所诱导产生的。要为教育活动构建丰富的科学内容,了解社会心理学与精神病学这两门用来解释正常生理活动过程的学科是必不可少的。

社会学

现在,我来讨论一下社会学对教育科学内容的贡献,这里的社会学指的是所有的社会学科。幸运的是,如今我无需强调社会学的重要性。与"社会"一词一样,"社会化教育"现在正广为流行。我们需要讨论的问题是如何去阐释"社会化教育"这个概念。因篇幅有限,我在此只提两点。第一点是关于社会工具的地位问题。最明显的社会工具是语言技能(包括阅读技能、拼写技能与写作技能)和数字技能。但这两种技能只是社会工具中的两个例子。礼貌举止是一种社会工具,道德品行在某方面也是一种社会工具。大部分的地理知识和历史知识是社会工具,基础科学以及某些美术也都是社会工具。事实上,很难在教育中区分哪些是社会工具,哪些不是社会工具。比如,读医学和法学职业学位的学生需要掌握哪些技能和事实来作为社会工具呢?课程里的不同科目在作为社会工具时似乎只存在程度上的差异。

鉴于此,对于人们目前习惯于认为社会工具只包括某些技能的想法,我们需要予以思考。我认为,人们之所以认为社会工具就是某些技能,原因很明显——我们会注意到,那些通常被称为是社会工具的都是课程中最形式化的科目。因为与社会内容相分离,这些科目以及掌握这些科目的技能便是形式化的。它们是潜在的社会工具,而不是学会即可使用的社会工具。这些科目与技能强调重复,它们的习得过程是一个频率函数,这表明它们与直接的社会主题与价值是相互分离的。

我不会深入讨论这一点,只是用它作为一个例子来说明当前许多科目中都存在的社会工具与社会结果相分离的现象。这种分离严重影响了社会主题对教育科学的贡献。人们不用社会学方法对待那些社会工具,却把它们交给心理学方法去处理。当社会工具不受社会学方法的控制,它们最终便只能用于偶然的社会用途。在这方面,许多现代学校里的教育实践要先于教育理论。从事教学的人都知道,想让学生最好地掌握社会工具,就要让他们处于一个社会环境中,并以将社会工具应用于临近的生活领域为目的。

当对工具的掌握与使用技能不在社会中培养而成,即不是为了社会目的而形成,社会目的便与应该控制它们的手段孤立开来了。在这里,我只需举一个例子:瞥一眼报摊,我们就可以知道,现在大量存在的社会读物,其内容大部分是社会所不需要的;但这些读物却要卖给读者,卖给那些掌握着所谓社会工具的人。这个例子要比长篇大论更能说明,当教育理论以科学之名将控制技能习得机制的心理过程与技能应用的社会条件、需求相分离时,将会产生什么后果。

社会学对教育科学的另一个贡献,涉及教育价值和目标的确定。要获得看起来是科学的东西,最快捷的途径就是对现有做法与意愿作一个统计分析,并假设只要我们精确地确定了现有做法与意愿,便确定了教学主题;这样一来,我们便可以随意得出课程设置,而且这种课程设置还有一个牢固的事实基础。在事实和逻辑上,这都意味着,社会环境带着它所有的缺陷、反常与畸变无意识地提供的教育,是学校应该有意识地提供的教育。这种观点几乎会促使我们回到古典派理论,将重要的教学主题局限于过去的优秀事物,而无视现在和将来的社会条件。这样做似乎只有一个理由:通过表明教育科学能为学校提供迫切的、直接的指导,从而展示教育科学的价值。

教育的价值

这便将我们引到了教育的价值与目标问题。如何确定教育的价值与目标?教育的价值与目标从何而来?我所批评的上述做法背后有一个假设,即社会条件决定了教育目标。这是一种谬论。教育是独立自主的,它应该自由地决定自身的目的、目标。抛开教育功能而去外在源泉中寻求教育目的,是对教育事业的放弃。只有当教育者独立、勇敢地去坚持教育目标理应在教育过程中形成并执行时,教育者才会意识到自己的职能。如果教育者自己都不尊重自己的社会地位和工作,其他人便更不会尊重教育者。

在许多人看来,我的这种观点既荒谬又傲慢。如果我说教育目标应该由教育者决定,那么,我的观点就是傲慢的。但是,我并没有这么说,我说的是教育目标应该由完整的、连续的教育过程决定。教育者在教育过程中占有一席之地,但教育者并不是教育过程,远远不是教育过程。人们认为我的观点荒谬,是因为他们未能全面地看待教育的功能。教育本身就是一个发现的过程,它能发现什么价值是有用的,是需要作为目标加以追求的。判断价值的唯一方法就是去观察过程,观察该过程的结果,观察它们在发展的过程中进一步产生的结果,并将观察无限地进行下去。在外在源泉中寻找教育目标,就是没有意识到教育是一个不断进行的过程。就教育的启发精神与启发目的而言,社会基本上是教育的产物。由此,我们可以得出两个结论:一、社会并不能为教育提供一个它必须遵守的标准,社会只为教育提供材料,通过这些材料,我们可以更加清楚地判断一直以来教育对受教育者产生了什么影响;二、教育并没有一套固定不变的目标,即使是当下或者暂时,教育也没有固定不变的目标。教师应该通过每一天的教学对过去工作的目标作出某种修改与完善。

在阐述上面这些观点的时候，我其实是在用另一种方式重申我在开篇提到的观点。对于源自其他领域的主题，只要这个主题能使教育者，不管是教育管理者还是教师，对自己的行动作出更清晰、更深入的观察与思考，它便属于教育的科学内容。它的作用不是给教育者提供目标，正如它不是给教育者提供现成规则一样。教育即生活，教育即行动。作为一种行动，教育要比科学更广。但是，科学能使从事教育活动的人变得更加理性，更加善于思考，更加清楚自己的职能，从而能在未来改善并丰富过去的行为。人们可以通过学习社会科学来稍微了解一下社会的实际目标与实际结果。这种了解可以让教育者对教育有更缜密、更具批判性的思考，可以使我们对美国当前的家庭教育或学校教育有更好的了解，可以使教师和家长具有一种更长远的眼光，对更长远的发展过程进行判断。但这种了解必须是教师和家长通过自己的思考、计划、观察与判断所获得的。否则，它就根本不是教育科学，而只是社会信息。

结语

任何已定知识，一经教育者的心、脑、手，便都是教育学的源泉。通过使用，这些知识使教育比过去更加开明、更加人性、更加真正地具有教育性。至于什么是"真正地具有教育性"，除了将教育继续进行下去，我们无法知道，也从未找到答案——答案在永远寻找的过程中。在教育之外、在已经拥有科学声望的材料里寻找教育问题的答案，也许会带来暂时的轻松或一时的效率，但这种寻找是放弃，是投降。这种寻找最终只会减少教育实践为教育科学的进步提供材料的机会。它会阻碍发展，妨碍思考，而思考是一切进步的最终源泉。教育在本质上是一个无止境的圆圈或螺旋。教育活动包含了科学本身。正是在教育过程中，教育确立了更多需要进一步研究的问题，这些问题接着反作用于教育过程，进一步改变教育过程，并因此需要更多的思考、更多的科学，等等，永无止境。

40

新旧个人主义

前言

非常感谢《新共和》的编辑们如此慷慨地允许我使用最初发表在该杂志专栏 44上的材料。此次，它们连同相当数量的新问题一道被收录进了本丛书。我也特此向为我提供宝贵建议和帮助的丹尼尔·梅班（Daniel Mebane）——《新共和》的财务员——致以由衷的感谢。

1.
一座自我分裂的房屋①

45   我们尽管在肉体和形式上属于 20 世纪,但是在思想情感或至少在表达它们的语言上却生活在 13 至 18 世纪之间的某个世纪,这正逐渐成为一种普遍的共识〔在这种矛盾的情况下,诸如《米德尔顿报》(*Middletown*)等报纸,在报道美国人的生活时,常常认为"茫然"或"困惑"的心智状态就是我们的性格特征,也就不足为奇了〕。

     从人类学的角度来看,我们正生活在一个金钱文化之中,对它的膜拜占据着主导地位。"作为物质交换媒介的货币以及与获取金钱息息相关的一系列活动,强有力地控制着这个民族的其他活动。"当然,事情本来就应该如此——人们必须生存下去,难道不是吗?如果不是为了金钱,那他们为什么而工作?如果不用金钱去购买,那他们如何才能获得商品和享受?这样,别人才能够赚到更多钱,得以开办商店和工厂,从而雇佣更多的人,使他们通过销售商品而赚到更多钱。如此下去,以至无穷。到目前为止,所有这一切都是为了最好地发展所有可能存在的文化中最为优秀的部分——我们倔强的(或许是粗野的?)个人主义。

     如果这种文化模式起到作用,以至于社会分化为两个阶级——劳动群体和商业群体(包括专业人士)——前者不仅在数量上是后者的 2.5 倍,而且前者中的家长其首要抱负就是他们的孩子能够跻身后者之列,那么,毫无疑问,这是因
46 为美国生活为每一个个人提供了无与伦比的机遇,使他们得以发挥自身的优势,

---

① 首次发表于《新共和》,第 58 期(1929 年 4 月 24 日),第 270—271 页,题目为"一座自我分裂的房屋"(The House Divided against Itself)。

从而走向成功。如果工人中很少有人知道他们制造的是什么，或者他们所做的事情有何意义，更少有人知道他们双手的辛勤劳作会带来怎样的结果（在米德尔敦最大的工业中，每 1% 的产品中约有十分之一为当地所消费），那么，毫无疑问，这是因为我们的流通体制如此完美，以至于全国成为一体。如果广大工人总是担心失去工作，那么，毫无疑问，这是因为我们所具有的体现在改变方法、发明新机器、有能力过量生产等方面的进步精神促使一切处于不断的变化之中。工业和节俭给予我们的酬劳十分精准地与个人能力相适应，以至于工人们不得不惴惴不安地等待着他们将会被解聘的 50 岁或 55 岁的到来，这一情况显得自然而又合理。

我们认为这一切都理所应当，它被视作我们社会制度的必然组成部分，专注其阴暗面便是对我们繁荣神话的亵渎。但是，这个制度呼吁一种牢不可破、劳心费神的哲学。如果有人看看我们所做的以及所发生的事情，然后希望找到一种与实际情况相符的人生理论，那么，他将对所遇到的矛盾感到震惊。因为现实情况要求维护绝对的经济决定论。我们生活着，似乎经济力量决定着制度的兴衰，把持着个人的命运。自由成为一个近乎过时的术语，而巨大的工业机器指示着我们的进退行止。再者，现实制度又似乎暗示着一种确凿无疑的物质主义价值体系。价值依据个人在竞争角逐中坚守阵地或奋勇向前的能力来衡量。"在破陋不堪或富丽堂皇的单家独院内，婚、丧、生、养及个人家庭生活的大小事宜在进行着。但是，决定这种生理需要能否如愿以偿的，不是人生的这些功能性紧要关头，而是父亲的收入这一无关紧要的细节。"适宜于这种情况的哲学，就是奋斗求生存以及经济上的适者生存。如果当前的人生理论是对实际情况的反映，那么有人可能会觉得，它是最为偏激的达尔文主义。最后，人们不难预见，最受赞誉的个人特征是对个人优势的明察秋毫，以及不惜一切代价的志在必得。情操与同情心将最受冷落。

无须说，在米德尔敦或任何其他城镇里流行的人生观与此截然不同。我们⁴⁷美国人最怕听到，在地球的某个低纬度地区，有某个误入歧途的怪兽在鼓吹着我们所实践的经济决定论，并且比任何其他人的实践都更有效率得多。我们的整个理论是：人类为了自身人性和道德之目的来设计并使用机器，而并非任由机器摆布。世界上宣传得或许最为响亮、最为频繁的哲学是我们的理想主义，而不是物质主义。我们对最成功的人士的赞扬，不是他们在追求出人头地的竞争中所表现出的冷酷无情与自私自利,而是他们对花草、孩子与狗的热爱,或是他们对老年亲属的友善。任何人如果公然主张自私的人生信条,必定会四处碰壁。家庭在消逝,某一代人的离婚率增长了600%;但与此同时,对家庭之神圣和永恒爱情之美好的礼赞,却是有史以来最为丰富、最具情感的。我们浑身洋溢着利他主义,心中充满了为他人"服务"的热望。

我们在制度和实践方面与在信念和理论方面存在着明显的矛盾,以上只是其中的几例。考察任何一座类似于米德尔敦的城市,我们都能发现此类矛盾。难怪这些城市的居民都茫然困惑、心神不宁、坐卧不安,不断地寻找新鲜不同的东西,结果却无一例外地找到这新瓶老酒。概括起来,也许我们可以这样说:在这个世界的无论何时何地,宗教都不曾受到过我们所给予的这般顶礼膜拜,也不曾如此与生活几乎毫不相干。我不太愿意详细谈论本书对米德尔敦"宗教生活"的启示。宗教颂扬给予金钱方面的成功以决定性的认可,为更加努力地追求这种成功提供了积极的动机;同时,教会吸取了影视与广告商的最新手段,这两方面结合得如此紧密,令人作呕。学校教育已经发展到如此程度,以至于虽然我国的中学入学率高于其他国家,可是,中学高年级学生有半数人却认为,关于人类起源与早期历史的记录,《希伯来经》的前几章较科学而言更为准确,只有五分之一的学生坚决表示反对。如果在我们的在校学生中作一次问卷调查,那么很可能有相当比例的年轻人会表示他们相信哈丁①是世界上最伟大的人物。换一个角度,问题便会一目了然。这只要作一个对照:一方面看看我们家庭生活的实际现状以及日常活动的彻底世俗化,另一方面听听教士们的布道——"英语中的三个重要词汇就是母亲、家庭与天堂",一句任何美国人都深信不疑的话。

我们在外部经历的生活与我们的思想和情感(或至少可以称之为我们的信仰和感受)之间存在矛盾,至于该选择它的重要还是次要方面,这无关紧要。一个有意义的问题是:造成这种分裂与矛盾的原因何在? 当然,有人归咎于这样一个事实:由于人们通常都是低能和愚昧的,他们必定会扮演由别人安排好了的角色。这一"解释"并不能说明多少问题,即便人们会接受它。所谓的愚昧赖以表现的具体形式,依然没有得到说明。人们对历史了解愈多,便愈会相信传统与制

---

① 沃伦·盖玛利尔·哈丁(Warren Gamaliels Harding,1865—1923),美国第29任总统(1921—1923)。——译者

度较天生的才能或无能更能说明问题。显然,文明的迅速工业化曾使我们措手不及。在精神和道德毫无防备的情况下,那些古老的信念已经深入我们的骨髓;我们在事实上偏离它们愈远,在口头上便愈是响亮地颂扬它们。实际上,我们把它们当作了咒语,希望通过不断地重复它们来消除新情况的罪恶,或者至少使我们不必正视它们——这后一种功能由我们名义上的信仰出色地履行着。

我们控制着大量的手段,拥有可靠的技术,却把它们用于赞美过去,使现状合法化、理想化,而不是严肃地思考该如何利用可供使用之手段,来造就一个公平而稳定的社会。这是我们最大的失职,它解释了我们为何成为一所自我分裂的房屋。我们的传统,我们的遗产,其本身具有两面性。它自身包含着一个理想,即人人享有与出身和地位无关的机会及自由的平等,并将此作为有效的实现这种平等的一个条件。这一理想与以此为名所付出的努力,曾经构成我们美国主义的核心。美国主义曾被誉为新世界的标志,是我们传统的精神实质,谁也不能肯定地说它已彻底消失。但是,它所承诺的一种崭新的道德观和宗教观尚未形成,它还没有成为一种新的理智共识的源头活水,也不是(即便无意识地)任何共享的特定哲学之源泉。它只不过断断续续地指导着我们的政治,虽然在一般意义上提供了学校,却并不控制学校的目的或方法。

与此同时,我们的制度还体现了另一种更加古老的传统。为谋利而经营的工业与商业并非新鲜事物,它们不是我们这个时代和文化的产物,而是来自非常遥远的过去。但是,机器的发明赋予了它们在其所诞生的过去从未有过的力量与机会。我们的法律、政治与人们之间的联合行动,取决于机器与金钱这种新型组合,结果产生了我们时代所特有的金钱文化。我们传统的精神要素——机会平等、自由联合、相互交流随之黯然失色,销声匿迹。原本预期个性应该得到长足的发展,可是如今整个个人主义理想却陷入歧途,去迎合金钱文化的一举一动。它已经成为不平等与压迫的源泉和辩护,于是便产生了我们的妥协,以及目标和标准混乱不堪、难以辨认的冲突。

49

2.
程式化之"美国" [1]

近些年，我们的耳边充斥着"阶级意识"这一词语。虽然"民族意识"（nation conscious）这个短语并非今天才碰巧出现，但当今的种族主义实际上却是对它严重化的表达。更加近期的一种表现形式或许可以称为"文化意识"或"文明意识"。与阶级意识和种族主义一样，它采取了导致仇恨的形式——它是不同群体之间产生冲突的理由甚至因素。"一战"及其结果也许不会在我们自己的国家产生"美国主义"意识这种不同的文明模式，但毫无疑问的是，它们在欧洲的知识分子精英中已经造成了这种影响。

对于欧洲人而言，"一战"以前，美国主义作为一种文化形式并不存在。如今，它确实出现了，并成为一种威胁。作为回应和反抗，至少在文人中间，正在形成一种欧洲特色的文化意识。它弥足珍贵，发源于美国的一种新型野蛮主义的入侵正威胁着它的存在。对强大的异国影响极度的仇视情绪，取代了认为其微不足道而漠不关心的洋洋自得之情。关于"美国"对欧洲传统文化的威胁，欧洲出版社每年都会出版和发表以此为主题的书籍和文章，哪怕是罗列它们的题目，都需要具有比我更加广博的知识。

我在此关注的并非该问题的欧洲方面。大多数社会融合都是为了顺应外部压力而形成的。产生一个欧洲合众国很可能也一样。倘若这一理想与现实相似，那么，这很可能是对美利坚合众国的经济和金融霸权的反抗。其结果对欧洲

---

[1] 首次发表于《新共和》，第 60 期（1929 年 12 月 18 日），第 117—119 页，题目为"程式化之'美国'"（"America"—By Formula）。

来说,很可能是件好事,因而从国际角度来说,我们应该在无意间起到了好的作用。但是,一旦我们得知为了帮助拯救某个别人的灵魂、我们丧失了自己的灵魂这一事实,它就起不到多大的安慰作用了。欧洲批评家头脑中所勾勒出的究竟是怎样的美国?

有些作家无知而又尖刻,也许可以不必理会他们。另外一些则非常智慧,对某个异域国家的了解已是外国人所能达到的极致,也不缺乏同情心。此外,他们的判断不仅彼此一致,而且与土生土长的反对者的抗议相同。为方便起见,也出于其作者有目共睹的智慧,我将弗赖恩弗尔斯①所描绘的美国思想和美国特点作为讨论的出发点。② 他的态度较为公平,因为他将"美式"理解为某种出于相同原因正在全世界形成的思想,时机一到,它也可能出现在欧洲,即便在地理上那里并不存在一个美国,但是它在世界其他地方的发展势头却因这个国家的影响力而得以加快和增强。

倘若确有哪个真正的美国人与所声称为美式的类型相一致,那么,他应该为对自己的描述而激动不已。因为据说这种类型在文化史上确属突变,它是全新的,是上世纪的产物,打上了成功的烙印。它改变了生活的外部条件,从而对生活的精神内容产生了作用。它不断吸收自身的其他类型,加以重新铸造。无论是罗马帝国还是基督教世界,没有哪个对世界的征服在程度和影响力上可以与"美国主义"匹敌。如果成功和数量实际上是"美国主义"的衡量标准,那么在此他得到了足以慰藉其心灵的认可。从所描述的类型来看,他得到了认可,那么存在反对的批评之声又有何关系?

但是,要么这个类型并未如所描述的那样明确具体,要么有个别的美国人不属于这个类型,因为有很多人对所刻画的美国人形象并不赞赏。当然,诚如欧洲批评家所言,反对者也许是失败的竞技者,是离开水源的鱼,受了怀念欧洲传统的影响。不管怎样,都值得一问:假如美式类型确实存在,那么,这种类型是否已经形成确定的形态?然而,首先是哪些形态号称是该类型的特征?

从根本来说,它们产生于非人的事物。智力的根源是无意识而又至关重要

---

① 米勒·弗赖恩弗尔斯(Mueller Freienfels,1882—1949),德国哲学家、心理学家。——译者
② 《灵魂的秘密》(*Mysteries of the Soul*),由伯纳尔·麦尔(Bernard Miall)从德语翻译过来,纽约:科诺夫出版社,1929 年。关于题目有必要补充一点:本书不存在任何超自然或蒙昧主义的思想,其"灵魂"是指"活跃于自我和宇宙之间的多重相互作用"。

的,存在于直觉和情感之中。我们被告知,在美国,这种潜意识被忽略。它受到压抑,或屈从于有意识的理性,也就是说,它与外部世界的需求和条件相适应。我们具有"智力",但很显然,是从柏格森主义的意义而言的——思想与对事件和世界所采取之行动的条件相适应。我们的情感生活快速、刺激、雷同,没有个性,缺乏智力生活的引导,因而"美国思想流于形式,非常肤浅",没有本质的内在统一性和独特性——算不上真正的个性。

人类心灵的这种"非人格化"标记是生活的量化,随之而来的是对质量的忽视。它还存在机械性,即具有近乎普遍的一个习惯——将技术视为目的而非手段,从而使机体生活和智力生活也被"理性化"。最后,它还会造成标准化。不同与差异遭到忽视和践踏,统一与相似成为理想,社会差异和智力区别均不存在,批判性思维明显缺失。我们所宣称的特性是群体感染性。我们在应对外部条件时,表现于实践智慧中的适应性和灵活性渗透进了我们的灵魂,思想和情感的一致性成为目标。

量化、机械化、标准化是正在征服世界的美国化的标志。它们具有好的一面:外部条件和生活水平毫无疑问得到了提高。但是,它们的影响却不止这些。它们侵入了思想和性格,使心灵屈从于它们的意愿。批评之声大同小异。我们的批评家常常提出的要点是:人们从来不确定外国批评家的描述有多少来自直接观察,又有多少来自那些对美国的社会生活现象并不满意的小说和评论。这一事实不但没有将强烈的指责转移开来,反而加剧了它,使人更加坚持地想知道我们的生活究竟有何意义。

我不否认这些特点确实存在,也不否认还存在各种形式的表面主义和形式主义,它们造成了智力和道德上的平庸。总的来说,存在这些特性,它们刻画了美国生活的特点,并已经开始主宰其他国家的生活。但是,其意义却是与其存在不同的另外一个问题。弗赖恩弗尔斯指出,它们处于过渡阶段,而并非最终结果。这是非常明智的。他认为这些力量属于内在本质,反抗它们、悼念过去是愚蠢的。"问题是我们如何度过它们,并超越它们。"正是这一点,使他的评价从诸多评价中脱颖而出。

关于这个问题的回答,至少可以说,我们仍处于这个过渡的早期阶段。任何不过区区百年的事物都没有足够的时间在漫长的历史进程中显示自身的意义。就连我们的作者是否会和次要的批评家一样,犯了将过渡性症状视作本质特征这个错误,也值得怀疑。对此,我心中并没有乐观地指望未来及其可能性,而是希望提出这样的问题:被认为属于现存秩序的缺陷和危害,有多少实际上是正在消逝的旧秩序在现存秩序中的体现。

力量往往是相对的,而不是绝对的。征服既体现了被征服者的弱小,也体现了征服者的强大。过渡既为出亦为进。它们揭示了过去,亦折射出未来。过去的性质、精神以及个别种类中必然存在某种重大缺陷,否则,它们不会像我们所听说的心甘情愿地推动现在的量化、机械化和标准化一样,心甘情愿地消亡。有缺陷的和不合理的元素当然没有被取代,它们生存至今,现在的条件给予了这些要素以自我显现的机会;它们不再被压制,或被置于视线之外。它们的公开显现并非是值得欢呼的事情,但它们一日不显现出来、不能引起足够范围的注意,就一日得不到解决。我非常想知道,时下所反对的许多事物——当然是公正的,是否实际上是曾被隐藏的旧文化类型的显现,它们可被察觉的存在是否并非产生而是转嫁给了活跃于现在的力量。

当然,可以像凯泽林①一样争辩道,新的或美式的秩序仅仅指人类的动物本能得到释放,而古老的欧洲传统则规定,它们必须遵从某种更高的事物——被人们津津乐道的含糊的"精神"。压抑不能解决问题,这一观念不只存在于美国。面对唾手可得的食物时所表现出的过分和无节制的贪婪,或许是以往忍饥挨饿的后遗症,而并非人类犯罪本性的必然表现。一个轻视肉体,对肉体和精神、本能和理性、实践和理论严格加以区分的文化,也可能存在过去产生的肉体腐化和精神堕落。至于目前那些不受欢迎的特征,需要人类还不具备的智慧才能辨别出哪些是尚未完成转变的旧的生活和思想制度的影射,而又有多少是新生力量真正的产物。

有一件事似乎非常确定,受到与日俱增的美式标准化和统一性威胁的欧洲文化所褒扬与鼓吹的"个人主义"具有局限性。如果有人想以同样的方式进行反驳,那么,他可以问农民和无产者享受到了多少。倘若说从知识分子阶级的奴役中解放出来的农民阶级和无产阶级迟早会进行报复,那就不只是一种反驳了。有一些群体从上层的外部权威——正被科学逐渐摧毁的权威——获得自己的道

54

---

① 赫尔曼·亚历山大·凯泽林(Hermann Alexander Keyserling,1880—1946),德国哲学家。——译者

德和宗教信仰，他们置身于一切知识运动以外，因为对他们立即施加批判性歧视的力量在民主领域并不稀奇，所以不能说多数人的无能造就了民主。

以目前对技术的兴趣以及技术对"美式类型"的控制为例。我想，几乎不会有人认为技术——保证结果的智力手段和方法——的缺失本身是本质上受欢迎的一种民主的标志。发现技术的现状和潜力在人类生活的所有分支都会产生直接令人陶醉的影响，也不足为奇。这个发现以及由其突然性而造成的夸张表现，就是所谓的美国心态的特征。对量化和标准化的反对有很多种，但是发现足以胜任的技术却属于不同的层面。世界在实现文学和情感中所褒扬的目标的手段方面的缺乏程度，远远超出了在理想和精神目标方面的欠缺。在大多数事件中，技术仍然是新生事物，与许多新生事物一样，一度只是其自身得到研究。但是总有一天，它会被用于超越自身的某些目标。而我认为，对技术的这种兴趣，正是我们的文明中最有前途的事情；它最终将打破对外部标准化的迷信，熄灭量化的理想。因为它的应用还不深入，并且对它的兴趣也只是替代性的，也就是说，作为旁观者，而不是被转移到使用之中。最终，技术只会代表个性的解放——较以往范围更广的解放。

在对我们可能通往的未来最具可能性的预期中，弗赖恩弗尔斯呼吁大家注意：即便是现在，个人的贫穷也伴随着集体财富的增加。据他所说，当今社会作为一个集体，其标志是对自然的征服，以及在智力资源和能力方面对古希腊人和文艺复兴时期人们的超越。这种集体财富的增加，为何没能用于提高个人相应的生活水平？这是他没有提出的问题。我认为，没有考虑这一点是批评家的主要失误，无论他来自国外还是国内。我们的物质主义，我们对赚钱和享乐的热衷，这些事物并非自动产生，而是我们生活在金钱文化这一事实的产物，是我们的技术由私利所控制的产物。这里存在着我们的文明严重而根本的缺陷——引

起广受关注的次级危害的源头。批评家正在处理的，是症状和结果。国内外的批评家对经济原因避而不谈，这在我看来，似乎表明了忽视肉体、物质和实践的欧洲文化的盛行。对这些批评家而言，美式类型的出现，表示我们保留着这种传统以及作为其基础的保证私利的经济制度；与此同时，我们在从不缺乏革命性的工业和技术方面的发展却是独立的。当批评家着手解决而不是逃避这个问题时，才会有东西真正起到作用。

除非这个问题得以解决，否则，自我分裂的文明所造成的困扰会继续存在。

据我们的欧洲批评家所说，集体的发展已经吞没了个人的发展，这是机器时代的产物。随着机器技术的推广，它会以某种形式在其他国家发生。毫无疑问，它的直接影响就是征服某些类型的个性。就个性与历史上的贵族阶级有关这方面而言，机器时代的扩张必然与世界各地传统意义上的个性相敌对。但是，欧洲批评家的批评仅仅定义了上一时期所简单涉猎的问题，而我们这个时代最深层的问题是建立一个与我们所生活的客观条件相适应的新个性。

有两个"解决方式"没能解决这个问题，其中之一是回避法。唯一真正的个性便是早在机器技术及其所创造的民主社会以前就一直存在的那种，这个观点就意味着这种方法的采用。与回避法互为补充的做法是，认为目前的形势是最终的，代表某种本质上终极和确定的事物。只有把它视作过渡的和变化的，视作打造未来成果所需要处理的材料，也就是说，只有把它作为问题来看待，才会产生真正的相关的解决办法。我们可以把欧洲批评家提出的程式当作一种手段，来增强我们对该问题的某些情况的意识。这样看待该问题，它便从根本上被视作创造一个新型个人主义的问题；这种个人主义须同鼎盛时期的旧个人主义在当时当地所起的作用一样，对当代情况具有重要意义。至于如何进一步定义该问题，第一步便是要意识到我们已经进入的这个集体时代。一旦这一点得到理解，问题便会自我定义为使用集体文明的现实来证实并具体化美式个人主义所特有的道德元素——不只在外部和政治上，而且通过个人参与到某个共享文化的发展中得以体现的平等和自由。

57

3.

公司化之美国^①

不久前，无论美国人还是外国观察者，都热衷于在"个人主义"的标题下叙述我国的社会生活现象。有些人将所谓的个人主义视作我们显著的成就，而一些批评家则认为，这正是我们落后的根源——相对不文明状态的标志。时至今日，两种解释似乎均已不合时宜。个人主义依旧印在我们的旗帜上，人们努力使之成为一个战斗口号，尤其是当人们想击败对以往免受法律控制之工业实行任何形式的政府调节之时。即便在高层，坚韧的个人主义也被誉为美国生活的光荣。但是，这种字眼与美国生活中活生生的事实无甚关系。

没有一个词可以准确地描述正在发生的事情。"社会主义"不够合适，因为它有着过于具体的政治经济含义。"集体主义"虽然更加中性，但是也具有党派性，而并非描述性术语。有限公司在我们经济生活中日益增加的作用，也许可以为我们找到一个恰当的名称提供线索。这个词可以超越其专门性的法律含义，在更加宽泛的意义上使用。于是，我们可以说，美国已逐步从早期开拓性的个人主义进入到了一个合并占统治地位的时代。商业有限公司在决定当前的工业活动和经济活动方面所具有的影响力，既是生活在方方面面出现合并趋势的原因，又是一个象征。或松散或紧密地组织起来的联合体，越来越多地决定着个人的机会、选择与行动。

我已指出，制造、运输、分配与金融领域中法人公司的增加，标志着合并在生

---

① 首次发表于《新共和》，第 61 期（1930 年 1 月 22 日），第 239—241 页，题目为"新旧个人主义之一：公司化之美国"（Individualism, Old and New. Ⅰ: The United States, Incorporated）。

活的方方面面逐渐形成。解散托拉斯的时代差不多已被人们遗忘。大型联合公司在今天不仅十分普遍,而且已成为大众的自豪,不再令人生畏。在这方面以及其他方面,规模已成为我们当前衡量伟大的尺度。没有必要去问其主要动机到底是为谋取私利而获得投机取巧的机会,还是以更低的成本增进公共服务。与客观力量相比,个人动机几乎不能算作有价值的原因。紧随蒸汽与电力时代之后的,必然是批量生产和批量分配。这些造就了一个共同市场,它的各个部分通过相互交流与相互依赖而联接起来——距离被弥合,行动速度大大地加快。当代对这一切的回应,便是资本集中与集中控制。

这场运动需要政治控制,但是法律却不能阻止它。看看《谢尔曼反托拉斯法》①不痛不痒、近乎闲置的状态吧。报纸、制造厂、公用供电公司、动力与地方运输业、银行、零售商店、影剧院统统加入到这场合并运动中。通用汽车公司美国电报电话公司、美国钢铁公司、连锁商店大量涌现、无线电公司与控制全国各地剧院的公司合并,这些都是我们耳熟能详的实例。铁路合并因政治与内部困难有所减缓,但几乎没有人怀疑它们迟早会到来。未来的政治控制若想取得成效,就必须采取积极而非消极的形式。

因为这场运动中的力量过于庞大和复杂,以至法令无法使其停止运作。除了直接逃避法律以外,还有许多其他合法的办法可以推动这场运动。董事会联合,个人与公司购买股份,组成控股公司,投资成立持有足够股份可以左右政策的公司,这些都可以达到与直接合并相同的目的。最近召开的一次金融家会议声称,全国所有银行80％的资本现在都控制在12家财团手中。除却那些只具 有地方影响力、可以忽略不计的机构以外,他们对其余20％的资本在事实上的控制也是不言自明的。

经济学家可以举出更多的例子,并赋予它们准确的形式。但本人不是经济学家,并且,每个例子中的事实都家喻户晓,无庸赘述。因为我的目的只是想指明这些有限公司的发展对社会生活从个人到合并这种事物的转变具有怎样的意义。对这种变化存在心理的、职业的、政治的反应,它们影响着我们每个人的日常观念、信仰和行为。

---

① 《谢尔曼反托拉斯法》(Sherman Anti-Trust Act),美国联邦政府在1890年通过的旨在限制企业联合与垄断的法律。——译者

只有结合伴随"公司化"而出现在我国的工业化,才能明白农民可悲的衰落。政府目前打算为农民的集体化尝试去做的,正是商业精英在暂时违背政府意愿的情况下,早已为制造业和交通运输业做过的事情。未联合者和未合并者所面临的困境,证明了我国受合并思想控制的程度。关注乡村生活的社会学家现在主要从事的工作,是指出被工业组织所主宰的城区对乡村地区状况的影响。

其他方面的衰落,也在叙述着同样的情况。通过师徒的个人相传来获得熟练的个人手艺的旧式手艺人正在逐渐消失,把人们集中起来操作分工精细的机器的批量生产将他们挤出了商界。在很多情况下,只需在机器旁操作几周便可获得全部所需的教育——应该说培训。批量生产造就了埋没个人才能和技艺的批量教育。手艺人越来越像车工,而不再是艺术家;与此同时,那些依然被称为艺术家的人——诸如作家和设计师,要么任由组织化的商业机构摆布,要么被排挤到边缘,成为古怪的"波西米亚人"。有人也许会说,艺术家仍然是幸存下来的个人力量,但是在这个国家,社会对这一称呼持多少敬意,标志着他具有多大的力量。在任何形式的社会生活中,艺术家的地位都是其文化状态是否公平合理的衡量标准。今日美国生活中艺术家无组织的处境,雄辩地证明了生活在一个日趋合并化的社会中的孤立个人有着怎样的遭遇。

近来,人们开始关注人类文化中的一个新现象——商业头脑,它拥有自己的对话和语言、自己的兴趣、自己的亲密团体。在这些团体里,具有这种头脑的人集中他们的力量,决定着广大社会的基调以及工业社会的管理,比政府本身更具政治影响力。我在此关注的并非他们的政治力量。对目前的讨论至关重要的事实是,我们现在拥有一种史无前例的精神与道德的合并,尽管它们尚不具备正式合法的地位。我们的本土英雄是为大众竖起这种精神典范的福特和爱迪生家族。批评家们或许不无得意地嘲笑扶轮社成员、基瓦尼社成员以及狮社成员①,但是后者完全有理由无视这些嘲笑,因为他们代表着居支配地位的合并意识。

旧式个人及个人主义的衰落,最明显地表现在休闲生活——娱乐和运动中。我们的大学也紧紧跟随当今的这场运动,它们使运动成为有组织的商业活动;在

① 扶轮社(Rotary Club)、基瓦尼社(Kiwanis Club)、狮社(Lions Club)是 20 世纪初成立于美国的三个同行业福利俱乐部,当时其成员为煤商等工商业人士和其他专业人士,如今它们都发展成了国际性的同行业组织。——译者

纯粹的集体主义精神的支配下，由受雇的理事们负责其发起和运营。连锁剧院的形成，既是旧式单家独院进行的休闲生活被摧毁的原因，也是其结果。广播、电影、汽车，这一切都构成了一种共同集中的精神和情感生活。除了存在于专门性刊物以及报纸上某些部分的专业内容以外，出版界是专为匆忙的休闲时间提供消遣的机构，它通过集中的方式反映并进一步推动精神上的集体主义的形成。就连犯罪也采取了全新的形式——有组织的联合犯罪。

我们的公寓和地铁是私人领域受到侵犯并逐渐衰退的标志。私人"权利"几乎已丧失明确的意义。我们的生活暴露在如潮般的大量建议中，这是任何民族都不曾经历过的。统一行动的需要以及期望统一观点和情感的需要，是由有组织的宣传和广告来实现的。广告商也许是我们目前社会生活最主要的标志。也有进行抵制的个人，但是，至少在一段时期内，可以通过集中的方式为几乎任何人或任何目的制造情感。

提到这些事情并非意在批评它们，甚至也不打算权衡它们的优缺点，只是为了指出我们社会生活现象的本质，以及合并的、集体的要素在多大程度上决定了它的形成，并使它朝集体的目标前进。与心态和影响力方面的这些变化相辅相成的，是用于诠释生活的思想观念的改变，即便人们尚未认识到这一点。又是工业，提供了引人注目的象征物。

旧式的节俭理念有着怎样的遭遇？鼓励年轻人储蓄的社团深受伤害，因为亨利·福特所极力主张的是无限制的消费，而不是有限制的个人储蓄。但是，他的主张与当今所有的经济趋势相符。加速发展的大规模生产需要购买力的相应增长。大规模的广告、分期付款的购买，善于征服消费者的代理人，这一切都促进了这一趋势。于是，如同节俭与个人主义时期相适应一样，消费成为与当今时代相匹配的经济"责任"。因为工业机制依赖于保持生产与消费之间的某种平衡，一旦这种平衡被打破，就会影响整个社会结构，繁荣也会失去意义。资本实际上从未像现在这样急需扩充，但是个人储蓄就其本身而论，对于这项任务却微不足道，远远不够。新资本主要由大型联合组织的收入盈余来提供；因此，如今告诉个人消费者只有他们戒掉喜欢消费的习惯，工业才能继续发展，这已成为陈词滥调。要求"牺牲"的古训已失去影响力。事实上，个人被告知，通过沉醉于购物的乐趣，他尽到了自己的经济义务，将自己的收入盈余转化为共同储备，使其可以得到更加有效的使用。单纯的节俭已不能再算作美德。

旧式经济理论中处于支配地位的观念也发生了相应变化，这当然是指迫使雇主支付高额的工资。只有消费者拥有必要的资金，才能增加花销——这会促进产量的进一步加大，从而维系消费的增长。富人的消费需求很有限，他们的人数也不多。实际上，这个阶级购买奢侈品已经成为一种必须而并非恶习，因为它帮助了工商业的持续发展。奢侈仍然可能被指责为恶魔，就像旧习惯仍然认为节俭是美德一样。但是，这种指责几乎是徒劳无功的，因为它与这场工业贸易运动背道而驰。然而，不管怎样，富人对奢侈品以及过去被称为生活必需品的消费都是有限的。促使生产和流通"持续经营"的需求必须来自广大人民群众，也就是说，来自工人以及处于下级工薪地位的人们。于是，便产生了基于高工资即等于工业繁荣这一观念的"新经济"。

储蓄和低工资是旧学说中的基本概念，很难——也许不可能——估量出对它们的这种重新评价的全部意义。如果它仅仅表示抽象经济理论中的改变，那么意义就不重大了。但是，抽象经济理论中的变化本身是不亚于革命的社会变化的反映。我的意思并不是说我认为"新经济"已经得到了肯定的证实，或者认为为了加速生产而加速批量消费这条永无止境的链条要么循环往复、要么绝对符合逻辑。但有些改变无法逆转，那些已经享受到高工资和更高水平的消费的人们不会满意于返回较低的水平。一种我们将来不得不经常应对的新情况产生了。经济萧条和衰退还会到来，但是在未来，我们不能再像过去一样漫不经心、听天由命地对待它们。它们不再是正常现象，而会被视作不正常。社会——包括工业巨头，将不得不对此负上它和他们以往得以豁免的责任。在今生实现普遍繁荣的福音将会受到考验，这些考验是那些为了补偿今生的不幸而在来生得到救赎的福音所不曾遇到的。1930 年的"繁荣"，不如 1929 年早期的那样令许多人深信不疑。大衰退（或曰大萧条）使联合工业和金融的发展所引起的问题异常尖锐。每年 80 亿的过量收入如果不能在生产渠道找到出路，就只会恶化经济形势。若想做到这一点，唯有保持消费水平，而这只有在管理和控制从生产流通领域扩张到消费领域的情况下才能实现。选择似乎只有两个：要么社会合并必然扩大到囊括一般的消费者，要么经济大规模受到创伤。

我已指出，列举日益增长的社会合并对社会思想和习惯方面所产生的反应并非为了批评或赞同，而只是为了勾勒出这样一幅画面：个人主义的生活哲学不断衰落，相互依赖的集体主义体系已经形成。后者渗透到了个人生活的方方面面——私人的、智力的、情感的，影响到了休闲和工作、道德和经济。但是，因为本文旨在指出旧观念的衰退——尽管它们仍然在口头上得到十分响亮的宣传，因此所举之例证难免侧重日益增加的标准化和集体统一性这些特征——批评家对它们的批评是公平合理的。因而，如果令人感到这些是美国生活"合并化"的全部特性，那将有失公允。

受到批评的是一场内部运动的外部标志，该运动通往规模史无前例的合并。"社会化"并不完全是褒义词，也不是人们向往的过程。它对某些珍贵的价值观具有危险性，威胁到一些我们不愿失去的东西。但是，虽然它满口诸如"服务"和"社会责任"的说教之词，却标志着合并化的新纪元。它最终具有哪些可能性，这些可能性将会在多大程度上得以实现，只有未来才会知道。当前必须理解这样一个事实：无论是好是坏，我们都正生活在一个合并的时代。

社会的本质同生活的本质一样，都包含对抗力量间的平衡。作用与反作用在根本上是平等和互补的。目前，"社会化"在很大程度上是机械的、量化的。这个制度倾向于在个人中间制造没有规律、不计后果的过度刺激，这使它处于不稳定的平衡之中。这种混乱和这个机制如果可以造就出一种思想和心灵——一个完整的人格，那么，它必须是一种全新的智力、情感和个性类型。

同时，不受约束和没有规律（而我不太认为这是外部的犯罪，不如说它是情感的不稳定和智力上的混乱）以及统一的标准化，是同一个新兴的合并化的社会的两个方面。因此，社会只是在外在意义上保持平衡。一旦合并成为内在，也就是说，一旦它在思想和目的中得以实现，就变成了质的存在。在这个变化里，约束得以实现，它不仅是作为从外部强行施加的规则，而且是作为将个人联合起来的关系。个人事物与社会事物之间的平衡将是有机的。情感的唤起和满足在正常的生活过程中发生，而不是在突发性的非常事件里实现。这种目的在不完整的情境下得不到满足。情境极不完整就得不到人们的喜爱，但不完整的情境随处可见，使人无处可逃，正是这种情境，导致了人的自我分裂。

4.
失落的个人①

66 　　一种表现为合并或正在迅速走向合并的文明，其出现伴随着个人的淹没。这一点在多大程度上从个人的行动机会中表现出来，以及个人在其行动中的首创与选择在多大程度上受制于走向联合的种种经济力量，我对此不拟评说。对于多数人，决定与活动的范围已经缩小；与此同时，对于少数人，个人表现的机会却大大增加，关于这一点尚有争议。没有任何过去的阶级拥有现在的工业寡头所把持的权力，关于这一点人们也可能莫衷一是。另一方面，有人或许认为，就真正的个性而言，少数人的这种权力华而不实，表面处于支配地位的那些人事实上与多数人一样，也为外在的力量所左右。而且事实上，这些力量迫使他们进入一个共同的模子，其程度之深足以使个性受到压制。

　　然而，"失落的个人"在这里的所指与这一问题互不相关，以至于没有必要在这两种观点之间作出选择，因为它意味着一个道德的与理智的事实，与在行动中任何对权力的表现无关。重要的是曾经支配个人，给予他们支持、指导和统一人生观的那些忠诚，几乎已经消失殆尽。结果，个人感到困惑和迷惘。历史上很难发现一个时期像现在这样缺乏明确而肯定的信仰对象与公认的行动目的。个性

67 的稳定取决于忠诚所紧密依附其上的稳定对象。当然，宗教与社会信仰领域里还存在那些富于进攻性的原教旨主义者，但他们喋喋不休的抱怨正好表明时代潮流与他们背道而驰。对于其他人而言，传统的忠诚对象已空无一物，或者受到

---

① 首次发表于《新共和》，第 61 期（1930 年 2 月 5 日），第 294—296 页，题目为"新旧个人主义之二——失落的个人"（Individualism, Old and New. Ⅱ. The Lost Individual）。

了公开地否定,因而飘忽不定。个人于是徘徊在过去与现实之间,前者从理性的角度看,太过空洞,不能给予稳定性;后者又过于纷繁错乱,不能为观念和情感提供平衡或方向。

确定统一的个性是明确的社会关系与公认的职能的产物。依此标准,即便是那些看来处于支配地位并高调地表现着个人特殊才能的人,也被埋没了。他们可能是金融与工业巨头,但只有当人们对金融与工业在人类文明整体中所具有的意义形成某种共识的时候,他们才可能主宰自己的灵魂——他们的信仰与目的。他们偷偷摸摸地进行着领导,并且事实上,心不在焉。他们虽然在领导,但却处于非个人的、无社会目的的经济力量的掩护之下。他们的报酬不在于他们所做的事情——他们的社会职责与功能,而在于将社会成果扭曲为个人私利。他们受到群众的赞美,招致人们的忌妒与羡慕,但这种群众也由个人组成,在社会方向与社会作用这一意义上,他们同样失落了。

我们可以从如下事实中找到解释:虽然行为促进着合并与集体的结果,但这些结果却在他们的意图之外,并与源自社会实现感的那种满足感的回报无关。对自己和他人而言,他们的商业活动是私人的,其成果是私人的利润。只要存在这种分裂,就不可能有完全的满足感。因而,社会价值的缺乏便从不断加剧的、旨在提高私人优势与权力的活动中获得补偿。没有人能够洞悉他人的内心意识,但是,如果组成金融寡头的那些人确实有内在满足感,那么很可悲,因为找不到能够证明这一点的迹象。对于许多人而言,他们被自己无法控制的力量随意摆布着。

从经济方面来看,当今生活最明显的特征就是缺乏安全感。可悲的是,成百万渴望工作的人们经常处于失业的境地,除了周期性的经济萧条时期以外,始终存在着一支没有固定工作的大军。关于这些人的人数,我们尚无任何可靠的信息。但与我们无法了解生活于这种危险境地中的广大群众所受到的心理上与道德上的影响相比,这种连数据都不清楚的情况就微不足道了。缺乏安全感较之单纯的失业,有更深刻、更广泛的影响。担心失去工作,害怕老年的到来,这些造成了焦虑,并以损害个人尊严的方式吞噬着自尊。只要恐惧大量存在,勇毅与强健的个性便会被削弱。技术资源广泛发展的结果本可以带来安全感,但实际上却造成了一种新式的不安,因为机械化排挤劳动力。标志着合作时代的种种联合与兼并,正开始将不确定性带入高薪阶层的经济生活,而这种趋势还仅仅处于初期阶段。诚实而勤勉地从事一种职业或生意并不能保证任何稳定的生活水准，这种认识削弱了人们的敬业精神，促使许多人以侥幸心理去谋取那使安全成为可能的财富，近来沸腾的股市就是一个证明。

在社会整体中，个人既是维系社会又是靠社会所维系的成员。当这无法给予个人支持与满足时，美国生活中典型的不安、急躁、易怒与匆忙便不可避免地随之产生，它们是心理不正常的表现，如同以为可以通过道德规劝克服它们一样，从个人的主观意图解释它们是徒劳无功的。只有个人与其生活的社会环境严重地不适应，才能引起这种广泛的病理现象。对任何使人分心的变化事物的狂热喜爱、急躁、不安定感、神经质的不满足感，以及对刺激的渴望，这些都不是人类本性与生俱来的。它们如此不正常，需要探求深层的原因。

我将基于同样的理由来解释一种似是而非的虚伪。我们在表达"服务"的理想时所表现出的不真诚并非有意而为，它们是有意义的。无论是扶轮社还是大型商业企业，他们在使用这一术语时，并非把它仅仅作为谋取钱财的"遮羞布"。但是，它确实有点言过其实。此类表达的广泛流行，证实了商业在社会功能方面具有意义。它之所以需要言辞来表达，是因为在事实中十分缺乏，可人们又感到它理应存在。如果我们在工业活动中的外部联合能够反映在个人的欲望、目的与满足的有机统一中，这种口头宣扬就会消逝，因为社会效用会成为理所当然之事。

有人认为，与外在的社会结构相对应的一种真正的精神结构也确实正在形成。据说，我们普遍的心态——我们的"意识形态"属于"商业头脑"，后者已广泛渗透，实为可悲。流行的价值标准难道不是来自发财成功与经济繁荣吗？如果答案是绝对肯定的，那么，将不得不承认，我们的外在文明正在获得与之对应的一种内在文化，无论我们怎样贬低这种文化的价值。这种情况不可能出现，因为人不能仅靠面包，即物质繁荣而生活，这一反对意见非常具有迷惑力，但却可以被认为逃避了问题的实质。肯定的回答是：商业头脑本身并不统一，其自身内部存在分裂，只要作为人生决定力量的工业结果是合并的、集体的，而其激励机制与补偿却不折不扣地依然是私人的，这种分裂就必定持续下去。只有当有意识的意图和成就与实际产生的结果相和谐，统一的意识才会形成，就连商业头脑也一样。这一陈述所揭示的现象在心理学上已得到确认，因而可以被称为精神统一之规律。这种分裂的存在可以在如下事实中得到证实：一方面，关于大型商业公司内部的股息，我们有大量的未来发展计划；但另一方面，却没有相应的关于社会发展的协作规划。

合并的增长武断地受到限制，因而，它对个性产生了限制，压迫它，混淆它，进而埋没它。它从安全有序的生活中所排挤掉的东西，多于它所吸纳的东西。它给城市带来了无休无止的过度变化，与此同时，却使乡村地区停滞不前。合并的局限性在于它停留在现金层面。将人们集中起来的，一个是对同一家股份公司的投资，另一个则是机器促成规模生产，以便投资者获得利润这一事实。其结果会影响到整个社会的方方面面，但它们同是无机（inorganic）的，正如实际发挥作用的人类的最终动机是私人的与自私的一样。动机与目的的经济个人主义，构成我们当前合并机制的基础，并使个人无所作为。

个性的失落在经济领域是显而易见的，因为我们的文明主要就是一种商业文明。但当我们转向政治舞台时，这一事实甚至更为明显。在此详述当前政治中的党纲、党派与辩论，是枉费口舌。旧时的口号依然被重复着，而且对一些人来说，这些言辞似乎仍然具有意义。但不言自明的是，我们整个的政治，就其无遮掩地服务于那些经济上的特权集团而言，处于一种混乱状态——一周又一周，辩论被临时炮制出来，论点游移不定。在这种情况下，个人不可能在政治上寻到确定性与高效性，一个自然而然的后果便是对政治的无动于衷被反复出现的激动与兴奋所打破。

缺乏可以表达忠诚的可靠对象，离开这种对象，个人就会失落，这一点在自由主义者那里表现得尤其明显。过去，自由主义的特征是拥有一种明确的理性信念与计划，这正是它与保守党派的区别。后者并不需要任何超出维护事物现状以外的系统的世界观，相反地，自由主义者行事的依据却是一种精心设计的社会哲学——一种十分明确和连贯的、可以便利地转换成值得遵循的纲领性政策的政治理论。而今，自由主义不过是一种心态，含糊其辞地被称为前瞻性的，至于看向何处、看些什么则不甚了了。对许多个人而言以及从社会后果看，这一事实都不亚于一场灾难。大众也许并未意识到这场灾难，但他们的随波逐流却证明了它的存在；而与此同时，一些思想有深度的人则忧心忡忡。因为人性只有在拥有可以依附的对象时，才能泰然自若。

合并已取得长足发展，以致使个人脱离了旧式的地方联系与效忠，但却尚不足以为他们提供新的生活中心和生活秩序；把这种形势与我们冲动而贪婪的民族主义联系起来，我认为并非异想天开。最好战的民族也是通过思想与情感的力量而非暴力来确保其臣民的忠诚。它培育忠诚与团结的理想，培养人们为共同事业而共同奋斗。现代工业、技术与商业创造了现代民族的外部形态。陆军和海军产生了，以保护商业，确保对原料的控制，并占领市场。如果情况就这样赤裸裸地显示给人们，他们将不会为了确保少数人的经济利益而牺牲自己的生命。但是，日常生活中对真正的合作以及相互的团结这一赤裸裸的需要，却在民族主义情结中得到了宣泄。人具有一个值得同情的天性，即向往着共同生活与共同斗争的历险。如果平常的社会不能满足这种本能，那么，浪漫的想象力就会编织出一幅万众一心的民族巨像。如果和平这种轻松的职责无法建立一种共同生活，那么，激情可以通过服役于为它提供临时模拟的战争而被调动起来。

到此为止，我尚未提及许多人可能认为是有关忠诚之可靠对象的所有失落方式中最严重、最显而易见的一种——宗教。关于宗教外显的衰落程度——教会成员、礼拜等等，可能容易言过其实。但是，作为人们思想与情感的主要统一力量和指导力量，对其衰落程度的估计无论怎样都不为过。即便在过去所谓的宗教时代，宗教本身是否真正是人们现在有时认为的那种活跃的核心力量，也许值得怀疑。但是，宗教曾经象征着那些赋予人们的人生观以统一性和中心的条件和力量，这一点是毋庸置疑的。它至少将人们所依赖的那些对象的意义凝聚成一些重要的、共享的象征，正是对那些对象的强烈依赖，使人们的人生观获得支持并保持稳定。

宗教现在不能产生此种效应了。政教分离，引起了宗教与社会的分离。凡宗教尚未成为简单的个人嗜好之处，它最多成为一些宗派，它们彼此因教义的不同而相区别，又在宗旨上保持着内在一致性；这些宗旨仅具有一个共同的历史渊源，以及一种纯粹形而上学的或仪式上的意义。曾经联合希腊人、罗马人、希伯来人与天主教的中世纪欧洲的社会纽带，已不复存在。有些人意识到了作为一种联系纽带的宗教之丧失将预示着什么。许多人失望了，不相信它能通过培养个人想象与情感赖以紧密依附的社会价值得到恢复。他们希望把过程颠倒过来，通过复兴孤立的个人灵魂来构建社会统一与忠诚的纽带。

关于新的宗教态度的立足点是什么，尚未有任何共识，除此之外，人们还前后颠倒。与其说宗教是联合之根，不如说是根的花或果。试图通过有意、自觉地培养宗教来整合个人，并通过它实现社会的整合，这本身便证明了个人因脱离公认的社会价值而失落的程度。也难怪，这种主张若不是以教条的原教旨主义形式出现,便会以某种形式的玄奥的神秘主义或个人的唯美主义而告终。被宣称为宗教之精髓的整体感,只有通过参与已经在某种程度上实现了统一性的社会,才能建立并保持下去。首先在个人中培育它,然后推而广之地形成一个有机统一的社会,这是异想天开。对此种异想天开的沉溺,感染了一些人对美国生活的阐释,一个明显的例子就是沃尔多·弗兰克①的《美国的再发现》。② 它标志着一种怀旧的方式而非建设性的原则。

外部情况一片混乱,是因为机器这个混乱之源;而且混乱将一如既往,直到个人在其内心重建整体性。此种观点完全是颠倒是非。外部情况即便不是完全组织化,也在机器及其技术所创造的合并中相对组织化。而人的内部世界却是一片混乱,只有当活跃于外部的组织力量反映到相应的思维、想象与情感模式中时,这种混乱才能被克服而走向秩序。病人不能通过自己的疾病自愈,只有当社会生活的统治力量能被纳入到造就个人心灵的努力时,分裂的个人才能获得统一。如果这些力量实际上仅用于谋求个人钱财,这个问题就确实毫无希望了。但是,这些力量是通过技术的集体技艺构成的,而个人仅将其转而用于私人的目的。存在一个刚刚产生的客观秩序,通过它,个人可能获得方向。

尚未提到个性分裂的明显特征,其分裂的原因乃是未能重建自我以便适应当代社会生活的现实。在领导层中就当前社会问题的紧迫性进行的一次调查表明,法律的现状、法院、违法与犯罪位居榜首,且遥遥领先。鲁德亚德·吉卜林③曾经写道,我们是一个制订"自己蔑视的法律,并蔑视自己制订的法律"的民族,今天的情况有过之而无不及。虽然法令全书中写得一清二楚,我们却有意轻视它,并聚集起史无前例的热情以"逃避"法律。我们相信——根据我们的法律行为判断——我们能够用法律创造道德(如对禁酒法的大规模修改),并

① 沃尔多·弗兰克(Waldo Frank, 1889—1967),美国小说家、历史学家、文学评论家、社会批评家。其著作《美国的再发现》(*The Rediscovery of America*),由纽约:查尔斯·斯克里布纳之子出版社于 1929 年出版。——译者
② 在对一体化之欧洲的分裂进行了精彩的讲解之后,他继而说道:"人类对秩序的需要及其对秩序的创造,就是他的科学、他的艺术、他的宗教;而这些都可以追溯到对秩序的原始感觉——所谓的自我",完全忘记了这关于自我首位性的学说恰恰是那个浪漫主观的时代对他所描述之分裂的反应,只有在该分裂中才有意义。"
③ 鲁德亚德·吉卜林(Rudyard Kipling, 1865—1936),英国作家、诗人,所引用的文字出自他的诗《一个美国人》(*An America*),原文为"That bids him flout the law he makes, That bids him make the law he flouts"。——译者

无视这一事实，即一切法律，除了那些调节技术性程序的以外，都是现存社会习俗及其相伴随的道德习惯与目的的记录。然而，我只能将此现象视为症状，而不是原因。它是这个时期自然而然的表现，在这一时期，社会结构的变化已瓦解了旧的纽带和忠诚。我们试图通过法令使这种社会松弛与解体恢复正常，而实际的分裂正表现为有法不依，这恰恰揭示出此种维持社会整合之方法的人为性。

有关道德规范松弛的文章与报道大量涌现。有一个运动已引起人们注意，该运动由于某种模糊的原因而得名"人文主义"，它提倡在更高的个人意志中并通过这种意志来实现节制与适中，以此作为解救我们现存弊端的办法。它发现，艺术家所奉行的自然主义，以及哲学家所教导的、由其取自于自然科学的机械主义，这些都摧毁了内在的律令，而后者本可以独自带来秩序和忠诚。如果能够相信艺术家与知识分子手中握有任何此种力量，我会十分高兴，因为如果他们真有的话，便能够在用它把邪恶带给社会之后改弦更张，根除邪恶。但事实感连同幽默感都拒绝接受任何此类信念。文人和学者今天较以往任何时候都更多地表现为结果，而非原因。他们反映并表达了由新的工商业形式所产生的新生活方式带来的分裂。他们为在新生力量影响下压倒传统规范的非现实性提供了证据，他们还间接地表明了某种新综合的需要。但只有当新的条件本身被纳入考虑并转换成自由与人道生活之工具后，这种新综合才可能是人文主义的。我看不到任何"节制"或逆转工业革命及其后果的途径。当缺少这种节制（如果真能出现，那倒是很省事）时，主张通过运用更高的个人意志而实现某种内在的节制；无论怎样的意志，其本身只不过是那已彻底破产的旧个人主义无用的回声。

生活的许多方面都向任何关注现实而非言辞的人昭示，所提倡的救市良方与实际情形风马牛不相及。就拿当前的娱乐、电影、广播以及组织化的代理制体育运动来说，人们要问，面对这一将技术资源用于经济谋利的凶猛潮流，内在的制动器又如何运行呢？也许最典型的例子是因变化而引起的家庭生活与性道德的分裂。并不是人们有意的图谋破坏了作为工业与教育之中心以及作为道德修养之焦点的传统家庭，也不是这种图谋削弱了旧的持久婚姻制度。要求普遍深受家庭崩溃与婚姻破裂之苦的个人，通过出于个人意志的行动来结束这一切后果，这只不过是对道德魔力的迷信。我们只有首先更谦恭地将意志力用于观察社会现实,并根据其自身的可能性加以引导,才能找回具备坚定而有效之自制力的个人。

个人从那些曾经给予他们人生以秩序和支持的纽带上松懈下来,反映这一潮流的事例十分引人注目。事实上,它们过于引人注目,以至于使我们看不到导致这些现象的原因。个人摸索着穿过种种形势,他们不引导这些形势,而这些形势也不赋予他们方向。在他们意识中占据最高地位的信仰和理想,与他们外在地活动于其中并不断反作用于他们自身的社会并不相关。他们自觉的观念与标准均继承自一个已经逝去的时代。而他们的思想,就其自觉持有的原则与阐释方法而言,也与实际情形相悖。这种深刻的分裂,正是涣散与迷惘的原因。

个人只有当其观念与理想同他们活动于其中的那个时代的现实相一致时,才能重新找回自己。达到这种一致并非轻而易举之事,况且它比看上去具有更多的负面效应。如果我们能够禁止那些仅仅属于传统的原则和标准,如果我们能够抛弃那些与我们生活于其中的情形并无现实联系的观念,那些现在不知不觉但却持续不断地作用于我们的尚未公开的力量,将趁机按照自己的模式塑造思想,作为结果,个人有可能发现自己拥有想象与情感所牢固依赖的对象。

但是,我并不是说再造的过程可以自动进行。辨别是必要的,以识别那些仅因为习俗与惰性而居于支配地位的信仰与制度,以及发现变动着的当代现实。例如,理智必须区别技术的趋势,这些趋势从源于早期个人主义的遗产(它压抑并分裂新动力的运行)中创造出新的合作精神。我们很难不用从过去几个世纪继承而来的旧框框去设想个人主义。个人主义被等同于首创与发明观念,这些观念与私人的、排外的经济利益密切相关。只要这种观念控制着我们的思想,那使我们的思想和欲望与当代社会环境的现实相一致的理想,将被解释为适应与顺从。它甚至会被理解为对现存社会邪恶的理性化。个性的稳步恢复,伴随着旧的经济与政治个人主义的废除——它将解放我们的想象力与干劲——从而使合并的社会有助于丰富其成员的自由文化。只有通过经济调整,才能使旧个人主义中的精华——机会平等——变成现实。

认清像"接受"这类观念的双重意义,是智慧的职责。有属于理智的接受,它意味着客观地面对事实。还有另一种属于情感与意志的接受,它包含着对欲望与努力的认可。此两者如此迥异,以至于第一层意义上的接受成为所有理智地否认第二层意义上的接受之前提。一切观察都具有前瞻性,只有当我们预测现存事物的必然后果时,才能领悟其意义。当一种情形像目前的社会状态这样表现为内在的混乱分裂时,出路隐藏于观察之中。当人们觉察到不同的趋势及可能出现的不同结果时,便会不可避免地出现或此或彼的偏爱。因为思想上的承认带来理智的辨别与选择,这便成为走出混乱的第一步,成为构建那些有意义的忠诚对象的第一步,从中,稳定的、有效的个性才能生长。它甚至有可能创造使保守主义变得中肯且周密的奇迹,这无疑是一种有所依凭的自由主义之前提。

5.

向新个人主义迈进^①

我们的物质文化诚如人类学家所言，正处于集体与合并的边缘。然而，我们 77
的道德文化连同我们的意识形态，依然充满源于前科学、前技术时代之个人主义
的理想与价值。其精神根源可以上溯至中世纪的宗教，后者肯定个人灵魂的终
极性，并将人生之戏剧围绕这一灵魂的归宿而展开。其制度的与法律的观念形
成于封建时期。

这种道德的、哲学的个人主义，先于现代工业的兴起与机器时代，是后者活
动的背景。个人对既成制度的显见的从属，常常遮盖了个人主义在深层的顽强
存在。支配性的制度曾经是教会这一事实提示我们，个人主义存在的终极意图
乃是确保个人得到救赎。个人被看作一个灵魂，该制度所服务的目的被推延至
另一个生命，此二者掩盖了潜在的个人主义，使当代人无法认清。在其自己的时
代，其实质正是个人灵魂的这种永恒的精神性。既成制度的权力来自他们作为
实现个人终极目的的必要手段。

工业革命的早期促发了一场伟大的转变。它将个人的追求转向尘世，将重
心从农业转向制造业，从而瓦解了封建主义的固定财产观。不过，认为财产与报 78
偿具有内在的个人性这一观念延续了下来。的确，在早期与晚期的个人主义中
有不可调和的因素。但是，个人资本主义、天赋权利以及具有严格的个人特征与

---

① 首次发表于《新共和》，第 62 期（1930 年 2 月 19 日），第 13—16 页，题目为"向新个人主义迈
进——杜威教授系列文章《新旧个人主义》之三"（Toward a New Individualism. The Third Article
in Professor Dewey's Series，"Individualism，Old and New"）。

价值观的道德,所有这些因素的混合在清教主义——占统治地位的理智综合——的影响下保留了下来。

然而,此种综合的基础被随后工业系统的发展所摧毁,后者使个人的能力、努力与工作融入集体的整体中。同时,对自然能源的控制消除了时间与空间的局限,结果是曾经适应地方性条件的行为,被复杂的、无限广阔的活动吞没。但是,旧的精神特征在其原因与基础消逝后保留了下来。从根本上说,这便是产生当前混乱与虚伪的内部分裂。

早期的个人经济主义有明确的信条与功能。它寻求从法律的束缚下解放人的需要,以及满足这些需要的努力。它相信,这种解放将激发潜在的能量,将自动地把个人的才能安排到适合它的工作上去,将用利益去激励它从事那种工作,并将确保才能与进取精神获得其应享的回报与地位。与此同时,个人能量与储蓄将服务于他人的需要,并因此促进普遍的福利,实现利益的普遍和谐。

从上述哲学形成之日起,我们已走过漫长的道路。今天,这种个人主义最坚定的捍卫者也不敢重复其乐观主义的断言。他们至多满足于宣称其与不变的人性——据说此种人性只被个人获利的希望激发——的一致性,并将向任何其他社会制度转变的不可避免的后果描绘得一团漆黑。他们将当代文明的全部物质成就归功于这种个人主义——似乎机器是由谋利的欲望而不是非人化的科学造出来的;似乎它只受金钱的驱使,而不受在集中技术指导下的电与蒸汽的推动。

在美国,个人主义采取了罗曼蒂克的形式。几乎没有必要设计一套把个人获取与社会进步相等的理论。实际情形的需要,呼唤着在所有迫切的工作中发挥个人的首创性、进取心与活力,而个人的活动又促进了国家生活。克罗瑟斯(Crothers)博士表达了当时的时代精神,其言论被西蒙斯(Sims)先生恰当地收入《冒险的美国》(*Adventurous America*)一书中:

> 你若想理解美国的驱动力,就必须理解那些互不相同的不满足、无耐心的年轻人,他们每一代都为自己的能量找到突破口……使你不安的闹声并不是愤怒的无产阶级的叫唤,而是寻求新机会的急切的年轻人发出的吼声……他们在今天代表着新一代的热情。他们代表着俄勒冈人和加利福尼亚人,顽强的拓荒者们不顾艰难险阻向他们走去。这就是社会不安定在美国的含义。

如果这不是发自久远过去的一个声音的回声之回声，我便不知其为何物了。我真的听不到一声无产阶级的喧嚷，而我却要说这些听到的声音是对失去机会的怨声絮语，伴随着机器、汽车与酒店的喧闹，那愤愤不平的絮语已被淹没，再也听不到为冒险的机会而发出的急切吼声。

旧个人主义的欧洲形式曾有其价值与暂时的合理性，因为新技术需要从繁琐的法律约束下获得解放。机器工业本身尚处于开拓阶段，那些面对冷漠、怀疑与政治阻挠而冲锋陷阵的人，理应获得特殊的奖赏。而且，资本积累是在今天看来微不足道的小企业范围内进行的，当时无法想象资本积累会成为如此的庞然大物，以至于能够决定法律与政治秩序。贫穷曾经被认为是不可避免的自然之道，而新工业许诺了一条出路。但那时尚不能预见这样一个时代：机器技术的发展将为合理的闲适以及所有人广泛的安逸提供物质基础。

使旧个人主义哑然无声的转变，在我国来得更明显、更迅速。今天呼唤着创造力并为首创性与活力提供无数机会的荒野在哪里呢？欢快向前（即便身陷困厄）奔向征服的拓荒者又在哪里？那荒野存在于电影与小说之中，而拓荒者的后代们生活在由机器造就的非自然的环境里，没精打采地享受着影片中生动再现的拓荒者的生活。我看不到什么因竭尽全力寻求行动之突破口而导致的社会不安定。相反，我发现了抗议，这种抗议是针对因创造性机会的缺乏而引起的活力的消退与精力的耗损；而且，我看见一种混乱，这种混乱表明我们无法在一个动荡不安的经济环境中找到一个可靠的、高尚的位置。

由于旧个人主义的破产，那些意识到这种崩溃的人常常论辩起来，似乎个人主义本身已经一去不复返了。我并不认为那些把社会主义与个人主义对立起来的人真的以为个性即将消逝，或者以为它不是某种具备内在固有价值的东西。但是，当他们说似乎只有个人主义才是过去两个世纪的本土事件时，是在帮助那些想要保持这种个人主义以谋取私利的人；而且，他们忽略了主要的问题——改造社会以利于一种新型个人的成长。有许多人相信，为了实现个人首创性与广泛的安全，某种形式的社会主义是必要的。他们关注现存制度下少数人对权力与自由的控制，因而认为集中的社会控制是必要的，至少在一段时期内是这样，其目的是要实现所有人的利益。然而，他们过多地假定，只要将早期的个人主义推广到大多数人，其目的就会实现。

这种想法把个人主义当作某种似乎是稳定的、拥有一致内涵的东西。它忽略了一个事实，即个人的精神与道德机构。他们的欲望与目的的模型，都随着社会构成的每一次大的变化而变化。不受团体组织——无论是家庭的、经济的、宗教的、政治的、艺术的，还是教育的——约束的个人只是一些怪物。设想把它们维持在一起的联系只是外在的，而并不反作用于思想和性格，从而产生个人的心性结构，这种想法是荒谬的。

"失落的个人"之悲剧在于：虽然个人现在已为种种庞大而复杂的团体所掌握，但这些联系的意义尚未和谐且一贯地映入人们想象的和情感的人生观。当然，这一事实起因于社会现状缺乏和谐。无疑存在一种循环，但那是一种恶性的循环。如果人们拒绝接受——运用本文前一章所界定的理智、观察与探寻的精神——社会现实；且因这种拒绝，或者屈服于分裂，或者从逃避或仅仅是感情上的反叛中寻求个性的解救。把合作与集体中的个人相对立的习惯，有利于混乱和不确定的延续。它把人们的注意力引离了这样一个关键问题：个人在一个史无前例的崭新社会环境中怎样重新界定自我，新个人主义将呈现怎样的品质？

问题不只是将经济上的首创性、机会与进取心等特征推广到所有的个人，而是造就一种新型的心理与道德，这一结论暗含于今天为实现美国观念的一致化与标准化而必须承受的巨大压力之中。组织化、树立一种从大众观念中抽取的作为行为调节标准的平均值以及一般说来数量对质量的控制，所有这些为什么竟然成为当前美国生活如此典型的特征呢？我只找到一种根本的解释。个人不可能在理智上保持真空状态。他的观念与信仰如果不是他所分享的公共生活的自然的功能，那么，一种表面的一致就会通过人为的、机械的手段达成。由于缺乏与形成中的新型社会共同性相一致的精神，那些貌合神离的外在的机构便拼命要填补这一空白。

结果，我们思想的一致性比它外在表现的具有更多的人为性。标准化是可悲的，人们几乎可以这样说；它之所以可悲，原因之一在于它未能深入。它深入到足以压制思想的原始品质，但尚未深入到足以达到持久的一致性。它的不稳定性表明了它的浅薄性。所有通过外在手段、通过压制与威胁（无论多么微妙），以及通过精心策划的宣传而得到的思想一致，都必然是浅薄的；而凡浅薄的东西，必然动荡不定。所使用的方法导致大众的轻信，而这种轻信又根据流行的观点游移不定。我们思想一致，感情相通——但只有一个月或一个季度，随后又出现某个其他的轰动事件或名人，于是又出现一种令人陶醉的一致反应。在特定时间，从一个横截面看，一致是必然的；但在时间的长河中纵向地看，不稳定与波动处于支配地位。……我想，有些人听到诸如"无线电意识的"（radio-conscious）以及"热衷于航空的"（现在如此频繁地强加于我们）之类的术语时，一定恼羞成怒。我以为，这种气氛并非摇摆于其中的外在方式，以及对其结果的浅薄性与不一致性的一知半解的意识。

我想，有人会认为我对美国现存社会之合并的强调，事实上（即便不是作者本意），是在要求比现存状况更多的顺从。真理前进一步就是谬误。将社会等同于或高或低的一致程度（无论何种程度），是引起个人失落之误导的又一证据。社会当然只不过是个人之间这种或那种形式的关系。而且，所有关系都是相互作用而非固定的模式。构成人类社会具体的相互作用，包括参与中的予与取以及共享中的予与取，这种共享增进、扩大并深化着那些相互作用之因素的能力和作用。顺从意指没有充满活力的相互作用，以及对交流的阻止与窒息。正如我一直试图要说明的，它是在缺乏被纳入思想与欲望的内在倾向中的种种联系的情况下，用于维系人们的人为替代品。有些人将"社会"与人际交往中的亲密关系（如友谊中的）对立起来，他们会给"社会"一词赋予怎样的意义呢？我常常不得其解。可想而知，他们心目中装的是一幅充满僵化的制度或某种固定的、外在的组织的画面。但是，一种不同于人际关系与交往结构的制度，只是过去某一社会的化石而已。组织，正如任何有生命的有机体所表现的，是相互交换中不同细胞的合作性一致。

我推想，那些操纵宣传机构制造一致感的更为理智的人们，在目睹自己的成功时也会感到不安。我很能理解，他们对自己在特定时间获得预期效果的能力，一定有几分半信半疑；但我却在想，他们也会惧怕这种同一心态在关键时刻出乎意料地调转方向，同样全体一致地反对那些它曾受人操纵而支持过的事物与利益。从众心理在不稳定时，是危险的。依靠它获得永久支持，无异于玩火。顺从若要长期有效，就必须成为对源于真正共同生活的种种和谐一致所作的自发的、主要是无意识的表现。一种人为导演的思想与情感的一致，是内在空虚的表现。并非所有现存的一致都是有意制造的，它不是蓄意操纵的结果；相反，它是一些外在原因的结果，这些原因的外在性使其成为偶然的、不稳定的。

一般美国人的"参与"习惯及其过分的社交性，或许可以作与顺从相同的解释。它们也证实了，人们对旧个人主义的消逝所导致的真空怀有本能的憎恶。

在独处时,如果有深植于我们思维习惯的共同思想为伴,我们应不至于如此反感孤独。由于没有这种共享,就需要通过外在的联系来加强。我们的社交性主要是一种寻找正常的联系与一致意识的努力,这种意识源于作为社会整体中为社会所支持且支持社会的一员的需要。

新个人主义不可能通过将旧的经济个人主义的好处推广到更多的人而实现;同样,它也不可能通过进一步发展慷慨、好意与利他主义而达成。这些品质是令人羡慕的,但它们同样或多或少是人性的永恒表现。在当前情形下,存在着许多刺激它们活跃起来的因素。或许,它们更多地表现为美国生活而不是任何

84时期任何其他文明的典型特征。我们的慈善与博爱,部分地是内心不安的表现。作为这种表现,它们证实了一种见识,这就是:为谋取私利而推行的工业制度不能满足那些即便是从中获利的人们的全部人性。现存经济制度通过阻止其明确表达却窒息的本能与需要,在种种行为中找到了宣泄口,这些行为承认现存制度作为一种制度所否认的社会责任。因此,慈善措施的发展,不仅是对商业活动所造成的人性窒息的一种补偿,而且是一种预言。建设胜于缓解;预防胜于医治。缓解贫困及其相关的精神紧张与生理疾病之类的活动——而我们的慈善活动(甚至包括教育捐资)之终极原因,在于经济的不安全与窘迫——向人们悲观地预示着这样一个社会:在那里,日常的职业与关系将给所有顺应社会主流的正常的个人提供独立而丰裕的生活,并以缓解的策略对付特别的危急事件。我们无须考察伟大的慈善家的个人动机,便可从他们的所作所为中看到现存经济组织之衰败的明确记录。

创造一种新型个人——其思想及欲望的模式与他人具有持久的一致性,其社交性表现在所有常规的人类联系中的合作性——的主要障碍,是早期个人主义典型特征的顽固存在。这种个人主义用一己的金钱利益观念来定义工业与商业。为什么这里也存在如此热烈的追求标准化同一性的兴趣呢?我想,这不是因为顺从本身让人觉得是一件了不起的大好事,而是因为某种形式的顺从为我们现存制度的金钱本色提供了防御与保护。其前沿可能布满有关变化之恐怖的描绘,以及支持法律秩序与宪法的叫嚷。隐藏其后的则是使现存的制度永久化的欲望,因为这个制度用经商谋利的成功来定义个人的创造力与能力。

旧个人主义的全部意义已经萎缩为一种金钱尺度与手段,这样说并不过分。

85那些被认为属于倔强的个人主义的美德可以高声赞美,但无须什么远见卓识便

能一眼看清：真正受重视的是与在谋利的商业中有利于成功的活动相关的东西。这样，个人主义在商业领域的信条与其在思想和言论领域对个性的压制相结合，恰成反讽。对于任何标榜的个人主义，我们无法想象较以下叙述更尖锐的评论：这种个人主义使唯一的创造个性——心灵的——服从于维持一种制度；该制度仅为少数人提供机会，因为他们在经营唯利是图的商业中老谋深算。

据称，自我奋斗的经济个人主义虽然没有实现能力与报酬的匹配及其早期预言的各种利益的和谐，但它给我们提供了物质繁荣之利。这里无须问此种物质繁荣在多大范围内实现了，因为把唯利是图的个人主义说成物质繁荣的动因，是没有道理的。它曾是某些大富翁发迹的原因，但与国家财富无关；它在分配过程中发挥作用，但与终极创造无关。在机器技术中发挥作用的科学知识，才是最大的生产力。表现为谋取私利之热情与事业心的经济个人主义，一直主要是技术与科学运动的附庸，且常常是寄生的附庸。

产生个人主义的背景已经改观。正如克罗瑟斯所揭示的，拓荒者并不太需要任何与其所从事的急迫任务无关的观念，其精神问题均出自与物质世界种种力量的斗争。荒野是一种现实存在，它必须被征服。由此产生的那种性格便是强壮的、粗犷的，常常是鲜明的，且有时是英雄化的。个性在那时是一种现实，因为它与环境相对应。宗教与道德方面无关的传统被观念承接了过来，但被控制在无害的范围内。的确，不难对这些观念重新解释，使之成为对坚强者的鼓励，对弱小者和失败者的慰藉。

然而，再也没有必须努力与之斗争的物质的荒野了。我们的问题出自社会环境：它们与人际关系相关，而与人同物质世界的直接关系无关。个人的冒险——如果真有任何个体的冒险，而不是陷入自满的死气沉沉或绝望的不满——只是尚未征服的社会边疆。应急的观点解决不了问题。要解决的问题是全面的，而非地方性的。它们涉及在全国范围内发挥作用的种种复杂的力量，而不是那些眼前的、几乎是面对面的环境力量。传统观念非但无关，反而是一种累赘。它们是形成一种新个性——既有内在的整合，又具备在个性赖以存在的社会中发挥作用的被释放了的功能——的主要障碍。只有通过控制性地利用业已掌握自然界物质力量的科学与技术之全部资源，我们才能获得一种新个人主义。

现在，这些科技资源并未从根本上被控制。相反，它们控制着我们。它们的确在物质上受到控制。每一个工厂、发电站与铁路系统，都证实我们已达到这种方式的控制。但是,通过机器控制动力并不是对机器本身的控制。通过科学对自然能源的控制,并不是对科学的控制性利用。我们尚未接近控制的顶峰,连开始都谈不上。因为控制与结果、目的及价值相关;而我们并未设法掌握——很难说我们已开始这样的梦想——物质的能量,以实现计划中的目标与预期的利益。机器突如其来,使我们措手不及。我们没有因此构建与其潜力相当的新目标;相反,却极力使之服务于过去的目标,这些目标代表着把对自然能量的任何大规模控制视为奇迹的时代。正如艾尔斯①所说:"诚如某些史家所言,我们的工业革命是以纺织工业中半打的技术革新开始的;而我们却用了一个世纪的时间才认清,任何重大的事件都是在纺纱、织布技术的明显改进后才发生的"。

　　我并不是说早期的目标与价值本身微不足道,但与我们所掌握的手段相比,它们就不足挂齿了——如果我们的想象力足以包括这些手段的潜在用途,它们比微不足道更糟。当人们面对那些有形的工具与机构——因缺乏总体的目标与协调计划,我们盲目地四处飘泊——时,它们使人茫然而误入歧途。我无法从布尔什维克俄国为之激动的那种所谓的哲学中得到理智上、道德上或美学上的满足。但是我肯定,未来的历史学家面对我们的时代既仰慕又惊讶,他们所仰慕的,是那些首先预见到可以通过有组织的计划引导技术资源服务于选定目标的民族;他们所惊讶的,则是在技术上更为先进的另一些民族在理智和道德上的迟钝。

　　习俗以及对眼前细枝末节的热衷所导致的想象麻痹症的征兆,莫过于那些自命清高的人所极力鼓吹的信仰:机器本身是一切问题的根源。当然,巨大的潜在资源将责任加于我们。无论人类是否能利用机器与技术为我们创造机遇,这种责任还将不得不表现出来。但是,很难想象任何比那种将一切归咎于机器的万物有灵论更幼稚的东西。因为机器乃是一种梦想不到的动力资源。如果我们将这种动力用于获取美元而不是人类生活的解放与丰富,那是因为我们满足于停留在传统目标与价值的框框之中,尽管我们已拥有一种革命性的改造工具。对个人主义的陈旧信条的重复,只不过是对这些束缚心满意足的证据。依我之见,很难相信,这种特殊形式的自认落后会持续很久。当我们开始自问我们能用

---

① 克拉伦斯·爱德温·艾尔斯(Clarence Edwin Ayres,1891—1972),制度学派经济学(Institutional Economics)的主要思想家。——译者

机器为创造和实现与其潜力相当的价值做些什么,并开始有组织地计划实现这些利益时,一个与我们生活其中的时代现实相适应的个人也将开始形成。

把机器视为社会邪恶的制造者加以反击,这有其美学的根源。一种更理智的准哲学的反对,将自然科学视为社会邪恶的根源;或者,如果不是科学本身(只要它安于其适当的卑微地位,便准其平安无事),那就是那些依靠科学作为观察手段的人所持的态度。对自然的轻视可以理解,至少站在历史的角度可以理解,尽管对我们生命的发源地与生活无法逃避的环境持轻视态度,似乎不仅在理智上可悲,而且在道义上无礼;但是,我感到不可理解的是人们竟然会畏惧、厌恶研究自然的方法。眼睛看到许多邪恶的东西,手臂会做残忍的事情。但是,那挖出眼睛、砍掉手臂的疯子,只能是疯子。有人或许会说,科学只是我们用以接近自然的手段的延伸。而我所谓的延伸,不仅是量上的广度与深度,如显微镜增加肉眼的视野;而且是通过将关系和相互作用纳入视野而对洞察力与理解力的延伸。既然我们必须无条件地以某种形式、通过某种途径接近自然——要是通过死亡之途就好了,那么,我坦率地承认,自己完全无法理解那些反对理智、有控制方法的人,因为这正是科学的要义。

我对他们的态度能持有任何同感的唯一办法,就是回想曾经有那么些人,他们宣称崇敬科学——大写该词(Science)的首字母 S,他们不是把科学当作一种研究的方法,而是当作一种自我封闭的与外界隔绝的存在,一种有关自足的、权威的、固有的绝对真理的新神学。然而,似乎纠正他们的误解要比首先赞同这种误解、然后一反崇敬而为谴责,要简单地多。理智的方法之反面是毫无方法或盲目的、愚蠢的方法。从列举"科学的局限"中获取乐趣,此种心态何其怪矣。因为知识的内在局限仅在于无知,赞美无知的动机只有那些从维持他人无知状态中谋利的人才知道。科学当然有其内在的局限,但此种局限乃由于应用它的人的无能;克服局限的办法在于矫正其使用方法,而不是诅咒被使用的东西。

这样来看待科学与技术才是恰当的,因为它们正是当代生活中具有终极意义的力量。只有通过在理解其潜在意义的基础上对它们加以利用,一种与当代现实和谐一致的新个人主义才能诞生。在个人及其种种关系中,存在着许多层次和许多因素,我们不可能全部理解和把握。敏锐的辨别力与选择是必要的。当艺术获得其客观的效果时,正是此种选择的结果。我们当代所需要的用以创造一种新型个性的艺术是这样一种艺术,它因为敏于接受作为我们时代动力的科学技术,所以将能正视科学技术可能为之服务的广阔的社会文化。我并不急于描绘这种正在出现的个人主义将采取的形式。的确,只有在取得更大进步后,我们才能进行描绘。但是,如果我们不停止用社会合作对抗个人,如果不培养一种创造性的、富于想象的眼光以正视科学技术在实际社会中的功能,这种进步就不会实现。上述思路的最大障碍,我再说一遍:就是旧个人主义的永久化。正如我已指出的,这种旧个人主义现已堕落为利用科学技术服务于谋取私利。有时候,我们不知道那些意识到当前弊端却又不遗余力地攻击一切——除上述障碍之外——的人,是否不受他们无意识中宁愿藏之于意识之下的那些动机的干扰。

6.
资本社会主义还是公共社会主义？^①

我曾听一位著名的律师说，对联邦宪法加一项几句话的修正案，即禁止一切 90
股份企业拥有法律地位，只允许个人业主拥有法律地位，就可以找回美国早期个
人创新与进取的观念。我认为，这位律师是我见过的唯一一位不折不扣的杰弗
逊主义民主党人。同时，他还是一位有逻辑头脑的人。他并没有自欺欺人地认
为，我们这个企业资本大集聚的时代、批量生产与批量分配的时代、所有权非个
人化且与经营权相分离的时代能保留拓荒时代的个人创新、进取、能量与奖赏的
信念。然而，我们的政治生活却继续忽视已发生的变化，只在情势所迫时才在处
理偶然问题时考虑这种变化。

当代社会仍然流行着一种错误的看法，即社会主义就是要通过政治手段将
财富平均分配给所有个人，因此社会主义反对企业垄断、企业兼并以及企业联
合。换句话说，社会主义是一种被算术划分后的个人主义。那些坚持认为个体
在本质上是一个孤立的、独立的单位的人，自然会如此看待社会主义。其实，对
于当前的这种经济合并，卡尔·马克思早有预见。如果马克思的魂灵飘荡在美
国上空，他一定会感到非常满意，因为我们实现了他的预言。

不过，马克思在作这些预言的时候，过多地从心理经济学的前提进行论
证，没有充分考虑到技术的因素，即科学在蒸汽动力、电以及化学过程中的应 91

---

① 首次发表于《新共和》，第 62 期（1930 年 3 月 5 日），第 64—67 页，题目为"资本社会主义还是公共
社会主义？——杜威教授系列文章《新旧个人主义》之四"（Capitalistic or Public Socialism? The
Fourth Article in Professor Dewey's Series，"Individualism，Old and New"）。

用。也就是说，马克思在论证时过于依赖他的论证前提，即资本家会不断剥削工人创造的一切剩余价值——"剩余"指超出了工人生存所需最低工资的那部分。此外，马克思没有认识到不断发展的工业在发明创造以及继而在开拓新需求、新财富形式及新职业方面的能力；他也没有想到，雇主阶级会足够理性，会认识到他们需要付给工人高薪才能维持消费力，并从而维持生产与利润。这也就是为什么马克思的预言——处于政治控制中的普通大众会因普遍承受的痛苦掀起一场革命，建立一个社会主义社会——没有在这个国家得以实现。不过，马克思提出的问题，即经济结构与政治运作之间的关系，现在仍然存在。

实际上，正是这个问题才造成了当前的各种政治问题。一位聪明又经验丰富的美国政府事务观察者说过，他听到的美国政府所讨论的所有政治问题，最终都可归结到与收入分配相关的问题。财富、资产以及生产与分配过程，包括最末端的连锁零售业，在外在社会化的过程中很难不会产生政治影响。这是新政党或现存政党必须面对的终极问题。旧式个人主义仍然有足够的活力，让任何自称是"社会主义"的政党或计划严重受阻。但从长远来看，"社会主义"一词的历史含义是由现实情况所控制的。因此，一个以"社会主义"命名的政党命运如何，无关紧要。

在某种重要意义上，上述经济问题的重要性没有被目前的政治所忽略。统治党公开将自己看作是繁荣的维护者，甚至还称自己是繁荣的缔造者。它使大量公民与选民相信这一点，并从而认为它之所以能够持续获得统治地位，其原因就在于它等同于繁荣。我们的总统选举基本上由恐惧所决定。在地方选举以及非大选年的国会选举中，数十万公民会把票投给独立候选人或民主党候选人；但在每四年一次的总统大选中，他们却常常把票投给共和党。他们之所以会这么做，是因为他们隐约有一种恐惧，这种恐惧对他们造成了很大影响——他们害怕经济金融机器遭到破坏。这种恐惧既普遍存在于小商小贩中，也普遍存在于工人中。统治党基本上是靠这种恐惧维持统治地位的。我们的整个工业体系极其复杂，其内部各要素有着极其微妙的依存关系，极容易受到各种细小因素的影响。于是，在大部分选民看来，比起冒险扰乱工业，他们似乎更愿意忍受已经忍受过的种种弊端。我认为，在1928年的总统大选中，尽管民主党候选人因反禁酒法和信仰天主教而受到影响，但上述民众心态依然是他落选的决定因素。①

此外,胡佛让公众把他看成是一个具有工程师头脑而非政治家头脑的人,这一点起到了很大的作用。工程学取得了累累硕果,它的成就随处可见。它带来了种种奇迹,成为人们眼中神奇的奇迹创造者。一个对政治家感到厌倦的民族会下意识地认为,一位工程师的头脑、经验与天赋会治愈我们的政治生活,给我们的政治生活带来秩序。我无法用数据来证明上述两种因素的确切影响。对它们,尤其是对第二个因素的判断,是一个见仁见智的问题。但是,人们将共和党等同于持续繁荣这一点是肯定的,而人们对政治领域中出现工程师的愿望也是普遍的,至少是有代表性的。

繁荣在很大程度上是一种心境,而对繁荣的信念则更是一种心境。因此,当人们内心认为存在繁荣时,对繁荣程度的质疑便不会起到多大作用。我可以援引数据证明繁荣是多么的不均,证明繁荣的经济条件分配是多么的不公,但所有这些都不起作用。1927 年,11000 人年收入超过 10 万美元,他们的收入总和占国民净收入的 2/5,但这又有什么关系呢? 这 11000 人的收入仅有 20% 来自工资和他们自己的公司利润,剩下的 80% 来自投资、投机利润和租金等,但援引这些官方数据又能起到什么作用呢? 人们几乎不会注意到,8000 万雇佣劳动者的收入总和是这 11000 人"不劳所得"收入的 4 倍(所得税申报表坦率地称之为"不劳所得"收入)。此外,企业集群投资收入的增涨损害了所有者自行管理的企业的收入所得。谁要是提醒人们注意上述悬殊,就会被认为是在中伤我们倔强的个人主义,是在试图激起阶级矛盾。与此同时,1928 年的所得税申报表显示:7 年内,年收入超过 100 万美元的人数从 67 人增加到了近 500 人;而在这 500 人中,有 24 人年收入超过一亿美元。

不过,一个政党承担起繁荣的维护者这一角色,就意味着它承担起了责任;从长远来看,占统治地位的经济政治结合体将承担起责任。领主们必须采取某些行动以获得成功。在我看来,这是未来政治情形的核心。要联系企业产业来讨论未来的政治走向,首先至少要认识到:那些过去被人看作是健康经济基础的主要产业,如今已变得萧条。众所周知,农业、矿业和纺织业都身处困境。铁路

① 1928 年,共和党候选人赫伯特·胡佛当选美国总统。他的对手、民主党候选人阿尔·史密斯,因信仰天主教以及反对禁酒而遭到一些人的反对。——译者

大扩建的时代已经结束,建筑业时好时坏。与此相对应,与新技术相关并源于新技术的产业现在正迅速发展。如果没有汽车、收音机和飞机等产品的生产与销售的快速增长,没有电和高功率的新用途的迅速发展,过去几年的繁荣几乎不可能,甚至都不会成为人们的一种心境。经济发展的主要因素正是这些新的资本与劳动的应用领域,它们所产生的剩余资金使股市和其他商业形式一直维持在活跃的状态。同时,这些新发展加速了超级财富的累积与集中。

这些事实似乎指明了未来政治的走向。产业萧条已经对立法与行政中的政治行动产生了影响。当现在的新产业也资本过剩,消费与投资不成比例,当它们也出现生产力过剩时,结果会怎样?据估计,现在每年有 80 亿美元的储蓄盈余,而且这一数字还在增加。这部分资金应该放在何处?若将它转移到股市,问题可以暂时得到解决,但随之而来的通货膨胀却是一剂会带来新病的"药"。若用它来扩建工业厂房,那这些厂房多久之后会"生产过剩"?未来,政治控制似乎会为了社会利益而得到延展。我们有州际商业委员会和联邦储备委员会,现在还有了农业救济委员会这个由个人主义政党所发起的大规模社会主义行动。未来,似乎会有更多类似的委员会得到创建,尽管人们同时大肆谴责官僚主义,大肆宣称个人主义是我们国家繁荣的根本。

关税问题也在经历着变化。现在,叫嚷着要减免关税的都是萧条的旧产业。新生产业则对关税问题漠不关心,而随着它们越来越关注出口贸易,它们很可能对关税问题越来越不关心,或越来越抱有敌意。目前,除了使旧政党内部形成了反对派,经济变化确实还没有影响政党之间的联合。但这一事实遮盖了另一个更大的事实,那就是,在旧党的掩护下,立法与行政已经因为受贸易与金融的影响而开始发挥新的作用。最明显的例子自然要数下面这场行动:利用政府机构与大型公共基金将农业与其他产业置于同等位置。这个例子非常重要,因为农民是旧个人主义理念最忠实的支持者,而且这场行动的目标显然是把农民囊括到集体与企业行动的范围中来。在萧条时期利用公共工程缓解失业问题,这种政策是未来政治走向的另一个(较微弱的)迹象。

当然,新产业是否会重复萧条的旧产业的周期,即是否会变得资本过剩、生产能力过剩、持有成本过高,以及这种重复会到什么程度,是一个见仁见智的问题。不过,对于这一问题的消极方面,我们需要保持相当的乐观。至少,我们可以合理地确定,如果新产业带来了萧条,公共干预和公共控制的过程将被重复。

而且,无论如何,针对老年与失业问题采取政治行动总是可能的。目前,工人因技术发展而下岗,工人的工作年龄限制由于劳动过程加快而被提前以保证有利润可得,这两者都凸显了公众调查与统计的可耻缺失。失业,就其目前"正常的"水平而言——更别提周期性的萧条期的失业水平——表明以获取私利为目的、不受监管的个人主义产业失败了。矿工,甚至是农民,可能会被忽视,但城市产业工人不会被忽视。如果再次爆发一场激进的劳工运动,将失业问题上升为政治问题将是这场运动出现的最初迹象之一。随之而来的是,公共控制的范围将会进一步扩大。

作政治预言是一件很危险的事,所以我不打算在此作详细论述。不过,大的、基本的经济趋势是无法长久忽视的,这些趋势都朝向同一个方向。有很多迹象表明,控制着美国政治的反对变革的趋势正在让步。收入分配不公会突显征税权的使用,征税权通过对巨额收入者征收更多的所得税、对大额遗产的继承者征收更多的遗产税实现重新分配。将闲置土地的社会生产值价挪为私用这一丑闻终将会被揭露出来。世界生产和商业的现状正在赋予"贸易保护与自由贸易"以全新含义。正有越来越多的人意识到,地方政府的管理不善与腐败同大型经济利益集团获得的特殊优惠是相联系的,地方政府与利益集团的这种联合同犯罪活动是相联系的。地方劳工组织对政治回避政策日益不满,对自己需要通过由敌对利益集团控制的政党开展工作这件荒谬之事日益不满。这种趋势有累积效应,许多现在孤立的因素最终会集中起来。当它们形成了一个焦点,经济问题就不仅仅只是隐秘的政治问题,而是公开的政治问题。产业的社会控制问题与使用政府机构实现建设性的社会目的将成为公开的政治斗争中心。

我专门用一章的篇幅来讨论政治情形,不是说我认为明确的政治行动对于解决当前生活中的分裂问题很重要,而是因为它能起到辅助作用。我们需要对立法与行政作出一定的具体改革,以便为其他以非政治方式发生的变革创造条件。此外,立法与政治讨论会产生巨大的心理影响。人们关于所有社会问题的观念与理想,其形成过程都会受到政治行动大模型的反应影响。一个人如果因为自己忠心的对象消失了而在政治上感到迷茫,有一种方法肯定可以帮他找回沉着的心态,即通过观察工业与金融是如何在公共生活和政治生活中发挥作用去了解工业与金融的现实情况。过去很多年都存在于我们思想中的政治冷漠,其根本原因是一种心理困惑,这种心理困惑是由于没有意识到政治与日常事务之间的重要联系所造成的。民主党和共和党却一直极力维护这种困惑与不真实。我们了解了事物的发展方向以及它们这样发展的原因，就拥有了稳定的目标事物与忠诚对象的原材料。弄清楚了事件的实际发展趋势，就走上了通往思想清晰与有序的道路。

我之所以提到政治，主要是因为政治可以最好地表明现在的社会混乱及其背后的成因。我在上文提到的各种公共控制的事件都是偶发性的，都是政府迫于苦恼的巨大选民群体所带来的压力而不得不作出的回应。它们都是为了解决特殊情况而临时出现的，不是什么社会总政策的一部分。因此，我们还没有意识到它们的真正意义，只是将它们当作偶然发生的例外。在政治生活中，我们正在糊口度日。由于企业权力较为强大，当紧急事件将它们强行作用在我们的身上时，我们偶尔会关注并采取行动。但是，虽然认识到了它们的存在，我们却并不制定后续政策。另一方面，旧个人主义仍然根深蒂固，拥有着人们在不知所措时言语表达上的忠诚。它是如此的顽固，以至于我们以为它控制着我们的政治思考与行为。但实际上，旧个人主义被人用来维持现在的混乱状态，通过企业组织起来的金融势力与工业势力可以让经济为少数人的特殊利益服务，而不是为多数人的利益服务。

在我看来，近期最有趣的政治事件是胡佛总统在1929年股市崩盘后呼吁召开工业会议。这件事有很多涵义。其中，有些是实际的，有些则有着含糊的可能性。它表明，一个通过将繁荣归功于自己而承担维持繁荣责任的政党和政府在面对产业萧条时，动乱便会产生。它表明了建议与轻信这种从众心理在美国生活中的重要性。基督教科学派控制着美国人在经济领域的思想；如果基督教科学派使我们认为某些事不存在，这些事就必定没有发生过。这些工业会议还表明，我们美国人有一种对社会事务不作计划的习惯、一种亡羊补牢的习惯。除了那些坚守"经济新时代"教义的经济学家，所有的经济学家都知道会出现股市崩盘，尽管他们并不清楚崩盘的具体时间，但直到股市崩盘之后，我们才有所行动。

这些会议更含糊的含义，是有关未来的发展趋势。显然，会议的职能之一，便是将一系列的数字叠加成令人印象深刻的总数，并考虑这些总数对公众想象力的影响。是否会有心理和算术结果之外的结果？一个乐观的人可能会认为，这标志着工程师的经济头脑开始被真正地运用于社会生活。他可能会让自己相信，这标志着美国的实业家、金融家和政治家开始大范围地担起社会责任。他可能会设想,一系列会议的召开最终将会建立一个永久的"经济委员会"、一个将负责计划并协调工业发展的委员会。他可能会乐观地预计,劳资双方会以平等的身份会面,会面的目的不是一方让另一方保证不求加薪不罢工,而是让双方的会面成为有计划地管理国民福利基础不可分割的组成部分。

这种变化是否会在未来出现,并不确定。但确定的是,如果它顺利实现了,那就标志着人们公认旧的社会政治时代及其主导理念结束了。如果这种变化是人们经过自愿协定与努力实现的,而不是由政府强迫实现的,那么它就符合了美国精神。我们的个人主义有它永恒的正确性。但是,上述变化必定会将社会责任引入商业体系中,使只追求金钱利润的工业随之灭亡。如果我们建立一个协调指导委员会,让工业和金融巨头与劳工代表和政府官员进行会晤,并计划对工业活动的控制,这将意味着我们已经建设性地、自愿地走上了苏俄正以破坏和胁迫的方式走着的道路。正如我在前文所说,虽然政治行动并不是基本的,但关注真实重要的问题,比如为了社会价值对工业与金融进行公共控制,将产生巨大的思想与情感影响。我们文化的方方面面都会受到影响。政治是手段,不是目的;但视它为手段,将促使我们思考它的目的,思考如何去实现一种所有人都有价值的、富裕的生活。如此一来,它将找回指导目标,并成为找回统一个性的重要一步。

在本文中,我试着对总体政治情形的可能性作一次简要的概述,我并不是要请求什么,也不是对具体的政治联合作出预言。但是,任何一种政治革新,不管是在现有两党内部还是外部,都首先要求我们在思想上诚实地认识到当前的趋势。在一个迅速企业化的社会,我们需要有联合的思想,去考虑现实状况,并从社会利益出发去制定政策。只有这样,为了社会利益去开展有组织的行动才会变成现实。我们将走向某种形式的社会主义,随便我们愿意把它称作什么,也无论它在实现时被称作什么。经济决定论是事实,而不只是理论。但是,一种是盲目的、混乱的、无计划的决定论,它源于为牟利而经营的商业活动;另一种是由社会计划、有秩序的发展决定,两者之间是有区别的。这个区别和选择,就在于要一个公共社会主义,还是要一个资本社会主义。

7.
文化危机^①

　　人们对美国文化的现状和前景有过很多讨论。但"文化"是一个含义模糊的词。就一种意义上的文化来说,我认为,我们没有理由悲观。人们对艺术、科学与哲学的兴趣并不在减少,反而在增加。过去,某些个体也许取得了现在无法超越的个人成就,但我认为,现在有那么多人作为创造者与欣赏者去积极地关注文明的这些巅峰体现,这在我们的历史上是绝无仅有的。人们现在对思想、对批判性讨论、对一切理性生活构成要素都有最浓厚、最广泛的兴趣。若回顾过去的三十年或四十年,我们必定会意识到一代人所带来的变化,而且这种变化是前进,而不是后退。

　　当文化意味着许多人的修养,而且有修养之人的数量在不断增加时,我认为我们没有理由太过担忧。但"文化"还有另外一层含义:一个民族和时代整体上所特有的那种情感与思想、一种有机的思想与道德品质。无需提起贵族阶级这个模糊不清的问题,我们就可以肯定地说,当社会的上层人士有很高的个人修养时,普遍反映了社会生活的文化状态却可以是低下的、毫无价值的。在小说、音乐与戏剧方面成就斐然的俄国沙皇时代,便是一个明证。对商业与财富的专注,也不是文化繁荣无法逾越的阻碍。例如,荷兰在商业与财富扩张的时期,绘画也

最为繁荣。伯里克利统治时代、奥古斯都时代以及伊丽莎白时代也都是如此。

---

① 首次发表于《新共和》,第 62 期(1930 年 3 月 19 日),第 123—126 页,题目为"文化中的危机——杜威教授系列文章《新旧个人主义》之五"(The Crisis in Culture. The Fifth in Professor Dewey's Series,"Individualism,Old and New")。

个人修养极高的时期,时常甚至通常也是政治与经济由少数人所统治的时期,是物质扩张的时期。

我认为,我们美国人也完全有理由拥有文学与科学的黄金时代。但我们习惯于在审视那些有伟大人物、有巨大生产力的时代的时候,忘了去了解这些繁荣时代的起因。这些繁荣时代的转瞬即逝,不正好证明了繁荣源于偶然吗?无论如何,我们必须讨论一下我们国家本土文化的发展问题。民主的概念无疑与贵族阶级的概念同样模糊不清,但我们不能逃避一个基本的问题:如果一个公开宣称拥有民主的民族在一个确定无疑是工业化的年代,不能创造出优秀个人修养"时代"之外的东西,这个民族的文化便是有深层缺陷的。从地理意义上说,这样的时代是美国的时代;但从精神意义上说,它并不是美国的时代。

这便让一个常被人提起的问题具有了重要意义,即机器时代的物质与机械化力量是否会摧毁上层生活。正如前文所说,我认为在某种意义上,这样一种危险并不存在。诗人、画家、小说家、剧作家、哲学家以及科学家必定会出现并找到欣赏他们的观众。然而,我们美国文明的独特之处在于,它若要创造并呈现出一种独特的文化,这种文化就必定不是在工业与政治基础之上发展起来的,而必须是从物质文明自身中发展出来的。只有将机器时代变成一种相当新的思维与感觉习惯,这种文化才会到来;否则,它就永远不会到来。培养出一个只是物质文明外在装饰的阶级,最多只会重复历史,转瞬即逝而已。

因此,文化的问题不只是一个量的问题。它不是要增加可以参与创造并欣赏艺术与科学之人的数量。文化的问题是一个质的问题:一个物质的、工业的文明可以转化成一种独特的力量,去帮助文明中的所有人解放思想、提升情操吗?文化的问题首先是一个政治经济问题,其次才是一个明确的文化问题。

机械与工业文明和文化之间的关系是我们这个时代最深层、最迫切的问题,这已是司空见惯的事情。如果说"美国化"正在席卷全球这种说法是正确的,那么,机械与工业文明和文化之间的关系问题便不是美国特有的,而是全球性的,尽管美国最先有过深切的体会。这个关系问题涉及一系列具有最广泛哲学含义的问题。其中一个十分重要的问题,就是人与自然、精神与物质之间的关系问题。对于这个时代复杂的工业与经济问题,将人与自然分离开来的"人文主义"和认为人与自然之间没有不可逾越的鸿沟或固定不变的隔阂的人文主义会提出两种截然不同的解决办法。前一种人文主义必定会从过去寻找指引,努力培养出一个靠劳苦大众所养活的、有修养的精英阶层;后一种人文主义则必定会面临一个问题:工作本身是否可以成为文化的一个工具,而公众如何可以自由地享有一种充满想象力与艺术享受的生活? 它之所以要面临这个问题,不是因为多愁善感的"人道主义",而是源于一种思想上的信念,即虽然人是自然的一部分,而精神与物质是相关联的,自然需要通过人类及其集体智慧的指引,迸发出新的可能性。

许多欧洲批评家公开地从精神与物质的二元性这个角度批判美国生活,谴责美国对物质的崇尚会扼杀一切文化。他们没有看出我们所面临问题的深度与广度,这个问题即如何将物质变成思想与艺术生活创造过程中的一个积极工具。许多美国批评家批评美国现状,并设计种种逃避方法。一些人逃离到了巴黎或佛罗伦萨,另一些人则通过想象逃离到印度、雅典、中世纪或美国的爱默生、梭罗与梅尔维尔时代。逃离是一种逃避的解决办法。回到二元论,即由一个庞大的物质基础和在这个基础上建立起来的精神建筑所构成的二元对立,断然不可取,那会剥夺那些永远在机器上机械劳作的人们的精神权利。

文化问题必须通过经济途径得到解决,我们的教育体制便证明了这一点。美国人民是致力于全民教育最为积极的民族。但我们的教育体制为了什么? 它要实现什么目的? 不可否认,它给许多本来没有机会的人带来了机会。它还充当了重要的结合与融合过程的媒介。这些都为培养可以构建独特文化的人才提供了条件。但它们只是条件而已。如果我们的公立学校系统只是在这个由金钱工业控制的国家培养出高效的工业机器和公民机器,就像其他国家的学校培养出高效的战争机器一样,那么,这不会有助于解决构建独特美国文化的问题,而只会让这个问题变得更严重。阻碍学校自由地进行教育工作的正是金钱主宰我们经济体制的压力——当然,这种压力大部分是间接压力。这个话题太大,此处不便详述。但我仍然要指出的是,美国大学生群体有一种特有的特征:思想不成熟。造成这种不成熟的主要原因是他们被迫形成了精神闭塞,在受教育的过程中,他们很少去自由地、客观地关注文明背后的社会问题。工程师的培训是明显的佐证。工程师在我们的工业与技术活动中占据着战略地位,托尔斯坦·凡勃伦(Thorstein Veblen)指出了这一点,许多人后来也表达过这一观点。工程学校提供的技术培训质量都非常高,但有哪所学校系统地关注工程师这一职业背后的社会职能呢?

我之所以在谈到美国文化的问题时提到学校,原因在于构成独特文化本质的那些精神态度以及感觉与思考方式正是由学校这个正规机构所培养。但学校并不是最终的形成性力量，社会机构、职业趋势以及社会安排模式才是影响人才发展的最终控制因素。在学校中养成的不成熟，在生活中继续存在。如果我们美国人与其他国家受过高等教育的人群相比，有一种幼稚病，那是因为，我们的学校教育在很大程度上逃避了对社会生活中更为深层的问题进行认真思考，而思维只有通过进入现实才能成熟。因此，学生真正获得在其性格与思想中留下 烙印的有效教育，是当他们毕业后开始参与过分强调商业及其成果的成人社会活动。这种教育最多会是一种极其片面的教育，它会创造出专业化的"商业头脑"，而这反过来又会在闲暇以及商业本身中显现出来。由于先前的学校教育悲剧性地脱离了社会生活的主导现实，这种教育的片面性因此更加突出。毕业生很少会准备去顽强反抗，去带着辨别力进行批判，去预见或希望将经济力量引入新的渠道。

因此，我之所以提及教育以引起人们的特别注意，是因为教育（在此指广义上的教育，即想象、欲望与思考的基本态度的形成）就其广泛的社会意义来说，与文化是绝对相关的，因为归根结底经济与政治机构的教育性影响要比它们直接的经济影响更为重要。由思维的片面扭曲而造成的精神贫穷，最终要比物质贫穷更为严重。我这么说，并不是要掩盖现有的物质贫乏，而是要指出，在当前的情况下，这些物质结果不能与思维和性格的发展相分离。一方面贫穷，另一方面富裕，这两者是作为已有文化之源泉与衡量标准的心理和道德素质的决定因素。例如，我认为，对于许许多多在极其恶劣的环境中工作、离开丑陋的工厂之后便穿过令人沮丧的街道回到肮脏污秽的家中吃饭、睡觉、干家务活的人，试着将"艺术"和美的享受从外部带给他们，这种做法是最幼稚、最徒劳的。年轻一代对艺术和美的事物的兴趣表明，狭义上的文化仍有希望得到发展。但是，有无数人现在正生活、工作、玩耍在一种必定会降低他们的品位、会下意识地让他们对任何"令人激动的"廉价享受都抱有欲望的环境之中；如果年轻一代对艺术和美的兴趣未能使他们对那些决定这无数人所处审美环境的条件产生警觉性兴趣，那这种兴趣就会轻易地沦为一种逃避机制。

社会学家、心理学家、小说家、剧作家和诗人应该展示出我们当前的经济体 制对人们的品位、欲望、满足与价值标准所造成的影响。因篇幅所限，本文无法详述，但下面这段话足以让人们注意到一个关键事实，即从事经济商品外在生产与分配的人,不管在创造力上、思想上还是在情感上,大多没有参与对自己体力上所参与活动的管理。

在前面的一篇文章中,我曾指出,现有的企业性受到了明确的限制。这种限制在于,经济组织的固定不变阻止了组织内的大部分工人参与到组织管理中来。企业成为金钱利润的附属物,这使工人沦为了"人手"。他们的心与脑不发挥作用。他们执行着由他人所制定的计划,而除了知道这些计划将为他人创造利润、为他们自己带来薪水之外,他们对这些计划的含义与内容一无所知。要阐明这一事实对无数工人的经验与思维的影响,需要长篇大论,本文无力详述。但是,机会无疑被限制了,而思维活动则对思维加以扭曲、阻挠,不为其提供养分——思维活动可是为精神提供一切源源不断的养分的终极源泉。哲学家对头脑与身体的彻底分离在成千上万的产业工人身上得到了实现,其结果就是一个消沉的身体与一个空荡荡的、扭曲的头脑。

到处都有实例表明,当工人在工作中除了使用自己的身体还可以运用自己的情感与想象时,将会产生什么样的思想与道德影响。不过,我们仍然无法预见,如果一个由雇主与工人合作控制的工业体系整体替换了当前将工人排除在外的体系,会有什么具体结果。思维会得到巨大的解放,解放了的思维将会得到连续不断的指引与养分。工人会对相关的物理与社会知识产生渴望并会满足这种渴望,他们会要求创新与责任,并会进行创新、承担责任。我们也许不能保证这会立即带来独特社会文化的繁荣,但可以毫不犹豫地说,如果不满足上述条件,我们便只能获得一个有个人修养的阶级,而不能获得一个独特的美国文化。当许许多多的人在日常工作中不能运用思想与情感时,一个高度工业化的社会便不可能获得大范围的卓越思想。这中间的矛盾是如此巨大、如此普遍,以至于我们无望获得一种肯定的答案。我们必须从工业化文明中夺取我们的一般文化。这意味着,对于工人而言,工业本身必须成为一种主要的教育与文化力量。认为自然科学在以某种方式限制着自由、自然科学让人类屈服于固定需求的观点,并非由科学本身所造成的。与艺术是奢侈品、艺术就应该在博物馆和画廊里的这种流行观点一样,文学人士(包括一些哲学家)认为,由于自然的结构是物质的所以科学是种压迫这一观点,最终反映的是只为获得金钱而运用科学的社会条件。知识在机器中、在技术指导者的头脑中发挥了作用,但却没有在用这些机器工作的人的思想中发挥作用。人们宣称科学有致命性,而实际上,有致命性的是运用科学的金钱秩序。

如果我在上文强调了雇佣劳动者所受到的影响,并不是因为那些现在正享受着体制的物质报酬、垄断着体制的管理与控制的少数人所受到的影响就不明显。无疑,体制中总会有领导者,这些领导者在对伟大工业事业进行的思想管理中起着更积极、更重要的作用。但是,只要这种管理关注金钱利润多于社会效用,由此而带来的思想与道德发展就都将是片面的、扭曲的。如果工业得到了雇主与工人的共同控制,便会带来一个不可避免的结果,即人们会意识到最终的使用或消费才是评价、决策与管理的标准。如果消费在工业中占据最高地位,那工业就会被社会化;而我认为,要让工业获得真正的社会化,就必须从服务和商品的使用者与享受者的角度去看待并从事工业,因为只有这样,经济价值才会受人类价值的控制。此外,只要手段和人类目的(即对人类生活方式的影响)之间是分离的,交换价值或销售价值便会极大地主宰"使用价值",以至于人们会通过交换价值或销售价值来了解使用价值。也就是说,现在没有评判消费价值的内在标准。正如罗斯金(Ruskin)所强烈指出的那样,"财富"所包含的不幸与它所包含的幸福同样多。如果工业的目的是使用价值,那使用价值就会受到审视与批判;而目前,除了外在的道德说教与劝诫,我们并没有进行这种审视与批判的基础。为牟私利而生产,意味着任何会带来私利的消费都会得到刺激。 106

如果一个人不承担责任,那他的思维与性格便不会稳定平衡地发展。在一个工业化的社会,责任必定多与工业相联系,因为即使那些不从事工业活动的人也要面临间接来自工业的责任。最高层的工业管理者对社会影响,即对消费者生活经验所受到的影响的意识越是广泛和充分,他们的管理智慧便会越深入、越确切、越稳定。一个充斥着工业主义的社会可能会发展出一个在传统意义上有着很高修养的阶级,但这种应有的修养如果脱离了思想与欲望所参与的行动主流,它便是微薄和贫乏的。只要人们将创造力主要集中在获得金钱的成功以及享受这种成功所带来的物质成果上,我们的文化便会遵循这些标准。

不论何时何地,思维及其文化产物的发展都与思维的运用渠道性质相同。这一事实定义了如何创造有我们自身特色的文化这个问题。如果我们因为工业主义是不雅的、残酷的就逃离工业主义,那我们只会赢得一种肤浅的、有限的尊敬。这并不是说,科学应该直接致力于解决工业问题,或诗歌和绘画应该在机器与机器加工过程中寻找材料,那是愚蠢地夸张了我的观点。我们的问题不是要在美学讨论中把当前情况加以理想化,而是要发现并试着实现能让重要的艺术创造与艺术欣赏在大的社会范围内得以出现的条件。

107 科学也是一样。科学的问题根本不是要考虑各种具体的实际科学应用,这样的考虑已经够多了;科学的问题是要让科学研究者承担起思想责任,让科学研究者意识到科学通过技术这个搭档在让世界和生活变成现在这个样子的过程中实际做了什么。这种意识会让科学研究者思考,科学能为创造不一样的世界与社会做什么。这样的科学会与那种只作为具体工业目的的手段的科学相对立,它会囊括后一种科学的所有技术因素,但同时还关注对这些技术因素的社会影响的控制。一个人道的社会会用科学方法和最好的智慧影响人类。这样的社会将满足人们对一种不仅仅是物质的、技术的,也是人性化的科学的需求。只有通过文化影响将物质条件精神化,物质与精神、理想与现实关系问题的"解决方法"才不会仅仅停留在预言层面甚至是概念层面。科学是将物质精神化的潜在工具,这种精神化具有解放作用;艺术,包括社会控制的艺术,则是这种精神化的实现成果。

我并不认为我夸张了所谓的"知识分子",包括职业哲学家、业余哲学家、批评家、作家以及兴趣不限于其自身职业的专业人士所拥有的影响。不过,我们不能根据这些人当前的地位判断他们的潜力,因为他们现在在思想上已经分散了,孤立开来了,这是我称之为"失落的个人"的一个原因。伴随着这种内在消亡的必定是一种微弱的社会效用。混乱产生的最大原因是"知识分子"在精神上的闭塞,是他们未能面对工业化社会的现实。不论这个知识群体或思想群体的最终影响是大是小,他们都应该迈出行动的第一步。有意识地对社会现状的前因后果进行有方向的批判性思考,这是提出建设性观点的前提。这种行动要有效,就必须是有组织的。但这并不是要求必须创建一个正式的组织,而是要求有足够多的人意识到要有组织性的这种需要与机会。如果确实有足够多的人意识到了这种需要与机会,那这些人的研究结果便会集中到一个共同的问题上来。

108 有时,我的这种观点会被视作是在呼吁那些主要从事研究与思考的人放弃他们的研究、图书馆和实验室,转而从事社会改革的工作。这种解释夸张了我的观点。我并不是呼吁人们放弃思考与研究,而是呼吁人们进行更多的思考,进行更重要的研究。这里的"更"意味着要有意识地引导思想与研究,而只有认识到问题的轻重缓急,才能作出引导。如果我们可以信任历史,职员和秘书曾是影响力巨大甚至是受人尊敬的职业。在一个军事领导和政治领导都是文盲的社会，那些我们现在归功于伟人的思想与谈判必定大部分是由职员和秘书完成的。现在的知识分子是职员和秘书的后代。表面上，他们获得了解放，得到了过去所没有的独立地位。实际上，他们的作用是否相应地增加了，并不一定。在某种程度上，他们获得的自由和他们与行动现场的距离成正比。我重复一次：将思想与实际更紧密地联系在一起，并不意味着要放弃思想（包括猜测性的思想），以便忙于一些所谓的实际问题。相反，它意味着要将思想与具有极其重要意义的问题联系起来，从而让思想有焦点，并增加思想的质量。

我对一切试图将价值分成不同等级的尝试都抱有怀疑的态度，这些尝试的结果基本上都是抽象的，都没有适用性。但无论何时，问题却是有等级的，因为某些问题是另一些问题的基础，并对其产生重要的影响。对于将工业文明人性化、将工业文明及其技术变成人类生活的仆人这个问题——对于我们来说，这个问题又等同于创造真正文化的问题——单个人是不能找到一个建设性的解决方法的。不过，如果能意识到这个问题，并在这种意识的大致引导下进行认真的思考，这至少可以使一群个体找回一种社会功能，找回自我。让具有特殊思想天赋与才能的人脱离社会强加在他们身上的缺点，这至少是向更广泛的、在混乱中寻找统一的重建迈出了第一步。

相应地，我不希望读者将我关于逃避与闭塞的言论看作是针对某一特定人群的言论。具体个人的逃离，是现有的科学、智慧与艺术处于孤立状态的症状。那种总的来说把知识分子与雇佣劳动者隔离开来的个人隔阂，象征着一种深层次的功能分离。这种分离是理论与实践的分裂在实际中的体现。分裂所造成的影响对文化的理论与实践是同样致命的。它意味着我们称为美国文化的东西将继续并将越来越是欧洲传统的残存物，意味着我们称为美国文化的东西将不会具有本土性。如果正如一些人所相信的那样，整个世界正在随着机器技术与工业主义的扩展而变得"美国化"，美国本土文化的创造便不会对我们精神生活的欧洲传统源泉造成损害。本土文化的创造并不意味着我们忘恩负义，而意味着我们在努力偿还恩情。

要解决文化中的危机，就要找回镇定、有效与创新的个性。如果个体思想与因为技术工业而拥有企业化外表的文明现实相一致，这并不意味着个体思想将被动地由现有社会条件所塑造，好像现有社会条件是固定的、静止的一样。当构成一个人思想和欲望之个性的模式与社会驱动力量相一致,他的个性便会得到释放并发挥创造性。独创性与独特性并不与社会培养相矛盾;相反,它们被社会培养从反常与逃避中解救出来。个人积极的、建设性的能量体现在对社会力量与条件的重新创造与重新指引中,这种能量本身便是一种社会必需品。一个释放机器与物质文明固有潜力的新文化将释放出个体的独特之处与潜在的创造力,而获得释放的个体则将不断创造出一个恒新的社会。

在前面的一篇文章中,我指出"接受"条件有两种截然不同的意思。现在,我要对其作出补充:"条件"永远都在变化,永远都在转变成别的事物。重要的问题是:理性、观察与思考是否会介入这一转变过程并成为其中的一个指导性因素?一旦理性介入条件的转变过程,那么,条件便会产生预测结果;人们一旦开始思考这些预测结果,便是在运用自身的偏好与意志,是在进行计划与决策。要预测现有条件将产生的结果,就是要放弃中立的态度,有所偏向,偏向那些更希望看到的结果。我们当前的工业体制所产生的文化结果,并不是不可改变的。如果我们观察到了这些文化结果,并带着良好的鉴别力将它们与它们的成因联系起来,那么,这些结果就变成了条件,供计划、期望与选择所用条件。有辨别力的探究会说明,当前的文化结果中有哪些部分源于技术因素,有哪些部分源于人类有能力对其加以修补和改变的司法与经济体制。我们不应愚蠢地假设工业文明会在内部动力的驱动下,以某种方式自动地创造出一种新文化。然而,如果我们认为创造真正的文化必须首先从思想上积极清醒地认识工业时代的现实,然后为了获得非常人性的生活而计划运用这些现实,这是在懒惰地推卸责任。对于那些敦促人们首先从思想上承认或接受现实的人,如果有人指责他们止于此步,将现状乐观地合理化,好像现状是不可更改的,便是误解了他们,是希望逃避进行重建与引导的责任。我们不能逃避责任;否则,只有等待奇迹发生,才能拥有一切有识之士所向往的文化。

8.

今日之个性^①

在前几章,我试图描述历史遗留下来的个人观与日益企业化的现状之间的₁₁₁分裂,并指出这种分裂对现存个性所造成的部分影响。我主张,如果个性对它必须被迫存在并发展于其中的环境加以注意,为自身创造一个背景框架,那么,个性将会再次具有完整性与重要性。许多人很可能认为,我对问题的论述很常见;另一些人会谴责我没有提供一个详细的解决办法,没有明确地描述如何才能让个体与美国文明的现实协调一致;还有一些人则会认为我将病描述成了药,认为我的文章肆意赞美了技术科学和企业化的工业文明,其目的是要推动一股有人不愿去赶的潮流。

我确实只是试着进行分析,没有试着谴责当前社会的种种弊端,也没有试着为解决这些弊端提供固定的目标与理想,因为我认为,严肃思考之人已经对一般意义上的弊端与理想形成了十分一致的意见。谴责往往只是一种炫耀,它没有进入情况的内部;只是揭示了症状,没有追根溯源;它无力创造,只能制造出更多的谴责。至于理想,所有人都一致认为,我们想要美好的生活,这种美好的生活要拥有自由,以及一种经过专门训练的、可以鉴赏正直、真理与美好的鉴赏力。然而,如果我们始终只停留在泛泛之谈,表达理想的词汇再怎么从保守的变成激₁₁₂进的,从激进的变成保守的,结果都不会有什么区别。这是因为,不进行分析,这

---

① 首次发表于《新共和》,第 62 期(1930 年 4 月 2 日),第 184—188 页,题目为"今日之个性——杜威教授系列文章《新旧个人主义》之六"(Individuality in Our Day. The Sixth and Final Article in Professor Dewey's Series, "Individualism, Old and New")。

些词汇就不会进入实际情况之中，也不会关注实现理想的产生条件。

反复提及永恒真理和终极精神性是危险的。我们对实际的感知会变得迟钝，会认为停留在理想目标上就可以以某种方式超越现有弊端。理想体现了可能性，但只有当理想体现了当前情况的可能性时，才是真正的理想。想象力可以让理想摆脱障碍，让理想为当前的存在作指引。但是，理想如果不与实际相联系，便只是空想。

因此，我大胆地认为，对当前条件进行分析，这才是最重要的。稍作分析，我们便会发现，条件并不是固定不变的。要在思想上接受这些条件，就要意识到这些条件处于不断变化之中。它们并非驶向单一终点。一旦接受了条件本来的样子，我们就可以对许多结果作出预测；条件就可以在多条道路的指引下，驶向多个所选的终点。我们要意识到条件的变化，并积极地参与到变化潮流中去；如此一来，我们便可以指引条件驶向我们所偏爱的可能性。在这种相互作用中，个体会获得一种完整统一的生活。如果一个人理智地积极地参与认识，让这种认识成为进行有意识地选择的第一步，他永远都不会因为过于孤立而失落，也不会因为过于沉默而受到压迫。

在了解现在、认识现在的人类可能性的过程中，一个主要的难题是，陈旧的异域文化中所形成的关于精神生活的模式化观念依然存在。在那些因为工业革命而消亡的静态社会中，顺从是有意义的，对固定的理想的预测也是有意义的。事物相对比较稳定，因此人们有顺从的对象，人们所想象到的目标与理想和现有条件同样地固定不变。中世纪的司法体系可以确定"合理的"价格与工薪，当地惯常的价格与工薪即"合理的"价格与工薪，这样做的目的仅仅是为了防止出现过高的价格与工薪。它可以为所有关系制定一个确切的义务体系，因为中世纪有等级秩序，而在一个早已确立因此也是众所周知的秩序中，人们需要履行义务。在中世纪，社区都是地方性的，不同社区之间不合并、不重叠，也不以各种不易察觉的隐秘方式相互作用。那时，有一个共同的教会作为精神与理想真理的守护者和管理者；教会的理论权威通过直接的渠道，使人们在生活的实际细节中处处感受到它。精神现实可能在死后的世界才能存在，但这个死后的世界却通过教会这个此时此地所存在的机构与此世的所有事务紧密相连。

现在，没有什么持久不变的模式可以提供稳定之物以供人们顺从，也没有什么材料供人们制定不可改变的、包罗一切的目标。现在有的只是变化，这种变化是如此的持续不断，以至于顺从成了一系列间歇性的发作，其结果只是飘忽不定。在这种情况下，固定的、全面的目标只是毫不相关的空想；顺从则不是美德，而是美德的对立面。

同样的，机器之所以被批判得体无完肤，是因为人们透过过去的文化精神的眼光来看待机器。由于机器当前所带来的危害不符合过去时代的理想，人们便认为这些危害会永远伴随机器而存在。实际上，机器时代是一种挑战，它挑战人们重新定义理想与精神。费雷罗（Ferrero）曾说，机器"是当代的野蛮人，摧毁了古老文明最美好的成果"。但即使是野蛮人，也并非永远都是野蛮的；他们也带来了指导性的进步，并最终创造出一个对公平与美丽有其自身衡量标准的文明。

人们之所以谴责科学是机械的，大多是因为他们的头脑里还残留着形成于自然还是人类可怕敌人时期的哲学与宗教观念。当前的可能，因此也是当前的问题，就是要通过科学让自然成为人类的朋友与同盟。当人们攻击科学是人文主义的敌人时，其依据基本上都是一种在科学出现很早之前便已形成的自然观。任何严肃思考之人都知道，在周围的自然环境中，每时每刻都存在着很多无视人类价值、与人类价值相敌对的事物。当自然知识几乎不存在时，人类便不可能控制自然；而没有控制力，人类便只能诉诸一种方法，即修建避难所，这些避难所只存在于人类的想象中，并不实际存在。无需否认，这些避难所中有一些是高雅美丽的，但当它们的虚构性一旦被揭示出来，人类便不可能继续靠它们生存、生活。如果我们向这些避难求助以获得支持，那便是无视现在的可能性，无视现在的建设性潜力。

通过阅读许多评价科学的文献，我们可以推断出：在现代科学出现之前，人类并没有意识到，在自然中的生存必定会走向死亡，会让命运变得不稳定、不确定；当时的人们甚至认为，正是"科学"揭示出自然常常是人类利益的敌人。然而，人类在过去信奉的各种信仰、举行的各种仪式，其本质告诉我们：当时的人类势必早已意识到了自然是人类的敌人。如果没有的话，他们便不会诉诸巫术、奇迹与神话，便不会在来世与来生中寻求慰藉与补偿。只要这些事物被人类真诚地相信着，二元论，即反自然主义，便是有意义的，因为有了它，"彼岸的世界"便会成为现实。对于心存困惑之人，他们可以暂时地放弃对这些事物的信仰而仍然保留二元论，但却不可能永远做到这一点。不过，他们还有另一种选择，即接受科学对我们所生活的这个世界的解释，并决心使用科学给予我们的力量，让自然对人类欲望更加顺从,让自然为人类福祉作出更多的贡献。"自然主义"一词有着各种各样的含义。它如果意味着,有着习惯、风俗、欲望、思想、抱负、理想与奋斗的人类是自然的一部分,不可分割的一部分,那种把自然作为人类理想与利益的盟友加以运用的努力便有了哲学基础和实际动机,而这是任何二元论都不可能提供的。

有些人欣然接受科学,只要科学保持"纯粹"。在他们眼里,科学作为一种追求和一种思考对象,是对可资享受的生活意义的一种补充。不过,他们认为,科学在机械发明中的种种应用给现代社会带来了许多问题。无疑,这些应用确实带来了新的丑陋与痛苦。要在科学实际应用之前的弊病及乐趣和科学实际应用之后的弊病及乐趣之间实现完全的平衡,是一件我不打算也不可能完成的任务。重要的是,现在科学的应用还很有限。科学应用触及了人与物之间的关系,却还没有触及人与人之间的关系。人类运用科学方法引导物理能量,却还没有运用科学方法引导人类能量。对于充分应用科学的结果,我们必须提前预判,而不是等结束之后进行记录。不过,这种预判有一个基础。即使在当前的状况下,科学也存在一种发展趋势;如果这种发展趋势的内在承诺能够实现的话,它便预示着一个更人性化的时代,因为它期待着一个所有个体都可以享有他人发现与思想的时代,期待着所有个体的经验都能得到解放、得到丰富。

任何科学研究者都不可能将自己的发现作为秘密加以保守,也不可能在不丢失科学声誉的情况下将自己的发现只作私用。一切发现都属于整个研究界。一切新的想法和理论都必须交由研究界进行证实与检验。现在,进行合作研究的人越来越多,探索真理的人也越来越多。的确,这些特征目前还只限于那些从事多少有点专业的活动的小群体。但是,这些群体的存在表明了现在的一种可能性,这种可能性是众多会带来扩张而非后退与萎缩的可能性之一。

假设当前发生在小圈子里的事情被延展、被一般化,其结果是压迫还是解放? 研究是挑战,不是被动的遵从;应用是发展手段,不是压制手段。在人类事务中普遍采用科学态度,这将给伦理、宗教、政治与工业带来一场革命性的变革。我们只将科学应用于技术问题之中,这并不是科学的过错,而是人类的过错——人类利用科学谋取私利,人类因为害怕自己的权力与利益会遭到破坏性的影响而努力阻止科学在社会问题上的应用。设想有一天,自然科学和源于自然科学的技术会成为人性化生活的仆人,这种设想构成了我们这个时代的想象力。如果人文主义视科学为敌、逃避科学,这种人文主义便否定了自由人文主义有可能赖以成为现实的途径。

科学态度是实验性的,在本质上是沟通性的。如果科学态度被普遍采用,那它将会让我们从教条与外在标准强加在我们身上的重压中解脱出来。实验方法指的并不是吹管、蒸馏器和试剂的使用。它是一切让习惯主宰发明发现、让现成体系凌驾于可证实的事实之上的信仰的敌人。实验研究就是要不断进行修改。通过对知识和思想进行修改,我们便被赋予了改革的力量。这种态度,一旦出现在个体思维中,便会找到运用的机会。如果一个新观点的出现让教条与风俗习惯战栗不已,那么,当这个新观点有了不断发现新真理、批判旧信仰之方法的武装时,教条与风俗习惯就将远远不只是战栗而已。"顺从"于科学,除了对那些由于懒惰或为了私利而让现有社会秩序中的事务保持不变的人危险之外,并不危险,因为科学态度要求我们忠于发现之物并坚定地支持新真理。 116

科学号召我们接受的"既定事实"并不是固定不变的,而是始终在发展变化的。化学家研究元素,其目的不是要屈从于它们,而是要获得作出改变的能力。人们说我们现在正承受着科学重压的压迫,事实确实如此。但原因何在? 当然,我们必须考虑到,学会新方法的种种用途、挖掘新方法的种种潜力是需要时间的。当这些新方法和实验科学一样,是刚刚才出现的,那学会它们的用途、挖掘它们的潜力所需的时间也相应更长一些。但除此之外,方法和材料的增多也带来了机会和目的的增多,标志着个性获得了释放,能表现出更适合其本质的感情与行为。即使是被人嘲笑的浴缸也有其独特的用途,一个人不会因为有了浴缸可以有机会清洗身体而必然遭到贬低。只有当个体拒绝行使自己的选择反应能力时,广播才会朝着标准化与严格控制的方向发展。物质商品并不是敌人,缺乏将物质商品作为工具加以使用以实现首选可能性的意志力,才是敌人。设想一下,如果社会不受金钱所控制,那我们就可以明显地看到,物质商品是鼓励个人爱好与个人选择的,它们为个人成长提供了机会。如果人类因为不够坚决与坚定而未能接受物质商品的鼓励,未能利用物质商品所提供的机会,那就让我们不要把责任归咎于物质商品本身。

经济决定论至少在这方面是正确的。工业并不存在于人类生活之外,而是人类生活的一部分。然而,文雅传统(the genteel tradition)无视这一事实,在情感与思想上将工业以及工业的物质层面推到了一个远离人类价值的领域。当人 117

们因为工业与贸易是物质主义的便停留在对它们的情感排斥与道德谴责之中时，他们就是将工业与贸易留在一个无人性的领域，使它们沦为牟取私利之人的工具。这种排斥是那些让事物维持统治地位的力量的同谋。那些由于自满、自尊和缺乏责任感而抛弃金钱利益的人，与利用现有经济秩序牟取金钱私利的人之间，有一种隐秘的伙伴关系。

每种职业都会在从事者的个人性格中留下烙印，并改变他们的人生观。无疑，受制于机器的雇佣劳动者和致力于金钱操作的商人便是如此。职业可能源于人性内在的动力，但对职业的追求并不仅仅"体现"了这些动力，对这些动力没有半点影响；相反，它从事职业决定了思想水平，带来了知识与想法，影响了欲望与兴趣。工人受到了这种影响，而那些将艺术、科学或宗教本身视为目的并不把它们延伸（即应用）、扩展到其他领域的人同样受到了这种影响。人们可以选择不进行应用，这会导致窄化与过度专业化；人们也可以选择进行应用，这会带来扩大化与更多的开明。工业因脱离社会目的而窄化，所有善于思考之人都明显看出了这种窄化。那些认为自己在致力于追求纯粹真理和未被污染之美的知识分子与文学人士很容易忽略一个事实，即他们的内心也出现了类似的窄化和硬化。他们的"商品"虽然更为高雅，但他们也在成为这类商品的拥有者；如果他们不关注实用，不进行广泛的相互作用，那么，他们便也成了资本的垄断者，而精神资本的垄断也许到头来要比物质资本的垄断危害更大。

科学对人们长期持有的信念和曾经珍惜过的价值具有破坏性的影响，这自然是人们惧怕科学以及科学在生活中的应用的一个巨大原因。惯性定律适用于有形物体，也同样适用于想象力及忠诚于想象力的感情。我并不认为我们能突然从关注科学的消极影响转为关注它可能有的积极的、建设性的影响。但是，如果我们一直拒绝努力去改变想象力看待世界的角度，一直不愿意去重新检验旧的标准与价值，科学便会继续呈它的消极面。接受科学（包括科学在机器中的应用）本来的样子，我们便会开始将科学设想成新价值与新目的的潜在创造者。我们会大范围地宣告科学当前在各个专业领域为个体科学家所带来的释放，所带来的更多的主动性、独立性与创造力。我们会将科学视为实现独创性与个体多样性的途径。即使对于那些乐于自称为"纯科学"的科学，那种引导我们提及牛顿定律和爱因斯坦定律的本能也给人们上了重要的一课。

因为自由思考是人类所能拥有的最大快乐之一，因此，科学态度若融入个体思维中,便会极大地增加个体对存在的享受。目前,享受到思考乐趣、研究乐趣的人并不多,但那些少数享受者几乎不会为其他乐趣而舍弃思考、研究的乐趣。不过,这些乐趣的质量目前和享受者的数量一样有限。也就是说,"科学"思考只要局限于技术领域,便不会充分发挥作用,不会拥有各种各样的材料,而只会有技术性的主题,因为它没有应用到人类生活中。一个因惧怕旧的珍贵事物会遭到破坏而思维受阻的人,必定会惧怕科学。他不能在新真理的发现与新理想的预测中,找到回报和宁静。他不能自由地行走于人间,因为他时刻都想要保护作为他私人财产的信仰和爱好——人类对私人财产的热爱并不只限于物品。

在问题和疑问中寻找机会,这是科学的一个特性。由于认识即探究,因此困惑和困难是探究得以蓬勃发展的源泉。会带来问题的差异与矛盾不应该是我们需要惧怕的、需要努力去艰苦忍受的对象,而应该是我们要努力应对的对象。我们每个人都会在人际关系中经历难题,不管是在与较亲密的熟人的关系中,还是在与通常被称为"社会"之物的更广泛的关系中。目前,人际冲突是人类痛苦的主要原因之一。我并不是说一切痛苦都会随着科学方法融入到个体性格中而消失,我是说,由于我们不愿意将人际冲突视为需要通过理智加以解决的问题,因此痛苦大大地增多了。如果我们把人际冲突看成是进行思考的机会,看成是具有客观方向与出口的问题,那么,由于把冲突个人化而带来的痛苦就会大大减少,而且部分痛苦会转变成享受,这种享受伴随自由思考而来。

正如我在上文所说,我们每个人都会在亲密的人际交往中经历种种困惑,也会在不那么亲密的社会关系中遇到各种问题。我们常常谈到"社会问题",却很少从理智的层面去对待这些问题。我们将它们看作是需要改正的"弊端"、需要"改造"的邪恶或魔鬼。对这些想法的专注表明我们离拥有科学态度还有很远的距离。我并不是说,一个视病人为"完美患者"的医生,其态度就是完全合理的;不过,与继续保留科学出现以前的习惯、不停地关注弊端以改造弊端相比,这种态度更有益于健康、更有希望。例如,人们当前对待犯罪与犯人的方式就像人们过去看待和对待疾病的方式。人们一度相信疾病起源于道德和个人,认为病人被某个敌人,或魔鬼或人类,注入了某种外来物质或力量。当人们认识到疾病的内在起源是有机体和自然环境的相互作用时,有效治愈疾病才开始成为可能。现在,我们只是刚刚开始认为犯罪也是个体与社会环境相互作用的内在体现。就犯罪以及其他许多弊病而言,我们一直按照前科学时代的"道德"准则进行思考、行动。这种前科学时代的"弊病"观大概是真正的改革，即建设性的重建所面临的最大障碍。

科学始于问题和探究，因此，科学对于所有有着固定目标的社会体系构建与计划都是致命的。尽管过去的信仰体系崩溃了，我们却很难放弃对体系的信任、对某种大规模信仰的信任。我们不断地推理，好像出问题的是那个失败的特定体系，好像我们终于即将发现那个唯一正确的体系。其实，真正的问题在于我们对体系的依赖态度。科学方法会教导我们要进行分解，要进行确切、细致的探究，要为出现的具体问题寻找解决方法。从思考转为辨别与分析，要想象出这种转变会带来什么样的变化，并非易事。因为行动必定是具体的，在实际情况面前，大规模的信仰和无所不包的理想是无能为力的，甚至比无能为力还要糟。它们会导致不理性不明确的情感状态，在这些情感状态中，人们很容易就会轻信他人，人们的行动也会任由冲动的情感所摆布，轻易地就被那些头脑冷静的利己主义之人所操纵。消灭战争最有效的方法，是用对战争起因的具体分析替代对"自由、人类、公平与文明"的泛泛之爱。

综上所述，我们可以得出一个结论：由于一个新的原理需要一定时间才能广泛地深入到个体思维中，因此个体受到压抑并不是个体自己的责任。但随着时间的推移，个体受到压抑便是个体自己的责任了，因为个性是不能被征服的，它的本性便是要表现自己。相应地，要找回完整统一的个性，第一步便取决于个体自身。不管他从事什么职业，有什么兴趣，他就是他自己，不是别人；他的生活环境在某些方面是灵活的、可塑的。

我们习惯于从大而泛的角度看待社会。我们应该忘记"社会"，想想法律、工业、宗教、医学、政治、艺术、教育和哲学，想想它们的复数形式。因为不同的人与社会有不同的接触点，因此不同的兴趣与职业也永远只会带来不同的问题。没有哪种接触永恒不变，没有哪种接触不在某个时候产生变化。所有这些职业和问题都是世界和我们相互作用的渠道。并不存在总体意义上的社会，也不存在总体意义上的商业。个体与社会条件的协调一致，并不是单一、单调的一致，而是一种多样化的一致，需要个人去着手解决。

个性之所以不能被征服，是因为它是一种对条件进行独特地感悟、挑选、选择、回应以及运用的方式。正是因为这个原因，任何包罗一切的体系或计划都不可能带来完整统一的个性。任何个人都不能为他人作决定，也不能一劳永逸地为自己作决定。与生俱来的选择方式会提供方向与连续性,但选择的确切表达存在于不断变化的情况和各种各样的形式之中。我们必须反复不断地对条件作出有选择性的挑选与运用。因为我们生活在一个不断变化的世界里,会随着我们与这个世界的相互作用而改变,所以我们的每个行动都会带来一种新的视角,这种新的视角会要求我们作出新的偏好。从长远来看,如果一个人一直处于失落状态,那是因为他选择了不负责任;如果他一直处于完全受压抑的状态,那是因为他选择了轻松的寄生生活。

顺从意味着飘忽不定,它不是我们要去实现的目标,而是我们要去克服的对象;顺从很容易,从这个意义上说,顺从是"天然的"。不过,顺从有多种多样的形式,扶轮社对当前条件的称赞只是其中的一种。摒弃新文明的价值而追求旧文明的价值,是另一种顺从形式。披上某个已经消亡的文化的外衣只是另一种严格控制的方式。只有联系现在,对实际出现的条件作出积极的回应,并根据有意识选择的可能性努力改变条件,我们才能获得真正的完整统一。

个性起初是自发的、未成形的;它是一种潜力、一种发展的能力。即便如此,个性也是个体在这个物与人的世界中行动、与这个物与人的世界一起行动的独特方式。它本身并不完整,并不像房子里的壁橱或桌子里的秘密抽屉那样,里面装满了等待被赋予给世界的珍宝。因为个性是感受来自世界的影响、并由于这些影响而表现偏爱的独特方式,它只有通过与实际条件相互作用才能发展成形;个性本身如同画家那离开了画布的颜料一样地不完整。画作是真正意义上的个人之物,它是颜料与画布通过艺术家独特的想象力与力量相互作用的结果。在画作的形成过程中,艺术家潜在的个性呈现出一种有形的、持久的形式。如果我们强行认为个性在创作之前便已形成,这就是一种风格主义,而不是风格——风格是有独创性与创造力的,它形成于其他事物的创造过程中。

未来总是无法预见。各种理想,包括一种新的、有效个性的理想,其本身必须形成于现有条件的可能性中,即使现有条件构成了一个企业与工业的时代。当理想在条件的再创造过程中发挥作用时,理想便会成形,便有了内容。我们可以为了方向的连续性而制定一个预测未来情况的行动计划。但是,一个规定着目标与理想的计划如果脱离了灵敏灵活的方法,便会成为累赘,因为它坚硬僵化,把世界看成是固定不变的,把个人看成是静态的,而实际情况恰恰相反。它暗指我们可以预言未来,但正如有人所说,这种预言在预言过去或一经重复时便

122

会终止。

爱默生曾在一篇文章中说道："社会无处不在进行反社会成员的阴谋。"但就在同一篇文章中，爱默生还说道："接受上天为你所找的容身之处，接受与你同时代人的交往关系，接受事件之间的联系。"当进行选择的个体（selecting individual）孤立地、脱离事件之间的相互作用考虑事件时，事件便具有了反个性的特征。当人们认为社会习俗固定不变时，社会也具有了反个性的特征。在多种多样不断变化的联系中形成的"事件之间的联系"和"与你同时代人的交往关系"是实现个性之潜力的唯一途径。

精神病学家已经表明，个体的许多混乱与浪费都是源于个体从现实撤退到了内心世界。不过，这种撤退有许多不易察觉的形式，一些撤退形式被构建成了哲学体系，并在当前的文学中得到了吹捧。爱默生说："我们寻找天才以重申天才在旧艺术中所创造的奇迹，这是徒劳的；天才的天性便是在新的必要事实中、在田野和路边、在商店和工厂中寻找美丽与神圣。"要获得完整统一的个性，我们每个人都需要耕种自己的花园。但这个花园四周并没有栅栏，它的轮廓并不清晰。我们的花园是这个世界，因为它触及了我们的存在方式。我们要接受我们所生活的这个企业与工业的世界，并因此为我们与这个世界的相互作用提供先决条件。这样一来，我们作为正在变化的现在的一部分，便会在创造一个未知未来的同时创造自我。

123

创造与批判

我今晚要讲的主题听上去相当高深，在论述的过程中，我对具体问题的探讨恐怕不会像大家所希望的那样多。我没用"创新"（creation）一词，而用了"创造"（construction），因为"创造"听上去更朴实。不过，"创造"在这里指的是创新能力、真正富有思维创新的能力。谈起创新能力，我们习惯于想到那些非凡特殊的人物，比如天才。其实，每个个体都以其自身的方式独特地存在着。每个人经历人生的角度都不一样，如果能把人生经历转换成观念并把这些观念传给别人，不同的人会传出不一样的东西。每个来到这个世界的个体都是一个新的开始。可以说，宇宙因为每个个体而有了全新的开始，通过每个个体进行从未有过的新尝试，即使这种尝试只是小范围内的尝试。我总是惊异于人们对幼儿的兴趣、对幼儿的行为与言语的兴趣。在尽量把家人的宠爱这个因素排除之后，人们还是会出于某种原因对幼儿感兴趣。我相信，这个原因便是人们对创造性的认可，因为深深吸引着家人和亲朋好友的幼儿给这个世界带来了新的东西，一种观察世界的新方式，一种感觉世界的新方式。人们对这些新东西的兴趣还表明：成人在寻找个体身上的独特之处。成人已经对不断的重复与复制感到厌倦，对陈词滥调和只是重复他人经历的情感感到腻烦。

在思考幼儿对世界的这种全新反应时，我不由得问道：为什么这种全新反应很快被减弱，很快被掩盖，被一种思维上的橡皮图章和留声机唱片所取代？人们可能认为，要求人人都具有创造力是不合理的。但在我看来，人们之所以认为这种要求不合理，是因为人们衡量创造力的标准是错误的。我们不应该根据外在成果来衡量创造力。以一种独特的方式来应对这个我们共有的世界，这便是创造力。创造力并不只是作出从未有过的新发现。当一个人真的作出了一项发现，即使以前已经有很多人有过类似的发现，他仍然是一个有创造力的人。发现对于个体精神生活的价值，在于激发头脑的创造力；发现并不局限于拥有前人未曾有过的想法。只要一项发现是真诚坦率的，对你或我是全新的，它就是创造性的，即便他人已经有了同样的发现。问题的关键是要亲自去发现，而不是从他人那儿获得发现。

克罗瑟斯先生用他那令人愉快的方式给我们讲了一个马萨诸塞州村民的故事：为了换个视野，一个村民爬上了一棵树，从树上下来之后，他宣称自己看到了太平洋；但实际上，他看到的只是邻镇的一个池塘。但这又有什么关系呢？克罗瑟斯先生接着说道，这个村民具有发现的意愿，如果太平洋肯通融一下，出现在邻镇，他就会真的看到太平洋。

这个有趣的故事引人思考。故事里的这位新英格兰人显然是其他新英格兰人口中的"怪人"。相比现在，这样的人更多地出现在我国的拓荒时代。那时，我们的祖先不断地前进着，许多人从一个地方转移到另一个地方。他们的迁移与新拓居地使边疆与眼界不断扩大。在拓荒时期，即使那些没有迁移的人们也总是在开拓着新的天地：砍掉某片森林把土地变成粮田，亲手造房子、竖栅栏，自制所有的家用物件和衣物，制皮革，生产肥皂，浸蜡烛，还有其他各种各样的事情。那时，人们居住的世界不是现成的，而是他们亲手创造的。他们没有伍尔沃思连锁超市和连锁商店；他们想拥有学校和教堂，就必须亲自去建造。于是，他们变得多才多艺，能够发明创造，容易适应新环境，在面对阻碍时勇敢、有创造力。因为有那么多人擅长应对日常生活中的新环境，美国的政治与政府曾一度很有创造性。那时的人们不惧怕去试验，去临时准备；为了不被陌生力量所打败，他们不得不这么做。

我认为过去 50 年中拓荒者的消失给美国带来的社会变革是所有国家在所有时期最大的一次社会变革。在诠释美国历史的过程中，人们逐渐形成的最显著的观点也许就是边疆的重要性。但现在这个边疆几乎已经消失了，拓荒者也随之消失。我们仍然四处走动，但我们乘坐现成的汽车与火车，我们的目的地与出发地在思考习惯与感受习惯方面相差无几：人们看着相同的报纸新闻，读着相同的畅销书，聆听相同的电台音乐与电台谈话，包括对相同的现成制品所作的广告。

129

因为年龄的关系，我认识一些拓荒者，还和他们交谈过。我记得有一个拓荒者，他儿时便和家人一起离开纽约去征服新的地域。他去了荒无人烟的密歇根，成了北部的一个皮货商，他和齐佩瓦族印第安人一起居住，还成为他们中的部落成员。后来，他成了造水车木匠和农民。随着文明的步步逼近，他在西部还没有修铁路的时候便跑到西部猎杀水牛。过了 70 岁，他又跑去科罗拉多州淘金，住在一个海拔一万英尺的矿营里。他的人生真是一次漫长而又充满风险的美国人生之旅，成千上万像他一样的拓荒者都有过这样的人生。

过去几个月，我阅读了我曾祖父的一本日记。一百多年前，还是少年的曾祖父和家人一起搬到了佛蒙特州一个几乎一片荒芜的地方。他们在那里创建了一所学校和一所教堂，建造了一间磨坊和一家锯木厂，还开了一家商店。我的曾祖父那时候还只是个少年，但他却步行把牛从佛蒙特州赶到了马萨诸塞州的波士顿。我提及这些事，并不是因为它们有什么特别之处，而是因为它们代表了一百多年前的美国。在这短短的一百年间，随着外部环境的改变，美国人的思维习惯和情感习惯也发生了巨大的变化，而要充分意识到这种变化则超出了人们的想象力。在不到一百年的时间里，我们从一个拓荒文明变成了世界上工业化程度最高的文明——这里有世界上最多的制成品和无需付出创造性的努力便可购买的产品。在其他地方、其他时期有发生过如此巨大的变化吗？

130

我们隐约地意识到了外部环境所发生的变化。之所以只是"隐约地"，原因在于我们完全处于现有事物的包围之中并完全沉浸其中，以至于我们很难去真实地了解什么消失了，这就好比在寒冷的冬日很难去想象夏日的炎热。然而，当我们得意于自己对物理环境的极大改变、对荒野的极力征服，并清楚地知道这种改变与征服的时候，我们仍然很可能忽略所发生的精神变化——精神态度与道德态度的变化——的重要性与范围。所以，我要重复一下：过去，我们的文明中一切事物都是在等待被完成，创造与生产的迫切需要到处激发、激励着人们的思想；但现在，我们有现成的产品，人们要花精力去做的，是生产产品供这个国家某个偏远地区的某个陌生人使用、购买，并使用某个陌生人在某个遥远陌生角落里通过机械手段生产出来的产品。可以说，我们从与自然进行直接接触变成了与通过机器和技巧生产出来的产品进行接触；我们从一个社会的、物理的、正处于创造过程中的世界来到了一个对多数人来说已创造完毕的世界；我们也因此从一个能不断激发创造力和创新能力的世界来到了一个注重接受能力与重复的世界。

　　我希望自己提及这种变化不是为了倚老卖老,不是为了赞美过去、怀念往昔的美好时光。过去的环境过于艰苦、简陋,不能过度地美化过去。现在,我们拥有许许多多我们的祖先未曾知晓的优势。但这种巨大的变化带来一个问题:我们的祖先在面临问题时不得不逐渐形成了思想上的独立性与创新性,而在现在的环境中,面对当今的问题,我们应该如何培养出相同的思想独立性与创新性?

　　我要简短地谈一下我们所面临的具体难题。大规模的机器生产与分配往往带来同质性,正如它常常会将以往分散的农村人口城市化。伯特兰·罗素最近在一篇名为《同质的美国》(Homogeneous America)的文章中指出,就连生活得相对远离人群的农民也在使用机器为一个远方的市场进行生产,如此一来,农民的精神习惯往往变得和其他人群的精神习惯一样。在美国,新闻采集与流通的方式导致人们有了共同的精神食粮,不同阶级之间的平等化明显统一了人们的着装,这完全不同于欧洲工业化程度较低的地区——在那些地区,不同地方、不同阶级的人着装各异。在这种外在的相似性背后,各种强制力不仅导致了精神统一,还往往抑制精神独立。这些力量虽然不会扼杀创新能力,但却将创新能力变成了一个必须去故意实现的目标、一种需要去孜孜不倦培养的能力,而在过去,创新能力只是社会条件的一个副产品。

　　前面,我提到了幼儿,证明了人类个体与生俱来便具备某种创新的精神态度,现在我必须谈到教育,因为教育这股强大的力量既可以保护并提倡这种创新态度,也可以一步步地扼杀这种创新态度。教育是我们在当今社会"拓荒"的一个极好机会。但同时,教育也是困难最多的一个领域。暂且看看我们的祖先:他们可以是学校教育上的传统主义者,因为远离旧的文化传统的发源地,他们几乎不得不是学校教育上的传统主义者,以维持与旧的文化传统之间的联系。他们在日常生活与实际接触中获得了另一种形式的教育。作为一个整体来看时,学校教育的变化似乎是革命性的,但在很大程度上,我们从祖先那里继承了大量的传统主义,尽管我们在其他方面丢失了展示创新能力与创造力的机会。

　　儿童上学的目的是学习,这一基本事实往往让人认为学习就是理解并重复他人的发现。物质上我们有现成品,思想上我们也有压迫性的现成的信息与观点,把这些思想现成品转移到学生头脑里的过程构成了人们眼中的教育。学校往往成了知识的输出管道和输送车。知识的增长、快速大量的增长,增加了向学生头脑里灌输的知识储备。包装的思想产品和包装的商业产品同样流行。制定学习课程主要就是把适合不同年龄的不同数量的知识归拢起来,并在合适的年月日有顺序地分发这些知识。教育如同商业,我们比过去更注重包装的美观,更注重给产品贴上诱人的标签。两者事先都做了准备,但丝毫不关注个人的消化吸收能力。

我们努力推广全民教育,这种努力虽值得称赞,但却让我们更加重视思想现成品和它们的机械转移。高大的教学楼以及大班授课的方式让管理与教学变得机械化,各个年龄段的学生似乎都缺少时间去进行独立的、有创造性的思想活动。因为教师要向那么多的"潜在顾客"传授那么多的地理知识、历史知识、文学知识、科学知识以及艺术知识,一个由系统化的规模生产所构成的链带系统便由此产生。对于从事(被委婉地称为)教育学的人,他们的目标是要构建所谓的规范——这些规范只不过是大量数字的平均数——他们的理想是要让知识的分发与输送系统变得更有条理、更有秩序,这也许并不奇怪。教师和商品销售人员一样,其主要职责是消除销售阻力,因为除了那些极其顺从的学生,在个性的驱使下,其他学生都会希望逃学、逃避被成堆地供应知识产品。身体上的旷课也许越来越少,但被称为走神的精神旷课却仍然大量存在,尽管包装产品越来越吸引人。

要列出真正具有创造性的思维活动的主要特征并不难:独立性、创新能力以及辨别能力。遗憾的是,这些特征容易从感官意义上去理解、解释,但却难以从心智意义上去理解、解释。如果一个人想做什么就做什么,这表明他脱离了真正的思想创新与独立,除非他对自己想做什么已经有了很好的鉴赏力。大家也许听过这样一个故事:在一所标榜自由的学校里,一名儿童问老师:"我们今天必须做自己想做的事吗?"这个故事即使不是真的,至少也是有事实依据的。只有受过良好教养的人才会有意识地去拥有有重要意义的欲望,才会知道自己真正想要什么。人们很容易就把偶然的事或他人在做的事当成自己想做的事,而实际上,人们所谓的欲望只是为了极力逃脱精神空虚。要获得真正的思想独立与创新,仅有"进步的"头衔是远远不够的;独立与创新还必须是思想上的独立与创新,否则,结果只会是漫无目的的身体活动,远远不能实现精神自由这一创新的必要条件。将身体、手、眼、耳从束缚的、机械的物理条件中解放出来是让思想更加独立的一项前提条件,但这种解放仅仅是前提条件,并不是思想独立本身。

听上去我像是在这儿讲授教学法，但实际上不是。我只是试图通过学校这个我们都熟悉的例子来说明，我们大家——既包括待在学校里的儿童，也包括离开学校的成人——都面临的一个困境。和儿童一样，成人也在他们对惯例的精神服从与无序的身体活动之间轮流更替。成人也力求通过过度的、漫无目的的活动去补偿自己对接收与复制工作的服从。标准化的工厂和不知驶自何方也不知驶向何处、唯一的目的是尽快到达然后返回的汽车是我们这个文明的连体双胞胎。成人所面临的主要难题和儿童在学校里遭遇的难题非常相像。我们不知道自己真正想要什么，也不会努力去寻找答案。我们成人的目的与欲望也是由外界强加给我们的。我们成人也厌倦做自己想做的事，因为那些想做的事并非源自我们自己的价值判断。这里存在一个恶性循环。当做自己喜欢的事情时，我们屈服于一种外在压力；当不得不做自己不喜欢的事情时，我们屈服于另一种外在压力。这两者之间唯一的不同点在于：后者是明显的、直接的压力，而前者是不明显的、间接的压力。

这正是批判——我在前面一直没有提及的另一半标题——起作用的地方。批判不是挑剔，这一点我无需向在座的各位指出。批判不是挑出缺点加以改造。它是运用判断力辨别各种价值，思考某一时期的某一领域中什么是更好的、什么是更坏的，并大致了解好坏背后的原因。所以，批判性判断并不是创新的敌人，而是创新的朋友与同盟。我听过不少聪明人说大学教育过度地培养了他们的批判能力、抑制了他们的创造力。他们说自己羡慕那些不必不断运用批判力的同事，理由是这些同事更有自信，也更有信心去计划并实施新的行动。

我们能很容易理解这些人的意思。我们都见过表面上由于过度培养思考能力而丧失部分行动能力的例子。让我们所有人都似乎成了懦夫的，如果不是良心，那便是思想。思考让我们意识到了有许多别的可能性，扩大了可能的选择范围，积极的选择因此变得艰难。思考让我们怀疑、犹豫。当我们对价值持批判的态度，我们便不确定是否存在什么价值真的值得我们去实现；当我们在思考是否有其他更大的价值时，我们便不去采取任何行动。然而，我不认为这种结果是由对批判能力的培养所造成的。之所以产生这种结果，我认为原因在于来自他人的种种批判让学生不堪承受。我们忘了批判和其他事物一样，也存在现成的批判，吸收现成的批判并不是运用批判能力。我在这里谈的是大学生，但这个道理是人人通用的。

批判能力的首要前提条件是勇气,它的强敌则是怯懦,尽管怯懦有个更委婉的名字,叫做思想懒惰。有什么便接受什么总是件易事,那样做不仅省力,还把责任推给了别人。最近,我正在阅读一篇文章,该文章记录了甘地与南非一名普利茅斯教友会成员之间的会面。这位教友敦促甘地信仰基督教,理由是人在这个世界上活着总会犯下罪过,所以,如果不接受他人的救赎,"在这个充满罪过的世界,人会活在不安与犹豫之中"。甘地回答说,他对把人从罪过的后果中解救出来的救赎不感兴趣,他感兴趣的是把人从罪过本身中解救出来的救赎。我想,这位传教士的话并不会对所有的基督教徒都具有权威性。但这件事还是值得一提,因为它表明,将责任转嫁给别人已经通过大众化的宗教信仰而进入了大批民众的脑海中。

所有其他的信仰与行动领域也发生过同样的事情。很多人忙着告诉我们民主是一场政治失败。民主观念之所以是一场失败,是因为它要求每个人为自己的判断与选择负责任,但许多人却拒绝承担责任。关于什么是民主观念,人们还远没有定论。如果民主最终真的失败了,那么,原因不在于民主是一个太低的信条,而在于民主对于人性——至少对于现在受过教育的人性——来说是一个太高的道德信条。民主是一个需要极大的努力才能实现的信条,它要求人们具有思想的勇气与实现民主的信心。

另外,许多人指责民主不愿认可专家,不愿接受专家的建议与领导。只需回顾一下纽约市的政治史,我们就能找到支持这一指责的事实。但这些事实初看上去仅仅是向我们提出了一个问题:民主缘何反对专家? 如果对这个问题刨根问底,我们会得出如下结论:民主反对专家的真正原因不是反对专家本人,而是人们知道接受专家的建议与指示会干扰腐败的既得利益者的影响力。实际上,现在有太多人乐意让他人为自己作决定;如果不是担心私人目的受到干涉,许多人都会乐意,过于乐意接受专家的领导。

我甚至愿意说,我们美国人过于服从各个领域中所谓的权威,而太少去质疑他们的权威话语权。人们常常抱怨,美国人太轻信他人,太容易相信所谓的权威人士的胡说八道。广告页上充斥着名演员、棒球名人和"社会名人"对各种商品——药品、床、食物——的推销,以期影响消费大众。我最近听说,有一位探险家的业务经理写信给经营探险物品的公司,建议它们为这位探险家在未来对探险物品的推销安排费用。如果我们把这种现状归咎于广告商,就是在轻易地饶

135

136

恕自己。这种现状其实源于没有批判力的民意，是没有批判力的民意让这种广告宣传变得有效。我们被动地服从所有被当作"权威"的事物。

我希望上面的这些例子没有分散大家对重点的注意力。我举这些例子，是因为它们能有力地说明一种普遍的思想状况，即许多个体未能运用个人的辨别能力、批判能力。在很多情况下，这源于缺少教育，一种能培养独立判断能力与独立选择能力的教育。但是，很多可以独立判断、独立选择的人由于道德原因，也未能独立判断、独立选择。他们先是缺乏思考的勇气，接着又缺乏表达的勇气。正因为对大肆宣传的思想屈服的背后有这样一个更深的顽疾，它才成了一个尤其重要的问题。

如果借口能当理由，我们很容易就为那么多人在思想上没有批判力、只是顺从与不抵抗找到理由。我们作为依赖他人的婴儿来到这个世上。我们在毫无知觉的情况下形成了依赖他人的习惯，以至于自己都不知道这种习惯的存在。父母和教师很少会对自己的孩子和学生越来越独立感到欣喜。让他人依赖自己可以满足我们的自爱，对权力顽固不化的爱促使我们让权威持续存在。当我们出于利他之心热衷于为他人做事时，我们也在期望获得声望与认可。我们忘了对他人的最大帮助是帮他自立，让他在没有我们的帮助时也能照样生活下去。我们忘了，以平等的身份相互给予的伙伴关系要比上下级的伙伴关系有多得多的好处。控制他人思想与信仰的能力是自我控制能力的一个廉价替代品。

这股抑制了独立判断的力量一直存在。它存在于每一代年轻人与成人之间的关系之中。当那些年轻时被迫在精神上、道德上屈服的人反过来成了年轻人的训练人，他们会使用额外多的权威来进行弥补。但有的控制性力量是我们这个时代所特有的，比如我们所致力实现的全民教育。为确保人们的阅读能力，我们无限地增加外在影响因素的数量，让它们去影响个体的思想。美国人学会了所谓的阅读，但却没有学会判断、辨别与选择，让自己完全依赖于外在的力量，时刻准备着经受新的思想奴役。此外，有 3/4 的美国学生 14 岁便离开学校，他们离校前所接受的学校教育主要就是吸收信息、通过机械的模仿与重复习得不同形式的技能。考虑到这些事实，我们也就不会奇怪为什么美国人惯于轻信他人，容易受到一切大声反复吸引他们注意力的事物的鼓动。

紧跟着学校的教育力与影响力的是职业的教育力与影响力。只有一小部分人有幸地选择了需要进行自我思考与理解的职业。大部分人只是走进商店和工厂,精神服从于自己在精神上并不认同的环境与目标。他们可能对环境抱有逆反心理,但却被迫服从于自己所工作的机器的命令与指示。他们不仅是别人的仆人与雇员,更是无生命的工具的仆人与雇员;他们必须顺从这些工具不间断的机械运动,必须让自己适应这些工具。他们根本无法进行个人判断与创新,因为判断与创新似乎就是一种公开反抗。正规的学校教育和许多的家长指导培养出没有批判精神、思想被动的儿童,而经济环境则加强了这种培养。

但是,屈从并非人类本性。看看当代社会的法治与秩序,没有什么比"我们生活的一个显著特征便是屈从"这一说法更荒谬的了。人们抱怨服从精神消失了,对制定的权威与法律的忠心没有了;这些抱怨非常普遍,也有根有据。在所有可以想象的领域中,法律的数量都在激增,但这些法律到头来却都被人无情地违反。然而,这种现象与批判精神和创新精神的缺失并不矛盾。相反,两者互相 补充,彼此需要。没有人能始终处于思想独裁者的监视下;一个在屈从时从未培养自身判断力的人一旦从屈从地位中解放出来,会立刻让自己任由原始的欲望与冲动摆布,这就好比那些上学时受到外界管教最严格的学生一旦逃离了管教者的监督,常常是最喧闹、最不守规矩的。欲望可以被遮盖,但却不能被压制,因为它是一股重要的能量。如果欲望没有思想相伴,没有判断力引导,它将找到偶然的发泄途径。

创新与批判两者互为伙伴。真正的辨别是创新的,因为它对所辨别的对象作出了创造性的回应,是对个人鉴赏力的一种运用。人们常常在画作面前说,"我对艺术一无所知,但我知道自己喜欢什么样的画",并且拿这句话开了很多的玩笑。尽管如此,这句话却是一切批判性鉴赏的起点。不过,它也仅仅只是起点而已,因为它并不总是正确的。说话人并不总是知道自己喜欢什么。知识是比偶然的、无意的偏爱更严肃的东西。短暂的喜爱和智慧的判断完全是两码事。对于那些说知道自己喜好的人,他们的主要问题在于这一说法常常暗含某种不可改变性:我喜欢的这件东西对我来说不仅现在优秀,而且会一直优秀下去,我不打算去了解别的东西或喜欢新的东西。

不过,喜爱本身以及喜爱中的那种信任感是良好的开端。如果人们出自真性情去喜爱,这种喜爱便是独立的、创造性的活动。然而,我担心的是,很多时候,人们不是出于本能自发地去喜爱,而是在大脑被以前的传统教育模式化、独立反应被抑制的情况下去喜爱。保留情感反应的创造自发性很难,而要发现并依赖情感反应的潜意识活动则更难。例如，我注意到，没有受现有的典型与戒律所影响的儿童在理解、喜爱所谓的现代风格绘画时并没有遇到成人所遇到的问题。成人自以为喜欢的事物实际上并不真是他们所喜欢的。多年来，他们清楚了别人口中的喜好，并最终借来别人的标准确定自己的喜好。对多数人而言，要开始真正地喜爱并欣赏绘画，就必须清除那些喜好的积淀，开始认真对待更深层、更本能的情感反应，并给这种情感反应一个自由的机会去发挥。

我不是为了绘画而谈论绘画，而是因为绘画的例子似乎说明了一个极其重要的一般原则。正如爱默生在《论自立》（Self-Reliance）中说道："人应当学会捕捉、观察发自内心的闪光"；"伟大的艺术作品对我们最动人的教益正在于此。它们教导我们：当所有人都持相反的看法时，我们要以最平和而又最坚定的态度坚持内心自发的念头。否则，明天别人就将高明地说出我们一直想到和感到的东西，而我们将只好惭愧地从别人那里接受我们自己的见解。"

但要捕捉、观察发自内心的闪光并不容易。教育和社会环境联合起来减弱那些闪光，吸引我们去观察闪光之外的东西。语言在此给予不了我们帮助；相反，我们的词汇习惯背叛了我们——我们只能用"印象"与"直觉"来指代那些创造性的闪光，而这两个词早已充斥着各种各样的习俗与后天的次要信条。要知道这些词语的意思，我们必须忘记词语本身，去发现什么时候我们的内心萌动着真正属于我们自己的、努力要成形的想法。对于成人而言，学会摆脱对别人现成观点的外在奴役，开始捕捉、观察、相信自己的直觉，即自己自发的、自愿的反应，常常是他一切个性发展的开始。不管创造性是体现在新的创造性努力中，还是体现在对某一自然风景或社会制度情况的批判中，这一说法都是正确的。

我们不能将创新与批判孤立开来，因为它们是我们大脑"呼吸"与精神中的一出一进、呼气与吸气。生产、了解并评判我们与他人的行为、再次创造，这是一切自然活动的规律。正如控制吸气与呼气的是同一个身体系统，通过自身的结构特征表现出创造性行动与批判性辨别的也是同一个头脑。不经过批判的创造只是一股冲动；不是为了再创造而作的批判则会减弱冲动，导致思想贫乏。正如吸气与呼气是维持生命、继续生命的共同表现，批判与创新也是同一个生命体的共同表现。一个人从肺部呼出气体越正常，即越是按照肺部与隔膜的构造去呼气，他的吸气就会越深，他接下来的呼气也就越彻底。和可见的外显活动一样，接受能力与吸收能力同样是生命作用的体现。

我们精神上的不规则与障碍源于我们未能遵循创新和批判那一出一进的规律。我们不是太易于接受外在印象，而是在接受这些印象时不加辨别、不加选择。接受需要被动，但我们却将接受的被动转化成了反应的被动。于是，我们被淹没在外界强加给我们的印象之中，并成了一潭死水，任由各种外来的东西被扔进来。在行动时，我们或时断时续，或狂猛激烈，仿佛试图摆脱那些本应滋养我们但实际却在阻碍我们的事物。本应是正常精神生活中创造性的言语或行动却变成了昏睡时的打鼾声，或毫无目的的咳呛声，或悲伤的叹息声——叹息我们无法积极地处理那些压抑自己的事物。我们既没有才智让自己所选择的外在印象真正成为自己能使用的资本，也没有勇气去果敢地表达我们自己的想法；即使有勇气表达想法，由于事先并未深思，所表达的想法也是晦涩的、武断的。

在平衡创新与批判方面，教育的作用实在重要，所以我今晚的演讲难免有点教学说教的味道。为了抵制这种说教的诱惑，在结束语这部分我要谈一下哲学与批判和创新之间的关系。在有些人眼里，哲学是一种启示，能给日常生存带来新事物；或是一把钥匙，能打开一扇门，通向那些本不可到达的、至高无上的终极领域。有些人一度相信自己在宗教中找到了那种终极启示和那把强大的钥匙，当对宗教的幻想破灭之后，他们便转至哲学，在哲学中寻找自己没有在宗教中找到的东西。当他们没能在哲学中找到自己想要找的东西时，他们便失望地转身离去，或按照自己的意愿创造出一个空想的系统，并给这个系统贴上哲学的标签。

其实，哲学并不是一条通往一般信仰、知识、行动、享受与痛苦之外事物的特殊道路。哲学是一种批判，是对那些常见事物的批判。它与其他批判的唯一区别在于：它试图扩展批判，试图有条理地批判。如果说哲学能带来什么揭示，这种揭示不在于揭示什么终极现实，而在于敦促人们在研究熟悉的事物时要超越过去的界限。逻辑学还未出现时，人类就在思考；伦理学还未出现时，人类就能区分是与非、善与恶；形而上学还未出现时，人类就已熟悉如何去区分经验中的真实与非真实，知道物理过程或人的行为过程会产生结果，知道一件事常常不会产生期望的结果，因为它会受到其他事件的影响。但在我们对熟悉事物的经验中，在我们与这些熟悉事物有关的信仰和期望中，存在着混乱与冲突、歧义与矛盾。当一个人努力为大范围的事物带来确定性、清晰度与条理性时，他便走上了哲学的道路。他开始批判，开始形成批判的标准——逻辑学、伦理学、美学与形而上学。

在今晚演讲的结尾,我不想去详细阐述"哲学是一种批判"的观点。相反,我要假定这一观点是对的,现在我要问的是:哲学这种一般性批判对解放创新能力有什么作用? 更确切地说,哲学批判对我们美国文明有什么作用? 这个问题和我前面讲到的内容听上去像是相隔万里,实际上却不是。在那些继承得来的大量观点和理想与那些产生于当前活动的观点和理想之间,存在一个巨大的冲突。我们周围所有对宗教与政治的讨论几乎都证明了这种冲突的存在。走进一家美术馆,人们几乎都会看到过去与现代主义及未来主义之间的斗争。我们的日常生活细节也体现了这种冲突。由于这种混乱,人们对任何不局限于从一片混乱中获得个人快乐和利益的原则与目标都持有普遍怀疑、嘲笑及失望的态度。

有人说,我们生活在一个博物馆与实验室的混乱混合体中。现在可以肯定的是,我们既不能摆脱实验室和实验结果,也不能以无视的态度当博物馆和博物馆里的样品不存在。我们的问题是如何挑选、如何选择、如何辨别。过去的事物中有什么是和我们自己的生活相关的? 如何改造这些相关的事物让它们变得有用? 有没有人想过如果我们能回答这些问题并把答案付诸实践,我们的教育、司法制度和政治就会有新的发展? 形式哲学至少应该为这样古为今用的追问提供一个方法。但我更想指出的是,它可以为具有普遍意义的批判提供服务。我们每一个人都被号召要诚实勇敢地面对那些以各种间接、未受批判的方式呈现在我们面前的宗教信仰、政治信仰、艺术信仰以及经济信仰,去探寻这些信仰中有多少能在当前的需要、机会和实践中得到验证与核实。每个进行这种探寻的人都会发现,很多东西都只是无用之物和沉重的负担,但我们还是储藏着这些无用之物,承担着这些沉重的负担。

如果摆脱了这些无用之物和沉重的负担,我们就可以让创新能力自由地发挥,但我就不一一指出这些发挥的方式了。我这样做不是因为我的演讲已经接近尾声,而是因为每个个体的性格都在某种程度上是独特的、创新的,这也正是个性的涵义之所在。我们现在最需要摆脱那些遏制、压抑个性表达的因素。当压抑的、人造的负担被消除,人人都将找到属于自己的机会,在某一领域从事创造性的工作。工作的范围并不重要,重要的是工作的质量与力度,以及个人大量创新的累积效应,不管每次的创新在数量上多么地有限。我们非常需要创新,而批判、自我批判是进行创新的必经之路。

论　文

从绝对主义到实验主义①

在我读大学的时候,即 19 世纪 70 年代后期,"选修课"一词在新英格兰地区较小的大学里仍然不为人所知。但在我所就读的佛蒙特大学,我们一直保留着一个"四年级课程"的传统。该课程就像是给大学前三年所建立起来的思想建筑,至少是思想拱门,加上顶盖,或插入拱顶石。具体的课程内容包括政治经济学、国际法、文化史[基佐(Guizot)]、心理学、伦理学、宗教哲学[巴特勒(Butler)的《类推法》(*Analogy*)]、逻辑学等,但不包括哲学史,即使有也只是偶尔才包括。列举这些课程名称也许没能传达出我想要表达的意思:佛蒙特大学前三年用于比较专业的语言和科学学习,最后一年专门用来让学生了解思想的世界,了解那些具有广泛深远意义的严肃思想主题。对于这种做法是否通常达到了它所要达到的目的,我表示怀疑,但它却很合我意,我也一直对自己在大学四年级那一年所接受的教育心存感激。但现在回头来看,激发了我的哲学兴趣的是我在三年级上的一门课程。那是一门生理学课,课时不多,不需要做实验,所用教材是赫胥黎(Huxleys)的一本著作。我很难准确地说清多年前影响我思想形成的因素。但在我的印象中,这门课的学习使我意识到相互依存性以及相互关联的整体,这使我此前萌动的许多不成熟的想法获得了

---

① 首次发表于由乔治·普林顿·亚当斯(George Plimpton Adams)和威廉·佩珀雷尔·蒙塔古(William Pepperell Montague)编:《当代美国哲学:个人声明》(*Contemporary American Philosophy: Personal Statements*),伦敦:乔治·艾伦-昂温出版公司;纽约:麦克米兰出版公司,1930 年,第二章,第 13—27 页。

表达,而且产生了一种看待事物的方式或者说模式,认为任何领域里的事物都
应该与此相符。至少在下意识中,我倾向于追求这样一种世界和生活,它具有与
人类有机体相同的特性,就像赫胥黎所描述的那样。不管怎样,生理学课的学习
对我的启发超过了我之前接触过的所有事物。因为我并没有继续从事生理学的
愿望,所以从这个时间段开始,我有了明确的哲学兴趣。

　　佛蒙特大学对它的哲学传统十分引以为豪。它早期的哲学教师马什
(Marsh)博士差不多是美国敢于研究德国所谓正统思辨哲学——即康德、谢林
和黑格尔的哲学——的第一人。当然,马什主要是通过柯尔律治(Coleridge)进
行研究,他编辑了柯尔律治《对沉思的援助》(*Aids to Reflection*)一书的美国版。
即使这种程度的思辨归纳、这种明显要为基督教神学教义作辩护的思辨归纳,还
是在基督教人士中间引起了一阵骚乱。尤其是当时德国哲学支持者与集中在普
林斯顿苏格兰哲学学派正统代表人物之间正进行着一场论战。尽管已经很久没
有再接触过关于那场论战的资料,我觉得美国的哲学思想史仍然可以花上一节、
甚至是一章的篇幅来描述那场论战。

　　虽然佛蒙特大学对它在哲学上的开创性工作感到自豪,当时在神学方面的
氛围也是"自由的"——属于公理会类型——但它在哲学教学方面却越来越拘
谨,越来越受到当时盛行的苏格兰学派的影响。佛蒙特大学的托里(H. A. P.
Torrey)教授思想敏锐,极富修养,有浓厚的审美趣味。如果他当时不是在新英
格兰北部地区,而是在一个更适合他的环境中,他本可以大有作为。但托里教授
本性羞怯,从来没有真正地去自由思考。我记得自己在毕业几年后与他进行过
一次谈话,他说:"无疑,在思想方面,泛神论是最令人满意的形而上学,不过它和
宗教信仰相冲突。"我认为这句话体现了他内心的冲突,正是这种内心冲突妨碍
了他充分发挥自己的天赋才能。不过,托里教授对哲学的兴趣是真诚的,不是敷
衍的,他还是位非常优秀的教师,我要感谢他两点:一、他让我坚定了将哲学研究
作为自己终身事业的信念;二、在我接受他私人指导的一年里,他花费了大量的
时间在我身上,帮助我阅读哲学史上的经典作品、学习阅读德语的哲学著作。在
那一年里(当时我已经当过三年的中学老师),我们一块散步、一块交谈,他比在
课堂上思维自由得多,表现出了很多潜在才能,而这些才能本可以让他成为一个
带领美国哲学发展得更加自由的人物——不过,这样更加自由的时代尚未到来。

　　当时,哲学教师在人们眼中几乎就相当于牧师;在多数大学里,哲学教学的

148

149

首要内容都是要求学习宗教或神学。宗教的迫切需要是如何又是为何在苏格兰哲学中得到了很好的满足,我不知道;这也许更多的是出于外在原因,而非内在原因。不过,不管怎样,宗教和"直觉"根据之间建立了一种牢固的联系。现在,我们也许不可能再现当时围绕着直觉观念的那种近乎神圣不可侵犯的氛围,但不知什么原因,人们认为一切神圣的、有价值的事物的根据都与直觉主义的有效性共存亡。当时唯一重要的争论就是直觉主义与感觉经验主义之间的争论,所有更高一级的事物都在此框架下获得解释。这场争论在当时十分迫切,但现在却几乎被人遗忘,也许正是因为这一点,我开始对纯属当代的争论的深度与广度抱有一定的怀疑。很多在今天看上去非常重要的问题,也许在一代人以后就退居到了次要地位。这场争论还帮助我了解了哲学史的价值。有些人主张哲学史是研究哲学问题的唯一途径,我认为这样的看法是错误的、有害的。不过,哲学史在为当前问题提供观察视角与辨别能力方面的价值却是再怎么高估都不为过的。

我提及这个神学的、直觉的阶段,并不是说这个阶段对我的思想发展有什么持久性的影响,它只对我产生了消极的影响。我学会了直觉哲学的术语,但直觉哲学并没有对我产生深刻影响,它也绝对不是我在当时正朦胧寻找的事物。我成长于一个比较"自由的"传统福音教派的家庭。后来,我在接受福音派信仰与摈弃传统体制信仰之间来回挣扎,但这种挣扎并非源自哲学对我的影响,而是源自我的个人经历。换句话说,哲学并不是通过宗教层面吸引我、影响我的,尽管我不能肯定巴特勒的《类推法》是否以其客观的逻辑与敏锐的分析从反面导致了我的"怀疑态度"。

在进行私人学习的那一年,我决定将哲学作为我的终身事业。于是,第二年(1884 年)我便进入约翰·霍普金斯大学,从事"研究工作",这在当时还是个新事物。这一步走得有些冒险,因为除了约翰·霍普金斯大学提供的研究工作,几乎没有其他的迹象表明牧师之外的人也可以在哲学领域找到能够自食其力的工作。让我决定冒这个险的,除了跟随托里教授学习的影响之外,还有另外一个原因。在毕业后的那几年里,我坚持阅读哲学著作,甚至还写了一些文章,寄给了哈里斯(W. T. Harris)博士。他是著名的黑格尔主义者,也是当时美国唯一的哲学杂志《思辨哲学杂志》(*Journal of Speculative Philosophy*)的主编,他和他的伙伴组成的团体几乎是美国唯一一个不为神学目的而进行哲学研究的非专业团体。在给哈里斯博士寄去文章时,我请求他对于我是否能够成功进行哲学研究给出他的意见。他的答复极其鼓舞人心,促使我决定将哲学作为自己的职业。

现在回忆起来,我当时寄出去的那些文章高度的简单化、形式化,用词全都是直觉主义术语,那时的我还没有了解黑格尔哲学。我内心更深层次的兴趣还没有得到满足,而在没有主题符合这些更深层次的兴趣的情况下,我所掌握的那些主题都只能通过形式化的方式表达出来。我想我的思想发展主要受控于两方面的斗争:一方面是一种对简单的、形式逻辑的事物的天然兴趣,另一方面是那些迫使我对实际材料进行思考的个人经历。也许,每一位思考者在有意识地表达思想时,都会着重于那些与他的天然倾向相反的事物,重视那些与他的内在倾向相对立的事物;正因为那些事物与他的内在倾向相对立,他必须努力将它们表达出来,而让天然倾向顺其自然地表达出来。总之,我要说明的是,我后期的著作之所以强调具体的、经验的和"实际的"事物,部分原因正是源于对这种本性的考虑。这种本性是对更天然的本性的对抗,它帮助我对抗自身在实际经历的压力下表现出来的弱点。我认为有一种越来越司空见惯的情况,即当一个人深深地卷入到一场争论中时,他那些似乎是针对别人的评论其实表明了他自己的内心正在进行一场斗争。这场斗争试图将形式的、理论的兴趣的特征与逐渐成熟的现实经验的材料结合到一起,它的特点自然也体现在写作风格与表达方式中。当对简单化的兴趣占主导地位时,写作相对比较容易;我的那些文章甚至还被人称赞文风简洁。但在此之后,思考与写作就不是易事了。思考者很容易陷入对一个论题进行逻辑论证;与此同时,具体经历却给了他一种十分沉重的压力,使他出于思想上的诚实而拒绝陷入逻辑论证中。另一方面,思考者还保留着对形式化的兴趣,这就让他有一种内在需求,即要有一种思维方法,这种方法既是连贯的,又能够灵活地适应于所经验之物的具体多样性。有些人可以轻而易举地同时满足形式与内容(the formal and material)这两种相互对立的要求,不用说,我不是这种人。正是因为这个原因,我一直都强烈地意识到——毫无疑问,过于强烈地意识到——其他思考者与作家的一种倾向:为了让文章看上去清晰、简洁,他们忽视了一些因素,而如果他们更加尊重具体经验材料,这些因素则是他们必须考虑的。

约翰·霍普金斯大学的创办标志着美国高等教育进入了一个新时代,这在教育史上已是老生常谈。对于该校的建立以及其他大学模仿它发展研究生院究竟在多大程度上标志着美国文化发生了转折,我们现在也许还不能作出估计。19 世纪 80 年代和 90 年代似乎标志着美国拓荒时代的终结,标志着美国从内战时代进入了工业化与商业化的新时代。约翰·霍普金斯大学的影响力,至少在哲学领域,并非源自它的规模。来自密歇根大学的乔治·西尔维斯特·莫里斯(George Sylvester Morris)教授在约翰·霍普金斯大学讲课、开研讨班长达半年,他相信德国唯心主义的内容"经过证明"(他最喜欢用这个词)是正确的,相信德国唯心主义能够指引人们获得一种有抱负、有情感、有行动的生活。他是我认识的所有人中最诚实、最专心致志的一个,自始至终一心一意。虽然我早就脱离了他的哲学信仰,我还是很高兴他的教学精神对我产生了永久的影响。

当时的我是一个易受影响的年轻学生,不了解任何可以满足我的理智与情感的思想体系,所以我注定会深受莫里斯教授那热忱献身于学术精神的影响,这一影响至少暂时改变了我的信仰。不过,它远不是我转向"黑格尔哲学"的唯一原因。在 80 年代和 90 年代,英国思想界出现了一次新的骚动,人们对原子个人主义和感觉经验主义的反抗正如火如荼。当时,托马斯·希尔·格林(Thomas Hill Green)、凯尔德兄弟①(the two Cairds)和华莱士(Wallace)最有影响力,一群年轻人在已故的霍尔丹勋爵(Lord Haldane)的领导下合作出版了《哲学批判文集》(*Essays in Philosophical Criticism*)。这对于当时的哲学而言是一股有建设性意义的重要思潮。这股思潮对我的影响自然符合并加强了莫里斯教授对我的影响。但这两者之间有一个显著的区别,而我认为这种区别有利于莫里斯教授:莫里斯教授是通过黑格尔研究康德,而不是通过康德研究黑格尔,所以他对康德的态度就是黑格尔自己对康德的批判态度。此外,莫里斯教授早年学习过苏格兰哲学,保留了苏格兰哲学的一些思想,他从常识观点出发相信外部世界的存在。他以前常常嘲笑那些认为世界和物质的存在需要由哲学加以证明的人。在他看来,存在的意义才是唯一的哲学问题,他的唯心论完全属于客观唯心论。和他的同时代人、来自金斯顿大学的约翰·华生(John Watson)一样,莫里斯教授将一种逻辑的、唯心主义的形而上学与一种实在主义的认识论结合到了一起。通过师从柏林的特伦德伦堡(Trendelenburg),莫里斯教授对亚里士多德思想心生尊敬,他可以很容易地把亚里士多德的学说与黑格尔哲学结合在一起。

———————————————————

① 凯尔德兄弟指爱德华·凯尔德和约翰·凯尔德。——译者

不过，黑格尔思想之所以吸引我，也有"主观"原因：它满足了我对统一的需求，而这种需求无疑是一种强烈的情感渴望，同时也是一种只有学理化了的主题才能满足的渴望。我很难，或者说我不可能去再现自己早年的那种心境，但我认为，对新英格兰文化的继承让我认识到了种种分离与分裂——自我与世界的分离、心灵与肉体的分离、自然与上帝的分离——这些分离给我带来了一种痛苦的压抑感，或者，毋宁说，这些分离是一种内心的撕裂。我早期的哲学学习是一种思想训练。但是，黑格尔哲学中主体与客体的统一、物质与精神的统一以及神与人的统一并不只是给我提供了一个思想公式，而是让我获得了巨大的解脱与解放。黑格尔对人类文化、制度与艺术的论述也同样消除了这些领域中坚固的隔离之墙，对我有一种特殊的吸引力。

我在前面已经提到过，虽然我在传统宗教信仰与自己的真实想法之间所作的斗争让我经历了一次痛苦的个人危机，但这种斗争从来没有成为我的一个主要哲学问题。这看起来好像是我把宗教与哲学分开了，但实际上是因为我有一种感觉，即任何健全的宗教体验，都能够而且应该使一个人适应他的理智所允许他持有的任何信念。起初，这种感觉只是我下意识的一个感觉，但在后来的岁月里，这种感觉深化成了我的一个根本信念。所以，尽管我对那些正在因个人态度改变而经受阵痛的人们怀有一定程度的同情（我希望我是怀有这种同情的），我并不认为宗教是一个十分重要的哲学问题，因为如果我认为宗教是重要的哲学问题，我就是在唆使公正的哲学思考去满足某套特殊信念所宣称的、人为创造出来的需求。我深信人类有着深深的宗教倾向，所以我相信人类将改变自己，以适应任何所需要的思想改变；我也相信，过早地预测正在发生的这场巨大思想转变最终会带来什么形式的宗教兴趣，是无益的（也可能是不真诚的）。因为经常有人批评我在宗教问题上过于缄默，所以我想插入如下解释：在我看来，许多相信人类普遍需要宗教的人十分关心宗教的现状和未来，这表明他们更关注的，其实是某一个具体的宗教教派，而不是宗教体验。

不过，我之所以在此插入这些解释，主要是想营造一种对比的效果。许多人似乎在宗教问题中找到了他们主要的思想食粮，而我的思想食粮则来自很早就对我有思想吸引力的社会兴趣和社会问题。读大学时，我在大学图书馆里偶然读到了哈丽雅特·马蒂诺（Harriet Martineau）对孔德的阐述。我不记得孔德的"三阶段"论对我产生过什么特别的影响，但他关于西方近代文化因为分裂性的

"个人主义"而杂乱无章的观点,以及他关于科学的统一应该作为有序社会生活的管理方法的观点,却给我留下了深刻的印象。当时,我认为,自己在黑格尔那里找到了与孔德相同的批判,而且黑格尔的批判更具深度与广度。当阅读弗朗西斯·培根的著作时,我没有看出孔德的思想其实起源于培根,也不了解孔多塞这个将两人联系起来的纽带人物。

在之后的 15 年中,我逐渐漂离黑格尔哲学。"逐渐漂离"这个词表明,这一过程是缓慢的,长期都难以察觉的;但我是在有充分理由的情况下远离黑格尔哲学的,这一点"逐渐漂离"一词没有传达出来。不过,无论如何,我绝不会无视、更不会去否认一个事实,即学习黑格尔哲学为我的思想留下了一个永久的矿藏,这种影响有时被敏锐的评论家称之为新发现。在现在的我看来,黑格尔体系的形式或者说体系是极其不自然的,但他的思想内容常常极有深度,他的许多分析若撇开其机械化的辩证框架还是十分敏锐的。如果要让我信奉某一哲学体系,我仍然相信黑格尔是思想最丰富、最多样的自成体系的哲学家。不过,我在这儿没有把柏拉图包括在内,尽管柏拉图的哲学著作仍然是我的最爱。这是因为,我并不能在柏拉图那里找到那种无所不包、凌驾一切的体系;在我看来,这一体系是后来的阐释者强加给柏拉图的一个不知是好是坏的恩惠。古代的怀疑论者视柏拉图为他们的精神领袖,这是对柏拉图思想另一方面的夸大,但比起那些强行把柏拉图塞入一个僵硬体系的人,我认为,这些怀疑论者对柏拉图的理解更正确。虽然我并不像人们有时认为的那样对体系感到反感,我还是怀疑自己是否有能力达到一种全面的系统整体性;也许正因为此,我也怀疑和我同时代的人是否有这种能力。对于当今的哲学探讨,没有什么比一个"回归柏拉图"的思潮更有益,但我们要回归的柏拉图必须是那个令人印象深刻、永不停止、以协作的态度不断探索的柏拉图,那个写作《对话集》(Dialogues)、不断尝试各种批评方式从而看它们可能得出什么结果的柏拉图,那个总是用对社会问题和实际问题的关注来结束他那最为抽象的空谈的柏拉图,而不是那个由缺乏想象力的、视柏拉图为最早的大学教授的评论家所构建的人造柏拉图。

对于我后来的思想发展历程,我在此便不再赘述。我前面所讲的一切都已经过去了很多年,现在谈论那时候的自己像是谈论另外一个人。因为许多事情都已淡忘,所以脑海中剩下的那点事情不必强迫便自动突显出来。现在的杜威和脱离德国唯心主义之后的哲学家杜威——如果我可以称自己是哲学家的话——是同一个自我，仍然处于变化之中，所以不宜记录。在某种程度上，我嫉妒这样一群人，他们可以把一些清晰可见的兴趣与影响脉络编成一个统一的模式，并沿着这个模式写出自己的思想发展史。与他们相反，我似乎像变色龙那样变化不定；我不断接受各种互不相同、甚至相互矛盾的影响，力求从每种影响中吸取一些观点，同时又努力发扬这些观点，让它们在逻辑上与我之前学到的观点相一致。总的来说，人和情境对我的影响要多于书本对我的影响。这并不是说我没有从哲学书籍中学到很多知识，而是说，与一些亲身经历的、迫使我思考、思索的事物相比，我从哲学书籍中学到的东西是技术性的。正是因为这个原因，坦率地说，我并没有多么地嫉妒那些擅长写思想自传的人。我愿意认为（这可能是出于自我保护），尽管被迫走了很多弯路，我还是获得了一种补偿，即没有让思想脱离经验。即便是对哲学家来说，曲折的经历也不应该被当作病菌加以抵制。

156

虽然我的陈述必定会让我的思想发展过程带上一种它实际上并不具备的连续性，但还是有四点从我的思想发展过程中突显了出来。第一点是教育实践与理论对于我的重要性，尤其是中小学教育的实践与理论，因为当"高等"教育建立在扭曲、薄弱的中小学教育之上，我绝不可能对这种高等教育的发展前景感到乐观。我对教育的兴趣与我对心理学的兴趣以及我对社会制度和社会生活的兴趣相融合，并把后两种本来毫不相干的兴趣联系起来。我只记得有一位批评家曾指出我的思想中渗透了太多对教育的兴趣。尽管《民主与教育》这本书多年来一直是对我（虽然并不怎么样）的哲学最充分的阐释，我却不知道作为有别于教师群体的哲学评论家在评论我的哲学时是否求助过这本书。我想这些事实是否意味着，尽管哲学家常常也担任教职，总的来说，哲学家对待教育还是不够严肃，他们因此没有意识到，任何理性的人实际上都有可能认识到如下的可能性，即哲学研究应该把教育当作人类最高利益加以关注，而其他问题——宇宙论问题、伦理学问题以及逻辑学问题——都在教育中得到最终解决。不管怎样，我把这件事交给以后有兴趣的评论家去弄清楚。

第二点，随着我的研究与思考不断取得进展，我越来越受到一种思想丑行的困扰，在我看来，这一思想丑行存在于当前（以及过去）所谓的"科学"与所谓的"道德"在逻辑立场与逻辑方法上的二元对立。我很早就认为，构建了推理法，即一种可以连续不断地应用于"科学"与"道德"这两个领域的有效探究的方法，我们便有了所需要的理论溶剂，有了满足我们最大实际需要的供给。我发展出了

157

"工具主义"(由于找不到更合适的词,姑且如此称呼),为此人们替我安排了很多理由,但和其中的大多数理由相比,我更多地是由于上述看法,才形成了"工具主义"思想。

前面谈到,书本没有对我产生什么根本性的重要影响,这一说法有一个明显的例外,这个例外构成了我要说的第三点——威廉·詹姆斯(William James)对我的影响。若要让我找出一个进入我的思想并给予它新方向与新品质的具体的哲学影响,那便是威廉·詹姆斯对我的影响。这种影响源于他的《心理学》(*Psychology*)一书,而非《相信的意志》文集(*Will to Believe*)中的文章,也非他的《多元的宇宙》(*Pluralistic Universe*)或《实用主义》(*Pragmatism*)。对此,我需要解释一下。我认为《心理学》一书中有两种不可调和的倾向。第一种倾向是源自于先前心理学传统的主观倾向。虽然詹姆斯严厉地批评了先前心理学传统中的具体信条,但他还是保留了其中潜在的主观主义,至少在词汇方面是如此——也许,阻碍哲学进步的最大障碍就是人们很难找到一种词汇去清晰地表达一个真正的新观点。例如,詹姆斯用"意识流"(stream of consciousness)代替了互不相关的基本状态,这就是巨大的进步。不过,"意识流"的视角还是属于意识本身所激发的意识领域视角。第二种倾向是客观倾向,詹姆斯回归到了早期生物学中的生命(*psyche*)概念,自亚里士多德时代以来,生物学已取得了巨大进展,所以詹姆斯对"生命"的回归具有一种新的力量与意义。我怀疑我们现在是否已经开始意识到詹姆斯通过引入、使用"生命"这一概念而带来的全部影响。正如我在前面所说,我认为詹姆斯自己也并没有充分连贯地意识到自己所带来的全部影响。不过,他的影响不断地深入到我的所有思想中,促使我改变了旧的信念。

如果说"生命"这种生物学概念和方法过早地被詹姆斯所明确,那么这所带来的影响也可能只是一种图式对另一种图式的取代。詹姆斯的生命观本身就是有生命的,这话并不是在同义反复。对于有生命物体与机械物体之间的区别,詹姆斯有一种强烈的意识,这种意识起源于艺术与道德,而不是"科学"。我觉得什么时候人们可以写一篇文章,说明詹姆斯一般哲学思想中最具特色的那些观点——多元论、新颖性、自由以及个性——是如何与他对生命物体的品质及特征的看法结合在一起的。许多哲学家已经就有机体这个概念说过很多,但他们眼中的有机体是结构性的,因此也是静态的。直到詹姆斯,生命才被看作是行动中的生命。这种生命观,以及詹姆斯的思想观(即辨别、抽象、构想、归纳)中的客观

158

生物学角度,对于我们考察心理学在哲学中的作用至关重要。的确,心理学被引入哲学后常常对哲学产生削弱、歪曲的影响,但这其实是因为被引入的心理学是一种蹩脚的心理学。

我并不是说我认为心理学与哲学之间的联系在理论上要比其他科学与哲学之间的联系更加密切。从逻辑上讲,这两种联系处于同一水平面上。但在过去以及现在,詹姆斯所带来的变革具有过、并且现在仍然具有一种特殊的意义。从反面看,这场变革之所以重要,是因为我们必定需要它去清除蹩脚的心理学所带来的沉重负担,那种蹩脚的心理学是如此地深嵌于哲学传统中,以至于人们通常根本不把它看作是心理学。例如,"感觉材料"(sense data)问题在最近的英国哲学思想界占据着非常重要的地位,但在我看来,它唯一的意义在于保存了旧的、过时的心理学学说,尽管那些研究"感觉材料"问题的人大多坚决地断言心理学与哲学毫不相关。从正面看,我们可以看到问题的对立面。在教学上(如果不是在理论上),这种比较新颖的客观心理学给我们提供了一种最简便的方法,借助这种方法,我们能获得对思想与思想成果的丰富认识,从而改善我们的逻辑理论——假如思想与逻辑相互之间有联系的话。在人们目前的思想状态中,哲学与心理学方法和结论之间的不断互动,促进了哲学与实际经验中的重要问题之间的联系。那些更抽象的科学,比如数学和物理学,在传统哲学中留下了深深的烙印。这些科学过分关注形式上的确定性,它们曾不止一次将哲学思考和那些与存在有关的问题分离开来。心理学则远离了这种抽象化,更接近人的特质,所以我们现在更应该关注心理学。

人类的心理层面日益得到了认识,与之相关产生了一种影响,这种影响就是我要说的第四点。詹姆斯心理学的客观生物学角度直接让我们认识到了独特社会范畴(distinctive social categories)的重要性,尤其是交流与参与的重要性。我深信,我们的哲学研究中有许多东西都需要从社会科学角度去重新研究;我也深信,哲学最终会产生一种完全的统一,并且符合现代科学,与教育、道德和宗教的实际需求相联系。我们必须脱离当前的先入观念,广泛审视,才能去认识当今科学的典型特征与社会学科——即人类学、史学、政治学、经济学、语言与文学、社会心理学和变态心理学等——的发展有多么密切的联系。这一潮流在思想上是如此新颖,我们和它又是如此地相互融合,所以我们几乎都没有注意到它的存在。严格地说,数学要比社会科学对哲学有着更加明显的影响;物理学的主导思想与方法在近些年发生的巨大变化要比社会科学的发展更容易吸引人们的注意，因为社会科学的发展对我们的影响相对微弱。做一个思想预言家是危险的，但如果我对当前文化符号的解读是正确的，那么我要作出如下预言：当我们像在过去思考数学和物理学那样去思考社会科学和艺术的重要性，并充分认识到了社会科学和艺术的重要性，哲学就会再次出现综合性的转变。要是我对当前文化符号的解读是错误的，我的预言还是可以作为我自己思想发展过程中的一个重要象征。

无论如何，我都认为，如果一个人认为哲学就应该绕着两千年的欧洲历史留给我们的那些问题和体系无限期地兜圈子，那么他就是一个严重缺乏想象力的人。从未来的长远角度来看，整个西欧史只不过是一个局部性的插曲。我不指望自己能在有生之年看到一种真正的、非强制性的、非人为的思想统一。但是，只要不是过于以自我为中心而缺乏耐心，我们就可以相信，真正的思想统一会在适当的时候出现。与此同时，我们这些自称为哲学家的人有一个主要任务：帮助人们清除挡在他们思想大道上的废物，努力让通向未来的道路保持畅通。在一个和现在一样的思想荒原上游荡 40 年并不是一件可悲的事，只要我们不把这个荒原当成我们向往的乐土。

哲学[①]

本文的主题是从社会角度来看哲学作为一门科学研究所拥有的权利和机遇。把哲学视为社会研究的一种，这种观点并不常见；能将哲学收入这本关于社会研究的文集中，对于这种思想慷慨，我必须表示感谢。我认为这是一个明智的做法，因为在我看来，传统上哲学与社会科学是分离的，这种分离让哲学，可能也让社会科学深受其害。哲学因此丧失了活力和现实依据（actualité）；而假如哲学与社会科学的关系更紧密一点，社会科学的视野很可能因此变得更广阔，看法变得更全面。我称哲学和社会科学之间的分离为一种传统，但二者也曾一度同时出现在被称为"道德"（Morals）的领域——这里所说的道德，并非指涵盖整个人文领域的道德伦理（moralistic ethics）。无论如何，我所要探讨的是哲学与社会研究的结合，即把哲学包含在社会研究范围内。

把哲学归类于社会科学，这虽然十分慷慨，但也带来了极其丰富的问题与话题供我们考虑。第一个显而易见的话题就是社会哲学与政治哲学，因为现在的社会科学和哲学显然彼此互相渗透。一旦我们不止步于对社会现象进行描述，而试图去评价社会现象，从而在合理结论的基础上尝试着去表明目的与最终目标，那一刻，我们就从严格意义上的科学领域跨界到了哲学问题——诸如事实与目标的关系、价值的本质、价值评价标准的本质等。不过，可能正是

---

① 首次发表于威尔逊·吉（Wilson Gee）编：《社会科学研究：基本方法与目的》（*Research in the Social Sciences：Its Fundamental Methods and objectives*），纽约：麦克米兰出版公司，1929 年，第 241—265 页。

因为从社会哲学与政治哲学的角度进行讨论相对比较明显，一种间接角度可能会更有益，即从表面上看起来与社会现象毫不相干的因素着手。通过这种更加迂回的方式，我将讨论三个问题，即哲学思想史、逻辑学以及有时被称为形而上学的一般哲学。

I.

也许，从哲学史展开讨论的好处可以从一个表面上互相矛盾的悖论中找到。一方面，人们几乎不能否认，从历史角度来看，哲学是人类历史的一个分支；而作为人类历史的一个分支，哲学为研究最广义上的人类发展的史学家提供了资料。依照这种观点，哲学不是一个独立的学科，而是像宗教现象、艺术、政治制度一样，是一般文化史的一部分。即便是狭义的、严格意义上的哲学，其逐渐源起的背景也被公认为是人类学家的研究领域；而在哲学的整个发展过程中，它与宗教运动、科学运动以及政治运动互相影响，而这些运动都属于一般史学家的研究范围。从另一方面来说，现存的哲学史大多并不是从这一角度写成的。它们更多的是把哲学思想史作为一个独立的领域，脱离其他文化领域去追溯特殊问题和结论的源泉及演变。对于哲学学者，尤其是希望日后成为哲学史教师的学者来说，以一种独立的视角看待哲学史是必要的。不过，这种独立的视角虽然有必要，但却并不全面，我们需要将哲学材料放到更广阔的文化运动背景中去考虑。认为哲学家居住在远离世事的密室里的想法过于片面，是错误的，因为哲学家即便呆在密室或书房里，也仍然是从周围的生活中获取材料和问题。诚然，哲学文献一直在不断地积累着，这些文献为哲学学者提供了材料，他必须掌握这种材料才能拥有进行工作的工具。但这种材料并不来源于对哲学的思考，而来源于对经验的思考，对源于社会生活且浸满了社会生活色彩的经验的思考。否则，这种材料就不是哲学，而只是纯学术研究，几乎可算作文献学的一个分支。

因此，我的第一个论点是：当我们将哲学思想史与人类文化的其他运动和模式，包括宗教上的、科学上的、政治上的、经济上的、艺术上的运动和模式联系起来时，哲学思想史便构成了一个社会研究领域。哲学历史学家必须首先是一个历史学家，而非仅仅是哲学历史学家。当他把自己的材料与外界相分离时，就无法洞悉研究对象的意义。任何一种思想方法，无论看起来有多抽象，只要历经洗礼成为思想史的一部分，就一定拥有自己的支持者；而史学家要想了解该思想方法的意义,就必须对支持者的特性有所了解,并知道它的魅力何在。说一位思想家必须从他同时代的支持者那里得到回应,也就是说,他必须以某种方式对自己所处时代的重要需求作出回应。即便当我们在思考某一哲学的性质时,也不能摆脱人类行为是对环境的一种反应这一生物学概念。我们的思考其实是对一种社会环境的思考性反应。一个行为,无论是外显行为还是思考行为,我们只有了解它发生在什么媒介中、是对什么的反应后,才可能了解它。

上面的这些概述引出了一个问题:哲学究竟是对什么独特材料作出的具体反应? 在我看来,要找出这个问题的答案无需深究。哲学思想最直接的主题就是哲学家眼中的通行于他所处时代的信仰,尤其是传统信仰,即那些与制度生活相交织、形式多样的信仰。我们当然不可能将哲学和科学清晰地区分开来。但我们可以说,当一个思想家直接关注现象时,他就是一个科学家;当他关注的是围绕这些现象而产生的根本的思想态度及观点时,他就是一个哲学家。也就是说,科学家直接关注星星或政治制度(看他是什么样的科学家),而哲学家的兴趣则在于那些围绕着星星、天空和地球而产生的、进入人类生活的大系统并在其中运作的信仰,或者是那些支撑着制度并使它们拥有人们的忠诚与目的的信仰。哲学与科学之间的分界线并不清晰,因为当科学家以为自己在对现象作直接研究并从中得出结论时,他摆脱不了一些传统信仰与观念的影响,一些对他自己的思想和兴趣也因此对他的关注方式与理解方式产生过重大影响的传统信仰与观念;而哲学家则需要亲自作一些直接观察,有一些直接经验,以此来检验当时通行的信仰。但是,哲学和科学在思想方向与思想重点上是如此地不同,以至于我们可以区分出两种不同的思想方法。因此,我们可以说,哲学的任务是批判信仰,批判那些因被社会普遍接受而成为文化中主导因素的信仰。运用批判探究的方法研究信仰,这是哲学家区别于他人的特征,但哲学家所研究的并不是他自己的信仰,而是作为社会产物、社会事实与社会力量的信仰。

正是由于这一基本事实,哲学史成了一个社会研究问题,一个现在十分重要且会出现累累硕果的问题,因为目前这方面的工作还很少。说思想史的写作现在还处于起步阶段,这几乎一点都不过分。我们有很多哲学史著作将哲学史当作一系列特殊问题,把这些问题与其他问题区分开来并将它们归入一个专业领域,这样的著作通常也很优秀,但却鲜有哲学史著作把思想史当作是对那些在人类文化不同时代和阶段有重大影响的信仰的思想回应。不过,仅仅指责思想史学家是不公平的,这种情况是由各种原因所造成的。我们直到最近才获得使用这种方法所需要的材料,而在科学史这一重要领域,这些材料依然十分匮乏。作为社会研究对象的思想史,它所依赖的材料必须由其他社会领域的史学家所提供,而这些材料直到最近才出现。但我相信,现在的情况已经完全改观,我们至少有了迈出第一步的可能性。正是基于这一可能性,我提出如下主要建议:应将哲学史作为社会科学中一个真正的科学研究目标。

这个目标我陈述得较为模糊、宽泛。为了清晰易懂,我应该将该目标转化成更明确、更小的目标。这里,我们再一次有无数的选择。每一步路,甚至每一小步路,都急切地要求我们从社会角度来处理。例如,在过去一代人的时间里,人类学家、考古学家与史学家发现了大量有关希腊人早期生活及其与原始、甚至野蛮文化阶层的联系的材料。康福德(Cornford)、默里(Murray)、简·哈里森(Jane Harrison)等作家在研究希腊思想时便利用了这些材料,他们慷慨地将材料准备成适于哲学使用的形式。但把哲学和现实分开这一古老传统却没有动摇的迹象。我担心仍然有许多哲学家都持这样一种观点,即承认希腊哲学文献与考古材料有紧密联系会破坏哲学的纯正。

虽然说不管选择哪一段思想史用来例证我们对社会研究的需要都没有太大区别,但我们几乎不得不提希腊时代和经院哲学时代,因为在这两个时期的哲学发展中,哲学都是作为一种生活方式,与当时的主流倾向明显地联系在一起。尽管哲学发展与同时代的宗教运动之间有着不可否认的紧密联系,哲学史却总是倾向于回避对宗教运动的探讨。于是,我们的专著在讨论希腊—罗马时期时,便将新柏拉图派哲学理论、斯多葛学派哲学理论与教父学理论分开来讨论,导致学者无法认识到三者背后的共同背景。因此,与标准的哲学著作相比,吉尔伯特·默里(Gilbert Murray)在《希腊宗教的四个阶段》(*Four Stages of Greek Religion*)中关于神经崩溃(Failure of Nerve)的章节更能告诉我们当时的思想运动的实际情况。要真正写出那时期的哲学史,就必须把当时所有的运动都放在一起考虑,而要做到这一点,就必须把所有这些运动和当时的社会倾向联系在一起,包括神秘异教的复兴、基督教会的起源、作为行政与司法体系的罗马帝国的成长、教会与罗马帝国成长的关系、雅典与亚历山大文学研究及注释方法的发展等。

在经院哲学长期受到忽视后,天主教界外部出现了许多迹象,表明人们重新燃起了对经院哲学的兴趣。在经院哲学文献研究这一较窄的领域内,已经有很多优秀的工作得以完成,也还有很多工作在等待着被完成。但更广阔的研究领域,即经院哲学文献与 9 至 13 世纪的宗教、政治、艺术、经济现象之间的联系,依然百废待兴。在经院哲学解体和前亚里士多德科学零星复兴的后期(这为后来广为人知的文艺复兴运动做了准备),文学学者和非哲学历史学者都作出了一些贡献,但哲学历史学者却鲜有贡献,而正是在这段过渡时期,我们称之为"当代"的整个视角,被打下了基础。

II.

我现在要从上述分散肤浅的例证转到第二个主题,即把逻辑理论作为社会研究的一部分。我们可以顺着刚刚提到的历史主题,来讨论逻辑理论的历史。人们忽视对逻辑理论的历史研究,这背后的罪魁祸首大概是在逻辑学中占主导地位的亚里士多德传统,这一传统致使康德在 18 世纪下半期仍然认为亚里士多德逻辑学是一个封闭的、完整的体系。在 19 世纪,人们倾向于把逻辑学淹没在认识论中,不管是心理学认识论,还是非心理学认识论,这一倾向导致对逻辑理论的历史研究继续被忽略,并把对逻辑学历史的关注转向了陌生、冷僻的领域。事实上,尽管亚里士多德正统派在逻辑学中占主导地位,逻辑学思想领域的变化及多样性与伦理学理论领域及形而上学理论领域中出现的变化和多样性一样多,而这章历史,或者说这几卷历史,却几乎没有任何记录。我只能在不提供证明的情况下顺便提一句,从认识论历史著作的主导动机与问题中,分离出逻辑学作为探究方法与求证方法的发展历程,是非常可能的。

亚里士多德的逻辑学并非现代意义上的形式逻辑学,而是对他自己的形而上学的体现,更是对他自己的宇宙学的直接体现。对亚里士多德的逻辑学而言,世界是一个由固定的不同质的种类——如动物和植物——所构成的体系,是一个随意运用欧几里得几何构造出来的封闭式物理或天文体系,是一个与宇宙的质的划分(qualitative divisions)相对应的不同的质的运动(qualitative movements)体系。亚里士多德逻辑学的发展历程中有很多问题可供历史研究。其中一个研究问题关乎亚里士多德逻辑学的转变,即从作为自然和人类物质真理(material truths)的工具论到备受争议的形式辩证法的转变。这一转变问题的社会背景自然可以在教会史中找到——当时的教会努力制定宗教和教会教义,以抵抗异教邪说,从而获得进行神学教育的工具。

亚里士多德逻辑学发展历程中另一个有待研究的问题是要去弄清楚,当旧的宇宙概念瓦解,当亚里士多德的三段论、论证推理的分类与定义体系丧失了假定的物理学和天文学基础时,究竟发生了什么。对这个问题的研究会涉及一个真正的逻辑发展领域,因为如果当时没有出现新的研究与检验方法的发展和使用,就不可能有天文学和物理学中新思想的发展。新出现的逻辑方法究竟在多大程度上被隐含地运用于当时的科学研究之中,其答案散落在新科学研究者的著作中,而并没有被明确地写在逻辑学著作里。但这一事实只是再次证明,把哲学史和其他社会变化的历史分开是徒劳的。它意味着逻辑学历史的材料主要存在于科学观察、实验与计算的记录当中,而非在传统意义上的哲学书籍中。

笛卡尔为我们提供了证明这一主题的重要性的经典例子。一个听过哲学课程、读过哲学著作的人会了解笛卡尔[1]的方法论原则,会了解"我思故我在"以及证明上帝存在的本体论论据,他可能知道了这些思想对后期唯心主义运动的影响,还可能偶然知道了笛卡尔发展了解析几何。但是,如果他了解了解析几何的数学概念在笛卡尔整个思想体系中的中心地位,那他就是非比寻常的幸运了,更不用提如果他了解了解析几何运动和当时科学问题的联系以及它对后来科学及哲学研究的影响,他会又是多么的幸运。对实用逻辑学(区别于传统逻辑学)的发展而言,解析几何运动与当时科学问题的联系是个必不可少的影响因素。

我在这里只是顺带提及逻辑学史,好把这个话题与之前的话题联系起来。虽然对逻辑学理论进行这样的考虑不能脱离科学研究的实际发展史,我尤为关注的却是逻辑本身和社会现象之间的关联。我最主要的观点可以概述如下:所有社会科学中的研究、讨论以及争议所引起的混乱和不确定都反映在逻辑学这门哲学学科的现状中。说社会科学方法的混乱和不确定来源于逻辑学本身的混乱和不确定,这是言过其实,是把逻辑学依赖实际的思想研究以获得事实和思想这一现实颠倒了过来。但我们可以说,逻辑学理论的发展若能得到清楚的阐明,它将为社会研究——如政治学、经济学、历史学、社会学等——的思想工具提供亟需的帮助。

168

---

① 笛卡尔(Descartes),亦译笛卡儿。——译者

当谈到逻辑学和社会研究的关系时(社会科学的研究方法涉及到了逻辑学),我必须声明"逻辑学"究竟指的是什么,以避免误解。在这里,"逻辑学"指的是对探究、检验及公式化在发现结论过程中所起作用的一种系统的理性陈述,所发现的结论是人们有理由接受和相信的结论。从事已被认可的社会科学的研究者必然对其在研究、诠释和论述中所使用的思想工具感兴趣。尽管从整体上来说,他必须在研究过程中塑造这些工具,但他不能无视逻辑学家对这一领域可能的贡献。例如,人们应该记得,约翰·斯图亚特·密尔①是因为对社会研究和讨论感兴趣才创作了他的逻辑学经典著作。他自己并不是物理学研究者,最初也无意成为逻辑学家,也不是纯粹的逻辑学家。他最初对现实的社会改革感兴趣,后来不得不学习政治学、伦理学和经济学的理论,再然后又不得不回到社会现象研究方法的性质这一问题上来。当时,社会研究相对滞后,而物理学和数学相对发达,密尔自然转向了物理学与数学中的原理以获取指示和引导。随后,他自然对物理研究方法中的问题产生了兴趣。此外,他自然也想在自己的分析和阐述中引入他从父亲那里学来的感觉心理学和联想心理学的一般哲学(他几乎真是在父亲的"膝下"学成的)。不过,尽管这两个方面对密尔的整个体系至关重要,一个不争的事实是,他的《逻辑体系》一书的第六章《道德科学的逻辑》不仅向我们呈现了他整个体系的精华,还包含了他进行这整个逻辑学研究的种种原因。

通过密尔的例子,我想展示社会科学学者对与他们自己的研究基础和框架相关的逻辑理论的兴趣。虽然密尔所写的有关政治、经济和伦理的文章只对上一代人具有权威性,但这并不妨碍我拿他做例子。任何一个深入研究社会现象和社会科学的学者都不得不走密尔所走过的路,虽然他们的方式通常是不成体系、不明显的,而密尔的方式则是彻底的、明显的。如果说社会科学学者一旦开始思考自己的研究和阐述方法的有效性就必须考虑逻辑学,那么逻辑学家也必须在研究逻辑问题、数据与假设时考虑社会科学和物理科学的结论。若与本文目的相关,我可以证明,近期的逻辑学理论中有一个启发人也恼人的问题,那就是,研究物理材料的科学和研究社会及历史材料的科学,二者表面上并不一致。

这个不一致的问题现在还远没有得到解决。如果我没弄错的话,一些社会

---

① 约翰·斯图亚特·密尔(John Stuart Mill),亦译穆勒。——译者

科学现在仍在争论其主题是否可以脱离历史,或者历史观念是否是其固有的一部分。这是关于经济学和政治学这类学科本质的最基本的问题,因为有人坚信,旧的或经典的经济学理论和政治学理论的根本谬误,在于它们认为自己的主题可以简化成抽象的普遍规律,认为应该从这些规律中推断出特定历史时代所特有的倾向,这些倾向只有关系上和时间上的重要性。170

还有一个现象可以说明逻辑学家和社会科学家之间的合作互助,这个现象是伴随社会学和人类学崛起而产生的。当社会学和人类学正开始成形的时候,物理科学中的主导逻辑普遍认为,"规律"(laws)是对接连不断的现象中统一的、无条件的不变性的陈述。这种规律观产生了两种不同的影响。一方面,它破除了旧的规律观,即规律是现象背后的动力、作用力或能动力,因此它是始于 17 世纪的科学纯化运动的一部分。另一方面,它代表了一种努力,努力给所有物理研究和发现中最普遍的结论以一种积极的系统阐述。从人的角度而言,不可避免地是,当孔德和斯宾塞(Spencer)等人开始着手把社会学现象归结为科学形式时,他们必然会遵循由物理科学中的盛行观念所确定的模式。他们理所当然地认为,自己的任务就是找出社会现象中统一不变的秩序。于是,孔德得出了他的三阶段论:世间一切社会现象都要历经三个阶段,即神学阶段、形而上学阶段和实证阶段——实证阶段意味着可能会有社会科学;而斯宾塞则得出了一个普遍的"进化"框架,该框架指定了各种演替顺序不变的形式,这些形式是各种社会现象都必须经历的。

对于没有专业学习过人类学文献的学者,当他们发现有一群影响力巨大、且人数不断扩充的群体拒绝将"进化"观应用于自己的材料时,他们有时便会感到不安。前面,我们刚刚提到了这种对"进化"否定与批评的真实意义。杰出的人类学家摩根(Morgan)提出,地球上所有种族和社会群体都要经历相同的文化阶段演替,而这种唯一的、相同的阶段演替即构成了"进化"。有些民族要比其他民族进化程度高,但所有民族都不可能跳过任一进化阶段。因此,人类学致力于一切人类学资料的研究,目的是为了将研究对象放置于已知阶段顺序里的某一阶段中去。比较语言学、比较宗教学以及制度政治学和法学虽然不是完全产生于进化这一概念,但却深受进化概念的影响。人们之所以认为可以通过比较得出科学结论,仅仅是因为人们可以通过比较划分出确定的、相同的阶段。171

那些否定了进化观的人类学家用另一种思想方法论代替了进化观,这另一种思想方法论背后有着什么样的概念,对逻辑学研究来说是一个有趣的研究问题。但除了指出这一逻辑问题的存在之外,我们只想指出进化论观点的源泉(现正广受质疑)——进化论暗含了一种观点,即科学的存在必定是要去发现社会现象中普遍存在的演替的相同性(如同物理现象中的相同性)。如果我们否认某一时期存在这种相同的演替阶段,等于是在否认任何社会科学存在的可能性。尽管这种观点受到了一些人类学家的猛烈抨击,它还是在神话、异教、政治和司法制度领域最著名的著作家中悄悄地通行着。

通过上述几个为数不多的例子,我希望证明,逻辑学学者往往能从社会科学中找到问题、材料和假设,正因为此,逻辑学学者可以期待自己的逻辑学研究结果对社会科学领域的人们有一些作用。我认为正是在社会科学领域,社会和政治哲学——我在开篇提到过——起到了最重要的作用。社会科学领域的哲学工作,如同物理学和生物学领域的哲学工作一样,并不能与该领域的专业研究者的工作相匹敌。如果一个哲学家试图提出严格意义上的科学结论,即不对事实材料作直接研究,他得出的结果极有可能是伪科学。但基本思想概念和全面思想框架的确定就是另外一回事了;这种确定与哲学家有关,也是哲学家可能提供有益帮助的地方。社会现象毕竟是人类特有的现象,因此对人类而言意义最大。虽然这可能只是个人偏见,我还是要说,在我看来,最应该得到哲学学者关注的、最值得研究的信仰是社会科学中的信仰,尽管现在物理学和数学十分盛行,并在对哲学产生催眠性影响。

III.

到此为止,我们讨论了逻辑学和社会科学之间相辅相成的关系。然而,主导观念、主导概念、原则及理论在所有系统方法论中都发挥的作用使我们无法将逻辑学和一般哲学严格区分开来。一般而言,这些大的观念(对社会现象的理论化一直在这些观念的范围内进行着),或有意或无意,都来源于综合性的宇宙观和人类观。这是一个非常丰富的研究领域。就我所知,很少有著作去研究具体社会研究所运用的思想框架,从而去追溯那些在过去支配这些具体社会研究的思想的哲学起源。哲学家一般并不去查考他的思想对经济学、政治学、历史记载、法学或教育理论发展的影响;而这些领域中的研究者则常常拿来现成的流行观点就用,不去询问这些观点在先前哲学探索中的起源,也不去想它们在多大程度上受到了起源的影响或污染。①

哲学概念如何通过社会科学得以传播,这里面的研究问题数不胜数。光在一个和逻辑学联系紧密的领域就几乎有无尽的主题。受亚里士多德传统和对欧几里得几何方法的早期阐释的影响,人们认为只有那些建立在终极公理性的或无法证明的第一真理(这些真理必须恒久、普遍正确,并可以自证其正确性)之上的主题才是科学的主题。在这一观念的影响下,社会思想家努力去寻求演绎的、准数学的系统化。这便是一个很重要的研究主题。还有一个更为重要的研究主题,是那些暂时激发、引导改革势力纠正当前弊端、提倡当前社会事业和政策的主导观念是如何被封为永恒的、不受限制的、何时何地都适用的真理。直到近期,人们才认识到,这些一般观念和原则在逻辑学意义上只能算作假设,人们应该像运用、检验其他研究领域中的假设一样,运用并检验这些假设。②

如果我们仅仅去研究初步假设是如何转变为绝对的、不变的真理,去找寻这种转变对法学、政治学、经济学等领域的影响,在理论上我们不会有多大收获。但如果我们以这种研究为线索,去发现不同时期的运动由什么特殊欲望和兴趣所主导,那么,这种研究就会发展成一系列意义重大的研究。例如,我们现在刚开始认识到整个英国经验主义哲学是如何作为批判政治和宗教制度的方法而发展起来的。"自由"派将英国经验主义哲学奉为他们的信条,这是因为洛克当初创造它的目的便是找到一种分析方法,用来攻击那些他希望遭到废除或改革的制度。后来,个人主义内省心理学中的功利主义学派也利用它为政治学和经济学建立了一个"科学"基础。"自然"概念是英国经验主义哲学另一个发展阶段。它先是与道德法则和政府法则观念一同发展起来,接着转而出现在对权利的讨

① 要说例外,我想到了博纳的《哲学和政治经济的一些历史联系》(*Philosophy and Political Economy in Some of Their Historical Relations*,伦敦:乔治·艾伦-昂温出版公司;纽约:麦克米伦出版公司)一书。

② 德莱西的《政治神话与经济现实》(*Political Myths and Economic Realities*)可以为有好奇心的哲学者提供很多材料。德莱西无疑是故意带着贬义使用"神话"这个词的,"神话"很容易就能替换我们一直在使用的"一般思想"、"一般原则"、"第一真理"等词。对于未能认识到这些事物只是假设所带来的后果,德莱西是这样解释的:"如果神话的存在只能由它的功用所证实,那么要改变神话便是一件相对简单的事情。但一旦神话植根于'不可改变的真理',它就变得神圣不可侵犯。"

论中,然后被功利主义者所保留,尽管功利主义者其实对自然权利理论持批评态度,并不认同该理论所认为的每个人与生俱来都有一个天生的需求体系,并在这个需求体系基础上建立了自己的整个经济活动观。可以说,试图在人类纯粹本能的基础上建立社会理论的当代尝试,其实是对上述自然观的一种回应。此外,还有一个重要的附带研究问题,那就是上述"自然"概念与宗教的联系,它与自然神论、与认为自然有别于天启之观点的联系。

但我并不打算详述这一研究领域,因为那会过度侵占我对哲学理论层面(通常称为形而上学)与社会科学的关系的讨论。

遗憾的是,就本文目的而言,形而上学与社会科学的关系在本文中极难表述。不过,要知道它们的基本关系,我们只要提醒自己,个别与一般的关系、分离与延续的关系以及直接与联系的关系永远是一般哲学(包括逻辑学)中最令人困惑的问题。当代哲学学者很清楚,这个问题是如何在被忽略甚至被鄙夷地抛弃了一段时间之后又成为了造成分歧的中心问题。个体与集体、自由与法律以及自由与权威的关系问题现在是并且一直是社会和政治思想中的中心问题,这一点不言自明。它们的关系问题无疑是一个兴趣的交汇点,交汇着最形式化似乎也最抽象的哲学分支和最形式化似乎也最抽象的社会研究分支。

我并不打算讨论这个问题本身,只是想让读者注意到另一个问题,它关系到上述关系问题中所涉及的哲学方法的最终基础和性质。哲学是应该从宏观还是从微观出发、着手?是从复杂的整体还是从基本的细节着手?用这种直截了当的方式表述出来的问题并没有多少意义。但社会现象即是我所说的宏观。社会现象是人类必须思考的最宽泛、最包罗万象、最复杂的现象。它们带来的问题也是人类要用最直接、最迫切、最实际的思考来处理的问题。哲学是从这些社会现象着手、出发,还是从具体的数学分析、物理分析和生物分析的结果着手?对哲学至关重要的问题对具体的社会科学也有重要意义。一种答案认为,社会现象涉及某些与众不同的、独特的范畴,因此我们不应该用物理学、生物学或心理学分解它们,首要问题是要找出这些与众不同的社会标记和范畴是什么。① 另一种答案则

① 见杜威发表于《一元论者》(*Monist*)杂志 1928 年 4 月刊上的《社会作为一种范畴》(Social as a Category)一文,收于《杜威晚期著作》,乔·安·博伊兹顿编,卡本代尔与爱德华兹维尔:南伊利诺伊大学,1984 年,第 3 卷,第 41—54 页。

让社会科学学者努力把所有社会现象简化为物理学、生物学或心理学的术语。我认为哲学的出发点问题是所有问题中影响最为深远的。

该问题对哲学方法有着同等重要的影响。它涉及实证法在哲学思想中的位置和价值这个大问题。可以说，通常被称为"理性主义的"过程，其核心在于，哲学用来认识并解释所有复杂宏观现象的必须是"实在"（reals），即通过思考所发现的简单、终极实体或客体。在这方面，我们不能把"理性主义"的内容局限在通常意义上的17、18世纪的"理性主义"运动。它还包含了当代运动，这些运动或最终依赖于数学实体，或基于本质，或建于最根本的"感官材料"。哲学的出发点问题还关系到传统英国经验主义学派的价值，因为该学派并不根据直接的宏观社会现象来定义经验，而是根据外在的简单一元的因素（如感觉、知觉、思想）来定义经验。人们将"经验主义"彻底地等同于英国经验主义学派，认为不可能有另一种经验主义哲学。但撇开字面意思不谈，有可能存在一种哲学，它考虑原初现象（phenomena in gross），即本身真实的社会相互作用现象——这些现象是人脑所能接触到的事物本质的最充分表现——并在这些原初现象中找到表达并解决其他哲学问题的线索。

从这种观点来看，所有的思想区分与分类都来源于直接的、宽泛的社会性经验。设立这些区分与分类，其目的是要控制或引导这些随处可见、无处不在的现象，而最终检验、证实这些区分与分类的也是这些直接的复杂现象。依据这种观点，所有哲学谬论和错误的最终根源都是把复杂的原初现象中的暂时抽象化转变成永恒的、孤立的抽象化。我们无法在此继续沿着这一观点设想下去。但是，可以重申的是，采用实证法而非推理法（在某种意义上，所有的哲学分歧都表现在实证法和推理法这两种方法上，所有的哲学争论也都源于这两种方法），其价值和有效性取决于对此问题的解决。此外，采取宏观立场（或称社会立场）作为初步的哲学假设，就意味着要采取一种修改和重申所有哲学问题的立场。

作为结语，我最想说的是，把哲学作为社会研究的一个研究主题，这不仅显示了思想的开明，还会带来各种思想影响（至少是可能的影响），而我对这些影响是极为赞同的。其实，我在前面所说的一切，包括思想史、逻辑学理论和一般哲学，都只揭示了这些影响的一部分。我认为，哲学有时与社会有着直接关系，哲学的种种失败很大程度上源于人们没有认识到并指出哲学与社会的关系；而哲学体系专业性过强故而不能被人们普遍理解，过于强调思想训练与逻辑论证而远离生活,这两点都是由于没有认识到并指出哲学与社会的关系这个原因所造成的。在上几个世纪,哲学与科学互相分离,这种分离现在广受谴责,它也确实应该受到谴责。但我认为,哲学与物理科学以及生物科学并不能直接联盟,而是要通过社会科学进行联盟。我希望人们牢记哲学与社会科学之间的联系,迎来哲学兴趣与服务的真正复兴。

在对具体的实际情况进行富有成果的具体研究前,都要有广泛的、一般的假设。到了后期,最初的研究假设一方面被极大地修改、抛弃,一方面又被极大地融入到科学事实系统中。结果,最初的假设或被轻易忽视,或被当作形而上学的奇思异想而遭鄙夷。尽管如此,那些专业化的、最终得到证实的科学体系正是来源于这种一般假设。我们当前的科学视角和科学成就便是来源于 17 世纪的哲学猜想。那场久远的科学革命当时必须等待新思想观点的诞生,等待自然结构与运作新概念的诞生。专业化的、详细的事实在旧的思想框架内不断积累,这种积累受限于旧的思想框架所强加的理论条件,它仅仅象征着一个更为坚固的错误体系的建立,而这个体系必须要被摧毁。新的、革命性的思想必须首先以高度概括的、猜测的形式出现。只有当这些思想被使用之后,才有可能出现一系列事实去净化并检验这些思想,将这些思想从猜测变为事实。我倾向于认为,我们现在正面临着一个思想危机,而这个思想危机与 17 世纪的思想危机很相像。17 世纪的那场思想危机关乎着新思想的自由创造,这些新思想关系着物理性质,可以作为观察和解释物理现象的新方式的出发点。现在的这场危机则关乎着新假设的创造,这些假设关系着人类,关系着那些构成各种各样社会现象的人类关系的性质和意义。三个世纪前,哲学为物理研究作出了贡献,现在,哲学有机会为社会生活作出同样的贡献。

詹姆斯·马什和美国哲学①

在 1829、1831 和 1832 年,富善(Chauncey Goodrich)陆续在佛蒙特州的伯灵 *178*
顿出版了塞缪尔·泰勒·柯尔律治(Samuel Taylor Coleridge)三本较为重要的
著作:《对沉思的援助》、《朋友》(*The Friend*)和《政治家手册》(*The Statesman's
Manual*)。这三本书在此地的出版称得上是发生在思想界的一场盛事。其中,
《对沉思的援助》一书有一篇非常著名的序言,这篇序言由詹姆斯·马什(James
Marsh)所作。

当我们把浪漫主义哲学与詹姆斯·马什的思想联系在一起的时候,有一点
很重要,那就是我们应当充分认识到"浪漫主义"一词的含义。词语的含义在不
断变化,在现实主义(realism)盛行的今天,"浪漫主义"似乎包含着一定的贬义。
早期,"浪漫主义"一词含义较为严格,它的对立面是"古典主义",而不是"现实主
义"。它指的是与古代精神相区别的现代精神,尤其是与拉丁及南方天主教徒精
神相区别的日耳曼及北方新教徒精神。

幸运的是,马什博士在安多弗神学院(Andover Seminary)的最后一年里写
过一篇文章,刊登在 1822 年 7 月的《北美评论》杂志上。通过这篇文章,我们可
以避免给马什贴标签,可以了解他眼中的古代精神与现代精神之间的区别。他
说:"现代人把思想和情感的中心从'外在世界'转移到了'内在世界'。"在谈到希

---

① 首次发表于《思想史杂志》(*Journal of the History of Ideas*),第 2 期(1941 年 4 月),第 131—150
页。该书是杜威 1929 年 11 月 26 日在佛蒙特大学举行的关于詹姆斯·马什为柯尔律治《对沉思
的援助》一书所作序言发表一百周年纪念庆典上的演讲。

腊人的时候，马什说得更为详细："他们（希腊人）完全没有一个无限、无形的世界概念，在这个世界的中心，所有有形的事物都坠入一个微小的微型世界。"①他谈到了希腊人这种观念的对立面："现代人则有着完全不一样的观念。他从周围的世界中获得更为严肃的思想，并将这些思想回归自我。一切外在现象，以及所有那些由历史和科学为诗人所珍藏的材料，都只不过是一些工具，暗示一颗不安分的心灵的热情，一颗终于认识到了自身能力、并随着对无限事物的不断认识而扩张的心灵。"这种观念变化无疑和基督教的影响有关，尤其与新教及北方早期野蛮状态的影响有关。

本文的关注点是马什哲学的思想和原理，不是马什哲学的历史起源、发展过程及其所产生的影响。② 不过，不在这里提及马什的渊博学识恐怕并不合适，因为即使是这篇序言——他最早发表的作品——也已体现出他的渊博学识。早在创作这篇序言的时候，马什就已精通意大利语、西班牙语、德语、拉丁语、希腊语和希伯来语。这对于一个当时从未去过国外，而且生活在一个只有很少学习场所的时代的人来说，是一种了不起的成就。通过他的著作，我们可以看出，他不仅掌握了多国语言，还广泛熟知这些国家和民族的文学作品。对此，我在这里不作详述。不过，可以说，马什大概是第一个读过伊曼努尔·康德（Immanuel Kant）德语原作的美国学者，这些原作不仅包括《纯粹理性批判》和《实践理性批判》（*Critiques of Pure and Practical Reason*），还包括《人类学》（*Anthropology*），尤其还包括康德论述自然科学的哲学基础的文章。在对科学作品的了解方面，值得注意的是，马什广泛阅读了他那个时代的科学著作，这对他的哲学思辨产生了影响。他还主要通过康德受到了奥斯特（Oersted）及其极性原理的影响。马什对柯尔律治的钦佩自然影响了他对康德的诠释，但对弗里斯（Fries）的阐释也对他诠释康德产生了影响。

尽管马什深受柯尔律治的影响，但这种影响却并不意味着他不信任自身的能力。在解读柯尔律治之前，马什已经有了广泛的阅读与思考，这使他能够充分

---

① 《北美评论》（*North American Review*），第 15 期，第 107 页。

② 有关马什哲学的历史溯源、发展过程及影响，马乔里·尼科尔森教授（Professor Marjorie Nicolson）已经作出了详细且十分可靠的分析。详见其发表在 1925 年 1 月的《哲学评论》杂志（*Philosophical Review*）上的《詹姆斯·马什和佛蒙特的超验主义者》（James Marsh and the Vermont Transcendentalists）。

理解柯尔律治的思想，但也正是因为这一点，我们不能说马什只是柯尔律治的追随者。马什之所以对柯尔律治感兴趣，主要是因为两人都对宗教感兴趣，而且两人都有一个愿望，即激发基督教信徒去实现基督教的精神真理——这一真理的实现至关重要。《对沉思的援助》一书中有很多内容和当今的主流观念，甚至是宗教领域的主流观念，大相径庭。今天的读者会从此书中获得一些深刻见地，但除此之外，他很可能不会关心此书的内容，还很有可能对书中的语言感到反感。他可能很容易就会认为这本书只具有古物研究的价值，或者说得恰如其分些，这本书主要具有历史价值。这也就意味着，要领会《对沉思的援助》这本书的含义以及它在当时的影响，我们就必须把它放到它的创作背景中去，放到 19 世纪早期的思想环境与道德环境中去。我们必须明白，在当时，达尔文和进化论者还没有出现，现代科学还没有对公众产生巨大影响，工业革命给现代社会所带来的种种特有的问题才刚刚开始若隐若现。当时，除了几个激进分子，人们表面上接受现有的制度与信条，实际上却很少关心那些制度与信条的内在意义。那个时代基本上是一个思想冷漠的时代。

约翰·斯图亚特·密尔在他一篇关于边沁（Bentham）、一篇关于柯尔律治的文章里清晰地描绘了那个时代的大致情况。在文章中，密尔说道："那时，人们保护着教会与政府中的现有制度不受侵犯，至少在表面上是如此，但实际上，人们却要求它们尽量不存在。"在具体谈到教会时，密尔写道："只要教会不过于引起人们对宗教的关注、不过于认真地对待宗教，人们，甚至包括哲学家，就会支持它，把它当作一个'抵抗宗教狂热的堡垒'，一针宗教精神的镇静剂，以防止宗教精神扰乱社会的和谐与国家的稳定。"他进一步总结道："总的说来，当时的英国既没有从新观念也没有从旧观念中获益（虽然益处不多）。我们对政府的敬意让我们既不去试图改变它，又不去给予它任何权力，或者指望它提供非强制性的服务。我们的教会已不再去完成一个教会本该完成的真诚目标，但我们却坚持把它假装或幻想成一个教会。我们的宗教（我们被人指导着要出于自私的目的服从该宗教）高度精神化，而我们对宗教之外的所有事物的看法却极其机械化、世俗化。"正如密尔所说："这样一个时代，一个缺乏真诚的时代，自然是一个妥协、半信半疑的时代。"

在当时，边沁是改革者，是旧事物的批判者和毁灭者，而柯尔律治则是保守派中的另类，是要求人们理解旧事物的意义并根据这种意义采取行动的思想者。

正如密尔所说:"对每一个风俗习惯和每一个制度,边沁都会问'它是正确的吗?',而柯尔律治则会问'它的意义是什么?'"在当时那种环境,柯尔律治的问题和边沁的问题同样令人不安,同样具有革新的意义,因为它们挑战了信仰及行为的现状。柯尔律治抨击了他称为"《圣经》崇拜"的现象,这更加明显地体现出他在宗教上的激进。他谴责从字面获得灵感的教义,称该教义是迷信;他竭力主张人们接受《圣经》的教义,因为这些教义存在于本性中最深层的、最精神化的部分。信仰,是一种意志和情感的状态,而不只是对教义和历史观点的思想认同。正如密尔所言,柯勒律治真是比很多自由主义者还要自由主义。

柯尔律治把信仰与知性分离开来,但却把信仰同理性这一高级能力——人类真实意志的能力——联系起来。他说:"如果一个人爱基督教胜过爱真理,那么他会爱自己的教派或教会胜过爱基督教,并最终会爱自己胜过爱其他一切事物。"不过,柯尔律治同样坚信,基督教本身就是一个真理体系,只要它在人类的理性意志与情感中得到正确使用,它就是哲学真理。柯尔律治肯定了基督教真理的内在合理性,这正是他写作《对沉思的援助》的启发意义,也正是他吸引马什的地方。在这个意义上,我们可以说马什是柯尔律治的追随者。柯尔律治认为基督教信仰有内在的哲学真理,并在一种结合体中找到了支持这一观点的特殊哲学框架,该结合体包括受到柏拉图影响的 17 世纪英国伟大的神学家的教义和 18 世纪晚期与 19 世纪早期的德国先验哲学。因为马什已经学习过这两种思想,因此,在所有这些因素的共同作用下,马什便将自己的思想依附于柯尔律治的思想。

我之所以如此详尽地描述柯尔律治的思想在当时是自由主义的思想,就像密尔(他的观点与柯尔律治恰恰相反)所描述的那样,是因为如果不提这一点,我们就无法从历史的维度去了解马什的思想。现在的我们可能认为马什的哲学思想是保守的。人们,甚至包括神学界人士,对马什努力要通过理性阐明的那些教义并没有多少兴趣。要想正确地看待马什的哲学思想,就必须把它放在他所处时代的盛行观点的背景中去。马什生性不爱争论,不愿卷入到争论当中。但是,即使是最马虎的读者,在读《对沉思的援助》一书再版的序言时,也能发现其中的潜在含义:马什觉得他和柯尔律治的观点都与他们同时代的宗教人士所拥护的教义相对立,他觉得自己从宗教上和哲学上都有义务去和这些信仰的趋势作斗争。他所关心的,不只是某个具体哲学体系的命运与传播,而是要重新唤醒一个真正具有精神性的宗教,这种宗教由于受盛行的约翰·洛克哲学和苏格兰哲学流派的影响而被遮盖、被压抑。马什深信,柯勒律治在英国发现的弊端也同样存在于他自己的国家,在此种信念的驱使下,他转向了德国哲学,视德国哲学为精神与个人宗教(spiritual and personal religion)的盟友。

我有必要在这儿引用序言里的一部分内容,看看马什自己对这个问题的看法。"这个国家有一种特有的不幸:我们全盘接受了洛克和苏格兰学派的哲学,将其视为唯一的理性体系,认为它们的主要原理不容置疑,但在我们对宗教的强烈依赖和对思辨的热爱——这两者强烈地体现在我们身上——的引导下,我们把这些原理(虽然这些原理不过尔尔)与我们的宗教兴趣和观点以各种方式紧密地结合、联系在了一起,结果,多数人都认为这些原理是同一个体系的必要部分。"马什认为,大众通过这种方式强加给基督教信仰的哲学原理实际上是和基督教信仰极其不一致的。他说,"一个排斥一切精神力量与动力的哲学体系"不可能与一个"本质上是精神性的宗教"相共存。同柯尔律治一样,马什预料到自己会成为宗教中的异教徒,因为他想寻求一种符合而不是违背基督教精神真理的哲学,在他眼里,精神真理是基督教的精髓。

现在,我要来谈一下马什的实证哲学。在这里,我们不妨回到上文提到过的那篇马什在1822年所写的文章。在马什看来,基督教不仅促使人们在思想和情感方面从古典观念转变到现代观念——这种转变体现在文学、政治、社会生活以及宗教中——而且还在本质上揭示了哲学真理。外在启示是必要的,因为人类处在堕落的状态。但是,启示的内容不是外在的,更不是随意的。启示是一种还原,还原自然、人类与终极实在的本质的终极真理。正由于此,我说基督教对于马什是一种真正的哲学启示。要让我选一句话来表明马什的思想与教义内容,我想那句话会是:一个有思考力的人"在,且只能在一种体系中让自己的哲学观有宗教性,让宗教观有哲学性"。

正如我在前文提到过的,若把马什的观点搁在当前,我们很难去理解它的所有含义。我们必须联系马什博士生活的时代背景。他的观点与当时学术界盛行的哲学观点和大众思想迥然不同。我们在前文也提到过,后者以洛克哲学(经过处于主导地位的苏格兰学派的修正)和佩利(Paley)哲学为基础。正统学派将基督教仅仅视为一种外在启示,而对反对派而言,上帝存在的证据来自于自然界的设计,来自于马什跟着康德与柯尔律治称为"知性"(Understanding)的东西("知性"有别于"理性"（Reason））。很多证据都表明，马什博士觉得自己面临着两种危险：一方面，人们可能会认为他要将基督教简化成一堆教义，简化成一个思辨性的思想系统；另一方面，人们可能会认为他不相信基督教拥有使人获得新生的力量，把他归为不信教的批评者。我想，马什正是因为处于这种境况之中，才在表达他内心最深处的思想时，总给人一种带着歉意、小心翼翼的感觉。之所以给人这种感觉，部分原因无疑在于马什对自己的不完全信任，但大部分原因在于他在那个时代的处境。马什认为自己是一个性格非常专注的人，这种看法是对的，任何阅读他的人都会认可这一点。就内在的谦卑虔诚与精神性而言，马什同时代的人中很少有人能与他相匹敌。但除此之外，马什还具有一种非常哲学的直觉。他想把整个宇宙与生命的各个阶段当作一个整体来看待。每当他任由自己跟着这种直觉走，他立即就意识到，他的思想不仅与美国社会的主流思想而且还与教会本身的主流思想发生了冲突。他没有因此减弱他自己的基督教意识，也没有停止哲学探究。但我认为他在哲学领域的表现受到了限制。他从来没有培养出一种与他的哲学思考能力相称的思想独立性。也许，正如尼克尔森博士（Dr. Nicolson）所说，马什是把爱默生引向柯尔律治的中间桥梁，他至少间接地对美国"超验主义"运动产生了深远的影响。然而，马什并没有像爱默生那样具备一种超然于宗教的姿态，他也因此没能自由地发展自己的能力。

现在，我们还是来更直接地谈一谈马什的基本思想。在他看来，基督教的宗教真理就是哲学真理，是一个关于上帝、宇宙和人类的理论。给人贴标签多少有点不可靠。不过，仅仅为了简洁的目的，我们似乎不得不给人贴标签。因此，我在这里冒昧地给马什贴一个标签：马什的哲学思想是亚里士多德版的康德思想，受到了他所坚信的基督教教义的内在道德真理的影响。我这个标签有过多对过去思想体系的专业性提及。外部资料表明，马什受柏拉图和也受到柏拉图影响的17世纪伟大神学家的影响要比他受亚里士多德的影响更大。但外部资料还

表明，亚里士多德的著作《形而上学》（*Metaphysics*）和《论灵魂》（*De Anima*）一直伴他左右。很明显，马什对康德思想的客观阐释，对康德的现象论和主观自然观的漠视，其最终来源，或直接，或通过柯尔律治，还是亚里士多德。

要说明这一点在和马什自己的形而上学体系相联系时有什么含义，我有必要在这里岔开一下话题，解释一些哲学专业知识，尽管我非常乐意把这种解释跳过去。学者们都知道，康德明确地区分了感性、知性和理性。由此，康德认为，精

神的属性,或称为感觉,有精神的特征,它们由空间形式和时间形式所构成,而这种空间形式和时间形式本身最终也有精神的特征。所以,知性范畴虽然为感觉印象提供了普遍性与持久性,但仅限于现象界。理性虽然提供了超越知性范围的统一与完整整体的目标,这些目标却是我们无法实现的。如果认为理性能让我们认识到事物的真正本质,那是我们产生了错觉。我们只能认识现象,而现象是感觉材料的逻辑组织。

有一点非常引人注目:尽管马什大量地使用康德哲学中的术语,不断地引用康德对感性、知性和理性的一般区分,还经常引用康德就这三者所作出的具体结论,但他却从未提及康德关于人类只能认识现象的观点——该观点通常被人称作是康德的"主观主义"。

例如,马什和康德一样,把数学这一关于空间和时间的科学看成是感觉经验的必要形式也是先天形式,但他同时也考虑到了牛顿物理学中的绝对时空观,认为空间和时间不仅仅是精神形式。这种时空观认为时空是自然界实际外在事物的形式,而不仅仅是精神形式。因此,几何学和其他数学是关于一切物质事物存在条件的理性科学,而不仅仅是关于我们经验一切物质事物的条件的科学。这些条件自身作为物质事物及其变化的可能性的条件"构成了",用马什自己的话说,"可能性领域以及数量与形式的可能确定因素(possible determinations)领域,这些确定因素是纯数学的研究对象"。创造性想象力的任务就是要不受实际存在的限制去自由发展这些可能性。但这些可能性也是一切物质事物和事件存在的必要原理,因为一切物质事物和事件都发生在空间和时间里。因此,数学构成了物理学的基础。

马什作出这种客观阐释,可能是受到了弗里斯的影响。但是,亚里士多德对他的影响更深。这种影响体现在他对感性和知性,以及两者与理性之间的关系的处理中,体现在他关于自然与精神之间的关系的整个哲学中。马什没有将感性、知性和理性分离开来,而是将它们描述成逐渐认识终极实在本质过程中的三个连续阶段。前两个阶段,即感性和知性,是第三个阶段的前提条件,是第三个阶段的先导。每个阶段自身都包含着原理,这些原理超越了每个阶段本身,并让更全面、更深入地了解实在(the real)的本质变得有必要。

我之所以称马什的思想体现了一种亚里士多德主义,就是因为他没有像康德那样把感性、知性和理性意志这一渐进的过程与自然界分离开来,而是认为这个过程是一个逐渐实现自然界本身的条件与可能性的过程。我看出马什似乎对费希特(Fichte)有所了解，但他并没有提及黑格尔。不过，马什和黑格尔一样，没有把主体和客体或世界对立化，而是把主体——完全有理性意志的主体——当作是组成感官和物质世界的能量的顶点与终点。尽管马什并不是一个专业意义上的科学家，但他熟知他所处时代的科学知识，认为自己在科学中找到了证据可以证实下面这个观点：自然界向我们呈现出一个从低到高的能量级别，其中，低级能量是高级能量的前提条件和预兆，该级别的终点是有自我意识的精神。

用现在的认识论语言来说，马什的感觉观是现实的。他认为我们可以在感觉中将接收到的材料——看到的、听到的、触摸到的种种属性——与看、听、触摸的理智行为（acts of mind）区分开来，他认为我们可以像把感觉行为（acts of sensing）交由自我决定（自我是感觉行为的实在的永久之地）那样，把感觉到的属性材料（the material of sensed qualities）交由我们身外的实在领域去决定。我们视感觉属性为一个外在的、独立的物体的属性。但感觉并不能形成知识，包括有关物质世界的知识，它只能形成知识的材料。我们需要知性对感觉材料作出判断，去了解感觉材料呈现了什么。我们必须对感性材料加以解释。知性通过辨别和比较，使感性材料的内在联系显现出来。没有这些起连接和组织作用的联系，我们就只能认识客体的一系列属性，而无法认识客体本身。我们有能力自己意识到理智如何建立关联性的活动。我们会注意到，这些活动若形成知识，便都是遵循了特定的具有必然性的规律。我们不能随心所欲地用知性作出判断。要获得知识，我们必须采用具有必然性的方式去判断、去认知，否则，我们得到的便不是对客体的认识，而仅是个人想象。这种认知或认识客体的规律源自理智本身，当我们意识到并注意到这一规律时，它便形成了理性。在知性中，即在有关自然的科学知识当中，这种作用力会自发地运作，但只有当它意识到自己的存在，产生自我意识时，我们才认为它是理性意志，这种理性意志是属性相同、普遍存在于有认识能力的人中的启发原理，它也因此成了天赐智慧，成了照亮所有来到这个世上的人们的那盏明灯。这一规律是理性，因为它遵循具有必然性的原理；这一规律是意志，因为我们可以将它看成是一种完整的、独立的作用力。

以上对马什的"理性心理学"的专业知识介绍，可以帮助我们看出马什思想中所包含的亚里士多德思想。马什坚持认为，只有对于那些与精神或自我相关的客体，理智或自我的能力才能起作用。在自然界促使感性能力发挥作用之前，感性能力只是一种潜在能力。只有当理智受到物体的颜色、声音和硬度的刺激时，我们才会去看、去听、去触摸。这就好比是铁和磁铁之间的关系。同样，在客体间存在的实际关系促使知性能力发挥作用之前，知性能力也只是潜在能力而已。有序的逻辑结构既构成了促使能力发挥作用、实现潜能的条件，又是促进能力继续发展的客体。它就好比是物质的属性，它们既是实现条件又是客体，促使理智能力结束于感性能力的运用。同样地，有自我意识的理性意志的目标既是运用理性的条件，又是运用理性的客体。

我想每一位哲学学者都能明显地看出，马什的这种观点，即每个低级阶段构成了某种潜在能力的实现条件，并为同一理智的高级阶段的表现提供了材料，在本质上是亚里士多德式的观点。正是通过对这一观点的运用，马什得以走出了康德哲学对自我小圈子的沉迷。世界具备各种属性，世界是一个在逻辑上相互关联的整体，它集中体现在普遍存在的具有自我意识的意志中。世界必须脱离我们的理智而独立存在，只有这样，我们的理智能力才会因得到激发而真正存在，才会拥有可以作用的材料。

不过，据说马什之所以会对康德思想进行这种亚里士多德式的阐释，是因为他受到了基督教信仰的相关思想的影响。马什在两个方面脱离了希腊哲学思想，包括柏拉图的思想和亚里士多德的思想。首先，马什把理智等同于自我，即"我"或者"人格"。古希腊哲学思想中从未出现过这种观点，马什把它归因于基督教的影响。换种说法，马什向古典"理性"观里加入了一种它原本没有的外来元素，即理性作为意志的观点。马什认为，理性是创造并实现某些目的的能力，这些目的具有普遍性与必然性，它们由自然所提供，但却源于理性作为个人理性自我（personal rational self）的本质。不能自我实现，也不能仅仅通过思想过程就能实现，是这些目的的本质。这种本质决定了，它们必须体现在感觉材料中，体现在作为认识对象的自然界中，或者，所有与感官相关的欲望材料或针对自然客体的欲望材料必须受到克制，并转变成作用力以表达理性意志真正的终极本质。说的更具体些，亚里士多德认为，理性可以在冥想性的认识中得到实现，而不用根据理性去改变自然界和社会制度。而马什则在基督教教义精神的影响下，否认了这种可能性。他认为，只有当理性试图把物质世界或社会世界改造成符合理性自身的原则时，理性才能得以自我实现，并真正地意识到它自身的内在本质。马什一直谴责思辨和思辨倾向，因为两者将知识和思想与行动和意志分离开来。理性的本质决定了理性终止于行动,而行动则是将自然界中的精神潜能——物质潜能和制度潜能——转变为精神现实。

马什哲学思想和基督教信仰结合的第二个方面则更加具体。马什不仅接受了基督教有关"人是堕落的"的思想,而且还接受了柯尔律治的如下观点:原罪不仅是一个可以追溯到人类祖先的历史事实,而且是意志自身的行动,通过这一行动,意志将某种并非来源于意志的内在本质而是来源于意志之外的因素——感官欲望,或因为想到源于周围世界的目的而激起的欲望——的事物作为自身行动的原则和动力来源。我在这儿就不再进一步介绍马什对罪、良心和意志自由这些神学教义所作的哲学诠释,以免给你们带来困扰。不过,要想完整地阐述马什关于哲学等同于宗教的基本思想,我们就必须提到他是如何具体地应用了一种观点,即要将自我潜能激发成现实,必须要有相关客体(correlative object)。良心与意志的相关客体——良心与意志可以通过相关客体得到激发,成为现实,因为良心与意志存在于人类体内——并不是什么抽象规律。意志与良心是个人的东西,是属于自我的东西,所以它们的相关客体必须也是个人的。在这一点上,马什哲学的宗教性得到了最清晰的揭示与表达。这个属于个人的相关客体就是基督神性的显现。用马什自己的话来说,就是:"精神法则向我们呈现的真正目的,是要在我们自己身上去实现一种完美理念,这种完美理念是精神法则自身的先决条件,它在基督的身上得到了壮丽的实现。"马什还说道:"可以说,精神法则只具有一种潜在的现实性,或者说,在进入自然生命中时,精神法则只是表现出了一种错误虚假的现实性。只有当它自身的精神相关客体从上方将它激活,它才会接收到外来灌输的信息(the engrafted word),才有能力去克服自然的束缚。"

接下来,我将讨论一些更具体一点的主题,即马什在社会方面,尤其是教育方面的思想(尽管根据马什的观点,人们对这些更具体的事情并没有表现出更真诚的兴趣与关心)。遗憾的是,在马什的出版著作中,这方面的资料非常少。不过,我们有很多的线索,足以让我们重构出马什在这方面的基本思想。在此,我们不妨也先从柯尔律治着手,尽管并没有很多直接证据可以表明马什的社会思想,如同他那基督教等同于真正的哲学这一观点一样,受到了柯尔律治的影响。柯勒律治和他代表的德国学派一样,认为社会制度在本质和功能上都具有教育性。他认为,社会制度是规律和理性的外在表现,通过规律与理性,个人的智慧和良心得以激发,并得到发展,最终能够独立活动,体现在对社会制度的忠诚与对改进社会制度的努力之中,直到这些制度能更好地为人类执行教育任务。

柯尔律治怀着相当大的勇气将上述观点运用于国教会,将它看作一种并非是教徒内在精神教会的制度——当然,运用这一观点的前提是英国有一个与它的政治制度相结合的国教会。柯尔律治以惊人的勇气宣称,英国国教会,从这种制度意义上说,在本质上并不是一个宗教性的机构。用他自己的话来说:"对于这个全国性的机构,宗教可能是它必不可少的内容,但并不是它的本质目的;我们称呼它为教会,这是不幸的,至少是不合适的,只有基督的教会才配教会这个名字。"接着,柯尔律治显然作了一次词源学考证,指出"牧师"一词最早有学者和作家的意思,他接着说:"国家或国教会的知识阶层,就其主要含义与原本意图而言,包括各个教派的学者,包括来自各个领域的智者和教授,这些领域包括法律和法学、医学和生理学、音乐、民用与军事建筑学,以及它们的共同基础——数学。总之,这些领域涵盖了所有艺术领域与科学领域,一个国家因为拥有了这些领域,因为运用了这些领域,才有了文明,以及神学。"柯尔律治接着说,神学理应占据优先地位,只因为"神学是人类文明知识的根基和树干,因为有了它,所有其他的学科便都拥有了统一性与循环流动的生命活力,仅凭此,这些学科便可以构成人们眼中的有生命力的知识之树"。那些被称为国教会牧师的人应该主要被人视为教育者,柯尔律治甚至认为,这些人在成为牧师之前应该先去乡村当一段时间的见习教师。

很明显,因为美国没有国教会,所以柯尔律治在这方面的思想并没有直接影响到马什。实际上,马什自然地认为,制度化的教会只是内在精神教会的外在表现,或外在躯体,这表现出了一种高级原则,而这个原则是任何政治性的教会都表现不出来的。不过,马什的思想还是在间接地朝着柯尔律治的方向发展,只是他考虑到了英美两国之间的差异,比如两国政治结构的差异。

有趣的是,在佛蒙特大学教堂的献堂礼上演讲时,马什对文明和文化作了区分,这种区分和康德以及其他德国思想家所作的区分很相似。他说,实际上,文明,与个人为了适应现有社会的需求与状况而对自己的行动和服务作出的调整相关。文明是公民社会中的各种职业对人类各种能力的训练。文化是个人为了实现至真人性的目标而对自己能力的发展;文化超越了一切现有的社会制度和政治制度,因为文化升华了这些社会制度和政治制度,使它们拥有了理性的精神法则,拥有普遍意志以及人性目标。文化通过这种内在的理性意志法则去进行控制,而不是通过特定社会的传统风俗习惯去进行控制。任何政府政策都不能解除高级的、普遍的人性强加给我们的义务。马什认为,东方民族的文明程度可能要高于西方民族,因为东方民族的制度与纪律把个人放在了社会制度中的特定地方与职业中。"但我们,"他说,"不会注定成为劳动工具,去实现文明形态强加给我们的较低层次的目标。"接着,他补充了下面这些很重要的话:"事实上,我们几乎称不上是任何国家的国民,这里的国家指的是普通意义上的国家,即政体固定、若干权力组织明确的政治集体。但我们构成了一个共同体(community),在这个共同体中,让自由的个体成员获得最大的价值、完善与幸福是整个共同体的最高目标与理想。对我们而言,政治和社会组织形式定下的条条框框阻止不了我们去努力促进我们的一切能力,包括个人能力和社会能力的全面自由发展。实际上,在这个极度认可自治的国家,只有自治人在思想和固定的理性行动原则上的不变因素才会造就出唯一不变的事物。只有在国民的不变决心与不变目标中,我们的政府才能找到自我维持的原则。"从以上论述中,马什博士得出了一个必然的结论:教育机构的功能是培养共同体,也就是全面发展个人的所有能力。

很遗憾,马什博士没有完整地表述出他的社会和政治思想。要将马什在上面所说的原则进行调整以适应当前的条件,我们可能需要改变一些用词,但是,在我看来,马什所说的原则是美国独特的社会体制(如果我们有这样一个社会体制的话)的根本原则,是我们当下需要执行的原则。在马什博士进行创作的那个时代,这个国家还没有出现现代意义上的"民族主义"。当时,人们几乎不把政府作为一个政治机构加以崇拜。每个人仍然清楚,组成自由共同体,他们就有能力去建立或推翻政府(政治组织的具体形式)。人们对美国政府抱有很大的钦佩之情,并对它忠心耿耿,表现出了很大的爱国精神。但人们的忠诚对象是政府背后的原则,即自由的、自治的共同体,而不是政府的形式。人们认为政府是一种象征,一种手段,政府本身不是目的,不是个人的意志与良心必须服从的目的。

在我看来,让政府从属于共同体是美国人对世界历史作出的一项巨大贡献,这一点在马什博士的言论中也得到了清晰的表达。可是,近年来发生的一些事情却往往要遮盖这一点。有各种力量都在试图把美国关于政府以及政府组织的最初观念变成欧洲的旧观念与传统。现在,政府本身成了一种目的;自封的爱国组织大肆宣称,个人要忠诚、要爱国,就要忠于作为固定机构的政府。现在,政府不再是给自由自治的个体共同体带来福祉的手段和工具,政府本身便具有价值,是神圣不可侵犯的。我们已经开始质疑最初的美国理想是否正当,这种质疑不知不觉地开始,但却非常普遍。我们往往让个性屈服于政府,不相信政府在结构、规则和管理上可以成为促进实现自由个体共同体目的的手段。

马什博士所处的那个时代正是美国的拓荒时代,他对此即使没有感受,也应有充分的意识。拓荒时代真正的个人主义现在已经丧失了它的重要性,这背后的原因在于它被人们误解了。现在的人们常常认为,那时的个人主义宣扬个人脱离社会关系、逃脱责任。但它真正的内涵在于马什不断提到的个人共同体这个概念。美国早期拓荒者的个人主义在本质上不是非社会的,更不是反社会的,它并不忽视社会主张。它的理想是和睦友善与互帮互助。它并不否认政府和法律的主张,但它将这些主张放在了次要地位,让它们服从于不断改变与发展的个体社会的需求。共同体中的关系会促进个人能力的充分发展,这种发展反过来又会促进对已有组织的特定公民和政治制度加以完善,从而让更多的个体能够真正地参与到社会的自治与独立中来,简言之,就是让更多的个体可以获得他们与生俱来的权利——自由。轻视美国早期拓荒者的个人主义的价值,就是抛弃了社会共同体高于国家与政府这一美国本土观念,就是认同了政府本身是目的这一欧洲旧观念。在这里,请允许我说一些关于我个人的事情。在我出生的时候,佛蒙特人仍然普遍保留着那种关于自由与公民自治共同体的早期理想,这对我产生了潜移默化的影响。对此,我将永远心怀感激。比起其他地方的人,佛蒙特人更能体现出一种信念;他们坚信,政府就像是一所所房子,它们的目的是给人类带来福祉,当人类家庭因为不断变化的需求而需要对房子进行改造和调整时,房子的主人可以自由地改造、扩展任一所房子。这种信念是如此深深地植根于佛蒙特人的心中,以至于我到现在还认为,一个持有这种信念、认为人类共同体高于任何特定政治形式的人,要比一个认为爱国就是要去热爱一种永远固定不变的政府形式的人,对美国理想更加忠诚,更加热爱。

马什博士的一般社会思想在他的教育思想中得到了反映。众所周知,马什是带着强烈的宗教性来看待教育的。对他而言,宗教是"不断生长的知识之树的生命活力",这一说法呼应了前文引用的柯尔律治的话。但在诠释马什的教育观时,我们必须要记得一点,对马什而言,宗教真理就是关于宇宙本身以及关于宇宙中的人性的理性真理。用他自己的话来说就是,宗教真理"并不是教学体系中一个需要让学生学习并记住以备将来使用的、独立的教学内容，它是一种遍及一切、给人生命的原则与力量，它应该在精神发展的每个阶段和过程中发挥作用，让它那神圣的、人性化的影响遍及灵魂所展现的一切力量"。宗教和宗教真理的概念可能会发生变化，现在的宗教和宗教真理已经与马什那个时代的宗教和宗教真理不一样了。但是，今天的教育和马什那个时代的教育都同样需要一种原则，一种遍及一切、给人生命的原则，从而将大量的专业和细节集中到一起。

马什博士在大学教育的结构与管理这个更具体的教育问题上的观点，反映了他的基本思想。在介绍这些观点时，我主要的资料来源是约瑟夫·托里（Joseph Torrey）教授（马什哲学教授职位的继承人）为马什作品文集所作的序言。马什认为"大学招生规则限制性太大，灵活性太少"。那些不幸被挡在大学校门外的学生完全有理由拥有大学学习的权利。他"还支持大学让学生有更大的自由去发展各自的本性。指望所有年轻人的思想都以相同的方式发展，这种观点是荒谬的，而让所有学生去学习同样的、等量的知识，这种观点是同等荒谬的"。此外，他认为，"如今的教学方法太形式化，太低效。学校没有多少实际的教学，却把重点都放在了教科书上。他希望看到教师与学生之间有更多、更亲密的思想交流"。激发、提高学生的独立思考与判断能力要比强迫学生理解他人的思想更重要。至于大学的纪律规章和道德规范，马什对那种外在的条条框框也抱有怀疑态度。他还反对当时流行的分班方法和升级方法。他认为形式化的考试没有什么价值。

很奇怪，马什的这些观点听上去就像是教育改革者历来的批评与主张。但这些观点并不是马什为了实际需要而说出的权宜之计。相反，它们反映了马什对个性的根本信念，对精神的根本信念，以及对表面形式与机械形式的反对。但在强调个性在教育和其他领域中的重要性的同时，马什还强调教育的最终目的是建立一个由有教养的个体所构成的共同体。教育的最终目的是"提高大多数人的生存状态，完善大多数人的品质特性"。只有在美国，学校"才是政府政策中一个重要的主导议题"；只有在美国，"向所有阶级、所有个人提供同样的免费公立教育体系"的实验才得到了人们公正的评判。①

---

① 请注意，这些话是在 19 世纪 40 年代美国的公立学校复兴运动之前说出的。

本文的目的是要弄清楚马什的思想和他所处的时代之间有什么联系，并不是要对马什歌功颂德。但通过上面的论述，我们感受到了马什的敏锐与理性。马什所生活的时代并不是一个有利于产生深远思想的时代，因为深远思想的产生需要有一定的勇气，而当时那个时代并不是一个勇敢的时代，马什本人也缺少一些勇气。他没有去质疑被人们普遍接受的宗教信仰秩序。他在进行哲学思辨时所用的术语来源于他人，尤其是柯尔律治和德国唯心主义者。不过，尽管马什的观点现在已经丧失了它们在当时那个神学盛行的时代所具有的吸引力，他的那种敏锐决定了他的思想的绝对原创性。在他那些最具超验性的思辨背后，都是他有切身之感的各种现实。他有一个特有的观点，即认为精神真理的知识永远多于理论知识和思想知识。精神真理的知识是人类活动的结果，也是人类活动的起因。人类必须通过在生活中实践精神真理，才能获得精神真理的知识。马什将感性放在低于知性的位置，这并非只是一个认知的问题。"感性的束缚"是一个关系到道德和个人的问题。因此，他并不是机械地把知性放在低于理性的位置。马什眼中的知性是技能和习俗的根源，正是因为这些技能和习俗，人类才能够在与自然和他人打交道时巧妙地改变手段以实现目的。知性是获得成功的关键。但是，知性只是要去实现外在的成功；马什认为理性象征着人类向更高、更广层面发展的能力，这个层面即他所谓的精神层面，他认为人类独有的尊严存在于精神层面。对马什而言，宗教蕴含了至高无上的价值，但他眼中的宗教基本上完全背离了他那个时代人们眼中的宗教，以及现代人眼中的宗教，后两者都只是为了获得个人发展与个人成功而包含了上帝与来生这两个概念。在马什那有些过时的哲学背后，我们可以感觉到，马什是一个奇才，他学术造诣深厚，他孜孜不倦地追求知识，他运用学识和哲学，目的是让美国人意识到他们作为人类所特有的潜力，并加快他们对自身这些潜力的认识。为在当时实现这一目的，马什有了他的超验主义。在超验主义这个外在形式的背后，是马什对充实有序的生活的渴望。

排中律的适用范围[①]

　　在本文中，我想探讨形式逻辑原理适用于什么主题，讨论的焦点主要是排中律。当然，此话题的提出是基于我对此的一些想法。我认为，如果这些原理因为是纯形式化的而只适用于形式化的或非存在的主题，那么，将它们作为标准或准则直接应用于实体哲学或存在哲学必然会造成混淆。

　　我认为有一个众所周知的事实，那就是，全称命题与特称命题之间有很大的区别。特称命题本身就有存在判断的意义，而全称命题则是假设性命题，或属于"如果-则"命题。为确保全称命题对存在有适用性，必须有独立的特称命题去肯定，确实存在某种事物具有全称命题中"如果"条件子句所表示的属性。排中律无疑与同一律和矛盾律一样，是一个全称命题，对这三个命题极其重视的人坚持认为，它们是所有命题中最具全称性的命题。据此观点，这三个命题无疑都是假设性命题，或属于"如果-则"命题，它们本身并不具有对存在的适用性。要使全称命题对存在具有适用性，必须有切合实际的独立命题，这些独立命题有经验证据或事实证据作为支撑，这些证据能够证明，确实存在具有符合全称命题所指的条件的属性。

　　A 是 B 或非 B 这一命题本身与是否存在一种事物具有 A 和 B 所指的属性
这个问题毫不相干。用形式全称命题中的 A 证明存在的 A，这是一种彻头彻尾

---

① 首次发表于《哲学杂志》（*Journal of Philosophy*），第 26 卷（1929 年 12 月 19 日），第 701—705 页。欧内斯特·内格尔对本文的回应见本卷附录 1，杜威对内格尔的反驳见本卷第 203—209 页（书中提到的页码均为本书边码，下同。——译者）。

的推理谬误。如同形式与物质、本质与存在一样，这两个 A 之间有着天壤之别。但人们将亚里士多德的全称命题看作是包含特称命题的存在整体。也就是说，尽管现在普遍认为全称命题与特称命题之间有本质的区别，人们还是保留了亚里士多德的观点，即排中律直接适用于所有存在。因此，形式被赋予了内容的涵义，而逻辑与本体之间的关系这一棘手问题从一开始便被彻底回避了。

关于歧义与混淆的源头，以及探讨合理应用排中律问题的必要性，我就讲这么多。重要的问题是，是否存在把形式命题所指属性赋予实际存在（actual existences）的物质或事实根据。该问题涉及实际存在的本质。显然，这一问题太过复杂，不便在此深入探讨。但是，有一种观点无论如何都是一种未经证明的假设，而随着我们对实际存在的认识不断增加，这一假设也越来越无法令人信服，这种观点就是：我们在对事物进行推理的过程中，为使推理前后连贯，会使用观念，事物具有这些观念所指的形式属性。[①]

在接下来的论述中，我将集中讨论两点，都和上述观点的不可信性有关：第一点是关于偶然性（contingency），这种偶然性与存在和事件的独特性相关；第二点是关于一个事实，即存在会改变，存在处于转变过程中。我想援引内格尔近期一篇文章中的一句话来开始对第一点的讨论，这句话的大部分观点我都十分赞同——他写道："毋庸置疑，关于未来的命题不是绝对的真命题，也不是绝对的假命题。"[②]换言之，排中律并不普遍适用。但内格尔接着似乎又修改了上述观点，说"假如未来并非完全独立于过去，那么，要列举出未来的所有（尽管十分一般的）属性"是可能的。我想知道内格尔会不会承认自己用词不当。"所有"（exhaustive）一词可能表达了他想要表达的某些意思。但是，如果我们从字面意思去理解，列举出未来"所有"属性会将未来的一切偶然性都抹杀掉，并且至少还会在理论上让未来过于限定，使得排中律对未来又变得适用起来。但括号里的"十分一般的"一词似乎又排除了上述观点，因为任何数量的一般命题都不大可能确定某一具体事件的所有属性。

即使我们有无尽的时间来列举，一般命题依然不能确定某一具体事件的所

---

① 反对使用"观念"一词的人，可以用"本质"或"一般概念"取而代之。这对论证不会造成影响。

② 引自《直觉，连贯性和排中律》（*Intuition, Consistency, and Excluded Middle*），《哲学杂志》，第 26 卷，第 488 页。

有属性,因为所列举出的属性依然是条件属性,事件的独特性依然还是无法得到体现。在我看来,只有两种理论可以避免得出上述结论。第一种理论是逻辑原子论,该理论认为一切真实的终极存在都是完全简单的。假如是这样的话,单个命题便可穷尽一个终极存在。第二种理论则认为,每个具体存在事实上都是不同全称命题的一个交集。然而,这两种理论似乎都不是基于经验证据,而是对一种假设,即逻辑原理和形式原理可直接应用于内容与本体,进行逻辑论证的产物。

即使我们假定,存在的独特性可以通过在列举一般属性时加上时间和空间属性,以命题的形式象征性地表达出来,问题还是不能得到解决。加上时空属性这种方法被有效地应用于物理学,但物理学中的"空间"属性和"时间"属性是各种存在最普遍的属性,也就是说,时空属性不是独特属性。这一事实是对聪明人的一种提醒——物理学并不关注存在的特性问题。

承认排中律对于未来的存在没有直接适用性,就是要承认排中律对现在的存在和过去的存在都没有适用性。这种观点将会遭到人们的质疑,至少就过去的存在而言,因为人们可能会声称,过去已经结束,过去的主题也已全部出现、全部确定。认为过去也曾是更远的过去的未来这样的反对意见似乎只是一种逻辑论证的托辞,因为对于现在而言,过去已确是过去。但正如内格尔所言,如果未来完全独立于现在,那么,所有关于存在具有时间属性的思维论述都可以被推翻。有一种观点正是基于现在与未来相互独立这一假设,该观点认为过去的都过去了,过去已经结束了。如果人们认为过去是独立的,那么过去便被武断地与它的未来相脱离,过去的未来延展至我们的现在与现在的未来。我们可以为了探究和推理而确定一个过去的观念(或"本质"),对于这种确定,形式原理是适用的。但如果认为实际事件与我们对其进行推理时所运用的主题具有相同的属性,我们就是把逻辑转化成了存在,将形式转化成了内容,而这种转化是有问题的。

至此,我表面上是在反复围绕着内格尔的那句"毋庸置疑"来进行论述。许多人质疑那句"毋庸置疑",并因此否认以上论述的合理性。那么不妨指出,我以上的论述并不是只有在内格尔的那句"毋庸置疑"成立时才成立。我的论述之所以成立,是因为任何数量的命题都不能穷尽任何具体存在,除非依靠上文提及的两种理论中的某一种。排中律中的 A 和 B 永远都是概念性的(或在逻辑上成立），而存在命题中的 A 和 B 只在外在象征意义上具有同一性。概念（或本质）与存在之间仍有差距。

数学推理通过矛盾律合理地得出如下结论：圆周率的值不能被穷尽。但只有当经验证据表明，有某些确实存在具备数学中的圆、直径以及圆周线这些属性，这一结论才对存在具有适用性。我想人们会普遍认为，数学意义上的圆并不存在，尽管确实存在某种图形具备某些属性，这些属性使得数学结论在我们对这些图形进行思考时具有方法论意义。但这远不能证明我们可以把逻辑形式直接应用于这些图形。

以上论述并非是要说明事物之间"相互矛盾"，而是旨在说明矛盾是一个纯逻辑意义上的范畴，把矛盾应用于事物并没有错，只是这种应用没有意义。同理，形式逻辑中的同一性概念也对存在不具有适用性。尽管我们对各种事物和事件的思考必须是前后一致的，但这些事物和事件或相互矛盾，或自相矛盾。有一个常用的方法可以将这种相互矛盾的属性，即根本对立的属性，变成逻辑连贯性。据说，只要辨别出事物之间的关系，便可以使排中律对事物具有直接适用性。水可以既是冷的又是不冷的，但相对于另外一种事物而言，水要么是冷的，要么是不冷的。事物之间的关系一旦确定，所有的难题便迎刃而解；对于一个一方面是蓝色另一方面又不是蓝色的物体，其道理也是一样的。但这一论述符合我们之前的结论，因为人们从事物中提取出来的关系是纯概念性的，或者说，是纯存在性的、一般性的。关系本身在自然界中并不存在。它是一种为了思考而对存在进行思考的方式。我们越是辨别出一种存在的不同关系，该存在实际上就越是具有相互对立的——尽管在逻辑上并不相互矛盾的——属性，而排中律则越是不能直接应用于该存在。否则，关系或共性便被实体化，成为独立的存在。

这不知不觉便把我们引到了本文要探讨的第二个要点：存在具有时间属性。存在处于变化或转变的过程中，它从一种状态变成另一种状态，这些状态都具有特定特征。人们说，一扇门，作为一个实际存在，必然是非开即关的。这一观点忽略了两个事实。首先，门可能正处于打开或关闭的过程中，即门正处于从一种状态变成另一种状态的过程中。其次，闭合程度达 100％ 的门并不存在。可能对于某些特定的实际目的而言，门有足够的闭合程度，但门同时也是开着的，因为存在着门缝。对此，有个很好的证明：在实验室进行气密实验时，要保证气密

性是非常困难的。这表明"开"与"关"只是观念,只是目标。目标可以通过为存
在设定努力的界限间接地应用于存在,但这远不能证明排中律有直接适用性。

"热",作为一个概念或本质,是"冷"或非热的对立面。热和冷作为概念,它们的
含义应该是自我同一且互相排斥的。但一种存在可能正处于从热变冷或从冷变
热的过程中。非热即冷的论断与其说是错误的,不如说是无意义的,因为存在实
际上正处于从热变冷的过程中。

反过来,我们也可以创造出一个观念,让它包含变化这一属性,让变化属性
在形式上与静止状态相对立。但如果这么做的话,我们就从存在的领域跨到了
存在的观念领域,从存在的条件转向了对存在进行有效探究的条件。对存在进
行有效探究的形式属性是重要的,但这并不意味着我们可以将形式等同于内容,
将逻辑等同于本体。亚里士多德逻辑学背后的形而上学并不能与目前我们对自
然存在的科学认识中的形而上学融合到一起。

尽管本文作出了许多明确的论断,但我的首要目的是要提出一个问题。矛
盾律和排中律的适用性问题背后还有一个更大的问题,那就是逻辑与本体、形式
与内容或存在之间的关系问题。要清晰地探讨矛盾律和排中律的适用性问题,
就必须探讨这个基本问题。与此同时,用数学证明存在则完全回避了这个基本
问题。

逻辑对存在的适用性^①

在《哲学杂志》一篇文章的结尾,我写道:"尽管本文作出了许多明确的论断,但我的首要目的是要提出一个问题。矛盾律和排中律的适用性问题背后还有一个更大的问题,那就是逻辑与本体、形式与物质或存在之间的关系问题。"^②对于内格尔《逻辑能否脱离本体论》^③一文,我表示欢迎,原因有二。第一,我坚信,哲学家在这一问题上的观念分歧是其在许多其他问题上的分歧的基础,只有明确这一根本分歧,才能充分理解其他分歧的本质。在哲学论述中,除了达成一致之外,最具澄清作用的便是弄清楚产生分歧的根源。因此,我希望除了内格尔的文章还会有更多文章对这一问题加以探讨。

第二,内格尔^④的文章使我认识到,我在前一篇文章中的论述有许多含糊不清之处,以至于未能将我对这一问题的看法表达清楚,导致具备良好理解力的读者在阅读时遇到了困难。因此,我很高兴能借此机会重申我对这一问题——在前一篇文章中我更关心的是提出这个问题,而非解决这个问题——的实质的看法。首先,我的文章是想让读者肯定而不是否定逻辑与存在的关系问题。也就是说,我会对内格尔文章标题中提出的问题给出否定的回答:我不认为

---

① 首次发表于《哲学杂志》,第 27 卷(1930 年 3 月 27 日),第 174—179 页。这是杜威对欧内斯特·内格尔回应他的一篇文章的回应。内格尔的回应文章见本卷附录 1,杜威最初的文章见本卷第197—202 页。

② 同上,第 26 卷,第 705 页(本卷第 202 页)。

③ 同上,第 26 卷,第 705—712 页(本卷附录 1)。

④ 欧内斯特·内格尔(Ernest Nagel,1901—1985),捷克裔美籍科学哲学家。——译者

逻辑能脱离本体论。我同意内格尔的如下观点:逻辑特征不能与存在特征相"脱

离"(第 455 页①);逻辑的"根据"必然存在于本体论中(第 458 页);"方法必须在某种意义上反映或折射出事物的秩序,这些事物的秩序是可知的";"逻辑与形而上学之间的连续性不可打破"(第 456 页);一般来说,"逻辑与形而上学之间必然存在联系"。但是,对这些观点的同意只会让我提出如下问题:方法必须在哪种意义上反映或折射出事物的可知秩序? 逻辑与形而上学之间存在哪种连续性? 存在哪种联系? 除了我所否定的字面上的相同或"等同"关系,逻辑与形而上学之间还存在其他关系。对于内格尔对这些问题的回答,我仍有一些疑问。

内格尔未能理解我前一篇文章的意思,原因似乎有两点。对于第一点原因,我负有直接责任。"应用"一词通常的含义是"对……产生实际影响"、运用或实施。我在文中所采用的表述与我实际想要表达的意思是矛盾的,我想要表达的观点是:逻辑特征可以对其他存在产生实际影响,但这些特征并不是其他存在的内在特征,它们不能提供前提作为存在推论的直接基础。下面这句话或许可以说明我实际想要表达的意思:"重要的问题是,是否存在把(同一律、排中律和矛盾律的)形式命题所指属性归属于②*(assign)实际存在(actual existences)的物质或事实根据。"矛盾律可直接归属于圆周率这个逻辑对象或数学(符号)对象,因此,正如我所指出的那样,矛盾律证明了圆周率的值不能被穷尽这个直接结论是正确的。我要否定的是矛盾律对物理存在的如上适用性;我无意否认数学对象可以用于应对(dealings)这类物理存在。恰恰相反,我要肯定这种适用性。

内格尔对我的文章产生误解,可能还有另外一点原因:我的论述只是针对三种形式"法则",即同一律、矛盾律和排中律(重点是排中律),但内格尔的大部分论述却是针对一般问题。我确实在文中说,"矛盾律和排中律的适用性问题背后

还有一个更大的问题"(第 202 页);但是,如果把我对矛盾律和排中律适用性问题的论述过于直接地应用于那个我没有论及的更大问题上,这就可能造成困惑。不过,正如我在上文所说,我最感兴趣的便是那个更大的问题,所以,我对内格尔

---

① 括弧中的页码指的是本卷边码,下同。——译者
② 《哲学杂志》,第 26 卷,第 702 页(本卷第 198 页),斜体由本书编者所加。
* 斜体字在中文版中均改为楷体加粗。——译者

的文章表示欢迎。

I.

内格尔的一些表述与我的观点不谋而合，不管我在表达这些观点时有多么的含糊不清。他说，"逻辑原理与命题而非事物之间的相互关系有关"（第457页），"只有思维可以保持前后一致性，不管这种前后一致性在多大程度上受到事物的制约"（第459页），逻辑首先"与我们对事物的第二意图有关，与作为反思性思维对象的事物有关"（第457页）。这些表述与我的想法高度一致。另一方面，我绝不会否定合理思维对象受到先前存在的制约这一点，也绝不会否定合理思维对象可以通过相关运作——这些运作本身即是存在的，是完整思维对象的组成要素——间接地应用于先前存在这一点。现在，我要就内格尔提出的几个具体问题展开讨论，不管我和他在这些问题上的观点是否一致。

我首先要讨论的，是内格尔对排中律的论述，因为它与我前一篇文章的具体内容最接近。关于排中律对一扇门是关是开的适用性，内格尔说道："确定一种情境，明确关的一系列运作或条件，看活动着的门是否符合这些条件。"（第459页）的确如此。确定情境、明确一系列运作正是思维的职责，而排中律可以对思维的产物产生直接影响。这正是我在文中所表达的观点。正如我所明确指出的那样，由此得来的定义——经过反思而界定的对象——对应对实际存在是有用的。除了反思确定情境、界定意义之外，排中律所指的属性是存在的属性——这是我要予以否定的。对于我所说的"'开'与'关'只是观念，只是目标"（第201页），内格尔已经作出了清楚易懂的重要表述。之所以难以确定门是开还是关，并不是因为开和关这两个概念没有得到操作性的定义，而恰恰是因为它们得到了操作性的定义。正是这一操作性定义构成了思维的对象，正是因为这一操作性定义并不存在于先前存在，排中律所指的属性才不是严格意义上存在的门的特征，才不能归属于严格意义上存在的门。同理，"低压"（第460页）亦然。内格尔说："虽然低压可能并不实际存在，但就既存事物间的相互作用而言，低压是可以理解的。"的确如此。这个表述最好地阐明了我想要表达的意思。

内格尔还提到了存在的确定性。关于这一点，若我判断无误的话，内格尔在无意间利用了"确定"一词的模糊性。当他说"存在确定地是其所是"时，他指的是那种与经过反思而确定的对象无关的存在。这一表述当然是正确的，但却与偶然性和排中律二者之间的关系无关,因为一个偶然的或不确定的事物"确定地是其所是",即,是不确定的。毋庸置疑,这种意义上的"确定"是存在主义的。但这种确定性与那种由于确定情境、明确运作而出现的思维对象的确定性是不同的。我反对将这种确定直接应用于先前存在,内格尔似乎也持相同异议。

这种考虑同样适用于排中律对未来事件的影响。我绝不是要否定偶然事件具有确定的特征因素这一点,也绝不是要否定预测依赖于过去、现在和未来之间的连续性因素这一点。当内格尔说"海战明天必定要么发生要么不发生,但它未必明天一定发生,也未必明天一定不发生,可是它明天必然要么发生要么不发生",他是在指出两种必然性之间的区别:一种必然性是存在的直接特征,另一种必然性是思维对象的特征。具有必然性的是选言判断,是"要么……要么……"。内格尔是认为这种选言判断是存在的内在特征,还是认为经过选言判断确定后的思维对象可以通过运作对存在产生影响?

II.

现在,我要来探讨更一般的问题。内格尔指出我有一种形而上学,即将特定的一般特征归属于自然存在,这一点完全正确。他还指出,作为认识对象(objects of knowledge),这些属性是经过反思得来的,这一点同样正确。随后,他提出了区分逻辑特征与本体特征的依据或标准的问题,因为这两种特征均是包含推理的反思性探究的产物(第453—454页)。[①]

总的来说,这个问题的答案很简单:逻辑特征与本体特征的区分标准是经验。同其他事物一样,反思性探究本身也存在于直接经验中,也被直接经验所拥有。因此,反思性探究也可以成为反思性探究的对象。在被探究的过程中,反思性探究的独特属性得到了确定。因此,逻辑特征和本体特征的区分标准与猫的属性和狗的属性的区分标准并无二致。如果反思性探究在根本上不是一种存在,那我们便无法依据经验确定它的独特属性;如果反思性探究是一种存在,那我们便可对其进行研究。当然,反思性探究的属性是否与其他事物的属性有特

---

① 我无法确定内格尔在这一点上所作论述的准确含义,因此将只讨论区分标准的问题。我之所以无法理解其含义,这是因为,内格尔貌似从我的论述中得出了一个含义,即思维对象应该只具备逻辑特征。

别的不同之处,这个问题就需要通过对比各种探究结论加以确定。但因为目前仅仅是要探讨区分标准的问题,所以我们无需在这里对这个问题进行深入研究。不过,值得注意的是,将属性归属于存在——不管是探究存在,还是其他存在——都依赖于指示运作的实际执行或实施,其结论仍是命题式的或象征性的,缺少适用性,缺少受到"实际影响"。内格尔是否认为这种意指关系和时空属性一样也是独立于反思的存在的特征? 对这一问题的探讨将有助于明确我们所讨论的主题。 *208*

III.

以上论述为逻辑属性或思想(intellectual)属性的"本体论地位"问题提供了答案,尽管这些论述并未直接阐明该答案。当然,如果我们将思考存在(existence of reflection)纳入到考虑范围,那就没有什么可争议的。毋庸置疑,思考存在的特有属性是本体论的,即这些属性是存在的。但这并未解决这些属性是否独立于思考而存在的问题——如果思考仅仅是一个心理过程或(更确切地说)教学过程,是一个引导人们直接认为事物先前具有逻辑属性的过程,那么思考的特有属性便独立于思考而存在。它也并未解决这些属性是否是本体论的这个问题——本体论的指的是一般形而上学特征,类似于那些属于内格尔所提到的偶然性、视角和当下性(heres and nows)的一般形而上学特征。

尽管否认思考存在的特有属性是这种一般先前属性,我并不否认独立于思考的存在制约思考存在这一点,也不否认思考存在与先前存在有时间上的连续性。正如我在其他地方所试图表明的那样,稳定性与不稳定性的结合是进行思维的一个条件,相应地,思维的秘密功能就是给予其他存在以一种它们原本并没有的稳定性或确定性。或许,通过区分可能与实际,我可以更清楚地表达我的观点。我认为,要是用一种不合规范的措辞来表达,那么,独立于思考存在的存在是"可被逻辑化的",但却并不是"被逻辑化的"。同样,自然界中的某些东西是"可被食用的",但是,只有在有机体进行某些运作之后,它们才是"被食用的"。这些运作会产生独特的附加影响。通过这些运作,先前可能的属性与关系变成了实际。

我不知道为什么我对机器形式属性的提及(第460页)会与我在文中所表达 *209* 的观点相矛盾。机器就是机器,它们是由运作通过重新布置先前存在而创造出来的艺术品。重新布置构成了机器,使各种新的功能和用途成为了可能,这些功能与用途依赖于一种结构,这种结构是各种特性所构成的,而这些特性便是机器特有的形式属性。但是,如果我们将机器特有的形式属性转移到机器所运行的材料上,这种做法是荒谬的。这种荒谬正是我在文章中所要努力指出的。

一台织布机,作为一台经过思考而建造的机器,被应用于纺线——纺线本身也是一种制成品——即对纺线产生实际影响。在这个操作中,纺线变成了带有图案的布料。布料这件产品具有本体论地位,即存在主义地位。但我们不能仅凭这个事实就称织布机的形式属性是纺线或布料的内在特征。在我看来,我们可以完全地、相当明显地将同一律、排中律和矛盾律类比为作为思考产物之物体的一般特征。通过由这些一般特征象征性地或理智地界定的运作,这些一般特征便可应用于应对其他存在。

对一些评论^①的回应^②

作这样回应评论的文章,我不可避免地要选择批评性的评论来讨论并给予 210
回应。这篇文章也因此显得过于富有争议性。所以,我想首先对那些关注我的
思想的评论家表示感谢,我尤其要感谢他们批评时的体谅语气,感谢他们对我的
思想的价值的大力肯定。

I.

我认为伍德布里奇教授的文章有两个主要论点和一个次要论点。在两个主
要论点中,一个是关于我对与认识对象有关的思考前件后件所采取的态度,另一
个是关于我得出这种态度所用的方法——我坚持认为,在伍德布里奇看来,我所
用的是纯粹的辩证法,而不是实证法。次要论点是关于不变与变化在存在中的
位置。就这一问题而言,伍德布里奇教授也认为我的观点是通过辩证法而非实
证法得来的。

尽管伍德布里奇的两个主要论点是相互联系的,我最好还是暂将方法问题 211

---

① 参见 W・E・霍金教授、C・I・刘易斯教授和 F・J・E・伍德布里奇教授于 1929 年 12 月在美国
哲学协会纽约会议上所宣读的文章。霍金教授与刘易斯教授的文章,分别是《行为与确定性》
(Action and Certainty)和《实用主义与现行思想》(Pragmatism and Current Thought),均刊登于上
一期,即第 9 期的《哲学杂志》;伍德布里奇教授的文章刊登于本期的《哲学杂志》(参见本书附录
2、附录 3 和附录 4)。
② 首次发表于《哲学杂志》,第 27 期(1930 年 5 月 9 日),第 271—277 页。这是杜威于 1929 年 12 月
在美国哲学协会纽约会议上的发言。本文是对三篇文章的回应,这三篇文章见本卷附录 2、附录 3
和附录 4。

抛到一边,先讨论思考前件后件的性质问题;因为我发现,在这个问题上,伍德布里奇误解了我的观点。他提到了我举的病人和医生的例子,或许这个例子可以最直接地体现出他对我的误解。我用"显然,病人的存在是'已知事实'"这句话开始了对这个例子的讨论。随后,我接着说道,这个'已知事实'严格说来根本不是一个认识实例。在文中我特别指出,这个已知事实,作为认识的材料,是对直接感知经验中的已知或已有事物进行思考分析的产物。因此,它不是一个认识实例。此外,认识的材料一旦被获得,便会确定认识问题,因此认识的材料不等同于认识的对象。在病人和医生的例子中,我指出,"最初感知为认识提供了问题,它有待被认识,但不是认识的对象"。但我同时也试图指出,最初经验提供了问题,并不是说最初经验以确定的方式构成了问题,将经验分解成被称为材料的细节,才以确定的方式构成了问题。生了病的病人是前件,但他处于生病状态(即拥有疾病的经验)并不等同于他是认识的对象;当介入了医生的进一步经验,他处于生病状态等同于他是一个有待被认识、被研究的主题。如果人们注意到了经验之物与认识对象、经验之物与认识材料、认识材料与认识的最终对象之间的区别(我用相当长的篇幅强调了这些区别)之后,还认为我是在否定先前事物的存在,认为我让认识对象去除了先前存在,我便无法理解。与此相反,我认为,认识对象是对先前存在的重新布置。伍德布里奇引用了我的一句话:"我们所认知的只是反省探究的结论,"并接着说,"我认为认识对象先于认识而存在。"我同

212 样认为,直接经验之物先于认识而存在。但是,我否认直接经验之物等同于作为认识对象的认识对象。经验之物先于思考而存在,先于思考归结于认识对象而存在,但认识对象严格说来是一种通过公开运作而对先前存在有意进行的重新安排或重新布置。在我看来,伍德布里奇与我的分歧并不在于他认为事物先于认识而存在而我不这样认为,其分歧在于我们对先前存在相对于认识而言有什么特征这一问题的看法:伍德布里奇认为,"认识对象先于认识而存在";我却认为,认识"对象"是思考的最终产物,而先前存在是供认识的内容,根本不是认识的对象。

当然,以上论述并非旨在证明我的观点是正确的,而是旨在表明我的观点是什么。要看我的观点是否正确,就要看我用什么方法得出了结论,即由反思性探究所带来的认识对象不同于先前经验之存在,因为它是对先前经验之存在的重新布置。伍德布里奇认为我所用的是纯粹的辩证法,而不是实证法。我当然要

采用辩证法。我认为要进行哲学论述就必须使用辩证法。如果我能手把手地引导读者去看我认为我所看到的事物、去拥有我所拥有的经验，我会那样做。但这种可能性并不存在，所以我要采用辩证法。但这一点是显而易见的，伍德布里奇所反对的不可能是这种意义上的辩证法。依我看来，伍德布里奇所反对的是如下辩证法：制定一个前提，即认识必须具有实际功效，然后从这个前提出发进行论证得出一个结论，即认识对象必须不同于先于认识而存在的事物。如果我确实犯了这个错误，我愿意接受伍德布里奇的批评。

但事实上，我所依赖的是经验性证据。我用了相当长的篇幅，实际上是好几章篇幅，从实验科学中援引证据。我的论述可以简单表述如下：在严格意义上说，有关自然存在的科学并不愿意将任何事物视为认识对象，除非认识对象是通过实验方法而获得的。这些实验方法包含着对先前经验之存在进行重新布置的公开运作。证讫。我当然采用了辩证法，但我采用它的目的是要让读者经历实验性探究的实证过程并得出自己的结论。如果我的论述不正确，那也是因为我的实证分析不正确。令我感到遗憾的是，我的批评家中没有一位给出了自己对实验性认识以及实验性认识对象的理解。不管怎样，反思性思维的实际功效（而非认识的实际功效）是我进行实证分析的结论，不是我进行某种辩证的前提。

我认为，伍德布里奇对于我偏爱变化的事物、反对永恒不变的事物的批评是次要的。这是因为与上述两点相比，这一点在他对我的批评中并不显得那么重要，也没有那么成功。一方面，我对这一点的论证确实是辩证的。我认为思想发展史告诉我们，人们对不变存在的信念是一种有辩证依据的情感偏爱。只要观点本身是辩证性的，那么使用辩证法对其进行探讨显然并无不妥。不管怎样，我并不认为不变物质论是"有害的"，我无意于否定它，尽管有关辩证法我要指出一点，人们对不变物质论的接受已经对伦理学和自然科学造成了有害影响。除了这个源于辩证法的消极原因，我还在科学发展史中找到了一个积极原因以支持我的假设，即表面上永恒不变的不变事物（the permanently permanent）与明显不断变化的事物之间，其区别在于两者的变化速度不同，因为科学似乎越来越不接受永恒不变的因素。事物在相互作用中得到改变，似乎只有这个事实可以从经验上符合科学对相互作用的日益强调。因此，虽然我不能说我的假设得到了证实，但我认为我的假设要比它的对立面更合理。

II.

若要对霍金教授提出的问题一一作出回应，便需要对我的意义观和真理观进行大量论述。因此，我不得不只作出一系列总结性的陈述。

1. 在论证意义与运作（meaning and working）的不对应性时，霍金说道："如果我们只在看到某事物的结果时才认识该事物，那么事实上，我们将一无所知，因为我们永远不清楚未来的结果。"这是因为，正如霍金所指出的那样，在人们将观念变为行动方案之后，这些方案便会发展成其他方案——人们在最初构想观念时都没有想过这些其他方案，在实施方案的过程中就更没有想过这些其他方案了。当真理被视作是某些意义、观念或命题的内在属性时，自然便会得出这种异议。霍金根据他自己的观点改变了我的观点，因此他自然会认为我的观点无法令他满意。但是，如果从我的观点本身出发，那么，人们就会明白，任何观念或命题都与它自身的问题情境相关联——它产生于这个问题情境，并打算解决这个问题情境。一旦它确实解决了这个问题情境，它便得到了证实，便是"正确的"。这个得到了解决的问题情境可能会带来另一个有待解决的问题情境、另一个意义、另一个真理，等等。只要这些不同的问题情境有连续的主题，那么它们之间便有连续性。当人们回顾这些问题情境时，很容易就会认为，在一系列的部分实现中，有一个观念或意义（例如霍金所举例子中的自由观念）始终保持不变。但在我看来，这种回顾性研究及其所产生的意义实际上都是一个新的意义，这个新的意义是在应对新经验情境时得到的。① 简单来说，我认为，霍金教授大部分的论证及举例说明（爱人的例子、放射线的例子等）都依赖于真理即意义这一点。霍金教授认为真理必然即是意义，但我否定了这种必然性。他眼中的"半真理"和"部分真理"，在我看来是正处于发展过程中的意义；只有在探讨实验证实这个问题的时候，真理问题才会出现。部分意义可能会得到证实，但这种证实并非部分真理，而是被证实的那部分意义的全部真理。

2. 我们可以按照相同的论证思路来看待真理的直接性问题。在某种意义

---

① 霍金从我在《确定性的寻求》一书第192—194页（《杜威晚期著作》第四卷，第153—155页）和其他页所论述的观点中，得出了一个不可知论的推论。请特别注意我对该推论的反驳，因为我的反驳与此处有联系。

上，真理，作为问题的解决方法，具有直接性；在同一种意义上，解决方法一旦被获得，也具有直接性，解决方法直接存在。但是，解决方法的获得要通过包含运作的促成或反思，用标准的黑格尔哲学术语来说，它是一种间接的直接性。我要否定的是，不通过运作得到应用的意义不仅仅能成为真理。更具体地说，我要否定的是，直接属性，例如清晰性和所谓的不证自明性等（即那些作为理性主义学派眼中的真理标志的属性），不只是意义的属性。

3. "永恒"一词含义模糊，这已是老生常谈。"永恒"可以指与时间不相关，也可以指永远存在。若根据霍金教授的论证取该词的第二种含义，我认为真理的稳定性，和C·S·皮尔士(C. S. Pierce)所定义的"实在"一样，代表了一种界限。我们当然希望真理能够尽可能地稳定。也就是说，我们想要的意义是要在各种经验情境中得到证实、并相应地可以提供进一步应用的意义。但我反对将这一目标界限转变为意义的内在属性和先前属性。在我看来，这种转变正是教条主义的本质之所在。而霍金在说明这种教条主义时所举的一些例证，在我看来也证明了将目标界限转变为永恒真理是不妥的。这些固定教条当然也会起作用，但鉴于历史告诉了我们它们是如何起作用的，我并不会像霍金那样对"如同战斧般坚固的绝对"抱有极大兴趣。偏执狂的固定真理也会起作用，但起的都是灾难性的作用。

4. 存在经验意义上的先验意义，这一点我从未否定或质疑过。一个真正的意义，必定是潜在的，因此也必定在时间上是先验的。当它的本质和功能得到了阐明，它便会成为我们所说的假设。假设在科学中的价值是不容置疑的。霍金的哲学自然会将意义—假设转变为真理，这在前文已提到，但在我看来，这种转变是荒谬的。我认为我们应该视假设为假设，而不是将假设僵化成教条式的真理。我认为，"必然结论可被提前认识与评价"这一论断是借助了"必然结论"一词的模糊性。"必然结论"既可以指逻辑含义，也可以指存在结果。我认为，这种

康德式的伦理学，其谬误在于它假定逻辑含义等同于存在结果，或存在结果应该等同于逻辑含义。由此产生的僵化不仅会带来思维上的教条主义，也会带来行动上的狂热主义：因为结论在逻辑上符合原理，所以结论必定是正确的，必定要得到不惜一切代价的保护。我认为经验告诉我们，我们需要一种对存在结果更为谦逊的伦理学。要做到这种谦逊，我们需要坚信那些已在民族和个体发展过程中得到广泛证实的假设，前提是我们竭尽全力去检验假设与假设结论之间的

关系，以确保假设确实是被结论证实的假设。"努力实现价值是有价值的"，便是这样一个假设如果我们与这句话一起不懈努力地去（或将这句话解释为）"发现实际的可能性"。

我知道以上论述有较强的概括性。但正如我在一开始所说，霍金提到的问题涉及大量逻辑学和伦理学的基本问题，而要充分了解这些问题，几段论述远远不够，需要一篇专著对其加以详述。

III.

我十分认同刘易斯文章中的观点，所以只针对其中的一个次要论点作一下论述。他说："杜威教授似乎将科学上的这种抽象主义视为一种缺陷，它虽然有时很必要，但却总是令人遗憾，因为它不足以呈现经验的完满。"恐怕，我的表述有时确实会给人这种印象。因此，我很高兴能借此机会说明这并非我的实际立场。抽象是思维的核心；除偶然情况之外，我们只有通过对概念、关系与抽象物进行思考这个中间过程，才能控制并丰富具体经验。令我感到遗憾的是，人们往往将各种抽象变成完整的自足之物，或变成一种超级存在。我也希望认同刘易斯的观点，即目前社会科学所需要的正是这些抽象，它们会将笨重的大象装进火车厢里，这些车厢行驶在由别的抽象所建立的火车轨道上。在我看来，令人遗憾的是，人类事务领域的许多研究者往往因为过于敬畏物理科学中的各种抽象而无法创造出适合其自身主题的概念与抽象。

最后，我想再次对参与此次讨论的各位表示感谢，感谢他们对我所作的思想努力的支持。我并没有提及拉特纳的文章，是因为他的文章明显地认同我的观点，无需回应。实际上，我认为拉特纳的文章对我所回应的一些批评，尤其是有关先前存在的本质的问题，作出了预见性的回答。

217

行为方式与经验[①]

显而易见,本文标题中所示之"行为"与行为主义者(behaviorist)的观点有关,而"经验"则与内省主义者(introspectionist)的观点有关。倘若本文所作之分析将最终对这两个概念作出修正,那么,这意味着我的结论很可能令两个学派均不满意,或许会被他们视作华而不实的杂交物,而并非有益的调和。然而,这两个学派分支众多,且有些称职的心理学家并不愿意加入任何一方,而争议存在之时恰恰是重新考虑基础术语之际,即便其结果未必尽如人意。

进入主题之前,有必要说明一下,该题目高度复杂,分支很多,因此对它的研究不可能穷尽所有。其分支涉及历史背景和知识背景,这大大增加了研究的难度。因为这些背景包含了哲学和认识论这样的重大课题,具有强大的渗透力,即便是对哲学不感兴趣或者用不上哲学的人如若肯费心调查,也会发现他们所使用的词汇——亦即我们人人都必须用到的词汇——都深受以往哲学讨论的影响,它们从哲学中挣脱出来,为人们日常思考和讲话所使用。

心理学家所面临的问题与活跃于大约 30 年前的结构主义(structuralism)和功能主义(functionalism)之争息息相关。与从功能主义衍生的行为主义者相比,从结构主义衍生的内省主义者要更为正宗。当然,我提到这一点的目的并非是要将这些术语等同起来。在我看来,结构主义者所犯下的一个根本性错误,在于假设他们所研究的现象具有通过直接观察便可揭示的结构。即使我们姑且承认

---

① 首次发表于《1930 年心理学》(*Psychologies of 1930*),卡尔・默奇森(Carl Murchison)主编,马萨诸塞州伍斯特:克拉克大学出版社,第 409—422 页。

确实存在可直接观察到的构成"经验"的意识过程,若想作出通过直接观察就可以揭示出其结构的推断,在逻辑上仍然存在巨大的漏洞。有人会很轻易地反驳道:或许存在某种事物,在它们的直接存在中恰好没有任何结构。或者更确切地说,即使它们有结构,也不是通过直接存在表现出来的,而是通过它们自身以外的事实反映出来的,而这些恰好无法通过直接观察而揭示。

例如,一些直接的感官属性被归类为感觉(sensations),另一些则被归类为知觉(perceptions),而感觉又划分为听觉、视觉、触觉等小类。凡分类均包含解读,而每种解读都超越了直接观察的范畴。假使某个直接存在的性质(quality)宣布"我是有感知的,是以视觉的方式",那么我根本无法理解其中之意。该性质之所以被称作"视觉的",是因为它需要借助视觉器官起作用,这种借助关系则完全基于该性质自身存在以外的其他情况——肉眼观察和器官解剖。至于被称作"感觉"的性质与被称作"知觉"的性质之间的区别,则需更广泛地使用分析解读,这需要进一步考虑可直接观察到的直接存在以外的其他情况。

主张"感觉"的性质直接单一、知觉的性质是单一性质的联合体是无法解决这一难题的,因为这一区别本身恰恰就是分析解读的结果,而并非直接获得的数据。许多"知觉对象"最初都是以集体的形式无差别地存在,或者直接单一地存在。而最不易辨别的某单一性质被命名为某某感觉,往往是经过漫长的研究得出的最终名称,它之所以被认为是最终的、单一的,只不过是因为其与身体某些器官的外部关联,而这通过人体器官系统自身也可以做到。

举一个最简单的例子,某种感觉运动系统性组合(sensorimotor schematism)如今已经成为许多心理学文献的常用词。倘若通过直接观察其直接属性可以发现它,那么它就永远都会是个常用词。然而事实上,它只是对神经系统的形态以及生理机能分别进行研究之后得到的产物。通过该例子我们可以概括出所谓精神过程或者意识过程的结构——即被冠以"经验"之名的那些直接属性——都离不开人类有机体特别是神经系统的帮助。人类对该对象的认识与对其他自然对象的认识别无二致,无法通过所谓的内省这种直接行为而实现。

然而,仅仅了解了这一点还远远不够。没有任何有机体是孤立的,离开其生存环境,就无法了解它。眼睛等感觉接收器官以及手等肌肉效应器官,都是因为与外部环境相联系而有意义、而存在。当器官结构所激发的行为与周围的环境不再有关联,该有机体便不复存在,便消亡了。在自身内部组成最小结构的那些有机体必须有足够的结构，以便从周围的环境中获得食物并对食物加以消化吸收。有些直接属性被称作"意识"，或者与意识同义的"经验"，它们的结构完全是自身以外的东西，只有使用非内省的方法才能获得准确的认识。

以上两段文字之隐含意义可作如下诠释：任何通过直接性质的存在（immediate qualitative presences）所产生的结构，都是由我们称之为有机体和环境的双方经过反反复复的相互作用而被发现的。这种相互作用是一个基本事实，形成了贯通行为（trans-action）。唯有通过分析以及有选择地提炼，我们才能辨别出两个因素——一个称为有机体、另一个称为环境——之中真实发生的情况。这一事实对行为主义单独使用神经系统或者身体来定义行为的尝试产生了非常不利的影响。目前，我们所关注的事实是意识的结构存在于"意识"自身以外的某个高度复杂的领域，该领域需要借助于研究物体的科学和设备方能确定。

我们尚未完成对客观结构的外延这一话题的探讨。它自身便包含一个时间的延续（temporal spread），我们刚刚所提到的交互作用并非孤立，而是在时间上具有连续性。有一类行为主义不过是从实验室的实验当中所得出的推论而已，不仅如此，它实际上也否认了只有与具有先后顺序的行为（即动作从哪里发出、到哪里结束）相关的实验数据才有意义这一事实。在实验室里，情境被预先设定，指令被传达给实验对象，他便对这些指令或者一些视觉刺激（stimulus）做出反应，用语言来回应或者用其他方式来记录。与整个实验过程直接相关的仅此而已。既然如此，为什么将感觉和知觉视为意识过程？为什么不遵循实际情况，只将其视为对刺激的行为反应？这丝毫不会贬低那些认为行为主义理论必定来自实验过程很合情合理的行为主义运动的发起者的创造性。意识过程作为不相关的添加物而不应予以考虑。

除了可以直接从其内部找到的刺激和反应之外，实验还存在某种环境（context）。例如，实验员设置的难题、为了暴露与实验有关的事实而对设备安置和条件选择所作的刻意（deliberate）安排以及对实验对象的意图（intent）。我在这里使用了"难题"、"选择性的安排"、"意图"或称用意，并非是要将精神的东西强行凌驾于行为之上，而是旨在呼吁对行为的一个不容置疑的特点引起注意，即实验中通过对刺激的直接反应所获得的那些特征不能穷尽行为的全部特性。就行为本身而言，此处所探讨的特征超越了实验对象的孤立的动作（act）本身，将我们带入了一个在时间上有延续性的世界，此处所探讨的动作过去从某物体发出,正进入另外一个物体。在这个有环境的行为中,它们只有被视作同一阶段时才具有科学意义。

我认为,这一事实对于行为的概念至关重要。行为是有次序的(serial),而并非仅仅连续不断(succession)。一个行为可以也必须分解成离散的一组动作,但是任何单一动作一旦脱离了所属之序列(series),便无法得到理解。虽然"行为"(behavior)除了指离散的行为(de-portment)之外,也暗指聚合的行为(comportment)①,但是,"行为方式"(conduct)一词比"行为"更能突出序列性(seriality)②,它不仅表明了事物的方向性——或者说向量特征(vector property),也体现了承载和传输两个过程,既包含穿越又包含途经。

我并非要建议此类行为主义者忽略时间因素的影响、侧重行为的连续性而忽视其序列性。我的用意恰好相反③。我必须指出,基于之前动作的结果(effects)来推导当前动作的特性所得出的行为概念与认识到行为具有序列性所得出的行为概念有所不同。前一观点始终将行为视作先后连续发生的动作组合,认为只需将之前动作的结果作为部分条件考虑在内,通过观察每个动作本身的真实情况便可对该动作有所认识。后一观点当然也认同该因素,但是却不止于此。通过引入序列性这一概念,它强调了排列次序的观点,与这种次序相关的是某种将连续动作组合起来的规则④。

---

① 英文中的名词 deportment 和 comportment 均指"行为",系同义词。但是,de-和 com-这两个前缀却互为反义,de-表示"分离",而 com-表示"共同",因此可推断两词视角不同,前者侧重单个的行为,后者侧重全部的行为。所以翻译时,将其分别处理成"离散的行为"和"聚合的行为"。——译者

② 英文中 behavior 和 conduct 均指"行为"、"举止",常常可以互相解释,但是就其本义而言,behavior 侧重对外来刺激的反应,而 conduct 有"传导"之意,更具过程性和方向性。作者在此对该细微差别进行辨析,旨在强调 conduct 比 behavior 更能体现行为的过程性和序列性。此处将 conduct 译为"行为方式",一是考虑到本文属于心理学和哲学范畴,不适宜将 conduct 译作"传导";二是出于与术语"行为"相区别的需要,虽然汉语中对这两个词几乎不存在作者所述之差别,但这实属语言的差异所造成的局限,亦为无奈之选择。具体的措辞和区别,请读者以英文原词为准。——译者

③ 例如,沃尔特·亨特(Walter S. Hunter, 1889—1953,美国心理学家——译者)说过:"行为主义者不总是喜欢把遗传以及过去受训的结果作为与当前刺激共同决定行为的因素吗? 有行为主义者在解释迷宫训练时不把前期训练已获得的结果作为解释的一部分吗? 有行为主义者在解释成人行为时不提他孩童时代的癖好吗?"[2,第 103 页(本文中,杜威所使用之序号均指文末参考文献之序号)]。

④ 这当然不是说要严格使用数学上的序列定义,而是要使用该定义所隐含的观点:即有次序的连续。这就是说诸如专心学习中的人突然受到噪音惊吓这样的例子,即便其突出表现为打破连续性,也只应视为序列法则的例外案例,而不应作为得出行为动作标准定义的典型案例。

更确切地说，上述陈述的意义是基于对刺激-反应（stimulus-response）概念的考虑。正如自然存在可以被视为因果关系的例子一样，行为的每一阶段更可被看作是刺激-反应关系的例子，对此我毫不怀疑。但是，在哪些是例子中的刺激、哪些是反应尚未得到认真仔细的分析归纳之前，我对所得结论的价值持怀疑态度。很有可能在因果概念产生之初，一些人很满足于将现象不加区分统统捆绑在一起，称作原因和结果。然而随着自然科学的发展，这种笼统的关系已被遗忘，取而代之的是使用"原因"（cause）和"结果"对特定的情况加以精确的分析叙述。我认为：当前心理学界有相当数量的行为主义和半行为主义理论仅仅满足于将此处所探讨之现象归于刺激-反应理论的类别之下，仿佛这些现象不言自明，可以信手拈来。

223

当我们转而思考何为刺激时，所得结果将会大大驳斥认为以本能反应为特征的单个动作可以用来决定刺激的含义的观点。从数学意义上看，某个刺激或者起到刺激作用的事物，事实上是具有序列特征的行为的一项功能。某一尚未成为刺激的事物闯入已经发生的活动之中，借助它所维系的关系，变成该活动继续不断发展的刺激。正如伍德沃思①所言："刺激几乎不可能找到处于完全静止、中立、未参与活动状态下的有机体。"（4，第 124 页）此外，还需补充两点方能使该论断更加完善。第一点是重复我刚才所述之内容，即外部变化本身不是刺激，而是借助于已经参与活动的有机体生成（becomes）刺激。不考虑已经发生的行为而将其视作或者称作刺激是非常武断、毫无意义的。即使在发生突然改变的例子中也是如此。例如一个全神贯注读书的人突然听到一声惊雷，这个噪音的特别力量——作为刺激的特性，取决于有机体与某个特定环境之间早已展开的相互作用。当正在进行的或者有次序的行为呈现不同条件时，同一个环境改变会生成上千种不同的真正刺激，这彻底推翻了我们可以将行为分解为一连串独立的刺激和反应的假设。

仅仅使用靠之前的（prior）反应来决定何为刺激的方法是无法克服这一难题的，道理同上。而模糊地指出"有机体为一个整体"也无法克服这一难题。该说法固然相关且必要，但是整个有机体的状态（state）是连续不断的动作（action），因此，将有机体视为一个整体的说法不过是重复上文所述之情况：环境

---

① 罗伯特·S·伍德沃思（Robert S. Woodworth，1869—1962），美国著名机能心理学家。——译者

224 变化借助连续不断的行为过程生成刺激。这些考虑因素使我们得出第二个论断:刺激始终是一个变化,它与活动中的变化息息相关。刺激不是动作的刺激,而只是促使动作方向或强度所发生改变的刺激。反应也不是动作或者行为,而是行为改变的标志,是序列中新的排列顺序,而该序列才是行为。普通的刺激-反应论之所以会误导人,不过是因为忽视了这一事实,如若将其澄清,将会改变刺激-反应理论的意思。

到目前为止,我们的探讨非常概括,似乎避开了那些本身非常重要的具体问题。所有这些与大家熟悉的分析心理学、感觉、知觉、记忆、思考等类目有什么关系? 或者更宽泛地说,与心理学本身有什么关系? 关于后一问题,我们对于行为的序列性以及在活动过程中确定实际刺激和反应的必要性所得出的结论似乎明确指向了一个具有心理学特点的研究对象,即以在有次序的、持续的活动中所发生的变化为特征的有机体的行为,该活动的序列性和持续性需借助于持续存在而细节改变的环境中所发生的变化。

目前本文之观点将行为方式置于基础地位,视心理学为研究行为方式而并非"经验"的学问。然而,一些行为理论从一开始便将本能反应作为行为动作的典型和标准,以为只需把刺激和反应分离出来加以描述,便可得出构成行为的最终结论,这毫无疑问与我的观点截然相反,因为刺激与反应必须可以被发现,并且作为行为过程中的限定条件被明确指出。我认为更加毋庸置疑的是本文之观点也指向了珀西·休斯博士[1]对心理学发展的最新贡献,即心理学关注的是个体化的
225 活动的生命轨迹(life-career)[2]。这样,我们便获得了可以划分出一个明确的学科领域的依据,进而寻求独特的知识方法来界定这一可能成为一门科学的领域。

然而,亟待解决的问题仍然存在。当行为或者行为方式作为发生在特定动作情境下的发展的、暂时的连续统一体时,又该赋予感觉、记忆、想象怎样的含义呢? 总的来说,该问题的回答模式清楚明了,尽管给出细节的答案仍有诸多困

---

[1] 珀西·休斯(Percy Hughes,1872—1952),英国哲学家、教育家、心理学家,是杜威的硕士和博士研究生以及终生好友。——译者

[2] 尽管其理论细节与我的主题关系并不密切,但我还是想引起大家对休斯博士的一个观点的注意,即最狭义的行为主义——神经系统的行为——将行为发生地点作为必要的考虑因素,去研究生命轨迹研究中所涉及的各种情况,而心理分析学所得到的一切可以被证实的发现也同样将地点置于对个体生命轨迹的研究之中。

难。它们表明行为模式具有自己与众不同的性质（qualities），所谓"性质"，指的是使人能够辨识出它们是行为的特殊模式的那些特征。

共有两个因素与此相关，其中第二个因素在后面与尚未讨论的问题——用心理学来解释"经验"——共同探讨会最为充分。第一个因素首先要指出，听觉、视觉、通常意义下的知觉、记忆、想象、思考、判断、推理并非心理学家的发明，它们是每个正常人动作的标志，具有日常普通感觉的特征。一些心理学家则扮成它们的开创者，硬将精神或者意识归结到这些动作之下。冯特[①]的理论倾向于否认或者忽略精神，在很多情况下也否认"意识"（consciousness）是单一的力量或是活动的关键，他还认为最难以辨识的性质与最简单的"意识过程"（conscious processes）本质相同，我认为，说他的观点并非来自事实而是源自更早的理论很合乎情理。

然而，除却哲学的或科学的解释外，普通人则视上述动作类型的存在为理所应当，因为它们与移动或者消化等动作不同，这才是我们这里所关心的事情。除了概念内涵之外，这些动作完全通过外延构成了与肉体和纯粹的生理相区别的"精神"一词的含义。倘若一个人以这个意义为出发点来考虑行为，那么使用"精神"一词来表示每个人生命进程中可列举出的行为模式会被接受吗？

有观点认为，存在可辨识的特性可以将某些类别的行为区分出来，并且根据这些特性，这些行为可以被称为精神的，上述事实当然彻底推翻了这个论调。对于一些严格的行为主义者而言，一谈到性质，似乎就意味着再次陷入陈腐的内省主义泥潭，仿佛企图偷偷将内省主义的方法窃取到行为主义。那么，就让我们看看对此观点进行分析之后情况会怎样。从物理学家进行观察、回忆、思考这一事实出发再好不过了。我们必须注意的是，他们最后所探讨的质子-电子与时空和机械运动之间复杂的相互关系就是他的最终结论，那是他们在自己的推断和运算被进一步的观察所证实之后，通过对所观察之事物进行思考而得出的。而他们是从具有性质的事物开始的，这些事物在性质上互不相同，并因此而始终可以辨识。

亨特博士在论证应使用与刺激-反应行为相关的环境或有机体中的普通对象、而不应试图将一切都分解为质子-电子时说道："即便是物理学，也可以谈论

---

① 威廉·冯特（Wilhelm Wundt，1832—1920），德国心理学家、哲学家、生理学家，实验心理学奠基人。——译者

钢或碳,可以不考虑原子的性质问题而研究这些物质。"需要补充的是,这不仅可以而且必要。物理学家必须借助类似的事物,作为其研究的出发点,并将特别的研究发现应用于其上。水是 H_2O 很可能变成毫无意义的同义反复,因为 H_2O 只是 H_2O 而已,除非作为人们可感知的事物、作为人们使用的水而被辨识。而这些作为科学出发点和目的地的普通事物都具有性质,这使得它们可以相互区别。

既然如此,那么心理学家根据性质区分对象就不会比物理学家或者化学家遭到更多反对。某些行为模式的性质是否如此显著以至于它们可以被视作感觉、知觉或者回忆行为? 它们的性质到底有哪些? 这些问题只不过关乎事实而不是理论,与事实中的其他情况一样,它应该通过观察来确定。但是,我也认为不应使用"内省"这个词,因此,我之前使用了"观察"(inspection)一词,"内省"的含义过多承袭了万物有灵论的传统,否则它将非常适宜用来特指观察这一普通动作,从而被引入有机体行为这个特殊的科目之中,在这些有机体里,行为之所以成为行为,是因为它是序列活动的一个阶段或特定的生命轨迹。

当然,这些笼统的概念仍然比较空洞,除非可以确定感觉、知觉、回忆、思考、恐惧、喜爱、崇拜等动作的确在特定的时间里或在生命轨迹的紧要关头发生过。这项任务毫无疑问非常艰巨,但每个科学探究都是如此。我认为,对比较狭义的行为主义的反对意见主要在于他们受到以往错误理论的影响,强烈地反对精神概念,以致关闭了科学探究的大门。因此,甚至可以赋予"认识"(awareness)或"意识"这样更加概括的词汇以意义,尽管它未必是某种隐含的物质、原因或者来源,但却应该可以被视作某些行为所特有的性质。"意识"作为名词与作为某些动作的形容词是不同的。

至少一部分行为主义者已经含蓄地承认了我刚刚讨论的原理,认为心理学家对知觉、思考、意识等的使用方式与其他科学家别无二致。他们认可这一点,但却并未继续陈述或者回应下述观点,即尽管它们并非物理学和生理学的科目,但却是心理学家课题的主要来源,这点令我感到匪夷所思,乃至几乎情绪失常。

我个人毫不怀疑通常意义下的语言抑或符号既和智力意义上的一切精神活动有关,又和与这些活动相联系的情感有关,但是,如果用语言行为来代替被视作"精神"的动作的性质,则是一种规避。当有人说"我热了"时,我们得知这整件事情可以被分解为称作刺激的感觉过程以及语言回应。可是感觉过程是什么?

是神经系统中在适宜的条件下可以专门进行视觉观察的某种事物吗？还是某种具有直接性质、无须了解感觉器官的生理过程便可发现的东西？如果一个人看见了并报告说是后者，那么是否是说不存在某种可以直接经验到的性质、使得他清楚自己看到的是神经结构而非诸如气球等什么别的东西呢？这难道仅仅是生理过程加之语言回应的另一个例子吗？ *228*

上述说明引领我们跨进了"经验"心理学之门。事实上，对于一些读者而言，我们似乎跨过了这道门槛，进入了一个与所有正统的行为心理学完全不同的领域。那么，请允许我先作出说明：上述讲解的逻辑并不意味着一切经验都是心理学家的研究领域，更不意味着一切经验本质上都是精神的。正如詹姆斯在很久以前就指出的，"经验"是双义词（double-barrelled word）。心理学家只关注经验过程（experiencing），考察、分析并描述其不同的方式。离开被经验的对象，经验过程便不复存在。我们感知的是物体，真实的也好，虚幻的也罢，而不是印象；我们记住的是事件而不是记忆；我们思考的是话题而不是思想；我们爱的是人而不是爱情，如此种种，尽管被爱的人可以被比喻为某人的"爱"。"经验过程"自身并不能直接构成对象，因为它无法被经验为完整自足的事件。然而，所有被经验之事物之所以呈现出其面貌，都部分地是因为其内部有某种经验事物的方法；不是经验该事物的方法，那将自相矛盾，而是经验除该事物以外的某种事物的方法。除非我们能够了解到被经验之事物是如何被经验的，或者其结构内部的经验方式，否则无法完整表述被经验事物。

理解并控制被经验事物的需要想必在人类历史的早期便促使人们注意到，事物之所以呈现出其面貌，在于它被经验的方式。首先是我听到了它、看见了它、摸到了它，因为这些是最为人所熟悉的区别。至少在大多数情况下，"我记得看见过它"比"我记得梦见过它"被视作更加可信的证据。虽然这些区别本身不是心理学，但是正如我已经说过的，它们组成了心理学的原始材料，就如同区分水与油、铁与锡的常识判断组成了物理学和化学的原始对象一样，没有任何理由来否认其中一个的存在，否认任何一个的存在都会造成所研究之科学缺少具体的对象。

人类区别不同类型的经验的需求因教育以及行为指导而大大增加。例如， *229*
如果没有别人提醒他注意自己的态度在制造某种特殊的仇恨情境时所起的作用，一个人很可能永远都无法辨别生气与令人讨厌的被经验对象之间的区别。

控制别人的行为方式是生活的一种常见功能，唯有找出经验的各种方式，方能确保其实现。因此，当我提到这种挑选出的经验或者个人行为的方式组成了基本的原始材料但是其自身却不是心理学时，我的意思是说它们作为组成或者纠正性格的事物首先应被视作具有重大的道德意义。它们之所以被选出并加以使用，并非出于科学原因，而是在真正的或者假设的社会交往的危急关头以及被称为教育的社会控制过程之中。通常情况下，"道德"一词很难包含全部意义。一个小孩被告知走路时要看路、别人说话时要注意听、要留意别人的指令。事实上，列举这种例子是非常愚蠢的，我们与他人的交往常常在于让人注意到态度、倾向以及和自己有关的行为。

因此，该论断恰好提出了这样一个疑问，即当从经验整体中分离出来的动作和态度成为心理学明确的研究对象时，到底发生了什么。总体来说，答案是它们提供了可供研究的问题，正如火、空气、水、星星等其他质量物体成为其他研究的问题一样。什么是看、听、触摸、回忆、做梦、思考？当前，观察这些动作以确定其性质与观察自然的物体和行为以确定其性质同样必要。但是，就像直接观察水无法得出对水的科学表述一样，直接观察这些个体的态度和经验方式也无法构筑心理学这门科学。观察可以帮助确定所研究说明的对象的自然属性，可是当需要科学地处理对象时，它却只能向我们提出可能的假设。

而此时则需要探讨源自生理学、生物学以及其他科学的客观材料和方法的重要意义了。对个体的经验方式与客观观察到的可以加以客观分析的行为方式加以区分，使得心理学可以成为一门学科。该论断起到两个作用。一方面，在我看来，它给予了方法的重要性以应得的认可，尽管这与经验方法的直接性质无关，因为它们都是通过直接观察——或者用您的话说叫内省——而揭示的。而另一方面，它也表明构成研究问题的对象是在供直接观察的物质中发现的。这与自然科学的情况完全一致，只是观察的事物有所不同，观察的角度也因人与社会的差异而有所不同。

譬如，在某个历史时期，宗教人士和道德家曾非常关注人类性格的本性和命运，他们对人类的意向和动作以及经验世界的方法作出了许多透彻敏锐的观察。倘若有人不喜欢这个例子，我们可以换成当代小说家和戏剧家。然而，尽管人们曾根据万物有灵论的观点、后来又按照对亚里士多德潜在性理论情有可原的误解（变成了"天赋论"），在早期倾向于对这些观察进行解释和分类，但它们却并未构成心理学。只有当它们可以被研究物体的科学中所适用的方法和材料来处理时，才会成为真正的心理学。而除了这些观察以外，心理学与生理学家和物理学家乃至研究社会学的学者所处理的对象并没有太大的区别。

本文此处所持观点与内省主义学派主要有两处重大不同。后者认为被称作"意识"的东西是原本独立、直接现成的对象，它也是直接揭示自身一切秘密的机构。倘若将意识换作"经验"，则认为前者正如心理学家所关注的那样，只要采取合理的预防措施、使用正确的方法，就可以直接观察得到。专职哲学家即便不懂得心理学，也会从笛卡尔、洛克以及他们理论的继承者对认识论问题的探讨中了解到这些观点的历史渊源，因此较之专职的心理学家，他们更容易明白它们并非心理学所固有的研究对象，而是无中生有、强加给心理学的。 *231*

然而，此处需要特别探讨的问题并非历史起源，而是如下原理：在内省论范畴下的直接观察可以提供分析、解释、说明的法则，从而揭示将所观察之现象联系起来的规律。在本文开头，我曾说过大意为直接观察到的现象其结构只能在所观察之研究对象以外方能被发现这样的话，此处不再赘述，再次提到只是想与内省主义者的观点相区别，即对象究竟是构成了研究问题还是要用来解决问题。通常情况下，辨别区分听觉、视觉、知觉的例子只不过是将问题暴露出来，执著于获得这些例子的方法无法为研究它们提供科学的启迪。

另一个区别更加基础。本文所探讨的这派心理学家认为他们研究的是"经验"，而不是它的某个特定阶段，此处称为"经验过程"。例如，在确定"经验"的那些最难以区分的性质时，我完全看不出这与心理学有关。他们的成果也许或多或少揭示了我们所生活的世界中的一些有趣的现象，他们的结论据我所知或许对美学和道德有用。但是，严格意义上的心理学努力却涉及可能被偶尔教授的、与感觉和区别这两个动作有关的一切，即经验事物的方法，或者说对事物行为的方式，因此与心理学相关。有人会产生这样的疑问，如果它们直接作为动作被加以研究，而不打着发现构成经验的全部性质的幌子，那么是不是会有更多的发现。简单来说，心理学家所关注的不是被经验事物的性质，而是能够区分某些单个动作的性质，心理学家并非将它们作为研究结论或解决问题的方法，而是如上文所述，为他们使用研究物体的方法来进行观察提供数据。

通过列举内省论主义者所喜欢的用词风格，便可对心理学关注经验而非经验过程这一情况的错误性窥见一斑。当使用感觉一词时，他所指的并非一个动 *232*

作而是一种内容①。对他而言，一种颜色或一个声音是一种感觉（sensation），一个橘子、一块石头、一张桌子则是一个知觉对象（percept）。而现在，就本文的观点而言，一种颜色或一个声音可能是被称为感觉的（sensing）这一动作的对象，而一棵树或一个橘子则可能是被称为知觉的（perceiving）这一动作的对象，但它们却不是感觉或者知觉，除非使用了修辞。在英文中，有时将"鸟类"（fowl）一词用作动词表示猎鸟这一动作（fowling），因为被射杀的是鸟类，口语中有时甚至将本体喻体颠倒过来，把被猎杀的鸟称为漂亮的射击（good shots），但在后一例中，没有人会按照字面意思来理解这个比喻，将射击这一动作的特质赋予死鸟。把一棵树称作知觉对象只不过是树可以被感知的简洁说法，它没有为我们提供任何与树本身有关的信息，而是告诉了我们这棵树所进入的一个新的关系。它并没有将树忽略或隐藏起来，而是谈到了树所涉及的一个附加属性，就如同我们说树得到雨水灌溉或者被施肥一样。

　　我希望对经验与经验过程的区别问题我解释得足够清楚了。树在被感知时，是以一种方式被经验；被记住、回忆、欣赏时，又是以其他的方式被经验。借助某一修辞方式，我们可以称其为经验，意思是它是被经验物，但无论借助何种修辞，我们都不可能称其为经验过程。无论如何，作为被经验物的树的分析方式不同于作为植物学研究对象的树所适用的分析方式。我们首先可以区分开若干经验它的方法，包括知觉地、思考地、情感地、实际地（比如伐木工人的视角），然后我们可以试着对其所涉及的各种动作的结构和机制进行科学的分析。其他学科都无法做到这点，必须建立一项可以解决该问题的研究。至于该研究被称为心理学还是其他什么名称无关紧要，相比之下，更加重要的事实是，这个问题需要使用适宜于解决该问题的方法科学地加以研究。

　　如果取得成功，分析结果毫无疑问会为我们提供更多作为被经验物的树的信息。假如我们了解了幻想的条件，就可能会更好地区分现实的树和幻觉的树；假如我们更加了解情感态度的条件，就可能会更加懂得欣赏树的美的性质。然而，这些都只是心理学带来的结果，而并非心理学本身，不能因此而假设心理学

---

① 我在上文曾暗指洛克为内省主义论的创始人之一，但是他始终把感觉作为一个动作，就连他的"观念"概念也是大脑在知识方面的对象，而不是作为真正的认识对象取代经院哲学式的对象物的大脑的某一状态或者构成。

是与对被经验物的经验有关的学说。这与天文学家使用个人观察会存在误差这一事实的情况一模一样。在观察用时方面，发现并计算个人误差是心理学问题，因为这与观察事情的方法有关，但天文学家用它来调整时间则不是心理学问题，它更不可能将所观测之星星变成心理学上的事实。它所关注的不是那颗星星本身，而是它进入经验范畴的方法，这与某个处于经验过程的有机体的行为有关。

让我们回到前面提出的问题——目前看来，如果感觉、知觉、爱、崇拜等动作被称为精神的，那并不是因为它们本身就是精神过程，而是因为它们引发（effect）了某些特别的事物，这些事物与移动或者消化这样的动作有所不同。至于它们是否确有不同的后果，则关系到事实，而并非理论问题，对精神、意识等术语从理论上加以推理反驳，不应该阻碍对事实进行客观公正的研究。认真检查神经系统是无法解决这个问题的，也许神经系统及其行为是产生特殊结果的那些动作的条件（conditions），我们需要找寻一个将它们与其他事物乃至神经系统本身发出的动作区别开来的名称。

上述文字语气过于肯定，陈述简明扼要，省略了许多重要问题以节省时间和篇幅。可以参考我下面所提及的历史背景来评述我的观点。当代心理学曾受到某些关于知识的可能性与程度的探讨的影响，发展形成了自己的术语——这一点向来至关重要，因为符号对于思维起到了指导作用。在这个特定的历史条件下，动作要么被忽略，要么变成了内容，也就是说，一些动作产生的特殊结果，即促使它们可以被视为精神的那项功能被当成了存在的特殊形式，称作心理或者精神。之后，在知识理论的影响下，这些内容作为头脑与事物之间的媒介而被引入进来，感觉、知觉被当作精神内容，介入到精神和对象之间，形成了了解后者的方法。这一时期，物理学研究事物原有的状态，而心理学则研究事物在精神状态或者精神过程中被经验或被呈现的状况。于是，便出现了心理学是研究一切作为经验的经验的科学（the science of all experience *qua* experience）这样的理论。后来，在生理学发现的影响下，这个观点得到了修正，心理学被认为是研究依赖于神经系统的一切经验的科学。

另一历史事件强化了这个倾向。物理学的特殊表述就其自身内容而言都忽略了性质，于是被物理学驱逐出来的性质便在精神或者说意识中寻到了归宿，那么，物理学应该有权来承担起确认它们在本质上是精神的这个责任。这两股历史潮流相交汇，形成了当代心理学诞生的知识背景，丰富了心理学术语。行为主义则是为反对这种融合所造成的混淆而产生的。然而,在反对过程中,它的某些表述形式并未强调一些行为方式具有特殊性质,这些性质因这些动作带来的后果具有特性而应被视作精神的或者意识的。结果,它认为研究这些动作的器官情况就是研究行为的全部,这一做法忽视了两个基本要素。其一,除非借助于感觉、知觉、记忆、想象等动作的可以直接通过观察得到的、为动作服务的性质,否则无法确定神经系统的特殊功能。其二,他们所说的行为是肉眼可见的较大的器官行为,而并非行为的全部。若非通过观察神经系统以外的其他事物来获得关于行为的知识,我们的行为知识将只是稀奇古怪、杂乱无章的细节的堆砌,对于行为理论毫无意义。

235　　　既然本文主要是为了进行逻辑分析,那么,我引用一段著名逻辑学家最近的言论来结束本文是再好不过了。刘易斯先生①在探讨哲学的思考方法和分析方法时谈到:"例如,倘若极端行为主义者出于对'精神'的分析必须始终局限于身体行为这一原因而否定意识的存在,那么应该由哲学来纠正他们的错误,因为此处存在的只是一个逻辑分析的漏洞。在分析直接引入的 X 时,对其的解释说明必须始终基于该 X 与其他事物的关系——即 Y 和 Z。而 Y 和 Z 这两个分析的范畴通常未必是 X 的时空组成部分,也许可能是与 X 有关的任何事物……概括地说,如果分析的结论是因为 X 是 Y - Z 联合体的一个类型,所以 X 不是一个特殊的'实在',那么其错误在于忽略了逻辑分析的一个普遍特点,即它所发现的并非自然属性被加以分析的那个现象的'物质'或其不计其数的组成成分,而仅仅是可以发现该经验的稳定的环境而已。"(3,第 5 页)

参考文献

1. Hughes, P. An introduction to psychology: from the standpoint of life-career. Bethlehem, Pa. : Lehigh Univ. Supply Bureau, 1928.
2. Hunter, W.S. Psychology and anthroponomy. Chap. 4 in Psychologies of 1925. Worcester, Mass. : Clark Univ. Press, 1926. pp. 83 - 107.
3. Lewis, C.I. Mind and the world-order. New York: Scribner's, 1929. p. 446.
4. Woodworth, R.S. Dynamic psychology. Chap. 5 in Psychologies of 1925. Worcester, Mass. : Clark Univ. Press, 1926. pp.111 - 126.

① 克拉伦斯·欧文·刘易斯(Clarence Irving Lewis,1883—1964),哈佛大学哲学教授,美国最重要的哲学家、逻辑学家之一,模态符号逻辑(modal symbolic logic)创始人。——译者

心理学与工作[①]

我不是十分清楚为什么同意探讨我称之为"心理学与工作"的话题,更不清楚为什么我被请来探讨这个话题,因为我不是心理学家。至于工作方面,我则始终非常同意我的一位同事的观点。当学校成立社会工作系的时候,他曾说:将"工作"作为大学中一个系的名称,实在是开了一个非常糟糕的头儿。

然而,我曾想,"心理学与工作"这个题目涉及两个方面,可以从任何一方面着手,侧重其中的一个术语,要么是心理学,要么是工作。我起初打算探讨工作给我们带来的问题,但是却总感到茫然无措,因为"工作"所涵盖的范围是如此之广,所囊括的活动是如此之多。它包含了一切:可以指自愿快乐地投入精力,诸如画家、科研工作者以及许多职业人士所全心全意从事的活动;也可以指我们所说的劳动,这种活动以经济学家称之为"成本"的痛苦和牺牲为特征,但总体来说却是值得的;还可以指单调、机械、常规性的活动,我们称之为劳工、苦工,人们从事这些活动完全出于外部压力,而并非自己本意。因此,我才说,在我看来这个广大的范围似乎总是涉及一个非常有趣的问题,在这个范围内的一切都可以被称为工作,但是却需要不同的形容词来修饰。从这个角度考虑这个题目,使我意识到:这个话题可以深入到社会、经济乃至政治领域的一切问题,不适合在此处 探讨,也非我能力所及。

然而,我在从另一方面探讨这个话题之前,产生了一种想法,这与我的一次

[①] 首次发表于《人事期刊》(*Personnel Journal*),第 8 期(1930 年 2 月),第 337—341 页。这是杜威在 1929 年 11 月 15 日为纽约市人事研究会(Personnel Research Federation)发表讲话的发言稿。

苏联之行有关。尽管我经验不足,语言也不像专家那么流畅;但是,任何人倘若在那里接触了我们所说的劳动阶级,都很难不被工人们说到"我们的"工厂时那种自豪和满足所感染。我不禁想,这是一个非常有趣的心理学问题,可以研究促使人们有效地从事劳动的激励因素。我说这话,并不仅仅是指工人参与到商店和工厂的管理当中,我认为其他国家的一些地方商店管理得也不错,甚至比苏联还好,但苏联的情况却有另外一个在心理学上独一无二的方面,即为未来五年的工业发展提供或者尝试提供一个总体规划的国家工业计划(the state Industrial Plan)。这些计划当然是由经济学家和技术专家、工程师和工业家共同制定的,但有趣的是工厂的管理者与工人组成了智力伙伴关系,他们了解国家中央计划委员会(the Central Planning Committee of the State)的计划、宗旨和机制,并且意识到在为协调全国工业发展而制定的这些宏大的计划面前,他们是合作伙伴和工友。

我常想,这一事实是否表明存在某种与社会主义或资本主义这样通常意义上的社会制度划分无关的东西,是否存在某种调节工人态度的心理因素,使他们感到自己是参与到庞大的发展计划中的一分子。

现在,我要开始探讨题目的另一个方面。早在很久以前,我或许曾以心理学家自居,那时的心理学几乎完全是在研究智力功能(intellectual functions),即人们如何认识事物,结果它所关注的几乎只是精神或者意识——不管它叫做什么——与物体或事物而非与人相接触、相联系所体现的那些功能。可是,当个体之间相互联系产生接触、交际、交往、联系等关系时,在相当大的程度上,服从伴随其中的全部情感因素和活动因素的恰恰是人。

实验心理学诞生之初也首先继承了同样的兴趣,在很大程度上,在更加细致的条件下,是对感觉、知觉、记忆等与较为明确的智力功能相关的协调活动进行分析。

自然而然地,当工业心理学开始成为兴趣点时,我认为它有非常充分的理由从同样的立场开始被研究。首先,因为心理学家在这一领域接受的训练最为全面、最为内行。其次,因为雇主和管理者更为明显的兴趣在于或者似乎在于工人与事物的关系——通过他们的感觉器官和肌肉的协调工作来适应机器、工具以及他们制造的产品。因此,它变成了主要研究。我认为,是技术效率的学科,即从物质产出的角度判断效率,而不是研究更加重要的被我们含糊地称为道德的人类效率(human efficiency)。

然而,的确存在一个与研究精神与物体和对象的关系相反的独立的心理学分支——社会心理学,它所关注的是人际关系。精神病学的发展出人意料地显著加强了这一趋势,因为它揭示了影响人类本性的许多特异性格以及残障是如何源自对社会的不适应,有时可以追溯到早期的家庭生活或者当前的婚姻关系。我认为在学术心理学和精神病学在这方面有所发展的同时,工业心理学开始倾向于更加注重精神活动和性格中与人的适应性以及个体在生活工作中所维系的关系有关的那些方面。

宾厄姆博士[①]非常好心地给我看了一些近期报告的手稿,其中霍索恩调查(Hawthorne investigation)给我留下了极其深刻的印象,在座的许多人对此比我了解得多,该调查的结论让我明白了建立良好的人际关系有多么重要,其发现——至少是部分发现也使我了解了这种人际关系在控制物质技术生产效率方面究竟如何成为比专业技术本身更加重要的因素。令我同样印象深刻的还有承认个体希望别人认可自己和自己的个性这一事实——尽管也许我用的词语未必准确。我始终认为,感觉自己在与他人的交往中有价值并且通过得到他人的认可来体现这种价值,似乎是每个人最深切的愿望。我觉得我们对自身个性的感觉非常像镜子现象,是一种反射,我们通过别人对我们的态度和评价形成对自己以及自尊的观点和看法。总而言之,这便是该调查最吸引我的地方:当个体发现别人认为值得征求自己的意见,发现他们在工厂运作和管理等事宜上值得被咨询,他们的反应和态度就会发生改变,甚至对生产技术问题也不例外。

这只是我所说的从技术效率转向更为重要、涉及社会适应性因素的全部自我和整体个性的人类效率的一个例子而已,但我却认为它非常根本。

关于这个更加重要的人类效率,至少还有一个因素不能不提,那就是思考或者说理解的作用,即对构成工作和劳动的活动的意义及其重要性的认识。我认为蔡斯先生[②]所提到的机器和人类机器的活动与真正智慧的人类的活动相比,其最大的不同在于:后者或多或少了解他的活动的意义,当他享受自己的工作时,部分是因为他意识到了自己工作的意义。正如你们所知道的,这个问题已经

239

---

① 沃尔特·宾厄姆(Walter Van Dyke Bingham,1880—1952),美国心理学家,卡内基技术学院应用心理学系创始人、系主任。——译者
② 斯图尔特·蔡斯(Stuart Chase,1888—1985),美国经济学家、工程师。——译者

得到了大量的研究,其最难之处明显与工业有关,因为工业的一个最显著特点不过是将现成的部分组合起来,而这种组合只需若干组合的动作而已。这个问题显然在很大程度上是个技术问题,即更加广泛地使用蔡斯先生所提到的那些发明,以致将来越来越多的工作会由真正的机器而不是人类机器来完成。但在我看来,所有这些例子都至少存在一个程度问题,即至少每一个工人都有可能去增强对自己所从事活动的意义的感觉,从而将自己的观点和思想更多地融入其中。

当然,该问题的这个方面与人类和社会的关系问题不同,但却并非绝对与之无关。我给大家读一段我上星期收到的一封康涅狄格州某工厂工人寄给我的信,可能会使您欣然改变您的观点。他告诉我他只接受过语法学校的教育,现在是一家工厂操作机器的工人,据他所说,这家工厂的上级显然没有给予他们特别的激励,他阅读心理学是为了给自己的工作注入更多的意义。他写道:

> 当我思考一个话题时,如果觉得自己考虑得足够成熟了,一定要把自己的想法讲给别人听。
>
> 比如说,我正在机器旁工作,突然想到了一个改善工作方法的办法,我不能存在心里,我必须告诉老板,希望他同意我的看法,改变旧的工作方法,我才能得到满足和安宁。如果他不同意我的看法,也不解释不同意的理由,我就会失望,但这种情绪不会持续太久,因为只要产生新的问题,这个情形就会重复一遍。如果我的想法得到认可并投入使用,我就会非常满足,哪怕没有得到加薪,当然加薪也会给我带来满足感,但却不是最大的满足。
>
> 有人问我为什么要告诉他,他只会用这个为自己谋好处,我知道他们说得没错,但是如果不说出来,我就会觉得自己的想法死掉了,它也许很有价值呢,所以我依然如此。也许怀着一种很自私的想法,觉得某天我会遇见一个人,他会说"你就是我要找的人",于是一次又一次地,我的想法得到了回应,但当然只是在我有机会见到公司主要负责人的时候。现在在大多数商店,普通工人是无法接触到主要负责人的,因为他和他的时间都用来思考那些不可以被微不足道的业务细节所打扰的问题了,但这些细节对于整体也是至关重要的。
>
> 公司负责人常说:"我们知道有这些细节问题,所以才安排了级别低的领导来处理它们。"没错。但是这些领导在处理这些问题时是不是始终毫无

私心？他们难道从未把别人的主意说成是自己的、却压根不提那个出主意的人吗？而那个出主意的人却以为自己所关心的也是你所关心的，因为他靠这个谋生，靠这个来训练自己以应对新的问题。新的问题总会有，因为新问题总会引起其他问题，所以我们应该竭尽全力使现在接近完美，从而使得不久便会成为现在的将来能够完美。到现在你一直说："这些我都知道，但我是个商人，得生产产品，我不可能连工厂的每一个清洁工都去见，听他说怎样才能最好地经营公司。"

一点儿没错。但是，你可以成立一个真正有效的人力资源部，人们可以到那儿去表达自己的想法，就像他们彼此之间交谈一样自由。人力资源部则应该将所有想法记录下来，它需要明白公司最大的需要是合作，更需明白负责的领导不可以用这些建议为自己谋利，而应尽最大努力保证上级了解到这些想法。因为通过这个方法，人们的精神态度会从消极抗拒转为由衷地感到公司始终关心员工的利益，而我们的精神态度可以控制我们的行为。

这个部门不能由满脑子都是一周必须赚到10美元的员工来负责，因为它在整个公司起到至关重要的作用。

他在信的结尾这样写道：

它必须由诚实的人来负责，而人只有开始思考才会诚实。

此番言论比我自己准备的讲话要精彩得多。它完全是由那位工人主动提供给我的，我说过他只接受过语法学校的教育，但毋须证明，他显然很有头脑，在工作方面，他愿意动脑，并想把自己的想法讲出来。当然，他属于非常优秀的一类人，但是，只有当这方面已经展开的研究继续深入下去，我们才可能知道究竟会有多少这样的人才。他的信中有两句话，一句是关于他渴望与人交流自己的想法，另一句则是结尾处他说人只有开始思考才会诚实，无论如何，我认为这两句话非常完整地揭示了社会适应性和社会关系与工作中的知识动力和智力性质（intellectual powers and qualities）切实相关的真正含义。

质化思维[①]

　　我们所生活的周遭的世界，我们在其中挣扎、取胜、遭受失败的世界，显而易见是个质的世界，我们所处理、忍耐、享受的事物都要靠质的标准来确定。这个世界形成了涉及思维所特有的方式的场域（field），说其特有是因为思维确确实实由质的因素所规范。倘若不是因为"常识"一词的意思模棱两可、含含糊糊，那么便可以说人们常识中与行动及其结果有关的思维是质的，无论是享受还是痛苦。但是，既然"常识"也用来指已被接受的传统，并可以帮助支持它们，因而在文章开头只探讨与生活事宜和生活问题所涉及的对象相关的那种思维比较安全。

　　质化对象（qualitative objects）问题影响了形而上学和认识论，却没有在逻辑学理论领域得到应有的关注。物理学中的重大命题显然都包含了此类质的因素，它们研究与第二性质（secondary qualities）和第三性质（tertiary qualities）相区别的"第一性质"（primary qualities），此外，在实际操作中，这些第一性质并非性质而是关系。想想看，作为改变性质的运动与 $F=ma$ 所表示的机械运动的区别，因努力和不安产生的压力与单位面积上压力的区别，从伤口流出的血液的红色与每秒振动四百万亿次的红色[②]的区别。形而上学关注的是与物理学相对的

质化对象的存在状态，而认识论则始终认为性质是主观的、精神的，它关注的是它们在认识过程中与使用非性质词语来定义的"外部"对象之间的关系。

---

① 首次发表于《论文集》（*Symposium*），第 1 期（1930 年 1 月），第 5—32 页。
② 此处指可见光中的红光，其光波频率大约为 400～500 万亿赫兹之间。——译者

但是,仍然存在一个逻辑问题。这两类命题一个指物理学对象,另一个指质化对象,它们之间究竟存在或缺少何种关系? 每一类命题是否存在,或者存在哪些不同的逻辑标记? 如果作为事物的事物,除了在与一个有机体发生相互作用时之外,确实没有性质,那么这个逻辑问题仍然存在,因为该事实将关系到质化事物(qualitative things)产生和存在的方式,这与它们的逻辑地位无关。逻辑无法在承认其只关注具有一种产生和存在方式的对象的同时又声称自己具有普遍性。假使有逻辑声称因为性质是精神的(假定目前确实如此)、所以逻辑理论与质化对象所特有的思维方式(form of thought)无关,那么这就是犯了致命的错误。形而上学和认识论在科研对象和普通对象方面所遇到的一些难题甚至有可能是忽视使用基本的逻辑方法所造成的。

　　对本文话题的初步介绍可见于如下事实:至今仍然在名义上很流行的亚里士多德的逻辑是基于质化对象绝对存在这一观点之上的。保留基于此观点的逻辑法则而接受基于相反观点的存在理论和知识理论,说得轻点是对澄清事实毫无益处,这一考虑因素与存在传统的逻辑学和较新的关系逻辑学(relational logics)这一双重性(dualism)有关。一个明显更加相关的考虑因素在于,古典逻辑学将决定性质的条件当作对象的固有属性,因此竭尽全力地为其命题的重要意义提供归属(attributive)理论或者分类(classificatory)原则。以"这个红皮肤的印第安人吃苦耐劳"这一命题为例,它既可以指所提到的印第安人除了肤色泛红之外还具有吃苦耐劳的属性,也可以指他属于吃苦耐劳的这类对象,但是这两种情况均未能体现出对此命题直接普通的理解,即这位土著印第安人由内而外被一种性质所渗透,而并非一个由若干性质组合而成的对象,他吃苦耐劳地生活、做事和忍耐。

　　如果有人觉得区别这两个意思没有逻辑意义,那么就让他想想现在命题的主项-谓项理论(subject-predication theory)整体受到了"属性"(property)概念的影响,无论该理论是用属性的语言还是用分类的语言所表述。先是给出一个主项——完全与思考无关,然后思维要么对给定主题进一步加以肯定,要么将它归入现成的某个事物类别。对于命题中思维所引发的主题,两种理论都无法给予它全面发展和重建的空间,事实上,它们在确定知识主题时完全将思维排除在外,仅仅用它来得出知识结论(不管将其视作归属的还是分类的),而这些早已获得的知识却与获得它们的方法毫不相干。

然而，忽视质化对象和质量因素使得思维在一些主题中既没有逻辑地位，也没有控制力，这可能是大多数人认同的因素。在审美方面以及在道德、政治方面，这一忽视所造成的影响要么是否认（至少是含蓄地）它们具有逻辑基础，要么是为了把它们搬到现成的逻辑分类之下而摒弃了它们特有的含义，后一过程创造了"经济英雄"的神话，却把审美和道德变成了类似数学的对象，乃至完全可以用理性来处理它们。

例如，试想一幅图画是美术作品，而不是铬或者其他什么化学产品，它的性质不是它所具有的若干属性中的一个，而是在外部可以将它与其他画作区分开来，在内部渗透到这件美术作品的每一个细节和每一层关系，为它润色、定基调、权衡斟酌。一个人或者一个历史事件的"性质"也是如此。我们总是追随着一个神话，认为某种性质或特征特别属于某个人，对此我们表面上似乎完全理解。但是，有的话会让我们插嘴道："哦，你在说汤姆斯·琼斯啊，我还以为你说的是约翰·琼斯呢。"每一个相关细节、提出的每一个特征都和原来一样，但是每个细节的意义——从肤色到体重——都发生了改变，这是因为他们都具备的赋予每一个人意义并将他们联系起来的品质发生了转移。

246　因此，我认为除非这些隐含的、具有渗透性的性质限定条件（qualitative determinations）可以用不同的逻辑表述得到认可，否则必然会出现以下两个后果中的一个：要么思维被此处所探讨的主题排除在外，那些现象被视作"直觉"、"天赋"、"本能"、"个性"等无法分析的终极实体（entities）；要么更糟糕，把理性分析贬低为对单独的项目或"属性"机械地加以罗列。事实上，对象以及对美和道德对象的评价都具有智力上的确定性和一致性，这是因为它们是作为整体被主题的性质所控制。本文的主旨便是探讨被隐含的具有渗透性的性质所规范究竟是何含义。

对"情境"（situation）和"对象"（object）这两个词加以区分也许可以说明我的意思。这组关系中的情境一词表明，已有命题最终指向的主题是一个复合存在，因为该存在自始至终只以单一性质为特征并受其支配，因此，尽管其内部异常复杂，却仍可以集中到一起。而"对象"则指这个复合整体中的某个元素，该复合整体的定义是从它与众不同的整体属性中抽象出来的。需要特别说明的是，所选限定条件以及思维中的对象之间的关系依靠某个情境来控制，该情境由一个具有渗透性的内部完整的性质所构成，因此，忽视情境将最终导致对象及其相互关系的逻辑意义无法得到解释。

当今的逻辑论断总是以"对象"开头。如果我们以"这块石头是页岩石"为例,该命题的逻辑意义似乎表明被称作"石头"的东西自身具有完全的智力意义,而某种同样独立具有内容的属性——"页岩石"则附加给了石头。这种独立的自我附加的实体既不能产生结果也不能成为结果,因为这类实体之间的关系是机械的、偶然的,而非理性的。根据康德哲学,任何有关"石头"和"页岩石"的命题都必须可以分析,这只不过叙述了包含于这两个词义之中早已为人们所熟知的部分内容而已。众所周知,同义反复的命题有名无实。事实上,"石头"、"页岩石"(或者无论主项谓项各是什么)都是存在于思维所指向的整个主题中的限定条件或者特性(distinctions)。当此类命题被纳入逻辑学教科书时,其所指向的真正主题是作为该命题例子的某个逻辑理论分支。

更多更广的研究对象就是"情境"一词的意思。需要进一步说明两点。第一,此类情境无法用语言阐述,也无法明晰化,它是想当然的,是可以"理解的",是隐含于所有命题符号之中的,它形成了一切表述或命题中所有词语的论域(universe of discourse)。就像论域无法作为该域的一个论述一样,情境也不能作为命题的一个元素。说它是"隐含的"并非是说它需要被间接表达,而是说它贯穿于被明确陈述或提出的一个特性的始终。一夸脱容量的碗不可能装进自己里面或它所盛的东西里面,但却可以装进另一个碗里,同样地,一个命题中的"情境"可能成为另一命题中的词汇,即与新的思维所涉及的其他情境相关。

第二,情境控制思维的项(terms),因为它们是情境的特性,其应用性将最终用于检验它们的真实性。前面提到的所谓具有渗透性的隐含的性质的观点就是指问题的这个方面。如果一夸脱的容器影响了它所盛的所有东西的意义,那么应该存在一个符合自然法则的推理,就像一个人对卖货的抱怨给自己的商品不够一夸脱一样,不够分量影响了他所购买的东西的全部。这个例子虽然不够贴切,但却暗示了这个因素。而美术作品则不失为一个更加贴切的例子,我们已经说过,它的内部有一个整体的性质来渗透、影响、控制每一个细节。但观察者经常会发现在有的画作、建筑、小说、论文当中,作者没能自始至终给予统一的关注,从而使细节产生了分歧,它们不再是同一主题的特性,因为它们不再包含质的统一。混淆与缺乏统一性常常标志着缺少具有渗透性的单一的质的控制,而这种性质本身便可以使人理解自己的所做、所讲、所听、所读,不管它们使用了怎样的方式来明确地加以表达。性质所隐含的统一性规范着每一个特性和关系的相关性及影响力，它指挥着所有明确的词语的选择、摒弃和使用方式。该性质使我们可以持续思考一个问题，而无须不断地停下来问自己我们正在思考的究竟是什么；并非它自身的存在让我们意识到它，在我们所明确思考的问题中，我们把它当作背景、思路以及方向性线索，因为它们才是它的特性和关系。①

倘若使用心理学语言来表述这个具有渗透性的质的统一，我们应该说它是感觉到的而并非想到的。倘若再把它具体化，我们应该称其为一种感觉，可是这样一来就颠倒了事情的真实状态。"感觉"的意义是由主题中统一的质的存在所定义的，而"一种感觉"表示一种既存的独立的精神实体，这一观念则是预先假设直接存在类似性质的想法的产物。"感觉"与"被感觉"是性质的一对关系的名称。例如，生气时，它就是提高的嗓门儿、涨红的脸，以及人、事物、情况或者说情境所具有的性质。生气时我们意识到的不是气愤，而是那些呈现出直观独特性质的对象。在另一情境中，生气可能作为一个确切的词语，经过分析后或许被称为感觉或者情感。但是，我们现在已经改变了论域，后一论域所用词语的真实性取决于前一论域整体中直接性质的存在。也就是说，当说某物是被感觉到的而不是被想到的，我们是在具有自己的直接性质的新情境里分析前一情境的主题，生气变成我们分析审查的对象，而不是真的发脾气。

当听到有人说"我有一种感觉、印象或者'直觉'事情会如此这般"，其真正的意思主要是指一个情境作为整体存在一个居主导地位的性质，而不仅仅是指存在一种精神或心理上的感觉。说我有种感觉或印象事情会如此这般，表明所探讨之性质尚未转变为明确的词汇和关系，它标志着一个没有陈述理由和依据的结论。这是确定的特性发展的第一个阶段，对每一个主题的思考都开始于此类无法分析的整体。随着主题日益熟悉，相关的特性便会迅速地主动呈现出来，过不了多久，纯粹的质也会被信手拈来。但是，它始终存在并形成一个挥之不去又非常有趣的问题。人们通常认为被陈述的问题往往正在被加以解决，因为对问题本质的陈述表明隐含的性质被转变成词汇以及关系的确定特性，或者说变成

---

① 詹姆斯使用"边缘"（fringe）一词来表达构成情境的隐含的性质特征所起的作用。在我看来，这似乎或多或少是一种很不幸的方式，因为他的这个比喻倾向于把情境当作附加因素，而不是决定其他内容的一个具有渗透性的影响力。

了清楚的思维对象。但是,在明确问题究竟是什么之前,就会有某种事物表现出产生了问题。在被陈述或者提出之前,问题就已经被发现或者被体验到了,但是,它被作为了整个情境所具有的直接性质。感觉到某事物有问题、令人困惑、亟待解决,标志着存在一种渗透到所有元素和考虑因素之中的事物,而思维便起到将其转变为统一的相关词汇的作用。

"直觉"一词有许多意思。与纯粹的哲学用法不同,在较为通俗的用法中,它与隐含在一切清晰的推理细节中的单一性质密切相关。它也许无法表述、含含糊糊,但却非常敏锐;它也许无法用可以形成判断推理的确切的想法来表达,但却异常精准。我觉得柏格森①认为直觉先于观念并更加深入的观点是正确的。思考以及合理的详述都来源于前一个直觉,是对该直觉的明确表述。但这个事实不具有神秘色彩,并且它并非指存在两种知识模式,一种适用于一类主题,另一种适用于另一类。对自然问题的思考和理论化起始于直觉,而对生活事务和精神的思考则是从理想和观念上改造最初直觉到的事物。简而言之,直觉指意识到某种具有渗透性的性质,从而使它规范相关特性的限定条件,或者规范以词语或关系的方式成为思维对象的任何事物的限定条件。

250

一些突然冒出的话语或感叹不过是有机体的反应,但有的也具有理性意义。当然,只有背景和总体情境才能决定一句特定的感慨究竟属于哪一类。"哎呀"、"是的"、"不"、"哦"这些符号也许都对情境整体的性质表达了完整的态度,即可能是非常同情、接受、反对或者特别惊讶。在这种情况下,它们体现了所存在的情境的特征,也因此而同样具有了认知意义。"太棒了!"这一感叹也许是对优秀的舞台表演深刻的理解,也许是对行为的赞美,也许是对内涵丰富的图画的欣赏。这些符号比长篇大论更适宜于表达真实的判断。很多人觉得对完美的事件或者对象评头论足非常做作,令人生厌,因为它们自身是如此完美以至于语言不过是苍白无力的附属品,这并非是说思维在此不起作用,而正是因为思维完整地领悟到了主要性质,因此用词语把它表达出来只能得到不完整、有缺憾的结果。

---

① 亨利·路易斯·柏格森(Henri Louis Bergson,1859—1941),法国哲学家、作家,其主要哲学思想为直觉作为获得知识的方法的重要性以及存在于所有生物中的生命冲动,曾获得1927年诺贝尔文学奖。——译者

这种表达感叹的判断句或许为纯粹的质化思维提供了最为简明的例子。它们虽然简单,但却绝非始终肤浅而幼稚。有时,它们确实是比较幼稚的智力反应方式,但也可能是对过去长期积累的经验和培养的总结整合,把经过严肃连贯的思考所得出的结论传达给思想统一的头脑。唯有被标记的情境而非形式和命题符号,才能确定它属于哪种情况。可以最深刻地理解意义全部内容的例子莫过于一位美学专家置身于一幅美术作品前所作的判断,但它们也出现在每一项科学调查的开始和结束,以表达困惑的"哦"来开始,以表达对圆满有序的情境的赞叹的"很好"而结束。"哦"和"很好"表达的不仅仅是个人感觉的状态,它们都描述了主题的特征。"太美了"既不是指一种感觉状态,也不是对某个存在状态外部特征的偶然表达,而是标志着意识到了对某种具有渗透性的性质的理解并将其转化成明确连贯的词语系统。语言不到位并非因为思想不到位,而是因为语言符号无法完整表达思想的全面与丰富。如果我们继续讨论其他意义上的"数据",而不是作为思考特性的数据,那么原始的那个数据始终会是这样的一个质的整体。

艺术作品的创作逻辑应该引起更加严肃的关注,不管其作品是一幅画、一曲交响乐、一尊雕塑、一座大厦、一场戏剧还是一部小说。只要它不代表某个特殊阶级的思想,那么否认创作者的思维和逻辑就表示打破了传统逻辑学。如前所述,确实存在所谓的艺术作品,其各部分不连贯,一个部分的性质无法强化和扩大其他部分的性质,但这种情况本身恰恰说明他们在创作时思维具有缺陷性这一特征。通过对比,它证明了此类作品的本质,即它们在智力上和逻辑上的确具有整体性。在艺术作品的整体中,一个隐含的性质对作品起决定作用,在外部限制它,在内部整合它,正是这个性质控制着艺术家的思想,他的逻辑被我称为质化思维。

在接下来的分析中,我们把艺术作品的属性分别称为对称、协调、节奏、尺度和比例,它们至少在有些时候可以用数学方式来体现,但理解这些形式上的关系却既不是艺术家也不是欣赏作品的观众所最关心的。这些词语所表示的主题首先是质的,应该从性质上加以理解。离开对性质独立的理解,只有用机械的公式来代替审美的性质,才能将艺术作品的特点解释为可以表述的协调、对称等等。此外,命题陈述反过来在多大程度上提高并加深了对质的理解成为衡量审美批评中此类解释的价值的标准,否则,审美理解就会被单独的评价技能所取代。

艺术创作和审美理解的逻辑异常重要,因为它们突出而精炼地表明了性质整体是如何控制细节的选择乃至关系或者说整体的模式。隐含的性质要求艺术作品具有一些特性,这一要求得到满足的程度赋予了该作品那个成为其标志的不可或缺的特点。可以体现出的形式要求取决于具有渗透性的隐含的性质所必需的物质要求。然而,艺术思维在这方面并非与众不同,而只是将各种思维的特点表现得更加集中;更宽泛地说,这是一切非技术、非"科学"的思维的特点。再来说科学思维,它是艺术的一种特殊形式,有其控制性质的特殊办法。科学越是变得形式化、数学化,就越是由对质的特殊因素的敏感性所控制。有两个原因使得人们没有意识到科学的形式机构具有质的、艺术的本质。一个是传统原因,人们习惯于将艺术以及审美理解与若干被广为接受的形式联系起来。另一个原因在于学者过分专注于掌握符号或者命题的形式,以致没能发现并再现它们的结构中具有创造性的过程,或者说,他在掌握了这些形式之后,更关心它们的进一步应用,而不是去发现它们内在的智力含义。

252

前面的论述旨在说明"质化思维"的重要意义。但作为陈述,它们属于命题,因此都是符号,只有超越它们、把它们作为线索来激发质的情境(qualitative situations),才能理解它们的意思。倘若质的情境因被体验而得以重现,与所作命题相一致的现实很可能会浮出水面。假设此类意识得到了体验,我们继续来思考受到质化思维所启发的其他问题。

首先是关于谓项(predication)本质的问题。谓项问题的困难之处长期存在,它们出现在希腊思想中,它们所引出的怀疑论成为柏拉图的"同-异"论以及亚里士多德潜能与现实(potentiality-and-actulity)概念形成的因素。怀疑论的难题可以归纳为,谓项要么是同义反复从而毫无意义,要么是虚假的或者至少是武断的。以"那个东西是甜的"这个命题为例,如果"甜"已经决定了"那个东西"的意思,那么这个谓项是康德哲学的分析,或者在洛克哲学上构成了微不足道的命题。但是,如果"甜"不能为"那个东西"定性,那么增加这个命题又有什么根据?最多只能说有个人原来不知道它是甜的而现在知道了,但它在那个人的智力发展史上不过是一个小插曲而已。它没有逻辑力量,没有涉及与对象有关并具有潜在的真实性的谓项问题。

253

然而,如果认识到具有主项-谓项结构的任何命题中的谓项都标志着一个质的整体,该整体为了自身的发展,未经思索便直接进入思维的一个对象从而被体验,那么情况就不同了。"给定"(given)的事物本身不是对象,也不是自身具有意义的一个词语,"给定"即指存在,恰恰是一个尚未确定、居主导地位的复合性质,"主项"和"谓项"是其共同的限定条件。"联项"(copula)表示一个词是另一个词的谓项,因此标志着性质的整体通过这两个词的不同特性而得以表达。可以说,它支持了以下事实:主项和谓项各自的特性相互联系,共同起到一般的限定作用。

某种性质被经验到,当它被调查或者被思考(评价)时,与"那个东西"和"甜的"都不同。"那个东西"和"甜的"虽然是对性质的分析,但对彼此而言,却是附加的、综合的、扩大的。联项"是"只是标志着这些相关词语的特性所产生的结果。它们所代表的东西就像劳动分工一样,而联项则代表着体现这种分工的结构所起的作用或所做的工作。说"那个东西是甜的"意思是"那个东西"可以使诸如咖啡或者牛奶鸡蛋糊等另一对象变甜。使某物变甜的意图为把难以言表的性质转变成可以表述的思维对象提供了依据。

联项的逻辑效力总是在于主动动词。当我们说"它是红的"而不说"它变红"时,无论指它自己变红,还是使其他东西变红,这都只是个特殊的语言现象,不是逻辑事实。即便在语言学上,"是"也是"保持"或者"持续"等主动动词弱化了的形式,但任何动作(指真正的动词形式),其本质都是在影响和结果中才能得到最好的理解。我们说"是甜的"而不说"使变甜",说"是红的"而不说"变红",这是因为我们用预期的或者给定的结果来定义动作的变化。说"这只狗是凶恶的"表明了它将要做什么,即咆哮或者咬人。说"人是会死亡的"表明了人所做的事情或什么事情主动发生在人身上,从而唤起对结果的注意。如果我们改变其动词把它变成"人死亡",就会意识到谓项的及物效力和附加效力,从而摆脱属性理论自己造成的那些难题。

最后的这个例子中隐含的具有渗透性的性质如果用语言表述出来,则涉及对人类命运的关心和担忧。但我们必须记住,除非把它用理性的命题形式表达出来,否则它就只是一个难以言表的性质,从中产生了人与死亡以及它们之间依存关系的观念。无论特性、词语,还是它们的关系、谓项,一旦离开了彼此,它们各自就失去了意义。谓项问题的一切难题都源于我们假设词语本身以及它们之间的相互关系都有意义,唯一可以取代这个假设的是,承认以命题方式表述的思维对象是最初不假思索而直接被体验或得到的一种性质。

古典理论的一个难题和错误来源于对难以把握的"给定"这一概念完全错误的理解。给定绝对存在的唯一事物就是全面的具有渗透性的性质,反对使用"给定"是因为这个词既可以表示接受给予的事物,如精神、思维等等,同时也可能表示付出给予的事物。事实上,在这组关系中,"给定"只表示一种性质直接存在,或者无缘无故地出现。作为这种作用,它形成了思维的全部对象所涉及的一切,当然,我们已经注意到它本身却不是明显的思维主题。在本质上,它就是詹姆斯笔下巨大、奔忙、膨胀的困惑,这表达的不仅仅是婴儿阶段的体验,也包括对任何主题的一切思考的最初阶段和情况。然而,未做表述的性质不仅仅只是奔忙膨胀而已,它奔忙是为了取得某种结果,它膨胀是为了获得某个成果。也就是说,该性质虽然难以言表,但作为其复合性质的一部分,却是朝某个方向的运动或过渡,因此,它可以用智力的符号予以表达,从而变成思维的对象,这是通过表述其限制条件(limits)以及它们之间过渡的方向而实现的。"它"和"甜的"表现了该动态性质的限制条件,联项"尝起来"("是"的真正效力)表示这些限制条件的运动方向。不考虑该表述的正确性而只简要地描述这两个限制条件的本质,主项将具有渗透性的质表现为方法或条件,而谓项将其表现为结果或结论。

这些因素不仅确定了分类命题的主项—谓项结构,而且解释了为什么关系到存在完整性的此类命题的选择性特征本质上不是虚假的。为了使人对特定判断的部分特征或遴选特征加以注意,理想主义的逻辑学家曾使用这一事实从逻辑上诋毁它们,他们首先将其转变为有条件的命题,然后最终形成与整个语域范围一致的判断,辩称只有后者才可能是真正正确的,从而推导出它们需要被更正。但充分永远是充分,隐含的性质本身就可以检验特定的情况是否"充分"(enough),确定该性质唯一要做的就是表示出它运动的界限以及方向或趋势。有时情境非常简单,只用到最简洁的指令,如棒球裁判员口中的"safe"(安全上垒)或"out"(出局)。有时性质非常复杂,持续时间很久,需要大量特征和附加关系才能确定其表述形式。有时只消说"我的一匹马的王国"在逻辑上就足够了,但在有些情况下,或许需要整整一本书来表述该情境的性质,从而使它可以被理解。任何命题只要服务于提出它的目的,在逻辑上就都是充分的(adequate),认为只有整个语域被考虑在内性质才会充分的想法,是错误地暗示了判断之意义的结果,该错误在于没能看出需要通过被表述才能起作用的质的整体主宰着思维的每个动向。

现在该来探讨观念联想(association of ideas)问题了。因为虽然人们总认为它在本质上属于心理学的课题，但是，思考作为存在过程是通过联想而发生的，事实上，思考就是有控制的联系。并且，思考的运作机制很难说与它的逻辑结构和功能无关。我无须多费唇舌便可以假设此处的"观念"指对象，也就是说指可

256以参考其意义的对象，而并非精神实体。一个人看到了烟便想到火，是在联系对象，而不仅仅是他头脑中的状态。一个人想到手便会想到抓这个动作或者一个人体器官，也是同样道理。因此，如果联想以思维的方式或者说其发生受到约束，而不是做白日梦，那么联想这个名称指的是具有统一性质的整体情境中的对象之间或它们的元素之间的关系。该表述与"相联系的对象是一个物质整体中的物质部分"这句话意思不同。虽然它恰巧适用于"手-器官"这个例子，也可以或多或少用在"烟-火"的例子中，但一个哲学学者就很可能因为亚里士多德说过的某句话而由手联想到亚里士多德。

总而言之，原始的相近性(或相似性)不是发生联想的原因。我们联想不是由于相近性，因为认识到存在一个其内部元素按时间或空间顺序并行的整体是联想的结果。用"由"(by)来表示相似性，其荒谬性仍然显而易见。这就是为什么许多作者把区别中的相似性干脆当成共同点的原因，这个观点在后面会加以探讨。联想受什么影响，什么样的联想和刺激会产生对特定对象的思考，这些受器官后天的改变所限制，通常是指习惯。该机制详细的运作情况也许目前尚不清楚，但它绝不可能是原始的相近性，因为相近性是通过联想才被了解的。它也许只是一个有机体的状态，该状态形成于对同时存在或先后存在的事物的反应动作。但这个动作具有集中性，提到它只会强调伴随它的性质是具有渗透性的，包含了我们所探讨的两个问题，也就是说，它是对内部对象在时空上相互联系的某个情境的反应。

倘若条件成立，那么真正的问题在于，为什么曾经共存于一个整体的对象现在被视为两个对象，一个去联想，另一个被联想。当想到五斗橱时，思维不会把抽屉当作不同的观念而想起，因为抽屉是所想到对象的组成部分。因此，当我最初看到一只鸟在巢里时，我看到的是单一的整体。那么为什么看到或想到鸟就会把鸟巢当作一个不同的观念而想起呢？这通常是因为我总是单独看到鸟或者

257鸟巢。此外，必须记住：一个经常看到鸟或鸟巢的人，不会想到其他对象，而会直接对它做出反应，就像一个成年人朝鸟开枪或者一个男孩上树摘鸟巢一样。

虽然没有习惯就没有联想,但习惯的自然倾向是制造即时反应,而非激起思维或观念的另一个不同对象。正如鸟和鸟巢在现实中的分离所表明的一样,这个额外因素抵制了看到鸟巢中有一只鸟所形成的状态,否则,我们就会再次得到类似五斗橱与抽屉或者对象与其组成部分那样的例子。如果没有这个抵制或消极因素,就不必费力地把直接反应(即时动作)变成间接反应(思维的不同对象)。

联想不仅不是由相关性产生的,也不是指在先验存在中相关而现在分开的两个对象。它表现为不同但相关的对象,它们要么原本是同一情境对象中的两个部分,要么其中的一个与另外一个先前与之在时空上相分离的对象共存或者继存(就像一个人过去总是分别看到鸟和鸟巢那个例子一样),这就是它最具特点的本性。这个因素有力地反驳了相联系的对象本身或其独立的本性是产生联想的原因这一观点,表明了物质上的共存或继存事实并非联想产生的依据。除了情境的性质作为整体进行运作可以产生起作用的关系之外,还有什么可以取代这一观点呢? 接受这个替代观点就意味着联想是种智力联系,从而把联想和思维结合起来,就像我们接下来会看到的一样。

相关性是非理性、非逻辑的,只不过在时空上并存而已。如果联想就是相关或者由相关性产生,那么,它就丧失了逻辑力量,与思维不再有关。① 但事实上,只对相关事物产生联想仅仅是一个神话,在时空上相关联的特定事物不计其数。那么,当我想到鸟巢时,为什么会想到鸟? 要说相关性,与鸟相比,有不计其数的树叶和树枝更加显而易见地经常与之相关。当我想到锤子时,为什么接下来很可能想到钉子? 我希望这些问题能够表明,在似乎是因果联想的这些例子里,存在某种隐含的性质,可以控制所想到的对象之间的关联。不是相关性而是其他的某种东西引起了联想,两个观念一定都与性质统一的情境相关。由于两个观念(或者酝酿中的全部观念)都与一个基础有关,这个基础超越了它们自身,也不仅仅是对象在时空上的并存,因此,一定存在某种一致性。

相似性对联想确实存在这一观念的冲击更为强大。当我把鸟同鸟巢联系起来时,之前在体验这两个对象时至少产生过某种联系,尽管这种联系本身未必是

258

---

① 假设在相关性中,联想就是实际的或既存的本质,是洛兹(及其他人)的理论基础;他们认为,实际的逻辑形式对于将并存事物转变成连贯的意义非常必要。

后来联想的充分条件。如果心烦表示被昆虫蜇咬,财富变化表示海水的潮汐起落,那就不存在以往的物质联系可用作联想的理由。这两个对象之所以相关,是因为它们相似,这种解释既不能提供解决问题的方法,也不能为"相似性"提供因果效力,它只不过是在说毫无意义的话而已。所谓"由"相似而产生联想就是一个非常典型的例子,体现了隐含的具有渗透性的性质决定思维的必要联系这一事实的影响力。

据我所知,有人非常认真地试图用另一原因解释此类联想,即在所谓的相似性中,各个区别之间确实存在同一性,这个同一性起作用,通过相关性重新恢复那些区别。我不清楚这个解释该如何应用于许多例子中,例如心烦与昆虫蜇咬,或者苏格拉底与牛蝇。"同一性"似乎是联想的结果,而不是先决条件。但我会把对这个问题的讨论局限于它被认为起作用的例子。布拉德利[①]对这个理论的表述最为清楚,我将使用他的例子。[②]

259　　走在英格兰的海边,一个人看到一个海岬,然后称它与威尔士的海岬多么相似。布拉德利解释到,两者在形态上确有同一性,这种相同的形态通过空间相关性显示出一些元素,它们不能用来形容正看到的海岬(大小、颜色等不一致),于是通过关联相同的形态而构成威尔士海岬的观念的内容。这个解释貌似有理,但却经不起推敲,因为形态并非与其他诸多元素相分离,而是一种元素的组织方式(arrangement)或型式(pattern)。只有想到另一海岬、对两个对象进行对比时,型式的同一性亦即形态的组织方式才能够得以理解。

形态或型式可以产生直接联系的唯一办法就是借助直接体验到的性质,该性质是现存的,产生于所有经过思考的分析之前并独立于它,它与控制艺术创作的本质相同。用心理学语言来说,它是被感知的,这种感觉通过另一海岬的观念得以表述或者变成思维的一个词汇。起作用的不是两个对象间外显的同一性,而是一个现存的直接性质——适用于已经列举的那些例子的唯一解释,或者用来解释为什么某种声音会令人想到吸墨水纸。整体情境中起规范作用的性质优先,这在审美评价的例子中最为明显。一个人第一眼看到一幅画时就说这是戈

---

① 弗朗西斯·赫伯特·布拉德利(Francis Herbert Bradley,1846—1924),英国哲学家。——译者
② 《逻辑学》(*Logic*),第一卷,第二册,第二部分,第一章,第三十节。

雅①或者受其影响的人的作品，他在进行分析或者辨别明显的元素之前很早就作出了这个判断，这是画作的性质作为整体在起作用。对于训练有素的观察者而言，基于具有渗透性的性质的这类判断也许会在不久的将来使得他对元素和细节进行确定的分析，分析的结果则可能证实或者否定最初的判断。但是，对质的整体的基本的欣赏是这样一条条进行分析的方法更加可靠的基础，与了解绘画史和绘画技术要领、但却对深入的性质缺乏敏感性的评论家所作的外部分析相比，其所得出的结论也更加可靠。

布拉德利的另一个例子，是指出密尔否认从一个给定的三角形联想到另一个三角形可以被视为二者具有相关性。因为密尔说过，"三角形的形态不是诸多特点（features）中单独的一个"，而布拉德利则认为这个观点非常荒谬，他说自己260甚至无法理解这句话的意思。也许使用"特点"一词并不合适，因为当说鼻子是脸部的一个特点时，我们脑海中想的是诸多元素或部分中的一个，而三角形却不是此类可分离的元素，它是全体元素布置、排列或者构图的特点，必须可以直接获得。人的鼻子即便是作为面部的一个特点，也不是绝对可以分离的，因为它除了可以成为面部的一个特点以外，其特点也可以由面部来决定。然而，人的表情则是一个更好的例子，它毫无疑问是全体元素相互关联产生的整体效果，而不是"诸多特点中单独的一个"。三角形也是如此。人们总是发现一家人会很相像，但却完全无法确切指出究竟哪些地方相像，作为结果，对人的辨认（identification）正是基于这种难以分析的整体性质，它与依靠指纹辨认一个人完全不同。

上述简明扼要的讨论，通过揭示占主导地位的性质对不同观念的联想和联系所具有的重要意义，说明了为什么思考作为一个外部过程与受控制的联想完全一样，②因为后者不可以简单地用事物的外部联系或外部同一性来解释，如果可以，那么联想本身就成了存在序列、共存或者同一性的又一个例子，从而不具有智力意义和逻辑意义。但是，被组成并限制情境的直接性质所确定的选择和连贯是"联想"的特点，它们与既存的关联和物体的相似种类不同，而与思维的相

① 戈雅（Goya，1746—1828），西班牙画家。——译者
② 如果冒险进入纯理论领域，我或许会将这个观念应用于动物的"思考"——也就是完形心理学家（Gestalt psychologists）所说的"顿悟"（insight）这个问题。整体性质在动物身上起作用，有时就像对猴子的研究一样，可以支持我们通过思考分析得出结论。我认为，这是毋庸置疑的。但是，把性质促使结果产生的方法应用于象征和分析，则完全是另外一回事。

同。相似性或相像几乎非比寻常地重要，其本质是哲学的关键问题，解决这个问题非常困难，这一方面使人认为它的本质是纯粹精神的，另一方面使人理想化地借助区别的同一性原则来辨别本体论和逻辑的对象。而承认具有渗透性的性质

261 的存在可以使我们避免这两个极端。通过这个方法，一个声音可以等同于吸墨水纸，在更严肃的理性问题中，类比（analogy）成为了科学思维的指导原则。以同化（assimilation）为基础，产生了对相似性（similarity）更加明确的认识，因为同化本身不是对相似性的感知或判断，相似性要求使用符号做出进一步的行动，也就是创造一个命题。有句谚语为"人生总有涨潮时"，其本身并不包含对人生和潮水的直接比较，也没有明确地表示它们相似。某个具有渗透性的性质导致了同化的产生。如果恰好有符号，那么这个同化就可能会引起进一步的动作——对相似性的判断。但事实上，同化先行发生，而无须最终使用相似（resemblance）这个概念来表述。①

"同化"指的是具有渗透性的性质有效地起作用，指的是一种关系，纯粹的同化会造成单一理解对象的出现。认出看见的一个物体是海岬就是同化的例子。通过某种目前还不清楚但却被称为"习惯"的生理过程，过去经历的最终结果赋予了所感知的存在——海岬——以主导性质。由这个对象联想到其他对象表明拒绝简单的同化，从而产生了辨别行为。这些具有渗透性的性质互不相同，但同时却相互联系。其成果便是清楚明白的表述或者命题。

我非常清楚地认识到，我所触及的不过是一个复杂话题的边缘。但是，既然这个话题被普遍忽略，那么如果我把那些对思维及其运作感兴趣的人的注意力引向了这一被忽略的领域，就应该感到心满意足了。撇开细枝末节，这个问题的要义是，具有渗透性的、占据主导地位的性质，其直接存在是背景，是问题的着眼点，是一切思考的规范性原则。因此，否认存在质化事物这一现实的思维必然以自相矛盾、自我否定收场。自然科学中的"科学"思考从未脱离过质的存在。直

262 接来说，它自身总是具有质的背景；间接地说，它所研究的世界也具有质的背景，在这个世界里存在着普通人类的一般体验。未能认识到这一事实，是给我们的知识理论以及形而上学或者说存在理论带来负面影响的人为问题和错误的根

---

① 因此，再回到布拉德利的例子，一个人可以直接从英格兰的海岬转到威尔士的海岬，集中谈论后者，而无须判断两者的相似性。

源。除了这个一般性结论外，还有一点在前面的讨论中强调过。艺术创作与科学以及哲学一样，也是真正的思维，所有对艺术作品真正的审美欣赏也不例外，因为非常重要的一点是后者必须以某种方式重走一遍创作的过程，这一点非常重要，但是，关于这一点对于审美判断以及美学理论的意义的探讨，则是另外一个话题了。

人文主义之我见①

"人文主义"(humanism)一词用法颇多,许多互不相干的词义都混入其中。词义是由使用者赋予的,或许得说一个词最恰当的莫过于历史上的用法了。

至少,这个词最初所指的是 15 世纪后期和 16 世纪初期出现的学习复苏阶段。人文主义被用于这一运动,表示对希腊和罗马文学极度感兴趣的一群文人的活动。他们致力于将拉丁语和希腊语作为活的语言来使用;他们对古代文学的传播,表现出极大的热情;他们对欧洲本土文学不屑一顾,以至于尽管翻译了大量著作,却都是从希腊语译为拉丁语。

鉴于一群美国当代文学评论家给予"人文主义"一词独特的含义,因此值得注意的是:不亚于圣茨伯里②的一位权威说过,早期的人文主义者激烈地反对各种权威。

后来,人文主义的词义有所扩大,从对古典文学的兴趣转移到关注与人类行动和感情相关的一切。就像中世纪与超自然主义紧密相连一样,它把当时和过去的人类生活作为一切重要事物的核心和根源。

那时的人文主义(*humanitas*)与神学(*divinitas*)相对立,人性(*humanities*)被置于神学和神权的对立面。佩特③描绘了这个阶段美丽而又或多或少有些理想

---

① 首次发表于《思想家》(*Thinker*),第 2 期(1930 年 6 月),第 9—12 页,是系列文章之一。
② 乔治·圣茨伯里(George Saintsbury,1845—1933),英国作家,批评家。——译者
③ 沃尔特·佩特(Walter Pater,1839—1894),英国作家,主要评论性著作有《文艺复兴史之研究》(*Studies in the History of the Renaissance*)(1873 年)和《论鉴赏》(*Appreciations*)(1889 年)等,下文所引用之文字出自他的《文艺复兴:艺术与诗的研究》(*The Renaissance:Studies in Art and Poetry*)。——译者

化的画面。他曾说：

> 人文主义的精髓在于相信任何活着的男人和女人所感兴趣之物都不会
> 完全丧失其活力——包括他们所使用的语言、使他们安静下来的神谕、人类
> 真正的智者思考过的梦想、乃至一切他们所热衷的或者投入了时间和热情
> 的事物。

264

此种人文主义也与莫尔（Paul Elmer More）①和白璧德（Irving Babbitt）②那
种虽使用相同字眼但却饱含克制与否定之义的人文主义完全不同。

人文主义发展的下一阶段的发起者是培根及其后继者，特别是 18 世纪杰出
的法国人，其中孔多塞尤为突出。此时人文主义的核心信条为：任何知识以及科
学研究的组织均需考虑到人类理想的福祉，即"改善民生"。

培根并不否认神和超自然现象，但只是将其归于与知识信念完全不同的信
仰范畴。他的后继者将人类因素不断地推近到越来越前沿的位置。孔德就深受
孔多赛的影响，将创造一个人类的宗教以及综合一切关乎人类的科学作为其理
念的核心主题。

在当代思想中，有新宗教运动与该思想相呼应，称自己为人文主义。然
而，它却并非主张崇尚人性，更不打算为此建立一个类似中世纪基督教圣礼
那样的礼仪体系，而是在人类理想和愿望的领域寻求其关于上帝和其他宗
教思想的概念，并将人类的宗教情感与促使人类生命达到理想阶段紧密结合
起来。

当实用主义哲学出现时，牛津的思想家席勒也把它命名为人文主义。他把
普罗塔哥拉的一句名言"人是万物的尺度"作为自己的座右铭。他应用该理念来
复兴逻辑学、伦理学和形而上学，将价值作为哲学的核心概念，并从人类的欲望、
目的和满足中找到了价值的源头。

即使从如此简短的调查中也会发现"人文主义"一词包含诸多意义，而没有

265

---

① 保罗·埃尔默·莫尔(1864—1937)，美国著名学者、文物学家、哲学家、教育工作者，也是卓有建
树的新人文主义者和文艺评论家。——译者
② 欧文·白璧德(1865—1933)，美国人类学家和学者，他的新人文主义运动试图恢复文学批评理论
中对传统美德的关注。——译者

一个与最近出版的《人文主义与美国》(*Humanism and America*)①一书所指之运动有任何相似之处。

许多执著于该词较为人熟知的旧词义的人都会感到遗憾,当年没能想到更好的词语来称呼莫尔和白璧德所提出的福祉,直接使用人文主义一词所起的作用是消极的,它既是反浪漫主义的,又是反自然主义的,它赋予"人类"的重要意义,只有站在它对自然所持之观点的对立面才能得以理解。从哲学角度来看,其哲学完全是二元的,它在自然和真实的人类本性之间平添了一道鸿沟,将困扰人类的一切罪恶和不幸都归咎于自然对人类生命的阻碍。

这一事实导致了其显而易见的消极性。它攻击一位众所周知的真正的人文主义哲学家,②仅仅是因为他试图远远摒弃人文主义的机械性从而使它可以囊括人与自然,而这一消极性却使得这个新运动注定没有结果。

其信条使得它可以攻击当代生活中令其他主义也不满意的许多事物。然而在我们所生活的这个时代,可以非常安全地预言,任何哲学倘若将人与自然分开,认为科学妨害了人类利益向高层次发展,都会落得无果而终的下场。

也许它自己都未必意识得到,它与自己一向指责的浪漫主义有许多共同之处。它的伦理学基本承袭了康德,它的理性与法则的观念脱离了一切自然基础以及对自然的积极应用,恰与"先验想象力"(transcendental imagination)一个意思。如若它沿着自己的逻辑得出自己的结论,那么一定会像从前的浪漫主义一样,最终投入教堂的怀抱。

此外,还存在另外一个完整的人文主义。自培根以来,一个亟待解决的问题便是基于生命而重新整合科学,使它成为人类命运的仆人而非主人。当时,这只是一种可能;而现在,这成为一种必须,否则人类生命的尊严将被吞没。

266　社会生活本身需要这种整合,而科学则可以胜任这项任务。一本书的某一章是关于 20 世纪早期的文学,而当今的某个群体得以在其中的一段大力宣扬其所谓的"人文主义",即便如此,我在前一段所提到的那类人文主义在此后很久也

---

① 《人文主义与美国》,作者安德鲁·菲茨莫里斯(Andrew Fitzmaurice),于 2003 年 3 月 24 日由剑桥大学出版社出版。——译者

② 艾尔弗雷德·诺思·怀特海(Alfred North Whitehead,1861—1947),英国科学家、玄学家、数学家,《科学与现代世界》等著作的作者。——译者

能继续存在。

不管怎样，人文主义于我而言不是人类生活的浓缩，而是一种扩展，此时，自然以及自然科学都成为主动为人类利益服务的仆人。

我的信仰

——现世哲学之七[①]

267　　信仰,曾经几乎毫无例外地被认为是接受一套明确的理智命题,这种接受基于某种权威——特别是来自天国的启示。这意味着遵守由固定教义组成的信条,我们的教堂每天都在背诵这些教义。而最近又出现了另外一种信仰的概念。对此,一位美国思想家如此表述道:"信仰使人有行动的倾向。"根据这一观点,信仰便成为所制定之信条的源泉,也是对进取心的鼓舞。从前一信仰概念转变到后者,标志着深刻的变化。无论坚持何种基于特定权威的教条,都表明不相信经验在自身发展进程中有能力为信仰和行动提供必要的准则,而较新的信仰概念则表示经验本身是唯一的最高权威。

　　此类信仰概念内部囊括了成为某种哲学所需的一切元素,因为它暗示着经验过程和经验材料对生命起到支撑和维系作用,经验的各种可能性为规范行为提供了全部所需之目标和理想。若将这些隐含之意明朗化,那么一种明确的哲学就会浮出水面。在此,我无意详细介绍此种哲学,而意在说明就人类文明当前之状态而言,基于作为知识和行动最高权威的经验哲学究竟是何意思,它对所思所为会做出怎样的反应。因为目前,这种信仰既没有得到清楚的表述,也不广泛为人所接受,否则,它就不过是常识的一部分,而不能称其为哲学了。

268　　事实上,它与教授给人类的传统思想之总趋势大相径庭。人们基本上一直

---

① 首次发表于《论坛》(*Forum*),第 83 期(1930 年 3 月),第 176—182 页,是系列文章之一。

否认经验和生命可以自我规范、可以用自己的方式来提供指导和启迪。除了偶有反对之声,历史上的哲学几乎都是"先验的"。此类哲学的这一特点反映出主流的道德准则以及宗教信仰都是寻求某种超越经验的事物,该事物在价值上被认为更加基本、更为优越,而与之相对的经验则受到轻视。

现世生活被当作为其之外或之后的生活所做的准备。人们一直认为它没有规律,没有意义,没有价值,除非用于证实超越其自身的某个实在(reality)。其主要信条的基础是有必要摆脱想象出来的经验所带来的困惑和不确定性。生命被认为是罪恶和无望的,除非其自身内部明确表示出能够达到更高的实在。这些摆脱现实的哲学,同时也是对被经验的世界之疾病与痛苦作出补偿的哲学。

人类几乎从未询问过如果经验的各种可能性得到认真的探究和利用将会怎样。在科学领域,人们做了大量有系统的探索,在政治、商业、娱乐等领域,人们也进行了许多不同寻常的开发利用。然而,这种关注可以说是偶发的,与信仰公认的主流模式完全不同;它的出现并非是因为人们相信经验可以提供组织原则以及方向性目标。宗教处处充满超自然现象——而超自然现象恰恰指超越经验之事物。道德准则已经与这种宗教信仰的超自然主义结为同盟,并从中找寻基础,获得认可。与此类深深植根于所有西方文化中的观念的差异赋予了经验哲学信仰以明确深邃的意义。

II.

为什么过去人们会求助于超越经验的那些哲学呢?为什么现在人们认为有 269 可能不再需要它们的帮助了呢?第一个问题的答案是毫无疑问的,即没有任何迹象表明当时人们所具有的以及可以合理预见到的经验有能力提供自我规范的手段。它作出承诺,却拒绝履行;它唤醒欲望,却不加以满足;它点燃希望,却使其破灭;它激发理想,却对其实现漠不关心甚至充满敌意。人们无法解决经验所带来的难题和罪恶,便自然不会相信它有能力提供权威性的指导,而经验又没有引导自身发展的技巧,于是主张逃避现实、寻求安慰性补偿的哲学以及宗教便自然而然地随之而来了。

那么,如果人们认为这种情况已经得到了改变,现在有可能相信经验本身所带来的各种可能性了,这又有什么依据呢?该问题的答案提供了经验哲学的内容。当今经验所具备的一些特性是以往占主导地位之信仰产生时所不了解、不具备的。如今的经验本身就拥有发现和检验的科学方法，其标志为创造各种技能和工艺的能力——即安排和使用各种自然的以及人类的条件和能量的技术。这些新能力为经验及其潜力赋予了全新的意义。人们普遍认为，自 17 世纪以来，科学已经彻底改变了我们对外部自然界的信念，它也会继续开始彻底改变我们对人类自身的信念。

当认真思考这一非比寻常的变化时，我们的头脑很可能会想到在天文学、物理学、化学、生物学、人类学等学科的研究课题中所发生的转变。虽然这些变化非常重大，但与方法领域内发生的变化相比，可谓相形见绌，因为后者乃是信念内容发生革命的开拓者。除此而外，新的方法还致使我们的理智态度以及与之如影随形的道德风气发生根本性的变化。我们称这种方法为"科学的"，它为当代人（一个人并非仅仅因为生活在 1930 年便成为当代人）揭示所存在的各种实在（realities）提供了唯一可靠的方法，是启示（revelation）唯一真正的模式。拥有

270 了这样一种其使用可以不受任何限制的新方法，就意味着对自然以及经验的各种可能性产生了全新的观念，从而带来了对信心、控制和安全的全新的看法。

知识的改变与我们所谓的工业革命之间确实存在着明显的关联，它创造了许多指导和使用自然能量的技术。技术当然包括那些制造出铁路、汽轮、汽车、飞机、电报、电话、无线电以及印刷设备的工程技术，但是，它也包括医疗卫生领域的新程序、保险业在不同部门的功能，以及即便没有实际发生也是潜在存在的那些可以应用于教育领域和其他人类关系的全新方法。"技术"就是指可以引导和使用自然以及人类的能量来满足人类需求的一切智力技能，它不可能局限于几个相对而言比较机械的外在形式。在这些可能性面前，传统的经验概念便显得落伍了。

许多不同的理论都或多或少成功地描述了这些新运动的这个或那个方面，但却没有整合成人们的日常习惯以及主导观念。这一事实有两个重要的标志和检验标准。在科学和工业领域，人们通常可以接受不断变化这一事实，然而道德、宗教以及明确的哲学信条则是基于稳定性的观念。在种族的历史上，人们向来害怕改变，改变被视作衰落退化的根源，被当成无序、混乱与动荡的原因而加以反对。人们之所以愿意相信超越经验的东西，主要是因为经验总是处于变化之中，人们不得不在其之外寻求稳定和安宁。17 世纪以前，自然科学也始终相信稳定性优于变化性，理想化地想要找寻永恒不变的事物。当时的哲学，唯心的

也好,唯物的也罢,都以该观念为基础。

科学和宗教钟情于固定不变的事物,这反映了宗教与道德普遍深入的一个观点,即暂时性意味着不安全,在存在的兴衰变迁之中,唯有永恒之事物才是安全与支持的基础。基督教提供了绝对的、一成不变的上帝(Being)和真理所带来的固定启示,这个启示又被扩展为由指导生命方向的确定的规则和目标所组成的体系。因此,"道德规范"被视作一部法典,时时处处都保持不变,所谓美好的生活就是固定地遵循那些一成不变的原则。

III.

与这些信念相反,自然科学各分支的突出之处便在于认为存在即是处于过程和变化之中。然而,虽然自然科学中的运动和变化得到了理解,但这对普通人看待宗教、道德、经济和政治问题的影响却微乎其微。在这些领域,人们仍然认为我们只能在困惑混乱与固定不变之间作出选择。人们认为基督教是终极宗教,耶稣是神与人最完备、固定不变的化身;我们目前的经济体制至少在原理上表现出某种终极恒久的东西——只是偶尔希望在细节上略作改进;虽然实际情况明显地在不断变化,但产生于中世纪的婚姻家庭习俗却是终极不变的规范。

这些事例体现在变化的世界中,稳定性这一理想究竟达到了何种程度。经验哲学会全盘接受这样一个事实:社会存在和道德存在与自然存在一样,都是处于不断的、有时较为模糊的变化之中。它不会试图掩盖不可避免的变化现实,也不会打算为即将发生的变化之程度设置界限。它不会徒劳地将精力耗费在从固定不变的事物中获得安全感和精神寄托,取而代之的是,它将努力确定即将发生的改变之性质,针对与我们最息息相关的那些事务给出某种程度的智力指导。提到这点并非为了重拾那些乌托邦式的观念,即社会变化非常迫切地需要此类智力指导,而是旨在传达这样一个信念:随着人们对已经发生在自然和技术领域的革命的全部意义的了解程度的加深,经验哲学也能够慢慢得以实现。

凡固定性思想居统治地位之处,也是无所不包之统一性思想占主导地位之地。大众化的生活哲学总是渴望获得这种无所不包的同一性,形式哲学则致力于从理智方面实现人们的渴望。考虑一下大众思想中寻找生活的那一个意义以及宇宙的那一个目标(purpose)所占据的地位,那些寻找单一意义和目的(end)的人要么按照个人愿望和传统,构想出这样的意义和目的,要么因为无法找到这样单一的同一性而绝望地放弃,得出的结论是生活中发生的任何事件都没有真正意义。

然而还有其他的可能性,没有必要一定在毫无意义和无所不包的单一统一性之间作出选择。我们遇到的诸多情境可能包含很多意义和目标,可以说每种情境都会有一个意义和目标,每种情境都是对思维和毅力的挑战,都体现了其自身的潜在价值。

我想即便是认为存在许多互相联系的意义和目的的观念取代了认为只存在那一个意义和目的的观念,也无法想象个人乃至集体生活之中究竟会发生怎样一些改变。找寻无所不包的单一美好注定会失败,生活之幸福来自竭尽全力从每一个经验的情境中获取其独特完整的意义。相信各种经验都拥有不同的可能性,伴随这种信念的将是不断发现、不断成长的喜悦。只要生活经历被当作可以揭示意义和价值的潜在力量,而借助这些意义和价值可以在未来获得更加完整、更有意义的经历,那么即使遇到困难和失败,也同样可以体验到这种喜悦。相信只存在单一的目标则会扰乱思想,浪费精力,倘若这些思想和精力被导向可以达到的目标,则可以帮助创造一个更加美好的世界。

IV.

我上文所陈述的是一个普遍原则,因为我认为哲学不仅仅是就这个或那个问题简单地列举出一个个信条。当然,这个原则只有应用到实际问题时才会确定无疑。那么宗教又会怎样呢?放弃经验之外的强制力量是否等于放弃了一切宗教呢?这必然要求放弃历史上与基督教相关的那些超自然主义、固定教条以及僵化的制度。然而,据我对人类本性和历史的了解,宗教信仰的理智内容最终总会在科学与社会情况明朗以后与之相适应,从某种意义上说,它的内容便是寄生于这些情况之上的。

因此,我认为,那些关心某个宗教观点的人不应该被科学与传统教条之间的冲突所困扰——当然,我可以理解原教旨主义者(fundamentalists)与自由主义者(literals)的困惑,他们把宗教等同为一套特殊的信念。我认为,对宗教未来的关心应该有不同的方向。很难看出,当宗教信仰适应了可以瓦解教堂教条的知识体系所带来的影响之后,它该如何既能适应传统社会习俗又能保持其生命力。

在我看来,宗教的首要危险似乎在于它过于受到尊重。它在很大程度上成为对社会存在之事物的认可——对制度以及习俗的一种注释。原始基督教的某些主张是具有破坏性的,它是一种放弃并谴责"现世世界"的宗教,要求人心发生某种改变从而促使人际关系产生彻底的变革。由于现在西方世界自称已被基督教化了,因此制度陈旧过时的世界得以被接受,并受到尊崇。这样一个以要求彻底变革作为开端、如今已经成为对经济、政治以及国际制度的认可的宗教,应该带领其虔诚的信徒认真思考一下他们所膜拜的神亦即该教的创始者曾说过的话:"人都说你们好的时候,你们就有祸了,"①"人若因我辱骂你们,逼迫你们……你们就有福了。"②

我此言的意思,并非是说宗教的未来与回归启示中天国很快就会到来的预言紧密相连,也并非是说我认为早期基督教即使在萌芽阶段本身就具有了救治现存弊病、解决现实问题的现成方法,而是要表明宗教的未来取决于人们是否会对人类经验与人类关系的可能性产生信念,在这种信念下形成对人类共同利益的强烈意识,并采取行动实现这一意识。倘若我们所谓的宗教组织学会如何利用其象征以及仪式来表达并促进这一信仰,那么它们将会成为与知识以及社会需求和谐共处的某种生活概念有益的同盟。

既然现在的西方文明之所以如此,主要是因为工商业力量的驱使,那么真正的宗教观念就应该考虑深深影响依赖于工作条件及结果的人类工作和休息的一切因素,也就是说,它应该承认经济因素对生活的重大影响,而非回避它。阻止我们理解并实现经验的各种可能性的最大障碍存在于我们的经济体制,人们无需接受经济决定历史和制度这一教条便可以意识到:参与人类日常交际模式中某个富有艺术性和理性并且有所回报的经历取决于经济条件。只要影响人们思想、制定人们行为条件的那些人不惜一切力量维系现在的货币经济和私人利益,那么相信存在内涵丰富、意义深远、全民参加的经验的各种可能性就只能局限于哲学。然而,一旦这个问题是通过考虑宗教信仰而引起的,其意义就将远远超出

---

① 《新约》路加福音 6:26,译文引自《圣经——中英对照(和合本·新国际版)袖珍本》,香港:圣经协会,第 113 页。——译者
② 《新约》马太福音 5:11,译文出处同上,第 7 页。——译者

宗教范畴,它将影响到生活的方方面面。

许多人早已非常敏锐地意识到经济之罪恶,它们影响了占人类主体的工薪阶层的生活,然而若想看出那些我们所谓的富人或"有钱人"的经验是如何受到局限及扭曲的,则多少需要更多的想象力。他们似乎从当今形势中获得了很多好处,但实际上也饱受其缺陷带来的伤害。艺术家和科学工作者被排除在主流生活以外,成为其边缘的附属品或者其不公的牺牲品,这结果殃及所有审美利益及理智利益。毫无价值的铺陈与奢侈以及靠占有东西、社会地位和凌驾于他人之上的经济权力来确保幸福的企图是徒劳无益的,恰恰体现了存在于似乎受益于当前秩序的那些人的经验的局限性,相互害怕、怀疑、嫉妒也是它的产物。所有这一切对人类经验所造成的扭曲和削弱是不可估量的。

曾经一度,或许的确需要对这类事情忍耐一段时间,因为那时人类既没有知识也没有技能来获得可以被所有人分享的内涵丰富的生活。现在科学技术已经为我们提供了方法来有效地处理经济力量的运作,随着这一情况日益明显,关于经验的各种可能性的哲学便会形成具体的意义。

V.

我们的国际体系(尽管非常混乱,但确确实实是一种体系)显示出另外一个显而易见的例子,即由排他性和孤立性所造成的经验的局限性。在艺术和技术科学中早已产生接触和交流,这些哪怕在一个世纪前都是无法想象的。物质商品贸易的情况也是如此,尽管设置了可憎的关税壁垒。然而与此同时,种族歧视却从未像现在这样有如此之多的机会毒害人们的心灵,而民族主义也被提高到了跟宗教同等的地位,美其名曰"爱国主义",不同的民族和国家之间即便没有公开发生冲突,也存在着潜在的敌对情绪。这些事态以难以计数的方式限制并削弱每个个体的经验。这种局限性的一个外在标志便是我们经常引用的一个事实,即我们国家支出的80％是用于补偿过去战争留下的后果以及准备未来的战争。个体某个至关重要的经验的状况与复杂的集体社会关系如此息息相关,以至于过去的个人主义早已失去了意义。个体将始终是经验的中心和终点,但个体在其生命经验中实际上究竟是什么则取决于社交生活的本性和活动。这便是我们的经济和国际体系迫使我们接受的一个教训。

道德本身不能成为学科,因为它本身既不是一个事件,也不是一个部门。它标志着生活中不断汇集的各种力量所引发的事件。面对变化的科学和社会,那些确立了固定不变的目标和规则的法典有必要缓和下来。一种全新有效的道德风范只能从人类关系的现实中挖掘出来,心理学和社会科学正在着手探求从事这一研究的手段。不尊重经验给这个领域带来的灾难性后果比任何其他领域都要多,因为没有哪个领域像它一样造成如此巨大的浪费;很多过去的经验被抛弃了,没有认真细致的积累过程,个体相互接触交往的相关知识也没有得到系统地传承,人们认为传递固定的规则和目标就足够了。就像现在从自然世界获得科学经验的实际情况一样,只有当人类关系全部相关的经验所带来的结果得以筛选和交流的时候,有控制的道德发展才可以开始。

在大众口中,道德往往指男女关系问题。虽然处于迅速转折期的一些与当前情况类似的现象不足以成为我们进行预测的基础材料,但显而易见的是,那些在名义上依然流行的法典产生于片面、局限的条件之下。如今关于爱情、婚姻和家庭的观念几乎毫无例外都由男性制定,就像以片面经验为主的那些人类利益的全部理想一样,这些观念在理论上是浪漫的,而在实际应用时则是乏味的。感情用事的理想化一方面在几乎被认为是合法的制度里有其对立面,男人、女人、孩子之间相互关系的实际情况早已沉没于多愁善感和墨守成规之中了。妇女不断寻求解放所带来的唯一成果便是可以制定更为现实、更加人性化的道德,其特点是一种新的自由,外加新的正确性,因为它将受到社交生活之实际情况的驱动,这些情况会通过细致系统的调查来揭示,而非结合传统以及枯竭的法律体系感性地来得出。

VI.

这个时代主要的理性特征是对所有建设性的哲学都感到绝望——不只是针对它的技术含义,也包括任何综合的展望和观念。上世纪的发展已经达到如此程度,以致我们现在意识到旧的信仰已遭到冲击和颠覆,然而建立在与科学和现实社会条件相一致的事实基础之上的、关于自然和人类的崭新一致的观点还有待形成。我们现在口中的维多利亚女王时代①似乎有着这样一种哲学,一种关于希望、进取以及所有被称为自由主义的事物的哲学。但是,人们日益感到一些

---

① 维多利亚女王时代(Victorian Age,1837—1901),英国维多利亚女王统治的时期。——译者

社会问题不但没有得到解决，还因战争而更加严重，那个信仰便随之发生了动摇，现在想要恢复那种情绪已经不可能。

其结果便是对所有综合的积极的观念不再抱有任何幻想。拥有建设性的理想被认为是一个人承认生活在幻想的世界里。我们已经丧失了推理的信心，因为我们早已了解到人类主要是习惯和情感的动物。认为习惯和冲动本身可以在任何广阔的和社会的范围内被合理化，这不过是又一个幻想而已。因为过去的希望和期待丧失了信用，于是任何影响深远的计划和方针都会遭到冷嘲热讽。我们查明过去的希望和抱负的虚幻特性所使用的知识——被原本认可它们的人所否定了的知识——也许会促使我们形成基础更加牢固的目标和期待，这一点被忽视了。

事实上，与维多利亚女王时代的乐观主义进行对比，对于形成一种完全不同的哲学的必要性和可能性具有重要意义，因为那个时代从不质疑旧观念的根本真实性，它清楚当时的新科学需要从某种程度上净化传统的信仰——例如，破除对超自然事物的迷信。然而大体上，维多利亚时代的思想就好像把新的条件当作有效的工具放到我们的手中来实现旧的理想。现在非常典型的震惊与不确定则标志着发现旧的理想本身遭到了破坏，科学技术并没有给我们提供实现它们的方法，而是动摇了我们对广泛综合的信仰以及目标的信心。

当然，这个现象只是暂时的。新生力量的影响在当下是消极的。西方文明所信赖的对神圣造物主兼最高权威的信仰以及所传承的灵魂及其归属的观念、固定启示的观念、制度绝对稳定的观念和自动发展的观念在西方有教养的人看来，都不可能继续存在了，人们心里自然会认为其结果应该是导致对一切基础的、起组织指导作用的观念的信仰土崩瓦解，怀疑论成为人们受过教育的标志甚至心态。这一点更具影响力，因为它不再直接反对这个或那个旧信条，而是对任何影响深远的观念都怀有偏见，否认这些观念可以系统理智地指导事务。

正是在这样的背景下，一种受惠于科学技术而形成的彻底的经验哲学才具有重要意义。对它而言，传统观念的瓦解恰恰是它的机会。产生这样一种经验的可能性本身就是一种新奇事物，在这种经验中，科学和艺术相互结合，从而影响到工业、政治、宗教、家庭生活以及普遍的人类关系。我们还不习惯它，哪怕它仅仅是一个观念。然而，对它的信仰既不是梦想，也没有被证明会失败；它的确是一种信仰，我们可以在很大程度上通过观察所获得之物从而在未来实现这一信仰。当然，一旦它从批判性、建设性的统一观念体系中被抽象出来，那么作为一种可能性，它的概念就形成了一种哲学——一种有条理的展望、诠释以及构建的观念体系。一种使人有行动倾向的哲学信仰，只能通过行动来试验和检测。对于本文所述之哲学，目前我还不知道任何切实可行的替代方案。

道德的三个独立要素[①]

种种迹象表明,有一个事实是道德活动不可或缺的组成部分,但却尚未在道德理论领域得到应有的关注,即任何可以被恰当地称之为道德的情境中所包含的不确定性及冲突因素。传统观念只看到这种情境中善(good)与恶(evil)的冲突,人们很肯定这种冲突没有什么不确定性,道德主体清楚何为善何为恶,只需根据自己的相关知识选择其一便可。我不打算停下来探讨这种传统观点在某些事例中能否站得住脚,只消说它在很多事例中都不成立就足够了。道德主体越是有良知,越是关注自己的行为在道德方面的性质,便越会意识到弄清楚何为善这个问题的复杂性,他会在不同的目的间犹豫,它们在某种程度上都是善的;他会在不同的责任间踌躇,它们总有某种理由要求他承担。只有在事后,在机缘巧合之下,某个替代选择才似乎可以简单地被判断为在道德上是善的或是恶的。例如,如果大家普遍认为一个人是不道德的,那么我们便知道他没有费心为自己的行为去辩护,甚至包括一些犯罪行为。用精神分析学的术语来说,他没有花力气使他的行为"合理化"。

正如我刚才提到的,道德情境的这个成问题的特点,这种判断一个行为在道

---

① 首次发表时,被夏尔·塞斯特(Charles Cestre)译为法语,以"Trois facteurs indépendants en matière de morale"为题目,刊登于《法国哲学会简报》(*Bulletin de la société française de philosophie*),第 30 期(1930 年 10—12 月),第 118—127 页。这是杜威于 1930 年 11 月 7 日为巴黎的法国哲学会(French Philosophical Society)发表的英文讲话的发言稿。英文版首次发表于《教育理论》(*Educational Theory*),第 16 期(1966 年 7 月),第 198—209 页,由乔·安·博伊兹顿(Jo Ann Boydston)翻译。关于萨维尔·莱昂(Xavier Léon)的介绍以及杜威讲话结束后的讨论,参见本卷附录 5。

德方面的性质时最初的不确定性，尚未在当今的道德理论领域找到一席之地。在我看来，其理由似乎非常简单，各派道德理论无论有着怎样的差异，都假设道德生活只能由单一的一种原则来解释，在这种情况下，不可能存在不确定性或者冲突：从道德的角度来看，冲突都是外显的，总是貌似有理。然而事实上，冲突存在于善与恶、正义与不公、责任与任性、美德与邪恶之间，不是善良、义务和美德所固有的组成部分。从理智和道德方面来讲，事先就已作出了区分，从这个观点来看，冲突存在于事物的本性之中，是对选择的犹豫，是苦于意志被分裂成善与恶、欲望与绝对命令、崇尚美德与喜欢邪恶。如果道德活动只有一个来源，只属于一个类别，必然会得出以上的逻辑结论。显然在这个事例中，能够对抗道德的力量就只有邪恶了。

在可供支配的时间里，我不打算去证明这个关于冲突本性的观念是一种抽象、任意的简化，以至于它与所有对事实的实验观察都背道而驰。我只能简略地提一下，道德的进步以及性格的塑造取决于辨别细微差异的能力、觉察到以往未被注意的善与恶的能力、考虑到怀疑与选择的需要时时处处会抵触这一事实的能力。这种辨别细微差异的能力一旦丧失，这种进行区别的能力一旦变得迟钝僵化，那么与此同时，道德便会衰退。虽然我只是提出了这样一个观点而没有加以证明，但我还是会心满意足，因为我将提出一个假设，即道德行动中至少存在三个独立变量，它们每个都具有坚实的基础。但是，因为来源和作用模式各不相同，在形成判断时，它们可能怀有对立的目的，起到相反的作用。从这种观点来看，不确定性和冲突是道德所固有的。凡是可以合理地被称之为道德的情境都具有以下特点，即人们并不清楚它的目的、会有怎样好的结果，也不知道实现它的公平合理的方法以及美德行为的方向，它们需要人们去寻找。道德情境的实质是一种内部固有的冲突，之所以有必要作出判断和选择，是因为人们必须控制没有共同衡量标准的那些力量。

让我们通过介绍，看看这都涉及什么。我们知道道德理论有两个相反的体系：关于目的的道德规范（the morality of ends）以及关于法则的道德规范（the morality of laws）。其中，首要的、唯一的、一元的原理是关于目的的，即所有目的最终可以归结为一个单一目的——至高无上的普遍的善。人们经常讨论这种目的亦即这种善的本质，有的认为那是幸福（eudaemonia），有的认为那是快乐，还有的认为那是自我实现。然而从满足和成就这个意义来看，每种观点都以善

(Good)的观念为中心。正确(right)这个概念,就其与善的区别而言,居于从属和依附的地位,它是获得善的手段或方式。说某个行为是正确的、合法的或者必须的,是指这个动作的完成使人得到了善,否则,它就毫无意义可言。在法则的道德规范中,这一观点被颠倒了过来。该道德规范的核心是规定了何为合法、何为义务的法则。自然的善(natural goods)是欲望的满足、目的的实现,但自然的善除了名称以外,与道德的善(moral Good)没有任何共同之处。道德的善成了与法律命令一致的东西,而与之相反的一切都是假的。

现在我想说明善与正确有着不同的起源,发自相互独立的源头,因此它们不可能产生于彼此,所以欲望和义务有着同样合理的基础,它们朝不同方向发挥力量,使得道德决定成了一个真正的问题,为伦理评价和道德敏锐性注入了活力。我想强调一下,究竟会偏向其中的哪一方还没有预先形成统一的道德假设,也没有稳定的原理使天平要么倾向于善,要么倾向于法则;相反地,道德规范表现为对愿望和责任各自的主张进行判断的能力,这些主张在具体经验中一经自身肯定,判断便开始了,它着眼于在二者之间寻找一个切实可行的立足点,这个立足点向双方倾斜的程度相等,而不遵循什么事先制定的规则。

预先要考虑的因素就讲到这里。我要讨论的核心问题是:我先前称之为独立变量的东西在具体经验中的起源。有哪些理由要我们承认这三个要素的存在?

首先,没有人会否认冲动、嗜好以及愿望是人类行为永恒不变的特性,它们在很大程度上决定了未来行动的方向。如果冲动或嗜好在没有得到预见的情况下起作用,那么人就不会对价值进行比较或判断,而是会服从最强烈的意愿,并沿着这个方向付出努力。但是,一旦人预见到了愿望达成后可能带来的后果,情况就会发生改变。冲动原本无法测量,但一旦其结果被考虑在内,就变得可以测量了,人可以设想它们造成的外部后果,然后可以像比较两个对象一样对它们进行比较。这些判断、比较、推测的动作会不断重复,并随着预见和反思能力的提高而发展。对某个类似情境作出的判断可以借鉴对其他情境的判断,从而彻底地省察和修改,使其更加确切,之前的估计和行为所得出的结果则作为这个过程中所使用的材料而发挥作用。

这样日复一日,便形成了两种道德概念。一个是理性(Reason)概念,即通过考虑冲动造成的后果对它们进行抑制和指引的功能。因此,这种"理性"的观念只不过是预见和比较这种普通的能力而已,但是,这种能力已经被提升到了一个更尊贵的层次,并因其取得的成就或为组成行为的连续动作规定了秩序和体系而获得美誉。

从道德经验中产生的另外一个概念是目的(ends)概念,它们逐渐形成统一连贯的体系,并融合成一个普遍综合的目的。一旦使用预见来——想出客观后果,目标的观念就会自我呈现出来,后果是所设想之行为天然的界限、目标(object)和目的。但是,有一点非常重要,从判断的某些特别动作被组织进我们称为理性的一般道德功能之中的那一刻起,就确立了目的的一种分类方式,那些被发现适用于一种情境的估计在思维中被应用于其他情境。我们最古老的祖先很早以前就着迷于健康、财富、勇敢战斗、征服异性等此类目标。后来,一些比其他人更具思考力的人开始大胆地将那些不同的一般目标作为有条理的生活计划的元素,把它们按照价值等级来排序,从最不全面到最为综合,从而设想出单一目的的观念,或者换句话说,一切理性动作所趋向的某个善的观念,这是第二个层次。

随着这个过程的结束,一种道德理论形式就建立了起来。从广义的思想史来看,可以说是希腊思想家清楚地表述了这一经验的特殊阶段,他们把目的观念视作人类生命的实现和圆满,因此也是唯一的善,他们还提出了目的是一个有等级的组织这一观念,并认为这个组织和理性之间关系密切,这些都成为了他们对道德理论永远的贡献。不仅如此,希腊主流的哲学还认为,宇宙中的任何过程都倾向于以理性的或理想的方式来实现自我,因此上述关于人类行为的观点不过是对我们所生存的宇宙所持有的观点的延伸。他们认为法则不过是实现目的所涉及的那些变化的顺序,因而它所体现的只是理性判断,而并非意愿或者命令。

我们所继承的希腊道德理论陈述了实际的人类行为经验中的一个阶段,对此我深信不疑。然而,要说它囊括了行为的方方面面则完全是另外一回事。希腊哲学家之所以可以(或者在我看来似乎可以)将社会要求以及义务归入与理性有关的目的的这一类别之下,是由于希腊这种城邦制国家具有严格的本土化特征,国家事务与公民利益之间的关系极其密切,并且,作为哲学家纷纷从中总结经验的城市,雅典所具有的立法体制成为讨论和会议的一种机制,因此至少在理想中,立法就是经过深思熟虑的智慧的表现形式。希腊的行政区域都足够小,因此可以把它所作出的恰如其分的决定视为共同体理性心灵的外在表现,可以认为这些决定是在考虑了自行进入思维的那些目的之后而作出的。但是，法则如果表达的是个人意愿所任意发布的命令，则是专制武断的；如果是激情爆发的产物，则是顽固的、混乱的。

然而，或许只有在那样的社会环境里，法则和义务才能与理性地应用实现目的的手段保持一致，而不仅仅是在练习辩证技巧。再者，希腊人在实际的政治管理方面未能取得成功，内部派系斗争和不稳定的政局也都无药可救，这些导致人们不再相信对目的的预见和对方法的考量可以为社会关系提供安全可靠的基础。总而言之，在罗马人当中，我们发现对社会秩序、政府稳固、管理稳定的直觉最终带来了完全不同的理性与法则概念。理性成为一种凝聚万物的宇宙力量，迫使它们互相适应，共同作用，而法则则是这种维持秩序的强制力量的表现形式。职责、义务、关系不是实现目的的手段，而是使它们彼此适应、契合、协调的方法，这成为了道德理论的核心。

现在，这一理论仍然与一个正常经验的事实相符合。生活在一起的人难免互相有所要求。正是因为生活、工作在一起，人们往往意识不到，每个人都试图让对方服从于自己的目的，把其他人作为实现自己人生目标的合作手段。没有哪个正常人实际上从未坚持让其他人作出过某个行为。家长和统治者在要求别人作出与自己要求相一致的行为、保证对方服从和遵从方面比其他人占据更有利的地位，然而即使是孩子，在他们的权力范围之内，也会提出主张和要求、确立自己的一些期望，作为其他人的行为标准。从对他人提出要求的一方来看，这个要求是正常的，因为它只是实现自己目的的一部分过程而已。从要求所针对的对象的立场来看，这个要求似乎有些专横，除非它碰巧也符合其自身的某些利益。而他同样也会对别人提出要求，于是最终便形成了有关要求的一系列规矩或某种体系，这些要求或多或少是互惠的，要依据普遍接受的社会条件，即不为人们所公然反对。对于其主张得到了认可的那些人而言，这些要求便是权利；对于承受那些主张的人而言，这些要求便是义务。这种已经建立起来的完整的体系只要获得了认可而没有受到明显的反对，便构成了权威原则（the principle of authority，Jus，Recht，Droit），①它是眼下所通行的，也就是说它得到了社会许

---

① 此处作者分别使用了来自四种语言的词语来表示"权威原则"。Authority，jus，recht，droit 分别是英文、拉丁文、德文、法文，均可指法律所赋予的权利。——译者

可来推进或回应他人要求。

从核心到天然表现形式,这种对他人行为作出要求的行为都是一个独立变量,关系到理性目的论之中有关目的与善的全部原则,这在我看来似乎是不言自喻的。某人对他人提出主张是为了满足自身的愿望,这一点的确属实。但这一事实并未将主张作为权利,没有赋予主张道德上的权威,它自身所表现的与其说是权利(right),不如说是权力(power)。若想成为权利,它必须是得到承认的主张,在它的背后没有丝毫主张者的权力参与,而是公众在情感和理性上表示赞同。当然,现在可以反驳说善仍然是主导原则,而权利是实现它的方法,唯一不同的是,现在善不再是某个个体所追求的目的,而是指此类社会群体的福利。这个反对观点掩盖了一个事实,即"善"与"目的"此时已经使用了其自身所固有的不同的新意义:这两个词不再指满足个体的事物,而是指他认为从其所属的社会群体的立场来看公正而重要的事物。于是,对个体而言,所谓的权利就是他所不得不遵守的一种要求,一种必须。倘若他承认某个主张来自权威,而并非纯粹体现了容易屈从的外部力量,那么从权利方面来看这个主张就是"善"——这一点是毫无疑问的。然而,这种善不像愿望所自然而然想要得到的东西那样,事实上,它首先表现为与本性的愿望背道而驰,否则人们就不会感到它是一个应该得到承认的主张了。最终,相关的事物也许会通过养成习惯,变成愿望的对象,可是这种情况一旦发生,它就失去了权利和权威的性质,仅仅变成一种善。

我所主张的全部观点很简单,那就是:无论是起源还是作用模式,那些因满足了愿望而表现为善的对象与对他人行为施加必须得到承认的要求的对象之间,存在着本质的差别。两者不能等同,不能相互取代。

经验表明,道德中还存在第三个独立变量。对于他人的行为,个体或表扬或批评,或支持或反对,或鼓励或谴责,或奖励或惩罚。此类反应发生于他人的行为之后,或者是针对他的某种行为模式作出的预期。韦斯特马克(Westermarck) 曾经如此主张:在世界各地,由同情心所引发的不满是道德的主要根源。虽然出于我早已提到的理由,我不相信这是唯一的根源,但是毫无疑问,这种不满,连同与之相应的认可,都是行为自发产生的具有影响力的经验现象。得到普遍认可的行为和性格形成了最初的美德,受到普遍谴责的行为和性格则形成了最初的邪恶。

表扬与批评是遇到他人行为时人类本性的自发表现。如果所说之行为对于行为发出者具有危险性，从而是英勇的，或者与公众习俗相去甚远，因此是不光彩的，那么表扬和批评就会非常明显。但它们是自发的、自然的，也可以说是"本能的"，以至于它们既无需考虑一旦获得将会满足愿望的那些对象，也无需对他人提出某些要求。它们既不像目的那样具有理性的、有意而为之的特点，也没有权利所特有的直接的社会压力。作为对权利的认可，它们会对美德与邪恶本能地加以归类，并伴有奖励和惩罚；当个体来评估他人赞许的态度时，它们会作为权衡某个特定情况的目的所必须考虑的因素。然而作为分类，作为原则，有道德（the virtuous）与善、权利却有着根本性的区别。我再次重申，善与对愿望和目的的认真思考有关；权利和义务与社会所授权和支持的要求有关；道德与广为接受的认可有关。

正如普遍目的的存在影响了希腊的道德理论、社会权威概念的实践影响了拉丁的道德理论一样，支持与反对的存在也影响了英国的道德理论，一个人如果看不到这一点，就无法了解英国理论的一般发展。只有当人们认识到这个问题是最为重要的，甚至作者在讨论其他某个问题时也不例外，英国理论中许多奇怪的特性才会得到解释。可以想想以下这些例子：同情的观念所起的作用；将仁慈视作一切善与责任的源泉的倾向——因为它是受到赞许的事物（正如同情是赞许的根源一样）；在英国，以享乐为目的或善的功利主义与将普遍幸福作为值得赞许的事物进行追求的倾向不合逻辑的结合。毫无疑问，由这些概念所构成的英国道德理论的主要部分表明：在英国社会中，人们对于私人个体对他人行为的反应非常敏感，这既不同于通过考虑目的来促使行为合理化的倾向，也不同于强调组成法则的那些获得认可的要求所构成的公共体系的倾向。

我称这三个要素为独立变量，并不是主张它们在任何真实情境下都没有交叉，情况恰恰相反。之所以会出现道德问题，是因为我们必须尽最大可能地使来自双方面的某些要素互相适应。倘若每个原则都是独立的、最高的，那么我认为就不会出现道德上的难题和不确定性了。善与恶、美德与邪恶会形成尖锐的对立，也就是说，我们必须对满足愿望的事物和阻碍愿望实现的事物明确地加以区分——在一些特定的情况下，我们或许会作出错误的判断，但这不会影响对类别的区分，因此，我们必须区分被要求、被允许的合法事物与被禁止的非法事物，以及被赞许和鼓励的事物与被厌恶和惩罚的事物。

然而事实上，这些区别的各种界线往往是相悖的。从愿望的角度来看是善的事物,从社会要求的角度来看可能是错误的;而从愿望的角度来看是不好的事物,可能得到舆论由衷的赞许。每一种冲突都是真实尖锐的,必须找到某种方法来缓解这些对立的要素,否则官方或法律所禁止的那些事物又会被社会所允许甚至得到鼓励。我自己国家的禁酒令便是一个很好的证明;或者举个更宽泛的例子——孩子们所遭遇的困惑,即公开禁止的事物可能私下里得到允许,有的甚至在实践中受到表扬,因为它体现了聪明机灵或者表明了值得赞许的雄心壮志。于是,在盎格鲁-撒克逊的这些国家里,合理的善和官方公开认可的义务所构成的系统与社会经济结构所推动的整个美德系统形成了鲜明的对立——这个事实在某种程度上解释了我们为何会得到虚伪这样一个名声。

考虑到道德情境中不同力量间真实存在的冲突所起的作用,以及由此产生的真正令人感到无所适从的不确定性,我倾向于认为道德哲学之所以缺乏效力,原因之一是由于它们热衷于单一的观点,因而过分简化了道德生活,其结果便是在复杂的实践现实与抽象的理论形态之间制造了一道鸿沟。道德哲学应该坦白地承认不可能将道德情境中的全部因素归结为单一的、可以用共同标准来测量的原理,每个人都必须尽最大努力协调好完全不同的各种力量,这样的道德哲学才会清楚地揭示行为的实际困难,帮助个体对每个参与角逐的要素的力量作出更加正确合理的估计。唯一要摒弃的便是以下这个观念:从理论上讲,事先存在一个在理论上正确的单一方法,可以解决每个个体遇到的所有难题。我个人认为抛弃这种观念是一种收获,而非损失,它会将人们的注意力从严格的规则标准转移开来,使他们更加充分地关注进入到他们必须在其中活动的情境中的具体因素。

哲学与教育①

289　　在希腊，对真理的探求曾经一度只针对自然，人类则处于从属地位；这之后，雅典的哲学便转而开始研究人类。正如人们常说的，苏格拉底把哲学从天上带到了人间。然而人们常常会忘记，当时的这种变化与对教育的兴趣相一致，它实际上是对可能发展广义上的教育产生兴趣所引发的结果。这个事实之所以被掩盖，是因为苏格拉底的基本疑问，即产生了柏拉图和亚里士多德理论的那个讨论被翻译成英文后变成了：美德可教吗（Can virtue be taught）？当听到"美德"一词，我们就会想到在道德方面与人类其他利益和特征有所区别的事物。但是，被翻译成"美德"的那个希腊词语含义要宽泛得多，其本义接近英勇、刚毅，后来，它的词义有所扩大，指使一个人自身受到尊重的一切品质，以及一个群体里忠诚、有贡献的成员。

　　在当时，美德是否可教这个问题是指能否刻意使用有计划的方法向人类的本性中植入某些特性，这些特性使个体变得有价值，让他逐渐对善产生积极的热爱，并为他准备好足够的力量来服务社会。人们承认某些技能是可能学会的，艺术和手工艺领域都要培训学徒便是一个例子；人们还承认专门性的事物所承载的知识是可以转移的，个体可以被提供必要的知识，从而使他们可以从事诸如鞋匠、木匠、内科医生等专门性的职业。但是，这种培训、这种知识的教授远不及教

---

① 首次发表于加州大学洛杉矶分校，题目为"在 1930 年 3 月 27 日至 28 日加州大学洛杉矶分校新校区落成仪式上发表的讲话"（*Addresses Delivered at the Dedication of the New Campus and New Buildings of the University of California at Los Angeles*，27 and 28 March 1930），伯克利：加利福尼亚大学出版社，1930 年，第 46—56 页。

育。完整意义上的人类可能接受系统化的教导吗？因为人类的卓越原本是指将人类本性中具有兽性的原始特征转变成对理性和合理的理想有意识的获取，以及对科学和高雅艺术的理解和欣赏。具有部分兽性的自然人类那难以驾驭的嗜好以及没有规律的冲动可以转变成维系集体生活的稳定和幸福所必需的服从和领导的理性习惯吗？

这曾是人类向自身提出的最为尖锐的问题。问教育是否真的可能，就是问：是否可能将理性刻意系统地用来规范生活？人类的本性是否具有某种能力，使它可以被引上特定的道路，从而确保它可以实现想要的全部能力？是否有人足够智慧，可以担当教育的职责？他们在试图控制他人的发展时，是否存在其可以依赖的某些目标和原则？另外，人类的本性是否适合于、是否有能力通过教育创造杰出的个体和卓越的社会？

因为这个疑问是如此尖锐、如此重要，它引起了自伟大的希腊人时代以来欧洲哲学所关心的几乎全部问题。知识是什么？它与存在和真理有什么关系？对善的了解与善行的实践之间有什么关联？精神是什么以及它与身体有什么关系？思考、理解、嗜好、感情彼此之间有什么联系？至善（the Good）是什么？如何理解它？能否有效地传授它？也就是说，如何才能引导个体参与其中从而用它规范自己的生活？是否只有在公正的社会秩序里才能把它传授给个体？而后面这些针对至善的疑问曾引起了个体与社会相互关系的整个问题以及关于社会组织、法则和权威的问题。

我并不打算讨论这些哲学问题，我提起它们是想说明哲学的起源与人们开始有意识地关注教育之间有着怎样紧密的联系。当时，人们非常严肃地对待教育事业，把它视作实现和维护美好生活的有系统的方法：对于个体而言，这是一种完整、杰出、丰富的生活，个体是这种生活的中心；对于集体而言，这是一种美好的生活，而上述个体正是这个集体中的一员。我之所以强调教育是对美好生活审慎的启动和培养这个观点，是因为它非常清楚地体现了从那以后流行过的许多关于教育的观点所具有的缺陷。过去，专门职业中对技能进行培训的可能性没有受到质疑，成功传递特定的知识内容的可能性也没有遭到疑问，这些我在前面都提到过，但是，这些过程便是真正的教育却被暗暗否定了，教育的目标范围延伸到囊括了任何为有目的地发展美好生活作出贡献的事物，同时，它也仅仅局限于为这个目的服务、经得起它所强行推出的考验的那些事物。

苏格拉底和柏拉图的观点便是一例。他们认为，知识是达到完美的一个条件，了解善与实践它有着必然的联系，而无知、没有精神信仰与糟糕的生活之间也是紧密联系的。这个观点因过分夸大了智力和知识的重要性而经常受到批评。因为经验表明，虽然人知道什么是善，但其行为却未必与其所知相符合。这些反对的批评忽略了一个事实，即苏格拉底的观点可以自圆其说，它不仅为正确的行为，也为知识设立了标准。我认为，柏拉图对批评者的回答很可能是这样的：没能促使人按照对事物的了解而采取行动的知识就不是知识，而是观点，是道听途说，是间接接受的别人提出的观点。我们可以想象他如是说：知识的衡量标准正是它所激发和指引的行为。而对于他夸大了智力的重要性、贬低了实践、技能、习惯和情感的重要性的批评，其回应很可能是指出他曾经对行为进行过长期严格的练习，对情感和好恶进行过系统的训练，这是有能力实现美好生活的那种智力得以表现出来的先决条件。他可能会指出这样一个事实，即他称之为体育的对身体及其习惯和技能的培训，以及通过他称之为音乐的方法对情感的训练，是洞悉美好生活的结构和原则的预备。他称之为体育的事物，其内容如今已经延伸到包含了各种形式的技能，就像许多职业所要求的那样，这是他所没有料到的。而他称之为音乐的事物，其内容也扩展到囊括了各种形式的文学和高雅艺术。尽管承认这些，柏拉图或许还要问一个问题：数量的增加以及范围的扩大是否伴随着质量的下降？他可能会认为，我们切断了专门的职业培训方式以及审美培养方式与美好生活以及对其深入的了解所带来的最高价值之间的关系，使那些方式本身变成了目的，从而不再清楚由它们所组成的教育的用途以及它们应该为之作出贡献的综合目的分别是什么。

　　我所关心的不是柏拉图理论技术上的正确性，他的理论证明了教育曾被当作人类建立美好生活的方法，而哲学则曾是研究这种美好生活本质、组成、实现条件的科学。哲学与教育原本就存在着有机的联系。

　　这条重要的联系纽带很早以前就已被打破，教育教学踏上了自己的道路，而哲学则追寻着独立的路途。教育和哲学各自都存在许多令它们应接不暇的特殊问题，随着二者日趋专业化，它们的距离也越来越远。希腊的情况相对而言简单统一，而我们的则复杂多样。有许多的事情——太多的事情需要去做，而这些不计其数的事情似乎如此不同，以至于它们彼此之间没有统一的联系。这诸多不同的事情每一件都很难完成，每一件都需要一个人投入全部的时间和力气。思考和关注都转移到了细节上,而综合整体的感觉变得模糊,常常丧失殆尽。而恰恰是这种情况可以被视作一种召唤,来重新把对生活问题的严肃思考与教育工作联系起来。现在,人们对于教育的兴趣非常浓烈,并与日俱增。在过去 30 年左右的时间里,这种兴趣变成了有特色的大学研究,同时,人们对哲学思考的兴趣也在不断增加,那么将二者相结合难道不会既帮助教育明确发展方向、变得更加完善,又帮助哲学增加可靠性、增添活力吗?

　　我们的情况至少有一点与希腊人的相似,在教育被当作常规经验、传统、学徒期很长一段时间之后,我们再一次开始把它视作具有智力基础、需要有系统的 293 智力引导的一种追求,我们的大学开设教育系就是一个证据。我们不再满足于让教学工作和学科根据先例和从过去继承下来的、未经检验的模式来自行发展,也不再满足于将它们当作因掌握了某些特殊学科而得以强化的纯粹个人的天赋和灵感。学校的组织曾经是关乎来自于传统和行政管理的一些要素,主管和学监遵循着先例,只是根据地方教育董事会和纳税人的要求稍作修改,没有心理学及其相关分支的知识可供使用;从仅受个人天资影响的日常规则中获得指导,也没有经济学、统计学以及相关的社会科学知识可供引入科学控制学校组织管理的方法。

　　以往,那些习惯了此类低级条件的人们觉得,试图将教育研究引入更高层次的学习机构有些过分,是不会有结果的;师范学校就足够好了,在那里,对自己的任务没有经验的年轻人应该初步了解本行的诀窍,除了更深入地学习教授给他们的学科以外,还应该学习老师们经过经验积累过程所总结出的方法和技术的相关知识,并加以练习。但是,何必要把这样一个事物引入到致力于传播旧知识和探索新知识的大学里呢? 在我们更高层次的学习机构中,较早较优的院系曾经对被称为教育学的学科的建立不屑一顾,一提到这个词便充满了轻蔑。这两种情况比较相似。

　　作为大学教学和研究的一门学科,起初的"教育"因为是新生事物,所以必然较为缺乏系统性,它的开创者不得不摸索着前进。说它不曾犯过错误,或者不再继续犯错误了,都是很愚蠢的。但是,如果对这个事业全盘加以反对,则忽略了两个重要事实。其一,教育是有组织的国家和政治团体最宏大、最重要的事业,对它的人力财力投入最大。此外,可以毫不夸张地说,就其结果而言,它是所有 294 公共活动中最基本最重要的分支。(因此,总的来说,州立大学最乐于接受这个新学科的主张就不足为奇了）这只是情况的一方面而已。也许需求的确存在,却没有能够满足它的智力资源,但怀有敌意的批评者忽视了这样一个事实,即其他研究型学科的发展已经达到了一定的程度,足以为解决学校教育体系出现的问题提供有价值的资料,为学校必须完成的工作指出更加明智的方向。现在,不仅存在大量种类惊人的问题有待解决,而且还存在从其他许多专门学科借鉴而来的丰富的材料,可以对这些材料进行整理,使它们与这些问题联系起来。

作为举例,我想提一个与我自己的兴趣距离稍远的领域,即教育组织及管理。在这个国家里,高度集中的政府管理监督体系并不存在,我们中很多人希望它永远不会出现,而某种智力监管和指导却十分必要,否则将会出现任意和浪费的现象。传统促使我们自愿地接受某种管理,主动地传播和接受事物,大学则是提供所需之事物的天然中心场所。于是,许多问题马上显现了出来。学校至少是诸多重要的社会机构之一,对我们而言,它具有法律基础,并与政治相关。关于这个机构的历史,其研究价值至少像其他任何机构的一样,而它目前的形式和运作也需要得到与其他任何机构一样详细的研究。任何对所产生之问题的有指导的研究都会涉及政治科学、社会学、经济学和公共健康学,它们为必须处理的问题提供了智力资本。公共教育之所以会出现许多错误,造成很大浪费,产生不少失败,正是因为处理过程中没能从上述诸学科中得到启示。大学不仅是使与公共问题相关的知识系统化的逻辑场所,也是其得以实施的唯一地方。

295　　　我曾经提到过机遇和需求的一个方面。如果一个人想想从小学到高中的学习过程所存在的问题,考虑一下急剧增加的学科和科学所造成的浅尝辄止和消化不良,一个大学研究更富成果的领域就会呈现于我们的考虑范围之内。姑且只提一下这个复杂学科的一个方面吧:旧的传统研究如何与在上一代进入学校的那些研究有系统地相适应,这个问题至今尚未找到广为接受的解决方法。生活处处都存在着新旧传统的冲突,以及由此引发的困惑,而这种冲突在教育领域里表现得最为尖锐,所造成的困惑也最具危害性。直接的日常生活距离大学非常之远,因而无法彻底解决这个问题,而它们可以也应该与学校保持足够密切的联系,从而获得解决该问题所需之必要材料。如果不能够在某个智力中心不间断地进行认真研究,那么我们就会陷入以下这个重大的危险之中:要么只要是新鲜不同的事物,就会大肆鼓吹,从而损害了教育的效能;要么受到极端保守的经济社会力量的阻碍,面对全新的情况,满足于因循守旧。

还有一点需要注意,哪怕只是顺便提一下。近些年,与如何对待个体相关的知识得到了长足发展,不仅包含传统的"教育及学科"的全部内容,还囊括了影响到老师和学生精神健康以及道德状况的一切。生理学、心理学、精神病学、儿童诊所、儿童指导机构都为处理这一紧迫问题提供了出乎意料的极为不同的必要材料。对于那些特别关乎人的正常和非正常发展问题的材料,如何对它们进行调和便成为一个特殊问题。不能安心地等到出现病症、需要进行治疗时才去解决,而是要有建设性的预防行动,学校以及家庭便是采取这种行动的天然场所,教师连同家长则是该行为的实施者。但是,如果没有与教育而并非治疗相关的系统知识,老师和家长就会无能为力。职业学校被认为是大学教学和研究的正规组成部分,而教育则是这样一种职业,它的直接目的是建设性的,它关系到正常人的发展,而不是解决个人或社会的混乱和崩溃等问题。

然而,这些都没有涉及大学教学中哲学与教育的关系。人们也许承认对教育的兴趣曾经是哲学问题之母,但也可能认为它们二者现在是彼此分离的个体,就如同父母和子女之间经常发生的情况一样。然而,承认它们已经永远地分离了,就是承认教育现在只与专门的技术问题有关,而与美好生活无关。在人们的成见中,有着许多值得关注的特殊问题的教育总是与不断地传授特殊技能的关系更加密切,不管是小学的正规学习还是后来生活中的职业能力,并且,它更加关心传播知识内容,而不是如何为有价值的经验创造条件这个问题,这种情况毫无疑问是真实的。还有一个情况也属实,那就是知识已经变得过于专门化和细化,以至于失去了统一性。但是,除非我们觉得这些结果是必要而正确的,否则恰恰是这种情况催生了对哲学的需求,因为哲学可以对它发起挑战。

几年前,卡尔特①教授——一位本身非常成功的教师,提到教育时说了下面的话:

> 不存在任何一个问题,让我们如此难以教导,却又如此非常乐于教导。不存在任何一个问题,如果用过去的经验作为指导会如此的不安全,因为我们已经获得的根本不能与我们所希望和有权期待的相比较。不存在任何一个问题,对它进行理论化会误入到如此遥远的歧途,并且充斥着如此之多不

---

① 约翰·M·卡尔特(John M. Coulter,1851—1928),美国植物学家、教育家。——译者

够成熟的理论化过程。我们不理解我们正努力修改和发展的体系,我们不清楚当我们理解它时该为它做些什么,我们不知道当我们知道该做什么的时候又该如何去实现。正是在这些否定的基础之上,我们构建着我们的假说。

297 换言之,在洞察力方面,现在的我们与苏格拉底和柏拉图的时代并没有太大差别,也不像教育机构的增加所表示的那么深入,我们还是不得不提出教育是否可能、如果可能该如何进行这个问题。因为教育仍然是对性格的培养,包括智力、道德、审美等方面,而不仅仅是培训技能以及教授知识。而好的个性的形成具体指什么以及如何对它进行智力指导,仍然是备受怀疑和争议的事情。我并非想说哲学对这些问题有现成的答案,但我十分确定,这个问题是哲学要考量的问题之一,并且,教育对哲学提出了一些问题,这些问题对哲学的全部资源提出质疑,对它的所有理论进行检验。哲学若想从闭塞的空间走出来,接受实践的检验,那么教育问题就会为它提供最为直接紧要的机会。

因为教育的最终目的就是创造出能力得到充分开发的人类。通过对人类进行加工,使男人女人拥有丰富的灵感、自由的思维和高雅的品位,具备知识以及适当的方法,社会亦不断得以重塑,而这种重塑使得世界本身也随之得到改造。无需提醒我们社会在迅速变化,或者当前的生活充满难以解决的问题,被邪恶所侵蚀。相反地,我们最好不断提醒自己教育是惩戒社会邪恶、应对社会问题最有效、最重要的方法。由于对教育有着美国式的巨大信心,我们仍然倾向于认为外部改革可以解决我们的困难。我们寻求立法方案——托付给机构进行处理的一种方法,来从事只能由男人或女人单独完成的工作,而只有当他们的全部潜能得到充分发展,才能胜任这种工作。我相信没有人能够准确地预见到未来会怎样,也没有人能够想象出足够完美的未来社会。但是,就教育将个体塑造为掌握自身能力的主人这方面而言,我们必须信赖这些个体可以应对产生的问题,能够把他们所面对的社会条件改造得更加适宜于人类和生活。

298 过去,我们曾有多少回依靠战争来显示人类至高无上的忠诚?这种生与死的较量直观而生动,其结果对于历史进程的改变明显而惊人。然而,我们何时才能意识到这个世界的每一所校舍也正在与禁锢扭曲人类生活的一切展开着斗争?这种斗争没有武器,也没有暴力,其结果无法用肉体上的伤亡数字进行记录,也不会带来领土变化。但是,在这个难以察觉的缓慢过程中,那些旨在争取人类自由、打破人类生活局限、扩大人类生活范围的真正意义上的斗争最终取得了胜利。我们有必要立下誓言,怀着新的信念,重新参与到这种最伟大的斗争当中,为了人类的自由事业,为了实现全人类都能过上完全配得上人类之名的生活这一目标而奋斗。

教育衔接的一般性原则[①]

关于消灭学校教育过程中的浪费问题,有两个解决办法。一个是行政方法,它一直关心的就是现行体系,探究造成师生作出错误判断、浪费时间和精力的知识链断裂以及重复教学的情况,这些情况毫无用处,因而会对精神活动造成伤害——它们不仅仅百无一用,而且具有伤害性,因为它们会导致坏习惯的养成。另一个方法可以称为个人的、心理的或道德的,使用这些形容词意在表明这种方法以个体需求和个体能力的自我发展为出发点,探寻什么样的教学组织方式最适宜于保障发展的连续性和高效性。它着眼于学生,研究应该如何安排学校教育体系中那些连续的阶段,从而在儿童和青少年从一个阶段上升到另一个阶段,从幼儿园到小学、从小学到高中、从高中到大学的过程中,把阻碍、停滞、突发性的改变和中断、无意义的重复降低到最小。

说存在两种方法并不意味着它们之间必然是对立的关系,它们应该互为补充。二者的共同之处在于,它们都把教育体系视作一个整体,在看待每一个部分时,都在考虑它是如何使教育成为一个真正的整体的,而不是把教育当成由一个个机械性地分离开来的部分并列组成的东西。每一种方法路径都同样关注消除

孤立,使每个部分与其他部分相关的功能都取得成效。二者之间并不存在必然的对立,就像工程师从一座山相反的两端开凿隧道一样,在开工之前,隧道必须

---

① 发表于《学校与社会》(*School and Society*),第 29 期(1929 年 3 月 30 日),第 399—406 页,以及全国教育协会(NEA)督察部《官方报告》(*Official Report*),华盛顿:督察部,1929 年,第 51—60 页。本文是杜威于 1929 年 2 月 24 日至 28 日在俄亥俄州克利夫兰市召开的全国教育协会督察部年度大会上的发言稿。

被当作单一的事物，从任何一端开始的工作都必须仔细斟酌，在研究整个工程的前提下进行，而预先对整体所进行的智力调查很有必要，它将使两种方式方法在中心会合。

如果从一个方面考虑问题时忽视了另一个方面必然存在的因素，那么就会不可避免地出现危险和危害。因而，只从个人立场出发的方法会忽略该情境所固有的某些行政需要。在任务概述中，针对这一点指出了一个重要的考虑因素，即必须考虑到所选取的区域范围，以及就读于小学和更高年级的儿童及青少年的不同数量。按照常规，对于年龄较小的孩子，校舍应该安排得离家近一些；同时，因为他们人数较多，所以必须与年龄较大的学生保持一定的空间距离。此外，必须为年龄较大的孩子提供更加多样的课程、不同专业的教师，以及更多的教学设备。这些事实要求高中容纳相当数量的学生，这反过来又要求这些学生来自范围很广的地区。由此可见，从个人发展的方面考虑问题必须考虑到行政需要。

而从行政需要出发考虑问题，则必须在每个阶段都接受检查，考察有益于个体作为独立的个人在精神和道德方面有效成长的那些条件。过分关注行政方面，往往会导致在某个特定时期造成制度的分裂情况被"合理化"。人们会找出理由，说明它们作为或多或少独立的部分而持续存在是合理的，于是，教育衔接问题就变成了外部问题，即如何使不同阶段之间平稳过渡，如何消灭更加明显的冲突根源。只要它发展下去，这就是一种收获，但它的发展却不足以触及保障个人充分、完全发展的基本问题。这个外部方法会引起一种倾向，即认为精神成长和道德成长以"年代"为标志，这种标志至少粗略地与学校系统的每个独立阶段相对应。 301

兴趣与能力的确会随着年龄而改变，这是一个不争的事实。16 岁的男孩、女孩与 12 岁的非常不同，后者与 8 岁的也有显著的差异，以此类推，8 岁与五六岁的孩子之间也存在不容忽视的明显差别。然而，潜在的问题是这种改变是逐渐发生、几乎不留痕迹，还是跨度明显、与学校传统的年级划分制度相一致。对这个问题必须进行调查，必须通过对个体发展的实际情况进行独立的研究来找到答案。必须将这种独立的调查作为一种检查检验标准，这是至关重要的，因为学校存在的年级单位划分会对个人发展起作用。因而，很容易假设个人的发展变化是连续的，但实际上相对而言，它有可能是现存学校年级划分的人为产物，因而是不正常、不可取的。

出于这个原因,研究教育衔接的最佳方法就是对那些把年级单位划分减少到最小的学校进行比较研究,这些学校也就是"一体化学校"(unified schools),在那里,不同年龄的孩子,从小学到高中,都在一起学习,而高中在管理上也没有低年级和高年级的划分。唯有通过这种比较研究,才能发现强调年级单位划分的学校是否存在人为的传统因素。这与前面提到的地区分布问题和课程与设备种类随年级的增高而需要有所增加的问题并不矛盾。首先,城市人口分布非常不均,可能会存在大小适中的城市,非常适宜于一体化学校。第二,这种比较研究的结果会为过于庞大、无法照搬一体化体系的城市的教育组织方式提供启示。因为凡事都有限度,教育者可以朝两个方向——相反的两极——而努力,要么建立独立的年级划分单位,要么尽最大可能发展相对一体化的学生集中方式,而不会把任何一个原则发展到逻辑极限。我认为这个考虑因素似乎应该是整个教学衔接问题的关键,而简单、便于管理不应该凌驾于它之上。

大家都公认,对于这里提到的基本问题——管理方式与个体道德心理发展相互补充的特点,找到合适的解决方法必须要获得比现在任何人所了解的都要多的关于正常成长的自然过程的知识。但是不管怎样,参考这一知识非常重要,因为它们一方面表明,个人成长从管理的角度来看,作为教育衔接性问题的内在要素,有必要继续加以研究,另一方面起到警示作用,告诫我们不要轻易认为现在划分成分离的年级单位的制度适应了个人发展的"年代性",因而是必要的,具有内在价值,也不要过于强调管理的习惯和惯性具有怎样巨大、起决定作用的价值。

除了管理者的经历,还要获得并使用与学生直接接触的课堂教师的经历,只有这样,才能对教育衔接性问题进行彻底的研究。这句话并不是说在他们的报告中学监和主管就没有利用从真正的课堂教学中获得的经历。但是,需要提醒一下,专门化的经历在思维习惯以及外在行为方面,侧重点往往比较片面,因而常常需要检查。各种各样的报告已经提供了大量证据,证明了在多大程度上会议以及报告、信息的交流已经获得避免科目和方法产生大量明显的断层以及避免有害的重复的必要方法。而我在此所呼吁的是更加直接地从课堂教师那里获得有关个人发展连续性这一主题整体的数据,连同关于主管和监管的数据一道,直接纳入收集和分析的材料之中。对处于实验和改革阶段的学校的研究成果也要包括进来，不是作为范例，而是为不同条件下个人发展的过程研究提供数据。

不得不承认，对于精神发展的过程我们并不具有足够的知识，那么我提议现在考虑一下在这方面存在哪些可供教育衔接的一般问题借鉴的知识。我就从一个广为接受、几乎没有争议的陈述开始吧。理想中的情况是成长的任何阶段所取得的成就都会为进一步的成长提供工具——方法和手段。这个陈述绝非仅仅指从一个年级单位转换到另一个，它具有稳定的意思，即学生在任何阶段的任何收获都会立即积累下来，活跃地应用于获取新的知识和技能。[①] 智力成就上升到新的水平应该在学校生活的每个连续的月份和星期都标示出来，而不应该被认为仅仅发生在从一个年级单位过渡到另一个的时候。在探讨这个原则对于许多有关该任务的报告都提到的教育衔接性的具体问题的意义之前，先来说明一下另一个基本原则。

关于个体成长问题，成年、成熟的观念显然至关重要。现在，关于成熟问题，我们必须要牢记的是它是多重的，即同时并存的各种能力和兴趣其成熟的速度非常不同。成熟是个连续的过程，即使我们假设人类与植物一样都能结出完全成熟的果实——这个做法也许不对，那么这种成熟的果实就好比树上的果实一样，也只有在后来的某个阶段才能出现。但是，正常的成熟是一种持续不断的过程，如果它停止了，那么一定是条件出了问题。停止成长、难以应对学习科目、对于后期使用的方法不能作出反应，这些都表明出了问题，它们应该像病症一样被研究，并着眼于提供建设性的治疗方法而加以诊断。

既然成熟是一个连续多重的过程，那么，它就不是一个统一并列的事物。只需观察一下婴儿，就会发现一种能力是如何比另一种提前成熟的——学会用眼睛凝视物体、抓握、坐、爬、走以及说话；也会发现每一种功能在成熟之后是如何被用于促进另一种能力和适应力的成熟的。没有哪个家长会犯下忽视成熟多重性这一特点的错误。然而，当想到学校教育时，我怀疑我们是不是太过倾向于假设存在着相等、统一、并列的成熟，而这是否意味着成长存在着与学校系统各个年级单位相吻合的"年代"概念。如果这种假设不是从正面而是从负面来表述

[①] 大家公认这个原则几乎一致否定存在"模仿期"或者说接受期，以及应用期或者说积极入门和使用期。关于这些问题，参见概括性报告的第二章。人们非常普遍地认为，学习和应用作为工具被使用的东西，必须从一开始就要联系起来，并且一直持续进行下去。不同的意见至多被认为是一种强调。

的,那么,它就是忽视了学校生活的每一年和每个月所正在成熟或可能成熟的那些具体的需要和能力。正是这种忽视,造成了以下观点的产生,即每个阶段不过是为后来的某个阶段所作的准备,特别是小学教育的早期阶段,其目的主要是为了获得后来可以独立使用和享有的社会工具。

我发现,有人虽然坚持认为高中不可以被为大学作准备的思想所主导,但却照样轻易地假设最初两三年的主要目标必须是确保掌握"社会工具",以备将来使用,而不是全心全意地获得与当时正在成熟的能力相适合的经历。这总是令我惊讶和不安。概述设立了儿童早期的真实经历和后来根据学校教育的需要所强行规定的要求这个双重标准,我必须表达一下对这一立场深深的反对意见。

此时此刻,所确定的两个原则不再是不痛不痒的概括。获得并掌握可供未来使用的工具的方法是借助适合当时时机的那些经历——那些唤醒新的需求和机会的经历、那些因为是所取得的成就因而形成了可供未来活动使用的天然手段和工具的经历。任何理论如果以否认这个可能性为出发点,那么就是错误地阐述了教育衔接性问题,其"解决方法"也注定是有缺陷的。除非能力一成熟就立即被用来获取新的知识和技能,否则工具的形成绝不是为了供未来使用。从儿童早期成长的角度来看,问题在于发现当时当地正在成熟的那些特别的需要、兴趣和能力,而不是试图作为成熟前的引子或其他能力的催熟剂,还在于发现如何对它们加以使用和应用,从而使其悄无声息地进入到其他更加复杂的能力的成熟过程之中;而后期的成长存在着同样的问题,只是多了一个因素,即通过调整科目和方法来使已经相对成熟的能力用于促进正在显现出来的新能力的发展。只有这样,连续的成长以及内部所固有的而并非机械性的教育衔接才能最大限度地得到保障。

此处所确立的两个原则,其要义及说服力体现在它们具体的应用中。因此,我提议在它们的启发下,思考一下某些孤立、浪费、衔接不连贯的方面。

首先,它们表明,将问题局限于学校事务的范围之内,无法保障学校内部存在合理的综合性。教育衔接性的基本问题把我们带到了学校以外那些关系到学生课外经验活动的衔接性。当然,也是出于这个原因,课程就显得至关重要:为了衔接各个科目彼此之间连续的阶段,课程必须具有衔接性,必须涉及包括家庭、邻里和社区在内的非常广泛的经历。这个原则从一开始就适用,并且贯穿始终。我听到过一位智慧的家长抱怨说:幼儿园的老师似乎假设孩子们来到他们那里时都是一张白纸，似乎一切都要重新开始，让孩子们做那些他们早就会做或者已经很熟悉的事情，令孩子们感到厌倦，而没能充分利用他们早已获得的资本。

这个抱怨声来自 30 年前，确切的原因早已荡然无存，但却代表了本文所述观点的意思。除了高度专业的事务，能力的成熟并非专门或主要发生在学校。这一事实为许多报告所涉及的问题赋予了重大意义。这些问题初看起来，与学校教育的衔接性相去甚远，它们是健康、营养、出勤率、家庭生活、课外阅读与活动、家长与子女的经济地位，以及飞速变化的文化所不断改变的一般性要求。不仅如此，它一直扩展到在学校利用校外获得的经历这一整个问题。

关于这两个原则的应用，还涉及更多具体的要点。其中之一，是特殊领域的重点交替与工作减免原则（the principle of alternate concentration and remission of work in special lines）。尽管已经取得了很大进步，但还是存在一种不良倾向，即采取千篇一律、面面俱到的方法研究组成学校课程的学科。某些内容的学习常常出现在学校课程的每个月和每一年。有必要采取灵活的试验方法，先是在低年级专注于阅读和算数等科目，然后进入松弛期（periods of relaxation），此时所获得的成就成为集中进行其他学习的资本。历史、地理、自然研究和科学也适用同样的原则，每一个都必须暂时被作为相对的中心，而其他因素均居于从属地位。其结果可能会比千篇一律的方法更好地揭示特殊的趋势和弱点，同时，我认为可能会大大减少现在因为学生进入新的学年和新的年级单位而造成的断裂。

我相信在当前情况下，另一些难题源于教师被局限于单一的年级而造成的隔离。直接参与整个过程的只有学生而已，其结果是产生人为的割裂、突然介绍新的要求和新的原则方法、教授新的学科类别、重复以及复习本以为早该掌握的科目。我认为，它们在很大程度上是由过于绝对地局限于单一年级所导致的教师隔离而造成的。只有当学生的活动在学校体系的每个阶段，根据连续成长的完整性而得到指导，教育衔接才能得到保障。若想调查成长过程，一年的时间太过短暂。正如交换记录和数据的报告以及联合委员会的报告所显示的那样，在设置课程方面已经做了许多工作，统一监管发挥了作用。但是，这些并未触及全部情况。教师从一个年级调入另一个年级，或者让一位教师在同一年指导不同的年级，都存在管理上的困难。尽管如此，我仍然坚信，如果不能更加广泛地使用这些方法，教师将无法真正领会学校活动的连续性；而正是这一点，使他们得以从内部确保教育的衔接性。

　　这个问题的一个方面涉及让年龄较小的孩子接触不止一位教师的问题。我注意到,探讨低年级分科教学的那份报告的第二章非常明确地提出了反对意见。但这些反对意见的提出,不应该只是用来反对教师一方有必要在孩子不同的成长阶段都与他们保持亲密的关系这一既成观点,还应该反对使孩子养成与一个人打交道的习惯和方法这种危害,反对常常引起人们注意一个事实,即学生进入到的确存在分科教学的年级单位时会产生矛盾冲突。因为分科教学在低年级很容易被过度使用,因此,认为学生哪怕在第一年也可能无法很好地适应存在两个以上教师的情况,这种观点是没有根据的。具体来说,这是个比例问题。我们还必须牢记,一个教室加一位教师的方案往往会使形式主义模式或早期不受约束的自发性模式永久保持下去。尽管一个教师足以让孩子们做想做的事情,教他们传统形式的学科,但却没有哪个教师可以回答孩子们提出的所有问题,而若想保证他们的成长,为未来的工作打下坚实的基础,这些问题必须得到深入的探究。认为高中必须严格地执行分科教学也是站不住脚的。在这两端,我们都需要更多一些"弹性"。而认为在高中,分科教学应该把懂得代数、几何或自然地理等许多方面的一位教师局限于一个年级就更加没有道理了。真正的相关性或者说综合性以及教学衔接真正的连续性也许依赖于一位了解不止一个话题、教授某个学科整整超过一年的教师。若干年前,艾拉·扬[①]就曾提醒广大教师,我们通常所认为的分科教学在现实中不过是劳动分工而已,就像工厂里常见的情况一样,每个工人只负责制作一只鞋的一个部分,然后把它转给下一个工人。

　　报告中经常提及的一个观点,与最后这两点有关。教师在培训时往往只特别针对一个方面或一个年级单位,而忽视知识体系的整体性,由此而引发的难题必须得到关注。每位接受培训的教师都应该至少学习一门完整的课程,使他们
熟悉整个体系,在此基础上,再特别参考他们专门准备的属于整个体系一部分的那些内容,这才合情合理。倘若这成为惯常的程序,那么,教师不愿意从一个年级或单位转换到另一个年级或单位的情绪,则可能让路给对更广阔的经验的渴望。关于教师培训,存在着太多与教学衔接性相关的问题,这里只可能选择性地探讨其中的一个。

[①] 艾拉·弗拉格·扬(Ella Flagg Young, 1945—1918),美国教育家。——译者

大学中的研究生院在很大程度上是在培训大学教师，并且也越来越多地培训高中教师。对那些在大学学习、将来出去教高中的人进行教育，这种方式无论如何会对高中教学产生反作用。这些情况在很大程度上，造成了教育衔接性问题所经常提到的高中与初中、中学与小学高年级之间的裂隙和失调。我指的是一方面更加关心学生的发展、另一方面更加关注此类学科这种矛盾。任何对于教育衔接性之所以比较糟糕的原因的调查，如果不直接或间接地考虑到大学研究生院对未来教师的培训，都是不完整的。这是那个古老问题的一个方面：师范学校被普通大学孤立起来，因为它侧重方法，而后者侧重学科。尽管现在这个问题不像过去那么尖锐了，因为双方都进行了调整，但这仍然是一个重要因素。

由于时间关系，只能列举这几个例子。我将再次回到对这个问题最初的表述来进行总结：协调使用行政方法以及贯穿个人发展的心理道德方法。如何着手处理教育衔接性问题会产生不同的结果。如果我们过于轻易地认为某个现存的年级单位划分哪怕是相对确定的，那么我也非常怀疑能够找到比消除体现外部摩擦的那些更加引人注目的事例有更大作用的解决方法。人类头脑的一个自然特性便是使存在"合理化"——也就是说，借助偶然的原因来证明已发现之物。我认为，我们似乎应该把教育衔接性问题视作分化（differentiation）问题。

倘若不那么严格地来说，拿有机体的成长来打个比方会有所帮助。生理协调成长出现了问题并非是指骨骼、肌肉、肺连同肠胃的协调全部出现了问题，而是只有不协调产生了，后面的问题才会随之而来。不同的器官和功能彼此合作，它们之间存在着逐级的分化。教育指导的问题可以被当作用连贯的方式引起分化的问题。可以举一个很简单的例子来说明这个一般性观点的意思，为此，我再次选择了任务概述的一个部分，它似乎暗示着与这个原则有所背离。我要探讨的是根据被动类型的温顺听话所确立的早期阶段与根据个人独立以及个人主义的开始所确立的晚期阶段之间的对比，以及从这个所谓的对比中得出的有关划分年级单位合理性的结论。该观点似乎忽略了若干事实，例如，家长们都很熟悉在幼年时期存在被称为"逆反表现"（contrary suggestion）的事实：学习阶段的成长不仅通过各种活动而实现，而且也通过应用幼儿园期间获得的社会活动方法而实现。

接受的能力和确定的行动是稳定不变的功能，与成长的不同阶段不相一致的是练习的范围以及领域。因为六七岁的孩子无法主动承担与八九岁时同样的责任，并不意味着早期阶段不存在某个可以进行练习的领域，也不意味着这种练习不是正常发展的一个不可或缺的因素。从某个能力尚未产生的领域开始进行归纳总结，然后从中推导出孩子们接受强加给他们的事物，大量这样的意愿"要求"在那个时期设立某些学科，这无法为学生未来在其他领域更加独立作好准备，从而导致后来过分强调"个人主义"。这就是独立行为能力存在永恒分化的问题，它是由事先利用已经存在的能力造成的。正常的分化会使学生以后愿意承认自己在某些领域并未达到独立的程度，从而需要引导和理解力，因此减少意想不到、令人讨厌的"个人主义"。

310　　虽然这个例子来自特定的领域，但却放之四海而皆准。无论小学生、初中生、还是大学生，在每一个阶段都有相对熟悉的经验领域以及相对成熟的思想行为倾向。关注这些情况，把它们作为确保在更加广阔的经验领域获得独立负责行为的新能力的手段，便是为分化的连续过程提供了解决办法，它将使教育衔接性问题得到恰如其分的理解。

　　在结束这个既过于琐碎又过于笼统的讲解之前，我必须先表达我对任务报告包含的研究所怀有的深深的感激之情。然而，比任何个人感激更加重要的是，它证明了国家的教育工作者对自己的责任充满热情。在美国分散性管理的体制下，在缺少中央管理机构的情况下，我们不断取得进步的唯一保障便是采取自愿的合作调查与相互商讨的方法。报告为实现这一关系到教育发展基本问题的重要任务作出了杰出贡献。在完成这项任务的过程中，他们小心谨慎、全面周到。对此，我们全体人员应向他们致以诚挚的感谢。

我们的文盲问题^①

1930年人口调查引起了美国教育工作者和研究社会问题的学者的极大关注。调查者接到指令,通过确切的测试来确定10岁以上人口的读写能力。这样一来,我们对美国的文盲程度就会有精确的了解,也会清楚限制移民以及世界大战结束以后开始的教授成年人读写的运动都带来了怎样的结果。

区分这两个原因并非易事,但如果政府根据进入美国的日期对成年文盲进行分类,就有可能做到。

对于大多数人而言,统计数字并不十分有趣,然而若想继续分析我们的情况,为消灭文盲开展具体的运动,数据是我们唯一的依据。1920年的人口统计表显示,共有大约500万文盲,其中300万出生于本国。

这些统计数字不是非常可靠,原因有两个。首先,人口调查员并未进行个人调查,来核对被调查者的陈述,查看他们是否能够读写。其次,读写能力非常模糊,究竟多少知识和技能才足以构成能力?

500万是个庞大的数字,但简化为占人口总数的百分比似乎就不那么令人担忧了。但是,即使调查结果确有令人满意之处,也会因震惊于来自服兵役的士兵的统计表而荡然无存。在这个情况下,调查者并不满足于仅仅询问一个人是否会读写,他们测试了写一封简短书信的能力,就是士兵自然而然寄往家里的那种书信,还测试了他们连贯地朗读简单的英语句子的能力。其结果确实具有启发性,在150万的被调查者中,有25%的人没能通过测试,而在黑人士兵中,比

---

① 首次发表于《画刊周报》(*Pictorial Review*),第31期(1930年8月),第28、65、73页。

例达 50%。

该调查报告中之所以存在百分比的差异,部分是因为调查只包含 10 岁以上的人口,因此,所作之估测如果不是基于全部人口,包括低于该年龄的几百万人口,这个比率本应该大大超过 6%。但是,主要差别的产生是因为进行了真正意义上的调查。此外,就连统计数字都显示了虽然与 1910 年相比,文盲所占的百分比有所下降,但是 1910 至 1920 年间,有 12 个州的文盲人数实际却呈上升趋势,并且,这些州大多数位于南部工业区。

调查整个问题的所有委员会作出的报告总结道,无论使用何种公平的标准,我国文盲的人数都可能是 1920 年统计数字所显示的两倍之多,即总计一千万。我们没有任何理由怀疑这个结论的公正性。

这个结果毫无疑问异常惊人。而我们对公立学校系统的骄傲之情——认为它能做到我们对学校所期望的一切,更加加深了这种感觉。尽管统计数字非常糟糕,但如果说公众对这个问题已经给予了相当大的关注,或者说除了一些人物和团体献身其中以外,还有系统地展开了许多行动来整治这种具有危害性的情况,这都不是事实。

我最近查阅了有关文盲这一主题的期刊的图书馆目录和索引,非常惊讶地发现相关文章是如此之少——当然更没有任何迹象表明公众感到担忧,或者甚至深感不安。

大众对此漠不关心的原因是显而易见的。文盲群体的社会条件和社会地位使他们几乎得不到关注,也基本无法唤起人们的情感。他们之所以成为文盲,很大程度上是因为他们生活在我们当中比较幸运的人们所生活的主流社会以外。他们大多数可以分为三类。

一类大部分为本国出生的白种人。他们生活在人口稀少的社区,不仅学校很少、条件很差,而且与国家中较为活跃的地区缺少联系。除却偶尔为文学提供素材以外,他们的生活以及与国家其他地区的关系都没有什么能引起关注的地方。

接下来的一类是外国移民。他们大多数生活在更大的工业中心。他们在工厂工作,与较早定居在那里的人几乎没有交流;除了老板和工友以外,几乎没有其他社会关系。他们也没有什么富有戏剧性或令人感动的地方。1920 年人口调查显示,合众国没有任何州的文盲人数能超过纽约州。鉴于该州人口众多,这

313

个情况也许并不令人惊讶,但它却以引人注目的方式使人们注意到一大群国外出生的人口出现在我们的当代工业生活之中。

第三大类为黑人文盲。统计报告显示,出生于本国的文盲数量超过了出生于外国的文盲。这令人感到惊讶,其原因当然在于数量巨大、本国出生的黑人,他们尚未享受到教育设施。

黑人文盲只是本国全部黑人问题的一部分而已。只有在社会、经济、政治领域形成一般性的黑人问题,才不会像现在这样出现如此之多的黑人文盲。种族歧视,害怕种族平等,担心教育会使黑人变为强烈要求选举权的"新贵",使他们不再是易于驾驭的廉价劳力,这些都是导致我们的黑人人口文盲率居高不下的确切因素。

在南方,为黑人建设的教育设施正在增加;有些州已经取得了显著的进步。但是,我并没有看到有希望采取一致的行动来消灭黑人文盲,而这个问题与对种族问题那些重要方面严肃的考虑完全无关。

我还要再次依靠数字,它们是冰冷单调的指数,但却比任何其他事物更能说明情况。共有 17 个州仍然保留为黑人单独设立的学校,在这些州,黑人文盲率达 12.5% 到 38.5% 不等,比任何情况下的白人文盲率要高出很多。

在这些州,黑人上学的平均花费为每人 10 美元,而每个白人学生的花费几乎是这个金额的 3 倍($29);每位教师要教 44 名黑人学生,而在白人中,这个数量为三十出头;白人学生的一个学年比黑人的平均多 30 天;大约 2/3 的黑人学生正在读前三个年级,而白人学生只有不到 1/2。 314

上学时间较少、每位教师负责的学生较多、校舍和设备较为简陋、薪资水平较低因而师资力量较弱、孩子们仅仅接受了初步教育便离开学校——这些都是主宰当前形势、导致黑人文盲数量增加的因素。

在这个问题的每个方面,我们都发现自己处于恶性循环之中。文盲会养育出文盲,没有接受过教育的父母恰恰是对子女教育漠不关心的人,这是个惯例。他们既没有雄心壮志,也没有经济收入。此外,对农村白人、工业移民和黑人刚刚所作的调查显示,造成文盲产生的社会孤立现象同样也使文盲现象难以成为享有特权的那部分人所重视的问题。

文盲现象不像疾病、精神失常、显而易见的赤贫那样可以直接引起社会关注,也不像其他理由那样可以博取慈善行动和公众爱心。很难让其他人对文盲感动或有所感受,他们既非残疾,也没有卧病在床,更没有遭受任何使他们与其他人显著不同的严重苦难。

尽管如此,代表教育活动组织,公共的也好,私人的也罢,来展开一场关于消灭文盲的辩论,应该没有任何必要。我们怀疑世上是否还有另外一种祸患能像无知的瘟疫一样让整个社会遭殃。此外,它是通过直接进攻就可以消灭的,这比那些我们只能说说而已的危害要强很多。具有读写能力与接受教育完全不是一回事,但却是在其他领域接受教育的必要条件。从政治的角度来说,文盲往往是政治上的威胁,切断他们与书本和媒体的联系,使他们要么对政治漠不关心、无动于衷,要么成为蛊惑人心的言论的现成对象。

虽然没有非常可靠的统计数字,但是很明显,与拥有信息渠道、能够参与到诸如抵抗肺结核之类的运动中的人们相比,他们的健康情况很可能要差一些。没有文化导致经济状况低下,这是不言自明的。一般来说,只有那些克服早年的不利条件,立志学会读写的人,才会攀登上更高的工业社会阶梯。

记得几年前,我遇到了一位负责宾夕法尼亚州一座大型矿业镇的学监(superintendent of schools)。他少年时曾在一座煤矿工作,20岁以后,他意识到凡是领先的人都多少读过些书,而他却既不会阅读也不会写字,他发现自己注定一生在地底下做苦工。他有着坚强的苏格兰血统,后来他离开了煤矿,去学校读书。只用了短短几年时间,他就从宾夕法尼亚大学毕业了,成为一名负责教育的领导。

虽然这种情况比较少见,但是试想一下,如果他没有领悟到教育的必要性,那么将会为社会带来怎样的损失啊!再把他的例子增加到成千上万,就可以想象出由于不会读写所造成的经济地位低下而带来的绝对损失了。经济方面的危害影响深远,但厂主和店主中,很少——极少有人意识到了这种情况,即使扩大教育范围肯定会促进市场的成长,也极少有人公开表示他们愿意纳税,用于改善南方的教学设施,尽管在北方支持的比例相对要高一些。

列举这些特殊的地方应该没有必要,最为突出的事实在于:我们当中存在的如此大范围的文盲现象不仅会阻碍社会发展,而且是对我们引以为豪的公立学校教育体系及其效能的羞辱。我们如果不想承认那些自我夸奖只是大话空话,就必须有所行动,而这种行动覆盖面要广,并且要有组织地进行。

第一步是分析问题,将文盲的危害分解为一个个组成部分,这样就可以借助最适当的手段分别处理每一个因素。正如我们早已了解到的,这大体上存在三个部分,即黑人问题、工业中心的移民问题,以及生于本国、生活在封闭、学校贫穷稀少的农村地区的白人问题。

316

预防总是胜过治疗。一个必要的措施便是防止教育缺失现象在现在的学龄人群中继续扩大。若想完成这项任务,部分取决于制定和有效执行令人满意的义务教育法。要考虑到我们美国的习惯,即更加关心如何将法律搬到书面上,而不是之后如何实施它们,如果得不到受其影响的社区公共舆论的支持,那么关于义务教育法无论写得多么漂亮,都将得不到强有力的执行。

有必要在落后社区展开一般性的运动,来启迪人们的情感。这里也存在一个恶性循环,最需要实施法律的社区和群体恰恰对法律最不感兴趣、最漠不关心。

虽然禁止使用童工得到了广泛的关注,但工厂和商店仍然是学校教育的敌人,对造成文盲现象起到了明显的教唆作用。《联邦宪法》赋予国会权力,来管理雇佣童工事宜,但它却未能得到修正,这也是消灭文盲运动无法取得进展的原因之一。

除了一千万文盲以外,还有一千万人口接近文盲,这证明三年左右的教育远远不够。必须从改善孩子们现有的教育设施开始着手,确保所有的孩子能够上学,并且就读的时间足够长,以取得切实的效果。

然而,这种方法只能防止孩子们长大后变成文盲,却无法顾及已经超出学龄的那些人。此处便对个人慈善努力和公共教育活动产生了需求,也为它们提供了空间。

斯图尔特(Stewart)女士的夜校以及他们出色完成的工作,显示了一个人连同围绕在她周围的热心支持者都可以为消灭农村地区的文盲现象做些什么。塔尔博特(Talbot)博士的"自助式"识字课本及读物收集了工厂工人在日常工作中最为熟悉的词汇,制作成一个带插图的词汇表,这对于在工业中心采取怎样的方法消灭文盲才起作用是个不错的启示。

然而,整个管理问题应该得到比以往更多的重视。应该可以为市级、县级和州级单位划分出适当的劳动分工,为其各自安排相应的职能,并从适当的来源提供必要的资金。

317

该方案必须灵活。在大的制造业中心,必须由地方市政府来发起,而在农村地区,县政府便是天然的组织中心,这两种情况都应该可以从州政府得到辅助。特别是在城市,必须找到方法来保证工业家与工厂负责人能够进行积极的配合。唤起了公众舆论制定一个灵活有效的项目就不再是难事,而一个灵活有效的项目应该用不了几年,就可以根除文盲现象这个耻辱。

至于联邦援助以及联邦政府参与消灭文盲运动的程度和方式,则另辟了一个有争议的领域。哪怕不从逻辑上来判断,而只从实际情况出发,它也与一个悬而未决的问题息息相关,即在总统内阁增设一名教育代表的问题。

虽然这个想法得到了许多组织的认可,包括全国教育协会(National Education Association)、妇女俱乐部联合会(Federation of Women's Clubs)和美国劳工联合会(American Federation of Labor),但它从未获得通过。

其阻碍来自对权威、私立学校和教会学校极力反对的担心,也来自一些微不足道的反对声音,例如,不得不在内阁成员环席而坐的桌子上增加一个活动面板(这个反对意见实际上是高层所极力主张的)。除此而外,最主要的阻碍在于害怕官僚主义和中央集权。

倘若此处所建议之方法的实施会导致公共教育受到哪怕一丝一毫的中央控制,我无论多么不情愿,都有责任表示反对。我相信我们学校教育体系的活力在于它与当地需求和当地利益的紧密联系,类似法国那样的中央集权体系与我们的精神和传统完全格格不入。

尽管如此,我却认为这个反对意见的依据并不充分。因为侵犯了州政府的特权,朝中央集权方向采取的任何行动都会遭遇很多来自它们的嫉妒和反对,因而势必遭到失败。我想我们还可以依靠常识来阻止任何采取该行动的企图。

318　　至于在联邦内阁成立教育部,来解决消灭文盲所需要的联邦援助问题,我相信所有的观点都持支持态度。我必须再次引用一些数据,它们表明了若想有组织地消灭文盲及其带来的危害,必然需要这样的援助。我们再一次面对着恶性循环,最需要资金来开展预防和消灭文盲运动的州及社区通常最无力支付这些费用。例如,虽然在全国范围内,只有一间教室的学校(one-room schools)数量平均占20%,但具体分布却各州不同,从4%到58%不等。

不同的州政府为 14 岁以下的儿童提供教学设施的效能从 36% 到 75% 不等,最高的百分比照例出现在偏远的西部各州。单举一个例子,几年前,南卡罗来纳州只有 58% 的孩子有机会到新泽西州上学。如果我们按县而不是按州来进行统计,那么差距就会更加巨大。

这些差距在很大程度上与财力的不同息息相关。教育效能最高的五个州,其人均财富产值是最低的五个州的两倍。

根据 1920 年的人口调查,在最富裕的五个州里,每个孩子的收入是最贫困的五个州的 3.5 倍,有报酬的受雇者其存款额的增加率为 7∶1。在较为富裕的各州,每年每个孩子的花费为 50 美元,而在较为贫穷的各州,每个孩子只有 11 美元。

虽然这种危害或多或少集中在地方,但是其影响却是全国性的,正所谓一损俱损。而消除危害的资源也同样分布不均。

要那些最有能力提供帮助的州与弱小的州合作,一次性地彻底根除文盲现象这一灾难,这是一个公平而又慷慨的方法。

这种合作只有通过联邦政府这个中间人才能实现。

但是,它不应该担负主要的责任,也不应该承担起全部的重任。我们必须时时处处都有组织地付出努力。

新式学校存在多少自由？^①

319   若想估算出进步学校（progressive schools）在过去十年中所取得的成就，并非一件易事，因为这些学校在目标和管理方式上存在太多的不同。从一方面来看，情况就应该如此：这表明不存在约定俗成的程序可供效仿，学校有按照特殊需求和条件发展的自由，创新派的领导也可以自由表达各种不同的观点。但是，现存的多样性中所存在的这些考虑因素给我们的启示远不止这些。它还证实了，潜在的动机对传统学校产生了如此巨大的反作用，以至于进步运动（progressive movement）的口令有可能被转换成不协调的实践。

进步教育（progressive education）的消极方面源自其产生的条件。进步学校的发起者通常是家长，他们对既存的学校不满意，并发现有教师与他们持相同的观点。通常情况下，他们在表达对传统教育或当地学校不满的时候，并没有提出任何经过深思熟虑的具体方针和目标。他们表现为反对形式主义和密集型管理，表现出渴望拥有更加自由、更加丰富的教育。在一些极端情况下，他们所表现出的狂热令人非常难以理解。

他们共同的信条便是对自由的信仰，对美的享受和艺术表达的信仰，对个人发展机会的信仰，对通过活动而非被动接受来学习知识的信仰。此类目标赋予了进步学校某种共同的精神和氛围，但却没有提供任何有关培养或教导的一般

320   程序，没有设立教学科目，没有确定重点应该是科学、历史、美术和不同的工艺模

---

① 首次发表于《新共和》，第 63 期（1930 年 7 月 9 日），第 204—206 页。这是主题为"十年后的新式教育"（The New Education Ten Years After）研讨会的总结陈词。

式,还是社会热点和社会问题。因此便产生了进步学校的多样性,也因此很难对它们作出评估。对于反对的批评声,一个容易而有效的回答便是它们并不应用于具体的学校。

长处与弱点总是形影不离,每一个人类机构在质量上都存在缺陷。帕克中校①比任何其他人都更有资格被称为进步教育运动之父,这个事实更为重要,因为他大部分时间是在公立学校而不是私立学校接受教育——先是在马萨诸塞州(Massachusetts)的昆西市(Quincy)学习,后来就读于芝加哥伊格伍德市(Eaglewood)的库克县师范学校(Cook County Normal School)。我不知道他是否使用过后来非常流行的这个短语——"以学生为中心的学校"(child-centered schools)。他最常讲的话就是教师一直在教学科,而他们本应该教的是学生。他积极地投身到这场战争中,来反对根据成年人眼光安排设置的那些枯燥乏味的现成学科所带来的负担——换句话说,就是反对当时现状、抛弃传统课程。他呼吁建立与学生的经历和生活更为贴近的学科,致力于摒弃固定统一的学科标准。他引入了许多事物,它们在他那个时代是一种革新,而今却在任何自诩为现代的公立学校中都十分平常,例如由学生自行组织的学校大会。

就连上述这样一个不完美的观点都能揭示出进步教育运动后期持续程度非常之深的一组对立事物,一方面是学生、孩子、年轻人所代表的人性和个人因素,另一方面则是不掺杂个人情感的客观因素——学习科目、知识主体以及如何有组织、熟练地取得成就。说这组对立事物总体上导致了不平衡,我没有任何归咎于帕克中校的工作和影响之意,我的意思是影响到他早期改革的对无聊、正式、肤浅的学习的反对,同样被他的后继者继续加以使用,并出现了一边倒的情况,即侧重强调学生,而牺牲了学科体系。

我认为反对甚至反抗的必要性似乎是毋庸置疑的。传统的教室是一种灾难,它几乎与现实生活完全脱节,过于正式的教学材料十分沉重,造成了情绪极度沮丧,这些都迫切需要改革。但是,对正式的学习和课程的反抗若想有效地得以实现,就只有建立新的学科体系;新体系要像旧体系一样有条理,事实上,真正就系统性而言,它要比旧体系做得更好,同时,又要与在校人员的经验保持与时

321

---

① 弗朗西斯·韦兰·帕克(Francis Wayland Parker, 1837—1902),美国进步教育运动的先驱,在"一战"期间参加志愿军,最高军衔为陆军中校。——译者

俱进的紧密关系。这种结果相对来说未能实现，这体现了"以学生为中心"的教育观点的片面性。

我的意思当然不是说教育不应该以学生为中心，教育以学生为出发点和终点，这是显而易见的。但学生不是孤立的事物，他并非生活在自身内部，而是生活在一个有自然有人类的世界中。他的经验不会止于本能和情感，它们必须投入到一个拥有对象和人物的世界中去。而在一种经验相对成熟以前，本能甚至都不清楚自己要接触什么，为什么要接触它，因为它们是盲目的，是不成熟的。不能确保对它们加以控制和引导，不仅仅是放任它们盲目冲动地活动那么简单，而且还会导致幼稚、自我、未开化的行为习惯的产生。控制和引导的意思是说本能和欲望通过不掺杂个人情感的客观材料起作用，而这种学科体系可以由某种方式来提供，该方式促使经验连续有序地发展的唯一途径便是让经验最为丰富的人对材料进行精心的挑选和组织，这些人把本能以及不成熟的欲望和计划当作通过相互作用而成长的潜能，而非最终状态。

真正的自我中心并不是以自己的感情和欲望为中心，这样的中心意味着驱赶并最终瓦解任何中心，无论它是什么。它也不意味着任性地决意要实现个人的愿望和抱负，而是意味着拥有丰富的社会和自然关系领域；这些关系最初存在于自身以外，但现在已经融入到个人经验之中，因而可以对经验施加影响、进行调和、发布命令。在一些进步学校中，担心成年人作出强制性要求已经成为一种名副其实的恐惧症，如果对这种恐惧症加以分析，那么它不过意味着宁愿选择未开化的不成熟经验，而非经过深思熟虑的成熟经验，它上升为某种权威性事物，其本性决定了它无法提供稳定的测量标准或检验标准。我最近发表在《新共和》上的几篇文章主张，一个成年人如果没有将自身所处的现实生活情况与自身融为一体，就无法获得完整的人格。这一过程对年轻人更为必要，而所谓的"学科"恰恰代表了在任何特定时间都与此类融合息息相关的经过筛选和整理的材料。忽视了它就意味着使成长停留在不成熟的阶段，最终无法获得完整的自我。

当然，使用不会引起误解的词语并不容易。也许有人会认为，我主张倒退回某种成年人提出强制性要求的情况，或者至少倒退回事先严格规定的现成话题和研究的顺序问题。但事实上，目前对以孩子为中心的教育、对学生主导（pupil initiative）和以学生为目的制定计划（pupil-purposing and planning）的解释，许多方面存在着与传统学校中成年人提出强制性要求的方法相同的缺陷，只不过形式相反而已，即他们仍然沉迷于个人因素，除了由孩子发出命令以外，他们找不到可以替代成年人发出命令的其他方法。我们想要的是远离任何方式的个人命令和个人控制。一旦重点落到具有对教育有价值的经验上，重心就会从个人因素转移到学生和教师等人共同参与的与时俱进的经验上。教师因为更加成熟，知识更加丰富，便成为共同活动中天然的领导者，并且自然而然地得到接受。关键问题在于找到值得拥有的经验类型，不是临时借用，而是因为它们能够引起其他事物的产生：它们会提出疑问、制造麻烦、要求获得新的信息、引发一些活动、不断开辟和扩大更为广阔的领域。

正如我早已说明的，在评论进步学校方面，很难作出全面的概括。但是，这些学校中有的让学生不受限制地沉溺于言行、举止和无礼的自由之中。极左的学校（还有许多家长也犯了同样的错误）甚至将他们所谓的自由演变为无政府状态。这种许可——这种表面上的行为自由，只不过是刚刚所探讨的大问题中的 ³²³ 一部分而已。如果借助客观学科而对内在的具有价值的经验进行真正的控制和引导，那么外部行为过度的自由也会自然而然得到规范。归根结底，正是没能借助重要的学科体系来实现理性的控制，才会导致骄傲自大、粗鲁无礼、无视他人权利的情况产生，而显而易见的是，在一些人看来，他人权利即便不是自由的实质，也是它的必然伴生物。

即使最极端的进步学校，也会帮助学生获得一定程度的精神独立，以及有利于他们将来到正规方法盛行的学校去读书的能力。这一事实显示了，若想强调作为客观知识和理解力成果的理性自由，都可以做些什么。这样，我们就触及了问题的核心。管理一所进步学校要比管理一所正规学校困难许多，后者早就拥有现成的标准、材料和方法，教师只需遵从便可。总的来看，在历史、科学、艺术和其他的学校"科目"中，仍然不存在根据学生自身洞察力和能力成长的关系所组织安排的学科体系，这不足为奇，进步学校的时间太短，还不足以取得太多成就。然而，有一个要求却是正当合理的，那就是进步学校应该承认它们有责任完成这个任务，因而不能满足于任意随性的发展，也不能自作聪明地满足于维持生计。

再次重申，必须警惕误解的产生。我们有能力建立的学科体系，哪怕经历了若干年，也没有哪个可以适用于全国各地。我并非在为这个结论正名，对于什么会扼杀掉进步学校，把它们变成另外一种具有一套不同规矩的正规学校，我一无

所知。即使在同一所学校，对于一群孩子起作用的事物很可能不被另一群同龄

的孩子所欢迎。然而，充分认识到学科必须根据地区、情境以及孩子的特定类型
而改变，与充分认识到有可能制定不同的学科体系供教师在自身工作中按照自
己的方法吸收利用是非常一致的。旧式教育可以利用根据成人眼光安排的某个
知识体系和学科技术体系，而进步教育则必须拥有更加丰富广泛、适用性更强的
资料和活动体系，它们是在对有益于能力和理解力持续发展的条件和方法不断
进行研究的基础上发展而来的。现存进步教育的弱点在于人们极其缺乏有关持
续性的那些控制精神力量发展的条件和法则的知识，在这种程度下，它存在缺陷
就在所难免，也用不着对其指责埋怨。但是，如果进步学校满足于既得成就，没
有意识到它们所依赖的基础是多么弱不禁风，不在乎在成长规律方面还有多少
研究要作，那么反对它们的情况就必然会发生。

在实际的指导中，说一种学科具有价值、有不断发展的经验，这类说法过于
概括，没有什么价值。如何找到这种可以促进技能、理解力和理性自由发展的学
科体系，是我们要合作解决的主要问题。然而，也许有人会问，一直以来，进步学
校是否并不倾向于强调那些使学生直接感到教育更加快乐的事物，而是强调那
些将会为他们提供与当代社会生活息息相关的理解力和能力的事物。任何贬低
为学生的内在生活提供额外资源的教育都是不公正的，但不能为了维护这个观
点的正确性，而忽视或掩盖为工业和政治文明中的社会现实乃至社会罪恶作准
备这一点，这是进步教育问题必然的要求。

总而言之，在促进音乐、绘画、戏剧及文学创作(含诗歌)等文艺"创造性"方

面，进步学校最为成功。这一成就非常有价值，它可以帮助培养出对美更加敏锐
的一代人。但这还远远不够。它会自动促进中产阶级上层鉴赏力的提高，但却
无法满足当代工业社会表面存在的主要审美需求和审美缺失。同样地，虽然教
授科学已经取得了很大成就，为智力享受提供了额外的个人资源，但在揭示科学
与工业社会、与它有计划地控制未来发展的潜力的关系方面，我发现并没有同样
多的建树。

根据所谓的"时事"来安排练习和讨论是无法应对这些批评的，我们所需要
的事物应该确实可以及时理性地与时事相联系，但又能够把我们的记忆带回到
发生过的事情，以理解其基本的起因。没有对实施条件的洞察力，就不会有能够
保证提高社会指导力的教育。

这一情况再次把我们带回到进步教育若想取得实质性进步和发展所涉及的巨大难题。这种发展只靠研究儿童是无法得到保障的，它要求对社会及其推动力量进行全面地研究。传统学校几乎对教育潜在的社会性完全不予以考虑，但这并不意味着进步学校有理由继续这样做，哪怕在审美方面的成就让它深受欢迎。一个无法洞悉工业文明和城市文明基本推动力量的男人或女人不应该被视作受过教育的人，这样的时代应该到来了。唯有在提供这种教育方面起到带头作用的学校，才能在任何重大的社会意义上自称是进步的。

教育行业的职责^①

　　那些认可一般性目标的原则的人们，目前似乎对这些目标的本质存在一致的认识。在心理或个体方面，其目的是保证能力的进步和发展，这些能力应因人而异，它们涉及身体基础，包括健康与活力、有价值地利用空闲时间的审美品味和能力，独立进行批判性思考的能力，以及对获取以往文化所积累的成果的工具和过程的掌握。在社会方面，这种个人的发展将会为民主合作的生活提供分享的愿望和能力，包括政治上的公民权、职业效率和有效的社会慈善。反对意见似乎只关系到这些目的中不同元素应该在多大程度上得到重视，以及获得它们的最佳途径，而不是这些目标本身。

　　而在另一方面，其他群体明显地倾向于摒弃所有的一般性目标，取而代之的是寻找具体的目的。在这种情况下，对于后者的探寻往往是借助分析现存的社会职业和社会机构（当前成年人的全部生活）来实现。他们没有说出口的一般性目标，似乎是教育应该通过为社会和个人规划蓝图来为学生有效地适应当前生活作准备。

　　1. 在这些情况下，第一个要求便是教育行业作为一个体系应该考虑到学校的社会职能这一属性。一般性目标与具体目标相对立的问题可以追溯到学校的
宗旨，应该是使个体适应现存的社会秩序还是应该承担起社会规划责任的问题。后一目标显然涉及学生为进入变化的社会而作的准备，要求考虑需要加以改变

---

① 首次发表于《学校与社会》，第 32 期（1930 年 8 月 9 日），第 188—191 页。这是 1930 年 6 月 28 日全国教育委员会（National Council of Education）召开的会议的讨论依据。

的缺陷和危害。

据此,第一个论题或主题为:除了考虑学校的实际课程、科目和方法中所产生的改变以外,以及在考虑这些因素之前,教育作为一个体系应通过内部讨论总结出学校工作根据社会条件将朝哪个方向发展。这包含规划和领导的职责,还是仅仅为了创造一致?

2. 一旦结论显示为前一个方向,那么关于美国公立学校在执行这一职能时所遇到的障碍问题就会产生。(A)有言论表示,社会舆论,特别是关系到重要利益的舆论,不会允许在学校讨论有争议的问题,甚至反对引入与它们相关的客观公平的学科。(B)还有言论表示,教师作为一个阶层,没有资质参与到对这些问题的理性讨论中,也没有能力引发对它们的思考。因此,我的第二个主题为:通过教育体系的内部讨论,应该对学校实现其社会职能所存在的障碍有一个更加清楚明确的认识。这可能涉及教育体系的状态,以及关于它为参与社会和领导社会作出更好的准备的限度问题,这既包括在职教师,也包括培训学校可能必须作出的改变。讨论必须关注到成人教育问题,以及目前儿童教育和成人教育这两个过程之间不协调程度有多深的问题,因为教育连续性的思想表明它们之间应该存在一致性,而不是矛盾冲突。

3. 目标该如何确定和制定也是一个问题。这篇报告也许会证明存在这样一种趋势,即从上层开始,将制定好的方案向下传达,途中要由一系列不同级别的领导经手,最后辗转到达任课教师手中。这一过程与民主合作的原则相矛盾。这提出了一个主题:任课教师与学生有直接的接触,因此有必要比现在更深入地参与到教育目标以及教育过程和材料的决定之中。 328

针对它们所涉及的问题进行提问,会使这三个主题更加具体明确。

(1)教育过程应该有多大自主权,在实际操作中如何达到这种程度?学校是否有义务教导政治经济事宜,包括当代社会流行的国家主义原则?是否应该允许对现存社会秩序进行批评?如果允许,应该采取怎样的方式?如果排除掉一切有争议的问题,学生所受的教育能否使他们有效地参与社会生活?

(2)除了由领导制定的目标以外,教育体系作为一个整体是没有目标的,以至于它不具有统一的、有感染力的积极性,该情况是由没有认识到教育潜在的社会性所造成的,这个观点的正确性有多少?学生们离开学校走向社会时,对他们将要面临的问题和事件是不是没有足够的认识?就算该情况属实,如果教育体系和管理者没有意识到自己负有社会规划的责任,那么它会得到纠正吗?

(3)如果(a)教育没有更大的自主权,如果(b)教育者对使他们能够担任社会领导者的社会知识和利益应当负有责任这一点没有得到更大程度的认识,那么教师中能否形成核心的职业精神?

(4)高层曾表示任课教师的个性和自由正在减少,"教师越来越像是一部没有情感的大型机器中的一个齿轮",这个言论的正确性有多少? 它的原因和补救措施分别是什么? 管理者的工作与教师的是不是相差太远? 目前,标准化测试管理存在怎样的趋势? 它是否倾向于把任课教师的注意力集中于统一结果,从而产生机械性教学? 它是否以牺牲个体发展为代价,培养出了一种根据学生对事先确定的标准化学科的掌握情况而给他们分类的体制? 他们的管理可能采取怎样的测试和方式以更多地释放教师在工作中的创造性? 目前的管理程序在多大程度上是基于对任课教师智力能力的不信任? 如果不给予教师更大的自由,这些能力会得到提高吗?

(5)如果与有争议的社会问题相关的一切都严格地被排除在思考的范畴以外,那么被视作教育的一个目标的批判性思考和独立思考的能力能够获得吗? 如果思考仅限于技术问题,而将这样的社会材料排除在外,那么还能够期望思考习惯发生"转变"吗?

(6)实现民主的社会合作的愿望和能力,其发展会遇到哪些具体障碍?——因为有言论称这也是一个重要的教育目标。资本和劳动力的关系、工人组织的历史和目的、失业现象的原因和程度、税收方法、政府与国家收入再分配的关联、合作型社会对竞争型社会,诸如此类的问题能否在学校教室里进行思考? 关于家庭关系、禁酒、战争与和平,也有着同样的问题。

(7)学习如果来自真实经验并与之相关,会是最容易、最有效的,这个原则得到了普遍接受。那么从逻辑上和实际上来看,该原则在多大程度上暗示了影响我们学校经验的经济政治活动的结构应该在学校得到系统的关注?

(8)现在的学校工作其目的在多大程度上是在为个体的个人成功作准备? 在多大程度上依靠竞争的刺激? 这些因素在多大程度上与民主合作的职业目标相一致?

(9)学校在多大程度上可以并应该涉及种族与阶级的往来和歧视所产生的问题? 与黑人、北美印第安人、新生移民人口相关的问题是否应该明确地得到思考？对于学校内部存在的文化传统和观念差异,校方应该持怎样的态度？是应该致力于培养还是消灭它们？为进一步促进我们人口中各民族间的友谊和相互理解,学校可以并应该做些什么？

（10）关于我们的国际关系,也存在同样的问题。爱国主义教育对其他民族是否存在敌对的倾向？美国史的教学设计在多大程度上应该以牺牲历史事实为代价来弘扬"美国主义"（Americanism）？我们与加勒比地区的关系、使用武力干预财政和经济问题、我们与国际法庭的关系,此类具体的国际关系问题是否应该成为教学内容？

330

这些问题的提出,是为了使所总结的三个原则的意思更加具体,它们之所以有关,是出于以下确定无疑的理由。第一,目标的制定,一般性的也好,具体的也罢,往往会变得正式、空洞、甚至只说不做,除非后者被转化成有关学校实际工作的条款。第二,学校与生活相脱节,这是造成教学工作效率低下、缺乏活力以及没有形成更加积极的职业精神的主要原因。第三,学校和生活无法形成更加密切的关系,除非教学体系能够严肃不断地关注妨碍这种关系建立的原因。第四,考虑到学校所承担的社会责任,特别是有关我们时代的重大事件和问题,有必要赢得全部教育主体的支持,包括任课教师。

这些原因背后隐藏了一个信念,即教师所作出的承认他们具有社会职能的设想,一定会得到公众积极的回应；而目前公众之所以反对自由思考社会问题,是因为教育行业没有积极、有组织地争取自己的自主权。

劳工教育的自由度①

　　教师工会(Teachers Union)的会员和朋友们：我总是非常乐于见到我的教师同行和会员,尽管我本可能或本应该有更多的机会这么做。但是,能够结识这样的男男女女还是非常愉快的,他们相信联合体、协会和组织,积极地支持共同的目标,可以为了工作而联合起来,而不仅仅是参与学术讨论。不管以何种方式,能够与这样的男男女女共事都是一件乐事,他们认为脊柱之所以存在是要起作用的,而不仅仅是解剖学的特殊物件。教师工会与一般的工人运动都有关系,这一点令我非常满意。

　　现在我不得不承认：今晚我来到这里所怀有的喜悦之情,与我以往参加此类会议的有所不同。有一些满意,有一些快乐,仿佛正在经历一场直面对手的战斗,此刻,你感到自己的理想是正确的,你正在向敌人展开进攻。然而,进攻那些与你以朋友相称的人是毫无乐趣可言的。事实上,这里毫无疑问不存在进攻,只有深深的遗憾。因为我们感到在我们共同的事业中,这些朋友——劳联的执行委员会(Executive Council of the A. F. of L.)②——所采取的行动非常接近于背叛我们全体人员一直以来共同为之奋斗的理想。

---

① 首次发表于《美国教师》(*American Teacher*),第 13 期(1929 年 1 月),第 1—4 页。这是杜威于
　1928 年 11 月 9 日在纽约由美国教师联合会(American Federation of Teachers)第五区(Local
　5——纽约州)组织的讨论美国劳工联合会针对布鲁克伍德行动的专题大会上的发言稿。
② 全称为美国劳工联合会(American Federation of Labor),美国第一批工会联合组织之一,成立于
　1886 年。——译者

你们已经听到了布鲁克伍德事件①的整个过程,我不打算再重复一遍。我想我几乎看到了过往全部通信的文本,清楚马斯特②先生对整个事件的叙述不仅公平坦诚,而且公正无私。你们当中了解他本人以及他过去的工作的人可能不需要这样的保证,而今晚听到他发言的人也不必怀疑他对所发生的事件的叙述绝对诚实和直率。那么,我想讲的并非那个特殊事件,而是它的一个方面,即何为学术自由、这场事件与它有着怎样的关系,以及教师工会和美国劳工联合会与学术自由又有什么关系。

我不喜欢学术自由这个词,因为自由没有任何学术性。心灵的自由、思想的自由、求知的自由、讨论的自由,这些都是教育,离开这些自由的元素,教育——真正意义上的教育就无从谈起。抨击所谓的学术自由就是抨击智力的整体性,因而也就是抨击教育这个观念,抨击教育实现其目的的可能性。

没有精神的自由,你可以进行培训,但却无法从事教育。正如一个广告曾经说的,你可以教一只鹦鹉说"替代品一样好",但是鹦鹉却并不知道自己在说什么。这就是培训和教育的区别。教育是一种觉醒,是心灵的运动。积极把握与它相关的任何问题,用自由、诚实、直率的方式来处理它们,这是心灵成长和发展的条件。

很明显,这就是布鲁克伍德的管理精神。从你今晚刚刚听到的马斯特先生的发言,从他朗读的信件(如果你阅读了毕业生的其他信件),我相信你会得到完全一样的想法。在我看来,如果一所学校真正相信全面诚实的讨论会使其利益得到推动和促进,而不是倒退和阻碍,那么它便显示出了对工人运动、工人的理想和工人组织的事业的忠诚。如果我发现自己认为一个事业的利益若想进一步

---

① 1928年,劳联以布鲁克伍德工人学院(Brookwood Labor College)有共产主义倾向、宣扬无神论、公开反对劳联为名,宣布停止对该学校的资助,8月份,劳联执行委员会通过决议,要求劳联成员从该学校退出。布鲁克伍德工人学院是美国第一所寄宿式工人大学,1921年成立于纽约州卡托纳市(Katonah),1928年的这场危机以后,主要依靠个人资助维系。美国大萧条时期,社会资助和学生数量日益减少,该学校被迫于1937年关闭。但是,该学校成为了美国工人运动史上的一面旗帜,因为不仅它的生存时间最长,而且美国产业工会联合会(Congress of Industrial Organizations)的主要领导者和知识分子都是由它培养的。——译者
② 亚伯拉罕·约翰尼斯·马斯特(Abraham Johannes Muste,1885—1967),美国反战运动、工人运动、民权运动的积极参与者,具有社会主义倾向。1928年布鲁克伍德事件发生时,任该校校长。该事件以后,他对工人运动丧失了激情,成为马克思主义哲学的积极倡导者,并因其思想在学校无法得到大多数教职员工支持而于1933年离职。——译者

取得推动，就必须施以压制、给予片面的介绍、故意给学生灌输某种观念以使他们自己的思想无法自由地就某个主题进行讨论，那么我就应该怀疑自己对这个事业的忠诚度。我谈的是一个普遍现象。任何真正相信工人运动是有组织的运动的人都必须相信，全面自由的讨论以及用这种精神来指挥整个教育运动，在任何方面都只有获益而没有损失。

作为从事许多年教学的人，倘若收到这样的来信，我会感到非常高兴。如果今晚在这里有一个我的学生可以证明他的心灵产生了这种觉醒，他具有这样的思考能力，他有能力让自己有价值，因为他学会了面对事实，而不去顾忌后果，那么我将会感到自己得到了真正的验证，那将是一个教育者所能够得到的最高验证。

我想，我们当中那些与教师工会的工人运动结为同盟并给予支持的人已经在很大程度上这么做了，因为我们清楚，我们的学校，公立的也好，私立的也罢，在教学上都没有获得应有的自由；它们身处的氛围，渗透它们的精神，在水平和质量上，都无法达到它们本应该具有的允许智力自由的程度。我们一直认为通过组织和协会，可以打击那些为了自身的政治经济利益而压制学校的研究自由和讨论自由的力量，如果我们能够使足够数量的教师联合起来，还可能最终击败它们。现如今，正如我所说的，官员们（我从不认为是工人组织的主体，而是工人组织的某些官员）似乎站在了那些力量的一边，我们教师都清楚它们一直是自由事业的敌人，而这个事业对于教育发展至关重要，我个人感到这非常令人灰心和沮丧。

为了使我的观点更加具体，我想读一篇关于劳工教育的社论，它于上个月发表在《美国联邦主义者》(*American Federationist*) 上。它没有提及布鲁克伍德事件，学校的名称以及与学校相关的信息都被隐去。这篇社论在这个时间出现也许只是个巧合，我们也可以认为它并非巧合。

谈到劳工教育最近的经验，这篇社论认为："这过去的六年告诉我们，我们的教育存在截然不同的两类需求：为使协会和协会活动更加有效而学习，以及渴望获得能够使工薪阶层与其他群体平等参与文化生活的教育机会。"在评价第二种需求，即"渴望获得能够使工薪阶层与其他群体平等参与文化生活的教育机会"时，社论说道：

在美国，我们把为大多数人服务寄托于公立学校教育体系，包括州立大学。我们相信，这个公共管理教育的系统及其公共图书馆可以不断扩大，以满足所有公民群体与日俱增的成人教育需求。我们相信，管理这些机构的董事会应该代表所有相关群体的利益。这种民主的学校管理，可能是杜绝在公立学校教学中进行宣传蛊惑的最佳保证。工会运动不可避免地反对在公立学校"布道"，因为我们意识到信息来源一旦被滥用，就没有希望找到真理。另一方面，旨在促成自身理想推动宗教教育的组织，应该有权力在它们管理的学校里教授合法的学说，但是，为了保障真理的利益，这类学校的指定必须适当……经验证明，由工会会员管理工会教育的规定是多么周到、多么明智。当美国劳工联合会决定一项工会教育事宜时，它所斟酌的是工会事务，这与学术自由根本毫无关系。

如果我把朗读的这部分意思传达给你们了，特别是关系到它出现在这个特殊时期的偶然性，那么可以总结出两点。其一，工人、工薪人群和体力劳动者的文化利益可以通过我们正常的学校教育体系得以满足。其二，工人学校的产生旨在使协会和协会活动更加有效，因而这些学校应该由工会会员来管理，而这绝对不涉及任何学术自由的问题。

对于如此表述的这个问题，我有两点要说明。我毫不怀疑我们管理教育的公共系统可以（capable）不断扩大，以满足所有公民群体与日俱增的成人教育需求，但我想要大力强调的是"可以"这个词。如果有人告诉我它现在已经扩大到了相当的程度，从事了将近 50 年教学的我会以图书馆为例提出质疑。正是因为这个系统尚未扩大到所需要的程度，才需要某种类型的工人学校来领路，来冲锋，这揭示了其他学校都应该做些什么。布鲁克伍德学校身先士卒，开创新的道路，从而表明了其他学校可以并应该扩大到何种程度，也多少暗示了通向这个令人想往的扩大活动的道路，对于它的努力我非常高兴地致以敬意。我们知道每个人都听说了，马斯特先生也提到了，一些强大的托拉斯正努力控制公立学校和私立学校的教育，我们知道它们对广告代理公司做的指示是为了特别抓牢两件事——新闻和学校，我们知道学校使用的教科书一直归它们准备、修改和审查，它们的记录炫耀了全美国包括高中在内有多少学校在它们的控制之下，它们雇用教师和教授，花钱让他们按某种方式教学，也许不是直接在课堂上，而是在讲座上、俱乐部和其他课堂以外的地方,让他们灌输与公共事业机构相反的观点。我们知道有记录显示他们声称网罗大量收入微薄、欣然满足于 50 或 100 美元薪水的教师是非常精明的,这种记录就来自其中的一家公司。

此刻,我想用我最大的真诚提出一个绝对公平的请求,请美国劳工联合会的官员能够为了教育事业,为了工人的理想,更多地采取行动去进攻制造毒害信息的那些人,而不要因为布鲁克伍德学院认为教学应以工人协会的愿望和方针为指导,而非屈从于行政官员,便对它进行间接的攻击。

我引用的社论还提到了另外一点,即"我们相信管理这些机构的董事会应该代表所有相关群体的利益",对此,我想表达由衷的赞同。我希望美国劳工联合会能够使全体工人务必保证有工人代表既作为私人机构的理事,又作为公立学校的董事会成员,因为实践中,所有其他集团都是由人数最多的群体所代表。对此,我不表示反对,而是想表达由衷的赞同。但是,这个理想若想得以实现,就必须有人在工人运动中接受到恰如布鲁克伍德学校所倡导的那种广泛、自由、丰富的教育方式。仅仅作为某种特殊利益的代言人,仅仅接受某个特殊集团的命令,追求它们狭隘的利益,只能进一步恶化目前我们教育系统内早已十分过分的某种情况。使所有群体,包括工人团体,都能在国家管理学校的地方教育董事会里得到更充分的代表,若想实现这个令人向往的想法,除了促进而不是阻碍布鲁克伍德学校为之奋斗的事业以外,我不知道还有什么其他办法。

现在我来谈谈另外一点,我不清楚它的意思,我希望作者能够说得更明白一些,我感觉这更像我所听到的史密斯①在竞选中使用的语言。当一位绅士说"旨在促成自身理想、推动宗教教育的组织,应该有权力在它们管理的学校里教授合法的学说,但是,为了保障真理的利益,这类学校的指定必须适当",继而又说工会协会应该管理工人学校时,我希望他能够理清他的语言。现在我想知道:他们是否真的希望工会支持的工人学校变成门派林立、灌输教条的那种类型?倘若他们真是如此,我作为其中的一员,又为何必须反对他们。我认为工人事业应该高远得多,从更广的意义上讲,它比这个短语字面的意思要更有尊严,更有力量。

---

① 阿尔弗莱德·伊曼纽尔·史密斯(Alfred Emanuel Smith, 1873—1944),美国政治家,作为民主党总统候选人,于 1928 年与赫伯特·胡佛(Herbert Hoover)竞选第三十一任美国总统,最终失利,后成为纽约州州长。——译者

最后，如果我们继续坚持工会学校由工会管理，那么，我想说明，教师工会是工人运动的一部分，其成员就是工会会员，关系到工会学校所提供的教育的恰当性、资格以及后果的问题。我想，没有比咨询教师工会更加合适的做法了。我不希望使用任何强硬的语言或方式，它们只会使局面更加艰难；但我必须说，采取这种行动的时候，没有咨询任何委员会，没有召集会议，没有让我们调查这个事件，也没有以任何方式询问我们对整个事件的看法，这让我感觉好像我们这些参加了教师工会的教师明显地受到了排挤。他们是否希望我们参加运动？我们是否如我们曾经希望的那样，已经成为并将越来越是工人运动真正的有机组成部分？

劳工政治与劳工教育[①]

美国劳工联合会最近对布鲁克伍德劳工学院的责难,使与工人运动相关之成人教育的前景问题成为人们关注的焦点。这个问题变得异常敏感,是因为责难实施的方式——那就是一种学术私刑,所使用的方法在今天所谓的"资本主义"私人机构里是不能容忍的;在那些地方,被控告者有权利在宣判以前接受听证。该事件的这个方面得到了新闻界的关注。但是,关于国家劳工教育的未来受牵连的程度,却没有任何相关的报道。而在当前的政治管理之下,布鲁克伍德事件对劳工组织自身前途的意义也没有得到公众广泛的注意。因此,在对该事件更加重要的两个方面进行探讨之前,应当先简要地回顾一下整个事件的主要事实。

早在 8 月份,美国劳工联合会执行委员会发布了一项决议,要求工会停止对布鲁克伍德学校的资助。对它的指控有:它极其同情共产主义,很可能是它的同盟;它向学生灌输对美国劳工联合会的不忠;"性"在教学中占了很大比重,可以任意地批评宗教,公开宣传反宗教的观点。而采取行动时没有对学校进行任何调查,也没有向员工和学生知会对他们的指控,给予他们回应的机会。执行委员

会的行动自然招致了反对,这些反对既来自学校成员,也来自其他许多人,他们都是"知识分子",[②]是属于美国劳工联合会各工会的工人会员和职员,这些职员

---

① 首次发表于《新共和》,第 57 期(1929 年 1 月 9 日),第 211—214 页。关于马修·沃尔(Matthew Woll)的回应及杜威的反驳,参见本卷第 387、389 页。关于丹尼尔·蔡斯(Daniel Chase)的回应及杜威的信,参见本卷第 390、392 页。

② 这里指受过教育的工会成员,他们本是工人身份,并非真正的知识分子。所以,这里使用了引号。——译者

中有很多人就毕业于该学院。

这些反对者得到的回答大意为:执行委员会是基于令人信服的证据而采取行动的。但证据却仍然没有发布,除了声明它来自布鲁克伍德过去的一名学生以外,也没有提供可靠的来源。学校的员工及校董均未获得听证的机会,而他们都是非常优秀的工会会员。新奥尔良大会拒绝向执行委员会返还这项决议,这个行动是先前的过程所导致的必然结果。委员会早已采取了措施,使代表们不可能作出反对的行为,除非他们打算向联合会的官方管理机构宣战。就是在这种情况下,居然有四分之一的代表不同意批准该决议,这足以令人感到惊讶。同时,虽然共产主义的机构补充了一条滑稽的评语,指责该学院为"反动的工人骗子"进行资产阶级的"掩护",但美国劳工联合会的内部核心领导在回应侵犯学术自由的指控和没能举行听证时,却宣称该学院不归联合会管辖,所以决不涉及这个问题。至于属于联合会的各教师工会(该机构成员本身也是地方工会的一员),联合会既没有向它们咨询,也没有听取它们的意见;对于它们的反对意见,同样还是这些领导回道,既然该学院不归联合会管辖,因此不存在裁决权的问题;他们甚至还非常过分地声称,虽然警告工会警惕该学校的颠覆行为属于委员会的职责,但对该学校的员工进行审判——例如为他们举行听证——则超越了它的权限。

这些都是赤裸裸的客观事实。虽然没有提交证据,但随着讨论过程变得逐渐清晰的是它包括来自该学校过去的 5 名学生的信件。想确定这 5 个人是谁并不困难,但与整个过程秘密专断的特点相一致,他们的名字也被官方隐匿了。值得注意的是,虽然该学校已经存在将近 7 年,但这 5 名学生均于同一年——去年——在校,而且结成了臭名昭著的叛逆的小集团。无需深入探究他们的个性人们就会认为,调查有可能会表明他们每个人也许都有自己的委屈。凡是了解学校和学生的人都明白,无论过去还是现在,125 名学生中出现 5 个恶劣分子,这个数字并不大,没有必要对此愤愤不平。其他毕业生和正在就读的学生对这些含沙射影地指控表示了强烈的反对,这使得这个数字更加能够说明问题。在新奥尔良大会带头表示反对的那名该学院的毕业生,本身就是马萨诸塞州联合会的副主席,他事先为该校的教育方针撰写了强有力的保证书,并在结尾写道:"它增强了我对工人运动的热爱和忠诚。"官方指控的每一项罪名,都被学生们一一驳回。还有一点值得我们注意:该学院独一无二地规定了正式认可的特定时

340

期,在这期间,学生可以对学校的方针政策和教育教学自由地进行讨论和发表批评。

即便如此简单的总结,也不得不让人产生一个疑问:这种行为的背后隐藏着什么? 它对于在沃尔先生①之流监督下的劳工教育的未来,以及劳工组织运动的现状和前景,又预示着什么?

首先,稍微谈一下布鲁克伍德学校的教育精神。对此,该校正式的声明为:"旨在为劳工组织提供更加智慧高效的服务而培养积极活跃的成员。"只有劳工组织推荐的人才能够成为该校学生。除了这 5 名学生以外,其他所有的学生都证明了它总体上实现了这个目标。该学院从未掩饰自己对自由观念和自由理想的支持,同一份正式声明还说道,布鲁克伍德认为工人运动的"最终目标是在一个没有剥削、由工人管理的社会秩序里,为全体人类创造美好的生活",它在创立计划书中也写到它致力于"教会学生如何思考,而不是思考什么",根据这个原则,它鼓励自由讨论。该学院努力做到了引导学生思考——其意思当然是独立思考,与大多数各种类型的教育机构相比,这才是真正意义上的教育。美国劳工联合会管理核心的行动本身及其执行方式都是在警告我们它不欢迎这种类型的教育,把这种教育视作一种危险和威胁。这是关于教育方面的问题。在新奥尔良,核心领导代表提出的一项指控恰好也引用了一段声明,它与我上文引用的有关工人运动作为一种社会力量所怀有的最终理想和最终目标的声明意思几乎一样,难怪英国工人运动驻新奥尔良的兄弟代表闻言会大为惊异,英国工党奉为正式方针的东西在这里不仅遭到否定,而且成为一所劳工学校最后的一项罪名。

对于旨在教育工人领导独立思考、而不是为了重复打上官方烙印的陈词滥调的自由教育,劳工组织的官方管理机构如果公开否定,那么这会是怎样的一个机构? 认为这种方式对它是一种威胁的管理机构会有怎样的本质? 这把我们带到问题的另一面:沃尔先生是整个事件的领导人物,那么他是谁,是做什么的?

他是照相雕刻工人工会(Photo-Engravers Union)主席,美国劳工联合会副主席及其执行委员会委员;国际劳工关系委员会(Committee on International Labor

---

① 马修·沃尔(1880—1956),调查布鲁克伍德工人学院的负责人。正是他秘密提交的调查报告,使劳联作出了对布鲁克伍德学校不利的决议。此人身兼数职,身份复杂。为了证明他的报告颇具私心、有失公允,杜威在本文后半部分用很大的篇幅介绍了他的头衔、人际关系和工作做派等背景信息。——译者

Relations)秘书长,决议委员会(Committee on Resolutions)以及教育永久委员会(Permanent Committee on Education)主席;国际劳工新闻社(International Labor Press)主席,它通过国际劳工新闻服务处(International Labor News Service)管理提供给公众的工人新闻(由此看来,我们就不难理解为什么大城市日报社的"劳工版编辑"都认为支持美国劳工联合会的管理核心会有好处了);联合会法律办公室(Legal Bureau)主任;国际运动员兄弟会(International Sportsmanship Brotherhood)主席——与大型雇主的"福利"部门合作的组织;工会工人人寿保险公司(Union Labor Life Insurance Company)董事长——使参加组织的工人进入保险领域的组织。这些记录显示沃尔先生是一个有能量、精力充沛的人,也是一个非常忙碌的人,一系列重要的行政大权都牢牢掌握在他的手中。然而,这些 342 记录还不完整,除非加上最重要的一个事实,即他是全国市民联合会(National Civic Federation)①代主席。

若想写下全国市民联合会对工人的态度,恐怕要占用远远超出这篇文章的巨大篇幅。如果读者没有办法给予它"司法认知"(judicial notice),②那么通过记录在案的证据调查它的历史,很可能会揭示它对激进的工会主义的目标一直充满敌意。汉纳③在一封信中写道,没有比他当选为全国市民联合会首任主席这件事更好的纪念了。对于与该联合会的行为一致的精神,这个事件很能说明问题。

没有证据表明,沃尔先生利用自己的职务改变全国市民联合会对劳工组织的方针。相反,他巧妙地利用自己的双重官方职务来阻碍或者破坏劳工联合会与市民联合会方针不一致的那些行动。除了完全没有反对之声这一间接证据以外,还存在一个直接证据:历史上关于由国家和联邦政府提供养老金的想法,得到了富有战斗力的龚帕斯④领导下的美国劳工联合会的积极支持,但却被沃尔

---

① 美国商业行业和工人领导在 1900 年成立的组织,倾向于采取缓和的改革措施,协调工业与劳工组织之间的矛盾。——译者
② 指司法实践中,法官对于众所周知的情况或者可以准确推导出的情况,无需借助证据和证人就可以直接作出判断。——译者
③ 马克·汉纳(Mark Hanna, 1837—1904),美国金融家、政治家,因 1896 年和 1900 年为威廉·麦金利助选总统成功而闻名,并于 1897—1904 年代表俄亥俄州出任美国参议员,是全国市民联合会的第一任主席,属于保守派。杜威提到他,是想说明市民联合会与激进的劳联相反的保守性质。——译者
④ 塞缪尔·龚帕斯(Samuel Gompers, 1850—1924),美国工会领袖,美国劳联第一任主席,任职期间为 1886—1894 年和 1896—1924 年。——译者

执行官①老练地引向歧途。还有一个事实同样重要,他是市民联合会工业调查委员会(Commission on Industrial Inquiry)的成员及其一个分支委员会的主席,该分支委员会毫不讳言,其目的是使拥有公司工会的雇主和一般性的工会达成妥协。考虑到一般性的劳工组织视公司工会为目前最大的眼中钉,那么这个事实说明了什么问题就不言而喻了。

难怪沃尔先生对美国劳工联合会的影响被反动经济人士所支持和推崇,处于他所支配的管理核心控制下的美国劳工联合会也不再被认为是革命的、具有颠覆性的组织,而是建设性的、安全的、爱国的组织。也难怪美国劳工联合会里依然采取过去激进方针的少数派开始焦虑不安,质问沃尔到底效忠于谁,是主宰市民联合会的雇主协会及其经济同盟,还是劳工组织,沃尔先生的方针是否要把美国劳工联合会变成市民联合会方针的附庸,从而破坏工人运动。

顺便说一下,沃尔先生的这些关系之所以可疑,还有另外一个原因。他曾经制止了一项责难芝加哥土地经济学和公用事业研究院(Chicago Institute for Research in Land Economics and Public Utilities)的决议,使其未获通过,该决议由芝加哥工人代表提出,因为有证据显示该研究院由可疑的房地产利益集团和公用事业所资助,并为他们的利益服务。这位先生真不愧为时不时制造讽刺的高手,他诉诸言论自由和学术自由原则,以此为依据帮助研究院摆脱了联合会对它不利的评价。对于指责权威强大的托拉斯在学校和大学从事宣传蛊惑行为的决议,他也一如既往地进行了温和处理,删去了专指"强大利益集团"的言语,换成了更加中性的词语——"特殊利益集团"。

也许有人会认为我所描述的事态(只是整个事件的一小部分)只对劳工联合会自身具有重要性,而对别人没有意义。如果联合会喜欢这种情况,那么它所喜欢的情况才应该是嘲讽的评论对象。但凡相信劳工组织应该成为重建社会的重要力量的人都会持不同意见。我个人相信,倘若有了智慧的领导,它就包含了建立更好的社会秩序所必需的重要基本元素。沃尔先生的地位是一种政治力量,这表现在这样一个事实上,即尽管劳工联合会曾经支持过一些总统候选人,但他

① 全国市民联合会的方针是促进雇主提供的工业养老金。这个方针曾公开遭到美国劳工联合会的谴责,但当时却因为沃尔对龚帕斯方针的反对而再度成为关注的焦点。身为人寿保险公司的董事长,他还利用该公司来削弱国家的养老金计划。

却是保证不会让史密斯州长在上一届竞选中获得支持的积极因素，尽管很多人把后者视为工人在政治高层最友好的朋友。也许沃尔先生以及胡佛先生①都认为史密斯州长是社会主义者，这个观点很是愚蠢，但与沃尔先生滥用社会主义罪名来攻击那些反对他利用行政机器主宰工人的人相比，却是小巫见大巫。不管怎样，这里所引用的事实都与当前工人运动的性质有关，也关系到对一所劳工学院的指控，它因为相信教育运动应该培养独立思考的领导、因而应该在没有剥削的社会秩序里作为领路人而被判有罪。

还有一个重要事实与这个事件的教育方面相关。责难布鲁克伍德的提案是由马洪(Mahon)先生在新奥尔良提出的，他是路面轨道雇员工会(Street Railway Employees' Union)主席，为了该工会的利益，他曾经同米吞(Mitten)先生签订了一份协议，保证那位绅士所管辖的费城运输利益集团的公司工会享有豁免权，附加条件为米吞先生不得反对一般性工会在他有控制力的其他城市进一步发展运输事业，前提是这些工会采用在米吞先生公司的工会早已生效的标准。而马斯特先生——布鲁克伍德的校长，碰巧公开批评了这个协议里的方针，因而招来了马洪先生的怨恨。关于教育方面还有一点要说明，沃尔先生作为美国劳工联合会教育委员会主席居于非常有影响力的地位，那是唯一的永久委员会。他现在正忙于将劳工教育局(Workers' Education Bureau)置于他的羽翼之下予以庇护，该局曾经提出一项决议，要求它的董事会成员全部从美国劳工联合会和国际工会中选出，目前 11 人中已有 3 人得到了美国劳工联合会执行委员会的批准。尤为重要的是，该决议一旦实施，就会剥夺州联合会、市联合会、地方工会、地区委员会连同劳工学校和劳工大学的代表权。如果他能够使该方案顺利地在劳工局(Workers' Bureau)(由美国劳工联合会中的自由工人分子独立成立的组织)大会上获得通过，那么他就可以为自己庆祝了，劳工教育终于不再对由他老练地操纵的联合会政治核心构成威胁了。目前，有一些劳工学校由布鲁克伍德的毕业生管理，责难布鲁克伍德就是一种警告——下一个也许就轮到它们了。沃尔先生下一步是要去教训它们吗？他朝这方面作出的每一个举动都值得我们密切注意。

---

① 赫伯特·克拉克·胡佛(Herbert Clark Hoover，1874—1964)，第三十一届美国总统(1929—1933)，当年与他竞争总统的是纽约州州长史密斯。——译者

可以毫不夸张地认为，对布鲁克伍德的责难并非孤立事件。这是要从工人运动中消灭致力于为劳工组织培养独立的领导的那些学校及其影响力的一部分方针，这些领导支持更加积极、更具社会性的方针，而不是美国劳工联合会现在执行的与全国市民联合会结为同盟的方针。对前者的官方政治核心的反对会被歪曲成对劳工组织本身的憎恨，把任何反对都扣上同情布尔什维克主义的帽子与现在用卑鄙的侮辱来诽谤一切自由运动的做法如出一辙。一旦此类方针继续发展下去，劳工组织的运动将会遭遇什么祸事？对教育的影响，对这个国家工人的未来的影响，才是布鲁克伍德事件真正的焦点问题。

自由主义者想要什么？[①]

保守派和反动派之间存在着天然的联系纽带。他们之所以能够走到一起，346与其说是因为共同的观念，倒不如说是出于习惯、传统，对未知的恐惧以及紧紧抓牢他们已经拥有的一切的愿望。而他们的"拥有"，除了财产以外，还包括信念。有句老话说得很对，保守党是愚蠢的。我认为，它的意思并非是说保守党的每一位成员个人比他的对手要愚蠢，而是说作为一个政党，他们对思想没有特别的需求，他们只需要政策，而这些政策则根据维持现状的需要来制定。

自由主义者却相反，他们不好组织是出了名的。他们必须依靠思想，而不是约定俗成的信奉习惯。而人们一旦开始思考社会问题，就会产生分化，因为思想在本质上就是千变万化的。说得夸张点，他们是爱踢人的马，而踢人是无法产生和谐统一的。在这个国家，始终存在着一个感情丰富的群体，可以称其为进步主义者；而且，我们对我们经济社会中的弱势群体也充满了无限的社会同情心，这种情感和同情一直是不定期发生的政治运动的基础。但是，感情只能为团结提供临时性的纽带，在至少三十年的时间里，这个国家的自由主义政治运动不过是短暂的热忱，继而是持续的衰退。如果自由主义者"疲倦"了，那么，这主要是因为他们没有齐心协力地参加过统一的共同运动，因此未能从中获得支持和鼓舞。自身内部阶层的差异给他们带来的阻碍，决不亚于他们努力反对的那些确定的利益集团。

然而即便在今天，也存在着一种普遍的认识，即我们目前的政治形势异乎寻347

---

① 首次发表于《瞭望与独立》（*Outlook and Independent*），第 153 期（1929 年 10 月 16 日），第 261 页。

常地虚假。一个人，他的政治交往越广泛，就越会意识到人们普遍认为现存的政党联盟不具有任何真实性。有一个机智的故事很可能激起几乎同样的反应，一个英国人询问一个美国人关于两大主要政党的情况，他被告知它们是两个大小形状相似的瓶子，贴着不同的标签——但都空空如也。与此同时，只能称其为进步主义的伤感情绪并没有消亡，甚至也没有休眠，但恰恰是它在目前条件下的分散性使它变得软弱无力，它是没有组织性的。

让我们把这两个事实放在一起。一方面，对于现在的政党联盟存在着非常普遍的不满情绪，感到许多人在经济上享受不到公平交易，机会平等在很大程度上只是个神话；对于富裕，人们的感受也一样，其真相是财政、信贷和工业的财富及控制权掌握在社会少数人手中。另一方面，政治组织以往制定真正自由的政策的尝试遭到了彻底的失败。至于该何去何从，这些事实给了我们什么启示？

我认为，答案只有一个。过去的运动之所以遭到失败，是因为它们只宣泄了暂时的情感，它们在很大程度上缺乏团结起来的纽带。过去，对现状一直存在许多不满，但却少有建设性的思想和政策供足够的人学习，以形成深入共享的共同信念。因此，未来的希望在于两点。首先，最为重要的是组织一场持续稳定的运动，以促进目前分散在我国、但大部分尚未表明自由主义者身份的自由主义人士和团体之间的联系和团结。其次，要制定一个适应当前情况的统一的原则和政策体系，将目前欠缺的真实之感带入现在的政治当中，部分地作为这场有组织的联系和交往的手段，并更多地作为它的成果。

9月9日的新闻刊登了一则独立政治行动联盟（League for Independent Political Action）①成立的公告。该声明的措辞给人的印象是正在着手开创一个
348　新的政党，更准确的表述应该是人们希望鼓励和帮助一个新政党的最终形成。该运动是在尝试着实践刚才所说的情况。联盟打算找到全国的自由主义团体和个人，并与他们合作，让他们有意识地相互交流，促进他们之间的团结统一——这种情感是进一步采取有效的政治行动的条件。作为自由主义情感和思想的交流中心的同时，它还将从事研究和教育工作，以建立积极的、具有建设性的、政治

---

① 该联盟的目标是建立一个联合工人、农民和知识分子的最广泛的政党。文中提到的交流中心成
　立于1928年，其作用是筹划联盟的成立。1929年，该联盟的全国委员会成立，杜威被选为主席。
　但是，该联盟未能得到广泛的支持，在1936年罗斯福当选总统以后，便逐渐退出了政治舞
　台。——译者

上的政策体系,这个体系本身就可以为进步的政党运动带来团结和持久。

　　为了将如今分散而又分裂的元素集中到一起,需要有一个原则体系,而这些原则已经得到了初步的制定。显而易见,为了结合目前的现状,它们主要是为了解决被现在的主要政党严重忽视的经济状况。虽然成立新政党可能为时尚早,但对于那些不满经济政治现状的人而言,集合起来协商他们需要什么,进而发展出积极的思想体系并提出积极的议案,作为下一次进步的美国政治运动必要的基础,时机已经再成熟不过了。联盟主动请缨作为联合的中心,并且已经作好了准备;只要条件允许,便会以最快的速度投入行动。

世界大同的倡导者之十七[①]
——萨尔蒙·O·莱文森[②]

349　　《白里安-凯洛格公约》[③]为国际政治实践领域提供了一个办法，这个办法早在十多年前便产生于芝加哥一位律师的头脑之中，他就是莱文森先生，被用作本文标题的名字。接受过法学教育并有着律师从业经验的他，早在我们参战以前，就被第一次世界大战的爆发和进展所吸引，开始提出有关战争地位的问题。对战争法的违反，明显地充斥着反控诉的战争过程；对使用非法军事装备和毒气、虐待俘虏、侵犯中立权、非法使用潜艇的指控，这些报道只是连不清晰的记忆都能够回想起来的诸多控诉中的几个而已。从关于战争的规则的问题开始，莱文森先生继而开始询问战争本身在法律面前的地位。

　　结果令他非常惊讶，于是从这种惊讶之中逐渐形成了战争非法化（outlawry of war）的思想。因为他的调查揭示了在他之前的任何人在理性和道德上几乎都无法直面的真相，即战争是得到法律许可的国家间争端的解决方式，事实上，当争端异常激烈的时候，它在法律而并非修辞的意义上，成为得到授权的采取最

---

① 首次发表于《世界大同杂志》(*World Unity Magazine*)，第 4 期(1929 年 5 月)，第 98—103 页，是系列文章之一。

② 萨尔蒙·O·莱文森(Salmon Oliver Levinson，1865—1941)，美国律师，战争非法化思想的创始人。——译者

③ 通常称为凯洛格-白里安公约(Kellogg-Briand Pact)，即我们熟知的《巴黎公约》或《巴黎和约》(Pack of Paris)，于 1928 年在法国巴黎由多国签署。原本是由法国外交部长阿里斯蒂德·白里安(Aristide Briand)向美国提议签订的法美两国条约，后经美国国务卿弗兰克·B·凯洛格(Frank B. Kellogg)建议，把它扩大到了所有国家，因而该公约以二者姓氏命名。该公约旨在禁止使用战争手段来推行国家政策，除非为了自卫，并呼吁和平解决国际争端。——译者

后措施的法庭。这个结果令人惊讶，因为我们普遍认为诉诸武力很不正常，它背离了法律的思想。调查和思考使莱文森先生确信，在战争得到承认的合法地位中存在着解决战争与和平问题的关键。只要战争本身是依法展开并得到法律许可的争端解决方式，那么试图通过规范如何作战的法律来减缓战争带来的危害必然徒劳无功。战争就是为了取胜。对战争的记载，显示它就是一部为了取胜而借助越来越集中、越来越具毁灭性的手段的历史，从而使争端合法地得到解决。潜艇和毒气只是历史上最近的步骤，毫无疑问，随之而来的会是其他更具毁灭性的方法。除此以外，他还总结道，正是战争具有合法地位这一事实，最终导致了裁军的努力付之东流，和平组织的全部努力无果而终。美国参战以后，随着他自己的两个儿子也积极参加了战争，之前在莱文森先生头脑中产生的对战争问题的兴趣变得愈发强烈。

350

正是莱文森先生对战争合法地位及其含义和后果的发现，在过去和现在，为他此后所展开的运动的核心词——战争非法化赋予了意义。战争本身拥有确定的地位，在关键时刻，甚至具有至高无上的地位，在莱文森先生咨询过的那些早期作者中，桑诺①实际上是唯一一位似乎认识到这一事实的人士。由此看来，难怪如此之多的人误解了这个词及其代表的含义；也难怪有许多人因为缺乏耐心，或者太过懒惰，或者忠于自己的党派，而没有认真思考赋予这个词以意义和针对性的背景。于是，他们对它采取了嘲笑和蔑视的态度。他们歪曲它，把它当成对禁止战争的书面法律的批准，而没有认识到它想要通过国家间的协议来剥夺战争作为解决国家间争端手段的合法地位。作为一名律师，特别是主要从事解决大型工业企业因即将破产或已经破产而产生的麻烦的律师，莱文森先生意识到，若想取消战争的合法地位，必须建立其他和平的解决方法；而只要战争具有合法地位，任何强国都会诉诸它，不会把自己当作、也不会被当作应该站在历史的法庭上接受审判的罪犯。

莱文森先生跟多少人谈过这个话题，向多少人以及都向谁介绍过他的发现和解决方案，了解这些是非常有趣的。这样的人很多，有律师、政治家、政论家、传教士、银行家、重要官员。正是通过这种长期的私下讨论和交流，使得这个想法不断成长、逐渐成形。它遭遇过一些俗套的反对意见，它们实际上都是循规蹈

351

---

① 查尔斯·桑诺(Charles Sumner，1811—1874)，美国著名政治家，善理外交事务。——译者

矩、因循守旧的；它们之所以会产生，是因为这个思想太过新奇，而且有的人并没有花时间去理解它。它们很快传入这种人的耳朵，然后非常轻易地就被抛弃掉了，但是，就连这些也帮助磨利了这个方案的锋芒。另外一些反对意见非常有深度，使莱文森先生重新展开更加深入的调查和思考，这使这个思想得到进一步调整，不需要的特性和累赘被去除，关键性特征得到强调，成为核心。这个思想逐渐完善并形成匀称的最终形态。战争非法化的概念自从在莱文森先生头脑中产生以后，就通过与观点兴趣各异的许多人进行讨论来加以检验和甄别，我怀疑没有哪个重要的社会政治思想经历过如此严格的过程。它虽然产生于他本人的头脑，但却不是在密室中，而是通过集中、持续、广泛的相互讨论而成长并成熟起来的。每当遇到反对意见，莱文森先生既不会灰心丧气，也不会依仗辩论来赢得表面上的胜利，而是把难题带回家进行思考，直到彻底想通，并找到解决的方法。

　　我之所以重点强调这个思想的孵化期，即大约从 1917 年到 1921 年，是因为这几年所完成的工作如此认真、如此完整，以至于这个时期以后的任务不再是发展这个思想，而是向人们介绍它，并得到人们的肯定。在帮助他理清这个思想的人当中，莱文森先生特别感激两个人，他们是已故的艾略特校长①和诺克斯②议员。然而，前一位并不完全赞同他，他是和平促进联盟（League to Enforce Peace）③活跃的成员，这一点使他们的思想分道扬镳。但是，艾略特校长认真聆听了他的思想，这次交流使莱文森先生开始彻底重新思考"许可"（sanctions）和使用强制力的意义，并在最终的分析中意识到对二者的依赖意味着诉诸武力，这便涉及了用战争消灭战争的观念，而战争消灭战争所造成的结局已经证明了这个观念徒劳无益。既然思考的引线已被点燃，莱文森先生便开始修改对自己的思想最初的表述，这体现在题为《战争的法律地位》（The Legal Status of War）这篇文章当中，它于 1918 年 3 月 9 日发表在《新共和》上（《杜威中期著作》第 11

352

---

① 查尔斯·威廉·艾略特（Charles William Eliot，1834—1926），美国学者，1869 年当选为哈佛大学校长，是该校历史上任职最长的校长。他带领哈佛大学从地方学院成长为卓越的综合性大学。——译者

② 菲兰德·察斯·诺克斯（Philander Chase Knox，1853—1921），美国律师、政治家，宾夕法尼亚州选派的美国国会议员，曾任宾夕法尼亚州首席检察官、美国国务卿（1909—1913）。——译者

③ 成立于 1914 年"一战"爆发以后，旨在在美国建立维护世界和平的国际组织，1920 年以后开始进入低迷期，1923 年完全消失。——译者

卷,第388—392页)。当《凡尔赛条约》的本质初露端倪的时候,莱文森先生曾经是威尔逊①成立国际联盟这一想法最坚定的拥护者之一。莱文森先生辩驳道,《凡尔赛条约》存在着不公平,它是在公开表示要依赖多兵种联合、多国协同作战的战争,也就是说,它继续持用合法化的战争来解决争端的观念。这个反驳既自然又富有条理,否则,他可能会不得不放弃战争非法化的思想了。同时,他越来越确信,若想首先让各国注意到有必要采取和平方式进行协调,进而让他们使用这些和平方式,这个思想提供了唯一可靠的方法。对于这个信念,莱文森先生从未动摇过,也正是因为如此,他开始了与诺克斯议员的交流。1919 年 2 月的下半月,他受到几次接见,并使他的思想有了第一位著名的政治家信仰者。于是,在同年 3 月,诺克斯先生在议会发表了一次讲话,向所有的议会机构首次介绍了这个思想。1920 年 5 月,他在国会讲话中,将同样的思想进行了详尽的阐述和介绍。与此同时,博拉议员②也非常感兴趣,他同诺克斯先生一起启发莱文森先生进一步思考关于强制许可(sanctions by force)的问题,其成果便是在 1925 年发表的一篇文章——《和平可以强制执行吗?》(Can Peace Be Enforced?)。1923 年 2 月,博拉议员提出了一项剥夺战争合法性的提议,整个计划简明扼要地概括了出来,包括进行国际法汇编和成立世界性最高法院的项目。该法院需对所有可能引发战争的争议具有绝对肯定的裁定权,而不是让它们通过外交、斡旋或其他手段得以解决。

上文已经说过,经过这些年以后,这项工作得到了广泛关注和普遍接受。作为个人公民,莱文森先生在芝加哥建立了美国战争非法化委员会(American Committee for the Outlawry of War),并自己提供经费。幸运的是,他仍然在我们中间。也许听腻了这些溢美之词,但我还是要情不自禁地说,他坚持不懈地努力工作,牺牲了一个忙碌的律师的时间和金钱。这些都表明,和平不仅是这份努力的胜利,也是它勇敢无畏的冒险。莱文森先生充满耐心,百折不挠,没有被嘲笑、冷漠和激烈的反对所吓倒,坚持不懈地开展着他的宣传运动。准确地说,这并非一个人的运动,因为除了已经提到的人以外,罗宾斯先生(Raymond

353

---

① 指伍德罗·威尔逊(Woodrow Wilson, 1856—1924),美国第二十八任总统(1913—1921)。他在巴黎和会上(1919 年)提出建立国际联盟,作为凡尔赛条约的限制性条款。——译者
② 威廉·埃德加·博拉(William Edgar Borah, 1865—1940),美国著名共和党党员、律师、爱荷华州选派的美国国会议员。——译者

Robins)、霍姆斯先生①、艾伦法官②、莫里森博士③都给予了极大的帮助，笔者也尽了绵薄之力，但莱文森先生才是这场运动的核心和灵魂。为了实现该运动的目标，他于 1927 年春天前往欧洲，并在哈里森·布朗④的出色指导下，在伦敦设立了办公室。在途中，他遇到了许多政论家、记者和政治家，还有各国外交部的外交官。而在巴黎凯多塞(Quai d'Orsay)⑤，这个成果尤为丰硕。他见到了与白里安关系密切的勒泽⑥先生，并向他解释了战争非法化思想。后来，白里安向国务卿凯洛格提议法美缔结战争非法化条约，该提议此前已经送达了华盛顿。他的这些举措可以直接追溯到莱文森先生宣传的思想。莱文森先生即将回国之际，在法国外交部的若干次会见，成为他与博拉议员和国务卿凯洛格会谈时增近他们关系的纽带。博拉先生是参议院外交关系委员会(Foreign Relations Committee of the Senate)的主席，而凯洛格先生是国务卿，于是，这些战略主张便最终取得了胜利。作为结果，人们开始着手准备这个多边公约，我们的国务院坚决不考虑将强制许可纳入其中，其辩论的依据便是莱文森先生之前详细阐释的思想。

可以肯定地说，人类历史上没有任何如此简明、如此基本的思想可以像战争非法化思想一样，在如此短暂的时间之内取得这样的进展。这个思想的产生、推广和宣传，在《巴黎公约》的准备中达到了高潮。全世界共有 60 多个主要国家签署了该公约。这一切都来自芝加哥的一名个体公民，他既没有官方职务的支持，也没有大型组织作为后盾——这么说，丝毫不会减少凯洛格、白里安和博拉等相关政治家的荣誉。通过自己的聪明才智、勇往直前、孜孜不倦和对世界和平事业

---

① 约翰·海恩斯·霍姆斯(John Haynes Holmes，1879—1964)，美国著名牧师、和平主义者、反战主义者，曾被授予甘地和平奖。——译者

② 弗洛伦丝·埃林伍德·艾伦(Florence Ellinwood Allen，1884—1966)，美国法官，第一位州最高法院女法官，第一位联邦女法官。——译者

③ 查尔斯·克莱顿·莫里森博士(Dr. Charles Clayton Morrison，1874—1966)，美国基督教门徒、基督教社会主义者，1908 年创办《基督教的世纪》(Christian Century)，1926 年加入莱文森的战争非法化运动。——译者

④ 哈里森·布朗(Harrison Brown，1917—1986)，美国化学家，发展了制造原子弹的钸，但之后却四处演说，反对核武器扩散。——译者

⑤ 塞纳河沿岸地名，外交部所在地，因此也指法国外交部。——译者

⑥ 亚历克西·勒泽(Alexis Léger，1887—1975)，法国诗人、外交官，笔名为 Saint-John Perse。1960 年获诺贝尔文学奖。1921 年，他在华盛顿召开的裁军大会上被白里安发现，后成为法国总理助理。1932 年白里安去世后，他继任法国外交部部长，直到 1940 年。——译者

的无私奉献,他使自己的思想得到了全世界的关注。历史对此事的记载已是异常地鼓舞人心,以至于我的任何言语都只会遮挡这个事件本身的光芒。在结束之前,我必须补充一点,没有人比莱文森先生本人更清楚:这场运动才刚刚开始,《巴黎公约》的签署只是万里长征的第一步,找出并确定一种方法使思想转变成切实有效的现实的任务还有待完成。虽然各国的承诺是该运动最终取得成功的保证,但未来还有其他艰巨的任务,包括与战争非法化理念相吻合的新的国际法的编纂,以及世界性最高法院的设立。我可以非常肯定地预见:在有生之年里,莱文森先生一定会为了它们的实现而奉献出同样无私的热情、不懈的努力和活跃的思想,而他的思想在短短的 11 年时间里,已经戴上了胜利的光环。

苏联的宗教信仰之二

——对冲突的诠释①

"宗教是人民的鸦片。"②没有哪句话比它更多地题写在苏联公共建筑物的墙上,或者比它与苏联政体存在更广泛的联系。在苏联,这句话的创作者被认为是列宁,但事实上,卡尔·马克思才是它的创作者。列宁只是把它连同其他许多学说,从马克思那里借用了过来。在这句话的同一个段落里,马克思还写道:"因此对宗教的批判就是对苦难世界——宗教是它的灵光圈——的批判的胚胎。宗教批判摘去了装饰在锁链上的那些虚幻的花朵……要人扔掉它们(指锁链——译者),伸手摘取真实的花朵。"③马克思的宗教观主要来自费尔巴哈以及黑格尔的左翼学派,他代表的不是纯思想学说,他属于那个时代,因而会受当时思想潮流的左右。然而,人们很自然也很轻易地把他的经济观和理论观视作与社会主义思想属于同一体系的不可分割的部分,但事实上,它们不过碰巧同时存在于他这一个人的思想中而已。

然而,东正教为沙皇俄国的政治经济地位提供了特殊的时机和推动力量,促成了经济上的社会主义与宗教上的无神论联合起来。沙皇既是教会的领袖,又是国家的元首。所有东正教教会都由国家支持,而反过来,教会全体以及特殊形

---

① 首次发表于《当代历史》(*Current History*),第 32 期(1930 年 4 月),第 31—36 页。这是专题论文的第二部分。
② 此处译文引自《黑格尔法哲学批判导言(1844)》,《马克思恩格斯全集》,第一卷(1956 年),北京:人民出版社,第 453 页。
③ 此处译文出处同上。但因为此译文为德译中,而杜威的引文为德译英,因此两者有所差异。——译者

式的集会也会给专制国家及其统治宗教以庇护和支持。俄国乃神权统治国,反对沙皇既是宗教犯罪也是政治叛国。在现代世界,甚至在古墨西哥的鼎盛时期,也没有任何地方的宗教制度与所建立的政治经济体制像俄国的那样联系如此紧密,这一情况便是布尔什维克宗教态度的背景,它成为他们对其进行猛烈抨击的关键。

值得注意的是,上述来自马克思的引文表达了两个观点:一个是对现存经济政治秩序的攻击,必然会导致宗教信仰的瓦解;另一个是对宗教信仰的直接攻击会暴露出现存体制的"锁链",从而可以促进新制度的创立。一方面,它促使人们相信,创立共产主义社会将会自动取代人们对宗教教条和宗教膜拜的兴趣,为人类和新社会提供新的能量宣泄方式。布尔什维克的观点认为,现在人们的精力大大浪费掉了,因为它被误导到了超自然和反社会的渠道。另一方面,列宁认为考虑到他的目标,现存的教会是他所开创的新制度的敌人,这个判断毫无疑问非常正确,因为它与旧的经济体制和政治专制关系太过紧密,以至于它的继续存在会威胁到他的计划的实现。这两方面的考虑和行动所产生的主要后果,便是共产主义本身成为一种不容背叛的宗教信仰。任何教会如果主张有权控制教徒的社会生活,都会被共产主义者当作敌对的政治组织。共产主义的宗教性和教会的政治经济性导致了反宗教运动的彻底性和剧烈性。

当我提到共产主义的宗教性时,我的意思是指它要求其拥护者投入深入、强烈的情感和热情,这通常是宗教信仰达到顶峰时才出现的情况。除此之外,它还聪明地要求涉及生活的各个方面,没有任何思想和生活不受其要求的影响,它具有——你几乎可以说它就是——一个教条体系。这个体系与历史上任何教会的一样明确,不可侵犯。历史上记载了许多取得权力的宗教迫害另一宗教信仰及其信徒的事例,而苏联的情况与此类似。把它严格地视作政治力量对宗教信仰的镇压的人,是无法理解这一点的。若想理解它真正的意义,必须在思想上把它与历史上著名的敌对宗教之间的激烈斗争联系起来。

虽然布尔什维克政府一方面直接攻击宗教信仰,另一方面通过建立使宗教信仰显得不合时宜的社会秩序来间接攻击它,但这二者却采取了不同的方法。直接进攻通过宣传教育来进行。苏联现在的统治者从不隐藏他们对此类宗教信仰的敌视以及他们的无神论主义,也不隐瞒他们打算使用一切教育手段——学校、新闻舆论、海报宣传——来铲除对上帝及所有超自然力量的信仰。他们使尽了各种生动的方法来揭示科学和宗教信仰之间的矛盾冲突,以此来强调这样一个训诫:宗教信仰的胜利等于被无知和愚蠢所统治,也因此等于社会的落后。毫无疑问,除了特殊的政治目的以外,苏联今天的统治者把造成苏联农民落后的责任全部推到了东正教的身上,当然,农民占了人口相当大的比重。

任何了解俄国历史的人都不得不承认,这个观点具有相当的历史正确性。然而,对于一个美国人来说,从他自己熟悉的情况出发,很难理解宗教信仰与政治、文化和经济会有哪些不同的关系。他会询问:即使布尔什维克的领导人有足够好的理由来反对宗教组织和体制,但他们为什么如此仇恨所有的个人宗教信仰? 概括性的回答是共产主义本身就是一个宗教信仰,但是,还存在许多具体的理由。共产主义者发现或者认为自己已经发现,宗教信仰如果出现在共产主义政党里,会成为明显的缺陷,会削弱他们宣传共产主义信仰的热情。于是,有宗教信仰的人就被毫不留情地踢出了党外。同样的动机自然而然地被用在年轻人身上,他们是社会主义未来的补充力量,非组织的个人信仰被认为会使他们的思想和精力无法专注于苏联工业建设这一十分艰巨的任务。

358　　列宁的个性和教导也是重要的因素。他认为辩证唯物主义不是哲学,而是等同于科学本身。科学没有给宗教留有余地,他对世界的改造依靠科学对人类智慧的征服。马库①是列宁传记的作者,他说道:"在思想和抱负中,似乎没有什么比容忍更令列宁难以理解的事情了。对他而言,容忍就等于缺乏指导原则,是卑躬屈膝的开始。"列宁的追随者继承了这种一丝不苟的精神,宗教信仰和被解释为科学真理的辩证唯物主义信条同时卷入建设社会新秩序的生死较量之中。它们成为不共戴天、无法妥协的敌人,任何一方若想取胜,就必须彻底消灭对方。

所有观察苏联局势的人都会同意。这一观点,即反宗教的宣传运动在年轻人中间取得了巨大的成功。欣德斯②讲述过,他在苏联非常偏远的地区遇见了一群年轻人,他们没有直接接受过任何苏维埃的教导,却把无神论视为理所应当,对上帝存在的想法表示嘲笑。很多苏联人都有着同样的体会,当他们还是孩子的时候,在年轻人中间,如果有人否认上帝的存在,就会引起一阵骚动;然而现

---

① 瓦列留·马库(Valeriu Marcu, 1899—1942?),著有《列宁》(*Lenin*)(1928)。
② 莫里斯·G·欣德斯(Maurice G. Hindus, 1891—1969),俄裔美籍作家、记者、演说家,苏联和中欧问题专家。——译者

在,如果有人认为上帝确实存在,则会引起同样的兴奋。更加重要的,或许是政府官员对在校学生宗教信仰进行调查得出的统计结果。他们很惊讶地发现,50％的孩子仍然相信上帝的存在,这件事发生在两年前,促使政府花了两倍的力气利用学校来根除宗教信仰。

有一种情况令世界上其他地方信奉宗教的人都感到惊异,那就是刚刚归纳的教导和说服的方法都没有使用强制力量,而就连有宗教信仰的人都把强制视作一种考验,来考察人们宗教信仰的深度和现状,把不够忠实的人从忠诚的人当中踢了出去。虽然这些方法在年轻人中间取得了惊人的成功,但是,了解它们的人在有关苏联人的宗教本性方面仍然存在根本性的分歧。格雷厄姆①等一些人认为苏联人与生俱来地有着根深蒂固的宗教天性,他们的灵魂具有神秘的性质;另外一些人则认为这纯属文学虚构,迷信思想早已在农民心中扎根,他们之所以对宗教信仰感兴趣是出于现实的原因,把它作为获得丰收和其他世俗的庇佑的魔法。权威持不同意见的地方,外行也同样无法作出判断。然而,最近的新闻报道一致认为苏联的反宗教运动已经进行了这么长的时间,以至于人们早已把它当作理所应当,它在那里并没有引起与在国外一样的反感。

使用强制力量进行宗教迫害的准确程度,是难以估计的。麦克唐纳②在2月下旬发表的一封公开信里说到,英国政府无法说明这种形势的真实情况,这非常说明问题。如果这是拥有调查事实所需设施的政府所面临的局面,那么个人当然就更无法作出准确的判断了。一位伦敦的犹太拉比(rabbi)曾宣布,十起报道中至少有九起是虚假的,塞尔登(Charles Selden)也曾在《纽约时报》(*New York Times*)的专栏报导过,有充足的理由怀疑英国大部分骚动是由保守分子挑起的,他们想要给工党政府难堪。

然而,还是有理由相信一些突出事件的真实性的。在苏联私有财产国有化的总体过程中,教会财产也没有得到幸免。在技术上,它们归国家管辖。此外,国家撤销了对牧师的支持,他们现在必须从自己的教会组织获得资金。许多教

①　斯蒂芬·格雷厄姆(Stephen Graham,1884—1975),英国作家,最为著名的作品是关于苏联的游记。——译者
②　詹姆斯·拉姆塞·麦克唐纳(James Ramsay MacDonald,1866—1937),英国工党政治领袖,曾分别担任两届英国首相(1924年1月—11月,1929年6月—1935年6月),是英国第一位工党首相。——译者

堂已经关闭,但是同时,到最近几个月为止,任何拜访教堂的人都会证实,仍然有足够多的教堂来容纳想去那里的人。最初还存在专门反对东正教权威的运动,他们当中不愿意接受沙皇的覆灭和苏联政府的建立的人,像其他反对者一样遭到了驱逐。东正教在那些至少愿意忍受新的政治统治的牧师的带领下进行了"改革"。塞尔吉主教(Metropolitan Sergius),也就是东正教总教主,否认苏联存在宗教迫害现象,而国外狂热的宗教人士对此嗤之以鼻,因为他们认为他只是政府的工具。但他们忽略了一个事实,即他的存在本身就是一个证据,证明教会及其仪式在保证忠于政府的前提下继续存在,并未遭到妨碍。主教称教堂是应社区成员包括教堂成员的要求而关闭的,这也得到了独立报纸观察员的证实。觉醒后有了新理想的社区愿意把过多的教堂建筑部分地变成学校和俱乐部,这并不会让我们感到有何不妥。如果中国政府决定把一些"异教"寺庙用作学校和公共场所,那么现在正积极反对苏联类似行为的一些人是否也会表示不满,这才是我们要一探究竟的问题。

苏联最近颁布的法令是前期教堂财产国有化和政教严格分离政策合理的继承,它成为英国教皇(Pope)和首席大主教(Primate)直接反对的对象。虽然它言辞激烈,但却并非独一无二。不容忽视的是,它明确规定了允许宗教社团的存在,详细说明了它们的活动条件。否认它们司法地位的做法与其他国家在革命后采取的行动一模一样,法国、墨西哥、土耳其都是很好的例子,在每个例子中,该行动的命令都是出于对产生国中国(imperium in imperio)的担心。禁止经济活动也与其他国家的法律革命一样,当信仰者不需要再像签了合同一样必须看管和维护教堂建筑时,后者就可以归还给公众使用,这个规定毫无疑问导致了许多教堂的关闭,这不过是在实现国有化的基本理念而已。关闭修养场所、图书馆、禁止慈善救济等方面要比其他国家深入得多,这符合苏联允许地方苏维埃独立管理这些职能的政策。

苏联政府强调并没有对严格意义上的宗教事业进行迫害,他们打击的是政治目的,我毫不怀疑此话的真实性,但是,若想在二者之间划清界线并非易事,特别是在正在经历革命的国家里。有证据表明,苏联政府使东正教屈服以后,便转而对付所谓的新教派。自沙皇以来,迫害对于它们而言就不是新鲜事物,但自革命初期以来,它们取得了很大的进步。我们有充分的理由认为共产主义者担心它们对自己的同志产生影响,因为他们的信仰更加激烈,不像东正教的那么传统。这些教派中许多都教导不反抗和手足情谊,他们认为这些就是宗教教义,而政府则认为这些具有政治意义,因为国家信奉阶级斗争的信条。难以划清界线的还在于宗教教育问题,政府允许对家长私下进行宗教信仰方面的教导,却禁止在任何机构里或在课堂上对不满 18 岁的少年儿童实施该行为。

写作此文之时,对于在明斯克(Minsk)及其他地方逮捕拉比的传闻,尚未有任何事件得到证实。但官方声明他们之所以被捕,是因为在学校向年轻人传授犹太教信仰的煽动性行为。从政府的立场来看,这是一种对抗法律的行为,违反了苏维埃政府的法律,就像其他形式的违法行为一样不能姑息。

在结束文章之前,我必须表达一个个人观点。所有来自苏联的报道都认为,共产主义的权威一致认为"宗教"运动不过是资本主义国家企图颠覆社会主义政权的又一个尝试;任何了解苏联的人,都可能早已预见到这种结果。虽然许多人的确是出于宗教原因而提出抗议,但他们却卷入了一场充满危险的运动。只要教会在苏联有宗教影响力,就会激化对宗教的反对,证实教会根本怀有政治经济目的的想法。我们视为内政的事务如果受到外国干涉,就会激起我们的愤慨之情,而该运动一旦出现这样的迹象,也会激起同样的情绪,外国的煽动会强化苏联政党的孤立主义,使它加强军事行动。这会被当作进一步的证据,证明外国已经做好了集中一切力量、不惜使用任何手段来推翻共产主义政权的准备。苏联政府已经清楚地区分开了教会严格意义上的宗教活动及其社会组织和社会目的,这种区分是苏联整个体制合理的产物。任何对苏联政府反对教会参与社会活动的抨击都只会使它更加确信:个人的宗教信仰只是对政治、教育和社会活动的一种掩护,这些活动的目的就是摧毁他们正在努力建设的社会。

362

社会变化与人的指引[①]

363 人类有着有意或理性地控制社会变化的天性,在目前的实践中,没有什么比这个智力问题更亟待解决。而人类的愿望和目的因素与历史、演变及其规律总是大大分离,这使得这个问题更加令人困惑。一方面,这种分离会造成宿命论,使人精神萎靡。如果历史运动和演变必然会导致某种结果的产生,那么,努力奋斗的激励因素就会减少。另一方面,这种区分会使人们相信,存在着不受限制的自由意志,只要它有足够强烈的意愿,就可以创造最具革命性的社会变化。

发觉得出如此极端片面的结论的这些理论存在着不足非常容易,但清楚地认识到它们究竟错在哪里则困难得多。再次回到客观的社会力量与个人意愿之间存在着捉摸不定的关系这个观点也很简单,但弄清楚它们之间究竟如何相互作用则并非易事。因为这个问题涉及有关社会变化原因的本质的理论,这类理论都比较难以获得条理清晰的形态。

让我们从忘记过去、专注于现在开始。现在往往是一种转折(transition)、过渡(passage)或者变化(becoming)。存在着由一种事物变为另外一种事物的运动,就像今天的事件从昨天演变而来,又是明天的过渡一样。从根本上讲,这就是所发生的历史。现在,人类正处于这种转折的某些阶段,他们有需求、愿望和喜好,他们制定计划并付出努力。在小范围内,没有人怀疑这个因素的效力。医生的目的是治好病人而不是让他们等死,工程师的目标是建造可以承受一定强度和压力的大桥。通过此类计划和行动,所发生的一些改变就只会引起一种结

364

[①] 首次发表于《现代季刊》(*Modern Quarterly*),第 5 期(1930—1931),第 422—425 页。

果,而不是其他结果。我看不出在小范围事件上得到普遍承认的这些事实的原理与大范围的社会变化方向的原理之间存在什么分别。当然,它们的范围和复杂性存在巨大的差异,与个人从事自己事业的小范围努力相比,大范围的努力则需要更多的组织和协调。

但是,即便在小范围,也常常有社会组织的介入来提供支持、作出调整。野人不会试图修建钢筋大桥,即使他们试着去做,也不会知道如何修建。社会条件为医生和工程师储备了供他们使用的知识和能量,已有的资源既显示了尝试去做的事情、努力争取的对象,也提供了如何去做的方法。构成现在的转折或过渡总是来自已有的事物,所有对转折进行的理性指引和控制,都要考虑到这些事物,它们的智慧和效力足以使正在变化的条件得到检查和理解。总而言之,愿望、目的、计划乃至所有我们称之为意志的东西都取决于它们自身以外的条件,它们必须对之加以利用,因为意志不会在真空中起作用。

在自然物质领域,控制以及所取得的成就足以证明这个事实。水、煤炭和钢铁不会自动组成蒸汽机,人类的意志——愿望和努力——进行了干预,但是,后者如果不对外部条件和能量加以分析理解以使它们可能得到利用,就不能制造出机器。就像对水和煤炭的使用取决于自然条件一样,理解和使用所需要的知识和技能反过来也取决于社会条件,只有当需要机械力量的社会和工业态势产生以后,才能产生制造蒸汽机的想法。

这些观点似乎过于显而易见,几乎不值一提,但是,我却认为它们隐含了对社会事务进行理性指引的关键,只要这个问题密切关系到历史趋势和历史规律。它们暗示了在社会变化和重构的过程中,哪些历史与现在的努力有关,哪些无关。说得积极一点,对于正在转变成其他事物的态势,如果这种改变需要人类的指引,那么就必须理解它们,而这需要历史知识,也需要了解当前的态势是如何形成的。不是过去在改变,过去没有力量,因为它已经不复存在,不存在的事物没有力量可言。但是,我们无法知道存在的事物,无法分析掌握它,除非我们可以重构它的历史。

把历史事件的顺序视作决定未来的因素,而不考虑现在的意志以及人类的愿望和努力,其错误在于把历史作为理解和了解现在的方式这一重要意义转变成了过去是一个积极的手段的观念。历史的第一个能力是作为对必须处理的条件进行理性控制的手段,来察看它们显示了我们的计划和目标中存在哪些阻碍,

365

为它们提供了哪些优势和解决方法,这个能力的重要性无论怎样强调都不为过。但没有任何历史力量可以塑造未来,因为起作用的恰恰是也只能是现在的事物。诚然,现在的事物无论在何种情况下都会起作用,但问题是在漫无目标与借助理性指导和规划的不同情况下,它分别会起何种程度的作用。后者要求理解已有事物,这反过来需要关于历史条件的知识。

因此,每一个有关历史的一般性理论或哲学都是对现在社会进行评估的一种方式,也就是说,它是观察和检验现在的一部分过程,旨在发现它存在哪些可能性,以及现在的愿望、目的和努力该如何进行。倘若现存的问题的确存在,而同样确定无疑的是它们都是关于经济方面的,那么历史上的经济哲学就会变得最为重要,因为它是与我们目前需要了解和从事的事情关系最为密切的主题。所有重要的历史都是现在的历史,它随现在需求和问题的改变而变化,这么说也许令人费解,但这主要是因为当人们想到历史时,仅仅把它当成过去。他们忘记了,过去曾经就是它自身的现在,而在那个现在,人们像我们现在一样面对着未来,他们有自己需要理解和处理的那个现在的情况、自己的喜好、愿望、要做的选择、要定的计划。他们的生活和行动都发生在那个现在,它正处于运动之中,向不同的新事物转折。他们的历史对他们而言不是过去。

总而言之,社会事件总是人类现在的愿望和决心与已有或当下的条件之间的相互作用,现在如此,始终如此。任何对历史和历史运动的真正参看都只会暴露这个事实,而不会揭示不顾人类愿望和努力而自动行为的那些力量。然而,正是因为这个综述范围太过笼统,因此对于以下这个实际问题没有任何启示作用,即人类如果要理性地指导社会变化,那么,他们今天会想要什么、争取什么。后一问题需要对既存的社会条件有所理解。正如前文所说明的,这里重要的是大机器和技术时代关于物质文化的那些事实。从农业主义到工业主义的经济革命史不可能决定未来一定会怎样,但它的确可以提供人类应对社会变化所需要思考的一些条件,从而使我们得以发现当前社会形势的突出特点。比起依靠机械性地研究历史演变来决定更加美好的未来,拒绝面对历史提供给我们理解力的那些事实,就更加毫无意义了。

目前,这种没有意义的行为较为泛滥。它在实践中的产物便是放任自流,而且很有可能流向灾难。总体来看,就是举足轻重的商人——工业巨头——并不清楚他们现在正在做什么,也就是说,他们并不知道也没有意识到他们现在的所作所为在宏观上会产生怎样普遍的社会后果。他们对直接情况作出反应,把它们转变成金钱利润。"我们死后,哪管身后洪水滔天",①按照这个原则行事的可不只是法国波旁王族,②这些商人也公开承认信奉 18 世纪放任乐观的个人主义哲学,但他们不会遵照它或任何哲学行事,除非把直接情况转变成金钱利润可以被称为哲学。而普通大众也遵从这种放任自流的原则——如果放任自流可以被称为原则的话。

我对马克思的了解不足以让我对他的哲学评头论足,但是我认为,那些把他的哲学解释成历史力量自动在起作用的人,无论他们的解释正确与否,都是完全误解了过去与现在和未来的关系,而他们事实上也是放任自流原则的共谋。另外,马克思的理论中有一点具有深远的意义,那就是对现在及其形成条件的分析和理解,这显示了人类的愿望、目的以及不懈的努力应该朝哪个方向发展。历史至少使我们能够智慧地把握我们生活其中的总体状况。对于引导正在进行的事情中即将发生的改变这一理性努力,这种把握性是必须具备的前提条件。

---

① 原话为"Après nous, le deluge",系法国蓬巴度夫人(Madame de Pompadour,1721—1764)的一句经典语句。据说,这是法国失去美国殖民地后,她安慰路易十五时说的话。——译者
② 波旁王族,1589—1830 年统治法国的一个家族。——译者

论 文 **289**

书　　评

学校与社会[①]

——评康茨[②]所著《芝加哥的学校与社会》

《芝加哥的学校与社会》(*School and Society in Chicago*)

乔治·康茨(George S. Counts)著

纽约:哈考特-布雷斯出版公司,1928 年

日前,康茨博士已经完成了他的杰作,其不同寻常之处在于另辟蹊径。关于 371 美国学校教育体系内部的组织和管理,许多书籍都有所涉猎,其中不乏杰作。然而,直到这本书的问世,才出现了从社区的不同力量对学校教育体系的影响这一角度来进行探讨的著作。

该书直接针对的事件是汤普森市长[③]领导下的芝加哥市政府所上演的一场可悲荒唐的闹剧,那是一场讨伐乔治国王[④]的战争,一场争取百分百美国主义的战斗,被解释为对芝加哥每一个具有投票权的移民群体——英国人除外——过分夸张的关心,以及在教育上对麦克安德鲁学监[⑤]的最后"审判"和解职。有关该事件煽情的特写每天都充斥着新闻报道,而康茨博士感兴趣的是它的起因,事件本身只不过是表面症状而已。在他看来,这出情节剧只是一枚钉子,上面

[①] 首次发表于《新共和》,第 58 期(1929 年 4 月 10 日),第 231—232 页。

[②] 乔治·S·康茨(1889—1974),美国著名教育家、教育理论家、杜威进步教育的支持者,共出版过 29 部有关教育的书籍和大量论文。——译者

[③] 威廉·黑尔·汤普森(William Hale Thompson, 1869—1944),曾任两届芝加哥市市长(1915—1923、1927—1931),是美国历史上公认的最为腐败的市长之一。他认为改革者是真正的罪犯,视英国和乔治五世国王为美国的敌人。《芝加哥论坛报》(*Chicago Tribune*)评论他为"肮脏、腐败、猥琐、愚蠢、挥霍的象征"。——译者

[④] 指当时的英国国王乔治五世(King George V, 1865—1936),1910—1936 年在位。他提倡改革,致力于各民族的共同繁荣。他在位期间,英国社会主义、共产主义、法西斯主义、爱尔兰共和主义、劳工组织等都得到了长足发展,因而成为反对改革的汤普森眼中的敌人。——译者

[⑤] 麦克安德鲁(McAndrew),原为芝加哥市一名学监。汤普森市长指控他在所管辖的校区使用反美教材,并以爱国主义和美国主义为由呼吁所有有表决权的移民支持罢免他的职务。本文中的闹剧就是指这个事件。——译者

悬挂着 15 年来逐渐展开的一副全景画卷。"芝加哥的这场表演，或者其他工业城市类似的闹剧，如果被视作许多敌对力量作用于学校而造成的结果，就可以得到更好的理解。"而且，学校"管理的进行不仅在高度复杂的社会里，而且在具有历史的社会里……从祖先和遗产到子孙后代，每一代人都会继承爱与恨以及偏见、对抗与竞争，这些必定对人类行为产生影响和指导"。在这里，不会考虑任何对象的优缺点，而只会参照过往历史考察与它对某个群体利益的影响。

再引用一句作者的原话："每一次冲击社会结构的震动迟早都会到达公立学校。"他的书本质上是一个对象性研究，做到了人类条件允许下最大程度上的客观公正；它研究释放出震动，使它们在学校教育体系内引起麻烦、扰乱生活的主要社会源头。题为《权力的分化》(The Division of Authority)的部分介绍了他对学校与法律政治相关的行政行为的研究成果，它所探讨的是州和市之间的关系，指地方教育董事会与市政厅之间、地方教育董事会与校长之间、校长与教师之间以及不定期爆发于这些力量彼此之间的冲突。此外，非常频繁地更换校长会打破连续性和政策，从而引发更多矛盾。此处提到了前面所说的其中一份历史遗产——艾拉·扬女士和麦克安德鲁先生的对比教育理论，它对教师以及社区里被组织起来的元素都产生了影响。在这个案例中，冲突双方是劳工联合会与商业协会(The Association of Commerce)，艾拉·扬女士的政策同情前者，而麦克安德鲁先生则积极支持后者。

关于教师，二者的分歧产生于是否保留教师委员会，劳工联合会最先成立了该机构，而商业协会却将其完全撤销。康茨博士使用了一章的篇幅来探讨通过这种行为对教师群体的孤立。任何教育"改革家"如果没有赢得广大教师群体积极的支持，都很难实现他的计划，这一点应该比作者所强调的还要重要。我们城市的教育改革充满了这样的例子，一些多少比较有前途的计划之所以失败，就是因为它们自上而下让教师被动接受。倘若麦克安德鲁学监不是早就被如此之多的任课教师所孤立，汤普森市长要想赶他下台恐怕要困难得多。

饱受权力不稳定和权力分裂之苦、拥有一万两千名教授不同年级、兴趣经历各异的教师的学校教育体系，用康茨博士的话来说，哪怕"在社会真空里"运行，内部也会遭遇重重困难。但是，利用这个体系内部的冲突以实现自己特殊目的的，是许许多多通常互相敌对的不同社会力量。康茨博士这本书的下一个部分题目为《社会力量的角逐》(The Play of Social Forces)，介绍了他对这些特殊影响力中较为重要的几个所作的详细研究。商业协会、劳工联合会、妇女俱乐部、教会（尤其是天主教和新教的矛盾）、市政厅以及每日新闻报道，每一个方面都分别占用了一章的篇幅。每一章都充满了启示，可以帮助每一个人理解我们美国学校教育体系的发展所面临的困难。这部分提出了许多要点，很难决定哪些更值得关注。然而，商业利益集团对学校教育体系悄无声息、从不间断的注意，以及它们极力争取控制权所产生的影响，都额外重要；同时，妇女组织为改善教育而有意识地作出的努力，以及它们因成员出自同一社会阶层而存在的缺陷，也给我留下了极其深刻的印象。

此书的主要目的在于：把我们的学校教育体系在广大工业城市运转的社会条件，绘制成一幅清楚明白的画面，呈现给广大读者。这个任务，它非常出色地完成了。它应该成为正在或即将从事管理和教育工作的人士以及负责报导学校情况的所有新闻界人士的"必读"之书。只有从事件与自身背景和社会条件的关系方面对其加以考虑，我们才能有所收获。虽然芝加哥有自身的特点，但那里所发生的事件的总体趋势与其他地方的相差无几。

康茨博士称，虽然对影响学校的社会环境形成实事求是的认识会伤害到人们认为学校是伟大的建设性的自由机构的信念，但这种伤害或许"标志着一种明显的进步，即教育学者不再洋洋自得，对学校必须在其中实现其任务的社会环境置若罔闻"。在结尾处，他提出了两个建议，它们如果得以采用，至少可能会减少学校管理的暗箱操作、华而不实以及不稳定性。第一，地方教育董事会的建立必须公开代表所有团体，以使城市中每个合法的利益集团都能够公开地表达自己的观点。第二，城市全体教职员工都应该被组织起来，参与到学校的管理之中。只有紧密组织起来的教师力量，而不是占少数的管理者，才有能力抵制外部的压力，因为教师群体是持久稳定的元素，教育政策若想把阻碍降低到最小，并逐步得到发展和实施，"它们必须出自全行业的思想和经验"。

尽管我个人由衷地赞成这个建议，但它与目前的主流趋势相反，这些趋势倾向于扩大管理人员的权力，而将任课教师贬低为附属角色。倘若康茨博士对艾拉·扬女士的管理者地位理论进一步地予以更加深入的探讨，他也许会比原先更要强调一点，即她的管理理念是让教师不间断地成为学校发展积极的伙伴。（康茨先生两次把这个政策归于我和帕克中校的影响，但是相反，这是她根据自身从任课教师转为管理人员的个人经历所总结出的成果,就获益而言,是我从她那里了解到了这个想法,而不是反过来。)在这个政策里,委员会的成立既是一个表现,也是一种因素,但它只能被理解为特殊的表现和因素,因为它只是更宏观的政策里的一个附带事项。而另一方面,麦克安德鲁支持取消委员会则是相反类型的综合性政策中的表现和因素。康茨博士这本书的客观性令人敬仰,只是我认为如果这个问题被放在更加核心的位置,那么它会大有收获。但是,所有研究社会运动的学者都应该感谢这个首开先河的应世之杰作得以大功告成。

一个有机的宇宙：怀特海的哲学[①]

——评怀特海[②]所著《过程与实在》

《过程与实在》(*Process and Reality*)

阿尔弗雷德·N·怀德海(Alfred N. Whitehead)

纽约：麦克米兰出版公司，1929 年

在过去的十年里，怀特海教授的成果对严肃的哲学思想的影响最为振奋人心，这已不算新闻。而今，他已经为全世界提供了一套完整的哲学体系，这可谓是第一个建立思维秩序的事件。他原本是位数学家，后来转了行，想要在当代科学发现的基础之上，发展出一般性的自然理论。在探索的过程中，他不得不应对更加广泛的问题，然而这些在他过去的著作中或多或少都隶属于特定的主题。现如今，他已经理清了自己的基本原理，提出了一套完整丰满的思想体系，而他特别的宇宙论便是这个整体的一部分。

375

在卷首语中，怀特海先生清楚地表示出为自己设置的这项任务的错综复杂。他说道，他的书是一篇纯理论的哲学论文，这种哲学"致力于建立一个连贯、必要、富有逻辑性的一般性思想体系，从而使我们经验的每一个元素都能得到解释"。不可能有比这更具综合性的任务了。人们常说，批评和专门化的时代已接近尾声，我们正迈向建设性地组织智力的时代。然而据我猜测，几乎没有人能想到展开这种事业的时机已经成熟。可以毫不夸张地说，怀特海先生最近的这本书与以往的不同，绝非仅仅为复兴系统哲学开创了先河。它在范围和目的上，都应归于典范的历史系统化的伟大领域。

如果它只是重复了某个旧体系的思想，那么它阅读起来就不会这么困难，评论者也会更容易地把他的基本思想及其意义简明扼要地介绍给读者。但是，他

376

[①] 首次发表于《纽约太阳报》(*New York Sun*)，1929 年 10 月 26 日。
[②] 阿尔弗烈德·N·怀特海(1861—1947)，英国数学家、哲学家。——译者

的综合具有原创性，就连专业哲学家也只能逐渐领悟它，除非他们比笔者更加幸运，他们只有完全融入其中，才能把握它。例如，整本书随处可见的这类句子究竟该作何理解？"原初被创造的事实是对永恒客体所构成的复合整体绝对的概念性评价，这就是上帝的'原初性'。由于这种完全的评价，上帝在每个派生现实实体中的具体化过程便导致了派生情况的不同组合阶段与永恒客体之间的关系逐级递进。"

困难之处并非像性急的读者所认为的那样，在于这些单词和句子没有明确的意义，而是在于它们的意义太多，每个术语在体系中都被赋予了特定的含义，除非理解整个体系，否则就无法完全理解它。另一方面，只有对所引用的这类叙述的意义不再一知半解，才能理解整个体系。我清楚地知道我自己远远没有彻底参透该书的意思，而且就连它的核心思想也可能理解得不准确。

在这种情况下，如果把这篇评论限制在怀特海先生对自己体系的说明中的那些外围因素，应该比较受欢迎。我们很容易就能在文中挑选出一些意义深刻而又明确的独立句子。例如，在第一章里就有如下类似的言论：

"形而上学范畴并非是对明显之事物的武断表述，而是对终极一般性的暂时陈述"。

"在某种程度上，进步总是对明显之事物的超越"。

"任何语言都是不完整的，需要想象力的跳跃来理解它与直接经验相关的意义"。

"观念的道德性与观念的一般性相互结合，不可分离"。

377   "专门科学的一部分作用是修正常识。哲学则是将想象力和常识结合起来，形成对专家的制约，并同时提高他们的想象力"。

即便是受过教育的普通读者，在没有技术准备的情况下，该如何才能把这个体系作为一个整体来理解，这我不太清楚。但是，通过与一位非常敏锐、渊博、有创造力的智者进行交流，他一定会大大"提高想象力"。

也许像本文一样的评论，其最大的用处就是提示读者会遇到哪些困难。其中之一是怀特海先生的说明借助了对以往哲学体系的重构。旧体系的追随者不胜枚举，但他们只是在重复大师们的思想，并且没有考虑给它们带来活力的背景。同时，对旧体系感到不耐烦、相信我们必须重新开始的情绪也很流行。很少能发现像怀特海先生一样的思想家，一方面认为分析伟大哲学家的思想必须结合其"限制性、适应性和可逆性,不管他们是并没有意识到这些,还是明确地对它们予以否定",另一方面又同时认为每一个伟大的体系都是对宇宙的某个核心方面切切实实的思考,因而它们的成果必须得到严肃认真的重视。

在某些方面,怀特海先生再次使用从前的体系,这会帮助我们把握他本人的思想,它为所参考的那些人们早已熟知的事物提供了出处。但是总的来说,它还是增加了理解的难度,除非一个人已经达到可以独立理解怀特海本人的哲学的程度。例如,怀特海从洛克的一些思想里找到了将宇宙视作有机体的哲学最近的渊源,可是他的一条基本思路俨然属于柏拉图思想,而在洛克和柏拉图最广为人知的观念之间存在着不可调和的矛盾。另外,上文引用的段落所提到的"永恒客体"毫无疑问属于柏拉图理论,但是,它们是"被创造的"、是"事实"、形成了上帝的固有本性这些观念,则全部是柏拉图所明确否认的。

除此以外,可以肯定怀特海再次使用了莱布尼茨的许多思想,但同样可以肯定的是,他否定了两个被视作莱布尼茨思想核心的观点,即前定和谐(pre-established harmony)以及终极存在的排他性(exclusive)和私密性(private)或者说"无窗性"(windowless)的特点。大概在谈及当代莱布尼茨学者时他评论道, 378现代科学哲学在很大程度上试图把私密性概念与科学公开的事实概念结合起来,并补充道:"科学要么是对与判断普通世界有关的理论体系的一种重要表述,要么是为了发表文章的幻想而幻想出的一种与世隔绝的智力活动。"

因此,必须从当前的解释中释放不同寻常的想象力,才能从怀特海所使用的表现为相互矛盾的历史哲学概念组合中获得帮助。可是,怀特海努力将它们统一在一个单一体系里,这证明了他本人关于有机体的基本思想——如前文所述,理解个别句子要求理解该体系整体,反之亦然。另外一个可能更大的困难在于他的词汇。我说此话并非指他使用了许多陌生的词汇以在技术上准确地表达某些思想,虽然这个倾向——我猜与数学家的风格一致——也非常显著。

我是指他习惯使用诸如"感觉、评价、满足、经验",特别是"上帝"这样的普通词汇,但它们与其平常使用的意思几乎没有共同之处。任何一个试图重新综合思考我们现在的知识的人都会遇到语言难题,我非常同意怀特海这一无奈的说法。宇宙中的每个实体都会"感到"、"经验到"宇宙中的所有其他事物,甚至成为它们概念上的理解和评价,它是一个不包含任何意识元素的"社会",这种说法与他的哲学整体不谋而合。物质和精神是单一过程的两极,这也与他的理论相一致。但是，在理解他的整体思想以前，词汇很可能成为绊脚石，会轻易使粗心大意的读者误解他的思想。

我一直在谈论怀特海，而没有试着同样近距离地探讨他的哲学体系。任何人如果翻到他的第二章，就会发现除了1个终极性范畴以外，还有8个存在性范畴，27个解释性范畴，9个范畴性义务，也就会明白我为什么这么做了。可是，如果不尝试着至少概要性地报告一下他的体系，那么对读者是不公平的（虽然其结果对怀特海先生会不公平）。

任何事物或现实存在的意义都具有创造性、多样性和同一性，它们不是分别得到的，而是通过相互渗透，即那个终极性范畴。我认为，创造性的观念解释了该书题目中"过程"和"现实"这两个词之间的联系。现实是一个过程，在这当中，许多形成世界历史的事物在一个独特、单一或微小的新事物中获得统一，而这个新事物为宇宙增添了一个崭新的元素，成为正在进一步"创造性地发展"（creative advance）成其他新事物的推动力之一。

在共同体中，从每个事物中所独立选取的一切事物的总和，使宇宙成为完完全全的有机体。任何存在的事物都是渺小的，但是每一个存在，从上帝到香烟圈儿，其内部都非常复杂，以至于就像莱布尼茨所说的那样，它"折射出"整个宇宙，唯有通过彻底的连续性才能做出解释。在8个存在性范畴中，"永恒客体"以及"具有某种极端终极性"的现实事物都非常引人注目。这些形成了（虽然理解大相径庭）通常被认为是柏拉图思想的领域——本质（essences）或普遍性（universals）。说得更具体一点，它们形成了宇宙中的理性要素。正是因为它们，才有可能建立起普遍适用于经验的非理性的现实事物的"连贯、必要、富有逻辑性的普遍观念体系"。在这个意义上，怀特海在历史哲学方面是一个彻底的理性主义者。它们构成了一个现实与可能性相吻合的世界，在现实存在所构成的宇宙创造性发展的过程中，这个世界也日益变得清晰。

上帝作为具体的存在，是选择的原理，决定了哪个永恒可能性（eternal possibilities）的领域可以"获得批准"进入现实存在，并具有自己确定的性质或形态。现实事物生成然后灭亡，但它们没有改变；每一个只要还存在，就是它原来的样子。"改变描述了永恒客体在由变化的事物所组成的不断发展的宇宙中的冒险活动。"上帝具有"继生"和"原初"的性质。因为一切事物都具有相对性和有机性,所以世界会对上帝产生反作用。每一个新的事物——所有事物在其变化过程中都是新的——都是上帝本性的附加元素。正是通过现实世界他才具有了意识。他是创造过程的目标以及现实存在的秩序基础。这个原理之所以被命名为"上帝",是因为通过对永恒的秩序源头以及终极目标进行冥想,从而获得乐趣,重新振作起来,正是宗教信仰的目标。

通过有选择地实现构成永恒可能性的单一整体的永恒客体,现实存在之间得以产生有机的联系,它们在这种联系中的创造性发展被用来解释数学形式的自然科学原理及其物质上的应用,这种进展还被用来打破物质和精神构成的二元主义,或怀特海之前使用的自然的分歧。至于细节,我只能参考本书。这个观点显示出了与数学般的精准相结合的丰富知识。

最后,补充一下我个人对这个体系的理解——在这个情况下,也可能是误解——以及反应,应该没有什么不妥。我认为,基本上怀特海将之前的精神和物质二元论替换为永恒客体和具体现实的二元论。上帝似乎是解决问题的人,把二元的东西集合起来。怀特海先生的现实概念促使他坚信世界和生命是自身相互对立的原理的统一体。我同意他关于仍然单一和单独的事物具有"统一性"的结论,但是,得出这个结论的前提在我看来似乎彼此之间以及与真正的试验方法之间都存在矛盾。摆脱历史上的精神物质二元论标志着一种解放,但这种解放的一个特点就是取代旧二元论的新二元论处于如此不平衡的状态,以至于不得不绞尽脑汁为所谓的"永恒客体"的本质另外寻找一个较为可以验证的解释。

我怀疑,强调现实世界是上帝批准那些从非理性的现实存在中挑选出来的永恒、持续、理性的形态进入的地方,是否能够使唯理论和经验论结合起来。到目前为止,还没有考虑有可能使用经验论来解释思想在现实世界的起源、应用和功能。怀特海承认世界是相对的、有机的,这为新式的经验论提供了可能性。我
难过地承认,怀特海先生没有把他渊博的知识和杰出的能力用于探索这个可能性,而是满足于对柏拉图、笛卡尔、斯宾诺莎和莱布尼茨等伟大的古典理性主义者作出建设性修正。合上这本书时,我有一种感觉:17世纪战胜了20世纪。同时,我也心怀感激:每一位正在对这个混沌的现代世界苦思冥想的人,都应该感激怀特海先生启迪他人的缜密思维。

现代历史进程[①]

——评巴恩斯[②]所著《现代文明中的世界政治》

《现代文明中的世界政治》(*World Politics in Modern Civilization*)

哈里·埃尔默·巴恩斯(Harry Elmer Barnes)

纽约:阿尔弗雷德·A·科诺夫出版社,1930 年

382　　　本书的副标题为《民族主义、资本主义、帝国主义和军国主义对人类文化和现代历史的影响》,第一章的标题为《民族主义、资本主义、帝国主义和现代历史进程》。从中,我们便可以推测出巴恩斯教授的立场。现代历史的进程是他关注的首要问题。在对产生于 15 世纪、继而在意大利诸城、葡萄牙、西班牙、荷兰、法国和英国达到鼎盛的商业革命进行了简明而富有意义的概述以后,他开始探讨这种扩张对欧洲社会的反作用。欧洲 16 至 20 世纪突出的经济工业变化、制造业的兴起、金融业的发展、农业革命、欧洲生活的政治和制度变革,这些都被诠释为这种反作用的外在表现。第二部分详细地讨论了资本主义的兴起、人口增长、国内人口流动、社会主义和无政府主义等仇恨运动的产生、工人阶级的发展及其对于旨在对亚非拉进行经济渗透的名为帝国主义的殖民政策和对劣等民族的剥削的影响。所有这些情况构成了引发世界大战的那种局势。

　　　除了从巴恩斯的角度看待现代历史的主流,我不清楚还有什么办法可以对它们获得更加深入的理解。经济和金融因素的重要性现在已经得到了高知读者
383　(intelligent readers)的普遍认同,但含糊的认同是一回事,像巴恩斯先生一样呈现出详细生动的画面则又是一回事。作者本人对历史进程的兴趣主要来自它可以为世界大战的发生发展提供启示的想法。在讨论后一主题时,巴恩斯先生不仅作为历史学家,而且还成为了辩护人,如他所说,他写书时"没有考虑惯常的学

[①] 首次发表于《明日世界》(*World Tomorrow*),第 13 期(1930 年 12 月),第 522—523 页。
[②] 哈里·埃尔默·巴恩斯(1889—1968),美国历史学家、社会学家,也是大学教授和记者。——译者

术品位以及职业规范",这是一种绝对与众不同的坦率。本书超过 1/4 的篇幅都被用来探讨历史学家对一战的态度,并深入讨论了最近为"打捞欧洲这条沉船"所做的努力,例如和平运动。对于埋葬人类一直以来极力培养的"战争神话"在实践上的重要意义,有人会发现自己与作者持相同的观点,但他也许同时会问,如果把早期历史及其产生过程从一战中分离出来,用在以后探讨战争罪恶和威尔逊政策的书中,会不会更有助于理解。

我对巴恩斯先生这部重要著作深怀感激之情,但是,如果上述评论没能完全体现出这一点,那么我感到非常遗憾。对于想要理解现代国际生活的推动力量及其对人类命运这一重大问题的根本意义的读者,我不知道还有什么比熟读这本书更好的办法了。

杂　记

杜威博士与沃尔先生①

编辑先生：

贵刊 1 月 9 日刊登了约翰·杜威教授所作的《劳工政治与劳工教育》一文。
该文以及您的编者评语引起了我的强烈兴趣。

但这封信并不是要谈论劳工政治与劳工教育的问题。请放心,关于此问题,我很快就会提供答复,至于答复的具体内容则无需贵刊的指导或说明。我写此信,是请您注意杜威教授在文章第 212 页所加的脚注(见本卷第 342 页):"身为人寿保险公司的董事长,他[沃尔先生]还利用该公司来削弱国家养老金计划。"

毫无疑问,杜威教授所提到的人寿保险公司,是我在其中担任董事长一职的联合会劳工人寿保险公司。毫无疑问,杜威教授在这句话中认为我怀有某种意图或动机。很明显,杜威教授暗指我在别有用心地利用联合会劳工人寿保险公司。同样明显的是,杜威教授企图传达并也确实传达出了一种印象,即我在利用该公司进行违背公司的创立宗旨,且超出公司正当业务范围和目的的活动。换句话说,杜威教授不仅给身为该公司董事长的本人强加了种种不良动机,同时还对该公司进行了污蔑,认为该公司在从事与其创立宗旨相违背的活动。

对于杜威教授和贵刊针对我个人的评论,我并不十分关心,我会找时间和场
合对它们一一作出回应。我所关心的,是杜威教授针对本人所领导的公司的评

① 首次发表于《新共和》,第 58 期(1929 年 2 月 20 日),第 19—20 页。这是马修·沃尔对杜威一篇文章的回应,杜威的原文见本卷第 338—345 页;另见本卷第 390 页丹尼尔·蔡斯的信及第 392 页杜威的信。

论。联合会劳工人寿保险公司受 60 多个国内与国际联合会、超过 35 个市级中央工会、7 个州级劳工联盟以及 240 个地方联合会之托管理基金。此外，公司拥有数千名投保人，所有投保人均有权得到公司的保护。我在此便是要保护他们免受杜威教授和贵刊的指责。杜威教授既不与我相识，也不熟悉我的工作，竟然只因他个人对我怀有敌意而言辞极端，实属不幸；而声称对工会劳工满怀情谊的贵刊，竟然自愿成为诽谤之言的传播媒介，使劳工经受如此危害，更实属可悲。

抛开法律层面上的问题不谈，我想请问贵刊：发表类似上述的评论，是否符合新闻界的规范？请问，贵刊是否对杜威教授的指控作过调查，并证实我确实利用联合会劳工人寿保险公司去削弱国家养老金计划？我要求杜威教授和贵刊提供证据以证明该论断。我欢迎选出一位公平公正的人士，最好是一位品性完全可靠的开明法官，来评判指控是否有凭有据。不知贵刊是否愿意以这种方式解决问题？如果不愿意，那么，贵刊是否应该出于保护声誉的目的、本着正义及公正的原则，承认所犯的错误，至少消除给联合会劳工人寿保险公司带来的不信任及造成的损害？若因为杜威教授或贵刊对我可能怀有的敌意而让联合会劳工人寿保险公司蒙受了损害，则实属不该。

等候您的答复。

马修·沃尔

于华盛顿特区

对沃尔的回复^①

编辑先生：

　　沃尔先生揪住我文章里的一个次要观点，然后脱离文章本意将它夸大。正*389*如雇主养老金计划会减少公共养老金一样，私人保险公司的创立必定会转移投入到国家保险工作的精力，这是显而易见的事实。脚注中的句子便是要提醒读者注意这一事实，但沃尔先生却就这句话进行了长篇大论。我绝没有"污蔑"他在其中担任董事长一职的保险公司，也绝没有暗指该公司对受委托的基金管理不善、运作不良。我相信，除了沃尔先生，几乎没人会认为脚注中的那句话有什么暗指。如果有第二人持此观点，我可以很高兴地告诉他，以及沃尔先生：请放心，那句话绝无任何暗含之意。

约翰·杜威
于纽约市

---

① 首次发表于《新共和》，第 58 期（1929 年 2 月 20 日），第 20 页。

体育运动兄弟联合会①

编辑先生：

贵刊 1 月 9 日刊登了约翰·杜威先生的一篇文章，其中提到体育运动兄弟联合会。读完文章，我立刻拜访了杜威先生；但他当时恰巧不在，我便给他写了下面这封信：

昨天我来拜访过您，目的是为了更正您一篇文章里的一句话。这篇文章是您发表于 1 月 9 日那期《新共和》杂志上的文章，其中提到了体育运动兄弟联合会："此人为国际体育运动兄弟联合会的主席，该组织与大型企业的福利部门进行合作"。体育运动兄弟联合会特别渴望得到各位教育者的支持；而不论您是否对沃尔先生抱有任何憎恶之情，看到您写出上面的句子，严重曲解我们组织的宗旨，我们感到非常失望。您肯定是因为证据不足才会得出这种错误的结论。所以，我给您的助手留了资料，希望您在读完这些资料后会改变您的看法。

体育运动兄弟联合会对任何组织的福利部门或人事部门都没有兴趣。体育运动兄弟联合会的任务是通过与教育家、学校以及体育组织进行联系，向青年人反复灌输体育精神和公平竞争的理念。

体育运动兄弟联合会追求理想主义，但我们还不至于留意不到您对我

---

① 首次发表于《新共和》，第 58 期（1929 年 3 月 6 日），第 73 页。这是对杜威一篇文章的回应，杜威的文章见本卷第 338—345 页。另见第 387 页马修·沃尔的信及第 389 页杜威的信。

们的批评。您的更正不仅会让真相大白，同时也是对您以前所阐述的种种391
原则的一种肯定。

以下是杜威先生的回信：

> 错过您的拜访，实在抱歉。感谢您给我留下了资料，并写信给我。
>
> 可以说，在写那篇文章时，我并没有想到，把体育运动兄弟联合会和企业的福利部门联系到一起会是对前者的一种诽谤。那篇文章当然是完全合情合理的。不过，我会立刻研读您留给我的材料。

读者会注意到，杜威先生的文章中所隐含的对体育运动兄弟联合会的负面评论，与他在给我们的回信中的观点显然是不一致的。在对上述来往信件不知情的情况下，《新共和》杂志的读者们必定会从杜威先生的文章中得出错误的结论。因此，我们希望贵刊能作出更正，改变读者的看法，还体育运动兄弟联合会一个公道。

体育运动兄弟联合会执行秘书

丹尼尔·蔡斯

于纽约市

沃尔先生：共产主义者的捕手[①]

编辑先生：

　　在 1 月 25 日致体育运动兄弟联合会的丹尼尔·蔡斯先生的信中，马休·沃尔先生否认曾在新奥尔良讲演时称我是一名共产主义者，否认说过我"从事共产主义宣传活动，目的是在我国东部的教育机构里播种共产主义的病菌"。他在信中还说："我在新奥尔良并没有暗示过杜威教授信仰任何形式的共产主义，也没有暗示过他故意与任何共产组织保持联系"。

　　在新奥尔良大会第七天会议进程的官方速记报告第 315 页，沃尔先生的讲演词记录里包含了如下内容：在提到我时，沃尔先生称我是"为共产主义利益服务的……宣传家"。"几年前，不正是杜威专门到纽约市我们的教育机构里播种共产主义病菌吗？"在全国制造商协会劳资部门的报告第 28 页，沃尔先生指责"杜威是为共产主义利益服务的宣传家"。

　　如果这仅仅牵涉私人恩怨，我本不会打扰您。但是，鉴于沃尔先生攻击布鲁克伍德工人学院为共产组织，他说话的可信度便成为公众所关心的一个问题。沃尔先生否认对我的攻击，但官方记录却显示了截然不同的结果。沃尔先生说话的可信度由此可见一斑。

约翰·杜威

于纽约市

---

① 首次发表于《新共和》，第 58 期（1929 年 3 月 13 日），第 99 页。杜威原文见本卷第 338—345 页；另见第 387、389 页以及第 390 页。

致密歇根大学教育学院的一封信^①

密歇根州安阿伯市

密歇根大学

詹姆斯·B·埃德蒙森院长

敬爱的埃德蒙森院长：

我已收到您 10 月 17 日的来信，十分感谢您和密歇根大学教育学院的全体 393
教职工。得到教育界同仁的肯定，尤其是能够得到密歇根大学的肯定，我深受感动，因为我对这所大学满怀感情。如您所说，我正是在安阿伯市，在密歇根大学，开始从事教学活动的。正是在那里，我对教育产生了浓厚的兴趣。我也永远心存感激，自己首次执教便是在这所美国中西部的州立大学。在那里，我明白了教育机构与它们为之服务的社会群体之间的关系是至关重要的。此外，我还在那里结交了几位毕生的挚友。

我被您在来信中提到的故事逗乐了。这是一个很有趣的故事，虽然它其实并没有发生在我的身上。我初到安阿伯时，故事的主人公还是伯特教授。没收到您的来信之前，我还希望故事的主人公现在已经不是我了呢。

非常诚挚地感谢您的来信！

（签名）约翰·杜威谨上

1929 年 10 月 26 日

---

① 首次发表于《密歇根大学教育学院院刊》(*University of Michigan School of Education Bulletin*)，
第 1 期(1929 年 11 月)，第 26—27 页。

儿童读物[①]

对于儿童应该读什么书的问题，任何有思想的人都会在脑中进行一场自我讨论。讨论如果称不上激烈，至少也会产生各种截然相反、相互矛盾的观点，每种观点还都有些根据。如果抛开成人作品的某个特点不说，我会持如下观点：成人作品，特别是那些堪称经典之作的成人作品，是儿童最好的读物，幼儿除外。对于幼儿，我认为最好的读物是关于动物和儿童生活的故事书，它们最好以轻松诙谐的笔调写成，至少要半带幽默，语言要是非常平实的，虽然故事内容是高度虚构的。我指的不是神话与童话故事，我指的故事是要将幼儿所熟悉的事物通过富有想象力的方式呈现出来，把幼儿看到的、摸到的、吃到的、玩到的和引起他们注意力的事物放入不寻常的故事背景中，并用幼儿熟悉的、甚至是平淡的语言进行叙述。

现如今，在巨大的商业利益的驱使下，青少年读物源源不断地出版，几乎泛滥成灾。在这种情况下，敦促年龄大一些的孩子去读经典作品，比如《伊利亚特》和《奥德赛》以及普鲁塔克（Plutarch）的作品，读经典作品的改编作品，如兰姆（Lambs）的《莎士比亚戏剧故事集》（*Tales from Shakespeare*），可能只是徒劳。但只要朝这方面努力，我认为青少年的阅读水平便会因此得到最有效地提高。在我看来，比起那些专为青少年所创作的文学作品，好的成人文学作品无疑更加

---

① 首次发表于 1929 年 11 月 16 日出版的《星期六文学评论》（*Saturday Review of Literature*），第 398 页。《星期六文学评论》杂志的编辑们向一群人寄去了一系列关于儿童读物的问题，此文便是杜威对那些问题的回应。

优秀,少数作品除外。专为青少年所作的文学作品常常故意降低水准,去符合成人眼中的青少年的智力水平,它们的内容伤感又矫情,文风更是低劣。我在前面提到了成人作品有某个特点,这个特点是,对于青少年来说,成人作品过于关注浪漫爱情。这里,我指的并不是当代"色情"文学,而是旧式的爱情故事。这些爱情故事引发青少年产生与他们的年龄不相符的印象与朦胧情感,人为地让他们心理早熟。

为了避免使读者认为我是要强制儿童阅读特定的经典作品,我要说,我认为供成人阅读的游记和历险记也是儿童绝佳的阅读素材。我记得,有一次,一群孩子几乎同一时间听人给他们读了两部作品——内森(Nansen)的《初次穿越格陵兰》(*The First Crossing of Greenland*)和吉卜林(Kipling)的《怒海余生》(*Captains Courageous*)。虽然《怒海余生》已经算是儿童文学作品中的佼佼者,但孩子们还是更喜欢《初次穿越格陵兰》。在所有的儿童读物里,我认为层次最低的是那些"老套的、有故事情节但毫无文学价值的作品"。

理解与偏见[①]

396 　　我深感荣幸,能受到兰德曼(Landman)博士的特别邀请,参加今晚举行的家庭聚会,向《美国希伯来人》(*American Hebrew*)周刊半个世纪前的创立者致以我谦卑的敬意。他们不畏艰难地经营着这份重要的刊物,并成功地把它交到后继者手中。

　　不知为何,在兰德曼博士向我发出邀请后,我的脑海里便不断浮现出两个词——"理解"和"偏见"。这两个词恐怕是英语里最泾渭分明的一对反义词,它们要比"黑"与"白"这种常见的反义词更加黑白分明。我觉得,我不妨把它们作为我讲演的主题。

　　"理解"(understanding)意味着要动用脑力,但它又不仅仅只是动用脑力。有时我们也用"了解"(comprehension)这个词,而要"了解"就不能排斥,要走到一起,把事物聚在一起。当我们说人们相互理解了,指的是人们达成了一致,统一了认识,从共同的角度出发,对相同的事物持有同样的观点,并有同样的感受。要相互理解,就必须有共同的立场。"偏见"这个词很奇怪,它能恰当地体现出一个民族的天性。偏见源于不作判断,它甚至是一种愚蠢的判断。偏见先于判断,而且往往会妨碍、歪曲判断。

397 　　我想,对于这个地球上一个具有完全理性的人来说,最令人难以置信的,莫过于偏见的大肆盛行:它存在于不同国家之间、不同种族之间、不同肤色之间、不

[①] 首次发表于《美国希伯来人》(*American Hebrew*),第 126 期(1929 年 10 月 29 日),第 125 页。摘自 1929 年 11 月 21 日杜威于该刊创刊 50 周年时在纽约市举行的晚会上的讲演词。

同宗教信仰和教派之间、不同阶级之间、不同群体之间。偏见如此顽固，如此难以对付，正是因为它源于人性中的非理性，源于人类非人的本能和冲动——恐惧、嫉妒、厌恶。和它们相比，人类拥有的理性太少，甚至微乎其微。

一位伟大的哲学家曾经说过，有一种特征是人类所特有的，这一特征是：不能没有他人但同时却又不能与他人和睦相处。在我看来，理解和偏见之战，也就是文明和野蛮之间的战争，因为不幸的是，在你我的身体里仍然存在着我们称为文明而实为野蛮的东西。不幸的是，人类仍然保留着古老的动物野蛮性。

为理解而战，为人类能够达成共识而战，为一个和谐、和平、合作、美好的世界而战，也就是为文明战胜野蛮而战，为弥补文明的缺陷而战。

因此，我深感荣幸，自己能有机会在此发言，特别是能代表非家庭成员向《美国希伯来人》周刊的创立者以及他们的继承人表示祝贺与感谢，祝贺并感谢他们多年来不畏艰难困阻，以理解的名义向偏见发起了一场人性之战，正是理解让我们对他人心存友善。

为戴维斯著《托尔斯泰和尼采：论传记伦理学中的一个问题》所作的序[①]

　　正如戴维斯认为可以从不同的角度研究托尔斯泰和尼采一样,她所著的《托尔斯泰和尼采:论传记伦理学中的一个问题》也可以有多种解读。我相信,定有读者会通过本书对作为文艺家的托尔斯泰和尼采有新的认识。在文艺方面,托尔斯泰和尼采两人涉足领域极其广泛,思想极其丰富,所以,尽管相关著作已不计其数,本书仍就二者的文艺思想阐述出了很多重要观点。不过,作为一本关注伦理学的著作,本书应主要被视为伦理学专著。但是,它又不仅仅只是一本伦理学专著。目前,伦理学正急需一种新的思维方式,以便开拓新的道路,开辟新的领域,而本书便是对此的一种尝试。

　　在我看来,凡是对伦理学有过专业思考的人很少会否认一个事实,即伦理学似乎正在日渐衰败,其严重程度超过哲学所有其他分支。这背后有着各种各样不易被察觉的原因。也许,伦理学的主题与人的关系太过密切,与人们的日常兴趣和瞬间行为之间的联系太过紧密,因此伦理学无法进行富有成效的研究。一提到伦理学,我们很少想到伦理学本身,更多的是想到儿时起就被灌输的大量谚语和格言。道德说教始于三岁幼童,止于耄耋老人;道德说教出现在家里,在主日学校里,在讲道台上,在报纸和文章里,它们无处不在,竟取代了伦理情境成为伦理学研究的材料,妨碍我们了解实际的伦理事实。也许,只有等生理学、心

---

① 首次发表于海伦·埃德娜·戴维斯(Helen Edna Davis):《托尔斯泰和尼采:论传记伦理学中的一个问题》(*Tolstoy and Nietsche：A Problem in Biographical Ethics*),纽约:新共和出版公司,1929年,第 ix—xiv 页。

理学和人类学等其他学科发展到一定水平时，伦理学才有可能拥有理智的研究方法。

不管伦理学到底为何衰败，它总是在一种启迪人心、富有感染力的道德说教与一种对抽象理论观点的牵强辩证之间来回摇摆。爱默生（Emerson）曾说过："谁若热爱或擅长伦理研究，谁便可以放心地施展自己的力量与才能，开采伦理学这座宝矿。"但毋庸置疑，最成功的"开采者"却并不是刻意为开采而来。他们并非一群道德说教者，而是小说家、剧作家、诗人、改革家、慈善家或政治家。他们对伦理学所作的贡献没有上升为道德理论，而是进入了人们的日常生活。当然，戴维斯对托尔斯泰和尼采的研究是否就标志着为理论目的而使用文艺材料的开始，现在尚不能断言。但这种极其难得的研究，尤其是戴维斯用自己的精湛技巧与渊博知识所完成的这项研究，理应得到热情的欢迎。

本书的一个亮点是将和平主义与军国主义这对实际冲突和克己与我执、利他主义与利己主义这两对由来已久的理论对立物相对应，并将托尔斯泰看作是克己、利他主义与和平主义的代表，将尼采看作是我执、利己主义与军国主义的代表。本书更大的一个亮点是它没有采取通常做法，将和平主义与黩武主义——黩武主义比军国主义更为贴切——的问题局限于外在冲突这个有些老套的领域中，而是把这个问题返回到对欲望、情感和思想的讨论中去。托尔斯泰和尼采都没能在各自所选择的道路上找到令自己满意的解决办法，这或许本是意料之中的事，但本书中的某些分析可能会遭到托尔斯泰忠实崇拜者和尼采忠实崇拜者的反对，而且前者的反对会比后者更为强烈。然而，本书中的观点均有详尽的文献作为佐证，而且它也并没有试图通过消灭和隐瞒任何一方来寻找答案，因为那样做必将失败。在戴维斯的探讨中，最重要也最具启发意义的，是她清晰地证明了：托尔斯泰是因为体内澎湃的精力过于旺盛才去努力寻求最后的安宁，而尼采则是由于内心过于平静才去寻找思想刺激、引发思想冲突。

最后，我必须要说，戴维斯在研究中成功地躲避了她所遇到的各种陷阱，避免让读者还未阅读便偏颇地对本书产生厌恶感。她并没有利用托尔斯泰和尼采强行给读者上道德课，更没有将二者宣扬成道德箴言的代言人。她只是在书中研究了一个问题，而这个问题对于该书所关注的两位思想家本人终其一生都极其重要，乃至刻骨铭心地重要。通过研究托尔斯泰和尼采这两位伟人和艺术巨匠，本书将每个普通人必须面对的难题以一种强化的形式呈现出来。本书最大

399

400

的意义便在于此——将人类的一种共同经验加以放大。它通过对托尔斯泰和尼采的研究，使我们能够拿着放大镜观察我们自己的人性。使他人获得对自身人性的洞悉，这是伦理研究不论采取何种途径都要达到的首要目的。

为东部商科教师协会的首份年刊《商科教育的基础》所作的序①

在阻碍教育进步的许多因素中，一个普遍存在并且非常严重的障碍便是大多数成年人的教育观。在他们脑中，教育这一概念的形成源于对学生时代的记忆。当年的他们也许并不喜欢甚至还反抗过所受到的训导与管教；离开学校时，他们也许会记住学校的种种弊病。成年以后，他们中有一小部分人会萌生出改革教育的愿望，但更多的人却形成了一种偏颇的教育观，认为教育本该如此，认为自己曾经受到过什么样的教育，现在以及未来的教育就应该是什么样。他们对教育改革无动于衷；他们也许会对改进教学细节表示欢迎，但若要对教学内容或教学方法的总体方针作出重大改革，他们便会产生重重敌意。在他们眼中，这种改革往往只是画蛇添足，经不起时间的考验，只有他们记忆中的学生时代才构成了教育最基本的模样。

谈到商科教育的发展，上述评论似乎仍然适用，因为尽管大多数成人反对教育改革，教育的内容和方法仍在改变。教育随着社会环境的变化而变化。如今，它的这种变化极其迅猛，已席卷所有的教育系统。本书对现有的商科教育进行了一项调查，阐述了它的目的以及它所存在的问题。对于我们这些对商科教育的了解还停留在过去的人，书中的调查结果会让我们惊讶不已，因为我们记忆中的商科教育意味着簿记课程与书法练习，意味着玩具钱币，以及虚构银行这种迎

① 首次发表于东部商科教师协会（Eastern Commercial Teachers' Association）的首份年刊：《商科教育的基础》（*Foundation of Commercial Education*），纽约：东部商科教师协会，1929 年，第 xiii—xiv 页。

合当时新奇的教育观念的产物。本书令人惊叹，必定会让一大群时代的落伍者大跌眼镜，促使他们开始思考商科教育变化的范围和特点。在过去的50年里，各个领域里的教育方法和教育观念都在迅速地转变，但转变最多、最迅速的无疑是商科教育。

作为并未没有直接涉足过商科教育这一领域之人，我有幸在本书中读到了商科教师所作演讲的书面记录。透过它们，我看到了一个进步的、奋斗的商科教育界，这非常鼓舞人心。在阅读的过程中，我还有一个十分有趣且发人深思的发现——商科教育的发展趋势和其他教育领域的发展趋势遥相呼应。本书向读者所呈现的，不仅是商科教育这一特殊领域的发展图景，更是一个思想交流的图景、一个各种思潮积极活跃在整个教育领域的图景。若认真思考一下，教育领域的这种方向性与活跃性也是可以理解的。不管是哪个阶段、哪个方面的教育工作，它们都肩负着同一个责任——联系共同的社会实际并积极帮助解决种种社会问题。

由于通识教育是我的兴趣之所在，所以在此，我便想冒昧地指出商科教育和通识教育之间的一些共同点，尽管书内的演讲已经就此问题有更好、更详细的说明。第一点，是商科教育希望打破教育活动长久受到孤立的局面。分离之墙和隔离之瓦正在分崩离析。书内的每一页都以某种形式说明了一个事实，即商科教育离不开社会，正如商业贸易不能脱离社会生活的其他方面而独立存在一样。商科学生必须学会理解所学内容与社会其他领域之间的关系。如今，比起只懂得一门专业知识的专才，社会更加需要深谙事物之间联系的通才。第二点，也可以说是第一点的特殊部分，是人们已经意识到，商科教育并非是要定期训练学生并向他们传授某些特别技能，而是必须要有科学作为它的基础。科学影响着现代生活的方方面面；没有理解科学的能力，便必定理解不了生活。第三点，是商科教育强调要尽量培养学生的主动性与独立判断能力。在一个陈规旧习当道的僵化社会里，人们不加思考地效仿他人、对他人言听计从，可以勉强取得成功。但现在，社会环境十分不稳定，生产和商业活动的形式又极其多变，教育必须教会学生面向未来，而不是顺应过去。只有教会学生思考，才能让他们为未知环境、为新的创造发明和新的组织模式所带来的影响作好准备。正是由于上述这三个鲜明突出的特点，商科教育和其他教育领域表现出了相同的发展趋势与发展目标。本书展示了商科教育的现在和未来。

为布利斯著《知识组织与学科体系》
所作的序[①]

我想我们大多数人,包括图书馆的常客,都认为图书馆主要是为了满足我们   *404*
的个人需求。我们视图书馆的存在为理所当然,我们还考量它们,看它们能否在
必要时实际有效地为我们提供所需书籍。对于这种狭隘的个人见解,布利斯的
这部巨著可谓是当头棒喝。本书十分清晰地指出,图书馆的组织问题一方面关
系着知识组织的科学性与教育性,另一方面则关系着社会组织的进步。此外,本
书还讨论了关于如何不断有效融合知识的心理学问题,以及学科的统一、关联与
分类问题所涉及的逻辑问题与哲学问题。

本书也从大的社会层面上明确指出,我们的实践活动愈来愈依赖于科学发
现、知识进步与真知的传播。社会组织对有效运用组织知识能力的依赖在增加,
对传统风俗的依赖在减少。

本书讨论的背后有着合理的哲学支撑:部分与整体、个别与一般的关系,理
论与实践的关系,以及组织化、标准化与自由和持续的发展变化所带来的需求之
间的关系。作者在书中旁征博引,连马虎的读者也能一眼看出他的渊博学识。
作者十分巧妙地运用了自己所掌握的知识与哲学原理,行文流畅,论述清晰。

为了使社会生活更加统一,知识一体化和实际应用这两股洪流汇聚到了一
个路口,现代图书馆便站在这个十字路口中间。这一事实在这本证据充分的学   *405*

---

① 首次发表于亨利·埃韦林·布利斯(Henry Evelyn Bliss):《知识组织与学科体系》(*The
Organization of Knowledge and the System of the Sciences*),纽约:亨利·霍尔特出版公司,1929
年,第 vii—ix 页。

术著作里得到了证明。作者把图书馆的组织问题整体提升了高度，表明图书馆在现代生活中占据着中心枢纽的地位。

顺着布利斯的思想脉络，读者会明白，图书馆不只是书籍的存放处，将书籍武断地加以分类连实际需要都满足不了。要使书籍分类实际有效，就必须根据书籍内容的相互关系进行分类；而要做到这一点，就必须根据各知识领域的内在秩序组织知识或观念，以体现自然规律。图书馆为实际目的服务，而当实际中使用的工具和手段符合各学科的内在逻辑，能够反映自然现实时，这种服务的效果最好。此外，图书馆对知识的正确组织是对知识与经验获得统一的记录，也为新知识的创造提供了一种必不可少的途径。

知识的整体积累依赖于各领域专业知识的零散增加，而除非各领域的专家无视自身工作的意义以及自身工作与他人工作的关系，想要导致一片混乱的局面，否则，知识的积累便必定遵循某种基于整体统一原则上的总秩序。然而，这一总秩序必须足够灵活，以不断适应各种意想不到的新知识的出现。

综合性与开放性使得本书不仅对图书服务业人员有特别价值，对所有那些关注知识的组织与关系如何影响生活从无序混乱变成有序统一的人，也十分重要。知识分子利用各种材料谋求合作并共同解决复杂问题，这已经成为现代生活的显著标志。

本书内容综合广泛，有许多特别令人感兴趣的地方；在此，我想指出其中一点，以引起读者的特别注意。若从广义上理解教育，本书主要是一本教育图书，因为它让公众以及图书服务业人员明白了图书馆组织的最终目标问题；若从狭义上理解教育，即学校教育，本书仍然有很强的教育意义。目前，教育面临的最迫切的问题，是如何正确处理专而精的授课与学生和教师的全面均衡发展之间的关系。为了解决这个问题，各大学正在纷纷开设"导向"课程和"概论"课程。几乎每一所教育机构都在进行实验，以更好地融合不同学科。学校已经培养出太多的专才，现在的社会反而更需要通才。

本书不仅永久地解决了知识组织的一般问题，更通过综合详尽的论述及时地为完成当前迫切而又重要的特殊教育任务作出了重要贡献。

为欣德斯著《颠倒人寰》所作的序^①

我认为下面这段摘自本书谈论青年人章节的话很适合作为全书的序言,认真的读者至少可以通过它看出欣德斯对俄国奇特形势的奇特描述是多么的栩栩如生:"每当我告诉俄国年轻人我是位作家,他们常常会立刻询问我的政治倾向。其实,他们是想知道我是支持还是反对阶级斗争。一位超越政治、不关注政治观点的作家在他们看来,是难以想象的。"这段话的目的是要向读者介绍俄国年轻人的态度,但实际上,它更多地传达出作者审视俄国形势的角度。

对于人类来说,就一种社会情境表明或褒或贬的立场,并通过控制他人对这种社会情境的所有看法从而为褒而褒、为贬而贬,这几乎跟呼吸一样自然。当一个在小河边闲逛的人看到河面上有两小块挨得很近的木头正顺着河水往下漂时,他很容易就会认为,这两块木头正处于斗争状态,而其中一块木头会得到他的偏袒。当人类产生实际冲突,当这种冲突涉及各种力量和各种利益,而旁观者因所受的教育、所怀有的偏见和欲望早已卷入其中时,公正地观察并记录这一冲突便已远远地超出了人类的能力范围。

想象不出一位作家只为旁观或洞悉世事才去关注自己国家内政的,不只是苏联的年轻人。全世界的人都有一种臆断,认为一个人必然会对时政感兴趣,要 么支持新政权,要么反对新政权。当能够协助展示一出戏,一出深深地牵动着人们的激情、信仰和命运的戏时,却选择作为旁观者仅仅观看记录,这是令人难以

---

① 首次发表于莫里斯·欣德斯(Maurice Hindus):《颠倒人寰》(*Humanity Uprooted*),纽约:乔纳森·凯普-哈里森·史密斯出版公司,1929 年,第 xv— xix 页。

置信的。为旁观而旁观，并通过转述让他人间接地参与旁观，这是大多数苏联人都想象不出的。在他们眼中，政治不是用来旁观的，而是一场需要参与的战斗。不公开自己的政治倾向，就会招来怀疑。在我看来，欣德斯这本著作最鲜明的特点，就是尽管他对俄国革命性的转变中所有涉及人的问题都给出了最为详尽而又同情的答复，他却满足于只作为一个旁观者和记录者。在全书中，他既没有说任何赞美之词，也没有高高在上地进行鞭笞；他既不是怀着天怒的复仇天使，也不是带来福音的赐福天使。

因此，在我所知的所有书里，只有这本能让那些还没有作出抉择没有形成成见的读者对布尔什维克的俄国有一个最公正最全面的了解。而对于那些已经表明支持或反对立场的读者，每一位都可以对书中的很多内容断章取义，以巩固自己已有的观点。若要挑出能够有力谴责俄国的相关段落，本书可以说是现存图书里拥有该方面材料最多的一本。但是，本书同时也以客观公正而又富有同情心的笔调，说明了是哪些因素激发了俄国十月革命最坚定的支持者的想象热情。可是，读者千万不要据此便认为本书的目的是要权衡利弊，书中没有任何利弊的权衡。在俄国，人们将一大块人性从旧环境中连根拔起，以极端疯狂、极端热情的方式努力创造出一种扎根于新环境的新人性。作家应该避免对旧人性的拔根和新人性的创造这两个方面进行点对点的利弊权衡。然而，这恰恰是具有某种政治倾向或经济倾向的作家所不能做到的。

409　　　我问自己，是什么使得欣德斯能够如此彻底地摆脱党派偏见的束缚，能够描述得如此客观公正，如此栩栩如生而又令人感动。我为自己找到了答案：他是以艺术家的眼光来看问题的。理论上说，作为人类历史上影响最深、范围最广的革命，俄国十月革命本身显然是一个十分值得关注、值得记录的人类奇观。然而，我认为只有当一个人具备艺术家的非凡眼光与智慧时，他才能充分理解这带着种种热情与偏见的动人革命奇观。欣德斯在本书中便展示了这种眼光和智慧，这使得本书独树一帜。许多人从政治和经济角度对布尔什维克革命的各个阶段作过客观科学的研究，他们在记录时也做到了公正，但由于缺少艺术家的远见，他们仅仅停留在一行行的数字和统计数据，而在欣德斯的这本著作中，革命被书写的出发点是人，是那些亲身体验着革命的种种痛苦与喜悦的人。

对人类信仰和劳动被革命后的最终结果，每位读者都会形成自己的看法，仿佛每个人都曾跟着作者亲身穿越俄国、亲眼见证革命一样。我认为我从书中得到的最大收获可能是看出了这一颠覆制度、传统与习俗的革命是完全富有俄国特色的,但作为一名读者,我的看法并不是定论。我想俄国的共产党必定会对我的这种看法持否定态度。在他们看来,十月革命本质上是全人类的革命,正如数学或其他科学的内容是普遍规律一样。然而,这种观点可能只会更加证明十月革命十足的俄国特色。我无论如何也看不出,如果不从俄国国情以及俄国历史出发,我们如何能弄明白异常复杂而又反复无常的俄国形势。

很明显,欣德斯熟知俄国历史,饱读俄国文学,深谙俄国各阶级的心理,并出色地将这些心理加以描绘,却并没有任何炫耀或卖弄学问的意思。一切都各得其所。因此,本书真实、具体,给人一种真切的现实感。带着一颗同情的心阅读它,便是前行在通识教育的道路上。

为施内尔松著《心理探险研究》所作的序①

410 我必须坦白，由于我不是精神病学专家，所以我无法对施内尔松教授在本书中对精神病学材料的运用作出评定。但这里所说的"运用"，指的是例证的运用，并非原理的运用。我认为，书中的原理对研究任何人都具有很大的启发与解释意义。同样，虽然作者所运用的例证似乎只符合欧洲生活的基调，但我们可以非常容易地转换这些例证，使其符合我们美国文明的基调。

施内尔松教授的这部著作顺应一股迅速发展的潮流，这股潮流力图将我们迄今所知的所有孤立的科学细节知识统一起来。在心理学中，精神统一、心灵与人格这些旧观念由于让人想起太多的原始观念而必须被放弃。于是，心理学领域一度没有任何统一的中心。现在，施内尔松教授为我们重新找到了一个统一原理，且整个过程没有重提任何旧观念。他在书中所建构的统一，即过去被称为心灵或精神的东西，经过了科学的论证。

施内尔松教授运用的方法反映了他的兴趣，即发现一个能够统一我们精神生活的原理，而这正是当前文明所亟须的。但为防止精神生活最终只剩下支离破碎的片段，我们还必须以整体的眼光看待生命个体。这种整体的眼光要归功
411 于施内尔松教授，因为他在书中不遗余力地强调读者要这么做，同时，他还介绍了被他自己恰当地称为"观察、重构精神生活的艺术家方式"。

---

① 首次发表于由赫尔曼·弗兰克(Herman Frank)翻译的菲舍尔·施内尔松(Fischel Schneersohn)所著的《心理探险研究：人类心理学的基本原理与神经理论》(*Psycho-Expedition：Fundamentals of the Psychological Science of Man and a Theory of Nervousness*)的英译本，纽约：人类科学出版社，1929，第 vii—viii 页。

由于精神与道德紊乱源于将整个人格进行分裂、夸大某些人格片段而压抑或贬低其他人格片段,人格构成的统一性与完整性若能得到科学的认可,便具有重大的教育意义与社会意义。我们要在实际中做到这一点,必须先在理论上做到这一点。

为谢菲尔德编《集体经验的训练》所作的序[①]

早在 20 多年以前,我国的大学就已经开始在高级课程中采用研讨班的授课模式。研讨班授课不是讲座,也并非背诵式教学。它的实质是让学生展示个人研究所得的资料,并让全班学生对这些资料进行讨论与评价。不久前,中小学开始实施一种被教学术语称为"社会化教学"的模式。这种模式要求学生通过亲身经历、观察以及阅读为课堂主题提供相关内容,而不是老调重弹,让所有学生学习理论上来讲是同样的内容。可以毫不夸张地说,《集体经历的训练》这本书结合了上面谈到的两种模式——大学的研讨班教学模式与中小学的社会化教学模式。需要指出的是,本书并不只是在理论层面上讨论集体经历,而是旨在让人们采取行动、制定政策。

长期以来,人们深信民主的思维方法不足以解决一个民主国家所面临的种种问题,而这种认识随着时间的推移愈加深刻。在发起政策、制定政策方面,民主的各种方法完全不能胜任,以至于大部分政策都是由一个个小集体所制定。这些小集体可能确实是为公众利益着想,但也可能是为谋取私利。他们制定出政策,随后向公众"清楚地解释"这些政策以供讨论与实施,这一过程大都诉诸公众的情感,确保公众会表示拥护,而不是批评与判断。对政策制定过程,我们已有太多指责,但关于如何才能设计并使用更好的方法,却很少有建议。

---

① 首次发表于由阿尔弗雷德·德怀特·谢菲尔德(Alfred Dwight Sheffield)编:《集体经验的训练:1927 年在哥伦比亚大学为集体领袖所上实验课的教学内容大纲》(*Training for Group Experience: A Syllabus of Materials from a Laboratory Course for Group Leaders*),纽约:探索出版公司,1929 年,第 ix—xv 页。

然而,已经有越来越多各种主题的小集体以各种方式得以建立,它们旨在通过集体讨论成为各种事实与观点的集散中心,以便统一思想,使思想有可能被有效地付诸行动。未来的历史学家很可能会发现,当前社会生活最为重要的特点就是"集体"这个词的迅速普及;他们也将发现,为实现真正的共同决策与行动而共享经历,是集体影响最为深远的特征。本书并未作出上述论断,只在有限的范围内对集体经历的方式、途径与目的进行了适度的研究。不过,如果我们从伴随着当代民主活动而产生的种种问题与失败——包括大的政治问题与小的社会问题——来着手看待集体经历这个主题,我们会很可能把问题放置于更大的背景中去考虑。这样做之后,我们接着就会思考,除了使用得越来越广泛的集体讨论法,是否还存在其他解决问题的方法。本书虽然主要讨论适合集体所作探究的各种方法,但它同时也可以作为探究本身的一种操作模型与实例示范。

从狭义上来说,本书所关注的集体都是与制定行动政策有关的协商性机构。也许,书中所展示的各种方法最终会在公司董事会、教师会议以及所有通过共同协商进行决策的集体中得到运用。但宗教、慈善以及社会服务性质的理事会与协会构成了本书的特殊资料来源。这可能解释了为什么本书有着鲜明的教育性——对于宗教、慈善以及社会服务性质的理事会与协会来说,它们的目的显然不是促使人们只就某一具体的小问题作出决策,而是要确保人们就特殊问题作出决策,这些决策要加深人们的兴趣,让人们以更加明智的方式看待所有类似的问题,并保证人们在未来遇到这些问题时能以更加个人的方式作出回答。不管 *414*
怎样,本书的特别之处在于作者意识到了,比就具体问题作出明确决策更为重要的,是永久地留下一种成熟的态度与兴趣。也就是说,本书认为集体集会最为重要的是其显著的教育意义。在普遍同意的基础上完成某事只是集体集会的次要目标,其首要目标是集思广益,作出决策,并由此使人们不只对行动,更对进一步行动所带来的学习保有持续的兴趣。

上述引论重点介绍了本书关于集体讨论的大致含义,至于集体讨论的具体操作细节,书中已发展出了有用的方法。谢菲尔德以及他的同事认识到,在各种理事会与组织的会议记录和报告背后,人的感觉与思想之间相互作用,各种经历得到整合,如果我们认真注意这一相互作用的发展与排序,就可能实现真正的教育服务——这实在是个大发现。借用谢菲尔德的巧妙之言来说,我们有可能找到在化解冲突的同时解放思想的讨论方法。

本书最重要的特点在于它对社会学方法的贡献。目前，所有的社会科学都在不同程度地从研究抽象原理变成研究具体事实。然而，即使研究的对象变成了事实，如果这些事实仅仅是被阅读，那便存在一种对文献的过度关注。当对社会生活这一正在发展的重要事物进行研究时，高等教育中盛行的"理智主义"(intellectualism)便尤其明显，而且尤其令人厌恶。如果为观察而观察，我们可以很大程度上将二手材料的研究与正在形成的材料联系到一起，但这种观察缺少亲自参与所能带来的发现。不管在家还是在学校，大多数学生都有机会参与到某种形式的委员会和组织工作中。带着"集体经验"的观念与目标，他们有机会去亲自完成某事，而不只是简单地做事或执行某一计划。他们可以学会反思如何使自己的经历与想法变得有效，如何召集并运用他人的经历，从而通过共同行动达成决策。他们也许会开创出一种必需但又几乎不存在的艺术，即民主思维或合作思维的艺术，并为它作出一定的贡献。

本书对心理因素的不断关注会令读者——至少包括我——印象深刻。只要不是参与纯学术性的集体讨论，每位参加讨论的成员都清楚，思维进程会受到很多因素的妨碍与歪曲：偏见、固定观念、对个人有趣经历的回忆、伤心事以及对任何被认为是批评的言语都抱有的超级敏感。恐惧、嫉妒、个人抱负、个人的声誉感、过去的忠诚与过去的失败以及防御反应都会出现，并微妙而又隐秘地影响着讨论。主持讨论的人通常都擅长回避这些因素，将它们及其引起的后果掩盖起来。但这种做法常常使这些恶魔继续存在，遮住现实状况，让一场实际存在的利益冲突之战变成了一场模拟战，让一切都变了样。结果，某个个人或派别的观点获胜，而这种胜利是虚假的，是未能公开潜在的冲突所导致的。原来看待问题的态度得到了保留甚至是加强，换句话说，讨论没有产生任何教育性的结果。本书就此提供了建议，这些建议并非为了制造争论而制造争论，但它们确实表明了人们应如何呈现并运用真实的利益与信念冲突，使争论成为有效探究与讨论艺术中的一种经历。

我们美国人似乎热衷于建立组织与协会，我们组织成癖。批评者已经指出了这种狂热的种种危害，我表示赞同。然而，各种俱乐部、委员会、大会、会议、机构、理事会(有人诙谐地形容为既冗长又狭隘还枯燥)、集会、议会、联盟以及集团现在没有、将来也不会消失。它们的危害在于过于热衷"完成事情"，在于情感"激励"，而这种激励只不过是一种意气用事。不假思考地行动、表露情

感,这对它们是一种公正的批评。这本《集体经验的训练》不仅指出应该如何避
免这些恶魔,更揭示了如何将众多且越来越多的组织转变成建设性机构,使它们
能够为一个民主国家起到它最亟须的教育作用。我们欢迎这本书以及其他各卷
的出版,它们具有开拓意义,一个新的领域被打开并得到了探索。

审查[①]

　　获悉您正在着手处理审查问题，我非常高兴。参议员卡廷正在努力为我们除去海关审查这一累赘，您此时的参与显得十分及时。外国文学作品要进入美国，竟然还要受到一群经济官员强加的限制，实在荒谬。如果美国人民屈从于这种不合理的要求，那将证明美国人民已丧失了对自由与自治的热爱。

　　反对审查的领军人物竟然来自新墨西哥州，这实在有损以文化优越自居的东部各州的声誉。您对参议员卡廷为美国人争取重要权利的支持实在令人振奋。祝您成功。

---

① 首次发表于威拉德·约翰逊（Willard Johnson）编：《西南笑马杂志》（*Laughing Horses：A Magazine of the Southwest*）（陶斯，新墨西哥），第 17 期（1930 年 2 月）。

答谢辞[①]

斯旺女士、主席先生、亚当斯女士、朋友们：

过去几天我受到了很多赞美，自己也被深深地打动了。虽然有些赞美有点   *418*
言过其实，但我承认，它们还是让我感到高兴。事实上，通俗点说，我巴不得得到
这些赞美。与此同时，我知道，部分人对有些赞美之词表示了轻微甚至严重的怀
疑。我想请这些人放心，其实，我也对它们表示怀疑。

有一位朋友在给我的信中说，如果我能随意远离生日蛋糕上的糖衣，也许我
会对经验与自然之间的关系有新的领悟。我认为，比起这层美丽的蛋糕糖衣，那
位朋友的话更适合这次生日晚会上的"精神糖衣"。

昨晚在听讨论的时候，我想起了一个故事。我不记得这个故事是发生在几
千年前还是发生在另一个星球上。故事的主人公能够略微感知周围事物的活
动。他知道什么事物将要消失、死亡，什么事物将要出现、生长。基于这种感应
能力，他预言了未来将要发生的一些事情。等他到了古稀之年，人们为他举办了
一场生日宴会，并对他不惜溢美之词，因为他预言可能会发生的事情确实发生
了。他自欺欺人地听进去了这些赞美，但并没有因此而自鸣得意。他度过了一   *419*
段非常快乐的时光，希望别人也度过了一段非常快乐的时光。

对于人们给予我的那些友好、友善又充满情谊的话语，我从未表示过怀

---

① 首次发表于《约翰·杜威与他的哲学：纪念杜威七十大寿的纽约演讲》（*John Dewey, the Man and His Philosophy: Addresses Delivered in New York in Celebration of His Seventieth Birthday*），剑桥：哈佛大学出版社，1930 年，第 173—181 页。

疑。我希望自己可以当面感谢这些人，不管他们是亲口祝福我，还是用其他方式。尽管不能逐一致谢，我还是想特别感谢从外地赶来参加这次聚会的人们：感谢我以前的学生，耶鲁大学的校长安吉尔（Angell），大家也许看不出来，今天在座的人中他算是我最早也是教得最长时间的学生；感谢卡罗尔·穆尔（Carroll Moore），他也是我以前的学生，现在是洛杉矶加利福尼亚大学的主任；感谢从芝加哥赶来的乔治·米德，他和我长期共事，是我的老友，不是学生；当然，我还要感谢也是从芝加哥赶来的简·亚当斯以及哈佛大学的拉尔夫·佩里教授。感谢这些远道而来的客人；同时，我也感谢在座的其他嘉宾，谢谢你们的祝福。

此外，我还必须感谢执行委员会，感谢主席、斯旺（Swan）女士以及委员会的其他成员。我要感谢委员会主席基尔帕特里克教授，虽然他今天还在东方，但他是这次庆祝活动的发起人之一。毫无疑问，我也要感谢委员会的执行秘书亨利·林维尔（Henry Linville）。亨利，我今天感谢你，还有其他原因：感谢你孜孜不倦、英勇而又谦虚地投身到很多其他的正义事业中去。能借此机会向你公开表达我对你的钦佩之情，我很高兴。

感谢各位演讲人对大家共同关注的趋势与思想进行了集中谈论。与这些趋势和思想相比，任何人都显得有些无足轻重。我不可能重复或回顾各个演讲的内容，也不可能在此就所讨论的思想、趋势与运动加以补充。但一个不断被人提醒自己已经 70 岁的人——我想我现在已经无法隐瞒这一事实——自然已经对当代人近年来的生活环境有自己的判断，相信大家都会对此表示理解。如果我确实作出了自己的判断，那并不意味着我要在这里倚老卖老，追忆往昔，虽然我确实希望借此机会向那些从我上佛蒙特大学开始便对我产生深远影响的老师与大学好好表达我的谢意与崇敬，但我还是要放弃这种想法。我意识到自己要深深地感激这许许多多的人——他们中的许多人我恐怕今天都说不出名字——正是这一种意识使我相信，生命中最重要的就是要让思想与经历自由畅通地交流，让它们在人与人之间互相传播，不受任何法律上、政治上或法律之外的限制、审查与恐吓。

可能因为最近和一位朋友的一次谈话，我开始回头看自己一路走来的这些年，思考它们到底有什么意义，有什么样的轨迹。于是，我开始思考人生幸福的条件。我深知，从一个生活得比较幸福的人身上得不出让所有人都幸福的准则，因为幸福的获得很大程度上取决于命运，取决于我们不得不如实地称作运气的东西，取决于生活中的偶然。

能从事一项适合自身性情的职业是获得幸福的条件之一。我能从事思考的职业纯属走运。比起一天三餐按时吃饭，我想我更愿意进行思考，从各种思想中获得乐趣，而我也有幸得到了这样的机会。

人生幸福的另一个也是最根本的源泉存在于个人的家庭关系之中。虽然我经历过很多的家庭伤痛，但我可以真诚地说，人生赐予我最宝贵的财富就是我的人生伴侣、我的儿女以及我的孙子女。

但是，并不是所有的幸福都依赖于个人因素，有些幸福更加依赖于那些能被我们控制的因素。请允许我在此非常简短地介绍一下这些因素。

在我看来，人类获得人生幸福的最大敌人可能是恐惧感。恐惧这个词语真不幸，因为它和很多词一样，必须承载人类重要的思想与情感。恐惧是人类在面对紧急情况时的有意识感觉，它只有在极其强烈的时候才显得十分重要。但我所指的恐惧是一种无意识的、遍布并渗透到我们意识各个角落的感觉。这种恐惧并不是通常意义上的恐惧，而是一种退闭态度，一种排斥态度。有了这种态度，我们便排斥去发现经验的美丽与困扰之所在，而正是经验的美丽与困扰才能让我们个人真正地有所收获并继续成长。即使摆脱了对具体事物的恐惧，人类甚至仍有可能对恐惧本身保有一种潜在的恐惧。

这种恐惧的态度是直接攻击所不能消除的。它只能震慑于另一种态度，一种更加积极的态度与情感，即主动地去迎接不断变化的经历的所有事件，包括本身会带来麻烦的事件。我将之称为开放的心态，虽然这种说法似乎暗示头脑空空，好像在说"进来吧，欢迎你，家里没人"一样。但在现实中，能偶尔突破限制拥有的开放心态，正是人类在共同面对所有问题时所需要的积极态度。

我从简·亚当斯身上学到了很多东西。我注意到，在芝加哥她以一贯谦虚的作风把自己和赫尔大厦（Hull House）①同事的一些功劳归到了我的名下。从她那里，我明白了一样东西的巨大价值：开放型思维，也就是要抛弃一切偏见、旧习和孤芳自赏的铠甲，因为这些东西使人无法完全分享人类生活与经验的更宽广乃至更陌生和不可思议的可能领域。

---

① 赫尔大厦，美国芝加哥市的社会福利机构，由简·亚当斯于 1889 年创办。——译者

我想,在座有不少年轻人正准备投入到和我的职业类似的工作中去,这些工作的主要内容就是思考。换句话说,你们想成为教室里、教堂讲坛上或其他意义上的教育者。我想告诉你们:对被称为专业知识分子的人而言,最便宜、最容易获得的幸福源泉就在于不断增加对人生所有问题的求知欲与同情心。你们真的不必作出很多行动,这一点我可以用亲身经历作证明。你们只需要对各种事物表现出一些求知的兴趣,便可以在人生中不断获得满足感。如果某一事物将个人、思想和观念与其他事物孤立开来,它最终也必定会使思想与经验变得僵化,使内在的幸福源泉干枯。

在我的眼里,美国人生活中的最大恶魔是形式主义。形式主义比恐惧还要可怕,它是无数焦虑、烦忧与苦恼的根源,是阻止我们实现人生可能性的最大敌人。我从未想过普通美国人对美元的热爱会超过普通法国人对法郎或普通德国人对马克的热爱——实际上我差点把法郎和马克说成了"苏"和"芬尼"①——但美国人的生活中存在那么多的外在机会,以至于我们不去照料幸福的源泉,而将幸福变成了一种直接追求。这种对幸福的直接追求总是会变成在身外之物中寻找幸福:是否度过了快乐的时光,是否拥有钱财,是否拥有大量财物,是否能从他人那里获取思想。我们从这些外在事物中追求幸福,我想其中的原因在于我们并不真正地拥有自己的灵魂。我们没有耐心,我们匆匆忙忙,我们苦恼不堪,因为我们在缘木求鱼。有些人急于改革,完全就像有些人急于提高身体运动的速度一样。不知不觉地,我们怀疑缓慢的发展过程,忽视那可以给予我们持久幸福的生命根源。

美国人现在的理想似乎是"我要成功,而且还要快速地成功"。我认为这种状况不会永远持续,光是疲劳与沮丧就会在将来某个时候结束这种状况。但与此同时,我们需要恢复对个人主义的信念,对个人内在源泉的信念。只有当我们回归到个性——毕竟个性是我们每个人的本性——我们才能在令人不断分心的现代生活与行动中找到安宁、平静与美感。

世界到底是精彩的还是沉闷的,取决于我们为它带来的是精彩,还是在尽可能短的时间内尽可能多地拥有它的欲望。我们为居住的这个世界带来什么,最终我们的生命深处便总会并将一直会得到什么。说到这,我知道自己听上去太

① "苏",法国旧时的一种低面值硬币;"芬尼",德国货币单位,100芬尼等于1马克。——译者

像一个布道者。正如今天早上有位演讲人所提醒的，这毕竟还是个庆典。

所以最后，我要再次感谢大家。因为没有伶牙俐齿的本领，我也只能再次衷心地感谢大家。

致詹姆斯·塔夫茨[①]

424　　我很高兴能应邀为詹姆斯·塔夫茨(James H. Tufts)写几句话,但我也很遗憾自己不能亲自到场和其他人一起向我们这位杰出的朋友致敬,特别是在有幸与塔夫茨共过事的、仍然在世的人当中,我可能是年龄最大的。我在密歇根大学和塔夫茨结交,随后与他在芝加哥大学共事了十年。塔夫茨将文德尔班(Windelband)的《哲学史教程》(*History of Philosophy*)一书译成了英文,这本译作是真正开始关注美国历史哲学及其所代表的思想的早期著作之一。如果说美国哲学已经脱离了早期不成熟的阶段,在这一变化中,塔夫茨的译作起到了不小的作用。我这么说,当然不是仅仅指译作本身,更多地是指这本译作所代表的精神与思想。在我看来,身为教师和作家,塔夫茨的伟大工作都与哲学的伦理层面相关。他的兴趣和影响力并没有局限在严格意义上的"伦理学"范围之内,所有真正的、重要的哲学思想所涉及的道德价值的实现都被他所关注并影响。透过专业的哲学话语,我们可以从话语背后的人类问题与道德问题看出塔夫茨那刚毅、极其公正而又诚实的品格。塔夫茨的早期工作主要集中在对个性这一概念的研究上,这具有重要的意义。他在《哲学评论》上发表的一篇文章是这个国家首个反对将知识论基于心理状态研究上的声音。那篇文章提前几年预测了美国后来的许多发展,我也听到来自不同领域的人们说那篇文章改变了他们年轻时的思维方向。在认识社会范畴的重要性方面,塔夫茨教授也是一位开拓者。

425

---

① 本文是杜威向詹姆斯·塔夫茨致敬的未发表的文稿,宣读于 1930 年 12 月 10 日送别塔夫茨的宴会上。

例如,他从社会角度对审美判断的分析仍然是这一领域中的经典。

我并不是要试图回顾塔夫茨作为思想家、作家和教师的工作,去侵占其他人的发言内容。对我来说,塔夫茨首先是一位真正的哲学家、一位知识的热爱者,这种热爱不是为了热爱而热爱,而是为了获得智慧。每位哲学家都有将个性与哲学思维分裂开来的倾向。但是,塔夫茨让哲学界的同胞们受到了鼓舞,原来保持个性和哲学思维可以完全和谐地共存于一个哲学家的身上。为此,我们要感谢塔夫茨,正如我们爱戴他这个人和朋友一样。

新闻报道

游说团体调查明日开始^①

经参议院授权的游说活动特别调查将于周二开始听证，首先接受听证的是 429 关税游说者的活动。此调查阶段可能将持续数周，旨在探明在关税法案起草过程中关税游说者向各委员会施加压力的活动。本调查委员会主席参议员卡拉韦 (Caraway)称制糖业游说团体的活动将被彻底调查。

在特别会议中，调查人员将仅对关税游说进行调查，但在常规会议中，调查人员会将调查范围扩大到权势利益集团的游说代表。

参议员卡拉韦预计本调查将为管理游说者以及立法要求游说者进行注册创造有利环境。近 2/3 的州已经通过类似议案。

哥伦比亚大学教授、人民游说联盟(People's Lobby)主席约翰·杜威致信参议员卡拉韦，建议任何强迫游说者注册的计划也应该公开国会议员的持股情况。同时，他表达了人民游说联盟希望接受调查的意愿。

"我们意识到需要有一个人民的组织在国家首都为争取符合大众利益的议案而服务，我们毫不犹豫地将之称为'游说联盟'，因为它就是一个游说联盟。"杜威教授写道。

"只有曾经向国会和政府部门以不公正、不正当的手段为公众需要进行申诉的组织才会惧怕受到国会的审查。"

"而这一事实的必然结果就是，对于参议院议员、众议院议员以及包括司法 430 人员在内的联邦政府各部门员工是否在投票、行动与决定时受到自身经济利益

---

① 首次发表于《纽约时报》，1929 年 10 月 14 日，第 19 页。

和商业利益的影响,美国人民有无可置疑的知情权。"

"人民游说联盟相信,要确保这一知情权,就应公开联邦官员与员工的持股情况以及他们与企业的连带关系。在要求所有游说代表团体必须注册并公开其措施与收支之后,上述要求并不违背逻辑。"

抨击收入差距[①]

"数百万美国家庭的收入远不能让他们过上体面的生活",人民游说联盟今晚发表的声明如是说。在这份声明中,联盟主席约翰·杜威教授称应该有"更加公平的国民收入分配"。

声明援引了官方数据:1927 年,11112 名美国人的年收入总和接近 30 亿美元;同年,866581 名美国雇佣劳动者的平均年收入只有 1073 美元。声明坚决要求改变这种收入悬殊的状况。

声明称:"在未来几年内,联邦政府必须支出数十亿美元用于救济贫困儿童、失业者和老年人。这笔支出的大部分钱款必须来自政府对一万美元以上年收入者的征税。"

"在美国这个世界上唯一一个拥有足够的国民收入让所有国民拥有体面生活水准的国家,若让儿童饱受贫穷与困苦的摧残,则是不可饶恕的罪行。俗语'和平共处,善待他人'便含蓄地指出要保护儿童。"

---

① 首次发表于《纽约时报》,1929 年 12 月 26 日,第 28 页。

敦促国会救济儿童^①

在今天公开的一份声明中，人民游说联盟主席约翰·杜威教授称"最好也最实际"的预防性救济工作是儿童救济。他敦促人们"全体质问"国会议员，促使他们支持惠勒-拉瓜迪亚议案（Wheeler-La Guardia bill），设立联邦儿童救济委员会，并调拨 2500 万美元用于儿童救济，以实现 1930 年的财政收支平衡。

杜威教授说："所有文明的国家都会致力于为精神失常、生病和极其贫困的人提供照顾。美国虽然拥有令别国艳羡的私人慈善，但在失业保险和老年人保险这些公共预防性工作方面却落后于数个欧洲国家。人民游说联盟致力于公共预防性工作。"

"最好也最实际的预防性救济工作是儿童救济。儿童因他人的过错经受苦难，除非他们有机会获得良好的营养与健康并接受教育，否则他们便会因为无能、健康不佳以及未能准备履行公民义务而在日后接受政府救济或成为社区的累赘。"

"惠勒-拉瓜迪亚议案刚刚提交给了国会，它要求调拨 2500 万美元用于合理照顾那些父母无力抚养的儿童之健康并给予他们受教育的机会。全国已有包括劳工部儿童署和其他许多组织在内的各种组织可以保障这笔资金得到有效的支出。"

"惠勒-拉瓜迪亚议案得到了人民游说联盟的支持。该议案并非试图建立一
个庞然大物，而只是要设立一个由劳工部部长、劳工部儿童署署长以及农业部部

---

① 首次发表于《纽约时报》，1929 年 12 月 30 日，第 19 页。

长组成的委员会。他们三人将负责监管资金,并在调动现有机构方面享有和联邦农业委员会同样大的权力。"

"议案规定,救济金的对象是'长期罢工者、失业者或其他极度贫穷者的贫困子女,包括农村贫困地区的农民子女'。议案不认可将儿童送进社会福利机构。"

要求联邦政府出资援助失业者[①]

434 在今天公开的一份声明中,人民游说联盟主席约翰·杜威教授作出估计:300万至500万人已经失业三个月至一年多时间,而未来几个月内就业岗位几乎不可能大幅度增加。

  他还在声明中称已致信胡佛总统,请求国会在休会前拨出至少25亿美元的援助金用于国家失业保险制度,并由联邦政府支付一半的援助金。总统的一位秘书已经证实收到该信件。

  "我们请求您的合作,"杜威教授在给总统的信中写道,"以确保联邦政府拨出该笔援助金用于国家失业保险制度。虽然仅靠保险制度并不能解决失业问题,必须对经济体制作出更为根本的调整,但我们还是请求建立该保险制度,因为美国现在的经济状况非常严峻。上述援引的数据表明,为防止经济面临严重困难,我们必须采取此措施。"

  杜威教授声明,显然,只有当绝大部分美国人较为持续地工作且收入高于生存需求水准时,美国才可能实现繁荣。

  "但这两项条件在现在的美国都不存在,"杜威教授继续写道,"在15岁以上的人群中,1/15至1/9的人已经失业数月。考虑到美国还有近200万名童工,失业问题无疑更加严重。1927年,各个行业的雇佣劳动者达2.7298亿,几乎占有
435 收入就业人群的60%,他们的平均年收入只有1205美元。"

  "过快过猛的机械化进程,让过去的自由放任政策对农业以外的行业也造成

---

① 首次发表于《纽约时报》,1930年5月12日,第35页。

了毁灭性的危害。您和国会认识到了农业面临的危害，于是联邦农业委员会得以成立。这个委员会旨在稳定农场的房地产价值，而不是为最大化生产提供市场，也不是为确保农业从业人员的就业岗位。"

"为了国家的繁荣与人民的福祉，联邦政府有义务缓解机械化带来的难题。机械化只让少数人通过低生产成本而获利，但正如我们最近的经验表明，它并不能提高大众的消费能力。"

要求胡佛总统对失业问题采取行动[①]

436 人民游说联盟主席约翰·杜威教授于纽约向胡佛总统致信,该信于今天公开。在信中,杜威教授请求总统召集国会特别会议,为建立失业保险制度采取措施。

总统尚未就杜威教授的建议作出回复,但据杜威教授称,白宫秘书劳伦斯·里奇(Lawrence Richey)已经证实收到该信件。

杜威教授的信件内容如下:

我谨代表人民游说联盟,并带着那些思想进步的美国人的心愿,恭敬地请求您立刻召集国会特别会议,为国家失业保险制度拨出一笔数额充足的联邦援助金。

长期失业者主要分布在约半数的州。这些州的州长至少可以立刻召集州议会,制定适合本州的失业保险措施,从而让这笔公共福利金今年秋天即可投入使用。对于我们这样一个已实现高度机械化大规模生产的国家,这笔援助金非常重要而且必须。只有建立失业保险,才会确保今年冬季以及未来不会产生极度的匮乏与困苦。

考虑到斯穆特-霍利关税议案(Smoot-Hawley tariff bill)将会限制美国商品的出口,上述行动更尤其必要。尽责的政府官员已提醒小麦种植者限

437 制产量以符合国内需求。国内对小麦的需求很少超过 50 亿蒲式耳,然而目

---

① 首次发表于《纽约时报》,1930 年 7 月 21 日,第 17 页。

前的小麦种植面积可以生产出至少 80 亿蒲式耳的小麦供出售。

根据国家经济研究局的估计,美国 1928 年的国民收入达 8941.9 亿美元。显然,除去现有消费,美国人的消费力至少是近年出口商品额的两倍。若不考虑小麦,出口商品的总值约只占国民收入的 5%。

目前,240 万至 350 万人因长期失业而没有任何消费能力,或只能消费最起码的生活必需品。他们中有很多人是一家之主。

另一方面,据国税局局长的报告,1928 年美国有 15780 人的净收入超过 10 万美元,其收入总和达 4903359562 美元,约占全国 2400 万家庭总收入的 1/18。他们 3/4 的收入来自资产,即并非劳动所得。他们得到了国内所有企业普通股股息和优先股股息的 1/4。在缴纳完联邦所得税和附加税后,他们的平均收入为 266344 美元。

同时,据国税局局长的报告,1928 年有 375356 人的净收入超过一万美元,其收入总和为 14214359822 美元,约占全国 2400 万家庭总收入的 1/6。他们近 2/3 的收入(约 65.9%)来自资产,得到了国内企业所有股息的 3/5。

一个国家若要经受得起大规模生产,它的国民收入分配就必须能使相应的大规模消费在现有的收入水平上成为可能。私营企业并没有给美国带来这样一种国民收入分配。收入集中已经引发了一场全国性的灾难。向富人少征税并让其维持消费必然减少消费,并造成完全不必要的失业问题。

在全国范围内建立分担制失业保险制度——即由联邦政府支付 10 亿 438
美元,各州、雇主与雇员共同支付 10 亿美元,两者总和约占国民收入的 2.2%——将在很大程度上缓解最严重的失业问题。无需强调,该保险制度同时也会显著改善商业环境。与联邦政府为打击不存在的国外敌人而花费的资金相比,为战胜国内真实存在的威胁拨出的 10 亿美元只是区区小数。

基于以上原因,我们请求您召集国会特别会议,弥补刚刚结束的国会会议的疏漏,解决失业问题。

需要 20 亿美元失业救济[①]

439 人民游说联盟主席约翰·杜威教授预计美国需 20 亿美元的失业救济。今天,杜威教授指责政府玩忽职守,未能在危机加深前采取行动,并称国会召开下次会议时须立即拨款 5 亿美元用于失业救济。

杜威教授的声明部分内容如下:

当前的失业问题并非偶然,而是两大政党所采取的经济政策的必然结果。任何长期执行这些政策的国家都会暴发严重动乱甚至革命。尽管美国拥有巨大的国家财富与国民收入,但我们没有理由相信美国人民能够幸免。

也许在 10 年内我们就必须回答一个严峻的问题,那就是,我们是否能改变当前由政府促使财富集中而使 1/10 的人口受苦受难的政策,还是由其他国家——他们不再把政府等同于掠夺性的、愚蠢的、自私自利的私有财产——来迫使我们的政府采取人道的政策。理智的爱国主义要求我们自力更生。

美国的失业者以及依赖他们生活的人总人数约为 1200 万,占人口的 1/10。假设这些失业者要到明年四月份或五月份才能再就业,按保守估计他们损失的收入约达 60 亿美元。

为救济失业者以及他们的家庭,国会必须在下次会议召开时立即拨款至少 5 亿美元,其余的由州、市及其他地方政府募集。

---

① 首次发表于《纽约时报》,1930 年 10 月 26 日(星期日),第 1 栏,第 21 页。

人民游说联盟反对美国向古巴提供食糖贷款[①]

在致胡佛总统的一封信中，人民游说联盟要求国务院和国会详细审查一项 440
贷款提议：由银行家向古巴政府提供 4200 万美元的贷款以资助古巴糖类作物的
运输。人民游说联盟主席约翰·杜威教授今晚公布了该信内容。

信中写道："近期，纽约重要的金融集团向主要由美国控制的古巴制糖业提
供了 3800 万美元的私人贷款以提高糖的价格。这些金融集团现提议向古巴政
府放贷 4200 万美元，以促使古巴政府接受 3800 万美元的私人贷款。"

"我们认为，国务院和即将召集的国会应该对此项贷款提议进行严格审查。"

"该贷款条款意义重大，对美国的食糖消费者将产生重大影响。"

"我们通过威胁使用武装力量维持着马查多政府对古巴的控制。其实我们
早应吸取教训：当接受美国武器输送的巴西当权政府被推翻后，美国在巴西的军
队也被驱逐出境；当在美国占领下的海地举行了首次不受美国控制的选举后，美
国军队不得不撤出海地，并不得再进入海地。美国武装部队的首要职能并非是
要在对门罗主义抱有恶意的地区维持当权者的统治，让那些顺从的名义上的统
治者按照华尔街金融家的指示运作他们国家的政府。"

"在银行家给古巴制糖业的贷款和银行家给古巴政府的贷款之间，为什么会
有 400 万美元的差额？ 这一差额几乎占 3800 万美元私人贷款的 1/9。根据该贷
款背后的秘密协议，美国承担了哪些义务？ 或者美国有权在哪些其他方面参与
古巴的独裁统治？"

[①] 首次发表于《纽约时报》，1930 年 11 月 24 日，第 10 页。

"托马斯·L·查德伯恩(Thomas L. Chadbourne)正在努力削减食糖的全球产量,以帮助制糖者,主要是美国制糖者,以更高的价格向消费者销售食糖。这和提议放贷给古巴政府之间有什么关系?"

"美国人均食糖消费约为115磅。当每磅食糖的价格增加1美分,美国人每年的食糖开销就会增加14030万美元。"

"查德伯恩先生削减食糖产量的计划与英国人试图通过史蒂文森议案劫持橡胶的价格以及前巴西政府人为限定咖啡价格之间有什么区别?"

"橡胶价格因荷兰人增加了他们的橡胶产量而被打破。查德伯恩先生现正前往荷兰,试图劝服荷兰的制糖者支持在全球范围内提高糖价。"

"您曾谴责过英国对橡胶价格的控制以及巴西对咖啡价格的限制。如果您批准一群爱国的美国银行家对古巴提供贷款,人为地将每户美国家庭的食糖开销提高到6至12美元,让美国人在早餐桌上受到强烈攻击,恐怕有失一贯性。"

"如您所知,美国的繁荣已经使1/6的美国家庭变得赤贫如洗。"

约翰·杜威指责主要政党[①]

昨天,约翰·杜威教授在 WOR 广播电台发表了演讲,称两大主要政党是大商业集团的仆从。据悉,这是杜威教授为组建一个进步的新政治联合首次刊登电台演讲。

此次演讲由独立政治行动联盟支持。该联盟旨在组建新的政党。杜威博士是该联盟的主席。

杜威博士说道:"在过去二十几年,我们的社会生活几乎已经完全改变。这种改变以无线电、铁路、电话、电报、飞机以及大规模生产为代表,我们的生活环境改变了,美国也从一个农业国家变成了一个城市化、工业化国家。"杜威博士继续说道:"然而,尽管这种巨变是史无前例的,美国却没有相对应的政治再联合。"

"旧的两党继续在公众面前说着陈词滥调,卖弄着旧的口号,但在背地里,它们早已卑微地屈从于大商业集团,成了后者的仆从,尽管它们内部也存在着大批持异议的少数派。难怪人们已经对政治问题漠不关心了。人们不会因为政治而过于激动,这正说明他们是理智的。"

"独立政治行动联盟的领导人认为美国人的生活亟须重组,这种重组必须基于社会生活现实,而且只有根据现有的工业状况和财政状况制定的政治策略,才可能实现这一面向未来的重组。"

[①] 首次发表于《纽约时报》,1929 年 10 月 14 日,第 2 页。

杜威支持弗拉杰克[①]

443　　在昨天公开的一封信件中,独立政治行动联盟主席约翰·杜威教授表示支持社会党候选人 B·C·弗拉杰克(B. C. Vladeck)当选布鲁克林第八选区的众议院议员,"以打破众议院受人控制的局面,防止它沦为共和党的傀儡"。

　　"不管是共和党还是民主党,旧的政党绝不可能带来任何根本的改变,"该信写道,"它们被腐败的政治头目和自私的商业集团所控制。诚实的人们,是时候站起来宣布不会再投票给那些政客了。当贪污者、诈骗者以及享有特权的商业集团中饱私囊的时候,还有很多大的问题等待解决。"

　　除以前支持过的候选人,独立政治行动联盟还宣布支持社会党候选人塞缪尔·奥尔(Samuel Orr)当选第二十三选区的国会议员以及社会党候选人 A·I·希普拉科夫(A. I. Shiplacoff)当选第十二选区的国会议员。

---

① 首次发表于《纽约时报》,1930 年 9 月 15 日,第 16 页。

杜威请求诺利斯领导新党①

昨天,独立政治行动联盟主席约翰·杜威教授向内布拉斯加州参议员乔   444
治·W·诺利斯发出邀请,请求他退出共和党并帮助组建一个新的第三政党。

在致参议员诺利斯的信中,杜威教授宣称共和党内部已经分裂。他称自己
同意共和党全国委员会执行理事罗伯特·H·卢卡斯(Robert H. Lucas)的观
点,认为参议员诺利斯社会观念过强,不属于共和党。

杜威教授接着说,民主党支持的原则和共和党的无异,而且民主党和共和党
由同一群人所控制。他称自己已经从很多民主党和共和党的参议员与众议员那
里了解到,他们认为组建第三政党不可避免,并预测新党会在 1940 年的大选中
获胜。

"鉴于您最近和共和党领导人打交道的经历,"杜威教授写道,"我竭力主张
您永久地切断与共和党的联系,和我们的独立政治行动联盟以及其他自由主义
团体一起,组建一个可以让您完全效忠的新党。"

"共和党全国委员会执行理事罗伯特·H·卢卡斯最近发表声明攻击您,这
清楚地表明共和党在内部划分界限,共和党的控制者已经不需要您和其他反党
的共和党人继续呆在党内。依我判断,您会越来越清楚地感受到这一点。除此
之外,您认为还有别的可能吗?"   445

"共和党支持所谓的'不屈不挠的'个人主义,而您支持社会计划和社会控
制;共和党领导人相信他们可以通过对私营竞争不加约束来建立一个更加美好

---

① 首次发表于《纽约时报》,1930 年 12 月 26 日,第 1 页。诺利斯的回信见本卷附录 6。

的世界,而您却相信这个复杂的时代已无条理可言,但社会必须计划生产和消费;共和党的核心派系将产权放在首位,而您却将人权放在首位。"

"您和共和党有着完全相反的理念。共和党内部已经分裂。旧瓶装新酒不可行,新的治理理念也永远无法被带入两个旧的政党中去。正如奴隶制的问题分裂了共和党的前身辉格党,社会计划与不屈不挠的个人主义之间的对立将分裂共和党。"

"民主党支持的原则与共和党的毫无区别,民主党和共和党由同一群特权集团所控制。如果民主党执政,它会像共和党对待您一样地对待反党的民主党人。新的政治理念需要新的政党来实施。"

"全美数以百万计的进步主义者对旧的两党已深恶痛绝,渴望着一个新的政治联合。值此圣诞之际,您何不宣布放弃旧的两党,致力于开创一个新党? 新党的原则将是计划和控制,其目的是要建设更幸福的生活、更公正的社会和一个和平的世界——这个和平的世界正是我们值此圣诞日庆贺其诞辰的吾主的梦想。在当前的政治领导下,各种祸害将会再次发生:失业危机带来的巨大苦痛、对于不稳定不断增加的恐惧、导致财富分配不均的公用设施公司和其他垄断组织的剥削,以及引发世界大战的民族主义和军国主义。一个支持您的人生哲学的新党可以阻止这些祸害。"

"在这个国家,许多来自各行各业的杰出人士都意识到需要组建这样一个新党,他们也将对新党表示支持。在旧的两党工作的州长、联邦法官、国会议员以及参议员均向我们表示,他们认为必须建立新党。我们将在 1940 年的大选中获胜。我们将使保守分子绝望地徘徊于旧的两党之间,而我们才是拥有真正的观念冲突而且生机勃勃的反对党,我们的党将为政治带来巨大的进步,给绝望的工人和农民提供建设性的政治表达渠道。"

"组建新党绝非易事,我们会面临重重困难。反对派将对我们恶意地进行百般阻挠。但为了国家的福祉,我们只有选择这条道路。"

"我们认同卢卡斯先生的观点:您社会观念过强,您不属于共和党。请您退出共和党,加入到我们那激动人心、热情澎湃的伟大行动中来吧。它将帮助所有美国人实现他们的合法权利,而您也会得到所有美国人的联合支持。您愿意成为我们的领路人吗?"

杜威支持农民[①]

根据约翰·杜威博士昨晚公布的一份声明,在他和独立政治行动联盟打算组建的第三政党开始成立之时,他们将会发起一场支持农民的特殊活动——农民是共和党在各农业州的主要支持者。该声明也是对内布拉斯加州参议员诺利斯拒绝退出共和党、领导第三政党的回应。

"农民必须在领导层中占有一席之地;新党必须'植根群众'。"杜威博士说道。

杜威博士承认在美国组建一个持久的新政治联合可能需要20年,但他称自己已经准备好打一场持久战。

此外,他称控制现有两党的大型金融集团、工业集团以及公用设施公司与民众之间存在着难以遏制的利益冲突,新党的组建不可或缺。他表示自己并未放弃争取参议员诺利斯斗争旧的两党的希望。

杜威博士的声明如下:

"参议员诺利斯对于我请求他加入新政党的回复并不令人感到意外。加入新党并非匆忙之事,何况参议员诺利斯现在正备受攻击。"

"正是由于像参议员诺利斯这样才能出众的一小群共和党人的存在,共和党才没有彻底沦为美国大型工业集团、金融集团以及公用设施公司的政治喉舌。尽管现有的这些集团必定会获得政治上的代表,但它们无权因此妨碍普通民众

447

448

---

① 首次发表于《纽约时报》,1930 年 12 月 28 日(星期日),第 1 栏,第 20 页。这是杜威给诺利斯的回信,原信见本卷附录 6。

的利益得到表达。然而，现在的情况是：民众的利益得不到表达，特权集团控制着两党。"

"我并不期望参议员诺利斯会立刻同意我的请求，但我还是希望强调一下民众与特权集团之间这一难以遏制的冲突；在我看来，这一冲突使新的政治联合成为必要。参议员诺利斯在自己的提案中也表示有必要废除选举团，让民众可以通过直接投票选出总统。"

"独立政治行动联盟将全力支持诺利斯先生的提议，并将利用各种影响帮助他的提案获得通过。当然，一个新党会面临其他巨大的困难。最高法院的权力也会阻止政治行动。许多选民都会问：如果一通过就被宣布违反宪法，社会立法又有什么用呢？新党还面临着另一障碍：选民害怕如果投票给新党会浪费选票。"

"我们对自己所要面临的困难不存幻想。组建新的政治联合也许需要10年，甚至20年，但我们已经准备好打一场持久战。另一方面，美国人一旦行动起来，就会非常迅速地行动，所以组建新党也许会比我们设想的要快。"

"我们很高兴邀请参议员诺利斯协助组建新党，并希望有一天能够得到他勇敢有力的支持。然而，我们希望我们的邀请并没有在现阶段让新党的组建依赖于任何个人的命运或任何个人的领导。雄鹿党和拉福莱特竞选活动都是由于犯下这个错误而以失败告终的。任何事业都需要伟人相助，但一项持久的运动并不完全依赖于一位伟大的领导者。"

"我们鼓励杰出人士和我们并肩工作，因为只有当新党成为脑力劳动者和体力劳动者——包括必须在领导层中占有一席之地的农民——的表达渠道，新党才不会失败。新党必须植根群众。"

"1931年，我们将以一个协调机构的身份，团结起所有对基于社会计划与控制原则之上进行政治活动感兴趣的组织。我们将呼吁工人、农民以及所有持合作态度的进步人士。独立政治行动联盟将成为一股教育力量，出版关于政府问题的小册子，利用演讲、杂志文章以及广播。"

"在政治行动领域，一方面，我们将继续在全国范围内组织分支机构；另一方面，我们会将精力主要集中在那些最富饶的各州上，在蒙大拿州、华盛顿州、南达科他州、爱达荷州、爱荷华州、堪萨斯州、内布拉斯加州、科罗拉多州、俄克拉俄马州以及德克萨斯州举行州级会议，并期望组织州级委员会，最终在目前没有有效的第三政党组织的那些州建立州级党,为以后组织全国性会议与全国性政党打下基础。"

据新历史协会称,杜威博士将在由该协会主办的会议上发表题为《第三政党的原则》的演讲,会议将于周二晚上在派克大街和第三十四大街的社区教堂举行,观众可免费入场。

附　　录

1.

逻辑能否脱离本体论？①

欧内斯特·内格尔

专注于方法论通常会导致否认所用之方法与所探究之主题的不可约特性 453
(irreducible traits)之间存在密切的联系，本为旨在反对此种脱节，其所持之观点与所
用之论据均非首创，至少可以部分地从杜威本人的作品中有所了解。之所以要在此
撰写下面的文字，唯一的理由是他在探讨排中律的文章中，使题目中的问题很可能得
出肯定的答案。

I.

杜威教授本人将排中律的适用范围这一特殊问题归于逻辑与本体、形式与存
在的关系这个基本问题之下，因此，他的头脑似乎认定逻辑特征和本体特征可以在
经验中发现，对于争议的特性，也可以产生某种迹象来决定它究竟倾向于逻辑秩序
还是本体秩序。然而不幸的是，杜威教授并未在文中任何地方说明那种区别究竟
是什么。显而易见，如果不提供本体特性的标准，他所提出的问题当然会变得无法
确定。

若想弄清这个问题，必须借助杜威教授的其他著作。首先，他为自己提出了一种
形而上学和一种逻辑。他的形而上学描述了存在的一般特性，而他的逻辑则形成了 454
促使经验被刻意重组的思考方法。其次，那些是一般特性，它们是科学研究的每一个
对象的不可约特性。他声称"质量个体和永恒关系、偶然和必须、运动和停滞，这些都
是所有存在的共同特性"。再次，虽然我们的确把本体特性的一般标准定义为具有普

---

① 首次发表于《哲学杂志》，第 26 卷（1929 年 12 月 19 日），第 705—712 页。关于本文所回应的杜威
的文章，见本卷第 197—202 页。关于杜威的反驳，见本卷第 203—209 页。

遍性和必然性,可是这些特性并没有贴上标签,除了思考性研究以外,没有别的办法可以识别它们,这是杜威教授的原理的核心。本体特征与其他特征一样,只是作为推理过程的结论而成为知识对象。最后,关于杜威教授的知识理论,确定可靠的知识对象代表着改变,这些改变产生于为了取得控制、保持连续性、为非认知性经验提供以往的存在物所进行的思考过程中。

因此,似乎可以推导出,知识对象在关系到它们所发生的思维背景中具有某些属于它们的特性,这些特性不能直接(即在这个背景以外)归于先前的存在。这些特定的逻辑特性或许可以通过比较知识对象和直接经验对象的性质来加以识别。但如果存在的性质不是通过它过去的定义而是通过实验研究被发现,那么这种研究的结果必定在某种程度上与存在的独立特征相吻合。当光照在金属片上时,电流随即产生,光的频率或强度与电流的强度之间的数量关系便通过研究而确定,它是所研究领域中的独立要素。如果推理过程中所发现的对象特性只是逻辑特性,那么通过思考性研究本身无法发现它们的本体特征。如果形而上学的特性无法在思考的背景下被发现,那么发现它们的唯一情况便是通过杜威教授强烈呼吁我们引起注意的享受和获取非思考性经验。因此,如果本体特性无法产生于思考性研究,杜威教授说知道它们便不稳妥,即便他也许通过其他方式经验过它们。除了知识对象的逻辑特性以外,若想存在的一般特性被了解而不是仅仅被拥有或被享受,那么还必须存在本体特征。因而,杜威教授似乎不是在问本体特性是否附加于逻辑特性之上,而是在问本体特性是否至少部分地与逻辑特性相同。

于是,一个疑问便自然而然地产生了,即杜威教授是如何得到他的形而上学的。他是如何知道独特性、相互作用、改变是所有存在的特征,这些特性不只是逻辑上为了与世界和谐共处而产生的,而是某个独立存在所具有的特征? 为什么他把人类经验所表现出的特征归为包含这个经验却拥有不止这一个经验的自然? 本文在此提出,如果使逻辑特性与本体特性相脱离,以使前者不再作为后者的原型,那么杜威教授认为不稳定与稳定的对象不只处于人类的重要位置而且是整个自然的突出特点这一观点便站不住脚。人类的经验揭示了自然具有独立于经验的特征,对于拒绝面对这种自然的批评家,杜威教授的一个反驳来自连续性,而且不难看出,这是他唯一可以使用的反驳。"相信自然与经验之间有连续性的人也许会主张,既然人类经验表现出这些特性,那么自然必定包含了这些特征的原型。""因此,自然之中既存在着前景又存在着背景,既有此处又有彼处,既有中心又有远景,既有焦点又有边缘。"(《杜威晚期著作》第 3 卷,第 74、75 页)若想令笔者像杜威教授一样对这些特征的论点确信无疑,那么就有必要假设,虽然除了逻辑特性以外可能存在其他本体特性,但是自然必定也拥有逻辑特性的原型。

在经验中显示出的自然特性与存在于非经验环境中的自然特性不具有可比性。自然并不具有她在思考中被认为所具有的那些特征,这一点无法通过思考发现。用杜威教授自己的比喻来说,如果知识对象是通过改变原矿石而获得的成品工具,那么为人所知的是那些成品工具。自然的确存在非本体的特征,这个事实得到了我们日常经验的证实。这类特征是真实的,但并不比思考所发现所注意的那些特征更真实,它们的本体地位别无二致。就像人不可能指望通过非感觉的方法发现某个感觉的性质一样,没有理由指望在智力或知识情境以外发现逻辑特征。

对于全心全意信奉自然主义的人而言,逻辑与形而上学之间的连续性不可打破。我们所使用的逻辑方法是通过对存在的事物成功起作用而产生的,这些事物在自然范畴内对我们施加了非理性的强迫力,并且被发现它们在智力可触及的关系里相互支持。正是出于连续性原则,方法必须超越其本身,哪怕这个方法的功能是人类的,可以使直接经验的结果和享受更加可靠。这个方法必须在某种意义上反映或折射出事物的秩序,这些秩序是可知的,它们从未完全被了解,但是,只有先前的存在得到转变和调整,才能了解它们。因为我们认识事物,其实就是认识事物之间的关系;若想了解后者,我们必须调整并改变前者。是否有理由相信,为了获得知识,我们就要决定后者必须是什么?

人们没必要相信知识所揭示的是最终实在的事物的内在特性。人们或许认为研究的目标是各种变化之间的相互关系,这种关系是一种假设,需要靠其结果而并非先例来加以验证。也许有人会与杜威教授一起说道,思维的对象是实在思维(thought of reality)的对象,从对自然最为高度概括的角度来看,这种实在是由相互联系的各种变化所构成的一个体系;也许有人会与他一道坚持认为关系性思考(relations thought)的唯一含义存在于关系所可能引发的、可以被经验得到的全部结果当中。然而,这种关系是作为自然中的一个必要因素而被发现的,无论它们多么具有假设性,在一些情况下,除了相信它们,我们别无他法,这无论如何都是个不争的事实。亚里士多德曾评论说,任何对存在有所了解的人所必然持有的原理都不是假设。而且,正是杜威教授提醒了我们,"一方面,每个事物中存在的不可约的、直接的'自性'(itselfness);另一方面则是每个事物(依其所是)与其他事物的联系,缺少了这种联系,任何事物'既不能存在也不能被理解'"(《杜威晚期著作》,第3卷,第80页)。

456

457

II.

说明逻辑和本体论之间存在联系,比详细展现这种联系要容易。本文对此的尝试最多只是一种姿态,但是首先必须作出几点保留。

第一,对逻辑的非本体论解释可以通过把明显的逻辑特性限制在涉及思考和陈述事物的象征机制或心理机制上,这一点已经得到认同。如果"思维规律"用于决定诸如"是"或"不"等词语的使用,或者描述心理上假设的事实,那么很显然,它们并非指存在的一般特性。这里提出的唯一异议是这种解释没有给予这些规律的作用功能以充分公正的对待。第二,这些规律也许可以理解为我们在从事研究时为自己作出的方法上的决定。就像对几何学的选择是出于传统习惯,而不能被实验证明是错误的一样,逻辑规律也是如此,它们号称是我们组织经验的先决条件,是我们方法的规则,而不是自然规律。但是,人们可以同意这个理论所证实的东西,而毋须证实那些该理论否认的东西。因为逻辑规律的独特之处在于它们会出现在所有可以想见的研究中,而且从未有过任何代替条件可以成功得以应用,因此,有人推测它们在每一个主题中都代表恒定的因素。

最后,逻辑首先与获得知识的方式有关,与我们对事物的第二意图有关,与作为反思性思维对象的事物有关,这一点不可否认。逻辑原理与命题而非事物的相互关系有关,命题所体现的相互关系在某些方面与事物之间的相互关系不具有可比性。因此,必须给予矛盾原理一个基本的意义,即命题不可能既正确又错误;对于排中律而言,一个命题必须要么正确要么错误。然而,对本身可以对命题作出某种判断的这些原理的解读,使我们得出了许多形而上学的理解:唯一确定的对象不可能既拥有又没有同一个特征;存在确定无疑就是它本来的样子;确定的存在排斥某些特点,而确定的对象必须要么具有要么没有某个给定的属性;事物所具有的特点决定与之有关的命题之间的关系。相互矛盾的是命题而并非事物,这是一个不争的事实。但是,矛盾的原因却不存在于命题之中,而在于命题所阐述的事物的性质。对事物的阐述不等于被阐述的事物,可是这种阐述却可以告诉我们这些事物是什么。即使排中律无法告诉我们一个事物必须具有哪两个属性或关系,它也会告诉我们假设存在一个属性或关系,那么一个事物要么具有它,要么没有它。

也许有人反对说,如果把讨论限制在确定的存在,那么关于逻辑与本体论之间的关系问题在一开始就会被回避。本文承认逻辑特点只适用于确定的主题,但同时坚持认为,只要存在完全的不确定或混乱,就无法作出任何判断。机会是一个形而上学的特征,而同时,绝对的混乱或纯粹的偶然像纯粹的形式一样,也是限定概念。据此观点,即便偶然的东西也具有确定之事物的某个方面,就如同确定的存在也具有不稳定之事物的某个方面一样。但是,人们可能会问,确定性是事物的"直接"属性,还是只存在于非存在性的主题中?

杜威教授似乎相信过渡的存在表明限定是非存在的(non-existential)。当说到存在的门必须要么敞开要么没有敞开时,他指出这样一个事实,即门可能是敞开的或关闭的,存在的门没有百分之百关闭的。"开"和"关"因而在本质上是理想的,为人们在存在的事务中可能处理的事物提供了限制条件。但是,有人很可能会问这个难题是否是因为没能有效地、概括性地定义所使用之观念造成的。"关"也许真的是一个普遍现象,它的实例在性质上大相径庭,因而"关"的意思在不同的背景下也就各不相同。但是,确定一种情境,明确关的一系列运作或条件,看活动着的门是否符合这些条件。正是因为"关"首先被视作无法表达的理想,而不是经验过程,因而排中律明显无法应用的情况才貌似有理。所以,说两个事物同时发生时,不是指它们内部固有的属性,而是参照了用于定义同时性的明白无误的作用方式。对两个事件在同时性方面作出的判断也许各不相同,就像对于门的关闭可能存在不同的判断一样,但如果所定义之特征事先就已在作用方式上加以确定,情况就会不同。如果"门"可以不以内部特征而被存在性地定义,那么"关"难道不能以同样明确的方式来定义吗?

只有思维可以保持前后一致性,不管这种前后一致性在多大程度上受到事物的制约。思维是一个选择性过程,只有当我们区分开各种关系时,排中律才能具有应用性。杜威教授总结说,对关系进行抽象是"为了思考的目的而思考存在的一种方法",如果我们想把逻辑原理直接应用于存在,就要把关系实体化到独立存在中。但是,因为普遍性不会自动存在,所以它除了抽象过程以外根本不存在,这么说对吗?因为分离和抽象是智力起作用的不同方式,所以思维对象并非自然的固有因素,这么说对吗?因为思维为了起作用,就必须接触自然碎片,所以杜威教授就会否认自然内部存在此时和此地、中心和远景吗?某些事物所具有的系统性特征反映在我们带有讲话口音和思维习惯的对话和思维里,但并不是口音和习惯赋予了事物系统性。

当杜威教授用存在意义来区别普遍性和特殊命题时,他使自己陷入了重大的误解当中。首先,他提供的理解并非它们所包含的唯一解释。但是,第二,如果我们与杜威教授一道,坚持对思想进行作用方式上的解释,我们还是可以提出疑问,即应该赋予假设的普遍性的假定条件以什么含义。"减小压力会降低沸点"是一个假设性命题,因为它并没有说的确存在小的压力,而是说明会产生怎样的结果。然而,它丝毫没有描述某个自然行为的直接特征。但是,它仍然假设,虽然低压可能并不实际存在,但就既存事物间的相互作用而言,低压是可以理解的。因而,虽然应用对特定存在物的假设需要实事求是的证据,但普遍性从未排除过对存在的参考,而是事实上予以了双倍的参考。如果意义需要存在的作用方式,那么存在一般性的主题就是毋庸置疑的。

对未来以及过去和现在的预测,要求正在或已经体现出存在的关系继续有意义。总的来说,这个假设在具体案例中经常被证明是错误的。但是,如果它始终是错误的,那么就很难明白未来是如何成为探讨的话题的,或者说现在在成为这种未来的过去的时候,是如何被思考和研究的。因而,与现在完全不同的未来跟与现在非常不同的过去一样难以理解。但是,在深入考虑对未来的重要预测也就是排中律所使用的替代物时,未来事件的连贯性没有得到否认。"海战必定明天要么发生要么不发生,但它未必明天一定发生,也未必明天一定不发生,可是它明天必然要么发生要么不发生。"

对于本文所探讨之形式属性,很难知道杜威教授认为什么样的物质证据才是把它们给予真实存在物的决定性条件。但是,他最近出版了一本书,通过分析机器的形式属性解释了这种区分的理由。这些分析见 161 至 163 页,书名为《确定性的寻求》(《杜威晚期著作》,第 4 卷,第 128—132 页)。

2.

行动与确定性①

*威廉姆·欧内斯特·霍金*②

杜威哲学并非一系列命题,而是一场民族运动。出于充分的工具主义原因,它本应该如此。在这方面,杜威也许会欣然同意真实与理想是统一的!至少,根据他本人的理论,评价其哲学的正确方法不是调查命题而是运动。

在了解这一点之前,我浪费了许多精力来试图批评他的命题。1897 年前后,我发表了对杜威-麦克莱伦算术教学法③彻底的批驳。该方法提议用比率来定义数字,于是,数字"一"不再被解释为第一个基本的整数,而是任何事物和与之同样大小的其他事物的比率。因此,它需要两个对象来定义"一"。我在我的第一篇哲学论文里指出了这一点,但却收到了第一份哲学上的惊异。对于对他理论的攻击,杜威表现得异常泰然自若。我怀疑迄今为止,他是否意识到了这个隐患以及我的文章的存在。而在此之后,我间或发起的攻击也都以同样的结局而告终。

若非最近我亲眼目睹了他在受到全世界如潮般的拥戴时表现出同样的安详,那么他受到批评后那超凡脱俗的镇定哪怕现在也会令我无法理解。那不是一种无动于衷,而是十分得体,泰然自若。他就这样生活在一个脱离了赞扬与批评、是是与非非

---

① 首次发表于《哲学杂志》,第 27 卷(1930 年 4 月 24 日),第 225—238 页。这是 W·E·霍金于 1929 年 12 月 30 日在美国哲学协会纽约会议上宣读的文章。关于杜威的回应,见本卷第 210—217 页。

② 威廉姆·欧内斯特·霍金(William Ernest Hocking,1873—1966),美国理想主义哲学家。——译者

③ 指杜威和麦克莱伦(James Alexander Mclellan)合著:《数的心理学及其在算术教学法上的应用》(*The Psychology of Number and Its Applications to Methods of Teaching Arithmetic*),纽约:D·阿尔伯顿出版公司,1985 年。——译者

的世界,我不由地把他视作人类中真正绝对(The Absolute)的象征!因此,我不应该再犹豫,而应该借此机会继续我的讨论。我想,这或许才是他所希望的。我可以想象得出,他会像曾经处境更加糟糕的苏格拉底一样,说道:"今天——如果我们不能重新开始这个辩论,你和我就都把头发剃光!"

但是,首先,请允许我谈论一下我对这种哲学的一些了解。我非常得益于我的一个经过几番辛苦才终于养成的习惯,那就是在术语和命题所引出的结果中,特别是在它们促使我们去做的事情中,寻找它们的意义。命题那毫无表情的面孔具有欺骗性,而它真实地自我存在于起作用的过程中。对于这个话题,我甚至斗胆稍微夸张一点:命题的使命与其说是构建,不如说是战斗。从战斗价值($fighting\text{-}value$)的角度来思考命题,对我的帮助最为巨大,特别是阅读思想史时。

例如,杰斐逊[1]写过"人人生而平等"(All men are created equal)这个命题。他认为这句话究竟是什么意思?格里姆凯[2]先生指责杰斐逊伪善,因为他一直是个奴隶主。但是,杰斐逊的目光却集中在另外一场战斗上,他的格言与反对奴隶制没有丝毫关系,而是关系到对一个统治阶级的反对,这个阶级假装拥有天赋的特权和神授的权力。这才是他的论点的战斗意义,所以不能因此指责他伪善。

再来思考一下 19 世纪的民族主义教条。英国外交大臣为支持希腊和意大利争取独立而呼吁采用这个原则,他们没有想到,狂热的形式逻辑学家会把同一个原则扩展到印度以及大英帝国的其他领地;他们原本打算使用该原则在欧洲范围内处理特殊任务,至于大范围地扩张到其他领域和运动,无论在表面上措辞多么正确,对于该理念的战斗意义来说,都是错误的。

在公共法律和神学领域,任何概括性的规则都必须在它最初的斗争目的里寻找解释,逻辑延伸会存在无法切中要害的风险。门罗主义在其自身的时代具有明确的任务;在罗斯福时期,经过逻辑延伸,它有了完全不同的任务;而现在,它的任务更加不同,出人意料,例如在我们和南部邻国之间制造误解,阻碍我们与国际联盟的合作等等。在此,指责其伪善的主要是逻辑学家,而并非着眼于规则最初的战斗价值的人们。

我认为,工具主义(instrumentalism)本身具有战斗价值,它的绝大部分意义也在于此。

---

① 托马斯·杰斐逊(Thomas Jefferson,1743—1826),第三届美国总统(1801—1809),《独立宣言》起草人。——译者
② 阿奇博尔德·格里姆凯(Archibald Grimke,1849—1930),美国律师、记者、政治家、社会活动家。——译者

它显然有一些重要任务要去完成，不完全是为了哲学友谊，而且是为了美利坚民族的大众。这个民族向来是一个积极活跃的民族。人们普遍认为，这种实践的倾向使我们比较容易成为实用主义者。这一点，我相信恰恰与事实相反。社会心理学通常认为，活跃的性格会倾向于教条主义(dogmatism)，积极的人和积极的群体一样，需要寻找某个绝对正确的东西。它不容置疑，是判断和支持某个执著的信念的立足点。普通的行动依靠口号而不是假设来获得前进的希望，而典型的"富有行动力的人"则表现为从不夸夸其谈，坚守不屈不挠的准则。正是因为我们主要是一个行动的民族，所以倾向于成为教条主义的国家，坚信存在永恒的原理、终极的信条、天赋的权利和教条的神学。工具主义的一项伟大的公共任务就是变通这个民族求知的方法，把固定教条变为适用于实验的假设，鼓励在智力上传统、追随权威、崇拜英雄的美国人民自己去体验生活。作为一个民族，我们确实相信劳动的高尚(在我看来，除了苏联，我们是天底下唯一从骨子里真正怀有这种信仰的民族)。我们必须把这种信仰发扬光大，变成劳动哲学(*a laboring philosophy*)的高尚，它须产生于现存的而不是古老的关键时刻，并与之相关。

正是因为美国不是天生的实用主义者，所以实用主义从过去到现在一直都有许多斗争性的任务需要完成。

同样，在专业人士中，实用主义哲学必须与那些普遍存在的助长此种本能的教条主义的特征展开斗争，例如，无凭无据地认为抽象真理可以提供安全保障并具有终极性，或者对伊壁鸠鲁的那些不关心人类事务的神灵恋恋不舍。特别是在社会哲学领域，实用主义扩大了归纳法、假设和实证的范围，这使得我们的道德思维灵动鲜活。这并不会毁灭法则及其倡导者，也不会实现它们(因为这在某种程度上也是一种倒退)，而是会给予它们神的能力，来无限地自我繁衍。464

这旨在使哲学成为高度负责的事业——成为事实上人类最为负责的事业。同时，它对普通人承诺哲学对他们会有意义，对哲学家承诺(也是一种警告)如果他给予他的思考应有的前定意义，那么哲学就会再次在民族生活中承担应尽的职责。如果我们的任务成为如此重要的公共事务，以至于我们中的某人只是因为他的哲学教义而被要求饮下毒酒，那么至少我们已经学到了部分工具主义的经验教训。

我认为，这些是工具主义成果的延续，它们组成了它的工具主义真理。

现在我必须记录下我为什么对这种真理不是完全满意。我相信我们必须继续不完全依赖命题的作用方式来判断它们的有效性。倘若这一点没有错，那么再次脱离命题的作用方式或斗争价值来审视它们就没有什么不妥。

（仅靠我们可以作出区分这一事实就可以支持这个观点。如果工具主义者粗心大意到维护这些命题——仅仅是作为命题，那么他的维护也会等同于放弃他的立场，因为这样会使他在作用方式以外识别意义。在这种情况下，理论批评家就赢得了整个战场，辩论也会戛然而止。让我们放弃这个观点吧！）

重新叙述这些熟悉的命题几乎没有任何必要，只不过为了表明我计划处理的杜威哲学只是有限的一部分，并且澄清我所讨论的是他的哪种学说。我认为工具主义的核心论点为：

（1）概念和命题，其意义始终具有功能性，它们不是产生于空洞的介绍，而是发源于犹豫和困惑，它们是要解决的对象，具有约定性和假设性特征。它们的有效性或真实性存在于执行它们声称要做的事情，即解决难题以及在这个方面接受检验。

465　　从此必然会得出以下的推论：

（2）不存在严格意义上的直接真理。

（3）不存在严格意义上的持久或永恒真理。

（4）不存在先验的真理；以及，总之，

（5）不存在必然的理论上的确定性。

我的目的不是为这些学说提供新的研究，而仅仅是尽可能清楚地表达长期困扰我的难题，并在力所能及的范围内把它们归纳为一个原理。

第一个命题——真实性（trueness）的定义——给我带来的难题可以浓缩为一个原理，我们可以称之为意义与运作用方式的不对应性（*the non-correspondence of meaning and working*）。每一个概念、每一个一般性命题都可能有许多不确定的运作，反过来，每一个运作可能都会有许多不同的意义。若想找到运作的意义，实体之间就必须存在唯一明确的对应，但这种对应并不存在。

"人人生而平等"的命题就可以证明这个观点。在杰斐逊时期，这个命题并未全方位起作用，它可以派生出更多的其他任务，除了杰斐逊当时的考虑以外，把这个概括用于奴隶问题也同样合理。如今，它还背负着应对落后民族的任务，这大大超出了杰斐逊的应用范围，谁也不知道它最终还会身负哪些任务。作为一个命题，它的身份和生命不会被任何时代的特殊混沌状态所限制，也不等同于它可以引发的具有不确定可能性的运作的总和。因为它具有某种现时意义，而许多这种可能的行动方案

(programs of action)在任何给定的时间里都与所想的不尽相同。① 如果我们只在看到某事物的结果时才认识该事物,那么事实上,我们将一无所知,因为我们永远不清楚未来的结果。

让我们从另一方面来考察这个不相符性。假设(这并非绝无可能)杰斐逊先是开展斗争,然后再寻找一个概括,来认可他感到无法避免的这场冲突,那么从逻辑上讲,他的格言的出发点是否必须是人类平等? 如果通过检验我们能够得知什么普遍原理体现在某一给定的具体事物中,那么规律、归纳乃至生活就都会比实际上的要简单得多。不同的假设也会产生相同的现象,数学家和物理学家在确立假设时所遇到的这种多样性使我们可以相信,没有哪个行动过程只依赖于某一个理论假设。如果只能在从问题到在行动中解决问题的过程中找到意义,那么我们就不得不承认在这个过程中,诸多"合理解释"(rationalizations)中的任何一个都会由它的成功而得到证实。因为这个结论非常令人难以接受,所以我们还是努力在命题中寻找核心答案,认为它可以与任何特定的行动过程相分离。

意义与运作的不相符性首先在概念过程中开始,作为对象(*objects*)和吸引力(*interests*)的不可比性。

我很饿,这是在表达不满,促成了思考过程的开始。我看到了一个红苹果,于是我立刻把它视作一种可能的食物。很显然,这个概念具有功能性,它是一个约定性假设,携有与我的饥饿绝对有关的行动计划。但是我注意到,苹果的红色,在这个情况下指苹果性(apple-ness),与它作为食物的吸引力没有本质的联系。烤土豆也许会起到同样的作用。因而,我不能把苹果的出现当作它充满或唯独具有作为食物的吸引力,而我对食物的兴趣也不止于苹果。这个苹果事实(apple-fact)以及苹果观念(apple-idea)中存在某个事物,它超越了我在当时当地所产生的任何兴趣和过程。这个有效意义(active-meaning)略去了事实意义(fact-meaning)的很大部分,事实意义(或者说对象-观念)似乎居于主要地位,出于暂时和有些偶然的关系,把有效意义当

---

① 所有从给定的概括得出的可能的行动方案,其种类在实际上从不会被思考;从严格的逻辑意义上说,它很可能是不可思考的。但是,命题的意义是可以思考的,否则它就不可能被"应用"于新情况,也不能从它"演绎"出进一步的行动计划。新的应用从何而来? 当然不是以往的方案,例如杰斐逊的,而是与之不同的某个事物,这个不同事物就是命题的意义。

还必须注意:有些方案会带来幸运的结果,有些会带来不幸,有的结果如所承诺的一样,而有的则令人失望。任何一组方案其解决或证实的结果都不能保证其他小组的,因此没有有限的一系列实证(verifications)可以构成真理。

作临时附加物。以表现为基础的事实意义实际上包含许多至今想象不到的可能的用途和吸引力,也可能具有毫无用处的例外情况。但是这二者——对象和吸引力,显然没有共同的衡量标准,没有办法使它们完全一致。因此,产生观念的工具主义因素预先假定直接因素或表象因素更加重要。

在著名的《观念的作用》(The Play of Ideas)①一章里,杜威认识到了观念与行动计划之间缺乏一一的对应。然而,他没有得出这个似乎不可避免的结论,即作用方式对真理的检验与被检验命题之间的关系松散得非常危险,一旦我们可以进行更加直接的检验,就会取代它。

无法预见自己在被爱的人眼中地位如何的人,会被驱使使用假设和证实的方法:"如果她爱我,她会对这个进展作出友好的回应,当我唱歌时会出现在窗口,会回复这封信。"他暂时必须让自己的情况接受日益大胆的实用主义检验。而被爱的人,在同样的情况下,如果发现自己被禁止表现出所有实验中所体现出的冲动,或许会一时间掰下雏菊的花瓣——我不确定这是否是工具主义!但是二者都怀有一种愿望,希望得到更加直接的迹象——表白,以及理想中的心灵感知。在这个情况中,这种直接的证据实际上非常危险,因为这些证据没有一系列持续行动的支持,但显然这一系列行动可能长得令人头痛,除非它可以时不时利用直接表达来快速地揭示核心的实质。

或者再举一例。在研究放射现象时,一个早期的问题是这些所谓"光线"究竟是真的震动还是从放射物质高速射出的个别微粒。有人因此怀疑阿尔法射线与被充电的氦原子一模一样。但是,不可能观察到这种光线,更不可能观察到单个的氦原子。于是有人便检验假设的推断,例如,铀—镭系列的物质原子重量是氦的许多倍——这后来被证明为事实。这个以及其他证明都是为了证实这个假设,但是极有可能(而且也为人们所普遍相信)的是,这些假设的原子只是思考的标志,对空间事实的象征几乎微乎其微。

直到有一天,克鲁克斯②发明了闪烁镜。于是在镜片下,有人看到了一个个闪光——当然不是原子,当微小的实体撞击集中涂抹上硫化锌的荧光屏时,它们就产生了。撞击可以被确定并计算出来。氦原子显示为具有数量、占有空间的个体。这种对假设的证实与实际上成功的预测有着完全不同的说服力,它是直观的。为了得到它,需要有操作活动,但操作活动与它的效力无关。实证的主要意义便在于此,无论

① 《确定性的寻求》,第 156、158 页(《杜威晚期著作》,第 4 卷,第 124—125、126—127 页)。
② 威廉·克鲁克斯爵士(Sir William Crookes, 1832—1919),英国化学家和物理学家,1903 年发明了闪烁镜。——译者

何时,只要我们能够得到它,就会依靠它。

既然一个一般性命题只有部分能够随时起作用,那么可以总是对只有部分正确的命题进行工具主义确定。

半真理(half-truth)实际上为世界尽了许多勇气可嘉的义务,即它们所公布的那一半真理是当时为人们所忽视的。因此,如果人们都深深沉溺于传统,它的目的就是灌输"万物都在变化"的福音。从工具主义的角度来看,这个半真理暂时是正确的。之后,当人类在这种教条下变得非常灵活善变,以至于缺乏毅力和恒心时,它的光芒便开始隐去,将半真理补充为"任何真实的事物都具有永恒性"的时机已经成熟,此时它可能会得到同样的肯定。

部分真理(partial truth)的作用力量所具有的这种划时代的多样性(据我判断,历史上大多数起作用的真理都属于这种类型)往往会把我们对真理的认识带入一种有规律的模式中,在此,某种"辩证"过程得以开始。当一个人观察到自己犹豫不决,并想改变它时,这种过程必然就会开始。这种改变并非要求工具主义不起作用——半真理仍然可以轮流起作用——而是要求内在的一致性。于是,结构原理再次宣称自己独立于实用主义原理。不是与它产生矛盾,因为杜威和芭芭拉之间不可能存在敌意,只不过,对真实性的兴趣倾向于从外部的结果转移到中心,在这里,芭芭拉将直接材料纺织成连续一致的纺织品。

到目前为止,我探讨了前两个命题——真理的工具主义定义以及不存在严格意义上的直接真理的论点。现在来讨论第三个论点,即不存在永恒真理。

显而易见,对一致性的要求同时也是对命题稳定性的要求,也就是说,我们想要的真理是我们能够在任何情况下都坚持的真理。辩证法的任务就是找到一个可以永久有效的事物概念,不是暂时的或者适用于一个时代,而是始终如一的。即使我们愿意通过揭示稳定倾向于具有的局限性,而将它解释为永恒,也不会带来任何问题,因为不管这种理想上稳定的真理在相当大程度上存在、几乎不存在还是绝对不存在,这种要求都是一样的。

让我们注意一点,虽然所探讨之需要是一种逻辑需要,但却并非仅仅是逻辑的,也不仅仅是我们之前所说的心理上的特异情况,诸如对善变活跃的性格类型的标志,而是存在于一切行动的属性中,因为所有行动都特别想要改变些什么,为了使这种改变世界的行动有效,行动的模式必须稳定!关于行动的格言是:将宇宙视作稳定之物,除了你意欲作出改变之处。对于想要移动东西的人来说,他理想的情境是存在一

469

个不可改变的信念在支持他:"我站在这里,我无法做其他事,上帝帮帮我。"能够说出这种话的人要么会促使事情发生,要么会把自己毁掉。

　　被认为既具永恒性又具先验性的命题具有相当多的有效性质,我认为,没有什么比这更能鲜明地支持并同时批评工具主义原理了。神学的正统学说以及异端邪说有时会在工具主义所深恶痛绝的支离破碎、无凭无据的冥想中得到愚蠢的崇拜,但在历史上,它们出现的频率至少与完成的事务相当。因此,关于勃兰登堡初期的温德族(Wends)这群难以驯服的异教徒,卡莱尔这样写道:"他们非常不愿意改变自己的宗教信仰,因而再三起义,控制了勃兰登堡,在那里进行恐怖的异教活动!"经过两个世纪的冲突,这些温德人要么像尘埃一样烟消云散,要么"溶入了基督教",这意味着他们开始进行正统宗教活动,而这些新的作为却属于完全不同的类别。在这两种情况下,他们都在进行一种宗教活动——典型的工具主义,但对工具或战斧的需要却是绝对的。

　　当我们回顾历史时,无论能否发现人类行动的主要计划与半真理有关,这些计划全部都试图牢牢把握绝对和普遍,这对于我们的真理理论来说难道不是很重要的一点吗? 同时请注意:需要这些绝非为了给道德休假。

　　为了与英国保守派或奴隶制作斗争,为什么杰斐逊及其后继者想出"人人"这种表述,而不是引用某个恰好适合该时期情况的传奇? 是因为他们不希望当时的事业本身是暂时的、抽象的、全部终结的或未完成的吗? 是因为他们清楚行动的结果不会比产生它的场景更加长远,所以才要将短暂的行动置于其自身背景之下进行考量吗? 他们是要将所有的行动转化为其目的的一个部分吗? 我怀疑,任何事物如果缺少全体人类真正共同具有的一个性质,都不会对杰斐逊的革命起到作用,它是一种乔治国王①拒绝承认的永恒真理,而打败他的正是这种永恒真理。如果我们这么认为,那么我们就假设杰斐逊只得到了一个相对的近似的真理——我只是在说明,对于他而言,这样的怀疑在当时只会妨碍他,迫使他寻找另一个更加持久的普遍性。不是对行动的鄙视,而是对它的热爱,才激发了对理论确定性的需求,例如人们在行动开始前所具备的确定性。没有人会疯狂地生气或投入,除非他事先对某个事情非常确定。

　　我怀疑实际上杜威同其他人一样,并不喜欢评价领域内存在的不断变化和相对性。在对皮尔士②的评价中,他以肯定的态度详细论述了皮尔士关于实在的观点。

---

① 指乔治三世(1738—1820),1760 年加冕为英国国王。杰斐逊等人所领导的美国独立战争推翻的,便是他的殖民统治。——译者

② 查尔斯·皮尔斯(Charles Peirce, 1839—1914),美国哲学家、数学家、科学家,实用主义创始人之一。——译者

"实在",他说道,"是指信仰的目标,这些信仰在经过人们长期的合作调查后,已经变得稳定,而真理便是这些信仰的性质。"

说信仰"变得稳定"是什么意思?如果我们可以在变化阶段辨别出这个信仰,那么一定存在某种本质使它不会受到变化的影响。当然,坚持真理与真理因澄清和成长所产生的变化之间互相对立。我们也许同意杜威的这个观点,即"科学的态度是一种对变化而不是对孤立绝对的不变性感兴趣的态度;这种态度必然对问题是十分敏感的"①,它的任务永远不会结束。但同样显而易见的是,永恒是整个科学实验事业的目标和信仰,因为除非实验能够确立什么,除非我们认为"已经确立"的东西保持确立、继续存在、不断积累,否则整个实验事业就是愚者的天堂。

知识宝库没有一刻是稳定的,但我们清楚一点,即改变不会吞噬掉它里面真实的部分。从这可以得出两点。第一,生存成为真实性的经验性标准,因此对于工具主义而言,唯一完全配得上其名称的真理也是永恒真理。第二,任何事物经过生存检验之后,如果被证明是我们当前信仰所具有的真正元素,那么我们现在就拥有了或一直都拥有着这个真理,无论我们能否把它从混合物中辨别出来。

但是,如果我们永远不能确定地知道现在这个永恒真理究竟是什么,那么拥有它又有什么优势呢?

答案在于真理的一个方面,我们称之为推理。如果存在推理性的那种真理,那么它很可能具有持续性,并且,为了行动的目的,可能提供某个可以把握的东西,而与此同时,我们正在等待着我们持久性的真理得以生存!但是否存在这样的真理呢?

很难理解相信科学方法的人怎么会怀疑推理,因为科学方法(这是我们可以允许的唯一有成果的方法,因为它是一切方法的复合体)有必要求助于永远无法检验的真理。

以长度的标准测量方法仍然保持不变这个假设为例。想到巴黎的标准米尺,或者其他任何实际上仍然存在的测量方法,我可能会拒绝作出这个假设。我可以把它想象成菲茨杰拉德收缩②或我愿意认为的任何其他类型的扭曲。但是,在这种情况下,我想象自己正在使用不会变化的测量方法来测量改变了的长度。一个我们不可

471

472

---

① 《确定性的寻求》,第 101 页(《杜威晚期著作》,第 4 卷,第 81 页)。

② 乔治·弗朗西斯·菲茨杰拉德(George Francis FitzGerald, 1851—1901),于 1889 年在《太空与地球大气层》(The Ether and the Earth's Atmosphere)这篇论文中提出了长度收缩(Length Contraction)的假说,即运动物体在其运动方向上长度会产生收缩。例如,当速度达到 161000 英里/秒时,一英尺长的尺子会缩短到 6 英寸;而在光速下,运动物体会出现完全收缩,长度变为零。——译者

避免作出的推测,一个我们检验它时就会作出的推测,可以很合理地被称为推理命题(*a priori* proposition)。

康德在他的实用主义中,使用了另外一种推理判断(*a priori* judgment)。他的实践理性的假设正如他所认为的那样,切实改变了行为和经验。但没有必要等待这些可能性,因为它们是假设的必然结果,可以被事先了解到。工具主义似乎认为,直到得到结果时,才能知道它们究竟是什么。但是为什么?为什么信念与其作用之间的关系必须是纯粹的事实?如果结果的确与这个信念有关,而这种关联并非偶然,那么,理论上一定可以预见到它们。作为实用主义的先驱,康德的这种方法值得我们再次给予思考。凡必然结果可被预见和评价之处,我们都具有一个推理判断。

我们更具一般性的道德标准,似乎具有这种性质。虽然在塑造道德意识方面存在巨大的经验力量和社会传统,但是有一点在我看来暂且无法肯定,那就是可能性的经验无法教会我们对正确与错误作出最起码的区分。该隐直到杀死了亚伯才知道这么做是错的(引自一位同事),这个观点我们很难接受。除非所发现之结果证实了他自己那忐忑不安的预见——这种预见已经是道德上的,否则它什么也不会教给他,只会告诉他说,他作了一个错误的决定。人类那些"迷失的梦想"被其结果证明为多少有些不正当,这一观点也不足取。我完全相信,思考不可能的理想是一种浪费,甚或一种危险,理想应该是产生具体技术的一种压力,目标若是高尚的,那么所使用之手段也会如此。但是,我们怎样才会知道哪些理想可能,哪些不可能?若想避免沉溺于不可能的理想所带来的危害,我们必须由何种理想可能何种不可能、或何种理想是正确的推理知识来指导。如果我们假设(例如,就像圣女贞德一样)正确的事物必须多少具有一些可能性,那么我们便无须苦苦预测它的最终结果,判断的全部压力都集中在对正确性的预先肯定上。失败的情况所影响到的并非理想的真实性,而是所使用之方法的智慧性或工具的效力性。失败的改革家、求爱者、爱国主义者可能不得不咒骂自己是个傻瓜,但他还是要说:"我努力要做的事情具有善的性质,关于这种性质的知识,在最终结果出现之前我便具有了,并且它不会为这些结果所动摇。"

知识的某个元素也许就在其中,而且它在可以被提炼出来很久以前或许就起作用了,就像孩子们在了解到直线距离最短很早以前就会抄近路一样。认为推理的知识可能具有实际的存在,并且很迟才会正式得到承认,这并不荒谬。我想推荐一个关于推理知识的观点供你们判断,它认为推理知识来自经验。我们都想成为优秀的经验主义者,面对经验的抽象推理预测的价值,我们都变得谦卑起来。我相信,我们中大多数人都希望加入杜威,摆脱陈旧被动复制式的经验主义,将对思想家的积极贡献的某些认可与更好的类型结合起来。我们相信康德试图把实验和推理综合起来的做法是正确的,同时,我们也进一步同意对他的提议并不完全满意。那么,请允许我提出,经验的职责不只是提供原始材料或提供简单的思想,更不是哄骗知识进入行动的各种冒险之中,而是呈现实际的联系。我们可以从中慢慢认识到必要的事物。推理是知识的一个元素,它从我们不断变化的先验判断中脱颖而出,作为暗暗被预示的永恒事物。我们可以称之为被揭示之推理(uncovered a priori)。如果这个揭示原理得到认可,那么,我们就会欣然咨询经验,直到永远,以确保我们目前已经在使用的这个推理知识可以得到完备的衡量标准。

在杜威的《确定性的寻求》一书中,我这样一种推理元素似乎被揭示了出来。它出现于其中的一段,就其内容而言,它在否定"确定的价值信仰"时,提到了一种任何未来的经验都无法驱逐的价值。简单地说,这种永恒的价值就是设法实现价值。更完整地来说,它是"发现现实的各种可能性以及实现这些可能性的努力"①的价值。忠于这个价值被认为是不可战胜的,它是一个适合的核心,可以使宗教对世界形成前瞻性的观念。我毋须强调这个段落的重要性。

它自身构成了对另外一个工具主义论点的评价,即一切价值都是内部固有的,产生于人类,并由人类所获取,我们在使它们摆脱传统上对先验的依赖方面做得非常不错。

对我而言,这个学说总会带来一种如释重负的感觉,就仿佛我们将会向前迈出完全不同的一步,用预期的可能价值来取代某种理想主义原初的价值储备,这种价值促使几百万的有限存在不断努力。毫无疑问,经验最佳的性质是可以获得的事物,而不是预先存在的事物。杰斐逊关于人人平等的信念,谁能说它本来就存在?试想一下,我们把平等视作有待实现之事物:平等地对待人类就是在促使平等的实现,我们可以促成平等,这个责任落在我们的肩上,而世界原本在探讨平等是什么的学说的影响之下,看起来就像一个巨大的谜团,如今也再一次变得越来越充满希望。

但是,这种改变并不排除形而上学的知识。如果价值可以创造,那么宇宙早就是这种可能性的思考者了。可能性既不是人类的产品,也不仅仅是种期望模式,它是事物的客观属性,先于我们的行动。另外,它出现在那里并非偶然,不能认为包含它的宇宙对它的实现漠不关心。于是,可能性便承担起了责任,人类舞台上没有一个价值不受这个关系的影响。因为我们应该在我们的宇宙环境中发现的价值必须具有某种

①《确定性的寻求》,第304页(《杜威晚期著作》,第4卷,第242—243页)。

重要性,而在我们十分愿意并有足够精力的情况下,只不过可能发现的某个价值,是不足以使我们获得这种重要性的。

我认为,设法实现价值的价值属于行动的这种形而上学环境,如果用"先验的"、"永恒的",甚至"绝对的"这种贬义词来描述它,那么我想一定会产生反对意见,这主要是因为这些词的传统含义。我会让自己称它为被揭示的推理的一个例子,并请求我们扩大使用揭示这种永恒的原理。

475 因为我们会通过无数的实验来获得真理,而对于本身没有经过实验而确立的实验,也许还需要获得许可。我们会通过归纳来获得真理,无论归纳性的假设是什么,我们都不能用归纳来证明它。我认为,实验和归纳都是设法揭示必要性的方法,为了继续对必要性的寻找,我们被给予了一种预先必要性,这种必要性的权威性既不会由成功来确定,也不会被失败所动摇。在此,我们拥有一小组推理元素,它们在某种程度上是形式的、先验的,也就是说,它们不参与战斗,因为它们构成了竞技场以及敦促打斗继续下去的喝彩!我想发现存在于它们当中的、隐藏于一切人类行动之中的理论确定性。对于它们,更加具体的确定性或许与天赋的力量成正比,天赋可以从条理不清、相互矛盾的实验案例中识别出普遍性元素,虽然不够完美,但却清楚明白,足以使一个人完成他在世上的任务。

杜威推荐了一种哲学,它"放弃了它过去所假定的认知终极实在的任务,而竭尽其切近人性的职能"。[1] 这永远不可能发生,因为没有第一功能,哲学无法执行第二功能。人类在某个方面很像老虎,在这个方面,二者具有共同的特点,即他们只有逃出陷阱才可以享受食物。细节的改变令他们非常不安,同时,他们对事物态势失去了自信——要是消极信心所无法控制的范围不一定将人类及其成果笼罩在死亡的阴影之下,那就好了。无论如何,我们必须尽可能地集中一切智慧来尽到人类的职责,但是,解读以及真正汇报这些行为的最终预兆则属于哲学的特定领域,无论这些预兆是好是坏。

我请求在求知方式方面,恢复柏拉图的一个元素。对事物不变的脉搏的重新把握以及模糊的完整性,非但不会掩藏过渡、使实验消亡、麻痹进取精神,反而会显示出自身行动的英勇。杜威的伟大成果和柏拉图的远见卓识,这二者都并非不可侵犯。认知(knowing)与行为(doing)不是一回事,将二者等同只会造成困惑,因为在这种情476 况下,活动本身无法被获知。毫无疑问,它们是一个整体,不可分割,它们共同达到顶

---

① 《确定性的寻求》,第 47 页(《杜威晚期著作》,第 4 卷,第 38 页)。

峰,当下之行为反作用于外部现实之时,也就是认知处于鼎盛状态之际。但是,行为就像飞奔的马蹄,它卷起了尘土,又将其抛在后面,这方面的知识也在相同的接触之下应运而生,此时此刻,就会在天空呈现出地平线和稳定的弧线。

　　杜威本人小心翼翼地称自己为"实验理想主义者",那么与此同时,我们这些自认为是理想实验主义者的人可能会得到许可,来发现一种联系,并加入到对我们的确定性的剩余问题长期的探求中去,对此,我想我们已经有了一些收获。

3.

实用主义与当代思想[①]

C·I·刘易斯

477对于实用主义而言,确定它特有的核心论点多少有些困难。然而,存在 13 种可辨认的实用主义却并不稀奇,因为它们都是依据 37 种理想主义和 51 种现实主义而产生的。据说,威廉·詹姆斯曾说过,他非常高兴实用主义拥有如此丰富的意义,他将这 13 种全盘接受。无论如何,这种多样性只不过标志着实用主义是一场运动,而并非一个体系。它的开创应归功于查尔斯·皮尔士,但皮尔士在美国哲学界是一位颇具传奇色彩的人物,其思想的新颖和丰富在他发表的著作里并没有完全得以体现。皮尔士只对包括詹姆斯和罗伊斯[②]在内的几个人产生过影响,因为他并未将自己一些最重要的思想出版发表,所以其思想所产生的影响可能是十分微弱的,而这些思想与后来的实用主义的契合度也十分有限。詹姆斯对它们的热情很可能部分是因为他非常著名的性格特点——广博的欣赏力。詹姆斯称自己为"激进的经验主义者"和实用主义者,他的哲学的或存在于他哲学当中的这两方面的关系或关系的缺乏,一直是个颇有争议的问题。当然,我们必须阅读杜威教授的著作,以便了解实用主义的整体性,获得有条理的解释。但是,若想运用他对美国思想深浅不一的影响力,就必须形成丰富的结论性观点,这些观点在人们试图把握其一致性或核心意义时显得有些令478人迷惑。因此,深受他影响的人表现出放弃该术语的倾向就不足为奇了,以免彼此之间提出过于宽泛的一致意见,也免得我们这些继续冒险使用它的人怀疑我们使用该

---

① 首次发表于《哲学杂志》,第 27 卷(1930 年 4 月 24 日),第 238—246 页。这是 C·I·刘易斯于 1929 年 12 月 30 日在美国哲学协会纽约会议上宣读的文章。关于杜威的回应,见本卷 210—217 页。

② 乔赛亚·罗伊斯(Josiah Royce,1855—1916),美国哲学家、美国新黑格尔主义最具代表性的人物。——译者

名称的权利。

因而，如果我尝试提出实用主义的核心，以及我认为可能是它在哲学领域和对其他分支的主要意义，希望大家能够理解我不会过于严肃地对待这个问题。这个观点是为了呈现给那些最清楚该如何纠正我错误的人。

正如詹姆斯所指出的，实用主义并非学说而是方法，从逻辑的角度来看，它可以被视作某个单一的过程原理的结果。这个原理虽然本身并未涉及形而上学或认识论领域中的物质，也决不仅仅适用于哲学，但却可以产生非常丰富的哲学后果。它蕴含了至少一个知识理论的轮廓；即便它不涉及形而上学的论点，但却至少排除了许多归在它名下的论点；在寻找确定性结论时，它也会作为方向性原理而起作用。

当然，我指的是重要性的实用主义检验（pragmatic test）。詹姆斯对此发表了如下观点："如果正确的是这个概念而非那个，那么这实际上会为每个人带来怎样的不同？ 如果不可能找到任何实际上的不同，那么可供选择的替代对象实际上就是同样的事物，而所有的争辩也就毫无意义了。"① 皮尔士用实体概念而不是命题概念来说明这一点——但是二者结论相同："我们对任何事物的观念都是我们对它可感知的结果的观念……考虑一下我们认为我们观念的对象所应产生的结果，这些结果很可能具有实践意义。那么，我们对这些结果的观念就是我们对这个对象的全部观念。"② 这个实用主义检验显然具有相当的真实性和终极性，这是它的一个重要之处，一旦它得以确立，之后就无法被抛弃，除非故意使用蒙昧主义。因此，它的所有结果都具有这种约束强制的特点。皮尔士的论据让我们注意到一个事实，即有一种经验主义隐含在实用主义检验当中。在经验中，你可以依据什么来确定你的某个概念在给定的情况下适用与否？ 在实践中，可以使用什么来检验你的概念是否正确？ 如果不存在此类具有决定性的经验项，那么你的概念就不是概念，而只是措辞。

如果人们没有从杜威教授的著作中发现刚好相同的简洁陈述（对此，我并不确定），那仅仅是因为在这里，实用主义检验被其结果所掩盖——它渗透到了整体，在这

479

---

① 《实用主义》（*Pragmatism*），第 45 页。
② 《如何解释我们的思想》（How to Make Our Ideas Clear），收于《机会、爱与逻辑》（*Chance，Love，and Logic*），第 45 页。比较："……任何结论，如果可能无法通过实验产生，都对行为没有意义，既然这一点显而易见，那么对于肯定或者否定某个概念所可能包含的可以想见的实验现象，若想准确地全部予以定义，就必须在此具有该概念完整的定义，而这个定义不存在更多的内容。"为了这个学说，他（作者皮尔士）发明了实用主义这个名称。——《什么是实用主义》（What Pragmatism Is），《一元论者》（*Monist*），第 15 卷，第 177 页。

个概念的功能主义理论方面非常引人注目。思想是行动的计划,概念是某些操作的指令,这些操作的重要性由其经验结果所决定。当然,行动的这种解释并不新鲜,它出现在皮尔士对行为和经验的强调中,还有詹姆斯思想的"主导性"特点("leading" character of ideas)的学说中。概念的这种功能主义理论是否同经验主义一样,也蕴含在实用主义检验当中?

就杜威教授本人而言,这个学说似乎先于他明确的实用主义,并且可能是它的来源(也许他一会儿会告诉我们)。它出现在他的《心理学中的反射弧概念》(The Reflex Arc Concept in Psychology)这篇论文中,这是"功能心理学"的首个重要文献,发表于 1896 年。① 在文中,他批评当代心理学理论还没有完全摆脱感觉主义的虚假性特点。"感觉或意识到的刺激本身并不是一个事物或存在"②,而是协调的一个阶段。"协调是为了实现综合目标而对所采用之方法进行的组织。"③"而刺激是形成协调的阶段,它代表了使协调成功必须面对的条件,反应是形成同一个协调的另一个阶段,它是处理上述条件的关键⋯⋯刺激是某种需要去发现⋯⋯运动反应帮助了刺激的发现和形成。"④将"感觉"(sensation)或"感觉材料"(sense data)替换为"刺激"(stimulus),把"操作"(operation)或"行动"(action)替换为"机动反应",在杜威教授后来对其实用主义学说的说明中,此处所引用的文字占据了核心地位。他在三年后写道:"我认为,意识状态⋯⋯在心理学家开始研究以前并不存在⋯⋯是心理学家创造了它";"理解、期望、感觉这些术语并非意识形态本身的名称,而是依照在经验中发现的行为和态度来命名的。"⑤

那么,如果我没有理解错此处所作之推导,杜威教授关于知识的功能理论是应用于心理学的某个方法论原理的必然结果,即所使用之概念应该指在经验中具体可辨

①《心理学评论》(*Psychological Review*),第 3 卷,第 357—370 页[《杜威早期著作》,乔·安·博伊兹顿主编,卡本代尔及爱德华兹维尔:南伊利诺伊大学出版社,1972 年,第 5 卷,第 96—109 页]。我之所以被它吸引,是因为它被波林(Edwin Garrigues Boring, 1886—1968,美国著名心理学家和心理学史家——译者)引用于《实验心理学史》(*History of Experimental Psychology*),第 540—541 页。

② 同上书,第 368 页(《杜威早期著作》,第 5 卷,第 106 页)。

③ 同上书,第 365 页(《杜威早期著作》,第 5 卷,第 104 页)。

④ 同上书,第 370 页(《杜威早期著作》,第 5 卷,第 109 页)。

⑤《心理学与哲学方法》(Psychology and Philosophic Method),是杜威于 1899 年为加利福尼亚大学哲学会所作讲话的发言稿,第 6 和 10 页(《杜威中期著作》第 1 卷,第 117、119 页)。有一件有趣的事情值得一提:就在前一年,詹姆斯首次介绍了他的实用主义——《哲学观念和实践结果》(Philosophical Conceptions and Practical Results),面对的是相同的主办单位。

之事物,而不是与帮助在经验中发现它们的事物相去甚远的抽象。感觉,或者说感觉材料,被指责一旦离开它们所引起的回应以及此类行动所服务的目的,就不那么容易辨认了。

正如我在其他部分已经试着说明过的,概念的功能理论具有其他基础,这个基础属于更加纯粹的逻辑类型。然而,从这个角度来看,如果不考虑心理学因素,那么我想它不仅仅是实用主义检验的结果,而且具有可以想见的替代物,即直接主义(immediatism)或知识呈现理论(presentation-theory of knowledge)。根据这个逻辑方法,对于经验知识——或者说一些经验知识——是直接给定的这一观念,人们必须提出反对的理由,以便得到活动及其结果是经验认知所不可或缺的特质因素这一观念。真理和意义是需要被检验之事物,这个概念蕴含了意义表示行动、真理表示预测这一理论,也意味着它们因此没有资格使自己仅成为给定的。

我相信我们在此处到达了实用主义理论的一个转折点。① 一方面,实用主义原理似乎强调直接经验的事物,如若对此足够重视,人们就会自以为——但我认为不是真正地——获得了极其主观的直接知识理论。另一方面,它强调了意义对可证实的不同的局限性以及真理对可被客观检验的事物的局限性。对于这一点以及它所包含的关于知识的功能理论,如若追根问底,我相信人们不可避免地会被引向这样一个学说,即概念就是抽象,其中直观事物正是必须排除的因素。关于这一点,我想举几个当代科学界的例子。

新物理学在很大程度上基于对实用主义检验的某些应用。对于这些物理学家来说,这个方法论原理的真实性与概念意义的功能性解释似乎不过是同义词。物理学相对论的一个重大前提当然是不可能确定两个相对运动的物体,哪一个相对绝对宇宙来说是静止的。(我们应该提醒自己,詹姆斯为实用主义检验所举的人与松树的例子不过是运动相对于参照物的相对论的例子)为了说明这个运动相对论的后果,有必要否定其他的绝对物,例如长度、时间、同时性等等,这是通过把它们与可以检验它们的实际方式——还是实用主义检验——加以区别实现的。所产生的方法论可以在布

① 撰写此文时,伯特(Edwin Arthur Burtt,1892—1989,美国哲学家——译者)教授为《约翰·杜威祝寿论文集》(*Essays in Honor of John Dewey*)贡献的论文《意义和真理问题的两个基本要点》(Two Basic Issues in the Problem of Meaning and Truth),我还没有得到。我非常高兴地发现,他的论文的一部分与我这里所撰写的内容观点一致。

里奇曼[①]称之为"概念的操作性特征"(the operational character of concepts)中得到概括。"如果我们可以辨别出任一对象的长度,那么我们显然知道长度的意思,对于物理学家而言,没有更多的要求。为了发现一个对象的长度,我们必须执行某些物理操作。因此,当测量长度的操作被确定下来时,长度的概念也就确定了下来,也就是说,长度的概念是决定长度的一组操作,仅此而已。概括地说,任何概念对我们只不过意味着一组操作,概念等同于相应的一组操作。"[②]

为什么物理学家要把他的概念和检验性操作这样等同起来呢?是因为他所关注的性质是那些非常困难或难以直接理解的吗?根本不是。假设一位批评家评论道:"但是,你的长度概念当然要回溯到某个直观的已知事物。你检验了相对于码尺的某个特定长度,但除非你的码尺具有可被直接理解的直观的确定长度(so-longness),否则你的长度概念就完全是空洞的。"他会回答到,这种直观的确定长度与物理学无关,因为它无法检验。码尺可以被检验,但在实际情况下,对它的测量会因不同的相对运动而有所不同。但是,它的任何直观的确定长度对于物理学都无所谓,即使它对 A 有一个确定长度,而对 B 有另外一个,那么这也是无法证实和表述的。概念操作性特征的重要意义就在于从物理学排除这种不可表述的东西。主观地说,A 和 B 可能都静止在宇宙中心,直接了解某些确定的长度、确定的重量以及可感知或不可感知的事物的持久存在。但物理位置和运动只是相对于参照物的关系,物理时间只是相对于时钟的关系。总的来说,物理性质存在于指定和检验它们的那些操作和关系中。标准绝对是标准——也就是说是强制性的,但它们在其他任何方面都不是绝对的。标准的码尺、时钟或任何东西在任何完全一样、可以证实的与其他事物的关系中,都具有自己的长度、秒的测量等等,并且仅此而已。概念的直观内容都被实用主义检验的原理所排除。如果感觉上你的时间比我的长两倍,你的英镑比我的重两倍,这对于我们为事物确定物理性质不会产生不同,这一点是可以被检验到的。如果它将会对我们预测的性质造成不同,那么我们就会立即判断出我们中的一个必定犯了错误。这种判断揭示了我们隐含的认识,即我们预测的概念排除了这种主观因素,只包含客观上可以证实的关系。

这种对直观元素的排除并未使物理学概念丧失意义。正如布里奇曼所说,它们

---

① 珀西·威廉斯·布里奇曼(Percy Williams Bridgman,1882—1961),美国实验物理学家、科学哲学家、操作主义(operationism)创始人。——译者

② 《现代物理学的逻辑》(*The Logic of Modern Physics*),第 5 页,斜体引自原文。

的意义存在于求证的操作及其结果之中,这包含于构成了科学所具有的规律、综合体和物理预测的复杂关系网中。因此,概念不过是一种结构或关系模式。对于张三、李四或者任何其他人而言,无论在这个关系网中捕捉到的难以言喻的直观内容是什么,它都不会进入物理学的科学领域。由此产生的科学内容的概念被爱丁顿[①]充满敬仰地表述道:"我们就像在建造物质关系和被关系物(relata)。关系将被关系物综合起来,而被关系物是关系的交汇点。"[②]知识领域的概念之物是纯粹结构或操作性建构的元素。

因而,实用主义检验成了节省智慧的一种规则,并在科学领域造成了可以被称之为"逃离主观"的现象。物理学并非唯一的例子,在每一个科学领域,都已经或将会发生相同的情况,因为它不过是排除掉科学所无法最终给予确定性检验的事物。这最先开始于最古老的科学——数学。几何学最初只是用绳子丈量土地,最后却用于对抽象概念进行详细的演绎推理,而至于宇宙本质的问题则转交给了物理学和哲学。算术最初用来对经验之物计数,最终却出现在《数学原理》[③]的逻辑结构中,该书认为,(某种类型)的数字8,其存在需要外部的假设。眼下,数学宣称要更进一步,将自身局限于作为操作标志的体系。心理学首先排除了难以言表的精神(soul),当时便有实用主义心理学家发问:"意识[不同于其内容]是否真的存在?";而如今,我们有了行为主义,它所依赖的方法论原理仅限于可以被客观证实的事物。如果这些行动中有的超过了必要或真实的限度,那么,它们至少体现了它的趋势以及基础。

杜威教授似乎将科学上的这种抽象主义视为一种缺陷,它虽然有时很必要,但却总是令人遗憾,因为它不足以呈现经验的完满。在他看来,它以各种不同的方式威胁着知识和生活的关系。爱丁顿教授在书中也表达了这一点给他带来的困惑,作为一名物理学家,他发现自己被迫对哲学意义作出评估。被经验的世界和被度过的人生不会被轻易地丢弃,这个道理不言而喻。我认为特别是对于杜威教授而言,这种担忧实无必要,因为正是杜威本人指出了对于解决所产生之问题至关重要的主要考虑因

484

---

① 阿瑟·斯坦利·爱丁顿(Arthur Stanley Eddington,1882—1944),英国天文学家、物理学家、数学家。——译者

② 《物理世界真谛》(*The Nature of the Physical World*),第230页。

③ 《数学原理》(*Principia Mathematica*)是一部关于数学基础和逻辑基础的丛书,作者怀特海(Alfred North Whitehead)和罗素(Bertrand Russell,1872—1970,英国哲学家、逻辑学家、数学家、社会学家、和平主义者、社会批评家),剑桥大学出版社出版,共三卷,分别出版于1910年、1912年、1913年。——译者

素,即抽象概念与直接经验的具体事物之间的关系问题。没有足够时间来关注一切相关的考虑因素,但是我希望借助一个决定性的例子来介绍其中非常重要的一点,这个例子仍然来自物理学。

亚原子和量子现象导致新物理学废弃了所有想象中的问题。最终,从诸如薛定谔[①]的波函数这类事物中,在可能性的数学表达里,逐渐产生了对物理事物的分析,前二者都是一种具体的表现方式,其内容是只有通过被公认为假设之物、具有不同量纲(dimensions)的亚以太(sub-ether)才能解决的问题。直接可被理解的问题化作了数学。关于物理上的终极事物所具有的同一抽象性,还存在另外两个解释,见于爱丁顿后面的章节里,一个是上文提到的对关系和被关系物的论述,另一个大意是物理学将具体对象抽象为指针读数。[②] 从山坡草地上滑下来的大象立即成为被加以综合的波函数中庞大的集合以及一组指针读数。这两种解释似乎无法互相交换,那么让我们把注意力集中在指针读数上。为什么把大象抽象成指针读数? 首先,因为物理学无法从整体上分析大象。它包含了许多——甚或大多数大象的性质,但是诸如它品种优良、非常聪明这类情况则必须从物理学的考虑因素中排除掉。让我们称物理学能够分析的那一组性质为"物理学家的大象"。为什么把物理学家的大象抽象为指针读数? 第一,因为借助应用于大象的装置,大象可以决定指针读数。第二,因为这种指针读数是一种很方便的混合型实在:由于装置和指针都是物理的,所以它们的读数与大象的性质息息相关;因为读数是数量上的,所以它们将性质转换为数学上的值。指针读数的重要意义只不过是为了这种转换。物理学家的大象的最终状态就如同电子的最终状态一样,存在于数学公式之中。但这个最终状态对于物理学家而言,不过是与大象有关的操作的中间阶段。指针读数的数值取代了表达物理规律的某些数学公式中的变量。它们于是决定着另外某个数学公式的数值。这最终可以被转变回去,成为指针读数的某种秩序,因而成为先前无法确定的大象的某个性质,其最终的结果可能是我们安全地将大象放入箱车。这个最终结果就是整个操作过程的理由。于是,如果问到"为什么把大象抽象成数学公式",那么答案即:这是人类所知道的将它放进箱车的最佳方法。

物理学家的大象是一个抽象,但却是非常清楚明白的一种抽象。物理学家最终

---

① 欧文·薛定谔(Erwin Schrodinger,1887—1961),奥地利理论物理学家,量子力学奠基人之一。——译者
② 第 251 页至结尾。

得以分析的大象的一切,对于它和指针读数都非常平常,即一个更加抽象、极其抽象的关系结构。概括地说,关系的结构就是物理学的数学公式所表述的事物。

因此,如果大象以及普遍的物理事物概念上的最终阶段存在于数学之中,或者是被关系物的一组关系,那么没有必要试图遵循大象或者物质与想象力之间的这种转换,也不应该责备物理学家使可感知的大象的世界支持这种毫无想象力可言的抽象。物理学家的概念只代表以大象等物开始并结束的某个过程的中间阶段,它甚至不是物理学家的大象,而是滑到坡下并被装进箱车的那只大象。

正如杜威教授所指出的,物理学家和数学家只不过把这种中间过程本身分离了出来,并针对其自身进行分析。[①] 因此,如果思考一下关于知识的功能理论,我想我们或许可以得出这样的结论:概念普遍是抽象事物,甚至是极其干瘪的抽象事物,不存在与这相反的观念。因为概念的功能不是为大象拍照,而是要把它们放进箱车。概念只不过代表着认知的操作性功能,通过这个功能,它将以其开始的某个给定事物转变为以之结束的可预见或已完成的某个事物。它们或许失去了那些象征直观知觉和想象的具体直接的元素,或者认为这些元素不相关而抛弃了它们,这与问题毫无关系。好的概念不在于它与给定事物相似的程度,而在于作为控制工具发挥效能的程度。或许,在完全同样的观念下,杜威教授甚至会发现,对于人类事务的那些相对不发达的科学所表现出的仿效这种抽象性的倾向,不存在更多的理由来表示惋惜。抽象性以及随之而来的精确性早已成为物理学和数学的特征,如果社会科学能够达到这种程度,那么它们在把它们的社会学大象装进社会学箱车时,或许会减少很多麻烦。经济学是最为发达的社会科学,也是最佳的例子。

总结:实用主义检验一方面似乎要求全部意义都必须最终来自经验之物,另一方面似乎导致了摆脱直观的可直接理解之物而追求抽象性的情况,这一事实在实际上并不构成任何矛盾或难题。一方面从内涵来看,概念在严格意义上只包含关系的抽象结构。另一方面从外延或经验性应用来看,这种意义属于某个过程,该过程以给定的某个事物开始,以完成的某个事物结束,也属于某个操作,该操作将呈现的数据转换为预测和控制的工具。

---

① 参见《确定性的寻求》,第 156 页至结尾(《杜威晚期著作》,第 4 卷,第 124 页至结尾)。

经验与辩证法[①]

弗雷德里克·J·E·伍德布里奇

487 　　对于杜威教授的哲学,哪怕所作之评价有所差池,也或许会具有指导意义。观点不仅具有社会性,也具有私人性,后者一个非常明显的影响是,某人对另一人的理解至少是另一人如何被理解的例子之一。否则,我们为何要评论伟大的哲学家,告诉世界那些他们本人早已向世人公布的思想? 在目前的情况下存在一种不良倾向,表示应该从其产生的结果来定义和评价一种哲学,但一旦遭遇多重结果,这种不良倾向就会大惑不解,或许会发现哲学即为其所经验之事物这一评价标准为了作出评价,不得不对表象和实在作出区分。进行这种区分会令评论者感到尴尬,因为一种哲学是何面貌取决于他所得之结论。于是,他的评论就像通常情况下的个人启示一样,具有指导意义。他展示了自己,他成为了一种表象。他很可能受到实在的作弄,一旦如此,那么这就是对他作为表象的惩罚,也可能成为他作为表象的根据,即证明了实在先于表象,应该控制表象。正是满怀这样的疑虑,我开始撰写这篇论文。我将首先概括性地陈述我必须表达之观点,然后用两个特别的要点对其加以证明。

488 　　杜威教授向来在实践上具有不同寻常的影响力,许多人的思考、行为和教学方式都深受他的影响。他的著作排除了辩证法和争论,不再关注某些传统的哲学问题,此时,在人类生活所实际具有的直接特征方面,仍然存在一个实质性的积极观念,许多人都认为,这种观念对他们产生了影响,让他们真正摆脱了令人无法客观思考和正常行为的那些阻碍。它提出用勇气来取代不确定,用希望来取代恐惧,这种替换非常实

---

① 首次发表于《哲学杂志》,第 27 卷(1930 年 5 月 8 日),第 264—271 页。这是伍德布里奇于 1929 年 12 月 30 日在纽约召开的美国哲学协会大会上的发言稿。关于杜威的回应,见本卷 210—217 页。

用。确定——或认为其存在的主张——本可以用来代替不确定,勇气本可以用来代替恐惧,然而,这却不是该观念所提出的。精神那不确定和恐惧的毛病,是无法用确定和勇气来治愈的,而应该为了应对生活中的紧急情况,将对立的事物经修整结成联盟,从而使它对这个缺点产生免疫力。其所涉及之转变自然而然地被描述为从理论转为实践,而我怀疑解释杜威教授理论的主要困难在于试图从理论上证明这种转变的合理性。我并不认为杜威教授本人没有试着作出这样的证明,我发现这在他所肯定的事物中比在他所否定的事物中要少见。他所肯定之事物给我的印象是非常忠实于核心主题的逐步发展,然而,他所否定之事物却常常让我觉得必须接受与这些否定相反的情况,把它们作为支持实际上所肯定之事物最终的理论基础。我似乎时不时被要求用勇气来取代确定,理由是确定性并不存在,同时,被要求用希望来取代恐惧,因为不存在令人恐惧的事物。在这些时候,我发现自己置身于有关知识和存在理论的辩证法之中,我本人变成了一个辩论者,正在远离经验这个坚实的基础。

在《经验与自然》①(*Experience and Nature*)一书中,有两句话准确明白、毫无争议地表达了我刚才提到的有关人类生活的这种观念。它们这样写道:"智智是应用于信念、欣赏和行为的善的根本方法,以便建立更自由和更可靠的善,把赞同和肯定的东西转变成共同意义的自由交流,把感触转变成有秩序的和自由的感知,把被动的反应转变成主动的活动。因此,理智乃是我们最深层的信念和忠诚的合理对象,乃是一切合理的希望的基石和支柱……一经试验,就由尝试的结果去决定了。"我刚才说过,这些言论没有任何存在争议的含义。此外,经过杜威教授多方面的扩充,它们得到了强调,被置于尊贵的哲学地位。它们并非没有得到专业性的分析,这种分析旨在将它们置于最为重要的地位,并表明它们与那些被认为出现在先或更加基础的观点无关。该分析一旦摆脱了辩证的、有争议的纠结,就令我感到具有绝对的说服力。尝试用上文所描述之方法使智力对生活施加影响,这无需首先解决任何前在的(antecedent)问题,无论这个问题是什么,尤其不需要等待某些问题的解决方法,这些问题包括上帝的存在、不朽、自由对必要性、机械性对目的论等等。问题的存在并非是为了让我们在能够生活之前就去解决它们,它们出现在生活过程中,并在这个过程中得到解决并最终被化解。杜威教授不遗余力地将这个事实解释得清楚明了,并将其作为一切有成效之思维的出发点。结果,他使我们无法容忍任何其他观点。他令我们很多人都不能相信解决生活所产生之问题很可能成为对生活的毁灭,他之所以能够做到这一

489

---

① 第436—437页(《杜威晚期著作》,第1卷,第325—326页)。

点,是因为他以绝对具有说服力的方式向我们表明,如果我们想进行卓有成效的哲学分析,就必须从智力上的具体操作开始,因为它们可以促使人们生活得更加满足,而不能从那些应该可以解释这些操作或证明其正确性的某种前在事物模式开始。具有紧要关头的生活是基础,而这种基础无法通过解决生活中存在的问题来加以解释,也不能从我们的聪明才智所创造的事物体系中推导出来。无论人们如何看待这一切,这都是一个非常明确的哲学,并且显而易见可以被理解。同时,它在面对不确定时提出勇气、在面对恐惧时提出希望也是自然而然的事情。

490　　同样自然的,或许是它在分析中应该给予有关反思性思维(reflective thinking)和思想活动的分析以显著乃至特殊的地位。人们或许会说,它的前提迫使它将思维视作探究,将思想视作探究的智力工具,这些工具的正确性存在于它们所产生的结果或所完成的事情之中。此处存在一个自足的论题,它似乎是杜威教授最为主要的论题,被他用来构建关于实践的逻辑学,为行动提供道德的基调,促使教育人性化。然而,在他发展它的过程中,我认为他似乎很少借助它的自然来源,而是更多地对它辩证地加以使用,来反驳一种对知识的分析,这种分析暗示存在某个前在实在,智力若想成功就必须在思想活动方面与之相符合。我在此想提出的问题并非是否存在这样的前在实在,也不是相信其存在是否有依据,在我看来,类似杜威教授的主要论题这样的问题似乎是自足的。我们当然可以询问反思性思维是否表明存在某个智力若想成功就必须在思想活动方面与之相符合的前在实在,我们对此完全理解,就像我们提出其他问题时一样。这个问题与其他任何问题一样,需要完全由探究来解决。使它成为完全不合理的问题,以及解读包括每一个最近时期在内的全部哲学史——就好像对这个问题的尝试性回答损害了它一样,这些给予杜威教授的论题一个非常难以理解的特征。我重复一下,问题并非是否存在知识若想取得成功就必须与之相符的先于知识存在的对象,而是当人们相信此类对象并进行相应的思想活动时,杜威教授的论题是否会受到同等程度的损害? 还有,如果存在这样的对象,这个论题是否会被彻底毁灭? 我之所以提出这个问题,是因为我没能发现此类对象的存在与否与该论题的核心特征有什么关系。有关它们的存在性的问题必须先得到解决,之后才能声明该论题有效,这一点我没能找到。但是,我却不得不相信杜威教授认为这样的解决至关重要。我沿着他的解决方式,发现自己陷入了辩证法中,它使得前在对象与最终对象(eventual objects)相对立,并最终导致二者相混淆。

具体来说,在《确定性的寻求》①一书中,杜威教授用斜体字写道:"我们所认知的(known)只是反省探究(reflective inquiry)的结论。"*这迫使我回应到:"目前反思性探究所得出的结论被认为是知识,那么我是否可以将知识与已知之事物等同起来。"如果我这么做了,那么就投入了理想主义者的怀抱,而我并不喜欢他们的拥抱。因此,我将知识及其对象区分开来,认为对象在成为已知之前便存在。可是,这样我又遭到指责,说这剥夺了对实践效能的了解。为了避免这一点,我必须承认知识对象只能出现在求知行为以后,它们是最终对象。这类对象出现在求知行为之后,并且,除非此类对象存在,否则求知行为就会无果而终。这些命题对我而言,既清楚明了,又可以接受。但不管<u>哪些</u>对象成为已知,我都认为,它们是存在于求知行为之前还是之后似乎无关紧要。求知的最终结果是一个已知对象,我想没有人会反驳这一点,至少就知识目的而言,没有人会对此提出反驳。如果这个结果需要依靠事先解决对象与最终对象对立的问题,那么,我认为,唯一剩下的就是无法解决任何问题的辩证法。然而,我确实认为把对求知的分析作为拥有主题的具体操作使得这种辩证法完全没有必要。那么,为什么要使最终对象与首要主题相对立,让前者重构后者,将这种重构作为知识的对象? 求知很重要的任务便是处理主题,使更加令人满意的对象取代较为令人不满的对象,从而确保更大的安全性、控制力和幸福感,这个观点我非常乐于接受,但是我不明白它如何成为了"我们所认知的只是反省探究的结论"这个论断的依据。我认为这个论断似乎有着另外一个来源,为了找到它,我不得不重新返回杜威教授辩证的和有争议的论点。虽然他说了许多,但这些论点还是驱使我试着构建一个存在概念,它与求知行为毫无关系,但却是该行为的合理性及其来源有效性的证明。但是,这似乎正是辩证法禁止我去做的事情。

这个问题也许可以更加具体化。《确定性的寻求》一书有一章的题目是《理智权威的所在》(The Seat of Intellectual Authority),杜威教授在文中列举了一位医生被叫来为一个病人诊病的例子。他让这位医生做了医生该做的一切,对病人进行了检查,将自己的医学知识应用于这个病案。但是,整个讨论促使我不得不问:我们是否必须得出这样的结论,即只有在医生找出病人的病因之后,病人对自己的问题才有所了解? 得出如此结论就如同画讽刺漫画。恕我冒昧地问一下:讽刺漫画究竟只是出

491

492

---

① 第 182 页(《杜威晚期著作》,第 4 卷,第 145—146 页)。

* 关于这句话,译者有不同理解,且涉及上下文,故未作统一处理。"reflective inquiry"在《杜威晚期著作》第 4 卷中译为"反省探究",在本卷中译为"反思性探究";"known"在第 4 卷中译为"认知",在本卷中译为"已知"。——中文版编者

于读者的愚蠢,还是因为被迫决定已知对象为前在还是结果所造成的?有人必定会问:事物为何种事物以及它们如何活动是否取决于探究的最终结果?它们的确取决于此,因为智力事实上确实参与到事件的秩序中,也的确如此活动,以便使更加令人满意的对象取代较为令人不满的对象,我们是否必须得出这样的结论?这是不是讽刺漫画?除了关于前在对象和最终对象的辩证法可能会摧毁的形而上学之外,还有什么可以帮助我们摆脱此处的困惑?

提出这些问题,并非想置杜威教授于自相矛盾的境地。它们之所以被提出,是因为读者至少无法在辩证法以外找到答案的线索,而这个线索使他们陷入辩证法之中。他只能得出这样的结论:存在在本质上是辩证的,这种辩证事物碰巧通过智力的实践操作得以解决。这个结论可能是正确的。如果现在试着解决它正确与否这一问题,那么,我们会发现,自己与柏拉图、亚里士多德、斯宾诺莎、洛克、康德、黑格尔以及哲学史上享有盛誉的所有名字,在智力上都有着非常密切的血缘关系。

我再次引用《经验与自然》中的句子。[1]"自然主义的形而上学必然认为,反省本身是自然的事情,因自然所具有的特性而发生在自然之中……现实的世界必是这样的:它产生无知和探究、怀疑和假设、试验和暂时性结论。……因此,在自然中真实的混乱、偶然、不规则和不确定的状况,其最终的证实在思维的发生中被发现了。自然存在的特性激起了迷信的原始人类的恐惧和膜拜,也同样促成了秩序井然的文明社会中的科学的工作程序"。杜威教授的著作中充满了这样的言论,我的印象是:它们就像理智的工具主义学说一样,绝对是他的哲学的特点。有时,它们让我感到更具代表性,因为它们定义了一种可能产生工具主义的观点,但这个观点本身却并非来自工具主义。这是具有挑战性的一个观点,我在阅读的过程中发现:没有什么比它得到更加积极的阐释。

在各种哲学理论中,不乏人神同形的情况,然而,对杜威教授而言,这却极不平常。以人类特性为基础构建自然与从人类特性中寻找与自然相关的参考线索截然不同。根据杜威教授的观点,就像我们不可以将太阳、月亮或星星与自然对立起来作为终极对比一样,我们也不可以把人类与自然进行这样的对立比较。如果前者是充分合理的参考依据,那么人类及其各个组成部分和活动也会如此。

我不希望对杜威教授的这一哲学特性存有如此贫乏的论述,其重要性异常深远,应该比现在得到更加广泛的关注。它包含一种喜爱各种主义的人难以形容的观点,

---

[1] 第 68—70 页(《杜威晚期著作》,第 1 卷,第 62—63 页)。

而我们哲学家所喜欢探讨的就是这些主义，在它们之中，我们就会感到舒适放松。可是"自然"却是个非常麻烦的字眼。然而，有一件事却似乎一目了然。虽然受到地域和寿命的限制，但我们确实尝试着对一个情境形成概念，在这个情境中，我们自身显然是它的偶然性事物。"自然"也许并不是这个情境，也许只是它的一部分，但是，应该由谁来为我们全体人类作出判断？当人类试图超越在其中可以找到自我的某个明显情境的局限时，必须留意其中的每一个事物，对于肯定这种观点的说法，我们是否应该让一个字眼就抵消了它具有挑战性的重要意义。那么，对于把我们作为其自身的偶然性事件的事物，让我们至少在现在接受"自然"作为其名称吧。那么自然是何面貌？答案就是，它至少在某种程度上和我们很相像。如果我们不稳定，那么它就不具有稳定性；如果我们怀有希望，那么人们就可能敢于说它也拥有希望；如果我们会犯错，那么它也具有类似错误的东西；如果我们不完整，那么它也具有不完整性。而这一切绝不意味着我们是自然所具有的一切此类特性中唯一的例子，我们是例子中的样本。简而言之，人类是自然的样本，就像太阳系和原子一样典型。因此，对于自然是何面貌，我们不应该认为后者比前者可以提供更加充分合理的参考依据。这是哲学家不会轻轻松松、毫无负担就能完成的艰辛之旅。

494

此处所探讨的并不是对这个观念的接受或反对，也不是研究它的方法。这些问题就留给好争论之辈吧。对于我们有权利从我们可以研究和分析的自然样本中推导出什么，杜威教授似乎设置了限制，这才是困扰我的问题。显而易见，人类并非唯一的样本，还有太阳系，以及至少承认原子理论的那些事物，如果不是原子本身的话。那么，为什么不可以参考那些永恒不变的事物？这些参考物也许不适当、不合理，但当我们调查自然各种各样的样本时，它们却不断呈现出来。然而，我发现杜威教授反对它们不是因为没有它们存在的证据，而是似乎因为它们不合理。我再次重复，他讨论的依据似乎不是证据的不足，而是坚信承认存在永恒不变之事物的任何观点都不足取，它们意味着具有危害性的偏信。在我看来，《确定性的寻求》似乎是从这种危害的角度上来理解哲学史，并将这个历史演变为反对只承认相对永恒的辩论。同时，在《经验与自然》中，我们会读到："一个学说的结构存在于理想形态的框架中，而另一个存在于物质中。它们都认可假设结构具有某种至高无上的实在，这个假设是偏信稳定而非不稳定不完整之事物的另外一种形式"。我们是否因此可以得出这样的结论，即我们必须偏信不稳定不完整之事物？为什么一种偏信要优于另外一种？究竟为什么偏信会成为问题？与之同类的一个问题是对强调变化的认可，我研究了它的证据，没能找到答案。我所得到的是辩证法上的答案，似乎决定认可哪些推断是辩证法而并非自然被参照的方法。当我研究这个辩证法时，我发现它产生于一个坚定不移的观点，即对永恒事物的认可使它在形而上学上比变化具有更高的地位，这使其中的一个与另外一个进行对立斗争成为可能，从而证明永恒之物是一再变化的某个自然中相对稳定之事物。

自然也许的确如此，我并不是在质疑关于自然呈何面貌这个观念。我只是指出，我发现最终支持这个观念的不是经验证据，而是辩证的论辩。这或许确实是支持它的方法。如果的确如此，那么，我不得不得出这样的结论，即辩证法是自然过程的最佳样本。这也可能是正确的。于是乎，为了考量其真实性，我发现自己与赫拉克利特、帕梅尼德斯（Parmenides）及其杰出的后继者之间存在着千丝万缕的联系，但是当我着手时，却得不到任何来自标志着形成了更加可靠的知识的这一实践过程的帮助。

以上就是我在本文开篇的概述中所冒然提到的两个证明，它们代表着我在拜读杜威教授的著作之后得出的一个结论，这是他的哲学在我本人的脑海中形成的最终印象：这是一个关于经验和自然的哲学，本身具有逐步积极发展的空间，并且如我所说，具有自足性；尽管如此，它却需要依靠实际上可以追溯到哲学史深处的一种辩证法。我认为，我们应该期望找到一种完全基于推理的形而上学，但我们所拥有的却是偏信的形而上学。这种偏信——我们甚至可以称之为偏信的经验事实——表明，自然在本质上是辩证的，可以偶然避免这种辩证法的方法至少有一个，那就是通过智力的实践过程。因此，证明经验合理性的似乎不是其结果，而是决定经验是何面貌的辩证法。

5.

道德的三个独立要素①

开场语

莱昂(*Xavier Léon*)先生:明天,杜威教授将在索邦大学(Sorbonne)庄严的仪式上　　*496*
接受荣誉博士的称号。今天,我按照我们一贯珍视的传统,隆重地邀请到这位杰出的
同事参加我们的例会,向法国哲学会中的非专业成员介绍他的重要思想。

杜威教授,非常感谢您能接受此次邀请。您没有让我们大费周章,同时又如此虚
怀若谷。您在信中请求我们谅解您不能熟练使用我们的语言,您表示只要能够出席
我们的会议,聆听法国同事的讲话,就会心满意足。然而,在我的一再坚持下,您还是
欣然同意用英文向我们介绍"道德的三个独立要素"这一主题。

请您放心,这并非第一次有人在这里使用您的语言作报告,在我的记忆中,您的
一位同胞也曾为我们用英文发表过讲话。

明天,在另一个场合下,我们亲爱的朋友德拉克罗瓦②院长将会详细介绍哲学家
们授予您的非比寻常的光荣和赞誉,因而今天,在本社成员面前,我将不再赘述。我　　*497*
想只需提到下面这点便足矣:您的哲学长久以来引起了法国思想家的关注,本哲学会
曾在不同场合下召开过多次会议讨论实用主义的问题。

---

① 首次发表时,被夏尔·塞斯特译为法语,以"Trois facteurs indépendants en matière de morale"为
题目,刊登于《法国哲学会简报》,第 30 期(1930 年 10 月—12 月),第 118—127、127—133 页。这
是针对杜威报告的开场语和讨论。英文版首次发表于《教育理论》,第 16 期(1966 年 7 月),第
198—209 页,由乔·安·博伊兹顿翻译。关于杜威报告的发言稿,见本卷 279—288 页。
② 亨利·德拉克罗瓦(Henri Delacroix, 1873—1937),法国哲学家、心理学家,时任索邦大学文学院
院长。——译者

我要说，您在真正意义上实践了哲学的任务，因为您的学说原理在不同的思想领域乃至在它们对政治、社会、教学的影响和应用等方面都经受过检验。

几个月前，为了庆祝您的 70 岁生日，您的 29 位美国同胞向您献上了一本研究文献。我也同样希望今天的会议能够作为一份迟到的生日祝福，向您长期不懈为之奋斗的光辉事业献上您法国同事们的热情祝福和敬仰之情。

讨论

莱昂先生：先生们，你们刚刚听过了杜威先生的英文报告。我相信，你们和我一样，为他讲话的卓越、优雅，特别是深邃所折服。你们也听到了塞斯特先生的翻译，同样也十分令人钦佩。杜威先生介绍了许多思想，我想，我们可以在此研究其中的几个。今天，我们也非常荣幸地邀请到了杜威先生十分重视的希腊哲学方面的研究代表，那么现在就请我们的朋友罗宾①来谈谈他的评价。

罗宾先生：杜威先生对希腊哲学特点以及道德概念的讨论，给我留下了极其深刻的印象。我相信，无论人们所认为的希腊道德是什么，他的观点都被证明是正确的。

如果有人认为，道德是柏拉图的那种。那么很明显，柏拉图会在个体道德中发现城市道德的影子，然后在城市的道德中发现宇宙道德的影子。而宇宙本身应该遵循规范理想世界的法则，即便这只可能通过不完美的复制来实现。因此，我认为，法则的观念似乎在这里成为绝对的焦点。如果有人认为道德体系是斯多葛学派或者伊壁鸠鲁的那种，情况也一样，因为虽然二者对自然法则的概念持不同的见解，但都是关于符合自然法则的问题。

我不知道它会不会同样容易地应用于亚里士多德的那种道德，在我看来，这似乎需要杜威先生所提到的不同因素努力达成妥协，并在每种特定情况下为所作之选择提供特别的理由，这些理由会随情况的变化而有所不同。所以，在亚里士多德的那种道德中，或许存在杜威先生强调的不确定性因素以及道德决定的实验性特征。你们难道不这么认为吗？

---

① 莱昂·罗宾（Léon Robin，1866—1947），法国哲学家、希腊哲学学者，1924—1936 年间在索邦大学担任古代哲学史教授。——译者

［罗宾先生的评论似乎对报告中有关希腊哲学的部分有些误解,杜威先生再次回到了那里,解释了他的准确意思。杜威先生强调希腊哲学追求善;他认为,罗马哲学受到斯多葛学派的影响,因而追求法则。他重复道,希腊人最关心追求善,善是推动和组织宇宙的理想力量。］

罗宾先生:不管怎样,我认为,杜威先生的报告有一处提到了法则的思想及其对希腊道德的影响。事实上,我仍然认为希腊人的目的由法则所代表。您说对于柏拉图而言,善居于首位,善就是目的,那么事实上,善就是理想世界的法则。这个理想世界把自己的法则赋予了宇宙,宇宙接下来又将自己的法则赋予了城市,城市最后把它赋予了个体。所有伟大的希腊道德家无论赋予了目的怎样的地位,都是从法则的角度思考目的的。另外,除了更具个人主义的伊壁鸠鲁之外,政治秩序和政治立法的观念始终居于主导地位。

您提到了希腊人的不稳定,认为事实上,他们从未管理好自己的国家,总是长期处于革命之中。但是,他们始终在寻找更好的管理方式来管理理想中的城市,这也是一个不争的事实;或许是因为一些他们无法控制的情况,使得他们从未成功地管理过一个稳定的国家。罗马的法律难道不是很清楚地源自希腊思想吗?刚才我们提到了斯多葛学派,或许我们有必要进一步了解赫谟多洛①——赫拉克利特②的朋友——是否真的是《十二铜表法》③的立法者之一。

499

布格勒先生④:我认为,那些不愿意坚持传统理论道德观的人应该感谢杜威先生,因为在他讲话的结尾,有几点涉及了莱维-布吕尔⑤或涂尔干⑥的观念。我们的同事说过:"相信我们可以用一个原理来解释和证明一切,这纯属无稽之谈。"我想,这似乎正是莱维-布吕尔先生《伦理学与道德科学》⑦一书的出发点。我们的客人认为,

---

① 赫谟多洛(Hermodorus),生活于公元前 4 世纪,可能是古希腊哲学家,被驱逐后来到罗马,据说罗马的第一部成文法典——《十二铜表法》的问世很大程度上归功于他。——译者
② 赫拉克利特(Heraclitus,公元前 535—前 475 年),古希腊哲学家。——译者
③ 诞生于约公元前 450 年,是古罗马的第一部成文法,因刻在十二块铜牌上而得名。——译者
④ 塞莱斯坦·布格勒(Célestin Bouglé,1870—1940),法国哲学家。——译者
⑤ 吕西安·莱维-布吕尔(Lucien Lévy-Bruhl,1857—1939),法国哲学家、心理学家。
⑥ 爱米尔·涂尔干(Émile Durkheim,1858—1917),法国社会学家、哲学家。
⑦ 《伦理学与道德科学》(La morale et la science des moeurs),伊莉莎白·李(Elizabeth Lee)翻译,巴黎:菲利克斯·阿肯出版社(Paris:Felix Alcan),1904 年。

一个人若想适应生活,就必须考虑许多相关的社会现实,而不是一个可以在任何情况下都起作用的道德原理。对于这一点,涂尔干及其大多数社会学同事也会欣然表示赞同。

由此可见,他作为哲学家、道德家和教育家所做的这些思考,与社会学家从他们的立场上向我们提出的见解,存在着相似之处。然而,当我思考他试图辨别的这几个不同力量时,我不相信它们之间存在绝对清晰的界限。他向我们提出了三个独立变量,即他所说的道德的三个独立要素。它们真的独立吗?就是这一点,我希望我们的同事引起注意。

例如,如果我没有理解错的话,杜威先生对我们说过,在一些情况下,一个人会追求善,这种对善的追求会产生某种形式的道德规范;在另外一些情况下,一个法则被强制实施并成为一种迫切的社会需求,例如我的邻居希望我按某种方式去行事。这是道德的两个来源。由此,我想到了一个非常简单的观点,即在许多情况下,社会的迫切需要成为获得善的手段,不管它是个人的善及特殊利益,还是成群的个体和个体构成的群体的善。因此,认为道德规范存在两个截然不同的源头应该是不正确的。一方面,"如果你认为这么做是对的,那么就去做吧";另一方面,"这么去做,因为这是法则的规定",而法则往往是获得善的手段。

人们对法律表示出尊敬时,不也会发生同样的情况吗?在他们的理由中,会有对善的考虑,而且这不仅仅是个体的善,还有集体的利益,这也是一种善。我不太赞成分成两个部分,一部分是源自道德的善,另一部分是来自尊敬法则的善。实际上,当一个法则——一种社会需求——被强制实施时,它往往考虑到了善。如果我们自始至终沿着我们这位同事的思路,那么我们可能会说,法国人至少在历史上的某个时期对法则和秩序极其敏感。这没有错,但是在承认尊重法则和秩序的同时,他们也关注着个体和国家的善,这一点也是不争的事实。

总而言之,这两个原则并不存在非常明显的区别。在解释对道德的不同意见和不同论点时,我们可能不仅需要考察呈现善或法则的方法,还需要考察我们所属的不同群体。我认为,人们总会发现基于道德的社会需求;但是,这种需求有时在这个群体比较明显,有时在另一个群体较为突出。这些需求会改变范围和方向,而我们目前正处于来自不同群体的这些不同趋势的交汇点。我们行为所经验的那些困难可以作如下解释:并非只存在或首先存在善与法则之间的区别,而且还存在试图对我们的个性施加规范的各种群体之间的差异性、多样性以及常见的对抗性。

莫斯先生[1]：在道德理论家和哲学家当中，约翰·杜威先生是与社会学家走得最近的学者之一。今天，我提醒了他我们共同的朋友布什教授[2]介绍我们认识时的情景。此外，在所有的美国哲学家当中，他是涂尔干最为推崇的人物之一，很遗憾，我没能参加涂尔干主要奉献给杜威教授的上一次哲学演讲。现在，我们有了编好号的注释卡，跟涂尔干当初制作的卡片一样，但其余的相关资料我们还没有找到。对于刚才的介绍，请允许我说，很久以来我就非常赞同杜威教授介绍的这种理性实用主义，由衷地支持用积极的方式思考道德事实。我相信杜威教授在我们自己的哲学界会与在美国一样，长久地享有盛誉。 501

我的一个想法也许会令我们的一些同事感兴趣，即我相信杜威教授为我们提供了思考全新观点的一个全新的视角，因为在他发表的著作中，从未像今天这样如此明确地表达出他自己的观点。我们可以说他把首次发布留给了我们，他这么做令本哲学会感到无比荣幸。

莱昂先生：勒胡（Leroux）先生，您非常了解约翰·杜威先生的哲学，并研究过威廉·詹姆斯的哲学，您愿意补充几句吗？

勒胡先生：莫斯先生刚才所说的完全正确，正是因为如此，我今晚没有权利作何评论。当我第一眼看见报告的题目时，以为它会与杜威先生早先书中的观点多少有些一样，那本书当然是近期出版的有关道德一般问题的最为杰出的研究之一。但是，那里的观点与他今天在这里介绍的却完全不同。我曾经一度忘记了杜威先生是一个从不间断自我更新的人，他并不喜欢依赖于自己的著作。同样地，我还想询问一下，他今晚介绍的主题与《人性与行为》（*Human Nature and Conduct*）中的是否一致。毫无疑问，人们总是可以从他那里感觉到复杂的实在，同时发现整体的哲学观点；这种观点在我看来，似乎就是他的精神的双重性特点，但是这一次与书中的观点相比，他朝多样性方向迈出了更大的一步。在这里，他区分了人类全部活动中的三个因素：习惯、冲动、理性。但这些因素并非绝对彼此独立，因而杜威先生得到了一个基本统一的道德理论。他认为，习惯实际上是所有活动的基础，冲动是进行重新组织的出发点，但只有通过理性的干预，才能实现重新组织，并获得高尚适当的道德活动方式。 502

---

① 马塞尔·莫斯（Marcel Mauss, 1872—1950），法国社会学家、人类学家。——译者
② 可能是温德尔·T·布什（Wendell T. Bush），1905—1938 年间任哥伦比亚大学教授。——译者

因此,杜威先生的思想似乎自己正朝着某种原始的伦理知性主义(ethical intellectualism)发展。对他而言,具体的道德活动首先由习惯和冲动之间的冲突所激发,然后经过努力思考,达到新的平衡状态。在这个方法中存在一种道德行为的标准,只是这个标准有些不确定。在此处,杜威先生又为我们展现了另外一组共存的三要素,但是他却不打算把它们统一起来。然而,这两个概念之间不存在一致性吗? 他是否仍然坚持认为道德活动的特点就是用来调解习惯和愿望之间的矛盾的一种思考?

[杜威先生回答道,在他的《人性与行为》一书中,他主要是从心理学的角度考察道德问题,而今天他所关注的是行为本身,即干预因素、外部强加的法则,以及阻挠个体愿望的赞成与反对的问题。因此,他认为,这二者并不相同,今天的观点要更加宽泛。]

瓦勒先生①:我对杜威先生的发言非常感兴趣。对于他在几本书中所探讨的政治多元论的原理,这是一种补充。我认为,在之前的那些社会学家之后,还有另外一个名字应该可以被提及;人们可以把杜威先生的思想同这位与他们稍有不同的哲学家进行比较,他就是弗雷德里克·胡②,在《道德经验》③中,他坚持道德原理的多元性(plurality)以及刚才所提到的道德原理的不可约化性(irreducibility)。诚然,他所考察的独立变量比杜威先生还要多,他是在考虑每个特定的行为,而不是为了寻找一般性原则,因为他所关注的是一个人检验自己与每个事件的具体实在有关的理想。

然而,我问自己,杜威先生区分的这些原则是否可以完全分离,我们已经很清楚地把这作为了难点。因此,例如,在允许这一问题上,我认为,当柏拉图创立他的善的道德规范时,其基础是允许特定行为的那些判断。同样地,当康德建立他的责任伦理学(ethics of duty)时,我们可以以为,它也是基于某种理性的许可,这是他最初为了摆脱意愿的观点而创立的。因此,我认为似乎很难完全区分开这三个要素。

[杜威先生承认,为了讨论的目的,他夸大了这三个要素之间的差异;事实上,道

---

① 让·安德烈·瓦勒(Jean André Wahl, 1888—1974),法国哲学家,1936—1967 年间在索邦大学任教授。——译者
② 弗雷德里克·胡(Frédéric Rauh, 1861—1906),法国哲学家、道德学家——译者
③ 《道德经验》(L'Expérience morale),巴黎:菲利克斯·阿肯出版社,1903。

德理论也确实或多或少涉及了这三个要素。但他想要强调的是：每一个特定的道德理论都把其中的一个作为核心，使其成为要点，而其他要素只不过居于次要位置。或许因为他所特别思考的是英国的道德，它强调同情心和憎恶感、允许和反对，以至于将善与法则的事实掩盖或者完全忽略掉了。

最后，他认可，强调此次讨论基于多元主义而并非实用主义是非常公正的。]

莱昂先生：先生们，我想，我们可以结束此次讨论了。我不想占用杜威先生太多的时间。他非常耐心地听取了法国同事们的发言，并给予了回答。我代表全体人员，谨对他的到来表示感谢。希望他与我们同事的这次交流能给他留下美好的回忆，还想告诉他，正如莫斯先生刚才所说，对于他在法国哲学会首次介绍他的新思想，我们感到无比自豪。

6.
反对派支持诺利斯拒绝退出共和党[①]

504 今日,由共和党组织第七十二届国会、赢得 1932 年总统大选的可能性愈发明朗,而就在此前,内布拉斯加反对派诺利斯参议员拒绝了哥伦比亚杜威教授邀其领导第三政党的请求。

诺利斯先生发表了一封致杜威博士的公开信,解释了自己目前不参与独立政治运动的原因。他表达了自己自由化的目标,讨论了取缔总统选举团、进行直接总统选举的计划。

诺利斯参议员写给杜威博士的信件如下:

纽约市范德保大道 52 号
独立政治行动联盟
尊敬的约翰·杜威主席启

亲爱的杜威教授:

我兴趣盎然地读完了您于 12 月 23 日的来信,首先了解到了您具有真挚的爱国目的。至于有必要适当地立法,我认为,我们之间完全没有分歧;但是关于实现它的方法,我却并不认为应该通过建立第三政党。

我们过时的总统选举方式应该得到改变,以适应当前文明的需要,我们应该

———————————

① 首次发表于《纽约时报》,1930 年 12 月 28 日(星期日),第一版,第 1、20 页。关于本文所回复的杜威的原信,见本卷第 444—446 页;关于杜威对此信的回复,见第 447—449 页。

尽早将总统选举直接归入选民手中。为此,我们必须取消竞选团,我想您也会同意我的看法,它已经过时了,只会阻碍人们选举国家元首。

我认为,经验表明,人们只有在实际上遭遇政治革命的非常时期才会需要一个新政党,此类情绪通常发生在全国代表大会提名了候选人以后。而此时,若想组织一个新的政党,时间过于短暂,花费过于高昂。

我们应该做的是只需提名一位独立于两大政党以外的总统候选人。据我判断,若想实现这一点,只需对《宪法》作出修正,取消选举团,让选民直接进行投票。

我希望我们可以引导本国公众的情绪,使它支持这样的一种运动。如果在本国激起真心实意支持这种行动的情绪,那么国会就可以向立法机关提出这一修正案。培养选民的独立精神,会产生良性的影响。

据我判断,如今,上百万的选民早已达到了独立的程度,不再关心政党贴着什么标签。

对于政治领导的要求,有些具有进步思想的党员不会滥用他们的判断力和良心。于是,在政治舞台背后藏有特殊利益的狂热支持本党的极端分子便企图把他们从政党中清除出去,这种做法不会得到人民一丝一毫真挚的回应。

在受过良好教育、善于思考的人们中间,更加独立的行动和更少依赖政党的控制广泛地得到了接受。

如果我们能够团结一心,如我刚才所说,对宪法作出修正,那么,我十分确信:在不久的将来,我们的努力就会得到丰厚的回报。

致敬

C·W·诺利斯

华盛顿特区

1931 年 12 月 27 日

注释

506 　　以下注释与原文页数和行数①相对应,用以解释常规渠道无法查到的相关
事件。

238.40‑239.1　　Hawthorne investigation],霍索恩调查,是 1927 年至 1929 年间在芝
　　　　　　　加哥美国西部电力公司(Western Electric Company)的霍索恩工厂
　　　　　　　(Hawthorne Works)所进行的实验研究,目的在于确定影响员工工
　　　　　　　作效率和心态的因素。研究详情参见彭诺克(G. A. Pennock)所著
　　　　　　　《霍索恩工业研究:关于休眠期、工作条件及其他影响因素的实验调
　　　　　　　查》(Industrial Research at Hawthorne:An Experimental Investigation
　　　　　　　of Rest Periods, Working Conditions, and Other Influences),《人事期
　　　　　　　刊》(*Personnel Journal*)第 8 期(1930 年 2 月),第 296—313 页。

300.15‑16　　general introductory report of the commission],任务概述,此处及
　　　　　　　303n. 3、307. 3、309. 7—8 均参见《第七年年鉴:美国教育单元的衔
　　　　　　　接》(*Seventh Yearbook*:*The Articulation of the Units of American
　　　　　　　Education*)的《导论》和《第二部分:幼小衔接——从幼儿园到 1 至 6
　　　　　　　年级》(Part Two—Articulation at the Elementary School Level—
　　　　　　　Kindergarten—Grades 1‑6),华盛顿特区:美国教育协会督察部,
　　　　　　　1929 年,11—22 页,23—114 页。

340.12　　　The graduate of the College],该学院的毕业生,指查尔斯·里德
　　　　　　　(Charles L. Reed),他于 1922 至 1924 年间就读于布鲁克伍德工人
　　　　　　　学院,1928 年大会召开之时,担任马萨诸塞州劳工联合会副主席,并
　　　　　　　且是美国劳工教育局某执行委员会成员。

393.21‑24　　story ... Professor Burt]故事……伯特教授。这个编派杜威的故事
　　　　　　　说的是一个夏天的上午,杜威推着婴儿车去邮局取信,一拿到信他

---

① 此处指本书翻译所采用的英文版原文,后面的页数和行数都是该英文版的,下同。——译者

便溜达着回家了,全然忘记了在太阳底下熟睡的婴儿。杜威提到的伯特教授指的是密歇根大学的本杰明·查普曼·伯特(Benjamin Chapman Burt)。

文本研究资料

文本注释

以下注释与原文页数和行数相对应,讨论本版所采纳的对原稿的校勘或保留。

156.4　　　　all,]〔参见 159.38 的注释〕

159.38　　　genuine,]虽然这两句话都为逗号留了空格,但是打字员却没有录入
　　　　　　逗号,本版重新加入了逗号。

184.39–40　influenced … of Aristotle]杜威最初的打字稿为"of Aristotle"。因为
　　　　　　他在将打字稿送给乔治·戴奎真(George Dykhuizen)重打前把"of"
　　　　　　改作了"by",戴奎真便在"influenced"前加了"more"。但是,在《思想
　　　　　　史杂志》上发表时,杜威又将"by"改回了"of",但是却忘记了删除戴
　　　　　　奎真加的"more",因此本版删除了后添的"more"。

205.31,40　context]在杜威探讨欧内斯特·内格尔所使用的"fixing context"这一
　　　　　　概念的地方,打字员两次将"context"写作"content",也许是因为杜威
　　　　　　在三行前(205.25)使用了"content"一词,造成了打字员记忆上的混
　　　　　　淆,本版将这两处的"content"改为"context"。

218.15　　　That]为了在《哲学与文明》再版,杜威对本文进行了修改,删除了一篇
　　　　　　绪言,将"two general introductory remarks may be made"改为"an
　　　　　　introductory remark should be made"。但是在 218.15 处,他忘记了修
　　　　　　改"One (of these two remarks)",本版将"One"改为"That",以使上下
　　　　　　文保持一致。

226.9　　　　ends,]《哲学与文明》在并列词语"ends, conclusions"间增加了逗号,
　　　　　　本版予以采纳,因为这样做很有必要,可以使句子的意思清楚明了。

305.11　　　phases]督察部的《官方报告》遗漏了"some phases"中的"s",本版未予
　　　　　　采纳,因其可能是打字错误。

文本说明

　　《杜威晚期著作(1925—1953)》第 5 卷收录了杜威于 1929 至 1930 两年间撰写的 53 篇文章。唯一未收入此卷的是《确定性的寻求》，该著作收录在《杜威晚期著作》第 4 卷中。

　　在这 53 篇文章中，有单独出版的著作 3 本，它们是《教育科学的源泉》、《新旧个人主义》和《创造与批判》；论文 31 篇，其中期刊文章 20 篇、著作介绍 6 篇、为论文集撰稿 5 篇。其余 19 篇包含 3 篇书评、4 封公开发表的信件、11 篇公开发表的政治声明，以及 1 篇未公开发表的打字稿。

　　有 30 篇文章在本版之前只发表过一次，因此不存在版本的问题，下文对其不再进行讨论，它们此前出现的版本自然作为本版的原稿。

　　其余 23 篇文章的发表经历以及各种繁杂的版本，将在下文予以探讨。如果未明确提到某篇文章的原稿，则可认为杜威按照自己的一贯做法提交了正规的打字稿，而该稿件已不复存在。

《教育科学的源泉》

　　1929 年 2 月 26 日，杜威在俄亥俄州克利夫兰市的 KDP 学会（Kappa Delta Pi Society）进行了《教育科学的源泉》这一讲座。KDP 是一个国际荣誉教育学会，杜威是其桂冠会员团的成员。杜威的讲座开启了该学会一年一度的讲座系列。

　　1929 年，贺瑞斯·利夫莱特出版社出版了这本书，尽管品评者不多，但却一致给予了该书好评。《纽华克晚报》(*Newark Evening News*)在 1929 年 10 月 19 日的报纸上称其为"绝对坚定的思想——证明了杜威决不允许自己为某种当下的潮流或有待证实的狂热所动摇"。《波士顿晚报》(*Boston Evening Transcript*)在 1929 年 11 月 30 日的报纸上描述该书起到了"促进作用",体现了"他不止一次发出的具有说服力的呼声——教育应该属于科学,这才是教育正确的位置"。

从版权页的信息来看,《教育科学的源泉》一书共出版过四次:第一次和第二次于 1929 年 10 月,第三次于 1931 年 10 月,第四次于 1944 年 6 月。但 1929 年 10 月的两版很可能是同一次印刷、分两次装订的结果,其证据是"第二次印刷"的一个册子是版权收藏本(copyright deposit copy)(A14838),除了版权页标示以外,它与第一版在各方面均完全一致,而将第一版与 1944 年 6 月的第四版用机械设备进行核对,证实了二者完全一致。本版使用的原稿是第一版。

《新旧个人主义》

1929 年 4 月 17 日至 5 月 17 日,杜威在爱丁堡大学参加吉福德系列讲座(Gifford Lectures),他的讲座内容后来出版为《确定性的寻求》[①]一书。与此同时,他在《新共和》发表的前八篇文章于 1929 年 4 月 24 日出版,书名为《新旧个人主义》。

《新共和》的编辑们非常热衷于发表杜威的系列文章。1929 年 10 月,《新共和》的财务员丹尼尔·梅班给杜威写信时说道:"这一年没有什么比宣布发表您的系列文章,更让我感到心满意足的事情了。我昨天见到了克罗利(Croly)先生,他为有这样的机会深感愉快,他说您的文章……是我们杂志这段时间发表的最优秀的文献。您是知道的,我也这么认为。"[②]

1930 年 3 月 18 日,杜威与明顿-鲍尔奇公司(Minton,Balch and Company)签订了出版协议,将这些论文出版成书。另外还有两家公司提出要出版此书。3 月 20 日,杜威给亨利·霍尔特之理查德·桑顿公司(Richard Thornton of Henry Holt and Company)写了封信,信中说:

> 关于把《新共和》上发表的文章出版成书的事,我改主意了。明顿-鲍尔奇公司出版《确定性的寻求》一书时做得非常好(在 10 月出版和 3 月 1 日之间就卖掉

---

① 《杜威晚期著作(1925—1953)》,乔·安·博伊兹顿主编,卡本代尔和爱德华兹维尔:南伊利诺伊大学出版社,1984 年,第 4 卷。
② 梅班致杜威的信,1929 年 10 月 17 日,杜威文集,特别馆藏,莫里斯图书馆(Morris Library),南伊利诺伊大学卡本代尔分校。

了 8000 册),他们认为这本书能卖到一万册,所以我就和他们订立了合同。①

5131930 年 4 月,他通知 E·P·达顿公司(E. P. Dutton and Company)的麦克雷(John Macrae)说:"有关'个人主义'的材料,我已经和明顿-鲍尔奇公司订立了合同,非常感谢您的关注。"②

正如杜威在"前言"里所说,《新旧个人主义》(纽约:明顿-鲍尔奇公司,1930 年)将 1929 年 4 月 24 日至 1930 年 4 月 2 日期间的八篇文章连同"相当数量的新问题一道"收录了起来。《一座自我分裂的房屋》与《程式化之"美国"》分别来自《新共和》1929 年 4 月 24 日和 9 月 18 日这两期,不属于《新旧个人主义》系列文章,但因为主题相近,所以被收录为该书的前两章。《新旧个人主义》系列文章首篇为 1930 年 1 月 22 日发表的《公司化之美国》,随后是 1930 年 2 月 5 日发表的《失落的个人》、1930 年 2 月 19 日发表的《向新个人主义迈进》、1930 年 3 月 5 日发表的《资本主义还是公共社会主义?》和 1930 年 3 月 19 日发表的《文化危机》,最后一篇为 1930 年 4 月 2 日发表的《今日之个性》,它们构成了该书的第三至第八章。

《新旧个人主义》总体来说很受欢迎,不仅在国内受到广泛评阅③,而且英格兰的《心灵》(Mind)杂志和《英格兰月刊》(English Review)以及苏格兰的《解释时代》(爱丁堡)均对该书给予了关注。

美国版《新旧个人主义》于 1930 年第二次印刷。经人工比对,第一次和第二次发表的内容一致。在明顿-鲍尔奇公司于 1930 年出版该书之后,乔治·艾伦-昂温公司(George Allen and Unwin)将其重新排版为英国版,于 1931 年在伦敦出版,其变动不

---

① 杜威致桑顿的信,1930 年 3 月 20 日,霍尔特出版公司档案,普林斯顿大学图书馆,普林斯顿,新泽西州。

② 杜威致麦克雷的信,1930 年 4 月 17 日,E·P·达顿公司档案,纽约,纽约州。

③《读书人》(Bookman)第 74 期,第 104—107 页,奥台尔·谢帕德(Odell Shepard);《克罗茨季刊》(Crozer Quarterly)第 8 期 (1931 年 1 月),第 128—129 页,斯图尔特·G·科尔(Stewart G. Cole);《英格兰月刊》第 53 期(1931 年),第 510—511 页,赫伯特·艾格(Herbert Agar);《解释时代》(Expository Times)第 43 期(1931 年 10 月),第 17 页;《心灵》,新丛刊,第 41 期(1932 年 1 月),第 131—132 页,F·C·S·席勒(F. C. S. Schiller);《国家》(Nation),第 131 期(1930 年 10 月 22 日),第 446—447 页,亨利·哈兹里特(Henry Hazlitt);《纽约先驱论坛报合订本》(New York Herald Tribune Books),1930 年 11 月 23 日,第 1,6 页,安德烈·莫洛亚(André Maurois);《纽约时报书评》(New York Times Book Review),1930 年 10 月 19 日,第 2 页,约翰·张伯伦(John Chamberlain);《纽约世界报图书世界》(New York World Book World),1930 年 10 月 19 日,第 3 页,C·哈特利·格勒顿(C. Hartley Grattan);《天下大同》(World Unity)第 7 期(1930 年 12 月),第 193—201 页,小约翰·赫尔曼·兰德尔(John Herman Randall, Jr.)。

是很大,只是对拼写和发音稍作改变。

本版《新旧个人主义》使用的版本为最初在《新共和》发表的系列文章。"相当数量的新问题"以及杜威为该书出版在内容上所作的修改,均作为校勘纳入本版当中。

《创造与批判》

1930年2月25日,杜威在哥伦比亚大学的艺术与科学研究院进行了题为《创造与批判》的讲座,这是纪念米尔顿·贾德斯·戴维斯系列讲座的第一讲。1930年,哥伦比亚大学出版社将其出版成书,该书共25页,只印刷过一次。本版使用的版本为版权收藏本A22901。

《詹姆斯·马什和美国哲学》

1929年11月26日,杜威在母校佛蒙特大学发表了该演讲,这是柯勒律治的《对沉思的援助》一书首个美国版本诞生一百周年纪念庆典的组成部分,该书由詹姆斯·马什编辑并作序。马什编辑的这版《对沉思的援助》一直不断重印,不仅如此,他的序言和注释也出现在谢德(W. G. T. Shedd)于1853年编辑的《柯勒律治全集》中,该著作集在长达一百多年的时间里都是柯勒律治著作美国版的标准。①

杜威是在学校体育馆发表该演讲的,当时的题目为"柯勒律治、马什与精神哲学:关于詹姆斯·马什与浪漫主义运动的演讲",听众达七八百人;这是学校系列演讲②的第三讲,之前的两位演讲者是伯特兰·罗素和查尔斯·奈特(Charles R. Knight),之后由拉特克里夫(S. K. Ratcliffe)和桑德伯格(Carl Sandburg)为当年的系列讲座画上圆满的句号。

当时,学校的这些讲座均未发表。六年后,佛蒙特大学的戴奎真给杜威写信,请求重新打出他的演讲稿,想要发表。杜威回复道:

> 我一直保存着关于詹姆斯·马什的论文,想要作些修改,然后投给《哲学评论》。但是,由于我觉得这样做没有直接的机会,所以现将打字稿寄给您。我会

---

① 参见达菲(John J. Duffy)编辑的《柯勒律治的美国信徒:詹姆斯·马什信件选集》(*Coleridge's American Disciples:The Selected Correspondence of James Marsh*),阿姆赫斯特:马萨诸塞大学出版社,1937年,第4页。

② 吉福德(A. R. Gifford),《关于马什的一场演讲:1829—1929》(The Marsh Lecture, 1829—1929),《佛蒙特校友周刊》(*Vermont Alumni Weekly*),第9期(1929年12月11日),第163页。

很高兴收到您所提到的可以寄给我的副本。①

1935 年 5 月 8 日,杜威写信给戴奎真,感谢他重新打出了新文本,并且让他放心,"推迟抄写并没有给我带来不便。请同时替我感谢负责这项工作的那位年轻女士"。② 他给了戴奎真原稿,戴奎真后来将其收录于特别馆藏,贝利/豪图书馆(Bailey/Howe Library),佛蒙特大学,伯灵顿,佛蒙特。③

该论文并未在《哲学评论》发表。又过了六年,该讲座最终发表在《思想史杂志》,第 2 期(1941 年 4 月),第 131—150 页。

本版使用的是杜威最初的打字稿(TS),戴奎真重新打出的版本(D)被杜威用作给《思想史杂志》(JHI)出版印刷的副本,该版本对杜威最初的 TS 版共进行了 325 处改动,其中有 301 处出现在 JHI 的版本中。这 301 处改动中有 275 处是重打草稿时通常会作出的笔误修正(accidentals changes),如补全拼写不完整的词、删除重复的词、增加引号、给脚注标号、大写首字母、添加句末标点符号等。其余的 26 处是对内容进行的修改。D 版中对内容的改动只是想澄清杜威的意思:例如,在 184.4 处,杜威原文为"situation he in which he",D 版删除了第一个"he",将短语更正为"situation in which he";在 184.26 处,D 版将"he not reached"改为"did not reach"。

对于杜威为了 JHI 的出版而接受的 D 版在内容上所作的 26 处改动,本版有 6 处未予采纳。有一处(184.39–40)在"文本注释"中进行了探讨,其余 5 处未予采纳的理由各有不同:在 184.22 处,TS 版为"he was",但是有某个溢出的词,使"was"的"w"很难辨别,所以 D 版修改的"he, as"是对 TS 版的误读;在 185.16 处,D 版将"furnishes"修改为"furnished"也未采纳,因为它与本句其他动词的现在时态不相符;在 188.5 处,TS 版在"exercise os sensibility"中有个错词"os",D 版将其理解为"or",本版将其修改为"of",变成"exercise of sensibility";在 189.22 处,"desires that are oused by the thought of ends"中有个拼写不完整的词"oused",D 版将"o"删除,变成了"used",本版未予采纳,而是改作"aroused",因为在这句话后面的第十行有相似的文本,杜威使用的是"aroused"这个词,因为他更有可能是漏掉了"are"后面"aroused"中的"ar",而不是在"used"前面多打了个"o";在 192.10 处,杜威引用了马什的话,D

---

① 杜威致戴奎真的信,1935 年 2 月 20 日,杜威文集。
② 杜威致戴奎真的信,1935 年 5 月 8 日,杜威文集。
③ 戴奎真致凯瑟琳·普洛斯的信,1982 年 2 月 23 日,杜威研究中心,南伊利诺伊大学卡本代尔分校。

版的"constitute"未被采纳,本版根据马什的原文,重新改为"constitutes"。

对于为在 JHI 出版而对 D 版内容所作的 85 处改动中,本版认为有三处可能是打516字错误而未予采纳:在 178.24 处,"thoughts"的"s"漏掉了;在 182.2 - 3 处,"that of Coleridge"中的"that of"漏掉了;在 186.34 处,"conditions"的"s"漏掉了。而其余 82 处作者所作的内容变动,本版有一处未予采纳:在 179.18 - 19 处,杜威将该句整体进行了修改,其中之一是将"no mean accomplishment"中的"accomplishment"改为"attainment",但是不经意间可能将"mean"去掉了,因此就变成了 JHI 版中的"this was no attainment",这显然不是杜威想要表达的意思。本版重新加入了"mean",改作"this was no mean attainment",从而重新还原了杜威的意思。

JHI 版的讲座稿共有 111 处笔误修正,本版未采纳其中的 86 处,因为那些属于出版单位内部的排版风格,不具有权威性,大部分都是在并列成分间、主从结构间和插入语前后加入逗号。本版采纳了 20 处笔误修正,因为它们都是由于作者对内容进行修改而造成的。

本文在杜威著作集《人的问题》(PM)(纽约:哲学书库,1946 年)中再版,该版本共有 5 处作者在内容上所作的修改,本版采纳了 4 处:在 178.3 处,"this University town"改为"Burlington, Vt.";在 178.4 处,"in Burlington, Vermont"改作"there";在 178.8 处,有关马什百年庆典的参考文献被删除;在 179.32 处,"admiration for Coleridge"改为"admiration of Coleridge"。PM 版只有一处内容变更没有被采纳,即 180.21 处的"inner"改作了"own",这可能是打字错误。

在 PM 版的 10 处笔误修正中,有一个在 189.25 处,它将一个长句划分为"will. But",本版予以了采纳,特此说明。TS 版使用的是"will, but",这表明杜威的确想用"But"另起一个句子,但他忽略了 D 版和 JHI 版的"will, but",而是在 PM 版中重新使用了 TS 版中最初打算使用的标点。

本文的校勘表也可以作为历史版本的比对,它列出了所提到的全部四个文献——TS 版、D 版、JHI 版以及 PM 版。杜威在写作 TS 的过程中所作的改动,参见《〈詹姆斯·马什和美国哲学〉的修改》。

《行为方式与经验》

这篇文章首次发表于《1930 年心理学》,第 22 章,该书由卡尔·默奇森主编(马萨诸塞州伍斯特:克拉克大学出版社,1930 年),本版将该版本作为原稿。本文在权威517的杜威著作集《哲学与文明》(PC)(纽约:明顿-鲍尔奇公司,1930 年)中再版。本版采纳了 PC 版中因作者对内容的修改而产生的笔误修正。少数不是因为作者对内容的修改而产生的笔误修正未予采纳,包括在插入语和从句前后加入逗号,删除破折号前的逗号,"sceptical"中加上"k","aesthetic"中加上连字符。

PC 版中有 58 处内容上的修改,有对一两个词的改动(大多数属于此类,其中有 8 处是变为斜体),也有对局部或整段的删除。除两处例外以外,本版采纳了 PC 版全部内容上的修改,这两处例外是:235.3 处,PC 版将短语"distinguished logician"改为"distinguishing logician",可能是打字错误;235n.1-9 处,本版还原了 PC 版删除了的编号书目,但是 PC 版全文保留了杜威书目的编号参考文献,只有一处例外,即235.20处,本版也予以了还原。

《质化思维》

本文首次发表于《论文集》——纽约大学主办的季刊,在《哲学与文明》(PC)(纽约:明顿-鲍尔奇公司,1930 年)中再版。本文的原稿为《论文集》第 1 期(1930 年 1 月)第 5—32 页发表的版本。PC 版的笔误修正未予采纳,因为它们是内部排版风格的结果。除一处例外以外,本版采纳了 PC 版在内容上所作的全部修改;该例外是256.14 处,PC 版没有将"cause"改成斜体。

《哲学与教育》

1930 年 3 月 28 日,作为加州大学洛杉矶分校新校区落成仪式的组成部分,杜威在乔赛亚·罗伊斯礼堂发表了题为"哲学与教育"的演讲。

邀请杜威在仪式上讲话的是校长摩尔先生(Ernest C. Moore),他于 1930 年 1 月给杜威写信,说道:

518 关于您演讲的主题,我能想到的最佳选择就是"哲学与教育"。特别是在我校和伯克利分校的某些高层人员对教育的态度非常粗暴原始的时候,这个主题就显得格外恰当了。对于我们的两个学院——师范学院和文理学院,不使师范学院因文理学院的傲慢而沦为足球是非常重要的。①

杜威的这篇讲话稿首次发表时,题目为"在 1930 年 3 月 27 日至 28 日加州大学

---

① 摩尔致杜威的信,1930 年 1 月 2 日,杜威文集。

洛杉矶分校新校区落成仪式上发表的讲话"(伯克利:加利福尼亚大学出版社,1930年,第46—56页),该版本作为本版的原稿。本文在希尔普(Paul Arthur Schilpp)编辑的《高等教育直面未来》(*Higher Education Faces the Future*)(纽约:贺瑞斯·利夫莱特出版公司,1930年,第273—283页)一书中再版,并作了一些改动,据称是"由杜威先生本人稍微作的改动"。但一些特征表明,笔误修正并非出自杜威之手。这些变更包括在并列成分中和插入成分前后增加逗号,分号代替逗号,"anyone"写作两个词,"coordination"中间增加连字符。而在28处内容修改中,本版有3处未予采纳,因其可能是打字错误:289.10处,"appears"没有加"s";291.10处"development"多加了"s";294.20处"scheme"打成了"school"。

《教育衔接的一般性原则》

这篇文章最初是杜威在全国教育协会(NEA)督察部于1929年2月24日至28日在俄亥俄州克利夫兰市召开的年度大会上发言的讲话稿。虽然此次大会相当关注学校经费、教师培训、调查研究和德育教育等问题,但突出强调的还是衔接性和学前教育问题。

杜威在发表讲话的两周前才完成这篇文章。1929年2月12日,他给胡克(Sidney Hook)写了一封信,抱怨他二月份接到的讲话和出版任务过于繁重:

> 之后,一时疏忽,我答应了在NEA月底召开的克利夫兰大会上讲话;其中的一个讲话所给的报酬太过慷慨,以至于我不得不好好准备——那是一个与美国大学优等生荣誉协会(phi beta kappa)有来往的荣誉教育协会。现在,我正在把酝酿好的讲话打出来,之后打算返回爱丁堡的系列讲座。[①]

519

杜威的这次讲话发表在两个刊物上:1929年3月30日的《学校与社会》(SS)和NEA督察部1929年的《官方报告》(DS)。DS版对实质性错误和笔误所作的修改,在种类和程度上都与SS版有很大不同。这表明,该讲话在DS发表前,不仅由杜威本人,而且被NEA的编辑修改过。

[①] 杜威致胡克的信,1929年2月12日,悉尼·胡克/约翰·杜威文集,特别馆藏,莫里斯图书馆,南伊利诺伊大学卡本代尔分校。杜威于2月26日在克利夫兰发表了两场讲话:在全国教育协会督察部上午的会议上发表了"教育衔接的一般性原则",晚上在KDP协会发表了"教育科学的源泉"。

显然，当杜威最初打出该讲话时，打了一份原稿和一份副本。他在给胡克的信中对打字稿提前完成的描述表明，在克利夫兰发表讲话之前，他便给朋友卡特尔（James KcKeen Cattell）寄去了一份文稿，后者正是在 1929 年 3 月 9 日发表该讲话部分内容的《学校与社会》杂志的编辑。

SS 版和 DS 版，一份打字稿原稿，一份打字稿副本，二者产生的时间相同；在笔误方面具有同等的权威性，它们实际上构成了两个原稿版本。但是，本版认为，SS 版的笔误比 DS 版更具权威性。概括来说，SS 版首先是口头讲话的风格；可以判断出：为了在 DS 上正式发表他的讲话，杜威在某个保留稿、也可能是校样稿上为 DS 版进行了内容修改。DS 版中大量的笔误修正与 NEA 标准一致，不管它们是原文还是被修改过，都不符合杜威的特点。杜威和某个杂志编辑都对 DS 版进行过修改，基于这一推断，本版使用 SS 版作为原稿，而 DS 版中的内容修改以及因其产生的笔误修正均作为该原稿的修订而予以采纳。唯一的例外是 305.11 处，DS 版遗漏了"phases"末尾的"s"，这不像是杜威的修改，而应该是打字错误。

《劳工教育的自由度》

1929 至 1930 年间这一阶段，以杜威积极参与布鲁克伍德工人学院事件而开始。1929 年最初的几个月，保守派一直称杜威是共产主义者，这主要是因为杜威于 1928 年在《新共和》发表了关于他那年夏天走访俄罗斯的六篇文章（参见《杜威晚期著作》，第 3 卷）。杜威写了两篇文章来回应这种称呼以及美国劳工联合会（AFL）将布鲁克伍德工人学院列为共产主义的做法，一篇是《劳工教育的自由度》，《美国教师》，第 13 期，（1929 年 1 月，1—4 页）；另一篇是《劳工政治与劳工教育》，《新共和》，第 57 期（1929 年 1 月 9 日，第 211—213 页）。这两篇文章几乎同时发表，内容相关，观点一致。

布鲁克伍德工人学院于 1921 年成立于纽约州威彻斯特郡（Westchester County），是一所两年制的常驻学校，招收对工人运动感兴趣的劳工。[①] 该学校于 1937 年关闭，可能是 20 年代创立的同类知名工人学校中生存最久的一所。1928 年 8 月和 10 月，美国劳工联合会执行委员会召开会议，指责布鲁克伍德推行共产主义，建

---

① 布鲁克伍德工人学院的经济来源是"工会设立的奖学金……工会的一次性出资……学生、其他工人或对工人运动感兴趣的中产阶级等个人"，参见 A·J·马斯特：《一所美国工人学院》（An American Labor College），《庶民》（Plebs），第 14 期（1922 年 10 月），第 341 页，布鲁克伍德全集，劳工历史与城市事件卷，韦恩州立大学，底特律，密歇根州。

议全部下属协会撤走对该学校的资助。①

布鲁克伍德工人学院的校长马斯特给杜威写信讲述了 AFL 执行委员会的这一决议，1928 年 10 月 6 日，杜威在回信中写道：

> 我刚刚从欧洲回来，发现您 9 月 15 日给我写了信，我会马上仔细阅读您寄来的材料。即便不这么做，我也可以说我坚决强烈反对这一做法。我想，我将按照您的建议，尽快给格林主席写信。②

杜威随后给 AFL 主席威廉姆·格林写了一封信，询问事件的详情。他显然没有得到满意的答复，于是在给马斯特的下一封信中，将格林的回信一并附上，想从马斯特那里得到"一些信息，可以使我写出恰当的回信"。③

11 月 9 日，美国教师联合会在纽约市第五区召开会议，反对布鲁克伍德决议。会上，杜威发表了题为"劳工教育的自由度"的讲话。马斯特请来速记员将杜威的讲话记录下来，之后寄给杜威一份手抄本；杜威作了修改，附了一封短信，于 11 月 19 日寄回给马斯特。④ 该手抄本的特征表明，杜威讲话时没有准备文字稿，只不过读了马斯特 10 月 26 日寄给他的《美国联邦主义者》上的一篇社论。⑤ 该手抄本非常符合杜威即兴讲话的风格，保留了杜威开始谈下一要点时常常使用的"Now"，以及如336.30 处的"why I for one"。这类表达不够正式，显然是在没有准备文字稿的情况下发表讲话时的风格。

杜威的这一讲话在布鲁克伍德全集中共有三个版本：TS¹ 是杜威 11 月 19 日寄回给马斯特的打字稿，杜威亲笔作了改动；TS² 是 TS¹ 的副本，没有杜威的修改；还有一个是在布鲁克伍德(BLC)用另外一部打字机重打的版本，单倍行距，或许是准备与其他有关布鲁克伍德之争的文件一道分发给劳工团体。对这一时期马斯特办公室内的其他机打文件所作的调查证实：后面两个版本所使用的两部打字机，均来自马斯特的办公室。这样一来，杜威就从未见过 TS² 版和 BLC 版，因此它们不具有权威性，本

① 《布鲁克伍德——私刑大会的受害者》(Brookwood Victim of Convention Lynching Bee)，《布鲁克伍德评论》(Brookwood Review)，第 7 期(1928 年 10—11 月)，第 1 页，布鲁克伍德全集。
② 杜威致马斯特的信，1928 年 10 月 6 日，布鲁克伍德全集。
③ 杜威致马斯特的信，1928 年 10 月 16 日，布鲁克伍德全集。
④ 杜威致马斯特的信，1928 年 11 月 19 日，布鲁克伍德全集。
⑤ 马斯特致杜威的信，1929 年 10 月 26 日，布鲁克伍德全集。

版未予采纳。但是，TS² 的改动作为一个历史上的校对稿，收录在校勘表中，其理由如下：马斯特在寄给杜威 TS¹ 让他确认和修改前，自己作了大量改动，很可能是介于 TS¹ 和 TS² 之间的一个副本，所以二者在这些地方完全一致；但是，他们分头作的一些修改却稍有不同：例如，332.23 处"to be able to deal with them"这一短语，TS² 版在"to be"前有个"and"，《美国教师》（AT）的印刷版也有，但 TS¹ 版中却没有；331.22 和 336.8 处，马斯特加了逗号，AT 版中也有逗号，而 TS¹ 版中则没有。这些表明，马斯特将杜威在 TS¹ 版上作的修改誊到了另一份文件中，然后将这份文件寄给了 AT，他自己所作的一些改动是在杜威从未见过的 TS² 版上，而不是寄给杜威的手抄本 TS¹ 版上。

显然，马斯特在寄给 AT 的那份文件上誊写杜威的修改时，只完成了大部分而并非全部的修改。有的可能是因为他看不清楚，例如 332.34 处，杜威在"this"上面写了个"any"，字迹几乎认不出来，而 AT 中出现的是最初的"this"；其余的则是因为他没有采纳，例如 331.18 处，杜威清楚地从 TS¹ 版中删除了"and no possibility of"，但是却仍然出现在 AT 的印刷版中。既然 AT 版显示的是马斯特而并非杜威的意思，那么，它同样也不具有权威性。但是，由于这是杜威该讲话的第一个印刷版，因此 AT 中的不同也作为一个历史上的校对稿，收录在校勘表中。

本版使用杜威唯一修改过的 TS¹ 版作为原稿。杜威亲笔在 TS¹ 版中所作的但在 AT 中没有出现的变动，被重新采纳。本版采纳了 AT 版对打字和标点错误的修改，例如句末的逗号以及与圆括号一起使用的逗号等。AT 版增加的副标题和安排的分段被删除，且没有加以说明。

在 TS¹ 版中，杜威亲笔所作修改的完整记录，收录于《〈劳工教育的自由度〉的修改》。

《劳工政治与劳工教育》

就在杜威发表"劳工教育的自由度"的讲话十天之后，美国劳工联合会（AFL）于 1928 年 11 月 19 日至 28 日在新奥尔良召开了年度大会。会上，教育委员会赞扬了杜威为教育所作的贡献，但随后，AFL 的副主席马休·沃尔便展开了对杜威的攻击，指责他是"共产主义利益而非特别利益的宣传员"。[①] 在讲话中，沃尔谴责杜威和布鲁

---

① 《第七日报告，1928 年 11 月 27 日会议》（Report of Seventh Day, 27 November 1928 Session），《美国劳工联合会第 48 届年度大会会议报告》，1928 年 11 月 19—28 日，华盛顿特区：法律记者出版公司，1928 年，第 315 页。

克伍德推动共产主义,结果,大会以 91 票对 39 票,决定将涉及杜威的全部内容从《会议报告》中删除。①

在新奥尔良大会召开期间,杜威正在撰写《劳工政治和劳工教育》,也是一篇关于布鲁克伍德事件的文章,发表于《新共和》,第 57 期(1929 年 1 月 9 日),第 211—214页。杜威询问了至少两个人自己是否应该在文章中谈及新奥尔良事件,他们是马斯特和宾夕法尼亚州梅里恩市(Merion)巴恩斯基金会会长巴恩斯。杜威从巴恩斯那里得到的答复是:

> 您已经掌握的资料足以为下星期的《新共和》撰写一篇序文了,您不这么认为吗? 就是一个前奏,写明承诺将实际情况和沃尔党的黑势力公之于众。不要错过这个机会,把这次事件转变成对劳工教育和自由教育的促进。②

12 月 12 日,杜威写信给马斯特,附上了他打算使用的文章草稿,征求他的"评价和批评"。他在信中写道:　　　　　　　　　　　　　　　　　　　　　　　523

> 不管怎样还是要重打的,所以不用理会打字错误等问题,以节省时间。我没有修改就把它寄出去了。文章很长,我最大的难题就是篇幅;我省略了一些自己很想讲的要点,但是您认为重要的方面,我都会谈到,哪怕文章篇幅过于冗长。建议在人们忘记这场争论之前尽早发表。
>
> 我本打算引入沃尔攻击我的言论,以使大家注意到这样一个事实,即我曾公开反对布鲁克伍德决议,并呼吁委员会把精力用在批判鼓吹能源垄断的行为上,但是最后选择了放弃,一是因为篇幅不够,二是怕提出这样一个纯粹针对我个人的问题可能会削弱文章其他部分的说服力。但是,他可以随心所欲地提出指控,这一点与他指责布鲁克伍德具有共产主义性质似乎还是有联系的。
>
> 请您指出哪些地方太过强调,哪些地方强调得不够,并提出其他建议,我将深表感激。③

---

① 《第七日报告,1928 年 11 月 27 日会议》(Report of Seventh Day, 27 November 1928 Session),《美国劳工联合会第 48 届年度大会会议报告》,1928 年 11 月 19—28 日,华盛顿特区:法律记者出版公司,1928 年,第 319 页

② 巴恩斯致杜威的信,1928 年 12 月 4 日,杜威文集。

③ 杜威致马斯特的信,1928 年 12 月 12 日,布鲁克伍德全集。

12 月 13 日,马斯特在回信中称赞这篇文章"非常优秀"。他告诉杜威,自己"写了几句话,以使有关劳工教育局重建的内容更加完整和准确"。[1] 之后,他再次考虑了给杜威的建议,第二天写信道:"我认为简要地谈一下沃尔攻击您的言论,以及从会议记录中删除与您有关的内容,这一决议还是与主题相关的。"[2]

杜威决定在文章中不提及沃尔对自己的指控,而是于 1929 年 3 月 13 日在《新共和》上发表了一封信,回复沃尔 1 月 9 日发表的文章(见本卷第 387—388、392 页)。他谈到了沃尔后来否认在大会上指责杜威是共产主义分子,引用了《会议报告》中对沃尔发言的官方记录,该报告是由马斯特提供给杜威的。[3]

1929 年 3 月 21 日,沃尔最后一次与杜威通信。他再次否认了称杜威为共产主义分子,他写道:

> 我当时是在座位席上发言的,而不是在有麦克风的讲台上,速记员和记者很难听清我的声音……我从未说过或暗示过你是共产主义分子或者你接受莫斯科的指挥。但是,我的确说过或暗示过你在鼓动共产主义,因为你称赞共产主义学校和苏维埃政权。[4]

《劳工政治和劳工教育》于 1929 年 1 月 9 日在《新共和》上发表过一次,本文使用的原稿便是这一版本。

《致詹姆斯·塔夫茨》

1930 年 12 月 1 日,马克斯·奥托(Max Otto)给杜威写信,[5]请求他为塔夫茨从芝加哥大学哲学系退休的告别宴会写一篇致辞,杜威便写了这篇《致詹姆斯·塔夫茨》。一收到奥托的信,杜威便立刻回复了两页长的打字稿,并对其内容的简短和无法参加宴会表示歉意,他写道:"我昨天刚从欧洲回来,自然是发现有堆积如山的事情

---

[1] 马斯特致杜威的信,1928 年 12 月 13 日,布鲁克伍德全集。关于劳工教育局的内容见本卷第 344 页。

[2] 马斯特致杜威的信,1928 年 12 月 14 日,布鲁克伍德全集。

[3] 马斯特致杜威的信,1928 年 12 月 22 日,布鲁克伍德全集。

[4] 沃尔致杜威的信,1929 年 3 月 21 日,杜威文集。

[5] 奥托致杜威的信,1930 年 12 月 1 日,马克斯·C·奥托文集,威斯康星州历史学会,麦迪逊,威斯康星州。

524

要去处理。"①

奥托在给杜威的信中暗示自己将会宣读这篇致辞,但实际上是芝加哥哲学俱乐部大学(University of Chicago Philosophy Club)校长、晚宴的主持人西奥多·布拉梅尔德(Theodore Brameld)宣读的。② 本版的致辞使用的是马克斯·C·奥托文集中未发表的文稿。杜威在打字稿中手写和打字的全部修改都收录在"《致詹姆斯·塔夫茨》的修改"中。

"人民游说联盟的若干声明"

1929 年,反垄断联盟执行秘书本杰明·马什邀请杜威出任该联盟主席一职,杜威表示,如果该组织能够更名为人民游说联盟——与其使命以及"为人民而战;披露事实"的口号相一致的名称,他便同意就职。这一要求得到了董事会的同意,于是杜威成为新一届主席,任期为 1929—1936 年。③

直到 1931 年 5 月,人民游说联盟在开始出版《人民游说联盟公报》(People's Lobby Bulletin)时才有了自己正式的出版机构。因此,杜威担任主席期间早期发表的声明都作为新闻稿刊登在《纽约时报》上。虽然人民游说联盟的这些声明都以杜威的名义发表,但是杜威和马什的通信表明:它们是集体的成果,有几份声明很显然是马什起草而由杜威签名的。1 月 11 日,杜威在给马什的信中写道:"我附上了草稿——您如果对措辞有任何建议,当然可以进行修改。"④ 3 月 12 日,"我附上了一份声明——也许请您先来准备,我再签名,这样可能会更好些"。⑤

1929 至 1930 年,《纽约时报》(NYT)共刊登了七篇署名杜威的声明:《游说团体调查明日开始》,1929 年 10 月 14 日,第 19 页;《抨击收入差距》,1929 年 12 月 26 日,第 28 页;《敦促国会救济儿童》,1929 年 12 月 30 日,第 19 页;《要求联邦政府出资援助失业者》,1930 年 5 月 12 日,第 35 页;《要求胡佛总统对失业问题采取行

---

① 杜威致奥托的信,1930 年 12 月 4 日,奥托文集。该打字稿收录在奥托文集里。

② 《马克斯·奥托在告别宴会上向塔夫茨博士致敬。约翰·杜威和耶鲁大学的安吉尔(Angell)寄来问候函》(Max Otto Honors Dr. J. H. Tufts at Farewell Banquet. John Dewey and Angell of Yale Send Their Greetings),《魔力红日报》(Daily Maroon),芝加哥大学,1930 年 12 月 11 日,第 1,4 页。

③ 参见马什:《人民的说客:五十年记录》(Lobbyist for the People: A Record of Fifty Years),华盛顿特区:公共事务出版社,1953 年,第 88 页。

④ 杜威致马什的信,1929 年 1 月 11 日,马什文集,手抄本区,美国国会图书馆。

⑤ 杜威致马什的信,1929 年 3 月 12 日,马什文集。

动》,1930 年 7 月 21 日,第 17 页;《需要 20 亿美元失业救济》,1930 年 10 月 26 日,第 1 栏,第 21 页;《人民游说联盟反对美国向古巴提供食糖贷款》,1930 年 11 月 24 日,第 10 页。① 《要求胡佛总统对失业问题采取行动》一文于 1931 年 8 月在《国会文摘》(Congressional Digest)(DC)中再次发表,题目变为"美国是否应该实行强制性失业保险制度?"。NYT 省略掉的关于收入数据的三段内容被 CD 版刊登了出来,而前者简单的结尾段则被后者省略掉了。由于 NYT 版和 CD 版很可能都源自人民游说联盟的同一篇新闻稿,所以本版将二者加以合并:本版使用 NYT 版为原稿,将 CD 版增加的内容予以合并,但只有一处例外:与其他声明的标题一样,本版保留了 NYT 版的标题。

"独立政治行动联盟的若干声明"

526　　1929 年 9 月 8 日,独立政治行动联盟(LIPA)成立,杜威成为第一任主席。② 该联盟希望在共和党民主党以外提供另外一个可供选择的党派。与在人民游说联盟工作时一样,作为 LIPA 的主席,杜威仍然在《纽约时报》发表政治声明。很可能与他在人民游说联盟同本杰明·马什合作的方式一样,杜威的这些新闻稿是与 LIPA 执行秘书霍华德·威廉姆斯(Howard Y. Williams)共同完成的,但却没有直接证据表明该做法是否存在。然而,威廉姆斯曾被授权以杜威的名义写信,③因此可以推测出这些新闻稿是合作的结果。

　　1929 至 1930 年,《纽约时报》(NYT)共刊登了四篇署名为杜威的声明:《约翰·杜威指责主要政党》,1929 年 10 月 14 日,第 2 页;《杜威支持弗拉杰克》,1930 年 9 月 15 日,第 16 页;《杜威请求诺利斯领导新党》,1930 年 12 月 26 日,第 1 页;《杜威支持农民》,1930 年 12 月 28 日,星期日,第 1 栏,第 20 页。1931 年 1 月,《独立政治行动联盟新闻公报》(News Bulletin of the League for Independent Political Action)(NB)再次发表了《杜威请求诺利斯领导新党》一文,题目变为"联盟挑战反对党"。本版使

---

① 来自《纽约时报》的参考文献均为城市完整版的胶片缩微文献,社会研究区,莫里斯图书馆,南伊利诺伊大学卡本代尔分校。
② 参见《本地自由党计划成立一反对党;杜威教授出任全国性团体主席》(Liberals Here Plan an Opposition Party; Prof. Dewey Heads National Organizing Group),《纽约时报》,1929 年 9 月 9 日,第 1 页。
③ 杜威致威廉姆斯的信,1931 年 5 月 29 日,威廉姆斯文集,档案和手抄本区,明尼苏达州历史学会,圣保罗,明尼苏达州。

用 NYT 版作为原稿。因为杜威不太可能为 NYT 版或 NB 版提供标题,所以与其他声明一样,本版保留了 NYT 版的标题。

凯瑟琳·普洛斯

《道德的三个独立要素》

1930 年 11 月 7 日,杜威在巴黎被授予荣誉博士之际,在法国哲学会发表了讲话,该讲话首次发表时为法语,以"Trois facteurs indépendants en matière de morale"为题,刊登于《法国哲学会简报》,第 30 期(1930 年 10—12 月),第 118—127 页。由夏尔·塞斯特翻译,后面附上了讨论内容,其中杜威的发言为解释翻译,第 127—133 页。由于没有英文版,该讲话和讨论由乔·安·博伊兹顿从法语翻译成英文,以"Three Independent Factors in Morals"为题,刊登在《教育理论》,第 16 期(1966 年 7 月),第 198—209 页。莱昂对杜威和该讨论的介绍也翻译成了英文,收录于本版附录 5 中。

在杜威该讲话的英文译本于 1966 年发表以后,在南伊利诺伊大学卡本代尔分校莫里斯图书馆的"杜威文集/特别馆藏"中,发现了一份 13 页的打字稿,题为"道德冲突和道德的独立变量"(Conflict and Independent Variables in Morals),日期不详,题目和所有的改动都是杜威亲笔所作。该打字稿(TS)的第 1—5 页使用的是质量很差的打字纸,没有水印;而第 6—13 页使用的是有"Legion Bond"水印的打字纸,这两部分使用的也不是同一部打字机。

TS 的第一部分,即第 1—5 页,以标注了删除符号的"p. 12"开头,它下面是标注了删除符号的一行文字,再往下是第二行。它是模糊不清的,因为上面覆盖了与其内容一样的文字,这是第一行清晰的文字,也是全页的第三行。杜威手写的标题"道德冲突与道德的独立变量"位于有标记的那两行文字之上。被删除的内容和不清晰的内容是:"明确地出现在康德及其追随者的思想中。在受到德国影响以前,英国主导的道德思想是美德这一概念。"这些话显然是紧随着前一页或几页的内容,而后者已不知所踪。很可能如杜威向贺瑞斯·S·弗利斯(Horace S. Fries)所说,它们被对方留下或被拿去重打了,它们是"关于道德的独立变量的,是二十六七号为我所在的一个小型哲学俱乐部"[①]所写的一篇论文。

第二部分,即第 6—13 页,是杜威于 1930 年在法国哲学会发表讲话的部分内容,

527

---

① 杜威致弗利斯的信,1933 年 12 月 26 日,弗利斯文集,威斯康星州历史学会,麦迪逊,威斯康星州。

上面有一些对法语译文进行修改的墨迹。可以推测出：这是杜威重打后带去巴黎的最终稿的一部分、塞斯特进行翻译的原文。除了法语版中这些修改的墨迹以外，TS版中还有使用其他墨水和铅笔所作的改动。TS版的第13页使用的是有Legion Bond水印的打字纸，开头两行是法语文章的结尾，但其余部分使用的却是与第1—5页相同的打印机。

因为标题和全部13页文字中有许多铅笔所作的修改，并且第13页使用了与第1—5页相同的打字机，所以TS版的《道德冲突和道德的独立变量》很可能是一篇尚未完成的草稿，是杜威为了写一篇新文章而将两篇原本独立的文章加以合并和修改的产物。因为这篇文章既未完成，也未发表，所以无法确定这篇TS版的时间；但是，很显然，这些修改是在1930年以后。

本版使用的原稿是《教育理论》198.32至201.20的英文译本（本卷279.2 - 283.6），以及杜威TS版第6—13页的内容（本卷283.7至文章结尾）。本版所有的修改都借鉴了TS版。

杜威在TS版中用铅笔所作的修改，显然是为了使打算添加但却没有完成的第3—16页后来的内容与第1—5页的内容结合起来。这些修改本版没有采纳。同样地，杜威做标记的段落或词语，本版也没有记录。"《道德的三个独立要素》的修改"只涉及那些确定为杜威为巴黎讲话在原始草稿上所作的修改。TS版与翻译版之间存在的标点符号差异没有做标注，它们属于译者的工作范畴，是翻译过程中因措辞而产生的微小变动。①

乔·安·博伊兹顿

---

① 本卷版本确定的依据是弗雷德森·鲍尔斯（Fredson Bowers）的《文本的校勘原则和程序》（Textual Principles and Procedures），《杜威晚期著作》，第2卷，第407—418页。

校勘表

除后文将提到的形式改动部分，本校勘表包含了本版编者对原稿所作的所有实质性和非实质性校勘。其中，有 21 篇文章因无任何校勘而未出现在本表中。针对每篇文章，编者首先指出了文章的原稿版本，然后列出了文章中出现的所有校勘；对于印数仅为一次的文章，校勘表中将不出现原稿版本的缩写。对于每一条校勘，位于最左边的数字是校勘所在的页码与行数，页头书名行不计入总行数；页码与行数之后便是本卷版本用词，然后是一个方括号，方括号后面是校勘首次出现时所在版本的缩写。

字母"W"（Works）指本版首次出现的校勘，字母"WS"（Works Source）指来自杜威所引用文献原文的校勘，这些校勘恢复了文献原文的拼写、大写以及一些必要的实词（请参见"引文中的实质性异读"）。

在涉及标点符号的校勘中，弯曲的破折号"～"指与方括号前的词语相同；下标符号"‸"指没有标点符号；缩写"[om.]"指方括号前的词语在原版本或重印版本中被省略；"[not present]"指括号前的词语没有出现在原稿中；缩写"[rom.]"的意思是罗马字体，指斜体被省略；缩写"[ital.]"的意思是斜体，指罗马字体被省略；带版本缩写的"Stet"符号指从后来的修订版本中获得的实质性异读，分号后面是被替换掉的异读；页码和行数前方带有星号"＊"，则说明《文本注释》对该异读进行了讨论。

本版编者还对全书作出了以下形式的改动：

1. 杜威在同一篇文章或章节里所作的脚注，编者为其加上了连续的上标数字；加星号的脚注由编者所作。

2. 书名和期刊名以斜体表示；期刊名中的"the"字以小写形式出现；文章名和章

节名以双引号表示。编者在必要的地方补充并添加了书名和刊物名。对于
杜威没有清楚标明出处的地方,编者对它们进行了形式上的统一。必要时,
所有缩写均被规范化。

3. 句号与逗号均出现在引号里面。除引文内的单引号,所有单引号均被改成双
引号。此外,编者还在必要的地方补充了缺失的引号。

4. 所有连字均被拆开。

5. 在《新旧个人主义》一文中,章节标题前的统一章名(即"新旧个人主义")均由
阿拉伯数字所取代。

以下是本版编者所作的拼写校勘,括号前是本文的拼写,括号后是规范前的
拼写:

although〕 altho 315.21 – 22, 317.17

centre(s)〕 center(s)70.40, 71.30, 72.10, 74.33, 93.18, 96.1, 263.23, 275.30,
290.40, 294.24, 295.18, 300.8, 306.13, 313.5, 315.38, 316.36, 317.4, 317.5,
321.13, 321.33, 321.34, 322.26, 348.23, 353.9

cooperate (all forms)〕 coöperate 23.39, 31.20, 71.11, 83.3, 84.25 – 26, 104.29,
105.28, 115.14, 170.11, 324.25 – 26, 341.34 – 35, 405.33

cooperate (all forms)〕 co-operate 152.23, 155.11, 318.33, 318.35, 348.5

coordinate (all forms)〕 coördinate 69.31, 97.32 – 33, 98.7 – 8, 237.27 – 28, 238.
9, 238.19

meagre〕 meager 106.17, 255.18, 324.12

preeminently〕 preëminently 243.3

pre-scientific〕 prescientific 119.34

reenforce〕 reënforce 10.1, 35.6

reexamine〕 reëxamine 118.3

role(s)〕 rôle(s) 16.29, 23.24, 27.25, 89.13, 158.8, 171.34. 172.18, 229.6,
233.37, 239.31, 248n.2

subject-matter〕 subject matter 31.19 – 20

surprising〕 surprizing 312.29, 313.11

《教育科学的源泉》

范本是《教育科学的源泉》(纽约:贺瑞斯·利夫莱特出版社,1929 年)的首印
版本。

5.6	recognized〕 W; recorganized
10.31	requires〕 W; requiries
11.18	measurements〕 W; measurement
11.18	interpreted〕 W; interperted
17.2	scientific results〕 W; the results of scientific results

18n.1	W. ∧ and D. S.,] W; W., and D. W. ∧
19.30	alertness] W; altertness
24.26	participation] W; particiation
25.30	pedagese] W; pedageese
29.32	within] W; with
39.13 – 14	able to rectify] W; rectify

《新旧个人主义》

范本是杜威发表在《新共和》(简称 NR 版)上的系列文章,包括:《一座自我分裂 *531*
的房屋》,发表在第 58 期(1929 年 4 月 24 日),第 270—271 页;《程式化之"美国"》,发
表在第 60 期(1929 年 12 月 18 日),第 117—119 页;《公司化之美国》,发表在第 61 期
(1930 年 1 月 22 日),第 239—241 页;《失落的个人》,发表在第 61 期(1930 年 2 月 5
日),第 294—296 页;《向新个人主义迈进》,发表在第 62 期(1930 年 2 月 19 日),第
13—16 页;《资本社会主义还是公共社会主义?》,发表在第 62 期(1930 年 3 月 5 日),
第 64—67 页;《文化危机》,发表在第 62 期(1930 年 3 月 19 日),第 123—126 页;《今
日之个性》,发表在第 62 期(1930 年 4 月 2 日),第 184—188 页。该系列文章后作为
《新旧个人主义》(纽约:明顿-鲍尔奇出版公司,1930 年)(简称 ION 版)一书重新出
版。以下校勘包含了 ION 版中所作的校勘。

45.1	It is] ION; [¶] More than one person, in reading the Lynds' "Middletown," has been struck by the number of connections in which some large part of the population of that town finds itself "bewildered" or "confused." The appropriateness of this state of mind to American life today, this cross-section makes evident. It is
45.1	a commonplace] ION; commonplace
45.6 – 10	In such ... us.] ION; That focus of American life called "Middletown" gives vivid freshness and fullness to this commonplace.
45.22	our rugged] ION; rugged
45.27	class] ION; class being
46.22	assertion] ION; the assertion
48.1	certain] *stet* NR; contain
48.6 – 7	a statement from the pulpit] ION; the statement
48.12	what we at least] ION; at least what we
48.16	they must] ION; must
48.25	them∧ in] ION; ∼, ∼
48.30 – 31	beliefs. [¶]With] ION; beliefs. [¶] Of one thing I feel quite sure. It is not true that machinery is the source of our troubles.

532

The machine supplies means, tools, agencies. It opens opportunities for planning and extends the ability to realize such ends as men propose. If we do not plan, if we do not use machinery intelligently on behalf of things we value, the fault lies with us, not with the machine. This fact under-lies, I suppose, the contradiction in our life: with

48.34   to employ] ION; to direct and employ
48.34   disposal ... society.] ION; disposal.
48.35 – 49.26   abdication. It ... recognition.] ION; abdication. There is a strain of fear running through American life which controls our activities to an untold extent. We dare not act lest we upset something. This state of fear will, presumably, endure until we begin to plan our living in a systematic and collected way, which means of necessity a collective way.

What stands in the way is not a machine age, bue the survival of a pecuniary age. The worker is tied helplessly to the machine, and our institutions and customs are invaded and eroded by the machine, only because the machine is harnessed to the dollar. We cling to old creeds, and we profess ideas and sentiments that have no real hold on our living activities, because a regime of pecuniary profit and loss still commands our allegiance. In this fact the contradictions of Middletown, that is, of Anytown, come to a unity. The cults and rites, the folkways and folklore, of a money culture form the patterns of our life, and in them alone our industrial practices and our sentimental ideals and theories harmo niously agree. Not till we have questioned the worth of a dominantly money-civilization shall we have a religion that is more than sentimental and verbal, and achieve an integrated life. This money domination is not peculiarly American; it is our chief institutional inheritance from the old world. Its evils are more acute with us just because we, more than other peoples, have command of the instruments and the technology with which to create, if we will, a new civilization.

50.9   may not have] ION; have not
50.12   among] ION; upon
50.28   probably] ION; likely
51.4   of helping] ION; in helping
51.19   in the rest of] ION; over
533 51.27   of itself] ION; to itself
51.36   will have reserves] ION; have many reserves
51.36   their] ION; our
51n.2   1929.] ION; 1929; price $5.00.
52.1   picture] ION; picture of it

52.3 - 4	Nevertheless, it is worth while] ION; But I propose
52.4	the question] ION; some questions
52.5	as yet] ION; yet
52.6	are alleged to be] ION; are
52.24 - 25	and, finally, standardization] ION; and standardization
52.30	have] ION; has
52.31	their] ION; its
52.31	souls. Homogeneity] ION; souls and made homogeniety
52.32	emotion has become] ION; emotion
52.36	their effects] ION; they
52.37	matters] ION; conditions
53.3	the force of the indictment] ION; its force
53.5	our life] ION; it all
53.7	result in] ION; result and
53.11	than] ION; from
53.13	final. He recognizes] ION; the last word, as well as the fact
53.15	through them] ION; through it
53.15 - 16	transcend them] ION; transcend it
53.18	In reply ... say] ION; My comment is
53.21	history. And] ION; history, and
53.32	reveal a] ION; reveal the
53.37	And the] ION; And these
54.19	corruption] ION; a corruption
54.19 - 20	and degeneration] ION; and a degeneration
54.20	spirit] ION; mind
54.29 - 30	was ... proletarian] ION; the peasant and proletariat had
54.33 - 34	immediately ... discrimination] ION; immediately
54.37	destroying — it] ION; destroying — the power of critical discrimination, it
54.37 - 38	the ineptitude of the many] ION; their ineptitude
55.10 - 11	has suffered from] ION; has from
55.13	the ends] ION; those
55.22	use] ION; general use
55.22 - 23	only signify] ION; signify only
55.23	and emancipation on] ION; and on
55.24	has obtained] ION; anything obtaining
55.31	man] ION; men
55.31 - 32	enrichment] ION; ability
56.9	an independent] ION; a revolutionary independent
56.10	technology ... revolutionary.] ION; technology. Confusion is the inevitable result.
56.13 - 57.8	Until ... culture.] ION; [*not present*]
58.2	long ago] ION; a long time ago
59.12	These] ION; they

534

59.17   is] ION; may be
59.28 - 30   The political ... form.] ION; [*not present*]
59.31   For the forces] ION; The forces
59.38   eighty per cent] ION; 80 percent
60.1   twenty per cent] ION; 20 percent
60.5 - 6   rehearsal. For my purpose is] ION; rehearsal for my purpose, which is
60.8   the change] ION; it
60.14   agriculturists] ION; agriculturalists
60.16   manufactures] ION; manufacturing
60.20   influence] ION; reaction
60.22   upon ... country] ION; upon country
60.38 - 61.2   The status ... corporate.] ION; [*not present*]
61.4   culture: —] ION; ~,
61.14   Critics] ION; Individuals
61.27   exceptions, to be found in] ION; in a collective direction
61.36   need for] ION; needs of
62.7   toward collective ends] ION; in a collective direction
62.12   promotion] ION; promoting
62.18   Hence] ION; But
62.39   a still greater amount] ION; still greater amounts
63.36 - 64.7   "Prosperity" ... scale.] ION; [*not present*]
64.10 - 11   are set ... out] ION; were set out only to call forth
64.32 - 38   age. [¶] It is ... individuals. If] ION; age. Whatever chaos and lawlessness prevail on one side, and mechanical and quantitative uniformity on the other, are, nevertheless, the chaos and the mechanization of a new and unparalleled situation, because they are marks of a society which is extensive externally and complexly and delicately interdependent internally. If
64.40 - 65.1   type. [¶] Meanwhile] ION; type. Meantime
65.4 - 16   Hence only ... himself.] ION; Action and reaction are still equal and in opposite directions.
66.14 - 15   carried] ION; carried on
67.6   stability] ION; stay
67.7   or direction] ION; and direction
67.21   but the crowd] ION; but that
67.24   the actions] ION; their acts
67.27   fulfillment] ION; fullfilment
67.37   trait] ION; feature
67.37 - 38   life, economically speaking, is] ION; civilization is
67.38 - 68.20 It is tragic ... recent days.] ION; This affects the small merchant and the farmer as well as the day laborer. Fear of loss of employment, of economic damage, of old age, for oneself and one's family, is so general that men live in a state of precarious

anxiety. The orgy of the recent stock market is a natural product of a blind hope of finding some way of escape from a hemmed-in life. Where all is uncertain, why not take a chance of turning uncertainty to account? If I dwell upon the element of insecurity in modern life, it is because, in spite of all that is written about unemployment, its emotional and mental effect does not seem to me to have begun to receive the attention it deserves. It is hopeless to look for mental stability and integration when the economic bases of life are unsettled. That the very technological forces which make for consolidation and corporateness are so disturbing to the peace and security of individuals is, it seems to me, an apt symbol for the split which I am trying to point out.

68.30   such ... phenomena] ION; phenomena which are on such a pathological scale

68.30 – 34   Feverish love ... cause.] ION; [*not present*]

68.40 – 69.1   wide ... testifies] ION; current professions testify

69.31   corresponding] ION; such

69.32 – 70.5   The growth ... individual.] ION; [*not present*]

70.6   The loss ... region] ION; If I have spoken of the lost individual from the economic point of view, it is

70.37 – 71.18   I do not ... simulation.] ION; [*not present*]

71.33 – 72.9   life. [¶] Religion ... soul. [¶] Aside] ION; life. [¶] So little is this true of the present, that, there are those who urge that in order to obtain a recovery of a sense of a center and totality in life, we must begin with a regeneration of religion in the individual consciousness. But aside

73.10   through] ION; in

73.10   get their bearings] ION; find themselves

73.11 – 74.40   Conspicuous ... potentialities.] ION; [*not present*]

75.1   Instances] ION; I have not touched upon the more conspicuous phases of the contemporary scenethe relaxation of traditional moral codes, the frantic search for amusements, the combination of multiplication of laws with free and easy law-breaking, the disintegration of the traditional household as the focus of civic order, the passing of the institution of stable marriage, and so on. These instances

75.2   that] ION; which

75.3 – 4   blind ... them] ION; are superficial symptoms of deeper disorder

75.4   groping] ION; blindly groping

75.6   direction. The] ION; direction, because the

75.15   age] ION; corporate age

75.17   seems. If] ION; seems, more negative than positive. If

75.22   might] ION; would

75.24   would] ION; could

536

75.25 – 76.26	I do not ... liberalism.] ION; [*not present*]	
77.5	ideals] *stet* NR; ideal	
77.5	values of an individualism] ION; values	
77.11 – 25	This moral ... individual.] ION; [*not present*]	
77.28	liquefied] ION; also liquefied	
78.19	release ... man's] ION; release man's	
78.20	wants.] ION; wants from legal restrictions.	
78.35	change to any other] ION; any change to another	
79.7	Crothers, whose words] ION; Crothers∧ in words which	
79.25 – 26	eagerness ... opportunity.] ION; eagerness.	
79.35	such] ION; to such	
80.1	comfort∧ and of] ION; comfort, together with	
80.13	and a sapping] ION; and sapping	
80.26 – 27	remaking ... individual] ION; remaking the individual	
80.29 – 30	the restriction ... to] ION; its restriction to	
80.30	in the] ION; by the	
80.33	an extension] ION; the extension	
81.3	mentality] ION; their mentality	
81.3 – 4	personal] ION; their	
81.8	the imaginative] ION; their imaginative	
81.9 – 15	This fact ... revolt.] ION; [*not present*]	
81.17	confusion] ION; resulting confusion	
81.32	consensus] *stet* NR; censensus	
82.6	whatever is] ION; the	
82.8	suggestions] ION; suggestion	
82.20 – 83.4	There are ... others.] ION; [*not present*]	
83.6	which] ION; that	
83.12	has] ION; had	
83.16	agreements that spring] ION; agreement that comes	
83.23	an explanation ... conformity] ION; a like explanation	
83.36 – 37	but they are also] ION; but at the same time they are	
84.2 – 23	conscience. As ... organization. [¶] For the chief] ION; conscience. Partly, however, they are prophetic of a type of mind already in process of formation, but still lacking the organic character that will enable it to manifest itself in ordinary human relationships outside of relief and assis-tance. [¶] The chief	
84.28 – 29	once more] ION; for example	
84.34	clamor] ION; the clamor	
85.9	the few] ION: a few	
85.25	is created] ION; is now to be created	
86.3	is an] ION; is henceforth an	
86.12	can] ION; has to	
86.12	only ... all] ION; which uses all	
86.13 – 14	the physical] ION; physical	

537

86.14 – 89.20　forces ... consciousness.] ION; forces as means to attain truly human ends. As long as we retain the older individ ualistic philosophy, our purposes will not be framed out of the positive consequences of even our industrial activity; nor will our means be based upon acknowledged possession of the techniques by which a meed of success has been attained in the material field. Only when we begin to use the vast resources of technology at our command as methods to achieve purposes that are avowedly social, will there be an approach to a new individual, an individual as much related and unified as the present indiviual is divided and distracted.

The nature of a newly emerging individualism cannot be described until progress has been made in its actual creation; but neither shall we make a start in this creation until we surrender the habit of opposing the corporate and social to the individual, and until we realize that the utmost in socialism will effect only a restandardization of an almost exclusively material culture, unless it be accompanied by the instituting of a new type of individual mind. Technology, taken in its broadest sense, offers an answer to our problem. It furnishes us with means that may be utilized in transform-ing the forces of our industrialized society into factors in producing individuals who are not only possessed of material goods, but also equipped with a high quality of desire and thought.

90.13 – 15　continues ... matters.] ION; still nominally proceeds on the assumption that this very illusion can be accepted as a fact.

90.24　this period] *stet* NR; the period　　　*538*

91.7　develop] ION; use

91.10　need for] ION; need of

91.19 – 22　An intelligent ... income.]ION; [*not present*]

91.39　domination] *stet* NR; denomination

92.13　election of 1928] ION; last election

92.36　one‿] W; ~-

93.5 – 7　Moreover ... managed.] ION; [*not present*]

93.35 – 36　accumulation and concentration] ION; concentration and accumulation

93.37　suggest] ION; me to define

93.38　influenced] ION; invaded

94.9　already have] ION; have

94.33 – 36　The policy ... taking.] ION; [*not present*]

95.10　at which] ION; on which

95.19 – 96.2　Political ... struggle.] ION; [*not present*]

96.3　A chapter is devoted] ION; I have not devoted one of this serise of articlse

96.3 – 4　not ... supposed] ION; because I think that

96.5	But it] ION; It
96.9 – 10	law and political discussion] ION; law
96.12	individual who is] ION; individual
96.14 – 15	by apprehension of] ION; to apprehend
96.15	industry] ION; public control of industry
96.15 – 23	finance as ... formed.] ION; finance, and to give those realities a chance to expel from his mind the debris of lingering aversions, centering usually about the word socialism, and of outmoded affections.
96.25	The chief] ION; But perhaps the chief
97.1	current disorganization] ION; confusion
97.4	so politically] ION; as politically
97.5 – 6	stock-market crash of 1929] ION; recent stock-market crash
97.31	finally growing] ION; growing finally
98.2	were] ION; were to be
98.13 – 23	While ... individuality.] ION; [*not present*]
100.1	And ... with] ION; I should not hesitate to refer to
100.2	ages] ION; ages in the same connection
100.12	a question] ION; the question
100.12	as] ION; with reference
100.19	not] ION; but not
100.39	The cultural] ION; Thus, the cultural
100.40	is a] ION; becomes
100.40	cultural one] ION; cultural
101.1 – 22	It ... possibilities.] INO; [*not present*]
101.30	India,] ION; [*not present*]
101.31	Middle Ages] W; middle ages
101.31	or] ION; or to
101.34 – 37	impossible, ... machine.] ION; impossible.
102.4 – 5	creation of a mind] ION; mind
102.25	systematic attention] ION; attention
102.28 – 29	producing] ION; the formation of
103.2	an adult society∧] ION; adult society,
103.15	the last] ION; last
103.20	that exists] ION; it induces
103.25 – 38	I can ... "exciting."] ION; [*not present*]
104.8 – 14	It ... engaged.] ION; [*not present*]
104.14	do] ION; did
105.4	must] ION; have got to
105.6	and cultural] ION; or cultural
105.7 – 18	The conception ... employed.] ION; [*not present*]
105.34 – 106.6	For then ... gain.] ION; [*not present*]
106.24	have] ION; has
106.26	a culture] ION; culture

539

106.28	a superficial] ION; superficial
106.28	success] ION; successes
107.1	inquirers] ION; inquiries
107.9	control] ION; the control
107.10	A humane society] ION; It
107.12	Such a society] ION; It
107.14 – 19	"Soluions" ... fruition.] ION; [*not present*]
107.23	having] ION; with
107.35 – 36	the creation of] ION; creating
107.38 – 39	converge] ION; inevitably converge
108.3	is a] ION; is also a
108.8 – 22	The "clerk" ... meaning.] ION; [*not present*]
108.32	at least one] ION; one
109.18 – 19	existing] ION; outward
109.19	as if ... static] ION; [*not present*]
109.31 – 110.22	It was ... minds.] ION; [*not present*]
111.2	foregoing chapters] ION; present series of articles
111.6	indicated.] ION; indicated in the preceding articles; and
111.8	attention to] ION; accepting
111.12	be] ION; be like
111.18	have indeed] ION; have
111.21	both evils] ION; evils
111.26	that the good life] ION; that life
112.2	into] ION; to
112.2 – 3	actual] ION; real
112.3	nor ... with] ION; or to
112.4	realization of ideals] ION; realization
112.11	in attention to] ION; to our interest in
112.12	actualities] ION; actuality
112.23	interaction] ION; participating interaction
112.23 – 24	an integrated being] ION; their integrated individuality
112.34	that were] ION; to be
112.34	existing] ION; were existing
112.35 – 113.9	theirs. The ... now. [¶] To-day] ION; theirs. But
113.9	no] ION; now no
113.9	provide] ION; make possible
113.15	dreams, ... abnegation.] ION; dreams.
113.23	civilisations] WS; civilization
113.26	that] ION; which
113.33 – 114.3	science. That ... possibilities] ION; science. It is not too much to say that wholesale condemnations of contemporary conditions have been produced, in all ages, by the idealization into eternal verities of just those things which contemporary life was dooming to extinction. The inevitable outcome is that the possibilities

540

114.4	its] ION; that its
114.5 – 115.4	In reading ... foundation.] ION; [*not present*]
115.4	Even] ION; [¶] It is silly to suppose that our present evils are caused by the application of science. We have not begun to assimilate its attitude and method into daily life. Even
115.4	are∧] ION; ∼,
115.4 – 5	there ... which] ION; the element in them that best
115.5	foreshadows,] ION; ∼∧
115.5	if its ... out,] ION; [*not present*]
115.6	age] ION; age is to be discovered in science
115.6	it looks] ION; its attitude, wherever it is vital, looks
115.8 – 9	experience. [¶] No] ION; experience. For no
115.27	who strive] ION; strive
115.31	constitutes the] ION; would exhibit the sort of
115.36	If it ... it] ION; Incorporated into integrated individuals it
116.11 – 12	whatever] ION; what
117.1	To ... emotional] ION; The
117.1 – 2	and moral ... to] ION; of economic forces
117.3	leave] ION; merely leaves
117.3	inhuman] ION; [*not present*]
117.3	region∧] ION; mid-region,
117.3	where they] ION; to
117.4	private] ION; inhuman
117.6 – 8	There ... it] ION; It is thus itself an inhuman device,
117.8	interest] ION; interest, indeed, not
117.8	personal] ION; pecuniary profit, but of private
117.9	complacency, private dignity,] ION; complacency
117.10	Every] ION; Moreover, every
117.11	outlook on] ION; temper of
117.11	life ... on.] ION; life.
117.11 – 118.2	No one ... long] ION; This is as true of the fatuous occupations that treat science, art and religion as ends in themselves as it is of those which surrender to the materialistic implications of pecuniary industry. The choice is whether an occupation does its work blindly or under intelligent direction. Refusal to acknowledge actual conditions is a way of encouraging our occupations, whatever they may be, to operate fatally. Acceptance of science does not mean recognition of this and that curious fact; acceptance of the machine does not mean subjection to its present effects. Acceptance is the first stage in active choice and in endeavor for the realization of new possibilities. [¶] We are largely preoccupied at present with the negative, the destructive, effect of science upon beliefs that custom has made dear. As long

541

118.2	remain] ION; are
118.3	values] ION; ideals
118.4	its negative] ION; that
118.13 – 14	law. [¶] Because] ION; law. Because
118.17 – 24	The delights . . . out.] ION; [*not present*]
118.26	experiences] ION; also experiences
119.4	frictions] ION; functions
119.22	concerns] ION; concern
119.22	The current] ION; There are too many illustrations to permit of citation. But the current
119.23	is, for example,] ION; is
119.24 – 34	Their . . . terms.] ION; Here, as in the case of so many social difficulties, we shall make no headway until scientific inquiry and human sympathy have coalesced.
119.34	This] ION; Our
120.7 – 18	It . . . civilization."] ION; [*not present*]
120.23	becomes] ION; becomes more
121.15	course of easy] ION; easy course of
121.20	these forms] ION; these
121.36 – 37	without relation] ION; in relation
122.4 – 5	of other things] ION; [*not present*]
122.13 – 15	if kept . . . assumes] ION; implies both
122.15 – 16	individual . . . exists.] ION; individual.
122.17	has said] ION; said
122.21	providence] WS; Providence
122.37	road-side] WS; road-/side ION; roadside NR
123.1	in the] ION; at the
123.2	at which] ION; in which
123.3	by thus] ION; thus by

542

《创造与批判》

范本是编号为 A22901 的版权收藏本(纽约:哥伦比亚大学出版社,1930 年)。

132.39	today?"] W; ～?'
133.6 – 7	∧"progressive] W; ' ' '～
139.16	to-morrow] WS; tomorrow

《从绝对主义到实验主义》

范本首次发表于乔治·普林顿·亚当斯和威廉·佩珀雷尔·蒙塔古所编的《当代美国哲学:个人声明》(伦敦:乔治·艾伦-昂温出版公司;纽约:麦克米兰出版公司,

1930 年)一书的第二章,第 13—27 页。

150.24	professional〕 W; pro∧/fessional
*156.4	all,〕 W; ~∧
157.6	discover∧〕 W; ~,
158.19	it is not〕 W; is not
159.33 – 34	imagination〕 W; imagina∧/tion
*159.38	genuine,〕 W; ~∧

《哲学》

范本首次发表于威尔逊·吉所编的《社会科学研究:基本方法与目的》(纽约:麦克米兰出版公司,1929 年)一书,第 241—265 页。

161.24	basis〕 W; basic
168.21	the〕 W; th
169.14	Moral〕 W; Social
175n.1	a Category〕 W; Category

《詹姆斯·马什和美国哲学》

范本是佛蒙特州伯灵顿市佛蒙特大学贝利霍韦图书馆的"杜威文集/特别馆藏"的打字稿(简称 TS 版)。除 TS 版外,还有 3 个版本:乔治·戴奎真打出来的打字稿(简称 D 版),南伊利诺伊大学卡本代尔分校的杜威研究中心有该版本的馆藏,由戴奎真本人提供;发表于 1941 年 4 月《思想史杂志》,第 2 期,第 131—150 页(简称 JHI 版),该版本的印刷原稿是 D 版本;发表于《人类的问题》(纽约:哲学书库,1946 年)第 357—378 页(简称 PM 版)。以下是本版所作的校勘,其中融合了上述所有 4 个版本的校勘。杜威在 TS 版本中所作的修订,参见"对《詹姆斯·马什和美国哲学》的修订"。

178.1　　　James Marsh and American Philosophy〕 W; JAMES MARSH AND AMERICAN PHILOSOPHY PM; JAMES MARSH AND AMERICAN PHILOSOPHY * ... * Lectore delivered at the University of Vermont, November 26, 1929, in commemoration of the centenay of the publication of James Marsh's "Introduction" to Coleridge's *Aids to Reflection*. JHI; THE MARSH LECTURE/by/John Dewey/Professor of Philosophy/Columbia University/Burlington, Vermont/November 26, 1929// A Lecture Delivered/at the/University of Vermont/in/Commemoration of the Centenary of the Publication/of/James

	Marsh's "Introduction"/to/Samuel Taylor Coleridge's "Aids to Reflection" D; [*not present*] TS
178.2	1831∧ and 1832∧] TS; ∼, ∼, D, JHI, PM
178.3	Burlington, Vt.] PM; this University town D, JHI, TS
178.4	there] PM; in Burlington, Vermont, D, JHI, TS
178.6 – 7	*Aids to Reflection, The Friend* ∧ and *The Statesman's Manual.*] PM, JHI; "Aids to Reflection," "The Friend," and "The Statesman's Manual." D; Aids to Reflection, The Friend∧ and The Statesman's Manual. TS
178.7	well∧ known] TS; ∼-∼ D, JHI, PM
178.8	Marsh.] PM; Marsh, and it is the Centenary of its publication that brings us together to-day. JHI, D, TS
178.9	Romantic] TS, D; romantic JHI, PM
178.10	it] PM, JHI, D; It TS
178.12	to-day] TS, D, JHI; today PM
178.18	Teutonic] PM, JHI; northern Teutonic D; northern, Teutonic TS
178.21	the *North American Review*] PM, JHI; The North American Review D, TS
178.22	for July, 1822, enables] PM, JHI; ∼, ∼ ∧ ∼ D; for [*space for date*] enables TS
178.24	"The modern mind,"] PM, JHI; ∧∼, ∧ D, TS
178.24	"removes] PM, JHI; ∧ ∼ D, TS
178.24	thoughts] *stet* TS, D; thought JHI, PM
178.26	says∧] TS, D; ∼, JHI, PM
178.26	Greeks∧] TS, D; ∼, JHI, PM
178.28 – 179.1	microcosm."¹] PM, JHI, D; ∼". * TS
179.4	materials,] TS; ∼∧ D, JHI, PM
179.6	poet] WS; past PM, JHI, D, TS
179.9	definitely] PM, JHI, D; definite TS
179.10	barbarian] TS; Barbarian D, JHI, PM
179.13	historical] PM, JHI, D; historican TS
179.13 – 14	development∧] TS; ∼, D, JHI, PM
179.14	influence.²] PM, JHI, D; ∼. * TS
179.15	scholarship] PM, JHI, D; scolarship TS
179.15	Marsh] TS, D, JHI; March PM
179.17	Spanish∧] TS; ∼, D, JHI, PM
179.18	Greek∧ and Hebrew∧] TS; ∼, ∼∧ D; ∼, ∼, JHI, PM
179.18	early] PM, JHI; comparatively early D, TS
179.18	date.] PM, JHI; ∼, D, TS
179.18 – 19	This was no mean attainment] W; This was no attainment PM, JHI; no mean accomplishment D, TS
179.19 – 20	since ... facilities] PM, JHI; considering that he never went abroad and the facilities D, TS

544

	179.21	languages∧] TS; ∼, D, JHI, PM
	179.21	an] PM, JHI, D; a an TS
	179.25 – 26	*Critiques ... Reason*] PM, JHI; [*rom.*] D, TS
	179.26	*Anthropology*∧] W; ∼, PM, JHI, Anthropology∧ D, TS
	179.28	worthy of] PM, JHI; interesting to D, TS
	179.28	Marsh's readings] PM, JHI; his readings D; his readins TS
	179.31 – 32	affected∧ of course∧] TS; ∼, ∼, D, JHI, PM
545	179.32	of Coleridge∧] W; of Coleridge, PM; for Coleridge, JHI; for Coleridge∧ D, TS
	179.35	distrust] PM, JHI; own distrust D, TS
	179n.1	*North American Review*,] W; ∼. PM, JHI, D; North American Review, TS
	179n.2	[2]A careful] PM, JHI, D; * ∼ TS
	179n.2	trustworthy] PM, JHI, D; trustowrth TS
	179n.3	by Professor Marjorie Nicolson.] PM, JHI; by M. H. Nicolson of Goucher College. D; by [*space for name*] of Goucher College∧ TS
	179n.3 – 4	entitled "James ... Transcendentalists," in] PM, JHI; ∼ "∼∧"∼ D; entitled [*space for title*] in TS
	179n.4	*philosophical Review*] PM, JHI; *Philosophic Review* D; Philosophic Review TS
	179n.4	1925,] PM, JHI, D; ∼, TS
	180.1	thinking∧] TS; ∼, D, JHI, PM
	180.2	absolves] PM, JHI; absolved D; absolve TS
	180.6	∧ *Aids to Reflection*∧] PM, JHI; "Aids to Reflection" D; ∧ Aids to Reflection∧ TS
	180.8	Aside] PM, JHI, D; Aaide TS
	180.8	penetrating] PM, JHI, D; pentretaing TS
	180.8	insight∧] TS, D; ∼, PM, JHI
	180.8	to-day] TS, D, JHI; today PM
	180.10	antiquarian] PM, JHI, D; antiquarain TS
	180.11	is mainly of historical] PM, JHI; is of historic D, TS
	180.14	century] PM, JHI, D; ccentury TS
	180.14	recall] PM, JHI; reveal D; reval TS
	180.15	before Darwin] PM, JHI; before that of Darwin D, TS
	180.15 – 16	evolutionists; before, indeed,] PM, JHI; ∼, ∼, ∼, D; ∼, ∼ ∧ ∼∧ TS
	180.17	mind; a period] PM, JHI, mind, and D, TS
	180.19	when∧] TS, D; ∼, JHI, PM
	180.21	inner] *stet* TS, D, JHI; own PM
	180.21	was∧] TS; ∼, D, JHI, PM
	180.21	on] PM, JHI; upon D, TS
	180.22	whole∧] TS; ∼, D, JHI, PM
	180.25	Mill says,] PM, JHI; he says, D; he says∧ TS

180.26	be preserved] PM, JHI, D; perserved TS
180.30	it too] PM, JHI, D; it oo TS
180.30	Church] WS; church PM, JHI, D, TS
180.33	tranquillity] TS; tranquility D, JHI, PM
180.34	neither] PM, JHI, D; neother TS
180.35	ideas∧] TS; ~, D, JHI, PM
180.36	Government] TS; government D, JHI, PM
180.38	had a Church,] TS; ~ ∧ D, JHI, PM
180.39	fulfil] WS; fulfill PM, JHI, D, TS
180.39	of a church,] WS; of a Church∧ PM, JHI, D; of a Church, TS
180.40	simulacrum] PM, JHI, D; simuacrum TS
181.3	says∧ "an] TS; says, "An D, JHI, PM
181.6	critic∧] TS; ~, D, JHI, PM
181.9	says∧] TS; ~, D, JHI, PM
181.9	Bentham] PM, JHI, D; Betham TS
181.10	Is] PM, JHI; is D, TS
181.10	asked∧] TS; ~, D, JHI, PM
181.11	meaning?'"] PM, JHI; ~?∧" D, TS
181.15	its] PM, JHI; his D, TS
181.15	Bibliolatry] D; bibliolatry PM, JHI; Bibiolatry TS
181.18	"find"] JHI, PM; "found" D, TS
181.19	one's] PM, JHI; his D, TS
181.21	says∧] TS, D; ~, JHI, PM
181.23	understanding∧] TS; ~, D; Understanding, JHI, PM
181.26	Truth,] WS; truth∧ PM, JHI, D; truth, TS
181.27	Sect or Church] WS; sect or church PM, JHI, D, TS
181.27	Christianity,] TS; ~∧ D, JHI, PM
181.29	which, when] PM, JHI; which D, TS
181.30	affection] PM, JHI; affections D, TS
181.30	men,] PM, JHI; ~∧ D, TS
181.31	assertion] PM, JHI; demonstration D, TS
181.32	Christian] PM, JHI, D; Christain TS
181.32 – 33	*Aids to Reflection*∧] W; ~, PM, JHI; "Aids to Reflection," D; Aids to Reflection∧ TS
181.33 – 34	Marsh; ... that] PM, JHI; Marsh∧ and is the sense in which D; ~, ~ TS
181.36	seventeenth] PM, JHI, D; seventeeth TS
181.38	eighteenth] PM, JHI, D; eighteeth TS
181.38	century∧] TS, D; ~, JHI, PM
181.40	faith] PM, JHI; truth D, TS
182.2 – 3	that of Coleridge] *stet* TS, D; Coleridge JHI, PM
182.5	circumstances] PM, JHI, D; cirucmstances TS
182.5	day,] TS, JHI, PM; ~∧ D
182.5	described] PM, JHI, referred to D, TS

184.7	due$_\wedge$ undoubtedly$_\wedge$] W; $\sim$, $\sim$, PM, JHI, D; due$_\wedge$ undoubt-edlt$_\wedge$ TS	*548*

184.7   himself, but] PM, JHI, D; himself. But TS

184.8   part, to] PM, JHI; part it was due to D, TS

184.12 – 13   had$_\wedge$ in addition$_\wedge$] TS, D; $\sim$, $\sim$, JHI, PM

184.18   nor] PM, JHI; or D, TS

184.21 – 22   Dr. Nicolson has] PM, JHI, D; Dr. [*space for name*] has TS

184.22   he was] *stet* TS; he, as D, JHI, PM

184.23   least$_\wedge$] TS; $\sim$, D, JHI, PM

184.26   did not reach] PM, JHI, D; not reached TS

184.26   an] PM, JHI; a full and D, TS

184.30 – 31   universe$_\wedge$] TS; $\sim$, D, JHI, PM

184.31   Formulae] TS, D; Formulas JHI, PM

184.34; 186.9, 20; 187.31; 188.8, 20   Aristotelian] PM, JHI, D; Aristotleian TS

184.34   Kant,] TS; $\sim_\wedge$ D, JHI, PM

184.36   involves$_\wedge$ unfortunately$_\wedge$] TS; $\sim$, $\sim$, D, JHI, PM

* 184.39   influenced] *stet* TS; more influenced D, JHI, PM

184.40   Plato$_\wedge$] TS, D; $\sim$, JHI, PM

* 184.40   of Aristotle] PM, JHI; by Aristotle D, TS

185.1   *Metaphysics*] PM, JHI; "Metaphysics" D; Metaphysics TS

185.1   *De Anima*] PM, JHI; "De Anima" D; De Anima TS

185.7   it ... digress] PM, JHI; you will have to pardon a digression D, TS

185.10   understanding$_\wedge$] TS; $\sim$, D; Understanding, JHI, PM

185.10, 16, 19; 186.10; 187.20; 188.40; 196, 21, 26   reason] TS, D; Reason JHI, PM

185.11   affections] PM, JHI; affection D, TS

185.12 $_\wedge$mental$_\wedge$] TS, D; "$\sim$" JHI, PM

185.14   understanding$_\wedge$] TS; $\sim$, D; Understanding, JHI, PM

185.15   for these] PM, JHI; to these D; to the these TS

185.15   impressions$_\wedge$ do not$_\wedge$ therefore$_\wedge$] TS; $\sim$, $\sim$, $\sim$, D, JHI, PM

185.16   furnishes] *stet* TS; furnished D, JHI, PM

185.17   totality$_\wedge$] TS; $\sim$, D, JHI, PM

185.18; 186.10, 15; 187.5, 8, 14 – 15, 38; 196.18, 20, 21   understanding] TS, D; Understanding JHI, PM

185.19   things$_\wedge$] TS; $\sim$, D, JHI, PM

185.20   led] PM, JHI; lead D, TS

185.21   is$_\wedge$] TS, D; $\sim$, JHI, PM

185.21 – 22   the materials] PM, JHI; materials D, TS

185.23   that$_\wedge$] TS; $\sim$, D, JHI, PM

185.25   understanding$_\wedge$ and reason$_\wedge$] TS; $\sim$, $\sim$, D; Understanding, and Reason, JHI, PM

185.25 – 26   but also] PM, JHI; but D, TS

185.27 – 28   phenomena—what] PM, JHI; phenomena, or to what D, TS

185.30	a priori] TS, D; [*ital.*] JHI, PM
185.32	physics,] TS; ~∧ D, JHI, PM
185.34 – 35	a rational] PM, JHI, D; a a rational TS
185.38	"constitute∧"] TS, D, JHI; "~," PM
186.1	mathematical] PM, JHI, D; mathemtical TS
186.5	the latter] PM, JHI; they D, TS
186.5	time. Thus] PM, JHI; time, and thus D, TS
186.8	have called] PM, JHI; called D, TS
186.9	treatment] PM, JHI, D; treatement TS
186.10	also∧] TS, JHI, PM; ~, D
186.11	nature∧] TS; ~, D, JHI, PM
186.12	understanding∧ and reason∧] TS; ~, ~, D; Understanding, and Reason, JHI, PM
186.16	third] PM, JHI; later D, TS
186.16	itself,] TS; ~∧ D, JHI, PM
186.17	it.] PM, JHI, D; ~, TS
186.18	and deeper] PM, JHI, D; and/and deeper TS
186.21 – 22	understanding∧] TS; ~, D; Understanding, JHI, PM
186.22	universe∧] TS, D, JHI; ~, PM
186.23	saw] JHI, PM; found D, TS
186.25, 26	Hegel∧] TS; ~, D, JHI, PM
186.27	world∧] TS; ~, D, JHI, PM
186.28	who] PM, JHI; which D, TS
186.29	constituting] PM, JHI, D; consituting TS
186.31	his] PM, JHI; its D, TS
186.31	day∧] TS, D; ~, JHI, PM
186.34	conditions] *stet* TS, D; condition JHI, PM
186.37	to-day∧] TS; ~, D, JHI; today, PM
186.38	heard∧] TS; ~, D, JHI, PM
187.1	ourselves,] TS, JHI, PM; ~∧ D
197.1	the self] PM, JHI, D; the the self TS
187.4	Sense∧ however∧] TS; ~, ~, D, JHI, PM
187.4	even] PM, JHI; not even D, TS
187.5	world,] PM, JHI, D; ~∧ TS
187.5	material for knowledge] PM, JHI; the material of knowledge D, TS
187.7	interpret] PM, JHI; D; intret TS
187.8	distinguishing] PM, JHI, D; disitnguishing TS
187.9	implicit] PM, JHI, D; implict TS
187.10	relations∧] TS; ~, D, JHI, PM
187.11	object,] TS; ~∧ D, JHI, PM
187.16	necessary] PM, JHI, D; necesssary TS
187.16	ways∧] TS; ~, D, JHI, PM
187.18	proceeds] PM, JHI, D; proceeeds TS

550

187.19	itself$_\wedge$] TS; ～, D, JHI, PM
187.19	it$_\wedge$ when] TS; ～, ～ D, JHI, PM
187.20	it$_\wedge$ forms] TS; ～, ～ D, JHI, PM
187.20	understanding, that is$_\wedge$] TS; ～, ～, D; Understanding (that is, JHI, PM
187.21	nature,] TS, D; ～) JHI, PM
187.23	will$_\wedge$] TS; ～, D, JHI, PM
187.24	principle$_\wedge$] TS; ～, D, JHI, PM
187.24	character$_\wedge$] TS; ～, D, JHI, PM
187.25	minds—] TS; ～; D, JHI, PM
187.26	lighteth] PM, JHI, D; ligyteth TS
187.27	operates] PM, JHI; operated D, TS
187.30	may help] PM, JHI; is needed to D, TS
187.30	the sense] PM, JHI; a sense D, TS
187.33	until it] PM, JHI, D; until TS
187.35	sound$_\wedge$] TS; ～, D, JHI, PM
187.37	magnet] PM, JHI, D; magent TS
187.37	way$_\wedge$] TS; ～, D, JHI, PM
187.40	orderly$_\wedge$] TS; ～, D, JHI, PM
188.1	action,] TS; ～$_\wedge$ D, JHI, PM
188.4 – 5	exercise of] W; exercise or PM, JHI, D; exercise os TS
188.5	Similarly$_\wedge$] TS; ～, D, JHI, PM
188.5	self-conscious$_\wedge$] TS; ～, D, JHI, PM
188.7	our reason.] W; our Reason. PM, JHI; reason as found within us. D, TS
188.11 – 12	obvious$_\wedge$ I think$_\wedge$] TS; ～, ～, D, JHI, PM
188.16	whole$_\wedge$] TS; ～, D, JHI, PM
188.17	will$_\wedge$] TS; ～, D, JHI, PM
188.23	First$_\wedge$] TS; ～, D, JHI, PM
188.25	found] PM, JHI; to be found D, TS
188.25	thought$_\wedge$] TS, D; ～, JHI, PM
188.25	one which] PM, JHI; which D, TS
188.27	thing] PM, JHI, D; to thing TS
188.29	is$_\wedge$] TS, D; ～, JHI, PM
188.30	institute] PM, JHI, D; insitute TS
188.37	directed upon] PM, JHI; connected with D, TS
188.38	transformed] PM, JHI, D; trnaformed TS
189.2 – 3	embodiment] PM, JHI, D; embodiement TS
189.3	Following] PM, JHI, D; Folliwing TS
189.7	Principles] PM, JHI, D; pricniples TS
189.8	speculation] PM, JHI, D; specualtion TS
189.9	intellect] PM, JHI, D; intllect TS
189.15	Christian] PM, JHI, D; Cristian TS
189.21	itself — the] PM, JHI, D; ～/～ TS

551

189.22	aroused] W; used PM, JHI, D; oused TS
189.23	technicalities] PM, JHI, D; tenchnicalities TS
189.25	conscience∧] TS; ∼, D, JHI, PM
189.25	freedom of] PM, JHI, D; freedom in TS
189.25	will. But] PM; will, but JHI, D; will, But TS
189.27	complete,] TS; ∼∧ D, JHI, PM
189.27	way] PM, JHI, D; way which TS
189.30	will∧] TS, D; ∼, JHI, PM
189.32	abstract] PM, JHI, D; abtract TS
189.33	object∧] PM, JHI, D; ∼, TS
189.36	the divine] PM, JHI, D; divine TS
189.37	"The] PM, JHI, D; ∧∼ TS
189.38	law,] TS; ∼∧ D, JHI, PM
189.40	again∧] TS, D; ∼, JHI, PM
189.40	principle∧] PM, JHI, D; ∼, TS
190.3	receives] PM, JHI, D; recives TS
190.7	not∧] TS, D; ∼, JHI, PM
190.8	Marsh∧] TS, D; ∼, JHI, PM
190.8	concerns)—] PM, JHI; ∼)∧ D, TS
190.10	Unfortunately∧] TS; ∼, D, JHI, PM
190.12	Here∧ too∧] TS; ∼, ∼, D, JHI, PM
190.12	we] PM, JHI, D; he TS
190.13	Coleridge∧] TS, D; ∼, JHI, PM
190.16	Coleridge∧] TS; ∼, D, JHI, PM
190.17	represented∧] TS; ∼, D, JHI, PM
190.20	are awakened] PM, JHI; were awakened D, TS
190.21	they are] PM, JHI; they were D, TS
190.21	nourished] PM, JHI, D; noruished TS
190.23–24	until these institutions] PM, JHI; till they D, TS
190.24–25	for humanity] PM, JHI; of humanity D, TS
190.26	Coleridge] PM, JHI, D; Coelridge TS
190.27	church] TS, D; Church JHI, PM
190.29	point∧ of course∧] TS, D; ∼, ∼, JHI, PM
190.30	church] TS, D; Church JHI, PM
190.31	surprising] PM, JHI, D; suprising TS
190.31	church] D; Church PM, JHI; chruch TS
190.33	words∧] TS; ∼, D, JHI, PM
190.34	end,] TS; ∼∧ D, JHI, PM
190.34	institute,] TS; ∼∧ D, JHI, PM
190.35	Church] WS; church PM, JHI, D, TS
190.35	name∧] TS; ∼, D, JHI, PM
190.36	sense∧] TS; ∼, D, JHI, PM
190.38	or writers] PM, JHI; and writers D, TS
190.39	Clerisy] WS; clerisy PM, JHI, D, TS

552

190.39	Church] WS; church PM, JHI, D, TS
191.1	jurisprudence] PM, JHI, D; jurispreudence TS
191.1	music,] TS; $\sim_\wedge$ D, JHI, PM
191.3	organ;] PM, JHI, D; $\sim$: TS
191.6	precedence,] TS; $\sim_\wedge$ D, JHI, PM
191.7	the root] PM, JHI, D; thr oot TS
191.11	called] PM, JHI; termed the D, TS
191.11 – 12	regarded$_\wedge$] TS; $\sim$, D, JHI, PM
191.12	well$_\wedge$] TS, D; $\sim$, JHI, PM
191.12	Coleridge$_\wedge$] TS, D; $\sim$, JHI, PM
191.13	apprenticeship] PM, JHI, D; apprencticeship TS
191.15	that$_\wedge$] TS, D; $\sim$, JHI, PM
191.16	Church] TS, D; church JHI, PM
191.16	States$_\wedge$] TS, D; $\sim$, JHI, PM
191.16	this] PM, JHI; that D, TS
191.17	Marsh] PM, JHI; Mr. Marsh D, TS
191.21	indirectly$_\wedge$] TS, D; $\sim$, JHI, PM
191.23	organization of] PM, JHI, D; organization of of TS
191.25 – 26	sermon at the dedication] PM, JHI; dedication sermon D, TS
191.28	effect$_\wedge$] TS; $\sim$, D, JHI, PM
191.29	the individual] PM, JHI, D; individual TS
191.32	Culture] PM, JHI; Cultivation D, TS
191.34	regime] TS, D; régime JHI, PM
191.35	will$_\wedge$] TS; $\sim$, D, JHI, PM
191.39	humanity$_\wedge$] TS; $\sim$, D, JHI, PM
191.40	are$_\wedge$ perhaps$_\wedge$] TS; $\sim$, $\sim$, D, JHI, PM
191.41	West$_\wedge$] TS; $\sim$, D, JHI, PM
192.7	organization] PM, JHI, D; orgnization TS
192.7 – 8	constituent] PM, JHI, D; constituents TS
192.8	community,] TS; $\sim_\wedge$ D, JHI, PM
192.8	highest] PM, JHI, D; higheest TS
192.10	it,] TS; $\sim_\wedge$ D, JHI, PM
192.10	constitutes] *stet* TS; constitute D, JHI, PM
192.12	organization,] TS; $\sim_\wedge$ D, JHI, PM
192.14	Indeed$_\wedge$] TS; $\sim$, D, JHI, PM
192.16	is$_\wedge$ in fact$_\wedge$] TS; $\sim$, $\sim$, D, JHI, PM
192.21	Dr. Marsh] PM, JHI; he D, TS
192.22	a cultivation] PM, JHI; the cultivation D, TS
192.23	community,] TS, JHI, PM; $\sim_\wedge$ D
192.25	Dr.] PM, JHI, D; $\sim_\wedge$ TS
192.25	achieved] PM, JHI; engaged in D, TS
192.28	stated$_\wedge$ it seems to me$_\wedge$] TS; $\sim$, $\sim$, D, JHI, PM
192.30	system$_\wedge$] TS; $\sim$, D, JHI, PM
192.31	Dr.] PM, JHI, D; $\sim_\wedge$ TS

553

192.34; 193.6, 7, 10 State] TS, D; state JHI, PM
192.35   a free] PM, JHI; free D, TS
192.37   was∧ indeed∧] TS; ~, ~, D, JHI, PM
193.5   recent] PM, JHI, D; recents TS
193.13   individuals∧] TS, D; ~, JHI, PM
193.17   constitution] PM, JHI, D; consitution TS
193.17   laws∧] TS; ~, D, JHI, PM
193.18   administration] PM, JHI, D; adminstration TS
193.32 – 33   manifestation] PM, JHI, D; manifiestion TS
193.33   and] PM, JHI, D; and and TS
193.38   possession] PM, JHI, D; posession TS
194.5   prevailed∧] TS, D; ~, JHI, PM
194.8   the conviction that] PM, JHI; that D, TS
194.11   other∧] TS, D; ~, JHI, PM
194.15   view] PM, JHI, D; viw TS
194.15   rigid] PM, JHI; fixed D, TS
194.17   recognizes] PM, JHI; that D, TS
194.17   as] PM, JHI; are D, TS
194.19   Marsh's] PM, JHI, D; Marsh'TS
194.20   conceived of] PM, JHI; conceived D, TS
194.21   was∧] TS, PM; ~, D, JHI
194.22   Coleridge∧] TS; ~, D, JHI, PM
194.23   we] PM, JHI, D; he TS
194.24   recall] PM, JHI, D; recal TS
194.26   own] PM, JHI, D; wn TS
194.31   developement] WS; development PM, JHI, D, TS
194.35   some] PM, JHI; the need for some D, TS
194.35   organizing∧ pervading∧] TS; ~, ~, D, JHI, PM
194.37   greatly needed] PM, JHI; needed D, TS
194.37   to-day] TS, D, JHI; today PM
194.37   it was] PM, JHI; they were D, TS
195.7   He] PM, JHI, D; he TS
195.10   develope] WS; develop PM, JHI, D, TS
195.21   prevailing] PM, JHI, D; previaling TS
554 195.22   Merely] PM, JHI; More D, TS
195.24 – 25   not∧ however∧] TS; ~, ~, D, JHI, PM
195.28   accompanied∧] TS; ~, D, JHI, PM
195.28 – 29   in his views on education] PM, JHI; in education D, TS
195.29   elsewhere∧] TS, D; ~, JHI, PM
195.30   of cultivated] PM, JHI, D; of of cultivated TS
195.31   purpose] PM, JHI, D; prupose TS
195.33   made∧] TS, D; ~, JHI, PM
195.34   government∧] TS, D; ~, JHI, PM
195.37   instruction."³] PM, JHI, D; ~. "∧ TS

195n.2	³These] PM, JHI, D; ∧ ~ TS
195n.1	eighteen forties] TS, D; ~-~ JHI, PM
196.3	thought∧] TS, D; ~, JHI, PM
196.4	Dr.] PM, JNI; the Dr. D; the Dr∧ TS
196.6	others] PM, JHI, D; ohters TS
196.7	the German] PM, JHI, D; German TS
196.7	idealists] PM, JHI; idealism D, TS
196.8	But∧ none the less∧] TS, D; ~, ~, JHI, PM
196.9	that∧ even] TS, D; ~, ~ JHI, PM
196.10	the appeal] PM, JHI; their appeal D, TS
196.11	theology,] TS, JHI, PM; ~; D
196.11	secondhand] TS; second-hand D, JHI, PM
196.14	∧spiritual∧] TS, D, JHI; "~" PM
196.18	not∧ for example∧] TS; ~, ~, D, JHI, PM
196.19	thraldom] TS, D; thralldom JHI, PM
196.27	plane,] TS, D; ~∧ JHI, PM
196.28	spirit∧] TS, D; ~, JHI, PM
196.29	Religion] PM, JHI, D; religion TS
196.31	his time] PM, JHI; his D, TS
196.36	philosophy,] TS, D; ~∧ JHI, PM
196.38	theirs] PM, JHI, D; their theirs TS
196.40	in his] PM, JHI, D; to his TS

《逻辑对存在的适用性》

范本首次发表于《哲学杂志》,第 27 卷(1930 年 3 月 27 日),第 174—179 页。

203.7	Be] W; Be
205.10	logical principles] WS; logical relations
*205.28	context] WS; content
205.29	or conditions] WS; of conditions
*205.37	context] W; Content
206.35	sea-fight] WS; ~∧~
206.35	to-morrow] WS; tomorrow
208.24	generic] W; genetic

《对一些评论的回应》

范本首次发表于《哲学杂志》,第 27 卷(1930 年 5 月 9 日),第 271—277 页。

214.29	partial∧ truths] WS; ~-~
215.27	battle axe] WS; battle-ax
216.26	sometimes] WS; something

《行为方式与经验》

范本首次发表于卡尔·默奇森主编的《1930 年心理学》(马萨诸塞州伍斯特：克拉克大学出版社)一书，第 409—422 页(简称 P 版)；再版于《哲学与文明》(纽约：明顿-鲍尔奇出版公司，1931 年)，第 249—270 页(简称 PC 版)。以下校勘包含了 PC 版中所作的校勘。

218.2	"Conduct,"] PC; I venture to discuss this topic in its psychological bearings because the problem as defined for me by the editor is "a *logical* analysis of behavior and of experience" as these terms figure in current discussion, controversy, and psychological inquiry. "Conduct,"
218.14	an introductory remark should] PC; two general introductory remarks may
*218.15	That] W; One
218.25 – 26	speech . . . with the] PC; speech. [¶] The other remark is that I have no intention of delimiting or bounding the field of actual inquiry in psychology by introducing methodological considerations. On the contrary, I am a firm believer in a variety of points of approach and diversity of investigations, especially in a subject as new as psychology is. To a considerable extent, the existence of different schools is at present an asset rather than a liability, for psychology will ultimately be whatever it is made to be by investigators in the field. To a certain extent, a variety of points of view serves the purpose that is met in all the sciences by the principle of multiple hypotheses. While there is immediate confusion, it may turn out that the variety will, in the end, secure a greater fullness of exploration than would otherwise have been the case. The discussion, because of its great complexity, may be introduced by reference to the
218.28	descendants] PC; decendants
219.1	terms.] PC; terms. A brief review, couched linguistically in dogmatic terms, will be used as an introduction.
219.14	some] PC; some of the
219.15	perceptions] PC; perception
219.27	extraneous] PC; objective
219.38	physical] PC; external
220.22	so] PC; so much
220.25	were] PC; was
220.30	*trans-action*] PC; [*rom.*]
220.38	science] PC; sciences
221.34	of this] PC; in this

556

221.39	Although] PC; While
222.12	consistent] PC; consistent with
222.14	every] PC; any
223.19	making] PC; noting
223.34	of a *prior*] PC; *a* prior
223.34	functions] PC; operates
223.40	environmental] PC; environment
224.4	*direction*] PC; [*rom.*]
224.21	persists although] PC; is continuous, while
224.27	suppose it is] PC; regard it as
224.29	since] PC; for
225.29	with is, however,] PC; with, however, is
225.36	specifiable] PC; certain
*226.9	*ends,*] PC; $\sim_\wedge$
226.28 – 29	differential] PC; differentiated
226.33 – 34	so characterized that they] PC; characterized that
227.1	ordinary] PC; common
227.1 – 2	it is directed] PC; directed
227.31 – 32	them. But] PC; them, but
227.39	physiological process] PC; process as physiological
228.14	experienc*ing*] PC; experiencing
228.26	enters] PC; entered
228.27	the things] PC; things
228.28 – 29	to the way an object is made] PC; to selection from the total object of the way it is made
228.32	most] PC; some
229.12	*moral*] PC; [*rom.*]
229.22	selves] PC; ourselves
230.8	*problems*] PC; [*rom.*]
230.16	acts,] W; $\sim_\wedge$
230.33	be used] PC; is used
230.33 – 34	is assumed] PC; assumes
231.3 – 4	origin, but is] PC; origin$_\wedge$ but
231.11	introspectionist] PC; introspectionists
232.10	as] PC; as forming
232n.2	*object*] PC; [*rom.*]
233.21	*effect*] PC; [*rom.*]
234.25	modes of behavior have] PC; behavior has
234.27 – 28	assumed that] PC; took
234.28 – 29	constiutes] PC; to constitute
235.3	distinguished] *stet* P; distinguishing
235.17	it does] PC; is does
235.20	(3, p.5).] *stet* P; [*om.*]
235n.1 – 10	References … P p.111 – 126.] *stet* P; [*om.*]

557

235n.2   An] W; In

《心理学与工作》

范本首次发表于《人事期刊》，第 8 期(1930 年 2 月)，第 337—341 页。

237.31   or capitalism] W; of capitalism
237.34   development?] W; ~.'
241.34   attitude] W; altitude

《质化思维》

范本首次发表于《论文集》，第 1 期(1930 年 1 月)，第 5—32 页(简称 S 版)；再版于《哲学与文明》(纽约：明顿-鲍尔奇出版公司，1931 年)，第 93—116 页(简称 PC版)。以下校勘包含了 PC 版中所作的校勘。

243.18   The propositions] PC; The content of the propositions
243.18 - 19   science are] PC; science is
243.19 - 20   they deal with] PC; it consists of
244.9   the truth] PC; that truth
558 224.9   concern] PC; be about
245.9   effected] PC; affected
245.27   mode] PC; form
246.2   a distinct] PC; some distinct
246.9   objects] PC; accounts
247.16   explicitly] PC; implicitly
247.20   connection with] PC; reference to
247.25   quality] PC; qualitative object
247.27   there would be] PC; we should have
248.9   rermeation] PC; other permeating
248.36   resolved] PC; received
249.30   appropriate] PC; approximate
249.32   set] PC; sets
250.4   is thoroughly] PC; is such as to be thoroughly
250.5   or is] PC; or
250.12   discoursing] PC; discourse
250.13   It] PC; This
250.27   case] PC; cases
250.29   These] PC; They
251.33   they] PC; these
252.7   construction] PC; constructions
254.6   involves] PC; is some
254.7   until] PC; before

254.8	an] PC; any
254.9	emerges] PC; emerge
254.22	*to* which] PC; to which
254.35 – 36	converted] PC; be converted
255.30 – 31	that it may] PC; to develop and
255.40	reference] PC; references
256.2	a hand] PC; hand
256.14	*cause*] stet S; [*rom.*]
256.17	"by"] PC; "in"
257.3	man does when] PC; man
257.15	*by*] PC; [*rom.*]
258.11	train] PC; a train
258.26	"by"] PC; ∧ ∼ ∧
258n.1	Vol. I, Book II] W; Book II
259.17	which controls] PC; that controls
260.2	For] PC; But

《人文主义之我见》

范本首次发表于《思想家》,第 2 期(1930 年 6 月),第 9—12 页。

263.6	phase] W; phrase
264.18	Auguste Comte] W; August Compte

《道德的三个独立要素》

范本出现在《教育理论》,第 16 期(1966 年 7 月),第 198—209 页,由乔·安·博伊兹顿翻译。本文还出现在南伊利诺伊大学卡本代尔分校莫里斯图书馆"杜威文集/特别馆藏"中《道德冲突和道德的独立变量》印刷版的第 6 页至第 13 页第 3 行。

283.15	in] W; jn
283.27 – 28	experience] W; expereince
283.36	tyrannical] W; tyrnnical
284.1 – 2	administration] W; adminstration
284.28	upon whom the] W; upon the
284.30	own] W; oown
285.3	independent] W; indepet
285.8	itself, it∧] W; ∼ ∧ ∼ ,
285.12	means] W; m ans
285.21	ccaim∧ to] W; ∼ , ∼
285.26	to be a] W; to a
285.27	through] W; thrugh
285.32	origin] W; rigin

285.32 - 33	operation] W; opeeation
286.14	as] W; s
286.17	demands] W; demnds
286.18	character] W; characer
286.19	virtue] W; v rtue
286.20	rewards] W; re ards
286.20 - 21	*sanctions*] W; *sanitions*
286.31	and] W; an
286.33	English] W; Englsh
286.36	Consider] W; Conisder
286.37	sympathy] W; symphty
287.5	through] W; th ough
287.36 - 37	Anglo - Saxon] W; Anglo - saxon
287.37	contrast] W; contrastes
288.8	commensurable] W; commesnsurable
288.15	with which each and every] W; with each every

《哲学与教育》

本文是杜威在加州大学洛杉矶分校所作的一次演讲的发言稿,首次发表于《在1930年3月27日至28日加州大学洛杉矶分校新校区落成仪式上发表的讲话》(伯克利:加州大学出版社,1930年)一书,第46—56页(简称A版);再版于由保罗·阿瑟·席尔普所编《高等教育面向未来》(纽约:贺瑞斯·利夫莱特出版社,1930年)一书,第273—283页(简称HE版)。以下校勘包含了HE版中所作的校勘。

289.4	the study] HE; study
289.10	appears] *stet* A; appear
290.22	philosophy] HE; philosphy
291.10	development] *stet* A; developments
291.12	which] HE; that
291.15	together] HE; with it
291.30	habit∧] HE; and habit,
291.30	the emotions] HE; that of the emotions
292.1	termed] HE; called
292.30 - 31	of serious] HE; between serious
292.31	with] HE; and
293.17	undeveloped conditions] HE; conditions
294.5 - 6	and yet there] HE; but there might
294.6 - 7	But hostile] HE; Hostile
294.7	fact] HE; fact, however,
294.20	scheme] *stet* A; school
294.36	those] HE; these

295.4	our] HE; your
295.19	by . . . hand] HE; on one hand by yielding
295.26	of . . . years] HE; in recent years of knowledge
297.1	as far] HE; so far
297.23	We need not be reminded] HE; I do not need to remind you
297.24	ripe] HE; rife
297.26	time that] HE; — and such an occasion as this is a highly fit time —
297.31	only be done] HE; be done only
297.35	up] HE; up as
297.37	must] HE; may
298.11	We need to pledge] HE; The dedication of these buildings is but *561* the symbol of a more profound dedication in which we pledge

《教育衔接的一般性原则》

范本发表于《学校与社会》,第 29 期(1929 年 3 月 30 日),第 399—406 页(简称 SS 版);再版于全国教育协会督察部《官方报告》,华盛顿特区:督察部,1929 年,第 51—60 页(简称 DS 版)。以下校勘包含了 DS 版中所作的校勘。

299.2	Articulation] DS; Articulation¹ . . . ¹ Address before the gen-eral session, Department of Superintendence, Cleveland, Feb-ruary 26, 1929.
299.18	stage] DS; state
299.19	and from] DS; from
299.19	college.] DS; college, etc.
301.2 – 3	system. [¶] The] DS; system. The
301.14	It] DS; Hence it
301.20	should be checked by] DS; can not be complete without
301.20	those schools] DS; schools
301.21	"unified schools"] DS; so-called∧ unified schools∧
302.3	adequate] DS; [*ital.*]
302.11 – 12	warning.] DS; warning, a caveat.
302.16 – 17	inertia. [¶] A] DS; inertia. A
302.23	work.] DS; work, much less that there is any antagonism between the point of view of classroom teachers and of administrators.
302.28 – 29	subject-matter,] W; subjectmatter, DS; subject-matter∧
302.29	methods,] DS; and methods∧
303.3	supply] DS; be
303.19	interests . . . time] DS; interests
303.23	ever any] DS; any
303.26	growth, incapacity] DS; growth and incapacities
303.27	subject-matter,] W; subjectmatter, DS; sbject-matter∧

303.27	inabilith] DS; inabilities	
303.28	all] DS; all of them always	
303.29	diagnosed] DS; be diagnosed	
303n.4	the acquiring] DS; acquiring	
303n.4	the application] DS; applications	
304.1	talk;] DS; talk, etc.,	
304.32	achievements,] DS; achievements, matured developments,	
304.34	misstates] DS; so misstates	
304.35	articulation, and] DS; articulation that	
304.37 – 38	problem, from] DS; real problem is not one of early maturing for a fruitage to come in a later unitl. It is, from	
304.38	years, is that] DS; years, the problem	
304.39 – 40	ripening then and there] DS; ripening	
305.4	but with] DS; with	
305.6	the new] DS; new	
*305.11	phases] *stet* SS; phase	
305.18	curriculum] DS; problem of curriculum	
305.28 – 29	acquired. [¶] This] DS; acquired. This	
305.40	out of school] DS; in school	
306.4 – 5	uniform] DS; uniformed	
306.31	committee] DS; committees	
306.32	curriculums. Unified] DS; curriculum; unified	
306.40	involves] DS; involved	
307.14 – 21	We need ... subjects.] DS; [*not present*]	
308.15	allude to] DS; allude, of course, to	
308.18	other. No] DS; other. I must content myself with calling attention to the problem; no	
308.24 – 25	rapprochement] W; reapproachment	
308.25	an important factor.] DS; a factor not to be neglected.	
308.26	illustrations] DS; illustrations of some of the meanings contained in the two general principles when they are applied	
308.37 – 38	*differentiation.* [¶] The] DS; *differentiation.* The	
308.40 – 309.1	lungs, and stomach together;] DS; lungs and stomach, etc., together:	
309.2	a gradual] DS; gradual	
309.3 – 4	others. The] DS; others. [¶] Analogy fails with educational process of growth because the former takes place so largely intrinsically, requiring from without only provision of normal conditions. In education there is no such inherent internal development; direction by means of provision of suitable environment, both of things and personal associations, is relatively more important. But the	
309.4	educational] DS; such external	
309.4	be] DS; still be	

309.4	that] DS; one
309.6	may be] DS; can be only
309.10	earlier and later years in] DS; earlier years and later with
309.10 – 11	type in the former] DS; type
309.13	contrast] DS; fact
309.13 – 14	statement seems] DS; statements seem
309.18 – 19	kindergarten. [¶] Receptivity] DS; kindergarten. Receptivity
309.20 – 21	*range . . . of exercise*] DS; the range of exercise and the fields in which they are exercised
309.25	development.] DS; development. The problem is to find the particular ripening activities which are operative.
309.34	later] DS; later on
309.34 – 35	respect to that] DS; respects
310.8 – 9	More important, however,] DS; Much more important

《我们的文盲问题》

范本首次发表于《画刊周报》，第 31 期（1930 年 8 月），第 28、65、73 页。

312.3; 313.14, 19, 20, 22, 29, 40; 314.3; 315.37　Negro] W; negro
313.17, 27, 34, 35; 314.16　Negroes] W; negroes

《新式学校存在多少自由？》

范本首次发表于《新共和》，第 63 期（1930 年 7 月 9 日），第 204—206 页。

324.17　　　　　upon which] W; upon

《劳工教育的自由度》

范本是一份打字稿,收录于密歇根州底特律市韦恩州立大学沃尔特·P·鲁瑟图书馆大学档案馆劳工历史与城市事务档案室"布鲁克伍德文集"中（简称 TS¹ 版）。该打字稿并非由杜威亲自打出来的,而是由他亲手修订的,具体修订参见后面的"对《劳工教育的自由度》的修订"。TS¹ 版有一份副本（简称 TS² 版）,TS² 版同样收录于"布鲁克伍德文集"中,只是没有包含杜威所作的修订。本文首次发表于《美国教师》,第 13 期（1929 年 1 月）,第 1—4 页（简称 AT 版）中。本版校勘整理了上述所有 3 个版本中的校勘。其中,AT 版并不是以杜威的原始发言稿作为原稿。因此,从 AT 版中收录的校勘应是 AT 版编者所作。

331.1　　　　　Freedom in Workers' Education] W; Freedom in Workers∧

Education AT; [*not present*] TS², TS¹

331.2	members] TS¹, TS²; Members AT
331.5	should. But] AT; should, but TS²; should, But TS¹
331.10	backbone] TS¹, TS²; the backbone AT
331.11	was not merely] TS¹; not merely as TS², AT
331.16	joy,] TS¹; ~∧ TS², AT
331.17	you are] TS¹, AT; you feel you are TS²
331.18	in attacking] TS¹; in and no possibility of attacking TS², AT
331.19	indeed be] TS¹, AT; be TS²
331.20	rather] TS¹, AT; rather there is TS²
331.20	regret. For] TS¹; regret, and TS²; regret, for AT
331.22	L.,] TS², AT; L.∧ TS¹
331.22	action] TS¹, AT; an action, TS²
331.24	incident at Brookwood] TS¹; particular incident TS²; particular incident involving Brookwood AT
331.27	straightforward∧] TS¹; straight forward∧ TS²; straightforward, AT
331.28	impartial] TS¹, AT; honest and impartial TS²
331.28	knew] TS¹, TS²; know AT
331n.1–3	(Address . . . 1928.)] AT; [*not present*] TS², TS¹
332.1	assurance;] TS¹, AT; ~, TS²
332.3	straightforward] TS¹, TS²; straight-forward AT
332.4	not∧ then∧] TS¹, TS²; ~,~, AT
332.5	of one] TS¹, AT; on one TS²
332.5	of it,] TS¹, AT; of it that I wish to talk, TS²
332.5	namely what] TS¹; namely on what, TS²; namely, what AT
332.6	to it] TS¹, AT; to that TS²
332.7	the Teachers Union∧] TS¹, AT; this Teachers Union, TS²
332.7	and the American Federation of Labor] AT; this Teachers Federation TS²; and the Am Federation of Labor TS¹
332.9	I] TS¹, AT; Now I TS²
332.9	phrase∧∧ academic freedom∧∧] TS¹, TS²; ~,"~," AT
332.12	real education,] TS¹, AT; ~∧ TS²
332.14	freedom is] TS¹, AT; freedom, TS²
332.14–15	and hence it is an attack] AT; is an attack TS²; and hence it is attack TS¹
332.15	upon the possibility] TS¹, AT; the possibilities TS²
332.17	freedom∧] TS¹, TS²; ~, AT
332.17–18	cannot get] TS¹, TS²; can not have AT
332.19	say∧∧a] TS¹, TS²; say, "A AT
332.19	good,∧] TS¹, TS²; ~," AT
332.21	an awakening] TS¹, AT; awakening TS²
332.23	to be] TS¹; and to be TS², AT

332.27	conducted, from] TS¹, TS²; conducted. From AT

332.27   conducted, from] TS¹, TS²; conducted. From AT

332.28   tonight,] TS¹; ∼; TS², AT

332.28   read∧(and)] TS¹, AT; ∼;∧∼ TS²

332.29   other] TS¹; the other TS², AT

332.29   the graduates)] TS¹; the graduates or from the alumni over here, TS²; graduates) AT

332.30   idea] TS¹, AT; testimony TS²

332.32   believes] TS¹, AT; beleives TS²

332.33   their interests] TS¹, AT; the interests of organized labor TS²

332.34   any full] TS¹; this full TS², AT

332.35   cause] AT; cuase TS², TS¹

332.36 – 37   suppression] AT; supression TS², TS¹

332.37   deliberate] TS¹, AT; these deliberate TS²

332.39   What] TS¹, AT; I am sure that what TS²

333.3   conducting] TS¹, AT; basing TS²

333.4   in that spirit] TS¹, AT; on that TS²

333.7 – 8   his mind] TS¹, TS²; mind AT

333.9   them] TS¹, AT; those facts TS²

333.12   Those] TS¹, AT; [¶] It seems to me that ignoring details and technicalities that may be brough up relative to academic freedom or to freedom of teaching, it is the school in its relation to the labor movement that is the real issue. Those TS²

333.14   think,] TS¹, TS²; ∼∧ AT

333.14   knew] TS¹, TS²; know AT

333.16   be;] TS¹, AT; ∼ TS²

333.17   breathe] TS¹, AT; create TS²

333.17   permeates them] TS¹, AT; permeates TS²

333.17   have] TS¹; has TS², AT

333.18   and] TS¹, AT; or TS²

333.18   they] TS¹, AT; it TS²

333.20   discourage,] TS¹, AT; ∼∧ TS²

333.22   political,] TS¹, TS²; ∼∧ AT

333.23   of investigation] TS¹; of mind, investigation TS², AT

333.23   discussion∧] TS¹, AT; ∼, TS²

333.24   personally∧] TS¹, TS²; ∼, AT

333.25   officials∧(I] TS¹, AT; ∼,∧∼ TS²

333.25   body∧] AT; ∼, TS², TS¹

333.26 – 27   labor∧) should take] AT; labor,∧ take TS²; labor,) should take TS¹   *566*

333.29   freedom, a cause so] TS¹, AT; freedom which I have said is so TS²

333.31   by] TS¹, AT; perhaps by TS²

333.34   incident;] TS¹, AT; ∼, TS²

333.37	coincidence] AT; coincidnece TS², TS¹
334.1 – 2, 4	those educational] TS¹, TS²; these educational AT
334.9	system] AT; sytem TS², TS¹
334.10	publicly∧controlled] TS¹, TS²; ~-~ AT
334.24 – 25	trade-union] TS¹, TS²; ~∧~ AT
334.25	trade-unionists] WS; ~∧~ TS², TS¹, AT
334.26	trade-union education] WS; ~∧~~ TS², TS¹, AT
334.27	trade-union matter] WS; ~∧~~ TS², TS¹, AT
334.31	that] TS¹, AT; the that TS²
334.32	workers, wage] TS¹, TS²; ~-~ AT
334.32	laborers, can] TS¹, TS²; ~-~ AT
334.33	hand, labor] TS¹; hand∧ labor AT; hand∧ the labor TS²
334.34	unions and] TS¹, AT; unions, TS²
334.34	activity∧] TS¹, AT; ~, TS²
334.35	these] TS¹, AT; that these TS²
334.35 – 36	themselves,] TS¹; ~∧ TS², AT
334.36	this] TS¹, AT; that their TS²
334.36	control] TS¹, AT; control of them TS²
334.39 – 335.1	*capable*] TS¹, TS²; [*rom.*] AT
335.2	doubt,] TS¹, TS²; ~; AT
335.3	∧capable.∧] TS¹; ∧capable,∧ that it is capable of expansion to that extent. TS²; "capable." AT
335.4	expanded] TS¹; expanded in our public schools, TS², AT
335.4	nearly] TS¹; over TS², AT
335.5	doubt] TS¹, TS²; doubt it AT
335.5	Since the system has] TS¹, AT; They have TS²
335.6	desired∧ there] TS¹; desired and they are not meeting these special needs. There TS²; desired, there AT
335.6	need] TS¹; need then TS², AT
335.8	do. And] TS¹; do, and TS²; do. I AT
335.10	pioneer, so as to] TS¹; pioneer∧ to TS²; pioneer∧ so as to AT
335.11 – 12	undertake;] TS¹; ~, TS², AT
335.12	something] TS¹, AT; some TS²
335.12	that] TS¹, AT; at least that TS²
335.13	of activity] TS¹; and activity TS², AT
335.14	something∧] TS¹, AT; ~, TS²
335.14	effort] TS¹; interest TS²; efforts AT
335.15	public] TS¹, AT; these public TS²
335.17	specially] TS¹, TS²; especially AT
335.20	boasted of] TS¹; boasted TS², AT
335.20	including] TS¹, AT; and TS²
335.22	control. They] TS¹, AT; control; that they TS²
355.22	professors, and] AT; professors, TS²; professors, &. TS¹

567

335.24	class$_\wedge$] TS^1, TS^2; classes, AT
335.25	classes;] TS^1, AT; $\sim$, TS^2
335.26	utilities] TS^1, AT; these utilities TS^2
335.28	and] TS^1, TS^2; or AT
335.30	companies] TS^1, AT; companies itself TS^2
335.32	of$_\wedge$ that] TS^1, TS^2; $\sim$, $\sim$ AT
335.34	to be attacking] TS^1, TS^2; if they attacked AT
335.35	information$_\wedge$ than ... upon] TS^1; information$_\wedge$ than this indirect attack upon TS^2; information, than by thus indirectly attacking AT
335.37	the workers'] TS^1, AT; workers' TS^2
335.38	officials] TS^1, AT; officials of organized labor TS^2
335.39	in the editorial referred to] AT; here TS^2, TS^1
336.1	these] TS^1, TS^2; those AT
336.2	could] TS^1, AT; would TS^2
336.2,3	labor] TS^1, TS^2; Labor AT
336.3	see to it] TS^1; to see TS^2; see AT
336.7	agreement. But] W; agreement. [¶] But AT; agreemnt, but TS^2; agreemnt. But TS^1
336.8	out$_\wedge$] TS^1; $\sim$, TS^2, AT
336.13	a situation] TS^1; the situation TS^2, AT
336.17	country$_\wedge$] TS^1, TS^2; $\sim$, AT
336.17	fostering$_\wedge$] TS^1, TS^2; $\sim$, AT
336.17–18	retarding$_\wedge$] TS^1, TS^2; $\sim$, AT
336.19	another point] TS^1, AT; the other TS^2
336.19	it] TS^1, AT; this TS^2
336.19–20	the writer] TS^1, AT; they TS^2
336.21	Smith] TS^1, TS^2; Governor Smith AT
336.21	campaign] TS^1, TS^2; recent campaign AT
336.22	gentleman] AT; gentlemean TS^2, TS^1
336.27	goes on to say that] TS^1, AT; that TS^2
336.30	why I for] TS^1, TS^2; I for AT
336.31	cause] AT; cuase TS^2, TS^1
336.38	cannot] TS^1, TS^2; can not AT
336.39	Teachers$_\wedge$ Union] TS^1, TS^2; teachers' unions AT
336.40–337.1	and consequences] TS^1; the effect and consequences TS^2; the consequences AT
337.4	say that I] TS^1, AT; say, I TS^2
337.4–5	the Teachers$_\wedge$ Union] TS^1; our Teachers$_\wedge$ Union TS^2; the teachers' unions AT

568

《劳工政治与劳工教育》

范本首次发表于《新共和》,第 57 期(1929 年 1 月 9 日),第 211—214 页。

| 338.19 | Executive Council] W; executive council |

《世界大同的倡导者之十七——萨尔蒙·O·莱文森》

范本首次发表于《世界大同杂志》，第 4 期（1929 年 5 月），第 98—103 页。

352.28	1925] W; 1922
352.29	Be] W; be
353.16	Léger] W; Leger

《学校与社会》

范本首次发表于《新共和》，第 58 期（1929 年 4 月 10 日），第 231—232 页。

| 371.29 | bequeaths] WS; bequeathes |
| 371.30 | of prejudices] WS; or prejudices |

《一个有机的宇宙：怀特海的哲学》

范本首次发表于《纽约太阳报》，1929 年 10 月 26 日。

375.19	endeavour] WS; endeavor
378.4－5	of systematic] WS; or systematic
378.19	conspicuous] W; conspicious
378.39	categorial] W; categoreal
379.11	thing] W; things
380.8	existences] W; existence
380.12	mathematical] W; matematical

《现代历史进程》

范本首次发表于《明日世界》，第 13 期（1930 年 12 月），第 522—523 页。

| 382.5 | book] W; Book |

《为戴维斯著〈托尔斯泰和尼采：论传记伦理学中的一个问题〉所作的序》

范本首次发表于海伦·埃德娜·戴维斯所著的《托尔斯泰和尼采：论传记伦理学中的一个问题》（纽约：新共和出版公司，1929 年）一书，第 ix - xiv 页。

| 398.26 | Sunday] W; sunday |

《为东部商科教师协会的首份年刊〈商科教育的基础〉所作的序》

范本首次发表于东部商科教师协会的首份年刊《商科教育的基础》（纽约：东部商科教师协会，1929 年），第 xiii－xiv 页。

401.5   the fact] W；that fact

《为布利斯著〈知识组织与学科体系〉所作的序》

范本首次发表于亨利·埃韦林·布利斯所著《知识组织与学科体系》（纽约：亨利·霍尔特出版公司，1929 年）一书，第 vii－ix 页。

405.27   unforeseen] W；unforseen

570

《为欣德斯著〈颠倒人寰〉所作的序》

范本首次发表于莫里斯·欣德斯所著《颠倒人寰》（纽约：乔纳森·凯普－哈里森·史密斯出版公司，1929 年）一书，第 xv－xix 页。

408.27   ardor] W；ardour
408.33   fervor] W；fervour
409.19   labors] W；labours

《答谢辞》

范本首次发表于《约翰·杜威与他的哲学：纪念杜威七十大寿的纽约演讲》（剑桥：哈佛大学出版社，1930 年）一书，第 173—181 页。

422.20－21   possessions] W；possesions

《致詹姆斯·塔夫茨》

范文是一份打字稿，收录于威斯康星州麦迪逊市威斯康星州立历史协会"麦克斯·C·奥托论文集"中。杜威对打字稿的修订，参见"对《致詹姆斯·塔夫茨》一文的修订"。

425.9,14   Mr.] W；Mr∧
425.13   divorce] W；dovorce

《要求联邦政府出资援助失业者》

范本首次发表于《纽约时报》,1930 年 5 月 12 日,第 35 页。

434.13   cooperation,"] W; ～, ∧

《要求胡佛总统对失业问题采取行动》

范本首次发表于《纽约时报》,1930 年 7 月 21 日,第 17 页(简称 NYT 版)。《国会文摘》第 10 期(1931 年 8 月)第 212 页(简称 CD 版)收录了本信,并在信中加入了三段话。本版本保留了这三段话。

571 p.17(NYT). The inclusion of three paragraphs for its publication in *Congressional Digest* 10 (August 1931): 212(CD) has been accepted in the present edition.

436.1	Asks ... Unemployment] *stet* NYT; Should America Adopt a System of Compulsory Unemployment Insurance? CD
436.2 - 10	Professor ... said:] *stet* NYT; [*not present*] CD
436.13	you will] *stet* NYT; the President CD
436.18	session] *stet* NYT; sessions CD
437.14 - 38	"On ... employment.] CD; [*not present*] NYT
437.14	"On] W; ∧~ CD; [*not present*] NYT
437.23	"The] W; ∧~ CD; [*not present*] NYT
437.30	"No] W; ∧~ CD; [*not present*] NYT
438.9 - 11	"For ... closed."] *stet* NYT; [*om.*] CD

《杜威请求诺利斯领导新党》

范本首次发表于《纽约时报》,1930 年 12 月 26 日,第 1 页(简称 NYT 版);后再版于《独立政治行动联盟新闻公告》,第 1 期(1931 年 1 月),第 1—2 页(简称 NB 版)。

444.1	Dewey ... Party] *stet* NYT; The League Challenges the Insurgents NB
444.19	party," Dr. Dewey wrote, "I] *stet* NYT; party, I NB
445.3	rein] W; reign NYT, NB
446.14	march?"] *stet* NYT; march?∧/ Faithfully yours, /" John Dewey, /"Chairman National Committee." NB

打字稿修订

下面是杜威对《詹姆斯·马什和美国哲学》、《道德的三个独立要素》、《致詹姆 572
斯·塔夫茨》和《劳工教育的自由度》四篇文章的打字稿所作的修订。其中,前三篇文
章打字稿的修订是杜威通过打字机和手写完成的,第四篇文章打字稿的修订则是杜
威用铅笔手写完成的。四个修订列表包含了杜威在写作与校订这四篇文章过程中所
作的所有修订,但以下几种修订除外:加重字迹以便于辨认、删除打出来的多余字母、
更正错误的首字母、更换字母顺序,以及修补看不清的字母。杜威通过打字机或手写
方式对印刷错误所作的更正,同样不计入下述修订列表中;不过,如果杜威所更正的
不是一个简单的打字错误,而是一个词或一个词的开头字母,那么,该更正计入修订
列表中。修订列表中出现在方括号前面的词,是原打字稿的用词;词条前面若出现网
格符号"♯",则指编者对该词条进行了校勘或规范了该词条的拼写,校勘或规范后的
词条请见《校勘表》。

杜威所作的修订出现在方括号的后面。其中,缩写符号"*del.*"指杜威用钢笔标
明删除的部分,如果杜威是用铅笔标明,则会特别说明;同样,除特别说明铅笔所作,
"*added*"指杜威用钢笔添加的部分。"*intrl.*"指行间修订;单独出现时,"*intrl.*"表示
行间修订是杜威用打字机所作的。"*caret*"指加字符"∧",所有加字符均由杜威手写
添加;如果"*caret*"和"*intrl.*"同时出现,则表示该加字符是杜威用钢笔添加上去的,特
别说明除外;如果"*caret*"和手写修订同时出现,则手写修订是如何添加的,该加字符
便是如何添加的。缩写符号"*x'd-out*"指词语被杜威用打字机删除;"*alt.*"指词语较
之前的形式有所修订,修订方式一般是打字机,若是手写修订则会特别说明;
"*undrl.*"指杜威用钢笔划出的下划线,若是用铅笔划出的则会特别说明。

关于修订的具体位置:当杜威在字行间插入词语时,则用"*intrl.*"或"*intrl. w.*

caret"表示;当杜威在字行间删除词语时,则用"ab. del."或"w. caret ab. del."或"ab. x'd-out"来表示。其中,"ab."表示杜威在字行的上方作出了修订,"caret ab."表示杜威用了加字符,同时在字行的上方作出了修订;"bel."表示杜威在字行的下方作出了修订,"caret bel."表示杜威用了加字符,同时在字行的下方作出了修订;"ov."表示杜威将修订直接覆盖在原字母的上面,而不是写在原字母所在行的上方或下方。"bef."和"aft."表示杜威对同一行进行了修订,这行话有可能是原稿里的一行话,有可能是杜威在字行间新添上去的。缩写符号"insrtd."表示杜威在页面空白处添加了修订,虽不能称之为行间修订,但两者性质相同。

如果杜威修订的范围超出了一行话,则不同的行之间加入了斜线符号"/"以示区分。如果杜威对某一处修订本身作出了修订,则在修订的后面紧接着用方括号加入对修订所作的修订。

对《詹姆斯·马什和美国哲学》的修订

178.4	these] 'e' *ov.* 'o'
178.5	important] *intrl. in ink w. caret*
178.10	Marsh,] *comma in ink ov. period*
♯178.8	brings] *aft. x'd-out* 'we are'
178.10	appreciate] *aft. x'd-out* 'realize'
178.13	the now] *aft. x'd-out* 'our present'
178.18	Teutonic] *intrl.*
178.19	from the] *bef. x'd-out* 'southern, '
178.20	Fortunately] *aft. x'd-out* 'In'
178.24	removes] 's' *ov.* 'd'
178.25	within'".] *period x'd-out aft. single quote*
179.8	the infinite] 'the' *intrl.*
179.17	Spanish] *aft. x'd-out* 'Germ'
179.21 – 22	an extensive . . . their] *bel. x'd-out* 'I shall not go into detail, but it is not too much'
179n.4	Jan.] *intrl.*
180.7	currents of] *bef. x'd-out* 'Christia'
180.12	grasp] *aft. x'd-out* 'rea'
180.12 – 13	its influence in its own time] *ab. x'd-out* 'import'
180.15	period] *aft. x'd-out* 'day before'
180.16	science] *aft. x'd-out* 'physical'
180.16	left] *aft. x'd-out* 'made any'
180.17	when] *ab. x'd-out* 'before'
180.21	little] *aft. x'd-out* 'with'
180.22	indifference.] *bef. x'd-out* 'The'

181.2	motives] *aft. x'd-out* 'reasons'
181.11	The latter] *aft. x'd-out* 'One question'
181.17	of Scripture] 'f' *ov.* 'n'
181.27	in] *aft. x'd-out* 'by'
181.35	English] *intrl.*
181.40	philosophical] 'phil' *ov.* 'rati'
182.2	conspired to] *aft. del.* 'combined to'
182.5	Mill,] *intrl.*
182.11	whose] 'os' *ov.* 'ic'
182.11	reason] *aft. x'd-out* 'in'
182.27	as] *intrl. in ink w. caret*
183.11	to which I now turn] *intrl.*
183.11	positive] *intrl.*
183.13	1822] '8' *in ink ov.* '9'
183.13	allusion] *ab. x'd-out* 'attention'
183.14	cause] *bef. x'd-out* 'from'
183.16	modern] *aft. x'd-out* 'the'
183.23	attempt] *aft. x'd-out* 'find'
183.28 – 29	As . . . can] *ab. undel.* 'As I have already impo indicated' *x'd-out* 'such a view canno'
183.31	upon] *aft. x'd-out* 'which'
183.33	as we have also noted] *intrl.*
183.33	"Understanding"] 'U' *ov.* 'u'
184.4	he] *intrl.*
184.5	I] *aft. x'd-out* 'for'
184.6	the expression] *aft. x'd-out* 'some'
184.11	and humble] *intrl.*
184.13	instinct.] *aft. x'd-out* 'virus'
184.21	as] *aft. x'd-out* 'that'
184.22	was] *aft. x'd-out* 'made'
184.28	his] *aft. x'd-out* 'that'
184.33	venture to] *intrl.*
184.35	conviction] *intrl.*
♯184.40	by Aristotle] 'by' *in ink ov.* 'of'
185.9	of him] *intrl.*
185.30	necessary] *aft. x'd-out* 'a'
185.34 – 35	a rational] *aft. x'd-out* 'science of'
185.36	exist] *final* 's' *x'd-out*
186.2	imposed by] *ab. x'd-out* 'of'
186.5	occur] *bef. x'd-out comma*
186.5 – 6	mathematics] *aft. x'd-out* 'form the'
186.11	entire] *bef. x'd-out* 'natural'
186.11	philosophy] *final period x'd-out*
186.18	create] *aft. x'd-out* 'lead to'

191.39	and common] *intrl.*
191.41	West] 'W' *ov.* 'w'
191.41	and the] *final* 'y' *x'd-out*
192.9	and happiness] 'an' *ov.* 'of'
192.19	to be] *intrl. w. caret*
192.27	the principles] 'th' *ov.* 'hi'
192.28	conditions] *aft. x'd-out* 'nee'
192.32	idea] *aft. x'd-out* 'princi'
193.4	expressed] *ab. x'd-out* 'contained'
193.7	older] *intrl.*
193.16	ideal] *final* 's' *x'd-out*
193.26	pioneer] *intrl.*
193.32	an] *aft. x'd-out* 'the'
193.40	surrender] *aft. x'd-out* 'approximation'
194.1	European] *intrl.*
194.5	of citizens] *intrl.*
194.10	as] *intrl.*
194.13	bred in Vermonters] *intrl.*
194.13	that I] *aft. x'd-out* 'bred'
194.16	form] *aft. x'd-out* 'fixed'
194.22	in words] *aft. x'd-out* 'the'
194.39	more] *aft. x'd-out* 'the'
195.3	the latter's] *aft. x'd-out* 'his o'
195.16	invigorate and sharpen] 'gorate and sharpen' *intrl.*
195.19	minute] *intrl.*
195.27	letter] *aft. x'd-out* 'formal'
♯195.28 – 29	in education] *aft. x'd-out* 'her'
195.33	were] *aft. x'd-out* 'in the'
195.38	to try] *aft. x'd-out* 'rather'
195.39	that of] *intrl.*
195n.1 – 2	of the eighteen forties] *intrl.*
196.1	discloses] *aft. x'd-out* 'reveals'
196.3	always] 'wa' *ov.* 'so'
196.5	received] *aft. x'd-out* 'accepted'
196.8	because of] *ab. x'd-out* 'in'
196.10	the] *final* 'ir' *x'd-out*
196.15	was the] 't' *ov.* 'a'
196.16	as well] *aft. x'd-out* 'in accordance wit'
196.21	In] *ov.* 'By'
196.36	use] *aft. x'd-out* 'arouse'
196.40	in his] 'in' *ov.* 'to'
196.41	a wistful] *aft. x'd-out* 'humane and vital.'
196.41	ordered] *ab. x'd-out* 'organized'

577

对《道德的三个独立要素》的修订

283.8	completion] *aft.* *x'd-out* 'goods cml'
283.11	Reason] 'R' *ov.* 'r'
283.12	which] *bef.* *x'd-out* 'tele'
283.15	entertained] *bef.* *x'd-out* 'in th'
283.20	phase] *ab.* *x'd-out* 'aspect'
283.24	the strictly] *aft.* *x'd-out* 'first'
283.30	The] 'T' *ov.* 'A'
284.1	achieve] *aft.* *x'd-out* 'effec'
284.4	afford] *final* 's' *del.*
284.5	we] *aft.* *x'd-out* 'the'
284.10	compelling] *aft.* *x'd-out* 'forcin'
284.18	means] *bef.* *x'd-out period*
284.18	scheme] *final* 's' *x'd-out*
284.23	make] *aft.* *x'd-out* 'issue'
284.25	in] *intrl. aft.* *x'd-out* 'for'
284.27	process] *aft.* *x'd-out* 'operation'
284.29	in] *intrl.*
284.29	interest] *aft.* *x'd-out* 'prpose'
284.33	without] 'out' *intrl. w. caret*
284.34	those] 'o' *ov.* 'e'
284.36 – 37	as far . . . protest] *intrl.*
285.4	teleological] *intrl. w. caret aft.* 'rational'
285.7	as] *intrl. in ink w. caret*
♯285.8	it, expresses] 'i' *ov. comma*
285.9	an] *intrl. w. caret*
285.10	emotional] *aft.* *x'd-out* 'sanction'
285.19	thus] *intrl. in ink*
285.19 – 20	demand] *aft.* *x'd-out* 'claim to which'
285.21	acknowledges] *bef.* *x'd-out* 'moral authrity in'
♯285.21	claim,] *bef.* *x'd-out* 'and not'
285.21	to possess . . . express] *intrl.*
285.22	convenient] *bef.* *x'd-out comma*
♯285.27 – 28	thrugh habituation] *intrl.*
285.35	making] *aft.* *x'd-out* 'havi'
285.36	other] *final* 's' *x'd-out*
286.6	empirical] *aft.* *x'd-out* 'facts.'
286.7	Acts] *aft.* *x'd-out* 'Things approved'
286.9	Praise] 'P' *ov.* 'p' *aft.* *x'd-out* 'No'
286.12	heroic] *bef. del. comma*
286.12	else] *intrl. in ink w. caret*
286.17	calculated] *aft.* *x'd-out* 'rea'

578

♯286.20 − 21	sanitions] *aft.* *x'd-out* 'penalties'; 'c' *x'd-out* *aft.* *first* 'n'
286.24	the virtuous] *ab.* *x'd-out* 'they'
286.24	differs]'s' *ab.* *x'd-out* 'e'
286.25	repeat,] *comma added*
286.27	widespread] *aft.* *x'd-out* 'a'
286.29	follow] *aft.* *x'd-out* 'read'
286.30 − 31	existence] *aft.* *x'd-out* 'fact'
286.38	obligation] *final* 's' *del.*
287.1	the tendency to seek for] *intrl.*
287.1	general] *final* 'l' *x'd-out*
287.6	purposes,] *bef.* *x'd-out* 'or to attach great'
287.7	public] *intrl.*
287.7	acknowledged] *aft.* *x'd-out* 'publicly'
287.7 − 8	that form] *ab.* *x'd-out* 'embodied in'
287.9	independent] *aft.* *x'd-out* 'individ'
287.14	moral] *aft.* *x'd-out* 'any'
287.21	licit,] *intrl.*
287.24	What is] *in ink w. caret ab. del.* 'The'
287.24	from the standpoint of] *in ink ab. del.* 'for'
287.25	wrong] *intrl. in ink w. caret aft.* *x'd-out* 'forbiiden' *del.* 'denied'
287.25 − 26	demands;... opinion] *in ink ab. del.* 'claims over [*intrl.* 'the' *del.*] behavior of the individual.'
287.27	Each] *in ink ov.* 'The'
287.28	opposing factors] *in ink ab. del.* 'two.'
287.29	nevertheless] *in ink ab. del.* 'at the same time'
287.32	children]'ren' *intrl. in ink; aft. del.* 'almost every'
287.33	or is]'is' *intrl. in ink w. caret*
287.34	giving evidence] *in ink ab. del.* 'an exhibition'
287.35 − 36	rational goods and of] *intrl. w. caret*
287.36	publicly acknowledged] *insrtd. and intrl. in ink*
287.37	stands] *aft. del.* 'at least' *x'd-out* 'is'
287.40	In] *aft.* *x'd-out* 'I sh'
288.2	cause] *ab.* *x'd-out* 'source'
288.4 − 5	outcome] *aft.* *x'd-out* 'result'
288.16 − 17	Personally ... be] *ab.* *x'd-out* 'John Dewey.'
288.18	lead] *aft.* *x'd-out* 'conduce to'

对《劳工教育的自由度》的修订①

579

331.5	But] 'B' *ov.* 'b'

---

① 杜威对《劳工教育的自由度》一文的修订均是用铅笔所作。因此,修订表中便没有标明修订方式。

331.5	it] 'i' *ab. del.* 'I'
331.7	cause;] *comma alt. to semicolon*
331.9	pleasure] *bef. del.* 'to me'
331.11	was not] 'was' *intrl. w. caret*
331.11	merely] *bef. del.* 'as'
331.16	joy,] *comma added*
331.17	and you] 'you' *ab. del.* 'you feel you'
331.18	pleasure in] *bef. del.* 'and no possibility of'
331.19	indeed] *intrl. w. caret*
331.20	rather] *bef. del.* 'there is'
331.20	regret.] *period added*
331.20	For] *w. caret ab. del.* 'and'
331.22	taken] *bef. del.* 'an'
331.24	incident] *aft. del.* 'particular'
331.24	at Brookwood] *intrl. w. caret*
331.27	straightforward] *marked to close up*
331.28	impartial] *aft. del.* 'honest and'
332.1	assurance;] *comma alt. to semicolon*
332.5	but of] 'f' *ov.* 'n'
332.5	it,] *comma added*
332.5	namely] *aft. del.* 'that I wish to talk, '
332.5	what] *aft. del.* 'on'
332.6	it,] *w. caret ab. del.* 'that, '
332.6 – 7	of the] 'e' *ov.* 'is'
♯332.7	and the Am] *ab. del.* ', this Teachers'
332.7	of Labor] *intrl. w. caret*
332.9	I] *aft. del.* 'Now'
332.12	real education,] *comma added*
332.13 – 14	academic freedom] *bef. del. comma*
332.14	is] *intrl. w. caret aft.* 'freedom'
332.14	and hence it is] *w. caret ab. del.* 'is an'
332.15	and upon] 'upon' *intrl. w. caret*
332.15	possibility] 'y' *ov.* 'ies'
332.21	an] *intrl. w. caret*
332.27	conducted,] *period alt. to comma*
332.28	tonight,] *semicolon alt. to comma bef. del.* 'you can gather from'
332.28	from] *insrtd. bef.* 'the letter'
332.28	read (and] *parenthesis ov. semicolon*
332.29	other] *aft. del.* 'the'
332.29	graduates)] *parenthesis added*
332.29	you would] *aft. del.* 'or from the alumni over here, '
332.30	idea.] *ab. del.* 'testimony. '
332.33	their] 'ir' *added*
332.33	are] *aft. del.* 'of organized labor'

332.34	any] *ov.* 'this'
332.37	deliberate] *aft. del.* 'these'
332.39	What] 'W' *ov.* 'w' *aft. del.* 'I am sure that'
333.3	conducting] *w. caret ab. del.* 'basing'
333.4	spirit.] *insrtd. aft.* 'that'
333.9	them] *insrtd. aft. del.* 'those facts'
333.12	Those] *aft. del.* 'It seems to me that ignoring details and / technicalities that may be brough up relative to academic freedom or to freedom of / teaching, that it is the school in its relation to the labor movement that is the / real issue.'
333.16	be;] *comma alt. to semicolon*
333.17	breathe] *w. caret ab. del.* 'create'
333.17	them] *intrl. w. caret*
333.18	and] *ov.* 'or'
333.18	they] *w. caret ab. del.* 'it'
333.20	discourage,] *comma added*
333.23	investigation] *aft. del.* 'mind,'
333.25	officials (I] *parenthesis ov. comma*
♯333.26	labor,)] *parenthesis added*
333.26	should] *intrl. w. caret*
333.29	freedom,] *comma added*
333.29	a cause] *w. caret ab. del.* 'which I have said is'
333.31	by] *aft. del.* 'perhaps'
333.34	incident;] *comma alt. to semicolom*
334.31	that] *aft. del.* 'the'
334.33	hand,] *comma added*
334.33	labor] *aft. del.* 'the'
334.34	unions and] 'and' *ov. comma*
334.34	effective,] *comma added*
334.35	these] *aft. del.* 'that'
334.35 – 36	themselves,] *comma added*
334.36	this] *insrtd. aft. del.* 'that their'
334.36	involves] *aft. del.* 'of them'
335.3	capable.] *comma alt. to period*
335.3	If] *aft. del.* 'that it is / capable of expansion to that extent.'
335.4	I] *aft. del.* 'in our public schools,'
335.4	nearly] *w. caret ab. del.* 'over'
335.5	Since the system] *w. caret ab. del.* 'They'
335.5	has] 's' *ov.* 've'
335.6	desired] *bef. del.* 'and they are not / meeting these special needs.'
335.6	there] 't' *ov.* 'T'
335.6	need] *bef. del.* 'then'
335.8	show] *aft. del.* 'which will'

581

335.8	do. And] *comma alt. to period;* 'A' *ov.* 'a'
335.9	work] *bef. del.* 'of'
335.10	pioneer,] *comma added*
335.10	so as] *intrl.*
335.11 – 12	undertake;] *comma alt. to semicolon*
335.12	something] 'thing' *intrl. w. caret*
335.12	road] *bef. del.* 'at least'
335.13	of activity] 'of' *ov.* 'and'
335.14	effort] *insrtd.*
335.14	of the] *aft. del.* 'interest'
335.15	public] *aft. del.* 'these'
335.20	of] *ab.* 'boasted'
335.20	including] *w. caret ab. del.* 'and'
335.22	control.] *comma alt. to period bef. del.* 'that'
335.22	They] 'T' *ov.* 't'
♯ 335.22 – 23	&·subsidized] '&' *intrl. w. caret*
335.25	classes;] *comma alt. to semicolon*
335.26	utilities] *aft. del.* 'these'
335.29	good] *bef. del.* 'Now'
335.29	That] 'T' *ov.* 't'
335.30	companies] *bef. del.* 'itself'
335.35	to engage in] *intrl. w. caret*
335.37	the] *insrtd. aft.* 'not of'
335.38	officials.] *bef. del.* 'of organized labor.'
336.2	could] 'c' *ov.* 'w'
336.3	general] *bef. del.* 'to'
336.3	to it] *intrl. w. caret*
♯ 336.7	agreemnt. But] *comma alt. to period;* 'B' *ov.* 'b'
336.13	a situation] 'a' *ov.* 'the'
336.19	take] *bef. del.* 'the'
336.19	another] 'an' *intrl. w. caret*
336.19	point] *intrl. w. caret*
336.19	it] *ab. del.* 'this'
336.19 – 20	the writer] *w. caret ab. del.* 'they'
336.27	goes on to say] *intrl. w. caret*
336.40	competency,] *bef. del.* 'the effect'
337.4	say] *comma del.*
337.4	that] *intrl. w. caret*
337.4	the] *insrtd. aft.* 'joined'
337.4 – 5	Teachers] *aft. del.* 'our'

582 (margin, aligned with 336.27)

对《致詹姆斯·塔夫茨》的修订

424.3	suggestion] *bef. del. comma*

424.11	in the] 'i' *ov.* 'I'
424.17	Tufts'] *apostrophe ov.* 's'
424.17	work,] *comma added*
424.17	me,] *comma added*
424.20	definitely] *intrl. w. caret*
424.22	extraordinarily] 'ily' *w. caret ab. x'd-out* 'y'
424.22	judicial,] *comma added*
424.22 – 23	honest] *aft. del.* 'and'
425.2	its] 'it' *in ink ov.* 'hi'
425.3	with] *in ink ov.* 'of'
425.5 – 6	for example] *intrl. w. caret*
425.6	remains] *bef. x'd-out* 'as'
425.10	What] *aft. illeg. letters added in ink*
425.12	wisdom] *intrl.*
425.15	it] *intrl. in ink w. caret*

行末连字符列表

1. 范本表

583 以下是由本卷编者所确定的、出现在范本行末且包含连字符的所有可能的复合词：

7.13	class-room	109.25	remaking
8.40	school-room	111.25	reproduce
19.13	over-excitability	116.10 – 11	self-interest
19.24	deep-seated	123.1	marked-off
19.31	class-rooms	128.33	ready-made
22.5	arm-chair	131.33	ready-made
22.7	field-work	134.4	overdeveloped
22.38	one-sided	142.17	reshaped
24.25	subject-matter	152.8	single-hearted
25.34	one-sided	166.24	non-psychological
31.22	subject-matter	172.31	ready-made
47.12	self-centered	174.12	sideline
49.19	intercommunication	176.36	over-technicality
58.7	to-day	215.7	self-evidence
58.10	war-cry	228.11	double-barrelled
59.34	interpurchase	229.5	subject-matter
68.20	stock-market	230.31	subject-matter
74.39	self-control	231.9	subject-matter
77.5 – 6	pre-scientific	231.13	subject-matter
92.9	interdependent	238.5	intercommunication
93.30	super-power	245.9	subject-matter
96.10	large-scale	245.24 – 25	quasi-mathematical
104.40	widespread	247.36	subject-matter

248.14	ready-made	326.15	goodwill
249.31	subject-matter	327.18	subject-matter
270.7	steamship	332.40	commonplace
281.7	self-realization	372.35	class-room
291.25 – 26	second-hand	397.7	sub-human
302.18	classroom	421.30	armor-plate
303.27	subject-matter	439.26 – 27	reemployed
305.4	subject-matter	442.26	reorganization
305.11	non-articulation	449.1	coordinating
317.7	cooperation	449.4 – 5	goodwill
322.16	ready-made		

2. 校勘文本表

在本版的打字稿中，所有拆分含糊的复合词其行末连字符均被删去，但以下词语 *584*
除外：

16.31	subject-matter	202.1	self-identical
22.1	arm-chair	209.4	re-disposition
25.32	non-educational	216.34	self-subsistent
31.19	subject-matter	219.35	end-term
70.29	forward-looking	224.17	subject-matter
77.5	pre-scientific	235.11	end-terms
82.14	"radio-conscious"	245.24	quasi-mathematical
92.4	monkey-wrench	250.30	rounded-out
116.10	self-interest	265.6	anti-romantic
133.3	so-called	272.11	all-embracing
138.39	so-called	291.25	second-hand
147.7	key-stone	311.19	census-takers
149.6	class-room	314.6	well-equipped
149.32	over-estimated	315.1	self-evident
150.20	non-theological	316.33	"Self-help"
152.8	whole-souled	356.29	anti-religious
172.15	cross-fertilizations	374.16	class-room
187.22	self-conscious	377.38	pre-established
193.12	self-governing	379.27	thorough-going
194.4	self-governing	401.16	far-reaching
199.38	subject-matter	405.11	subject-matters
201.7	self-consistent		

引文中的实质性异读

585 鉴于杜威对引文所作的实质性异读（substantive variant）非常重要，本版编者特设《引文中的实质性异读》列表。杜威引用文献的方式多种多样，包括从记忆性释义到一字不差的复制等各种方式。在有的地方，他引用了全文；在另外一些地方，他只提到了作者的姓名，有时甚至不作任何引文标注。除那些明显是在强调或是在重提前文内容的引文之外，本版编者查出了书中所有标有引号内容的出处，核实了杜威的引用，并在必要的地方进行了校勘。本版本保留了杜威引用的所有文献原文的本来面目，但《校勘表》中所列的引文除外。因此，请读者在使用本列表的同时参考《校勘表》。

虽然杜威与他同时代的其他学者一样，不太关注引文细节形式的精确性，但很多对引文的改动很有可能并非出自杜威之手，而是在印刷过程中出现的。例如，通过对比杜威的引文与文献原文，本版编者发现，有些编辑和排字工人对杜威的引文和引文原文均进行了修改。鉴于此，编者在本版本中恢复了引用文献原文的拼写与大写，具体修订见《校勘表》中标注"WS"的部分（WS 指校勘来自杜威所用引文的原文）。同样，本版编者根据引文原文对于可能的排版错误或印刷错误所作的实质性或非实质性修订，也计入"WS"校勘部分。针对杜威常常在引用文献时改变或省略文献原文标点符号的情况，本版编者在必要时在引文中恢复了原文的标点符号，详情请参见《校勘表》。

杜威引用文献时经常不标明对于文献原文内容的省略。鉴于此，本列表列出了杜威所省略的简短词汇，内有省略号的方括号"[...]"表示省略内容超过一句。此外，本版编者将引文原文中的斜体视为实质性异读，故将杜威省略的斜体和添加的斜体都一并纳入了列表。

　　至于杜威的引文与引文原文在单复数形式与时态等方面的区别,本列表则未予以记录。

　　若杜威的引文是对原文的翻译,此类引文统统纳入了《杜威引用文献一览表》,故未放入本列表中。

　　本列表的标注顺序依次如下:词条在本版本中所出现的页码和行数、词条、方括号、词条在原文中的词形、作者的姓氏、从《杜威引用文献一览表》中摘出的文献原文标题的缩写,以及词条在原文中的页码和行数;其中,最后三项由圆括号括住。

《新旧个人主义》

46.29	shabby] these shabby (Lynd and Lynd, *Middletown*, 103.1)
46.31	However] Here, too, as at so many other points (Lynd and Lynd, *Middletown*, 103.3 – 4)
51n.4	the self] ego (Freienfels, *Mysteries of Soul*, 287.9)
51n.4	the universe] universe (Freienfels, *Mysteries of Soul*, 287.9)
53.15	how] rather how (Freienfels, *Mysteries of Soul*, 292.30)
53.15	through them] through it (Freienfels, *Mysteries of Soul*, 292.30 – 31)
53.15 – 16	transcend them] transcend it (Freienfels, *Mysteries of Soul*, 292.31)
72n. 2	order and] order, I said, and (Frank, *Re-discovery of America*, 210.9)
113.23	civilization] civilisations (Ferrero, *Ancient Rome*, 6.25)
122.19	is everywhere] everywhere is (Emerson, "Self-Reliance," 51.20)
122.20	against] against the manhood of every one of (Emerson, "Self-Reliance," 51.21)

《詹姆斯·马什和美国哲学》

178.24	modern] human (Marsh, "Present Literature of Italy," 109.7)
179.3	world] living world (Marsh, "Present Literature of Italy," 107.16)
179.3	in] inward (Marsh, "Present Literature of Italy," 107.17)
179.3 – 4	himself. All] himself [...] all (Marsh, "Present Literature of Italy," 107.17 – 34)
179.7	last] length (Marsh, "Present Literature of Italy," 107.37)
179.7	its own] its (Marsh, "Present Literature of Italy," 107.38)
180.40	simulacrum] [*ital.*] (Mill, *Dissertations and Discussions*, 48.16)
183.4	which] that (Coleridge, *Aids to Reflection*, xliv.29)
183.26	have] have rationally (Coleridge, *Aids to Reflection*, xx.12)
185.39	possibility] [*ital.*] (Marsh, *Remains*, 192.10)

185.39 – 40   possible determinations] *[ital.]* (Marsh, *Remains,* 192.10)

185.40   quantity] *[ital.]* (Marsh, *Remains,* 192.11)

185.40   form] *figure* (Marsh, *Remains,* 192.11)

185.40   objects] object (Marsh, *Remains,* 192.11)

189.37   presented] as presented (Marsh, *Remains,* 387.10)

189.39   is] was (Marsh, *Remains,* 387.13)

191.2   and civil and military architecture,] of military and civil architecture, of the physical sciences, (Coleridge, *On Constitution,* 49.22 – 24)

191.2 – 3   their common organ] the common organ of the preceding (Coleridge, *On Constitution,* 49.24 – 25)

191.3   arts] so called liberal arts (Coleridge, *On, Constitution,* 49.25 – 26)

191.4   nation] country (Coleridge, *On Constitution,* 49.28)

191.7   trunk] the trunk (Coleridge, *On Constitution,* 51.14)

191.7   knowledge of civilized] knowledges that civilized (Coleridge, *On Constitution,* 51.14 – 15)

191.9   forming] forming, collectively, (Coleridge, *On Constitution,* 51.18)

192.6   body] a body. (Marsh, *Remains,* 607.20 – 21)

194.27   separate] separable (Marsh, *Remains,* 599.16 – 17)

194.29 – 30   principle] presence (Marsh, *Remains,* 599.19 – 20)

195.4   are] were (Marsh, *Remains,* 79.4)

195.8   more] considerable more (Marsh, *Remains,* 80.3)

195.10   in] itself in (Marsh, *Remains,* 80.6)

195.36   individuals] individuals theoretically and politically (Marsh, *Remains,* 564.19 – 20)

195.36   level] level, and (Marsh, *Remains,* 564.20)

196.19   thraldom of sense] thraldom and lethargy of sense (Marsh, *Remains,* 594.31)

    《排中律的适用范围》

199.1   the past] the character of the present (Nagel, "Intuition," 488.20 – 21)

《逻辑对存在的适用性》

204.3   that are] which are (Nagel, "Can Logic Be Divorced?" 708.25) *[Later Works* 5:456.17]

204.4 – 5   metaphysics] ontology (Nagel, "Can Logic Be Divorced?" 709.8 – 9) *[Later Works* 5:457.7]

205.14   things] the nature of things (Nagel, "Can Logic Be Divorced?" 711.6 –7) *[Later Works* 5:459.17 – 18]

205.30   does or] meets or (Nagel, "Can Logic Be Divorced?" 710.38) *[Later Works* 5:459.4]

205.30   those] these (Nagel, "Can Logic Be Divorced?" 710.38)[*Later Works* 5:459.5]

206.4   shut] not-open (Dewey, "Sphere of Application," 705.7 - 8)[*Later Works* 5:201.37]

206.36   should take place] should take place to-morrow (Nagel, "Can Logic Be Divorced?" 712.10)[*Later Works* 5:460.25 - 26]

206.38   should or should not take place] should or should not take place to-morrow (Nagel, "Can Logic Be Divorced?" 712.12)[*Later Works* 5:460.27 - 28]

《对一些评论的回应》

211.37   only ... known] [*ital.*] (Woodbridge, "Experience and Dialectic," 267.15)[*Later Works* 5:490.38 - 491.1]

212.11   exists] to exist (Woodbridge, "Experience and Dialectic," 267.20) [*Later Works* 5:491.5]

212.11   *its*] [*rom*] (Woodbridge, "Experience and Dialectic," 267.20) [*Later Works* 5:491.6]

215.27   as a] for an implement or (Hocking, "Action and Certainty," 232.38) [*Later Works* 5:470.5 - 6]

216.16   *discovering*] [*rom.*] (Hocking, "Action and Certainty," 236.6)[*Later Works* 5:473.36]

《行为方式与经验》

589

222n. 4   maze training] maze behavior (Hunter, " Psychology and Anthroponomy," 103.26)

223.17 - 18   status] state (Woodworth, "Dynamic Psychology," 124.24)

235.7   eventually be] be eventually (Lewis, *Mind and World-Order*, 5.8)

235.12   — Y] — the Y (Lewis, *Mind and World-Order*, 5.14 - 15)

235.16   consists] lies (Lewis, *Mind and World-Order*, 5.24)

《质化思维》

259.40   form] form, say (Bradley, *Logic*, 333.19)

《人文主义之我见》

263.29   the belief] that belief of which he seems never to have odubted, (Pater, *Renaissance*, 49.19 - 20)

《我的信仰》

273.31   when men] when *men* (New Testament, Matt. 5:11)

237.32   persecute you] persecute *you* (New Testament, Matt. 5:11)

《哲学与教育》

296.32   concerning] in (Coulter, "Some Problems," 2.6)
296.33   none] no problem (Coulter, "Some Problems," 2.7)
296.35   modify and develop] develop (Coulter, "Some Problems," 2.10)

《劳工教育的自由度》

334.9   the people] people (*American Federationist*, 1170.34)

《劳工政治与劳工教育》

340.35   for its] as its (*Brookwood*, 3.12)

《苏联的宗教信仰之二》

355.3   Religion] It (Marx, "Criticism," 12.22)
358.5-6   nothing ... tolerance.][*ital.*](Marcu, *Lenin*, 172.24-25)

《学校与社会》

371.26   many] many and (Counts, *School and Society in Chicago*, 14.18)
374.6   from] out of (Counts, *School and Society in Chicago*, 360.27)

《一个有机的宇宙：怀特海的哲学》

376.34   the obvious] what is obvious (Whitehead, *Process and Reality*,
              14.6)
379.37   adventure] adventures (Whitehead, *Process and Reality*, 92.10-11)
379.38   changing] actual (Whitehead, *Process and Reality*, 92.11)

《为戴维斯著〈托尔斯泰和尼采：论传记伦理学中的一个问题〉所作的序》

399.5   this] in that (Emerson, "Character," 133.20-21)

《为东部商科教师协会的首份年刊〈颠倒人寰〉所作的序》

407.8-9   political orientation] political *napravlenie* — orientation (Hindus,
              Humanity Uprooted, 218.28-29)

杜威的参考书目

下面是杜威在书中所引用文献的所有出版信息。对于杜威给出了引文页码的文献,本版编者通过寻找引文来确定杜威所用的版本。对于杜威通过个人图书馆的馆藏书目(南伊利诺伊大学卡本代尔分校,莫里斯图书馆"杜威文集/特别馆藏")所作的引用,本版编者则通过这些馆藏书目来核实引文具体源自哪个版本。对于上述两种情况之外的引文,本版编者或根据出版地点和出版日期,或根据往来信件与其他资料中的证据,以及各个版本在杜威所处时代的普及性,从杜威可能使用的不同版本中选出他最有可能使用的版本。

American Federationist, "Workers' Education." *American Federationist* 35 (October 1928): 1170 – 1171. [Editorial by William Green.]

American Federation of Labor. *Report of Proceedings of the Forty-Eighth Annual Convention of the American Federation of Labor Held at New Orleans, Louisiana, November 19 to 28, Inclusive.* Washington, D. C.: Law Reporter Printing Co., 1928.

Aristotle. "De Anima" and "Metaphysica." In *Aristotelis opera*, vol. 3, pp. 209 – 226, 481 – 536. Edidit Academia regia borussica. Berolini: Georgium Reimerum, 1831.

Ayres, Clarence Edwin. *Science: The False Messiah*. Indianapolis: Bobbs-Merrill Co., 1927.

Barnes, Harry Elmer. *World Politics in Modern Civilization*. New York: Alfred A. Knopf, 1930.

Bonar, James. *Philosophy and Political Economy in Some of Their Historical Relations*. London: George Allen and Unwin, 1893. New York: Macmillan Co., 1893.

Borah, William Edgar. *See* U. S. Congress, 1923.

Bradley, Francis Herbert. *The Principles of Logic.* 2d rev. ed. Vol. 1. London: Oxford University Press, 1922.

592 Brookwood Labor College. *Brookwood: Bulletin and Announcement of Courses, 1929 - 1930.* Katonah, N. Y. : Brookwood Labor College, 1929.

Butler, Joseph. *The Analogy of Religion, Natural and Revealed.* New York: E. P. Dutton and Co. , 1906.

Coleridge, Samuel Taylor. *Aids to Reflection, in the Formation of a Manly Character, on the Several Grounds of Prudence, Morality, and Religion.* Edited, with preliminary essay and additional notes, by James Marsh. Burlington, Vt. : Chauncey Goodrich, 1829.

——. *On the Constitution of the Church and State.* London: William Pickering, 1839.

——. *The Friend: A Series of Essays to Aid in the Formation of Fixed Principles in Politics, Morals, and Religion, with Literary Amusements Interspersed.* Burlington, Vt. : Chauncey Goodrich, 1831.

——. *The Statesman's Manual, or the Bible the Best Guide to Political Skill and Foresight: A Lay Sermon Addressed to the Higher Classes of Society.* Burlington, Vt. : Chauncey Goodrich, 1832.

Comte, Auguste. *The Positive Philosophy of Auguste Comte.* Translated by Harriet Martineau. 2 vols. London: Trübner and Co. , 1875.

Coulter, John Merle. "Some Problems in Education." *Normal School Bulletin* (Eastern Illinois State Normal School), no. 23 (1 October 1908) : 1 - 16.

Counts, George S. *School and Society in Chicago.* New York: Harcourt, Brace and Co. , 1928.

Crothers, Samuel McChord. "The Honorable Points of Ignorance, " in his *The Gentle Reader,* pp. 135 - 166. Boston and New York: Houghton, Mifflin and Co. , 1903.

Delaisi, Francis. *Political Myths and Economic Realities.* New York: Viking Press, 1927.

Department of Superintendence of the National Education Association. "General Introduction" and "Part Two — Articulation at the Elementary School Level — Kindergarten — Grades 1 - 6. " In *Seventh Yearbook: The Articulation of the Units of American Education,* pp. 11 - 22, 23 - 114. Washington, D. C. : Department of Superintendence of the National Education Association, 1929.

Dewey, John. *Democracy and Education: An Introduction to the Philosophy of Education.* New York: Macmillan Co. , 1916. [*The Middle Works of John Dewey, 1899 - 1924,* edited by Jo Ann Boydston, vol. 9. Carbondale and Edwardsville: Southern Illinois University Press, 1980.]

——. *The Quest for Certainty.* New York: Minton, Balch and Co. , 1929. [*The Later Works of John Dewey, 1925 - 1953,* edited by Jo Ann Boydston, vol. 4.
593 Carbondale and Edwardville: Southern Illinois University Press, 1984.]

——. "Individualism, Old and New. Part 1: The United States, Incorporated. " *New Republic* 61 (22 January 1930) : 239 - 241. [*Later Works* 5:58 - 65.]

——. "Individualism, Old and New. Part 2: The Lost Individual. " *New Republic* 61 (5 February 1930) : 294 - 296. [*Later Works* 5:66 - 76.]

——. "Individualism, Old and New. Part 3: Toward a New Individualism." *New Republic* 62 (19 February 1930): 13 – 16. [*Later Works* 5:77 – 89.]

——. "Individualism, Old and New. Part 4: Capitalistic or Public Socialism?" *New Republic* 62 (5 March 1930): 64 – 67. [*Later Works* 5:90 – 98.]

——. "Individualism, Old and New. Part 5: The Crisis in Culture." *New Republic* 62 (19 March 1930): 123 – 126. [*Later Works* 5:99 – 100.]

——. "Individualism, Old and New. Part 6: Individuality in Our Day." *New Republic* 62 (2 April 1930): 184 – 188. [*Later Works* 5:111 – 123.]

——. "Social as a Category." *Monist* 38 (1928): 161 – 177. [*Later Works* 3:41 – 54.]

——. "The Sphere of Application of the Excluded Middle." *Journal of Philosophy* 26 (1929): 701 – 5. [*Later Works* 5:197 – 202.]

Emerson, Rlaph Waldo. "Character." In *Lectures and Biographical Sketches*, pp. 89 –122. The Complete Works of Ralph Waldo Emerson, vol. 10. Boston and New York: Houghton, Mifflin and Co., 1904.

——. "Self-Reliance" and "Art." In his *Essays*, pp. 45 – 87, 325 – 343. First and Second Series. Two vols. in one. Boston and New York: Houghton Mifflin Co., 1883.

Ferrero, Guglielmo. *Ancient Rome and Modern America: A Comparative Study of Morals and Manners.* New York: G. P. Putnam's Sons, 1914.

Foerster, Nerman, ed. *Humanism and America: Essays on the Outlook of Modern Civilisation.* New York: Farrar and Rinehart, 1930.

Frank, Waldo. *The Re-discovery of America: An Introduction to a Philosophy of American Life.* New York: Charles Scribner's Sons, 1929.

Freienfels, Richard Müller. *Mysteries of the Soul.* Translated by Bernard Miall. New York: Alfred A. Knopf, 1929.

Gandhi, Mohandas Karamchand. *Mahatma Gandhi — His Own Story.* Edited by C. F. Andrews. New York: Macmillan Co., 1930.

Green, William. "Workers' Education." *American Federationist* 35 (October 1928): 1170 – 1171.

Guizot, François Pierre Guillaume. *History of Civilization in Europe, from the Fall of the Roman Empire to the French Revolution.* New York: John B. Alden, 1885.

Haldane, Richard Burdon, and Seth, Andrew, eds. *Essays in Philosophical Criticism.* London: Longmans, Green, and Co., 1883.

Hindus, Maurice. *Humanity Uprooted.* New York: Jonathan Cape and Harrison Smith, 1929.

Hocking, William Ernest. "Action and Certainty." *Journal of Philosophy* 27 (1930): 225 – 238. [*Later Works* 5:461 – 476.]

Homer. *The Iliad of Homer.* Two vols. in one. Translated into English blank verse by William Cullen Bryant. Boston and New York: Houghton Mifflin Co., 1898.

——. *The Odyssey of Homer.* Translated into English blank verse by William Cullen Bryant. 2 vols. Boston: James R. Osgood and Co., 1871, 1873.

Hughes, Percy. *An Introduction to Psychology from the Standpoint of Life-Career.* 2d experimental ed. Bethlehem, Pa.: Lehigh University Supply

594

Bureau, 1928.

Hunter, Walter S. "Psychology and Anthroponomy." In *Psychologies of 1925*, edited by Carl Murchison, pp. 83 – 107. Powell Lectures in Psychological Theory. Worcester, Mass.: Clark University Press, 1926.

Huxley, Thomas H., and Youmans, William J. *The Elements of Physiology and Hygiene: A Text-Book for Educational Institutions*. Rev. ed. New York: American Book Co., 1873.

James, William. *A Pluralistic Universe*. New York: Longmans, Green, and Co., 1909.

——. *Pragmatism: A New Name for Some Old Ways of Thinking. Popular Lectures on Philosophy*. New York: Longmans, Green, and Co., 1907.

——. *The Principles of Psychology*. 2 vols. New York: Henry Holt and Co., 1893.

——. *The Will to Believe*. New York: Longmans, Green and Co., 1897.

——. "Rationality, Activity and Faith." *Princeton Review*, n. s., 10 (July 1882): 58 –86.

Kant, Immanuel. *Critik der practischen Vernunft*. 6th ed. Leipzig: J. F. Hartknoch, 1827.

595 ——. *Critik der reinen Vernunft*. 7th ed. Leipzig: J. F. Hartknoch, 1828.

——. *Immanuel Kant's Anthropologie in pragmatischer Hinsicht*. Leipzing: Immanuel Müller, 1833.

Keyserling, Count Hermann. *America Set Free*. New York: Harper and Brothers, 1929.

Kipling, Rudyard. '*Captains Courageous*': *A Story of the Grand Banks*. New York: Macmillan Co., 1897.

——. *The Seven Seas*. New York: D. Appleton and Co., 1899.

Knox, Philander Chase. See U.S. Congress, 1919, 1920.

Lamb, Charles, and Lamb, Mary Ann. *Tales from Shakespeare*. New York: E.P. Dutton and Co., 1901.

Levinson, Salmon O. "Can Peace Be 'Enforced'? A Study of International Sanctions." *Christian Century* 42 (8 January 1925):46 – 47.

——. "The Legal Status of War." *New Republic* 14 (9 March 1918): 171 – 173. [*Middle Works* 11:388 – 392.]

Lewis, Clarence Irving. *Mind and the World-Order*. New York: Charles Scribner's Sons, 1929.

——. "Pragmatism and Current Thought." *Journal of Philosophy* 27 (1930): 238 – 246. [*Later Works* 5:477 – 486.]

Lynd, Robert Staughton, and Lynd, Helen Merrell. *Middletown: A Study in American Culture*. New York: Harcourt, Brace and Co., 1929.

MacDonald, J. Ramsay. "The Government and Russia." *Times* (London), 25 February 1930, p. 16.

Marcu, Valeriu. *Lenin*. Translated by E. W. Dickes. New York: Macmillan Co., 1928.

Marsh, James. *The Remains of the Rev. James Marsh, D. D., Late President, and*

Professor of Moral and Intellectual Philosophy in the University of Vermont, with a Memoir of His Life. Edited by Joseph Torrey. Boston: Crocker and Brewster, 1843.

——. "Present Literature of Italy — Ancient and Modern Poetry." *North American Review* 15 (July 1822): 94 – 131.

Marx, Karl. "A Criticism of the Hegelian Philosophy of Right." In his *Selected Essays,* translated by H. J. Stenning, pp. 11 – 39. New York: International Publishers, 1926.

Mill, John Stuart. "Bentham" and "Coleridge." In his *Dissertations and Discussions: Political, Philosophical, and Historical,* vol.1, pp.335 – 417, vol.2, pp.5 – 78. Boston: William V. Spencer, 1868.

——. "On the Logic of the Moral Sciences." In his *A System of Logic, Ratiocinative and Inductive,* pp.519 – 93. New York: Harper and Brothers, 1848.

Murray, Gilbert. "The Failure of Nerve." In his *Four Stages of Greek Religion,* pp.103 – 54. New York: Columbia University Press, 1912. 596

Nagel, Ernest. "Can Logic Be Divorced from Ontology?" *Journal of Philosophy* 26 (1929): 705 – 712. [*Later Works* 5:453 – 460.]

——. "Intuition, Consistency, and the Excluded Middle." *Journal of Philosophy* 26 (1929):477 – 489.

Nansen, Fridtjof. *The First Crossing of Greenland.* Translated from the Norwegian by Hubert Majendie Gepp. London: Longmans, Green and Co., 1906.

National Association of Manufacturers of the United States of America. "American Federation of Labor Convention, New Orleans, November 19 – 28, 1928." New York: Industrial Relations Department, National Association of Manufacturers of the United States of America, 1928.

New Testament. New York: American Bible Society, 1917.

New York Times, "Liberals Here Plan an Opposition Party; Prof. Dewey Heads National Organizing Group." *New York Times,* 9 September 1929, p.1.

Nicolson, Marjorie H. "James Marsh and the Vermont Transcendentalists." *Philosophical Review* 24 (January 1925): 28 – 50.

Pater, Walter. *The Renaissance: Studies in Art and Poetry.* London: Macmillan and Co., 1910.

Plato. *The Dialogues of Plato.* Translated by B. Jowett. 4 vols. Boston: Jefferson Press, 1871.

Reed, Charles L. "Some Brookwood Graduates Speak Up." In *Brickbats and Bouquets on Brookwood Labor College,* p.13. Katonah, N.Y.: Brookwood Labor College, 1929.

Ruskin, John. *Unto This last : Four Essays on the First Principles of Political Economy.* New York: Thomas Y. Crowell and Co., 1901.

Russell, Bertarnd. "Homogeneous America." *Outlook and Independent* 154 (19 February 1930):285 – 287, 318.

Saintsbury, George Edward Bateman. *The Earlier Renaissance.* New York: Charles Scribner's Sons, 1901.

Seth, Andrew, and Haldane, Richard Burdon, eds. *Essays in Philosophical*

Criticism. London: Longmans, Green, and Co., 1883.

Thomas, William I., and Thomas, Dorothy Swaine. *The Child in America: Behavior Problems and Programs.* New York: Alfred A. Knopf, 1928.

Tufts, James H. "Can Epistemology Be Based on Mental States?" *Philosophical Review* 6 (November 1897): 577 – 592.

U.S. Congress. Senate. *Congressional Record.* 65th Cong. 3d sess., 1919. Vol. 57, pt. 5, pp. 4687 – 4694.

U.S. Congress. Senate. *Congressional Record.* 66th Cong. 2d sess., 1920. Vol. 59, pt. 7, pp. 6556 – 6566.

U.S. Congress. Senate. *Congressional Record.* 67th Cong. 4th sess., 1923. Vol. 64, pt. 4, p. 3605.

Whitehead, Alfred North. *Process and Reality: An Essay in Cosmology.* New York: Macmillan Co., 1929.

Windelband, Wilhelm. *A History of Philosophy with Especial Reference to the Formation and Development of Its Problems and Conceptions.* 2d ed., rev. and enl. London: Macmillan and Co., 1901.

Woodbridge, Frederick J. E. "Experience and Dialectic." *Journal of Philosophy* 27 (1930): 264 – 271. [*Later Works* 5: 487 – 495.]

Woodworth, Robert Sessions. "Dynamic Psychology." In *Psychologies of 1925*, edited by Carl Murchison, pp. 111 – 126. Powell Lectures in Psychological Theory. Worcester, Mass.: Clark University Press, 1926.

Youmans, William J., and Huxley, Thomas H. *The Elements of Physiology and Hygiene: A Text-Book for Educational Institutions.* Rev. ed. New York: American Bood Co., 1873.

索引①

Abstraction：抽象

  Role of, in science, 7 - 12，抽象在科学中的作用

Academic freedom, 331 - 345，学术自由

Addams, Jane, xi, 418, 419, 421，简·亚当斯

AFL, 317, 331 - 345, 372, 373, 392，美国劳工联合会

AFT, 331, 332, 333, 336，美国教师联合会

Aids to Reflection（Coleridge），148, 178, 180, 181，《对沉思的援助》（柯尔律治著）

Allen, Florence Ellinwood, 353，艾伦·弗洛伦斯·埃林伍德

American Committee for the Outlawry of War, 352，美国战争非法化委员会

American Federationist, 333，《美国联邦主义者》

American Hebrew, 397，《美国希伯来人》周刊

Americanism，330，美国主义；characteristics of, 50 - 57，美国主义的特点；European view of, 50 - 52, 101, 109，欧洲对美国主义的看法

Analogy of Religion, Natural and Revealed, The（Butler），147, 150，《自然宗教与启示宗教之类比》（巴特勒著）

Analysis of Knowledge and Valuation, An（Lewis），xxix，《对知识与评价的分析》（刘易斯著）

Andover Theological Seminary, 178，安多弗神学院

Angell, James R., xi, 419, 420，詹姆斯·R·安吉尔

Animism, 226, 230，万物有灵论

Antecedent objects, xxvii-xxviii，先在对象

Anthropology：人类学

  laws of uniformity in, 170 - 171，人类学中的统一规律

Anthropology（Kant），179，《人类学》（康德著）

Approbation：认可

  in moral theory, 285 - 288，道德理论中的认可

A priori, xxviii-xxix, 215, 257n, 471 - 476，先验

Aristotle, 157, 230, 252, 289, 456，亚里士多德；logic of, 166 - 167, 244，亚里士多德的逻辑学；Marsh influenced by, 184 -189，马什受亚里士多德的影响；moral system of, 498，亚里士多德的道德体系

Arithmetic：算术

  Dewey-McLellan method of, 461，杜威-麦克莱伦算术教学法

Art：艺术

  applied to education, 6 - 7，艺术应用于

---

① 本索引的每个条目后所附的页码均为英文原版书页码，即本书边码。——译者

hypocritical attitude toward，47-49，对待宗教的虚伪态度；Kurtz on，xxxi-xxxii，库尔茨论宗教；problem of，for Dewey，149-150，153-154，对于杜威而言的宗教问题；separation of，from society，71-72，宗教脱离社会；treatment of，in Russia，355-362，俄国对宗教的讨论

Remains of the Rev. James Marsh，The (Torrey)，195，《詹姆斯·马什的遗产》

Renaissance，166，文艺复兴

Republican party：共和党

failure of，444-446，447，共和党的失败；identified with prosperity，91-92，将共和党等同于繁荣

Rickover，Hyman George，xv，海曼·乔治·里科弗

Right：正确

in moral theory，281-288，道德理论中的正确

Robins，Raymond，353，雷蒙德·罗宾斯

Royce，Josiah，477，乔塞亚·罗伊斯

Rules：原则

role of，in science of education，14-15，原则在教育科学中的作用

Ruskin，John，105，约翰·罗斯金

Russell，Bertrand：伯特兰·罗素

on homogeneity of America，130-131，罗素论美国的同质性

Russia：俄国

bolshevist philosophy of，87，98，俄国的布尔什维克哲学；Five Year Plan of，237，俄国的五年计划；Hindus on，407-409，欣德斯论俄国；Kurtz on，xix，库尔茨论俄国；religion in，355-362，俄国的宗教；tsarist，99，沙皇俄国

Saintsbury，George Edward Bateman，263，乔治·爱德华·贝特曼·圣茨伯里

Schelling，Friedrich Wilhelm Joseph von，148，弗里德里希·威廉·约瑟夫·谢林

Schiller，Ferdinand Canning Scott，xxxi，264，费迪南·坎宁·斯科特·席勒

Scholasticism，166，经院哲学

Schools：学校

articulation in，299-310，学校里的衔接；Chicago public，371-374，芝加哥公立学校；child-centered，319-325，以儿童为中心的学校；Immaturity fostered in，102-103，学校培养出来的不成熟；influence of society on，371-374，社会对学校的影响；social function of，326-330，学校的社会作用

Science：科学

applied to education，3-40，科学应用于教育；applied to social problems，113-123，科学应用于社会问题；Comte on，154，孔德论科学；influence of，on culture，106-107，科学对文化的影响；Kurtz on，xii-xiv，xx-xxi，库尔茨论科学；Marsh's knowledge of，179，马什的科学知识；versus morals，156，科学对比道德；and new individualism，88-89，科学与新个人主义；rules in，14-15，科学规则；system in，10-12，科学中的体系

Science and the Modern World (Whitehead)，265，《科学与现代世界》（怀特海著）

Science of education：教育科学

biology and，34，生物学与教育科学；means and ends in，28-31，教育科学中的手段和目的；other sciences form content of，24-26，教育科学的其他科学形式内容；philosophy of education and，26-31，教育哲学与教育科学；practices in，16-23，教育科学实践；psychiatry and，35-36，精神病学与教育科学；psychology and，31-36，心理学与教育科学；rules in，14-15，教育科学的规则；sociology and，36-38，社会学与教育科学；system in，10-13，教育科学中的体系

Scientific method：科学方法。参见"Science"。

Secular humanism：世俗人文主义

Dewey blamed for growth of，xiv-xv，xxx，将世俗人文主义的发展归咎于杜威

Selden, Charles A, 359,查尔斯·塞尔登

Self：自我

Frank's doctrine of primacy of，72n，弗兰克的自我首位性学说

"Self-Reliance" (Emerson)，139,《论自立》(爱默生著)

Sensational empiricism，149，152，感觉经验主义

Sensationlism，479,感觉主义

Sense：感性

Marsh on，185－189,马什论感性

Sense-data，175,感官材料

Sergius, chief patriarch of Orthodox Church, 359－360,东正教的塞尔吉主教

Seventieth birthday celebration, xi, 497,庆祝七十寿辰

Sherman Anti-Trust Act, 59,《谢尔曼反托拉斯法》

Shiplacoff, Abraham I. , 443,亚伯拉罕·I·希普拉科夫

Similarity：相似性

function of, in association，256－261,相似性在联想中的作用

Situation：情境

function of, in thought，246－252，256－262,情境在思维中的作用

Smith, Alfred Emanuel, 336,阿尔弗莱德·伊曼纽尔·史密斯

"Social as a Category"，175n,《社会作为一种范畴》

Social change, xiv,社会变化

Socialism：社会主义

Dewey's prediction for, xx,杜威对社会主义的预测；and individualism，80,社会主义与个人主义；public, compared with capitalistic，90－98,公共社会主义与资本社会主义相比较

Social sciences：社会科学

central issue of，174－177,社会科学的核心问题；in Mill's logic，168－169,密尔逻辑学中的社会科学；significance of, for philosophy，159，161－177,社会科学对于哲学的重要性

Social tools，36－37,社会工具

Society，82－83,社会；Emerson on，122,爱默生论社会

Sociology：社会学

Dewey's philosophy compared to，499－501,比较杜威哲学与社会学；importance of, to science of education，36－38,社会学对于教育科学的重要性

Socrates，289，291，297,苏格拉底

Soul：灵魂

Freienfels on，51n,弗赖恩弗尔斯论灵魂

Sources of a Science of Education，*The*:《教育科学的源泉》

Kurtz on，xii-xiv,库尔茨论《教育科学的源泉》

Soviet Union：苏联。请参见"Russia"

Spencer, Herbert：赫伯特·斯宾塞

his theory of evolution，170,斯宾塞的进化论

Spinoza, Benedict，381,本尼迪克特·斯宾诺莎

Sportsmanship Brotherhood，390－391，392,体育运动兄弟联合会

State：政府

American idea of，193－194,美国的政府观；Mill on，180－181,密尔论政府

Statesman's Manual，*The* (Coleridge)，178,《政治家手册》(柯尔律治著)

Stevenson Act，441,史蒂文森议案

Stewart, Cora Wilson，316,科拉·威尔逊·斯图尔特

Stimulus-response psychology，34－35，222－228,刺激-反应心理学

Stock market：股市

译后记

　　带着战战兢兢的虔诚,我们完成了《杜威晚期著作》第五卷的翻译。如果说阅读是读者与作者的对话,那么翻译就不仅仅是对话了,而是译者与作者的促膝交谈乃至心灵感应。我们之所以战战兢兢,这是因为,坐在我们面前的是一位博大精深、高山仰止的哲人。我们已竭尽全力,惟愿把误读和误译降到最低的限度,以便读者能准确地聆听杜威先生的微言大义。

　　本卷的翻译是战晓峰、查敏和本人精诚合作的成果。本人主持整个翻译项目的实施,负责难点会诊、译稿校对和质量把关。

　　战晓峰负责的篇目如下:"新旧个人主义"部分包括:导言、《一座自我分裂的房屋》、《程式化之"美国"》、《公司化之美国》、《失落的个人》、《向新个人主义迈进》;"论文"部分包括:《行为方式与经验》、《心理学与工作》、《质化思维》、《人文主义之我见》、《我的信仰》、《道德的三个独立要素》、《哲学与教育》、《教育衔接的一般性原则》、《我们的文盲问题》、《新式学校存在多少自由?》、《教育行业的职责》、《劳工教育的自由度》、《劳工政治与劳工教育》、《自由主义者想要什么?》、《世界大同的倡导者之十七》、《苏联的宗教信仰之二》、《社会变化与人的指引》;"书评"部分包括:《学校与社会》、《一个有机的宇宙:怀特海的哲学》、《现代历史进程》;"附录"的全部,以及《注释》《文本注释》和《文本说明》。

　　查敏负责的篇目如下:《教育科学的源泉》;"新旧个人主义"部分包括:《资本社会主义还是公共社会主义?》、《文化危机》、《今日之个性》;《创造与批判》;"论文"部分包括:《从绝对主义到实验主义》、《哲学》、《詹姆斯·马什和美国哲学》、《排中律的适用范围》、《逻辑对存在的适用性》、《对一些评论的回应》;"杂记"的全部;"新闻报道"的全部;"文本研究资料"部分的《校勘表》、《打字稿修订》、《行末连字符列表》、《引文中的实质性异读》、《杜威的参考书目》和"索引"部分。

　　尽管译者对翻译工作竭尽全力,但肯定尚有疏漏和不足之处,恳请方家和读者批评指正。

孙有中
2013 年 8 月

图书在版编目(CIP)数据

杜威全集.晚期著作:1925～1953.第5卷:1929～1930/(美)杜威(Dewey,J.)著;孙有中等译.—上海:华东师范大学出版社,2013.4
ISBN 978-7-5675-0627-5

Ⅰ.①杜… Ⅱ.①杜…②孙… Ⅲ.①杜威,J.(1859～1952)—全集 Ⅳ.①B712.51-52

中国版本图书馆 CIP 数据核字(2013)第 083939 号

国家社科基金重大项目资助(项目批准号:12 & ZD123)

杜威全集·晚期著作(1925—1953)
第五卷(1929—1930)

著　　者　[美]约翰·杜威
译　　者　孙有中　战晓峰　查　敏
策划编辑　朱杰人
项目编辑　王　焰　曹利群
审读编辑　朱华华
责任校对　王　卫
装帧设计　高　山

出版发行　**华东师范大学出版社**
社　　址　上海市中山北路 3663 号　邮编 200062
网　　址　www.ecnupress.com.cn
电　　话　021-60821666　行政传真 021-62572105
客服电话　021-62865537　门市(邮购)电话 021-62869887
地　　址　上海市中山北路 3663 号华东师范大学校内先锋路口
网　　店　http://hdsdcbs.tmall.com

印 刷 者　上海中华商务联合印刷有限公司
开　　本　787×1092　16 开
印　　张　35
字　　数　560 千字
版　　次　2015 年 1 月第 1 版
印　　次　2015 年 1 月第 1 次
印　　数　1—2100
书　　号　ISBN 978-7-5675-0627-5/B·775
定　　价　108.00 元

出 版 人　王　焰